韓國 支石墓 研究

俞泰勇

본 저서는 2002년도 한국학술진흥재단의 지원에 의하여 연구되었음
(KRF-2002-074-AS2004)

韓國 支石墓 研究

저　　　자　　유 태 용
발 행 인　　도서출판 주류성 최 병 식
발 행 일　　2003년 5월 7일
등 록 일　　1992년 3월 19일 제 21-325호
주　　소　　서울특별시 서초구 서초동 1305-5 창람(蒼藍)빌딩

T　E　L　：　02- 3481-1024(대표전화)
F　A　X　：　02- 3482-0656
h t t p / /　：　www.juluesung.com / www.juluesung.co.kr
e - m a i l ：　juluesung@yahoo.co.kr

ⓒ2003, 유태용.
값 20,000원

ISBN　89-87096-25-4 93910
잘못된 책은 교환해 드립니다.

국립중앙도서관 출판시도서목록(CIP)

韓國 支石墓 研究 / 兪泰勇 著. -- 서울 : 주류성, 2003
　　p. ;　cm. -- (周留城 考古學 叢書 ; 6)

ISBN　89-87096-25-4 93910 : ₩20000

911.01-KDC4
951.901-DDC21　　　　　　　　　　　　CIP2003000350

머리말

　필자는 어린 시절부터 支石墓란 이름을 매우 익숙하게 들으면서 자라
왔다. 필자가 살던 마을의 산 너머 동네에는 논과 밭에 커다란 돌덩이가
놓여 있었는데, 마을 사람들이 그것을 지석묘 또는 고인돌이라고 불렀기
때문이다. 현재 그 곳 마을의 행정상 공식명칭은 忠淸南道 舒川郡 鍾川面
支石里이다. 바로 支石里는 고인돌 또는 지석묘가 있는 동네를 의미한다
는 것은 따로 설명할 필요가 없을 것이다. 이렇듯 지석묘란 단어는 필자
곁을 항상 맴돌고 있었다.

　그러한 지석묘에 새삼스럽게 관심을 갖게 된 것은 대학교에 입학하고
나서 강화도에 MT를 갔을 때였다. 여기에서 필자는 남한에서 가장 규모
가 크다고 하는 강화도 부근리의 탁자식 지석묘를 접할 수 있었다. 이후
진행된 크고 작은 지석묘의 발굴은 지석묘가 그저 人工의 構造物일 뿐만
아니라 先史時代 사람들의 무덤이라는 사실을 알고부터는, 필자의 지석
묘에 대한 관심은 다시 축조한 사람들에 모아졌다. 왜 하필 사람들은 그
엄청난 돌덩이 밑에 묻히게 되어야만 했을까? 고향마을에 세워진 지석묘
는 아마도 선사시대 그 지역에 존재했었던 어떤 族長들의 무덤이 아니었
을까?

　이러한 생각은 미국 유학시절 신고고학에 접하면서 구체화되었다. 특
히, 新考古學과 新進化論은 필자의 고고학 연구에 신선한 충격이었고 새
로운 희망이었으며, 지석묘연구를 한 단계 업그레이드시킬 수 있는 전혀
새로운 차원의 접근방법으로 느껴졌다. 물론 이전에 서울대학교의 崔夢

3

龍教授께서 저술한 『新考古學 槪要』를 통해서 新考古學에 대해 접하긴 하였지만, 대학원 수업시간에 진행된 열띤 논쟁을 통하여 미국의 고고학자들이 지향하는 新考古學 그리고 後期過程主義 考古學 등을 좀더 깊이 있게 이해할 수 있게 되었다. 미국의 고고학자들은 고고학적 자료는 비교적 많이 남아있지만, 스페인 탐험대에 의해 문헌자료가 철저하게 파괴된 마야나 잉카제국 같은 古代國家의 정치조직이나 사회제도 등을 신고고학이라는 방법론 아래 거의 완벽에 가까울 정도로 복원해내고 있을 뿐만 아니라, 그것도 모자라 이들 사회의 精神體系까지 복원해냈던 것이다. 필자는 이러한 노력을 곁에서 지켜보면서, 한국 고고학에 대해서 다시 생각해보지 않을 수 없었다.

흔히 한국학을 연구하는 학자들은 고대한국사의 연구에는 문헌자료의 未備와 不充分으로 인하여 일정한 한계가 있을 수밖에 없다고들 말한다. 그러나 고대 한국사에는 文字로 기록된 檀君神話와 東明神話 같은 편린은 물론 여러 正史와 野史의 기록들이 존재하지 않은가. 비록 이러한 기록들이 한국 고대사를 연구하는 데 불충분할 지라도, 기록자체가 전혀 존재하지 않는 마야나 잉카제국과 같은 사회를 연구하는 여건보다도 더 나쁘지는 않을 것이다. 오히려 韓國學을 연구하는 학자들은 中南美 大陸의 古代帝國들보다 훨씬 풍부한 문헌자료에 행복해 할 것임에 틀림없을 것이다. 물론 여기에는 『三國史記』初期記錄 不信論 같은 암초들이 도사리고 있기는 하지만.....

필자는 국가형성론을 전공하고자 했던 고고학자로서 한국 고대국가의 형성과정에 대한 연구는 도대체 어느 시점에서부터 시작해야 할 지 난감해하지 않을 수 없었다. 이는 문헌이나 고고학 자료가 부족해서가 아니라 초기국가를 바라보는 한국학자들의 시각의 차와 그 괴리가 너무나 컸기 때문이었다. Wichita 주립대 유학시절 필자의 석사학위 논문작성은 그 시작부터 난관에 부딪쳤었다. 그 무렵 필자는 최몽룡 교수께서 하바드대에 박사학위 청구논문으로 제출했던 'A Study of the Yongsan River Valley Culture-The Rise of Chiefdom Society and State in Ancient

4

Korea'라는 글을 접하게 되었다. 이 논문을 통하여 필자는 국가성립의 문제는 물론 국가이전 사회인 지석묘 사회조차도 의외의 문제로 연구가 진척되지 못하고 있음을 알게 되었다.

따라서 필자는 어린 시절이래 잊고 있었던 숙제를 다시 풀기로 다짐하였다. 그것은 다름 아닌 지석묘 문제를 먼저 해결하기로 결심한 것이었으며, 그것도 형식분류나 기원문제가 아닌 社會構造나 政治制度 같은 新考古學에서 제기되는 본질적인 문제들을 정면으로 다루기로 작정하였다. 그 결과는 석사학위 논문으로 'Dolmen Builders: The Emergence of Eilte in Prehistoric Korea'를 제출하였다. 당시 필자는 제목처럼 거창하게 WSU의 인류학과 교수진들 앞에서 거침없이 발표했지만, 이 논문은 자료의 부족함과 논리의 미숙함이 그대로 드러났다. 지금 생각하면 사실 좀 부끄러운 졸작이었다.

필자는 귀국 후 석사학위 논문 작성과정에서 부족했던 점을 보충하기 위하여 현지조사와 발굴조사를 통한 지석묘 연구를 계속 진행하였다. 또한 이론적 전개에 필요한 민족지적 자료, 특히 인류학자들이 세계 여러 지역에서 수집한 족장사회단계의 민족지적 자료에 대한 분석도 병행하였다. 이러한 조사와 연구의 결과들을 토대로 한양대학교에 박사학위 청구논문으로 「韓國 靑銅器時代 支石墓社會의 硏究」를 제출하였다. 이 논문은 지금까지 한국의 지석묘 사회 연구에서 제기된 문세들을 종합적으로 정리한 것이다. 이 논문에서 필자는 新進化論의 입장에서 한국 先史時代 政治體와 政治 엘리트의 등장을 지석묘라는 고고학적 유적을 통하여 밝히고, 이를 바탕으로 한민족이 거주했던 영역의 범위 내에서 고대국가가 어떤 과정을 거처서 형성되었는가 하는 고대국가 성립과정에 관한 연구의 시발점으로 삼고자 하였다.

본서는 그동안 필자의 지석묘에 대한 연구에서 부족했던 자료를 보강하고 논지를 새롭게 다듬은 것이다. 앞으로도 필자의 지석묘에 대한 연구는 계속될 것이다. 그러나 연구의 관점은 지석묘를 축조했던 집단의 후손들에 좀더 비중을 두고자 한다. 한국사에서 지석묘 사회는 한국 선

5

사시대의 마지막 장을 장식하고, 제도화한 복합사회라는 새 시대 개막에 밑거름이 되었다. 그래서 역사적 위치로 자리매김을 하게 되는 사회였다. 본서는 그 과정을 구체적이고 종합적으로 분석한 글이다.

본서의 작성에는 많은 분들로부터 학문적 배려를 받았다. 특히 유학시절 캔자스 위치타 주립대의 아서 론 교수님과 도날드 브레이크슬리 교수님의 도움이 컸다. 그들 교수님들은 고고학자료에 대한 사회적 의미를 읽을 수 있도록 많은 도움을 주셨다. 한국전통문화학교의 김병모 총장님은 필자가 대학입학 이후 지석묘를 지속적으로 연구할 수 있는 학문적 배려를 마련해 주셨고, 서울대학교 고고미술사학과의 최몽룡 교수님은 지석묘 연구의 이론적 기반으로서 신진화론을 한국고고학에 접목시키는 데 많은 조언을 아끼지 않으셨다. 또한 학위논문을 지도해 주셨던 한양대학교의 배기동 교수님의 학문적 배려도 잊을 수 없다. 이외에도 임계순 교수님, 세종대학교의 최정필 교수님, 하문식 교수님, 국립문화재연구소의 조유전 소장님, 경기대학교의 최홍규 교수님, 조병로 교수님께서 많은 부분을 지적해 주셨다. 이 자리를 빌어 다시 한 번 감사 드리고 싶다.

끝으로 본서의 출간을 흔쾌히 허락해주신 도서출판 周留城의 최병식 사장님과 본서를 아름답게 꾸며주신 편집부 여러분에게도 감사드린다. 그리고 어려운 경제적 여건 속에서도 오랫동안 학문의 길을 걸을 수 있도록 묵묵히 뒷바라지를 아끼지 않은 가족 모두에게도 감사한 마음을 전하고 싶다.

2003. 2. 25

兪 泰 勇

차 례

10

表 目 次

地圖 目次

圖面 目次

I. 序 論

1. 研究의 方向

1) 研究의 背景

　人類社會의 發展過程에서 平等社會가 階層社會로 넘어가는 시기는 지역적 환경에 따라 다소 차이가 있지만, 대략 新石器時代에서 青銅器時代로 전환되는 시기이다. 이 시기를 전후하여 全世界的으로 커다란 文化의 變動 現象이 일어나는데, 이는 다름 아닌 엄청난 노동력이 투입되는 거대한 建築物이나 巨石記念物의 축조이다. 서유럽 · 북유럽 · 지중해연안 · 서남아시아 · 동남아시아 · 남미의 콜롬비아 등지에서는 支石墓 · 선돌 · 環狀列石 등이 세워졌다. 또 이스터섬에서는 거대한 石像이 세워졌고, 中美와 南美를 비롯한 新大陸 일부에서도 역시 거대한 神殿과 石像이 축조되었다. 中國의 大凌河流域에서는 女神墓가 造成되는 한편 韓民族이 활동하던 滿洲와 韓半島에는 많은 支石墓를 지었다. 한국의 지석묘는 한국문화의 사회적 발전과정에 어떤 과정을 거쳐 單純한 平等社會(simple egalitarian society)가 階層的 複合社會(stratified complex society)로 넘어가는가 하는 文化變動의 메커니즘을 밝히는 基礎的이고 可視的 資料로 이용될 수 있는 考古學 遺蹟이다.

　그런 이유로 한국의 고고학자들은 그 동안 先史時代의 墓制로서 지석묘를 매우 중요한 연구주제로 삼았다. 지금까지 진행된 지석묘 연구는 주로 型式分類 · 起源問題 · 隣接地域과의 比較 등에 초점을 맞추어 전통고고학의 접근방법에서 크게 벗어나지 못하였다. 그러나 최근 학계의 관심은 新考古學이라는 이론적 배경을 바탕으로 지석묘 사회의 복원과 사회조직의 재구성이라는 주제로 연구방향을 새롭게 모색하고 있다.[1] 현재까지 진행된 많은 고고학적 발굴성과에도 불구하고, 지석묘 축조집단의 사회구조는 그리 명확하게 밝혀지지 않았다. 그리하여 한국의 고고학계는 지석묘 사회가 평등사회냐 계층사회냐 하는 사회구조의 계층화 여부에 대한 논쟁이 계속되었다. 따라서 본 논문에서는 사회 진화단계에서 지배 상층계급 형성의 이론적 배경을 설명하고, 그러한 관점에서 지석묘 축조집단의 사회적 계층화 문제를 검토하여, 지석묘가 당시의 사회구조에서 차지하는 역할과 기능을 살펴보고자 한다.

한국문화의 형성과정에서 지석묘가 차지하는 비중은 비교적 크다. 그러나 지석묘가 축조된 연대를 제대로 밝히지 못한 가운데 학자 간의 의견만이 분분하였다. 현재까지 진행된 지석묘 연구의 결과를 감안하면, 지역 간의 차이는 다소 존재하겠지만 한국에서 지석묘가 축조되기 시작한 시기는 대체로 新石器時代 末期에서 靑銅器時代 初期로 간주할 수 있을 것이다. 그 下限은 靑銅器時代 末期에서 鐵器時代 初期에 해당한다. 이 시기는 한국사회가 역동적인 변화를 경험하던 시기이기도 하였다.

지석묘 사회의 구조에 대한 현재까지 논의는 대략 두 가지로 요약될 수 있다. 첫째, 靑銅器時代에 축조된 지석묘는 사회의 모든 성원들의 墓制로 이용되었다고 하는 견해이다. 그러니까 지석묘 사회는 사회적 계층화가 진전되지 않은 平等社會(egalitarian society)였나고 하는 것이다. 둘째, 지석묘는 사회적 계층화가 이루어진 족장사회의 지배 상층계급(ruling elite)의 墓制로, 지석묘 사회는 族長의 주도아래 사회가 영위되는 階層社會(ranked, or stratified society)였다고 하는 학설이다.

---

1. Choi, M.L., 1984, *A Study of the Yongsan River Valley Culture-The Rise of Chiefdom Society and State in Ancient Korea-*. Harvard University Ph.D. dissertation.

  Rhee, S.N., 1984, *Emerging Complex Society in Prehistoric Southwest Korea*. Univ. of Oregon, Ph.D. dissertation

  Yu, T.Y., 1998, *The Domen Builders : The Emergence of Elite in Prehistoric Korea*, Wichita State Univ. MA thesis

여기에서 두 견해를 간단히 살펴보면, 먼저 지석묘 사회가 계층사회라고 주장이다. 崔夢龍은 사회 진화론적 관점에서 지석묘 사회를 재구성하고 있다. 그는 일찍부터 미국 인류학계에서 제기된 신진화주의 이론을 韓國 考古學에 적용시킨 한국의 대표적인 신진화주의 학자이다.[2] 특히, 그는 Service가 발전시킨 인류사회의 네 단계 진화모델[3]에 주목하고, 이를 지석묘 사회의 복원을 위한 이론적 도구로 사용하였다. 즉, 그는 지석묘 사회에서 노동력의 통제·축조기술·墓制·원거리 교역·직업의 전문화·벼농사의 전개 등을 두루 검토한 후, 지석묘 축조사회는 族長社會(chiefdom)의 단계에 도달한 사회라고 결론을 내리고 있다.

李松來는 지석묘의 축조는 사회진화와 밀접하게 연관되었고, 사회의 규모는 巨石의 크기에 반영되어 있다[4]고 말한다. 즉, 세우고자 하는 지석묘의 크기가 크면 클수록 축제의 규모는 커지며, 다시 축제의 규모가 그만큼 커지면, 지석묘 축조를 주관한 사람이나 그 친족의 사회 정치적 명성은 그만큼 더 커질 것이라고 해석한다. 그는 지석묘 축조는 계층사회에 있어서의 물질적 그리고 상징적 표현이라고 지적한다.

Nelson도 지석묘 사회를 계층사회의 物的證據로 간주하고 있다. 그녀는 무문토기와 같은 시대에 축조된 지석묘는 급격하게 변화하는 한국 청동기시대의 사회상을 반영한 것이다. 지석묘가 넓은 분포도를 보이는 것은 인구가 계속해서 증가했었다는 증거라고 지적한다.[5] 그리고 지석묘는

2. 崔夢龍, 1981, 「全南地方 支石墓社會와 階級의 發生」『韓國史研究』35
　____, 1982, 「全南地方 支石墓社會의 編年」『震檀學報』53·54合輯
　____, 1986, 「春川中島와 義城塔里 出土人骨」『韓國古代史의 諸問題』, 백산자료원
　____, 1997, 「湖南地方의 支石墓社會」『韓國古代國家形成論』, 서울대학교 출판부
　Choi, M.L., 1984, *A Study of the Yongsan River Valley Culture-The Rise of Chiefdom Society and State in Ancient Korea-*. Harvard University Ph.D. dissertation
3. Service, E., 1962, *Primitive Socal Organization: An Evolutionary Perspective*. Random House, New York.
4. Rhee, S.N., 1984, *Emerging Complex Society in Prehistoric Southwest Korea*. Univ. of Oregon Ph. D. dissertation, pp.283~284

상층계급 무덤으로서의 역할뿐만이 아닌 영토의 범위를 나타내는 標識 (territorial mark)로서 축조되었다고 주장한다. 그녀는 한국의 청동기시대를 '無文土器時代'나 '靑銅器時代'로 부르는 것보다는 이 기간을 나타내기 위하여 '巨石文化時代'라는 용어를 사용하자는 제안까지 내놓았다.

역사학자인 李基白은 지석묘의 축조를 계층사회의 公共作業과 관련시켜 설명하고 있다. 즉, 지석묘의 축조에는 많은 인력이 동원되었다는 것이다. 그리고 한 곳에 여럿이 무리를 지어 배치된 것은 시대를 달리하여 계속해서 축조했기 때문인 것으로 추정하면서, 지석묘에 被葬된 사람은 共同體의 代表者가 아니라 權力의 所有者였을 것이라고 보았다. 그는 지석묘에 묻힌 被葬者는 農耕에 의해 생산물을 보다 많이 거두어들이고, 전쟁에 의해 전리품을 보다 많이 점유했을 것이며, 그리하여 경제적 財富를 누린 자였을 것으로 추정한 것이다. 따라서 지석묘에 묻힌 피장자는 많은 노동력을 통제할 수 있었고, 그가 지닌 권위는 죽은 후 자손들에게까지도 세습되는 상당한 권력의 소유자로 인식하였다.[6]

한편 전남 지방의 지석묘를 집중적으로 연구한 李榮文은 지석묘에 副葬된 유물의 유형, 지석묘의 分布圖에 따른 群集數, 副葬品에 포함된 交易品, 支石墓群의 지역적 거리 등을 검토한 후, 지석묘의 축조는 지배자의 출현과 관련되었다고 결론짓고 있다.[7] 특히, 그는 이러한 지배자의 출현은 나중에 정치적인 권력자의 탄생으로 이어져 馬韓小國 형성의 배경이 된 것으로 보고 있다.

지석묘의 階層社會論을 주장하는 학자들은 청동기시대에 지석묘의 축조는 지배계층의 출현에 대한 가시적이고 標識的인 物的證據라고 주장한다. 따라서 그들은 지석묘를 지배계층의 墓制로서 축조되었다고 간주하고 있는 것이다. 이는 지석묘의 축조는 많은 노동력과 시간을 소모하는

5. Nelson, S.M., 1993, *The Archaeology of Korea*, Cambridge University Press, p.110
6. 이기백, 1999, 『韓國史新論』, 一潮閣, pp.31~32
   Lee, K.B., 1984, *A New History of Korea*, Harvard University Press, pp.12~13
7. 李榮文, 1993, 『全南地方 支石墓 社會의 研究』, 韓國教員大學校 大學院 博士論文

작업인 데 반하여, 무덤의 기능 외에는 다른 실용적 기능이 없다고 하는 점 때문이다. 특히, 李松來는 지석묘의 크기는 複合社會 形成過程을 반영한 것으로 보았고,[8] 넬슨은 지석묘가 지배집단의 영향력이 미치는 영역의 표지로서 기능하고 있음을 강조한다.[9]

지금까지 지석묘의 발굴조사 결과를 보면, 지석묘는 그 규모의 거대함에 비하여 副葬品으로 출토되는 유물은 상대적으로 稀少한 양상을 보여주고 있다. 이것은 오랜 기간 동안에 노출되어 파괴되거나 도굴되었기 때문일 것으로 보기도 한다.[10] 그러나 지석묘 사회가 평등사회였다고 주장하는 학자들은 지석묘에서 출토되는 부장품 가운데 사회적 계층화를 가리키는 뚜렷한 유물이 없음을 들어 지석묘 사회는 계층화가 진전되지 않은 평등사회였다는 근거로 내세우기도 한다. 지석묘의 평등사회 주창자들은 이러한 근거를 바탕으로 지석묘는 평등사회에서 마을 구성원들의 자발적으로 참여한 協同作業으로 축조되어, 일반 주민들의 무덤으로 사용되었을 것으로 간주하였다.

李南奭은 지석묘의 분포가 자연환경과 서로 밀접하게 연결되었고, 圓形 또는 直列의 형태로 지석묘가 축조되었다는 사실에 주목한다. 이는 단지 지석묘 사회가 혈연으로 연결된 사회임을 반영하는 것일 뿐, 石劍 같은 부장품은 사회적 權威物로 사용되었을 가능성이 희박한 것으로 보고 있다. 따라서 지석묘는 개인의 능력보다는 사회적 협동작업에 의해 축조되었다는 것이다. 그는 "사회적인 계층 구분이 미약한 사회에서 구성원 모두가 일반적으로 사용한 무덤으로 볼 수밖에 없을 것"[11]이라고 주장한다. 이는 지석묘 사회가 신분적 계층분화가 미약한 평등사회였다는 이야기이다.

池健吉도 李南奭과 거의 같은 견해를 제시하였다. 그는 비록 지석묘

---

8. Rhee, S.N., 1984, *Emerging Complex Society in Prehistoric Southwest Korea*. Univ. of Oregon Ph. D. dissertation
9. Nelson, S.M., 1993, *The Archaeology of Korea*. Cambridge University Press
10. Nelson, S.M., 1993, *The Archaeology of Korea*. Cambridge University Press. p.147

의 규모가 정치사회적 지위나 경제적 능력과 상관관계를 가졌다고 하더
라도, "支石墓가 반드시 少數의 支配階級들만을 위한 墓制라는 論理와는
區別되어져야 할 것"[12]이라고 말한다. 또한 지석묘가 강변이나 山麓아래
의 평지에 분포하고 지석묘의 장축방향이 물의 흐름이나 산맥의 방향과
평행한 것은 "自然崇拜思想과 결부되는 山勢나 水勢"와 연관되는 것으로
보았다. 따라서 그는 지석묘 사회가 자연환경에 크게 영향을 받는 사회
로, 지석묘는 지배계층에 의한 인력동원이 아닌 공동체적 협동체제 아래
서 축조된 것으로 인식하였다.

강봉원은 한국 남부의 지석묘 사회는 영속화된 지도력, 호화로운 副
葬品, 威勢的 交易品, 제도화된 政治體, 또는 週期的인 儀禮活動 등과 같
은 증거가 없기 때문에 족장수준의 사회로서 간주될 수 없다[13]고 주장하
였다. 그러나 1999년에 발표한 논문에서는 "그러나 지금 필자의 입장은
한국의 지석묘 사회가 '족장사회'라고 분류되는 것에 크게 반대하지 않
는다"[14]고 하여 한국의 지석묘 사회가 族長社會의 성격을 갖고 있음을 일
부 인정하고 있다.

Pearson도 지석묘를 여러 지역의 마을로부터 협동작업에 의해 축조된
것으로 보고 있다.[15] 그러한 이유로서 지석묘 문화의 특징을 다음과 같이
요약하였다. 첫째, 지석묘의 분포는 核(nuclei)이나 多角形(polygon)이
아닌 연속적인 무리로 분포한다. 둘째, 상당한 富의 蓄積이나 勞動의 專
門化에 대한 증거가 없다. 셋째, 稻作農耕은 대략 기원전 6세기경에 시작
되었다.

11. 李南奭, 1985, 「靑銅器時代 韓半島 社會發展段階問題」『百濟文化』16, p.94
12. 지건길, 1983, 「支石墓社會 復元에 관한 一考察」『梨花史學硏究』13 · 14合輯, p.5
13. Kang, B.W., 1990, *A Megalithic Tomb Society in Korea: A Social Reconstruction*.
    Arizona State University M.A. Thesis
14. 강봉원, 1999, 「한국 지석묘연구의 이론과 방법론」『한국 지석묘(고인돌)유적
    종합 조사 연구』, p.342
15. Pearson, R., 1978, Lolang and the rise of Korean states and chiefdoms. *Journal of
    the Hong Kong Archaeological Society* 7

그러나 피어슨이 제시한 논거들은 시대에 뒤진 자료들이거나 부정확한 정보를 바탕으로 제시된 것들이다. 지석묘의 중요한 특징 가운데 하나는 지석묘가 일정한 간격을 두고 무리를 지어 발견된다는 점이다. 그리나 다각형의 모습으로 공간적 분포가 이루어지지 못하는 것은, 한국의 지형은 70%가 산으로 이루어져 있기 때문이다. 즉 그는 길게 연이어진 산맥이 支石墓群의 多角形的인 分布를 가로막고 있는 지형적 특색을 간과한 것이다. 稻作農耕도 지속적인 발굴 결과를 놓고 보면, 그가 제시한 기원전 6世紀보다는 훨씬 이른 시기인 기원전 3000년 전까지 올라가고 있다.

지석묘 사회가 평등사회라고 하는 주장들은 다음과 같이 요약될 수 있다. 첫째, 호화로운 부장품이나 威勢的 交易品 같은 사회적 계층을 나타내는 유물들이 지석묘에서 출토되지 않고 있다. 둘째, 지석묘의 축조는 여러 마을로부터의 自律的 協同에 의해 이루어졌다. 셋째, 지석묘의 분포와 밀도는 자연환경과 밀접하게 연관되어 있다. 따라서 지석묘 사회는 자연환경에 크게 의존하는 사회이다. 넷째, 지석묘가 축조되는 시기에 富의 집중이나 노동의 전문화와 같은 중요한 증거가 보이지 않는다. 다섯째, 지석묘 사회에서의 영속적 지도력이나 제도화된 政治體(polity)에 대한 적극적 증거가 보이지 않는다. 마지막으로, 지석묘에서 출토된 磨製石劍 같은 유물도 지석묘 사회에서의 지도자나 통치자의 상징물로 간주될 수 없다. 그 같은 이유들로 평등사회를 주장하는 학자들은 지석묘 사회를 기본적으로 평등에 기초한 사회인 동시에 지석묘는 일반인들(commoners)의 무덤으로 사용되었다고 말한다.

한편 북한에서는 1959년에 이미 도유호가 지석묘 사회를 原始共同體 사회로 규정하였다.[16] 그러나 1960년대를 넘어서면서 북한학자들은 남한의 평등 또는 계층사회로 보는 두 입장과는 다르게, 줄곧 지배자 또는 통치자의 무덤으로 간주하는 입장을 견지하고 있다. 북한학계의 입장을 가

---

16. 도유호, 1959, 「조선거석문화연구」『문화유산』59-2

장 잘 대변하는 학자가 바로 석광준이다. 그는 集體무덤은 침촌리 같은 한정된 지역에서만 발견되는 데 비하여, 개별무덤은 넓은 지역에 분포하고 있다는 입장을 보인다. 이것은 바로 인구가 증가함에 따른 생산물을 보다 넓은 지역에서 확보하기 위해 새로운 경작지를 개척한 결과[17]로 파악하였다. 특히 지석묘군 가운데 대형 지석묘가 한 기씩 존재하는 것은 바로 촌락공동체에서 우두머리의 존재를 입증하는 것으로 보았다. 예를 들어, 오덕리 1호, 노암리 1호, 또는 요동의 은현 허가둔 등에 홀로 존재하는 대형 지석묘는 地域共同體에서 酋長의 墓制라고 간주하고, 그 중에서도 무게가 40 t 정도 나가는 노암리 1호 지석묘는 안악군·은천군·재령군·신천군·삼천군 등지의 중심 지역에 위치한 데 주목했다. 이들 지석묘들은 지배자의 계급에 속하는 무덤들이며, 역사기록에 나타나는 小國 統治者의 무덤일 것으로 추정하였다.[18] 따라서 북한의 고고학자들은 지석묘를 支配階層의 무덤으로 파악하고 있는 것으로 보아, 그들도 결국 한국의 지석묘 사회를 계층사회였던 것으로 간주하고 있는 것이다.

지금까지 살펴본 바와 같이, 한국의 지석묘는 사회성원의 공동협업에 의해 축조되었다는 지석묘 사회의 平等社會說과 많은 노동력이 투입되고 시간이 소모되는 지석묘는 상층계급의 개별 무덤으로 축조되었기 때문에 지석묘 사회는 족장사회로 보아야 한다는 階層社會說로 나누어지고 있다. 이러한 지석묘 사회에 대한 학자들 간의 전혀 다른 견해는 古代韓國의 複合社會 形成過程에 대한 설명을 어렵게 만들고 있다. 특히, 이러한 시각차이는 한국의 初期國家 형성과정을 설명하기 위한 理論定立 (theory building)의 土臺를 세우는 데 커다란 학문적 장애물로 등장하고 있다. 따라서 한국에서 초기국가(early state)의 형성과정을 설명하기 위한 이론을 정립하기 위해서는 무엇보다도 지석묘 사회에 대한 명확한 성

17. 석광준, 1979, 「우리나라 서북지방 고인돌에 관한 연구」 『고고민속론문집』 7
18. 석광준, 1995, 「평양일대에서 새로 발굴된 고인돌무덤과 돌관무덤에 대하여」 『조선고고연구』 1995-1

격파악이 선결되어야 할 것으로 보인다.

지석묘 사회에 대한 학자들의 견해 차이가 발생하게 된 원인을 다음과 같이 몇 가지로 정리할 수 있다. 첫째 일부 고대사 연구자들이 서구학계의 신진화주의, 특히 족장사회의 개념을 정확하게 이해하지 못한 채 이를 지석묘 사회에 적용하려 했던 점을 들 수 있다. 둘째는 지금까지 지석묘 사회의 연구가 주로 형식분류나 기원문제 등에 치중됨으로써, 지석묘 사회를 복원하려고 하는 노력이 몇몇 학자들을 제외하고는 매우 제한적으로 이루어졌다는 점이다. 그러한 문제들은 결국 한국 고대의 사회나 문화의 발전과정에 대한 사회적 메커니즘을 이해하기 위한 總體的 接近(holistic approach)이 이루어지지 못한 데에 근본적인 원인이 있다고 하겠다. 따라서 본 연구는 한국 고대국가의 형성과 전개과정의 이해를 위한 선결과제로서 지석묘 축조집단의 사회구조와 사회조직의 계층적인 성격에 대한 좀더 분명한 이해를 얻기 위해 이루어진 것이다.

2) 硏究의 目的

지석묘는 巨石文化의 하나로서 全世界的으로 분포되어 있다. 그러나 한국의 지석묘는 세계적으로 가장 밀집되어 분포되었다. 한국의 지석묘는 19세기 말 이래, 거의 100여 년 간에 걸친 先學들의 연구결과로 주로 靑銅器時代에 축조된 墳墓遺蹟으로 이미 밝혀졌다.

그러나 지금까지 지석묘 연구는 주로 地表調査에 의한 分布圖 作成이나 국토개발사업 과정에서 발생한 救濟發掘(salvage excavation)에 의한 자료축적 등을 통하여 고고학적인 연구가 진행되었다. 고고학자들의 관심도 지석묘의 起源問題나 型式分類, 또는 年代設定 등에 연구의 초점이 주어졌었다. 따라서 지석묘 축조집단의 사회적 성격에 대한 연구는 그리 진전되지 못하였다.

支石墓의 起源에 대한 학자들의 견해는 대개 傳播論과 自生論으로 大別된다. 지석묘의 起源이나 發生問題를 해결하는 것은 한국의 지석묘 사회를 연구하는 데 매우 중요한 문제임은 틀림없을 것이다. 그러나 한국의 지석묘가 전파든 자생이든 간에 한국 청동기시대의 거의 全期間에 걸쳐 축조되었다는 사실을 감안할 때, 지석묘의 축조가 한국 고대문화 형성에 어떤 역할을 담당했는가 하는 문제를 규명하는 것이 더 중요하리라고 생각된다. 그러나 지금까지 이러한 관점에서의 지석묘 연구는 깊이 있게 이루어지지 못한 실정이다.

지석묘의 형식분류를 보면, 지석묘를 연구하는 학자들이 서로 다른 분류기준을 갖고 서로 다른 型式分類를 과도하게 진행하여 지석묘의 形式學的 硏究에 커다란 혼란을 야기하고 있다. 게다가 형식에 따라 지석묘의 編年 결과가 서로 상반되는 경우까지도 발생하였다. 즉, 어떤 학자는 北方式을 初期型式으로 본 데 대하여, 어떤 학자는 南方式 또는 蓋石式을 初期型式으로 보는 등 편년상의 견해가 상반되어 제출되기도 한다.

지석묘의 年代問題도 학자들마다 다른 견해가 제시되었다. 즉 한국의 지석묘는 新石器時代 中期부터 축조되었다는 견해로부터 初期鐵器時代까지 계속해서 축조되었다는 견해까지 다양하게 나타났다. 그러나 이러한 지석묘의 축조시기에 관한 다양한 견해는 기본적으로 靑銅器時代의 年代設定에 대한 학자 간의 불일치에서 기인한 것이다. 즉, 청동기시대 자체의 연대에 대한 학자들의 견해가 일치하고 있지 않을 뿐더러, 고고학적 발굴이 계속적으로 진행되면서 그에 따라 청동기시대의 연대도 당연히 상향조정되는 사태가 계속적으로 발생하고 있기 때문이기도 하다.

지석묘를 축조한 집단의 사회적 계층문제에 대한 연구가 시도되기는 했지만, 평등 또는 계급사회 문제가 평행선을 달리게 된 근본적인 배경은 앞의 이러한 기본적인 문제들이 해결되지 못한 점이 크게 고려될 수 있을 것이다. 이러한 문제에 대한 논쟁은 결국 지석묘 사회의 복원문제를 등한시하게 만드는 결과를 초래했다고도 볼 수 있다.

앞에서 언급했듯이, 한국의 지석묘는 고대한국의 문화가 平等社會에서 複合社會로 넘어가는 中間段階의 發展過程上에 위치하고 있는 考古學的 記錄이다. 그러나 지석묘의 사회적 성격에 대한 연구가 부진한 결과로 한국의 고대사회가 어떠한 사회적 메커니즘을 거쳐 國家段階에 이르렀는가 하는 국가형성 문제 규명에 학문적 답보를 면치 못하게 되었다. 지석묘 사회에 대한 다각적인 연구는 한국 고대문화의 전개과정에서 複合社會 形成의 一次的 動因(prime mover)에 대한 사회적 메커니즘을 밝히는데 중요한 역할을 담당할 것이다. 따라서 본 논문에서는 韓國에서 初期國家의 형성과 전개과정을 밝히기 위한 前段階 작업으로서, 지석묘 축조집단의 사회적 계층구조를 밝히는 데 目的을 두고자 한다.

3) 硏究의 方法과 對象

考古學의 目的은 遺蹟이나 遺物에 대한 연구를 통하여 과거 사람들의 삶을 설명하는 것이다. 따라서 고고학자들은 유적을 발굴하여 죽어있는 考古學的 記錄(archaeological record)으로부터 당시 활동하던 사람들의 삶을 복원하기 위한 연구에 노력을 집중하면서, 이를 위해 여러 가지 방법론을 개발하고 새로운 이론들을 적용하여 왔다. 본 논문에서도 마찬가지로 여러 고고학적인 방법과 이론들을 적용하여 지석묘 사회를 종합적으로 검토하고자 한다.

먼저, 제Ⅱ장에서는 지석묘 사회의 이론적 배경으로 韓國學界에서 벌어지고 있는 新進化主義 論爭을 검토하고, 지석묘 사회 복원에 적용할 때 제기되는 문제를 살펴본다. 그리고 社會階層과 社會構造에 대한 개념을 新進化主義의 발전단계에 맞추어서 검토하고, 만일 지석묘 사회에 지배상층계급이 존재하였다면, 그들의 존재가 고고학적 유물에 어떻게 반영되고 있는가 하는 고고학적 평가기준을 살펴보기로 한다.

둘째, 제Ⅲ장에서는 지석묘 연구에서 문제로 제기되어 왔던 명칭·기원·분포·연대·형식 같은 기본적 문제들을 검토하여, 지석묘 사회의 복원에 합리적으로 적용할 수 있는 방안을 모색하였다.

셋째, 제Ⅳ장에서는 본 연구의 중요과제인 지석묘 사회의 계층적 분석을 위하여 지석묘와 그 묘실에서 출토되는 여러 부장품에 대한 社會的

(sociofact), 技術的(technofact), 그리고 理念的(ideofact) 분석을 시도하였다. 지석묘 사회의 農耕活動이나 住居址 位階體系 같은 연구는 支石墓와 同時代에 해당하는 다른 고고학적 자료들을 선택적으로 이용하였다.

넷째, 제Ⅴ장에서는 지석묘 사회의 족장사회로서의 성격과 초기국가와의 관련성을 살폈다. 여기에서는 지석묘 사회에 대해 이해에 도움이 되는 歷史的 資料나 民族誌的 報告資料를 民族誌考古學(ethnoarchaeology)의 측면에서 적극 활용하였다. 특히, 지석묘 축조집단의 後繼社會로 인정되는 初期國家에 관련된 자료들을 考古學的 遺物의 해석에 적극 이용하였다.

다섯째, 연구대상은 지역적으로는 遼寧·吉林地方과 韓半島 등 古代韓民族의 활동무대와 관련된 지역의 지석묘를 대상으로, 시간적으로는 지석묘가 한국 청동기시대의 주요 墓制라는 점을 가정하고 논지를 전개하고자 한다. 그러나 지석묘의 지리적 분포와 범위에 대한 성격 파악에서는 특정 지역을 먼저 분석하고, 그 결과를 다른 지역들과 비교하는 교차적 방법을 사용하기로 하였다. 본 논문에서는 강화도를 특정 지역 분석의 표본 지역으로 선정했는데, 그것은 이 지역이 지리적으로 한반도의 중심부에 위치하면서도 지역적으로는 육지와 분리된 채 일정한 범위 내에 고립되었기 때문이다. 지석묘의 分布分析과 地勢關係를 고찰하는 데 상당히 우수한 표본 조건을 갖추었다는 점도 고려되었다.[19] 또한 지석묘의 분포위치와 그 숫자가 비교적 자세하게 학계에 보고되었다는 점도 그 이유의 하나이기도 하다.

한편 동북아의 지석묘는 지역적으로 넓게 분포하고 있을 뿐더러 시기

---

19. 강화도 지역의 지석묘를 분석하는 데 있어 제기되는 年代問題는 강화도 지석묘의 조사과정에서 발굴된 팽이형토기(角形土器) 출토 住居址의 年代를 근거로 時代폭을 設定하였다. 즉, 이 住居址에서 출토된 팽이형토기가 典型팽이형토기이며, 그 실 연대가 B.C. 10세기 경이기 때문에 강화도 지석묘의 築造年代는 적어도 B.C. 10세기 경부터 B.C. 3~2세기까지를 上·下限年代로 設定하였다.

적으로 상당히 긴 기간 동안 축조되었기 때문에, 이 지역의 지석묘를 연구하는 데 약간의 한계점을 드러내고 있다. 이를 몇 가지로 정리하면 다음과 같다.

첫째, 靑銅器時代에 축조된 지석묘는 시간이 흐르면서 많은 숫자가 인멸되었고, 또한 각 지역의 근대화과정에서 많은 지석묘가 급격히 파손되어 통계숫자에 부정확성을 가중시켰다. 둘째, 지석묘에 대한 활발한 발굴조사 성과에도 불구하고 구체적으로 제시된 放射性炭素年代 같은 絶對年代의 測定値가 매우 드물다. 그래서 각 지역 지석묘에 대한 편년체계의 수립은 물론 지석묘 연구에서의 通時的 接近을 어렵게 한다. 셋째, 지석묘는 同時代의 다른 墓制들인 石棺墓, 石槨墓, 土壙墓, 또는 甕棺墓 등과 문화적으로 밀접한 관계에 있으나, 그들 묘제는 지하에 埋葬되어 현재까지 발굴 조사된 이들 墓制의 숫자가 극히 제한적이다. 따라서 지상에 노출된 지석묘에 비하여 그들 墓制의 통계숫자 파악에는 일정한 한계가 있을 수밖에 없다는 점이다.

따라서 본 연구에서 대두되는 문제점은 주로 그러한 이유들로 생겨난 것이다. 그러나 본 연구의 목적이 지석묘에 대한 總體論的 硏究를 통하여 先史時代 그 지역에서 발생한 복합사회의 형성과정을 이해하고자 하는 데 있다. 그래서 전체 통계숫자상에서 나타나는 미미한 오차는 비교적 看過될 수 있는 문제라는 점을 강조하고자 한다.

2. 研究史的 檢討

한국의 청동기시대에 유행한 墓制들은 支石墓·石棺墓·石槨墓·甕棺墓·土壙墓 등이다. 그 가운데 지석묘는 지리적 분포나 축조된 숫자 면에서 靑銅器時代 墓制研究의 핵심을 이룬다. 또한 그에 대한 활발한 연구 성과들은 한국의 고대문화를 규명하는 데 많은 기여를 해왔다. 여기에서는 그동안 진행된 지석묘의 研究史를 간단히 검토하여 階層社會 論爭에 대한 學說史的 背景으로 삼고자 한다. 지석묘 연구는 편의상 네 시기로 나누어 살펴볼 수 있을 것이다.

1) 제1기(舊韓末~1945)

그 시기는 支石墓 研究의 胎動期라고 할 수 있을 것이다. 한국의 지석묘는 先史時代에 墳墓의 한 형태로서 다량 축조되었지만, 오랜 역사시대를 거치면서 사람들의 머릿속에서 잊혀졌다. 그러다가 舊韓末의 선교사였던 Carles[20]와 Gowland[21] 등에 의해 서구학계에 소개되면서, 한국 고대의 거석문화의 遺存으로 역사가들로부터 다시금 주목받기 시작하였다.

일제시대에는 韓國의 民族史學者나 日本의 官學者들에 의하여 지석묘의 연구가 본격적으로 조사되기 시작하였다. 일본의 관학자들은 대거 지

---

20. Carles, W.R., 1883, *Life in Korea*. London, pp.55~56
21. Gowland, W., 1895, Notes on the Dolmens and Other Antiquities of Korea. *The Journal of the Anthropological Institute of Great Britain and Ireland*. Vol. 24:316~330

석묘 연구에 몰두하였는데, 그 중 가장 주목할 만한 인물은 역시 藤田亮策이다. 그는 1916년과 1917년 두 해에 걸쳐 平安道와 黃海道 각지에 분포한 지석묘를 조사하였으며, 그 결과를 방대한 보고서로 제출하였다.[22] 당시의 지석묘조사는 조선총독부를 중심으로 이루어졌다. 黃海道 長淵郡 掌石洞 支石墓, 殷栗郡 軍糧里 支石墓, 安岳郡 五里洞 支石墓 등에 대한 발굴조사가 그것이다. 그 시기에 慶尙北道 大邱市 大鳳洞에서 대규모 支石墓群을 발굴하여 지석묘의 하부구조에 관한 많은 자료를 확보하였다. 즉, 1927년에 1기가 조사되었고, 1936년에는 8기가 발굴되었고, 1938년에는 5기가 조사되었다. 그 지석묘 발굴에서 磨製石劍, 磨製石鏃, 紅陶, 無文土器 등이 출토되었다. 藤田亮策은 여기에서 출토된 副葬品의 성격이 김해 회현리 貝塚과 같은 것으로 보고, 한국의 지석묘는 金屬並用期의 墓制였던 것으로 파악하였다.[23]

그 시기에 활동한 한국의 학자로는 孫晋泰와 韓興洙가 있다. 孫晋泰는 서양의 지석묘를 소개하면서, 한국의 지석묘는 祭壇·住居·무덤 등으로 기능적 분류를 시도하였다.[24] 그는 한국의 지석묘는 新石器時代에 家族共同墓의 일환으로 축조되었으며 洗骨葬의 葬法이 채용되었다는 견해를 제시하였다. 孫晋泰의 지석묘 연구는 學說史的 입장에서 볼 때, 한국 지석묘 연구의 선구적인 업적으로 평가되고 있다.

韓興洙는 한국의 거석문화를 지석묘·선돌·七星바위·石塚 등으로 분류하였으나 石棺墓는 거석문화의 범주에서 제외하였다. 특히, 그는 1935년에 발표한 논문에서 거석문화의 일종인 지석묘는 북방식과 남방식으로 파악하면서, 지석묘의 祭壇說에 대하여 비판적 견해를 제시하였다.

22. 朝鮮總督府, 1916,『大正四年度朝鮮古蹟調査報告』
        , 1917,『大正五年度朝鮮古蹟調査報告』
23. 藤田亮策, 1934,「大邱大鳳町支石墓調査」『昭和十一年古蹟調査報告』, 朝鮮總督府
        , 1973,『朝鮮古文化綜鑑』, 名著出版
24. 孫晋泰, 1934,「朝鮮 dolmen考」『開闢』I
        , 1948,「朝鮮 dolmen에 關한 調査硏究」『朝鮮民族文化硏究』

즉, 지석묘의 墓室에서 人骨이 출토되는 데다, 墓室構造가 封鎖一室이고, 山上보다는 平野에 集團的으로 축조되고 있다는 점을 들어 제단이라기보다는 石器時代 사람들의 墓制였을 것으로 보았다. 그는 정착생활과 함께 식물이 재배되고 가축의 사육이 시작되는 新石器時代에 同族 屍體를 처리하기 위한 埋葬의 한 형태로 축조되었던 것으로 파악하였다.[25]

2) 제2기(1945~1970)

그 시기는 지석묘 연구의 본격적인 出發期라고 볼 수 있을 것이다. 해방이후 北韓에서 먼저 지석묘 연구가 시작되었다. 정백운은 한국의 지석묘는 新石器時代 末이나 金屬器時代에 사용된 墓制였을 것으로 간주하였다.[26] 도유호는 한국의 積石塚이나 石箱墳 등도 巨石文化에 포함시킬 수 있으나 한국에 들어온 방향은 다르며, 지석묘는 동남아시아에서 황해도 쪽으로 전래되었다는 東南亞 傳播論을 주장과 함께 청동기시대의 지석묘 사회는 原始共同體 사회였던 것으로 간주하였다.[27] 한편 일본의 三上次男은 만주와 한반도에서 발견된 지석묘와 석관묘를 종합적으로 검토하고, 지석묘 사용연대의 상한은 B.C. 3~2세기이고, 하한은 A.D. 3세기까지일 것이라고 주장하였다.[28]

林炳泰는 1964년에 발표한 논문에서 지석묘를 탁자식 · 기반식 · 무시석식으로 분류하고, 그들 형식을 다시 石室의 위치와 숫자에 따라 좀더 세분하였다.[29] 그는 한국 지석묘의 상한연대를 B.C. 3世紀대 이전, 下限年代는 처음에는 A.D. 1세기경이었을 것으로 보았다. 그러나 나중에 하한 연대를 B.C. 2세기경으로 다시 견해를 수정하였다.[30] 북한의 황기덕은 지

25. 韓興洙, 1935, 「朝鮮의 巨石文化 硏究」『진단학보』3
26. 정백운, 1957, 「조선고대무덤의 연구」『문화유산』57-2
27. 도유호, 1959, 「조선 거석문화 연구」『문화유산』1959-2
28. 三上次男, 1961, 『滿鮮原始墳墓の硏究』
29. 林炳泰, 1964, 「韓國支石墓의 型式 및 年代」『史叢』9

석묘를 포함한 무덤의 연구를 통하여 사회를 복원하고자 하는 논문을 발표하였다.[30] 여기에서 그는 積石으로 연결된 지석묘의 한 墓域을 家族集團墓로 추정하고, 이는 父系制의 사회발전단계에 해당한다고 주장하였다.

金載元과 尹武炳은 1962년부터 전국의 지석묘 12곳을 발굴한 후, 그 결과를『韓國支石墓研究』로 출판하였다.[32] 그들은 지석묘를 북방식과 남방식으로 분류하면서, 한국 지석묘의 발전은 북방식에서 남방식으로 진행되었고, 남방식은 다시 無支石式에서 有支石式으로 발전된 것으로 판단하였다. 그들은 지석묘의 상한은 B.C. 8세기 이전이며, 하한은 북쪽은 B.C. 4세기 말에서 3세기 초 사이이고 남쪽은 B.C. 2세기까지로 보았다. 그리고 경기도 파주군 옥석리 지석묘를 발굴할 때 지석묘의 아래층에서 노출된 주거지의 C14연대가 2590±105 B.P.(B.C. 640)로 산출되어 처음으로 지석묘에 대한 절대연대를 가늠할 수 있는 자료를 얻게 되었다. 특히 여기에서 출토된 二段柄式 磨製石劍을 토대로 한국의 마제석검이 細形銅劍을 모방했다는 기존의 有光敎一의 주장을 반박할 수 있게 되었다. 또한, 충청북도 제천시 황석리 지석묘의 발굴조사에서 人骨이 출토되어 지석묘가 무덤으로 기능하였음을 고고학적으로 입증하였을 뿐만 아니라, 지석묘에 被葬된 주인공의 體質人類學的인 자료도 확보할 수 있게 되었다. 한편 方善柱는 서양의 巨石文化를 소개하면서, 한국에서 지석묘가 축조될 때 祭儀가 행하여졌을 것으로 추정하였다.[33] 그리고 그는 평남 개천군 묵방리 지석묘의 경우 석실에 칸막이를 설치한 북방식 지석묘는 죽은 사람을 氏族單位로 한 남방문화이며, 二次葬인 洗骨葬의 방법으로 埋葬한 것으로 파악하였다.

---

30. 김원룡 외, 1977,『靑銅器時代와 그 文化』, 삼성문화문고 89, p.165
31. 황기덕, 1965,「무덤을 통해 본 우리나라 청동기시대 사회관계」『고고민속』65-4
32. 金載元 尹武炳, 1967,『韓國支石墓研究』, 國立中央博物館
33. 方善柱, 1968,「韓國巨石制의 諸問題」『史學研究』20

3) 제3기(1970~1990)

지석묘의 발굴조사와 연구에서 양적 팽창과 질적 심화를 가져온 시기라고 할 수 있다. 1970년대에 들어와서 지석묘 연구가 크게 활기를 띠었는데, 이는 정부의 국토종합개발사업의 일환으로 추진된 댐 건설지역의 水沒地區에 대한 대대적인 유적 발굴조사가 이루어졌기 때문이다. 그 결과 지석묘에 관한 자료가 양적으로 축적되어 지석묘 사회 복원에 대한 시도가 가능하게 되었다. 任世權은 1976년에 지석묘의 型式分類 그리고, 起源問題, 出土遺物 등을 종합적으로 분석한 논문을 발표하였다. 그는 한국의 지석묘는 新石器時代 末에 自生發展한 것으로 보았고, 지석묘 축조 시 동원된 인원수는 물론 屈身葬이나 洗骨葬 같은 葬法을 추정하기도 하였다.[34] 崔夢龍은 1978년에 발표한 논문에서 기존의 지석묘 형식에 圍石式(蓋石式의 제5식)이라는 새로운 형식의 추가를 제안하였다. 그리고 지석묘 사회의 階層問題를 본격적으로 제기하였다.[35] 특히, 그는 지석묘 사회가 씨족을 기반으로 하는 계층사회이며, 이후에 전개된 마한사회의 형성 배경이 된 것으로 파악하였는데, 이는 한 지역에 대한 지석묘의 집중적인 조사와 연구가 이루어진 결과였다.

북한의 석광준은 세밀한 형식분류를 통하여 지석묘의 기원과 발전과정을 설명하였다.[36] 그는 지석묘를 제1유형(변형 지석묘, 남방식)에서 제4유형(전형지석묘, 북방식)으로 발전한 것으로 인식함으로써, 한국의 지석묘가 북방식에서 남방식으로 발전해 왔다는 기존의 견해와는 정반대의 발전 논리를 전개하였다. 석광준의 지석묘 분류법은 1990년대 말까지 북한의 지석묘 연구에서 공식적인 견해로 받아들여졌다. 그러니까 지석묘 사회의 발전은 유물사관에 입각하여 사회진화의 발전과정이라는 측

34. 任世權, 1976, 「韓半島 고인돌의 綜合的 檢討」『白山學報』20
35. 崔夢龍, 1978, 「全南地方所在 支石墓의 型式과 分類」『歷史學報』78
36. 석광준, 1974, 「오덕리 고인돌 발굴보고」『고고학 자료집』4
　　　, 1979, 「우리나라 서북지방 고인돌에 관한 연구」『고고민속론문집』7

면에서 연구가 이루어지기 시작하였다. 그는 集體무덤이란 혈연적 연관을 갖는 동시에, 평등관계의 共同體 構成員들 가운데 父系氏族의 個別家族墓라는 견해를 내놓았다. 이러한 무덤형태에서는 副葬品에 차이가 나타나지 않는다는 것이다. 그러나 기원전 2000년기 후반경에 집체무덤에서 개별무덤으로 변하였는데, 이는 바로 그 시기에 혈연에 기초한 氏族的 社會構造가 붕괴되고 지석묘 사회가 지역 공동체로 변하면서 국가단계의 사회로 진입하게 되기 때문이라는 것이다. 개별 무덤에서는 무덤의 크기나 부장품의 종류와 질에 차이가 나타나기 시작하고, 무덤이 클수록 副葬品이 많고 남자들의 도구인 무기류가 다수 출토되기 때문에 사회적으로 지배계층의 무덤으로 간주될 수 있다고 주장하였다.

沈奉謹은 일본의 지석묘를 종합적으로 검토한 후, 일본의 지석묘는 B.C. 4세기경인 夜臼時代에 축조되기 시작하여 彌生前期 後半에 소멸되지만 일부는 彌生中期 後半까지도 잔존하였던 것으로 파악하였다. 특히 그는 일본의 지석묘는 한국과 지리적으로 가까운 九州地方의 일부에만 편재하면서, 大小河川이나 海岸邊의 평야가 있는 작은 구릉, 砂丘, 또는 충적대지에 위치하고 있는 것으로 보아 지석묘 축조자들은 稻作農耕을 한 사람들이었을 것으로 보았다.[37]

그 시기는 지석묘 연구의 질적 심화기였다고도 할 수 있다. 먼저, 金秉模는 1981년에 발표한 논문에서 한반도의 지석묘는 稻作農耕과 함께 東南亞로부터 전파되어온 것이라고 주장하였다. 즉, 벼농사의 기원지가 東南亞이고 벼농사가 海流를 따라 민간신앙과 함께 이동해 왔다면, 지석묘의 전파도 巨石崇拜思想과 함께 그 같은 루트를 따라 전파되었을 것이라고 주장하였다.[38]

그 시기에 특기할 점은 1981년 2월에 한양대학교에서 "아시아의 거석

37. 沈奉謹, 1979, 「日本 支石墓의 一考察」『釜山史學』3
_____, 1981, 「韓·日 支石墓의 關係-型式 및 年代論을 중심으로」『韓國考古學報』10·11合輯
38. 김병모, 1981, 「한국 거석문화 원류에 관한 연구(1)」『한국고고학보』10·11合輯

문화"라는 주제로 국제학술 세미나가 개최되었다는 점이다. 그 세미나에 5개국으로부터 거석연구와 관련된 학자 6명이 참가하여 8편의 논문이 발표되었다. 日本의 Komoto는 일본 규슈 지역에 대략 500여기의 지석묘가 존재했었음을 보고하면서, 일본지석묘의 형식과 출토유물, 그리고 축조 연대 등을 소개하였다.[39] 인도네시아의 Soejono는 인도네시아 지석묘의 분포와 형식은 물론 Nias, Toraja 그리고 Sumba 등지의 섬에서는 행해진 巨石築造의 전통을 소개하였다. 특히 그는 커다란 돌의 운반에는 많은 사람 그리고 식량과 재산의 분배 등과 연관되어 있음을 강조하였다.

말레이시아의 Jeshurun은 말레이 반도와 Sarawak섬에서 발견되는 거석문화를 소개하였다.[40] 인도의 Sakar는 인도에서 조사 발굴된 지석묘를 소개하였다.[41] 인도의 지석묘는 여러 개의 지석이 개석을 떠받친 형식인데, 그 개석의 아래에는 積石施設이 있고, 墓室은 積石施設 아래에 위치한다는 것이다. 인도의 지석묘를 포함한 거석문화는 대략 B.C. 1000년경에서 A.D. 300년경까지 사용되었을 것으로 추정하였다.[42]

황용훈은 한국 거석문화의 연구에서 풀어야 할 몇 가지 문제를 제기하였다.[43] 즉 그는 한국 거석문화 전통의 기원과 형식분류에 대한 기존의 견해에 의문을 제기하면서, 형식분류를 통하여 한국 지석묘의 발전과정(변형과정)을 이해하려는 태도를 비판하였다. 김병모는 중국대륙과 대만에 분포한 거석문화를 소개하고, 凌純聲이 지석묘에 대한 중국어가 石

39. Komoto, M., 1982, Megalithic monuments in ancient Japan. In *Megalithic Cultures in Asia*, edited by B.M. Kim
40. Jeshurun, C., 1982, The Megalithic culture in Malaysia: A survey of megaliths and associated finds in peninsula Malaysia, Sarawak and Sabah. In *Megalithic Cultures in Asia*, edited by B.M. Kim
41. Sakar, H., 1982, Megalithic culture of India. In *Megalithic Cultures in Asia*, edited by B. Kim
42. Sakar, H., 1982, Megalithic culture of India. In *Megalithic Cultures in Asia*, edited by B. Kim
43. Whang, Y.H., 1982, The general aspect of megalithic culture of Korea. In *Megalithic Cultures in Asia*, edited by B.M. Kim

棚(Shih-peng)임에 착안하였다. 그래서 주로 地域名에 따라 지석묘의 존재를 추론한 것은 지금까지의 고고학적 지식으로 보아 중국의 中原에는 支石墓나 石棺墓 같은 巨石文化가 존재하지 않음을 의미하는 것이라고 지적하였다. 따라서 거석문화는 중국의 中原文化와는 성격상 거리가 있음을 강조하였다.[44] 또 다른 논문에서 그는 한국의 지석묘 축조자들의 경제적 배경은 역시 稻作農耕으로부터 얻어진 잉여식량에 있다고 주장하였다. 벼농사는 열대식물로서 동남아시아로부터 전해진 것이며, 지석묘도 역시 巨石崇拜思想과 함께 벼농사가 전해진 경로를 따라 한국에 전파된 것이라 하였다. 아시아의 지석묘 분포는 卵生神話의 분포와 일치하며, 지석묘에 새겨진 性穴은 결국 이러한 난생신화의 고고학적 증거로 간주된다고 본 것이다.[45]

崔夢龍은 지석묘 사회는 토착농경을 경제적 배경으로 하는 사회로 해석하였다. 그래서 토기의 제작이나 지석묘 축조시 채석이나 운반에 요구되는 전문기술자 집단이 등장했다고 설명하였다.[46] 支石墓群은 지배자 가족의 무덤이며, 특히 피장자가 早死한 幼兒인 경우는 신분의 세습까지도 나타내는 것으로 보았다. 그러나 지석묘의 축조집단 간에는 신분상 차이가 없을 것으로 보고 있다. 李松來도 지석묘의 축조는 사회 진화의 경향과 연관되었고, 그 경향은 거석의 크기에 반영되었다고 하였다. 그리고 최몽룡과 같이 지석묘 사회를 계층사회로 파악하였다.[47] 이에 대해 池健

44. Kim, B.M., 1982, Megalithic Remains in Chinese continent and Taiwan. In *Megalithic Culture in Asia*, edited by B.M. Kim
45. Kim, B.M., 1982, A new interpretation of megalithic monuments in Korea. In *Megalithic Cultures in Asia*, edited by B.M. Kim
46. 崔夢龍, 1981, 「全南地方 支石墓社會와 階級의 發生」『韓國史研究』35
   ____, 1982, 「全南地方 支石墓社會의 編年」『震檀學報』53 · 54合輯
   Choi, M.L., 1984, *A Study of the Yongsan River Valley Culture-The Rise of Chiefdom Society and State in Ancient Korea-*. Harvard University Ph.D. dissertation.
47. Rhee, S.N., 1984, *Emerging Complex Society in Prehistoric Southwest Korea*. Univ. of Oregon Ph. D. dissertation

吉은 지석묘는 축조기술상 사회적 협동체제를 갖춘 共同體社會의 소산으로 보고, 지석묘 사회를 평등사회로 파악하였다.[48]

한편 박희현은 한국의 지석묘는 거석문화의 일종으로 사회적 행사와 의례적 행사의 의미를 갖는 기념물 그리고 죽은이의 명복을 빌기 위해 축조한 고인돌무덤 등으로 크게 나누었다. 그리고 신석기 중기에 축조되기 시작되었다고 하였다. 그는 지석묘 사회는 계급적 성격을 갖는 사회라기 보다는 "연장자나 어진 사람이 이끌어 나가는 평등한 원시공동체의 성격을 유지한 사회"라고 주장하였다.[49] 李南奭은 한국의 지석묘는 주로 청동기시대의 전기에 축조되었으며, 지석묘가 단지 지배계층의 무덤으로만 사용되었을 것이라는 데에는 異論을 제기하였다. 그것은 지석묘에서 출토된 유물 가운데 지배자의 상징을 나타내는 적극적 증거가 없어 공동체적 우의로 연장자나 능력이 있는 지도자의 무덤으로 축조되었을 것으로 파악하였다.[50]

盧爀眞은 바둑판식과 개석식 지석묘의 경우에 積石이 附加되기도 하는데, 이것을 일반적으로 石棺部의 補强用 정도로 간주되어 왔으나 경우에 따라서는 구조적으로 석관보강 이상의 기능이 있음을 지적하였다. 그와 함께 기존의 지석묘 분류에 '積石附加支石墓'라는 새로운 형식을 추가할 것을 주장하였다.[51]

그 시기에 요동반도의 지석묘가 한국에 구체적으로 소개되기 시작하였는데, 특히 李亨求는 요동반도 지석묘의 소개와 함께 발해만에서 기원한 지석묘를 포함한 石墓文化가 한반도로 전래되었음을 주장하면서, 한국 청동기문화의 시베리아기원설을 반박하였다.[52] 1989년에 崔盛洛과 韓

48. 池健吉, 1982, 「東北아시아 支石墓의 形式學的 考察」『韓國考古學報』12
_____, 1983, 「支石墓社會의 復元에 관한 考察-築造技術과 葬制를 중심으로」『梨花史學研究』13 · 14合輯
49. 박희현, 1984, 「韓國의 고인돌文化에 대한 한 考察」『한국사연구』46
50. 李南奭, 1985, 「青銅器時代 韓半島 社會發展段階問題」『百濟文化』16
51. 盧爀眞, 1986, 「積石附加支石墓의 型式과 分布」『翰林大 論文集』4
52. 李亨求, 1987, 「渤海沿岸地區 遼東半島의 고인돌무덤 研究」『精神文化研究』32

盛旭은 이론상으로만 연구해오던 지석묘가 실험고고학의 일환으로 한국에서는 처음으로 축조실험을 실시하였다. 그 결과 한 사람이 100kg을 끌 수 있다는 사실을 실험을 통하여 증명하였다.[53]

4) 제4기(1990~現在)

그 시기는 지석묘 사회의 복원을 위한 이론을 정립하고 기존의 지석묘 연구를 종합하여 새로운 연구방향을 모색하고자 하는 시기라고 할 수 있을 것이다. 특히, 1990년대 들어와서도 지석묘 사회가 평등사회라는 주장이 또 다시 강봉원에 의해 제기되면서 지석묘 축조집단의 사회적 계층문제가 재론되기 시작하였다.[54] 그는 경상남도 지방의 지석묘 축조집단에 대한 사회적 복원을 시도하면서, 한국남부에서의 지석묘 사회는 부장품이나 사회조직체계의 증거부족으로 한국 지석묘 사회는 평등사회에 가까운 것으로 파악하였다. 李榮文은 전남 지방 지석묘의 密集度를『三國志』東夷傳에 등장하는 馬韓의 여러 소국들과 연계시켜 설명하였다.[55] 즉 지석묘가 상당한 밀집도를 보이는 지역의 지석묘집단이 후일 馬韓의 어느 한 小國이라는 政治體로 발전해 가는 배경이 된 것으로 이해하고자 한 것이다. Nelson은 만주와 한반도에 지석묘가 널리 분포한 것은 지석묘 축조시기에 인구가 급격히 증가한 것을 보여주는 고고학적 증거이며, 특히 한국 거석문화의 축조는 한국의 청동기시대에 커다란 사회적 변화(Social alterations)가 일어났었음을 반영하는 것이라고 하였다.[56]

북한의 석광준은 넓은 지역에 분포하는 개별무덤은 인구가 증가함에

──────, 1987,『渤海沿岸古代文化-韓國古代文化의 源流에 관한 硏究』
53. 崔盛洛·韓盛旭, 1989,「支石墓 復元의 一例」『全南文化財』2
54. Kang, B.W., 1990, *A Megalithic Tomb Society in Korea*: A Social Reconstruction. Arizona State University MA thesis
55. 李榮文, 1993,『全南地方 支石墓 社會의 硏究』, 韓國敎員大學校 大學院 博士論文
56. Nelson, S.M., 1993, *The Archaeology of Korea*. Cambridge University Press

따른 생산물을 보다 넓은 지역에서 확보하기 위해 새로운 경작지 개척 결과로 보고, 촌락 공동체에서의 우두머리의 존재를 입증하는 것이라고 하였다.[57] 그리고 개석의 넓이가 50 평방미터가 되고 무게가 50~70톤에 달하는 王陵級의 특대형 지석묘는, 그 축조에 강제로 노력을 동원시킬 수 있는 권력과 물질적 財富를 독점할 수 있는 권력자나 지배자일 것이라고 하였다. 河文植은 그동안 단편적으로 연구되어 오던 요녕·길림 지방과 한반도 서북 지방의 지석묘를 종합적으로 분석하였다.[58] 그 결과 가장 북쪽 지방으로는 길림시 난기둔 지석묘이고, 동쪽으로는 함경북도 김책시 덕인리 지석묘 유적이며, 서쪽으로는 遼河를 경계선으로 遼河以東 지역에 지석묘가 축조되고 있음을 밝혔다. 그리고 그는 東北亞의 지석묘는 황해를 중심으로 밀집분포되어 '環黃海支石墓文化圈'의 설정이 가능할 것으로 보았다.

1999년에는 문화재청의 후원과 서울대학교 박물관의 주관아래 한국과 만주, 일본은 물론 세계 지석묘의 축조 사례를 종합적으로 검토하여『한국 지석묘(고인돌)유적 종합조사 연구』라는 방대한 저서가 출판되었다.[59] 여기에서 기존에 보고된 지석묘의 분포도를 지역별로 작성하고, 지석묘 발굴의 중요사례에 대한 구체적인 정리가 이루어짐으로써, 舊韓末부터 다시 주목을 받는 가운데 학자들로부터 연구대상이 되어왔던 지석묘가 거의 100여 년 만에 그 연구가 총결산을 보게 되었다.

학설사적 입장에서의 지석묘 연구는 대략 세 가지 방향으로 요약할 수 있다. 첫째는 지석묘의 기능과 형식에 관한 것이다. 학자들의 기존 연구는 지석묘가 무덤의 일종이라는 점에 대체적으로 동의하고 있다. 그런데 손진태는 가족공동묘의 하나로 보았으나, 한홍수는 동족의 시체를 매

---

57. 석광준, 1993,「로암리 고인돌에 대하여」『고고연구』93-1
_____, 1999,「고조선의 고인돌 무덤과 돌관무덤에 대하여」『단군과 고조선』
58. 河文植, 1997,『東北亞細亞 고인돌文化의 硏究』, 崇實大學校 大學院 博士論文
_____, 1999,『古朝鮮 地域의 고인돌 硏究』, 백산자료원
59. 崔夢龍 외, 1999,『한국 지석묘(고인돌)유적 종합조사 연구』

장하기 위한 것으로 보는 등 학자들마다 피장자의 성격을 놓고 조금씩 다른 의견을 내놓았다. 지석묘의 형식에서 한국의 지석묘가 세계의 거석 문화 가운데 하나라는 점에서는 관련학자들 모두가 동의하지만, 지석묘 자체에 대한 형식분류는 학자들마다 서로 다른 의견을 제시하고 있다. 그것은 형식을 분류할 때 학자들이 어떤 점을 기준으로 삼느냐에 따라 성격이 달라졌기 때문이다.

둘째는 지석묘의 기원과 그에 따른 축조의 上限年代에 관한 것이다. 지석묘의 기원은 도작농경이나 난생설화의 분포 등을 감안하여 동남아 에서 전파되어 왔을 것이라는 설과 한반도의 지석묘 숫자가 인근 지역보 다 많고, 특히 한반도 전역에 골고루 분포되어 있다는 점을 들어 한국에 서 자생하였을 것이라는 설이 나와 있다. 그리고 축조의 상한연대는 학 자에 따라 新石器時代 築造說과 靑銅器時代 築造說 등 두 가지 의견이 제 시되고 있으나, 대체로 청동기시대 축조설이 우세한 편이다. 그러한 지 석묘 축조연대의 상한문제는 신석기시대 말기와 청동기시대 초기에 대 한 絶對年代가 고고학계에서 분명하게 정리되지 않아 더욱 문제가 되고 있다. 게다가, 지석묘의 형식을 갖고 축조의 相對編年을 세우는 경우도 있기 때문에 지석묘 축조의 편년체계를 세우는 데에 많은 어려움이 가중 되었다.

다음은 지석묘 축조집단의 사회복원에 관한 문제이다. 지석묘가 축조 되던 당시의 사회는 사회가 계층화되지 않은 평등사회였다는 주장과 지 석묘에 묻힌 被葬者는 상당한 사회적 지위에 오른 신분계층의 사람이라 는 주장에 지석묘축조집단은 사회적으로 계층화된 族長社會였다고 하는 주장까지 가세하였다. 그런데 최근 階層社會論을 주장하는 고고학자들은 서구의 신진화주의 이론을 적극 도입하여 의견을 개진하고 있는 점이 주 목된다.

지석묘에 대한 연구사적 검토를 진행한 결과 지석묘는 기능과 형식, 기원과 그에 따른 연대문제 그리고 지석묘 축조집단의 사회적 성격에 관 한 문제가 지석묘 연구의 주요 論題였음을 알 수 있었다. 그 가운데 특히 학자들 간에 진행된 과도한 형식분류와 사회적 복원문제에 대한 의견차이는 지석묘 축조집단의 사회적 성격을 이해하는 데 오히려 문제점으로 등장하고 있다. 지석묘에 대한 과도한 형식분류는 지석묘 연구의 본질이 형식을 앞서는 것으로 착각하게 한다. 그리고 사회적 복원문제에 대한 논쟁은 지석묘 사회에 대한 이해를 심화시킨다는 긍정적 측면도 간과할 수 없다. 그러나 지나치게 소모적인 논쟁은 오히려 지석묘 사회 연구의 본질을 흐리게 할 우려가 있다는 사실은 유의할 부분이다. 이제는 한국의 지석묘사회의 연구도 기존의 관념에서 벗어나 좀더 합리적인 이론과 냉철한 분석을 토대로 창의적인 연구가 심화되어야 할 것이다. 다시 말해, 지석묘 사회의 사회구조나 사회제도 같은 문제의 합리적 이해를 모색하기 위해 中間段階理論을 진행해야 할 시점으로 판단되는 것이다.

II. 支石墓社會 研究의 理論的 背景

1. 族長社會와 新進化主義

1) 族長社會의 槪念과 定義

본 논문에서 연구대상으로 한 동북아 청동기시대의 지석묘 사회는 미국의 신진화주의 이론 중에서 Service가 定型化한 네 단계의 社會發展段階論 가운데 族長社會論을 이론적 배경으로 원용하여 논리를 전개하고자한다. 족장사회는 국가가 성립하기 이전의 사회단계로서 한국에서의 고대국가의 형성과정을 설명하는 데 매우 유용한 이론적 배경이 되고 있다. 그러나 서구이론이 도입되던 초창기의 족장사회 개념은 완전하게 이해되지 못한 채,[1] 한국의 고대문화를 연구하는 학자들에 의해 무비판적으로 韓國史에 적용되면서, 많은 개념상의 혼란을 가져온 바 있다. 따라서 여기에서는 족장사회의 개념을 간단히 살펴보고자 한다.

원래 '族長社會(chiefdom)'란 용어는 1955년에 Oberg가 중남미의 원주민사회를 연구하면서 족장사회의 개념에 정치적 의미를 부여한 것인데,[2] Service가 이를 다시 社會發展段階論 속에 끌어들여 進化圖式으로 완성하면서 新進化主義의 社會發展段階 가운데 한 단계로 정립시켰던 것이다. 서비스가 도식화한 족장사회는 中央政府와 再分配 經濟를 기초로 하

1. 김정배, 1986,『韓國古代의 國家起原과 形成』, 고려대학교 출판부, p.108
2. Oberg, K., 1955, Types of social structure among the Lowland tribes of South and Central America. *American Anthropologist 57*, pp.472~487

는 계층사회로, 部族社會와 國家社會 사이에 존재하는 中間段階社會 (intermediate society)이다.[3] 그러나 한편으로 족장사회는 강제적인 물리력을 합법적으로 동원할 수 있는 제도적 장치를 갖추지 못한 사회이기도 하다.[4]

서비스의 族長社會論은 현지조사에서 얻은 여러 인류학적 연구의 결과와 함께 정치적, 경제적 그리고 문화적 측면에서도 많은 다양성과 가변성을 보여주고 있다. 이에 더하여 명확하지 못한 용어의 정의들로 인하여 그의 족장사회론은 한때 많은 인류학자들로부터 논쟁의 표적이 되기도 하였다. 그럼에도 불구하고, 서비스에 의해 족장사회의 이론이 제시된 이후, 고고학자와 인류학자들 사이에서 그에 대한 연구가 활발하게 이루어지고 논쟁의 깊이가 심화되었다. 그의 이론은 결국 인류사회의 발전단계를 설명하는 확고한 이론으로 자리를 잡아가고 있다.[5] 그러나 한편으로 재분배적 경제제도에 바탕을 둔 중앙정부의 형태를 가지고 있다고 서비스가 정의했던 족장사회의 개념에도 많은 변모를 가져온 것도 사실이다.

그동안 족장사회를 연구하던 많은 인류학자와 고고학자들은 족장사회의 구조와 조직의 개념에 대한 이해를 얻고자 노력해왔다. 그 결과 밝혀진 족장사회의 여러 개념을 몇 가지로 정리해 보면 다음과 같다.

첫째, 족장사회의 본질은 생산물에 대한 再分配的 經濟制度라기 보다

3. Service, E., 1962, *Primitive Social Organization*. Random House, p.134
   Welch, P.D ., 1990, Mississippian emergence in west-central Alabama. In *The Mississippian Emergence*, edited by B.D. Smith, pp.197~225
4. Service, E., 1975, *Origins of the State and Civilization*. Norton, New York. p.16
5. Arnold, J., 1996, Understanding the evolution of intermediate societies. In *Emergent Complexity: The Evolution of Intermediate Societies*, edited by J. Arnold, pp.1~12
   Earle, T., 1991, The evolution of chiefdoms. In *Chiefdoms: Power, Economy, and Ideology*, edited by T. Earle, Cambridge University Press, Cambridge. pp.1~15

는 사회를 하나로 통합하는 中央政府的 政治組織에 있다는 것이다.[6] 그러나 사회적 계층이 통제과정이라는 측면에서 볼 때, 내적으로 전문화된 단계는 아니다. 족장사회의 규모도 사회구성원의 수가 불과 천여 명에 지나지 않고 정치적 위계도 한 지역의 사회만을 통합하는 單純族長社會(simple chiefdom society)와 사회구성원의 수가 수만 명을 넘어서고 정치적 위계도 여러 지역의 사회를 통할하는 複合族長社會(complex chiefdom society)로 나누어진다.[7]

둘째, 족장사회의 경제형태는 生計經濟가 아니라 政治經濟에 있다는 것이다.[8] 生計經濟는 가족수준의 경제형태로 식량, 의류, 주거 같은 생활의 기본적 요구조건을 만족시키는 것이다. 반면에 政治經濟는 사회적 범위에서 가족과 가족 사이의 재화와 용역을 교환하는 경제형태이다. 특히, 생계경제는 가족수준의 요구조건을 충족하는 데 있는 것에 비하여, 정치경제는 지배 상층계급 사람들의 수입을 최대화하는 데 경제활동의 초점이 맞추어져 있다. 따라서 정치경제는 생계경제의 剩餘 生産物로부터 충족되기 때문에, 가족의 참여가 수반되지 않으면 제 기능을 발휘하지 않는다. 족장사회의 지배 상층계급에 속하는 족장이나 또는 족장의 혈연집단은 잉여 생산물의 수집과 재분배라는 정치 경제적 역할을 통하여 사회적 신분과 경제적 특권을 유지하게 된다.[9]

셋째, 족장사회의 족장은 내적으로는 계층적 결속을 유지하고 외적으

6. Pauketat, T., 1994, *The Ascent of Chiefs: Cahokia and Mississippian Politics in Native North America*. The University of Alabama Press, Tuscaloosa. pp.8~13
7. Steponaitis, V., 1978, Local theory and complex chiefdoms: A Mississipoian example. In *Mississippian Settlement Patterns*, edited by B.D. Smith, Academic Press, New York. pp.417~453
8. Johnson, A., and T. Earle, 1987, *The Evolution of Human Societies: From Foraging Group to Agrarian State*. Stanford University Press, Stanford. pp.11~14
9. Earle, T., 1997, *How Chiefs Come to Power: The Political Economy in Prehistory*. Stanford University Press, Stanford. pp.67~104

로는 세력을 확장시키려는 경향이 있다. 따라서 족장사회의 상층계급 (elite)은 내적인 계층적 결속을 위하여 같은 상층계급 사이의 계층적 족내혼을 선호한다.[10] 그러나 경우에 따라 族長社會의 上層階級 남자와 下層階級 여자 사이의 결혼이 허용되기도 한다.[11] 외적인 확장을 위해서 타 사회를 전쟁을 통하여 정복하려고 하거나 아니면, 상층계급 간 계층적 족내혼을 타 사회에 연장하여 혼인에 의한 동맹관계를 맺으려 한다. 족장사회에서의 전쟁은 족장의 정치력이 지역적으로 확대되고 더 많은 자원을 통제하는 기능을 한다.[12]

넷째, 족장사회에서 족장은 宗敎的 儀禮活動을 통하여 사회적, 정치적, 그리고 도덕적으로 자신의 신분과 역할을 합법화시키면서 권력을 유지하고 사회적 결속을 도모하려고 한다.[13] 족장사회의 족장은 자신이 人間社會와 神의 世界를 연결하는 중계자 또는 神性을 지닌 것으로 믿었고, 특히 그들 조상의 家系를 특정한 自然神과 연결시켜 神聖性을 부여받으려 한다. 이것은 다름 아닌 그들의 정치적 권력을 종교라는 이데올로기를 통하여 합법적으로 보장받고자 하는 사회적 행위인 것이다.[14] 족장은 또한 자신의 권위를 상징하기 위하여 종교적인 기념물이나 조상의 무덤을 호화롭게 축조하고, 사회적 신분이나 종교적 권위를 나타내주는 威勢品

10. Valeri, V., 1985, *Kinship and Sacrifice: Ritual and Society in Ancient Hawaii*. University of Chicago Press, Chicago
11. Collier, J., 1988, *Marriage and Inequality in Classless Societies*. Stanford University Press, Stanford
12. Carneiro, R., 1970, A theory of the origin of the "state". *Science August 21*, pp.733~738
13. Earle, T., 1997, *How Chiefs Come to Power: The Political Economy in Prehistory*. Stanford University Press, Stanford. pp.143~192
    Valeri, V., 1985, *Kinship and Sacrifice: Ritual and Society in Ancient Hawaii*. University of Chicago Press, Chicago
14. Drennan, R., 1987, Introduction. In *Chiefdoms in the Americas*, edited by R. Drennan and C. Uribe, University Press of America, Lanham
    Earle, T., 1997, *How Chiefs Come to Power: The Political Economy in Prehistory*. Stanford University Press, Stanford. pp.67~104

(prestige goods)을 획득하기 위해 원거리 貿易網을 구축하기도 한다. 그리고 종교적 이데올로기에 의해 합법성을 부여받은 족장사회의 주요 직위나 부서는 나중에 世襲의 방법을 통하여 그들의 出系集團으로 계승하게 된다.[15]

지금까지 네 가지 측면에서 족장사회의 실체를 검토하였다. 그러나 부족사회와 국가사회 사이에 위치하는 中間段階社會(intermediate society)로서의 족장사회는 각기 연구된 사회마다 매우 다양한 모습을 띠어, 그 개념을 실제적으로 정의하기란 매우 어려운 작업임을 알 수 있다. 따라서 위의 결과를 토대로 족장사회를 간단히 정리하면, 족장사회에서 족장은 경제의 기본적 생산요소들을 소유하거나 관리하고 때로는 통제한다. 그리고 위세품이나 사회적으로 중요한 물품의 접근에 우월적 지위를 갖는다. 족장은 종교적 의례활동을 통하여 자신의 신분과 역할을 사회적으로 합법화시키며, 자신의 권위를 상징적으로 나타내기 위해 종교적인 기념물이나 조상의 무덤을 호화롭게 축조한다. 그리고 족장은 족장사회의 주요 직위를 그의 出系集團에게 세습의 방법으로 계승시킨다. 따라서 족장사회는 사회적으로 상층계급의 위치를 점하는 족장이 中央政府를 통하여 수천 또는 수만 명의 지역적 인구를 조직화한 '政治經濟體制'로 정의할 수 있을 것이다.

2) 新進化主義 論爭

한국사에서의 사회 문화적 발전단계를 설명하기 위한 여러 사회 진화론적 모델들이 고대사를 전공하는 역사학자들에 의해 제시되어 왔거나, 또는 인류학자들이 서구의 인류학계에서 제시되어 온 모델들을 한국사에 적용하였다.[16] 지금까지 제시된 모델이나 이론들 대부분이 내세우는

---

15. Flannery, K., 1972, The cultural evolution of civilization. *Annual Review of Ecology and Systematics 3*. pp.399~426

한가지 특징은 그런 모델이나 이론을 논리전개의 골간으로 삼았다는 점이다. 다시 말하면 진화론적 관점에서 사회 정치적인 제도나 조직을 사회 발달이라고 하는 '進化段階의 設定'에 초점을 맞추었다는 이야기다.

孫晉泰는 신진화주의 개념을 이해하지는 못했지만, 일반적인 사회진화설에 입각해 한국의 고대사를 部族國家時代, 貴族國家, 確立期, 貴族國家, 隆盛期로 구분하여 한국사회의 발전도식을 세운 바 있다. 즉, 그는 한국 고대사회의 발전은 몇 개의 氏族이 小部族을 형성하고, 다시 그들 小部族이 部族國家로 발전하는 가운데, 여러 부족국가들 가운데 중심세력이 部族聯盟을 형성하고 나서 부족연맹이 성장하여 王國을 건설함으로써 국가의 단계로 진입한다는 것이다.[17] 金哲埈은 미국의 인류학자 Morgan이 제시한 진화단계의 도식을 이용하여 한국고대국가의 발전단계를 이해하고자 하였다. 즉 그는 한국의 고대사회는 氏族社會, 部族國家, 部族聯盟, 古代國家로 발달해왔다고 하였다.[18] 그가 제시한 진화단계의 모델은 한국 고대사학계가 적어도 1970년대 초기까지 널리 받아들였다.

그러나 1970년대 초에 미국의 인류학계, 특히 서비스가 제시한 네 단계의 사회진화모델이 신세대의 고대사학자나 인류학자들에 의해 한국의 고대사학계와 고고학계에 소개되기 시작하면서, 손진태나 김철준 등이 제시한 진화단계의 개념들이 비판을 받게 되었다.[19] 특히 비판의 초점은 '部族'과 '國家'의 개념에 집중되었다. 손진태나 김철준 등은 '部族'이나

16. 김정배, 1973, 「한국 고대국가의 기원론」『백산학보』14
    김철준, 1964, 「한국 고대국가 발달사」『한국문화사 대계』I
    손진태, 1948, 『朝鮮民族文化의 硏究』, 동명사, 서울
    천관우, 1976, 「三韓考」『한국학보』2·3合輯
    _____, 1993, 『古朝鮮史·三韓史』, 일조각, 서울
    Choi, M.L., 1984, *A Study of the Yongsan River Valley Culture-The Rise of Chiefdom Society and State in Ancient Korea-*. Harvard University Ph.D. dissertation
17. 손진태, 1948, 『朝鮮民族文化의 硏究』, 동명사, 서울
18. 김철준, 1964, 「한국 고대국가 발달사」『한국문화사 대계』I
19. 金貞培, 1973, 「韓國 古代國家의 起源論」『白山學報』14

'國家'에 대한 개념을 명확하게 정의하지 않은 채, 이들 어휘를 한국고대사에 '部族國家' 또는 '部族聯盟'이란 용어로 적용하였다. 그러나 서비스의 社會進化論에 따른다면, '部族'이나 '國家'는 진화론적 발전도식에서 서로 다른 진화의 단계에 속하는 용어들이다. 따라서 사회 진화론적 입장에서 본 '部族國家'라는 어휘는 상당히 부적절한 용어인 것이다.

역사학자 千寬宇는 역사에 기록된 '城柵', '城邑', 또는 '城郭' 등의 용어에 주목하여, "한국사상의 국가형성과정을 추정하는 데 유효한 한 방법의 하나"로서 '城邑國家論'을 제시하였다.[20] 천관우가 제시한 이 같은 성읍국가론은 李基百에 의해 곧바로 韓國史에 적용되었는데, 그는 거대한 支石墓에 묻힌 사람은 공동체의 지도자라기보다는 권력을 소유한 정치적 지배자라고 하였다. 또 그들이 다스리는 영토는 "나지막한 丘陵 위에 土城을 쌓고 살면서 城 밖의 평야에서 農耕에 종사하는 農民들을 지배해 나가는 정도의 것이었다고 생각된다"라고 하면서, 이들 小國의 政治體를 部族國家보다는 城邑國家로 부르기에 알맞은 존재라고 하였다.[21]

미국의 신진화론 학자들이 제시한 이론들이 한국의 역사학자와 고고학자들로부터 상당한 주목을 받고 있다는 점을 앞에서 설명했지만, 그 중에서도 金貞培는 미국의 신진화주의 이론을 한국사에 적용시킨 최초의 학자였다. 그는 'chiefdom'을 우리의 古代 文獻史料에 등장하는 '君長'이란 용어로 번역하여 사용할 것을 주장하였다. 특히, 그는 'chiefdom'의 사회적 계층화에 주의하면서 "君長社會라는 단계가 단순한 지도자(Leader)의 社會가 아니라 統治者(Ruler)의 사회이며 中央集權的인 政府를 가지고 있다"[22]는 사실을 강조하고 있다. 그러나 李基百과는 다르게 支

Choi, M.L., 1984, *A Study of the Yongsan River Valley Culture-The Rise of Chiefdom Society and State in Ancient Korea-*. Harvard University Ph.D. dissertation

20. 천관우, 1993, 『古朝鮮史 三韓史』, 일조각, p.270
21. 이기백, 1976, 『韓國史新論』, 일지사, p.25
22. 김정배, 1986, 『한국 고대국가의 기원과 형성』, 고려대학교 출판부, p.190

石墓에는 副葬品이 드물다는 이유로 지석묘 사회를 부족사회로 이해하였다.

그러나 이런 'chiefdom'의 개념을 깊이 있게 이해하고 이를 한국 고고학에 실질적으로 적용한 학자들은 崔夢龍[23], 李松來[24], 崔槙芯[25] 등이었다. 최몽룡은 'chiefdom'을 '族長社會'라고 번역하면서, 신석기시대를 부족사회단계, 청동기시대를 족장사회단계, 그리고 철기시대 전기[26]를 국가가 등장하는 단계라고 설명하였다.[27] 그리고 그는 계층사회의 발전과정에 관한 고고학적 해석에서 무역활동이나 전문기술자의 등장이라는 관점에 연구의 주안점을 두고 있다.

李松來는 전라도 지역의 고인돌을 연구하여 계층사회 형성과정에서의 문화적 역동성을 밝히고 있다.[28] 그의 연구에 따르면, 지석묘 사회는 농경에 기반을 둔 많은 단순 친족이 결합된 몇몇의 複合族長社會를 형성했는데, 그 사회의 정점에는 大族長이 위치하는 피라미드 형태의 계층사회로 조직된 것으로 보았다. 崔槙芯은 그 동안 일부 역사학자들로부터 비판받아 온 족장사회의 개념이 한국사의 발전과정을 설명하는 데 매우 유용하다는 사실을 승주군 우산리 支石墓群의 연구를 실례로 들어 다시 한번 강조하고 있다. 특히 그는 "chiefdom을 유별난 형용사를 구사하여 城

23. Choi, M.L., 1984, *A Study of the Yongsan River Valley Culture-The Rise of Chiefdom Society and State in Ancient Korea-*. Harvard University Ph.D. dissertation
24. Rhee, S.N., 1984, *Emerging Complex Society in Prehistoric Southwest Korea*. Univ. of Oregon Ph. D. dissertation
25. 崔槙芯, 1994, 「新進化論과 韓國 上古史 解說의 批判에 대한 再檢討」 『韓國上古史學報』16
　　, 1997, 「韓國 上古史와 族長社會」 『韓國古代國家形成論』, 서울대 출판부
26. 철기시대 전기는 B.C. 300년~B.C. 1년 사이의 기간을 의미한다.
27. Choi, M.L., 1984, *A Study of the Yongsan River Valley Culture-The Rise of Chiefdom Society and State in Ancient Korea-*. Harvard University Ph.D. dissertation.
28. Rhee, S.N., 1984, *Emerging Complex Society in Prehistoric Southwest Korea*. Univ. of Oregon Ph. D. dissertation •

邑國家 또는 小國家"[29]로 지칭하면 학계에 혼란을 초래하게 된다고 주장한다.

사실 'chiefdom'의 번역에는 君長社會·酋長社會·族長社會 등의 견해들이 제기되었다. 그들 견해에는 나름대로의 타당성이 없는 것은 아니다. 그러나 그 논의 내용은 별개로 하더라도 城邑國家나 小國家 등의 용어에는 이미 그 용어자체에 "國家"라는 名稱을 포함하고 있음으로 그런 용어를 사용하는 사회들은 국가단계를 지칭하는 사회들로 인식되어야 할 것이다. 그래서 족장사회 단계로 인식할 근거가 없다고 하겠다. 필자의 견해로는 국가사회의 통치자로서 왕을 뜻할 수도 있는 '君'이란 문자를 사용하고 있는 '君長社會' 보다는 '族長社會'란 譯語가 보다 적합하다고 생각된다. 따라서 본 논문에서는 족장사회로 표기하고자 한다.

한편, 고대사학자인 李鍾旭은 Service가 정립한 'chiefdom society' 개념의 단계론적 보편성에 주목하고,[30] 경주의 斯盧六村이나 김해의 駕洛九村은 국가형성 이전단계의 '酋長社會'[31]로 파악하였다. 그들 사회는 촌락단위로 구성된 단위 政治體들이며, 지배자를 중심으로 한 社會政治組織으로 보고 있는 것이다. 그러나 그는 chiefdom 이후의 단계인 state를 小國-小國聯盟-小國倂合段階로 세분하였는데, 그것은 한국 고대국가의 형성과정에서 나타난 특수성을 고려한 것으로 보인다.

한편 미국의 신진화주의 이론을 한국사에 적용하는 데 대하여 일부 역사학자들은 거부감을 나타내고 있다. 그러한 이유는 新進化主義에 깊은 관심을 갖고 韓國學界에 도입하던 초기의 학자들이 인류학 이론의 성

29. 최정필, 1997, 「한국 상고사와 족장사회」『한국고대국가형성론』, p.184
30. 李鍾旭, 1982, 『新羅國家形成史研究』, 一潮閣
　　　, 1999, 『한국의 초기국가』, 아르케
　　　, 1999, 『한국 초기국가 발전론』, 새문사
　　　, 1999, 『한국 고대사의 새로운 체계』, 소나무
31. 李鍾旭은 『三國遺事』駕洛國記나 『三國史記』金庚信傳 등에 駕洛九村의 干이 酋長으로 기록된 것에 주목하여 'chiefdom'을 '酋長社會'로 부르고 있다. 李鍾旭, 1999, 『한국 고대사의 새로운 체계』, 소나무, p.326

립과정을 깊게 이해하지 못하였거나,[32] 또는 이론의 결과만을 부정적으로 설명했기 때문이다.[33] 또 인류학 이론에 익숙하지 못한 韓國의 다른 古代史學者들로부터 오해와 반감을 가져온 데도 원인이 있다[34]고 하겠다. 그런 이유로 李基東은 한국의 고고학자들이 미국의 인류학이론을 한국사에 적용하는 것을 비판하였다. 한국고대사가 더 이상 인류학 이론을 검증하기 위한 실험장이 되어서는 안 될 것이라는[35] 주장이 그것이다. 그러한 비판은 족장사회의 구조, 지도자나 통치자의 역할, 재분배 체계, 교역체계 등과 같은 사회 진화론적 개념에 대하여 정확한 이해가 결여된 한국 역사학자들이 서구의 인류학이론을 한국고대사에 곧바로 적용하게 됨으로써 문제가 대두된 것으로 보인다.

따라서 미국의 신진화주의 학자들에 의해 제기된 지배 상층계급(elite)이나 족장사회의 개념을 지석묘 사회의 재구성에 활용하기 위해서는 족장사회가 무엇이며, 지배 상층계급의 사람들은 누구이고, 족장사회에서의 그들의 역할은 어떤 것이며, 사회 진화론적 맥락에서 지배 상층계급의 출현이 갖는 의미는 무엇인가 등에 대한 설명이 먼저 진행되어야 할 것이다. 따라서 지석묘 사회를 분석하기 전에 이 장에서는 그 같은 질문들을 간략히 검토해 보고자 한다.

---

32. 김정배, 1986, 『韓國 古代國家의 起源과 形成』, 고려대학교 출판부, p.180
33. 전경수, 1988, 「신진화론과 국가형성론」 『韓國史論』19
34. 全京秀, 1988, 「新進化論과 國家形成論」 『韓國史論』19, pp.569~600
    李基東, 1989, 「韓國古代國家形成史 硏究의 現況과 課題」 『산운사학』1, pp.41~70
    李賢惠, 1991, 「한국사 연구에 나타난 진화론적 시각」 『現代 韓國史學과 史觀』, p.102
    _____, 1995, 「新進化論의 이해와 적용을 둘러싼 몇 가지 문제」 『歷史學報』146
35. 李基東, 1984, 「회고와 전망: 고대」 『歷史學報』104, pp.162~179

2. 支配 上層階級의 槪念

사회 고고학자들은 의식적 또는 무의식적으로 고고학적 유물로부터 과거 사회의 조직이나 제도를 재구성하는 데 "支配 上層階級(elite)"[36]이라는 용어를 빈번하게 사용한다. 그러나 支配 上層階級의 개념은 사실 사회과학계에서 상당히 모호하게 쓰이는 개념들 가운데 하나이다. 엘리트 또는 상층계급은 누구인가? 가장 일반적인 관점에서 본다면, 상층계급이라는 개념은 과거든 현재든 어떤 한 사회내부에서의 불평등의 이미지를 내포하고 있을 뿐만 아니라, 부와 권력, 그리고 다른 모든 명예를 갖거나 유지하면서, 그렇지 못한 대다수의 다른 사회적 집단들(일반 대중)에 영향력을 행사하고 있는 어떤 개인이나 집단을 지칭하는 데 사용되고 있다.

상층계급에 관한 이론은 Mills[37], Domhoff[38], Marcus[39], Chase and Chase[40] 같은 학자들에 의해 전개되어 왔다. 고고학자들인 Braniff C.[41]와

---

36. 上層階級은 elite, 또는 upper class를 지칭하는 용어이며, 보통 '엘리트'라고 지칭되기도 하지만, 여기에서는 '上層階級'이란 말로 通稱하여 사용한다.

37. Mills, C.W., 1956, *The Power Elite*. Oxford University Press, New York

38. Domhoff, G.W., 1983, *Who Rules America Now?* Prentice-Hall, Englewood Cliffs

39. Marcus, G.E., 1983, Elite' as a concept, theory, and research tradition. In *Elites: Ethnographic Issues*, edited by G.E. Marcus. pp.7~28, Univ. of New Mexico, Albuquerque

40. Chase, D.Z., and A.F. Chase, 1992, Mesoamerican elites: assumptions, definitions, and models. In *Mesoamerican Elites: An Archaeological Assessment*, edited by Chase and Chase. pp.3~17, Univ. of Oklahoma, Norman

41. Blaniff C., B., 1990, The identification of possible elites in prehispanic Sonora. In

Chase 등은 지배 상층계급(Elite, 또는 Upper Class)의 개념을 고고학적 유물을 해석하기 위한 하나의 방법론으로 이용해 온 반면, Cohen은 複合社會의 사회조직이나 사회제도에서 상층계급의 사회 정치적 역할을 설명하기 위해 지배 상층계급의 이론을 발전시켜 왔다.[42]

1) 社會學的 觀點

Mills는 『The Power Elite』라는 책에서 'Power Elite Model'을 제안했다. 그에 따르면, 파워 엘리트는 사회 제도에서 중요 지위를 차지하면서 영향력을 행사하고 있는 소규모의 집단을 지칭한다고 말한다. 그들은 서로 부합하는 공통의 이익과 목적을 공유하고 있다. 상층 권력집단의 일원(members)은 사회적으로 강력한 영향력을 갖는데, 그들이 개인적으로 비범한 능력을 지녀서가 아니라, 그들이 중요한 관료적 지위를 차지하고 있기 때문이다.

Domhoff도 또한 파워 엘리트 모델에 대한 사회학적 연구를 심도있게 진행하였다.[43] 그는 미국에서 "지배계층은 사회적으로 응집력을 갖고 있다. 그들은 (경제적) 기반을 대기업이나 은행들에 두고 있으면서, 사회 정치적인 환경을 조성하는 데 주된 역할을 하고, 다양한 조직이나 방법들을 통하여 연방정부를 그들의 영향력 아래에 두려고 한다"고 실명한다. 그에 따르면, 미국에서 지배계층은 전인구의 0.5%를 넘지 못하거나, 또는 200명당 대략 1명으로 구성되었다고 한다. 그들 최상층부에 속한 계층은 엄청난 富를 소유하면서, 정부의 행정부, 주요 기업들, 군부, 주요

Perspectives on Southwestern Prehistory, edited by P. Minns and C. Redman. pp.173~183.

42. Cohen, R., 1983, Elite theory and the formation of elites among the Bura intellectuals of Nigeria. In *Elites: Ethnographic Issues*, edited by G.E. Marcus. pp.7~28. Univ. of New Mexico

43. Domhoff, G.W., 1983, *Who Rules America Now?* Prentice-Hall, Englewood Cliffs

대학의 이사, (국가의) 주요 통제나 매스 미디어 등을 통제하고 있다. 그런 사회조직의 통제에서 지배계층은 엄청난 부를 축적할 수 있는 정치나 경제정책들을 세우거나 조직화한다. 지배 상층계급 또는 엘리트 연구의 이론가들은 社會制度(social institutes)들은 그 사회의 소규모 상층 지배집단들에 의해 운영된다고 믿고 있다.

지배 상층계급의 개념과 관련하여, Marcus는 상층계급의 세 가지 이미지, 즉 행위자(agent), 배타성, 그리고 엘리트와 다른 사람들 사이의 어떤 형태의 제한적 관계 등을 설명한다.[44] 먼저, 행위자 이미지는 상층계급은 어떤 사안들(events)을 구체화하는 데 다른 사람들에게 영향을 미칠 수도 있는 어떤 결정을 내리는 인과적 행위자들로 간주되어지는 것을 의미한다. 상층계급의 두 번째 이미지는 배타성이다. 상층계급은 다른 사람들과 분리되었다고 간주하면서, 상층계급이 아닌 사람들에게는 눈에 잘 보이지 않는 존재라고 생각한다는 것이다. 마지막으로, 상층계급은 제도적 질서를 지배해 나가는 집단들로 간주되고 있다고 한다. 그 같은 개념들로부터, Marcus는 비록 경험적 연구에서는 상층계급과 다른 사람들 사이의 관계를 기록하기가 쉬운 일은 아니지만, 복합사회에서의 상층계급에 대한 보다 적절한 이미지는 지배 상층계급과 다른 사람들 사이를 중계하는 사회의 제도 속에서 지배 상층계급을 바라보아야 한다고 결론을 내린다.

Cohen은 지배 상층계급의 규범 모델을 제안했다.[45] 그는 엘리트 이론가들과 다원론자들(pluralists)이 주장하는 상층계급의 개념에는 기초적인 약점이 있다고 주장한다. 그는 부족한 (또는 희소한) 자원에 대한 접

44. Marcus, G.E., 1983, Elite' as a concept, theory, and research tradition. In *Elites: Ethnographic Issues*, edited by G.E. Marcus. pp.7~28, Univ. od New Mexico, Albuquerque
45. Cohen, R., 1983, Elite theory and the formation of elites among the Bura intellectuals of Nigeria. In *Elites: Ethnographic Issues*, edited by G.E. Marcus. pp.7~28. Univ. of New Mexico

근의 정도, 권위구조와 지배, 그리고 상층계급 구조에서의 문화적 요소 등과 같은 상층계급의 세 가지 특징을 설명한다. 첫째, 모든 자원들은 부족하기 때문에 가치 있는 것들은 결코 모든 사람을 충분하게 만족시킬 수 없다. 그러나 상층계급은 부족한 자원에 체계적으로 보다 많은 접근이 가능한 집단들이다. 둘째, 상층계급의 특징은 그들의 영향력이 통치 권위에 의해 합법적으로 행사될 수 있는 법칙의 체제에 있다. 그 같은 체제는 기존의 합법화된 상층계급의 이익을 보호하기 때문이다. 셋째, 문화적인 전통, 또는 이데올로기는 상층계급 구조에 영향을 미치는 경향이 있다. 상층계급 집단은 사회의 제도나 조직들에서 그들이 차지했거나, 또는 차지하게 될 지위를 정당화하기 위한 여러 이론들을 발전시키기 때문이다. Cohen은 規範理論의 개념은 民族誌的 研究나 調査에 보편적으로 적용할 수 있다고 주장하며, 실제로 그는 자신의 규범이론을 북부 나이지리아에서 실시한 민족지 조사에 적용한 바[46] 있다.

2) 人類學的 觀點

Fried는 上層階級은 階層社會와 관련되어 있다[47]고 가정한다. 계층사회에서, 같은 性이나 비슷한 나이에 있는 일부 사람들은 그 사회의 다른 사람들과 비교할 때, 기본적 사원(basic resources)에 불평등한 특권적 접근이 허용되고 있다.[48] 말할 필요도 없이, 기초적 자원에 불평등한 접근이 허용되는 사람들이 바로 上層階級이라고 할 수 있을 것이다. 정치적 진화의 동인(prime mover)은 생산과 분배에 대한 통제능력이 얼마나 있

---

46. Cohen, R., 1983, Elite theory and the formation of elites among the Bura intellectuals of Nigeria. In *Elites: Ethnographic Issues*, edited by G.E. Marcus. pp.7~28. Univ. of New Mexico

47. Fried, M., 1960, On the evolution of social stratification and the state. In *Culture and History*, edited by S. Diamond, pp.713~731. Columbia University Press, New York.

48. Fried, M., 1967, *The Evolution of Political Society*. Random House, p.184

느냐에 달렸으며, 상층계급은 그들의 권력을 자원을 통제하고 조정하는 데 사용한다.[49]

Service는 족장사회를 中央執權的 政府가 존재하고, 족장과 그의 측근들에 의해서 운영되는 중앙정부의 시스템을 통하여 식량과 자원의 재분배가 이루어지는 사회로 규정했다.[50] 우리는 그 같은 再分配的 社會組織에서 上層部를 차지하는 사람들을 상층계급으로 간주할 수 있을 것이다. 비록 서비스는 재분배 제도를 족장사회의 지배적 형태의 경제제도라고 가정하고 있지만, 재분배의 역할을 담당하는 실제 상층계급은 재분배를 하는 과정에서 경제적 잉여 물품의 일부를 자신의 이익을 위하여 유용할 기회를 갖게 된다. 따라서 완전한 재분배가 實際的으로는 이루어지지 않게 되어, 사회적으로 貧富의 격차가 발생하는 여건이 마련된다. 족장사회에서의 상층계급은 경제적 자원에 대한 우월적 접근이 허용되는 사람들이라 하겠다.

Johnson과 Earle은 인류의 사회적 진화과정을 설명하기 위하여 政治經濟(political economy)라는 개념을 이론화했다.[51] 그들에 따르면, 生計經濟는 가족이 생계를 유지하는 데 필요한 가장 기본적 요구를 만족시키는 것이며, 정치경제는 생계경제를 유지하고 남는 剩餘 生産物로써 지배계층의 수입을 최대화하기 위한 것이다. 지배 상층계급은 경제적 통제와 권력의 행사를 통하여 그들의 지위를 유지하게 된다. 일반 평민(commoners)들의 생계경제로부터 잉여물을 취함으로써 공급되는 정치경제는 족장사회에서 중요한 역할을 한다. 따라서 상층계급은 생계경제

49. Fried, M., 1960, On the evolution of social stratification and the state. In *Culture and History*, edited by Stanley Diamond, pp.713~731. Columbia University Press, New York.
50. Service, E., 1960, *Primitive Social Organization*. Random House, NewYork.
_____, 1971, *Primitive Social Organization*. Random House, New York,(2nd edition)
51. Johnson, A.W., and T. Earle, 1987, *The Evolution of Human Societies: From Foraging Group to Agrarian State*. Stanford University Press, Stanford.

의 剩餘 生産物에 기초한 정치경제를 운용하면서 리더쉽을 발휘하는 사람들로 설명할 수 있겠다. 특히, Earle은 족장을 "富와 생활양식에 利點을 갖고 있는 原初的 貴族"[52]으로 묘사했다.

3) 考古學的 觀點

고고학적 유물로부터 복합사회에서의 상층계급의 존재와 역할을 밝히기 위하여 상층계급 또는 엘리트의 이론에 많은 관심을 가져왔다. 대체로 고고학자들은 Service, Fried 그리고 Johnson과 Earle 등에 의해 제시된 사회 진화의 모델을 편의적으로 채용하는 경향이 있다. 중미의 마야나 아즈텍 문명에서 활동했던 상층계급의 연구에서 Chase 夫婦는 고고학적 관점에서 상층계급의 개념을 설명하고, 고고학적 유물로부터 상층계급의 존재를 증명하려고 했다.[53] 그들은 上層階級을 "사회의 제도를 운영하는 사람들"로 정의했다. 그들은 상층계급의 개념이 실제로 모호한 개념이기는 하지만, 어떤 지역내의 다양한 고고학적 유물을 유적지의 내부 간, 또는 다른 유적지와의 관계를 비교 연구함으로써 상층계급의 존재를 증명할 수 있다고 주장한다.

Sanders는 중미의 고고학을 연구하면서 지배 상층계급의 개념을 이론화했다.[54] 그는 상층계급은 "대체로 그 사회의 (일반) 사람들보다 명예와 권력, 또는 財富를 어느 정도 더 향유한 어떤 사회 제도에서의 일부 사람들(segment)을 언급한다"고 말한다. Sanders에 따르면, 계층사회에서 신

52. Earle, T., 1987, *Chiefdom in archaeological and ethnohistorical perspective*. Annual Review of Anthropology 16. p.290
53. Chase, D.Z., and A.F. Chase, 1992, Mesoamerican elites: assumptions, definitions, and models. In *Mesoamerican Elites: An Archaeological Assessment*, edited by Chase and Chase. pp.3~17, Univ. of Oklahoma, Norman
54. Sanders, W., 1992, Ranking and stratification in prehistoric Mesoamerica. In *Mesoamerican Elites: An Archaeological Assessment*, edited by Chase and Chase, pp.278~291

분상 높은 지위는 의례활동을 주관하는 指導力(leadership)의 역할에서 찾을 수 있다고 한다. 그는 사회의 규모가 크면 클수록, 지도력의 역할은 더욱더 중요해지며, 결국은 리더쉽의 역할이 富의 원천이 될 수도 있다고 한다. 따라서 샌더스가 정의하는 상층계급은 "부의 원천에 우월적 접근이 허용되는 사람들"이라고 하겠다.

Blaniff C.는 멕시코의 북서부에 위치 Sonoran Culture의 상층계급을 설명하기 위해 상층계급의 개념을 이론화하면서 마르크스의 유물사관에 바탕을 둔 이데올로기적 접근을 취하고 있다.[55] 그는 상층계급을 "遺傳的인 특권 신분으로 태어났거나 또는 다른 사람의 희생을 대가로 성공한 능력을 바탕으로 선택된 권력 집단"으로 인식하고 있다. 그에 따르면, 상층계급은 그들의 사회적 신분을 유지하기 위하여 人種的 自民族中心主義, 階級 독트린, 이데올로기 같은 관념을 창안했다고 한다. 이데올로기는 상층계급이 그들의 권력 체제를 확립하기 위한 구실로 이용되었다. 상층계급의 思考와 實際的 表現은 그들의 사회 정치적 실행에서 구체적인 형태로 나타난다. 그것은 기존의 중앙집권적인 사회체제를 유지하기 위한 권력집단의 이해와 목적의 표출인 것이다. 이데올로기는 상층계급의 권력을 합법화하는 하나의 방법이 될 수 있는 신화나 종교적 형태로 나타날 수도 있다. 따라서 상층계급은 특권적 신분으로 출생했거나 다른 사람의 희생을 대가로 이룩한 능력에 의해 권력을 유지하고 있는 사람들인 것이다. 또 그들은 권력을 합법화하고 사회적 통치체제를 유지하기 위해 이데올로기를 조작한다.

비록 지배 상층계급이라는 어휘가 학문적 용어로 빈번하게 사용된다 할지라도, 지배 상층계급의 개념이 考古學界에서는 그 어느 분야보다도 더 모호할지도 모른다. 그러한 이유로 필자는 여러 관점에서 상층계급의

55. Blaniff C., B., 1990, The identification of possible elites in prehispanic Sonora. In *Perspectives on Southwestern Prehistory*, edited by P. Minns and C. Redman. pp.173~183. Westview Press

개념을 살펴보았다. 이제 상층계급의 개념을 명확하게 하기 위하여 여러 이론가들이 제시한 개념들은 다음과 같이 정리할 수 있을 것이다.

먼저, 상층계급은 사회 단체나 기관에서 중요 지위를 차지하면서 영향력을 가진 사람들의 소규모 집단이다. 그들은 주로 사회의 제도를 운영하는 사람들이라고 정의될 수 있다. 그들은 공통의 이익과 목적을 공유하기 때문에 사회적으로 서로 밀착되어 있다. 사회는 적어도 지배계층과 피지배계층의 두 반대 계층으로 구성되어 있으며, 어떤 사회에서는 노예계급이 포함되기도 한다. 상층계급은 기본적 자원에 불평등적 접근이 허용된다. 따라서 자원분배에서의 이들의 指導力은 富의 원천이 되기도 한다. 원시사회에서의 높은 지위는 종교적 리더십의 역할로부터 얻어지는 경우가 많다. 상층계급의 신분은 세습되거나 또는 다른 사람의 희생을 대가로 성공한 능력을 바탕으로 선택되어 권력을 향유하는 집단이다. 상층계급은 권력을 합법화하고 기존의 중앙집권적 사회체제를 유지하기 위해 이데올로기를 조작하기도 한다. 한편 과거 문명에서의 상층계급의 존재와 역할은 지역내의 다양한 고고학적 유물을 유적지와 유적지 사이, 또는 유물과 유물 사이의 관계를 비교 연구함으로써 밝혀질 수 있다.

先史時代의 문화를 주로 연구하는 考古學者들이 복합사회의 출현과 上層階級의 형성에 관한 주제를 연구하고자 할 때, 가장 핵심적 과제이면서도 가장 기초적인 문제로 대두되는 것이 政治體(polity)에 관한 것이다. Willey와 Phillips는 일찌기 "archaeology is anthropology or it is nothing"[56]이라고 말한 적이 있다. 고고학은 인류학의 한 분야이며, 과거의 인간사회를 연구하는 학문이다. 따라서 고고학은 인간의 문화를 연구하는 학문인 것이다. 과거의 사람들에 의해 남겨진 물질적 유물을 집합적으로 '考古學的 記錄'(Archaeological record)이라고 부른다. 특히 고고

---

56. Willey, G., and P. Phillips, 1958, *Method and Theory in American Archaeology.* University of Chicago Press, Chicago

학자들이 하는 주임무 중의 하나가 고고학적 유적지에서 발굴한 유물을 해석하는 것이다. Taylor는 "(고고학은) 문화 정보의 수집과 생산을 위한 전문화된 기술의 방법과 조합(set)으로 구성되어 있다"[57]라고 말한다.

그러나 그 동안 개발되어 온 많은 방법과 이론들이 있음에도 불구하고, 靜的인 고고학적 유물로부터 動的인 인간의 활동을 복원시킨다는 것은 생각만큼 그리 쉬운 일이 아니다. 왜냐하면, 물질적인 유물은 문헌기록과는 달리 그 자체로서 과거의 문화에 대해 직접적으로 전혀 우리에게 말을 하지 않기 때문이다.[58] 고고학적 기록의 해석은 "인간의 활동(動的, dynamics)과 물질적 유물(靜的, statics)에 나타난 이들의 활동의 결과(즉, 유물)를 연계시키는 넓은 범위에 걸친 지식에 의존한다"[59]고 Binford는 말한다. 사회적 맥락의 이해는 고고학적 유물의 의미를 해석하는 데 실마리를 제공한다. 따라서 여기에서는 상층계급의 개념을 진화론적 관점에서 설명하고, 사회적 맥락에서 어떻게 상층계급이 형성되고, 그들이 사회에서 기능하는 역할은 무엇인가를 살펴보고자 한다.

---

57. Taylor, W., 1983, *A Study of Archaeology (orig. 1948)*. Southern Illinois University Press, Carbondale, p.44

58. Binford, S., 1983, *In Pursuit of the Past: Decording the Archaeological Record*. Thames and Hudson, p.19

59. Binford, S., 1983, *In Pursuit of the Past: Decording the Archaeological Record*. Thames and Hudson, p.19

3. 社會階層과 支配 上層階級

1) 社會組織과 社會進化

한국의 歷史學界와 考古學界에서 논란이 되고 있는 사회조직의 진화
단계모델을 정확히 이해하기 위해 우리는 미국의 신진화주의 학자들이
제시한 여러 모델을 좀더 구체적으로 살펴 볼 필요가 있다. 기본적으로
미국의 인류학계에서 제시한 신진화주의의 모델들은 인류사회의 발전과
정에서 사회조직의 진화적 경향을 묘사하기 위해 제안된 것들이다. 따라
서 사회진화의 모델들을 검토하기 전에 社會組織(social organization)의
개념이 무엇인가를 먼저 알아보면, Goldschmidt는 사회조직을 "어떤 사
회의 구조는 두 가지의 것과 연관되어 있다. 첫째는 우리가 집단(groups)
이라고 부르는 보다 작은 사회적 단위들로 나누어져 있다. 둘째는 인식
된 지위(status)와 그에 따르는 적절한 행위의 역할(role)이 있다"[60]라고
정의한다. 따라서 사회적 신분은 사회의 구조 속에서의 지위이며, 각자
의 사회적 지위는 적절한 행위, 태도, 권리, 그리고 의무 등의 역할과 관
련되어 있는 것이라고 할 수 있다. 어떤 지위는 歸屬的 屬性(ascribed
attribute)을 갖는 반면에, 어떤 지위는 成就的 屬性(achieved attribute)을
갖는다. 귀속적 지위는 연령·성별·인종·민족집단(ethnicity) 등이며,
성취된 지위는 재능·행위·노력·활동·성취 등으로부터 획득된 것이

---

60. Goldschmidt, W., 1960, *Exploring the Ways of Mankind*, Holt, Rinehart and
Winston, New York, p.260

다. 그러나 실제 사회구조 속에서 위치하고 있는 각개인의 신분상 지위는 각각의 진화단계마다 획득과정과 역할에 상당한 차이가 있다. 그렇다면, 우리는 어떻게 고고학적 유물로부터 과거의 사회적 지위를 검증할 수 있겠는가?

사회조직의 진화론적 경향을 기술하기 위하여 많은 사회진화의 모델이 창안되어 온 것은 주지의 사실이다. 먼저 Fried의 견해를 살펴보자. Fried는 平等社會(egalitarian society), 序列社會(ranked society), 階層社會(stratified society), 그리고 國家社會(state society) 등의 네 단계 진화모델을 제안했다.[61] 평등사회는 자원에 대해 일반적으로 상호 호혜적 접근이 허용되는 사회이다. 서열사회는 신분상 명예로운 높은 지위가 사회구성원의 일부에게 제한되어 있으며, 再分配的 經濟形態가 운용된다. 제한된 명예적 지위는 일반적으로 특정가문의 출생 순서에 의해 결정되지만 우월적 정치경제적 권력은 결여되어 있다. 계층사회는 "같은 性과 비슷한 연령에 있는 사회의 구성원은 삶을 유지할 수 있는 기본적 자원에 불평등한 접근이 허용되는 사회"로 정의될 수 있다.[62] 그리고 국가사회는 사회적 분쟁에 친족기반을 초월해서 강제적 권력의 합법적 동원이 가능한 權力組織이라고 설명한다. 그는 政治進化의 動因은 인구와 자원의 再分配에 대한 통제에 있다고 믿고 있다. 따라서 Fried가 주장하는 진화의 推進體는 경제·인구·환경 같은 물질적 요소에 있다고 하겠다. 그러나 Service와 같이, Fried도 사회진화의 실제적 원인을 설명하지 않고 있다. 왜냐하면, 그는 그가 제시한 사회진화의 단계들은 과거에 일어났던 현상들로서 실제적인 관찰이 불가능하기 때문이라고 한다.

Johnson과 Earle은 가족수준의 집단(family-level group), 국지적 집단(local group), 지역적 정치체(regional polity) 등의 세 단계 진화모델을 제시했다.[63] 그들이 제시한 진화단계의 기본은 生計經濟와 政治經濟가 어

61. Fried, M., 1967, *The Evolution of Political Society*. Random House, p.184
62. Fried, M., 1967, *The Evolution of Political Society*. Random House, p.186

떻게 운용되느냐 하는 것이다. 그들의 견해에 따르면, 우선 한정된 자원에 대한 人口壓은 사회 경제적인 응답장치가 요구된다. 그 같은 人口壓에 대한 사회 경제적인 응답장치는 한정된 자원으로부터 증가된 인구가 지탱할만 한 수준 높은 상호작용의 효과를 필요로 한다. 그 상호작용이 반복되어 진행을 거듭할수록 늘어난 인구는 정치적 발전을 꾀하는 리더쉽 강화를 유도하게 된다. 따라서 인구의 증가는 文化進化의 일차적 動因이며, 지배계층에 의해 통제되는 정치경제는 사회적 불평등의 형성과정에서 중요한 역할을 담당하는 것이다.

미국 인류학계와 考古學界에서 가장 많은 주목을 받은 것은 Service가 제시한 진화의 네 단계 定型化이다. 그 가운데에서도 'chiefdom', 즉 족장사회 단계에 관한 것이다. 'chiefdom'이란 단어는 원래 오래전부터 인류학자들이 원주민 사회를 연구하면서 비교적 널리 사용해온 어휘이다. 그 하나가 1934년에서 1938년 사이에 아프리카의 동남부에 위치한 Nyakyusa족을 현지 조사한 M. Wilson은 1951년에 출판한 『Good Company』란 책에서 니아큐샤족을 몇 개의 사회로 나누면서 각 사회를 'chiefdom'이란 용어로 표현한 것이다. 중남미 인디언을 연구하던 Oberg 는 그러한 'chiefdom'이란 어휘를 처음으로 정치조직을 나타내는 용어로 원용하고,[64] 서비스가 이를 받아 더욱 그 개념을 발전시켜 사회조직의 진화단계 속에 정형화시킴으로써 사회 진화상의 한 단계를 의미하는 인류학 용어로 정착되었다.

다시 말하면, 서비스는 'chiefdom'이란 용어를 사회적 진화단계 속에 끌어들여 무리, 부족, 족장 그리고 국가 같은 네 등급의 진화단계를 나타내는 사회 정치적인 조직체계로 완성시킨 것이다.[65] 서비스가 제시한 각

63. Johnson, A.W., and T. Earle, 1987, *The Evolution of Human Societies: From Foraging Group to Agrarian State*. Stanford University Press, Stanford.
64. Oberg, K., 1955, Types and social structure among the lowland tribes of South and Central America. *American Anthropologist 57*. pp.472~488
65. Service, E., 1960, *Primitive Social Organization*. Random House, New York.

단계는 사람들의 경제적 적응전략뿐만 아니라, 사람들 사이의 사회 정치적 불평등한 관계를 반영하고 있다. 서비스가 정형화한 각 단계의 사회조직은 사회통합(solidarity)의 정도에 기초한 것이다. 다시 말해, 무리와 부족사회는 평등사회이며, 족장과 국가사회는 불평등한 계층사회인 것이다. 족장사회는 사회조직의 진화단계에서 평등사회인 부족사회에서 계층사회인 국가단계의 중간단계에 위치한 사회이다. 그러나 그는 어떻게 무리나 부족 같은 평등적 사회조직이 족장이나 국가 같은 불평등한 사회조직으로 진화하는가 하는 사회변동의 실제적 동인이나 메커니즘은 설명하지 않고 있다.

Service가 사회조직의 네 단계 발전과정을 정형화했을 때, 그가 제시한 부족사회나 족장사회에서의 再分配(redistribution) 같은 개념은 미국이나 영국의 인류학자들로부터 많은 비판의 표적이 되었다. 예를 들면, Fried는 진화단계의 설정에서 서비스가 제시한 부족사회는 수렵채집인 같은 단순한 예비적 단계의 사회로부터 발전되어 오지 않았다고 가정하면서, 사회진화의 단계에서 부족사회의 단계는 불필요한 개념이라고 비판한다.[66] 그가 부족사회를 정치적 진화단계에서 부수적으로 발생한 현상으로 본 까닭은 "상대적으로 고도로 조직화된 사회들"과의 접촉과정에서 파생되어 온 사회가 곧 부족사회라고 가정하였기 때문이었다. 부족사회의 개념은 부족집단이 공통의 민족적 특징을 공유하는 작은 단위가 확대되어 생긴 집단을 의미한다. Fried에 따르면, 소위 '部族'이라 불리는 것은 실제로는 근대 서구열강 세력이 중남미를 식민지화하는 과정에서 생겨난 부산물이라는 것이다.[67]

Service의 이론에서 재분배의 개념도 인류학자로부터 많은 비판의 표적이 되었다. 재분배의 제도에서 족장의 권력은 생산물의 재분배 역할에

_____, 1971, *Primitive Social Organization*. Random House, New York.
66. Fried, M., 1967, *The Evolution of Political Society*. Random House, pp.170~174
67. Fried, M., 1967, *The Evolution of Political Society*. Random House, p.170

서 얻어지는 권위에 기초를 두고 있다. 족장들은 소비물품과 전문 세공품과 같은 다른 잉여 물품을 수집하여 저장하고, 그 물품을 당 해의 특정한 시간에 평민들에게 재분배한다. 그러나 실제로 족장들은 경제적인 잉여 물품을 그 자신의 가족들이나 측근들을 부양하기 위하여 유용할 기회를 갖게 된다. 그 같은 행위가 계층사회를 형성하는 한 動因으로 작용한다. 폴리네시아 족장사회를 연구한 존슨과 얼은 재분배 체계를 "세금의 원초적 형태"라고까지 불렀다.[68]

Service가 제시했던 재분배의 개념과는 다르게 富를 상징하는 경제적威勢品은 지배 상층계급에 유입되고, 지배 상층계급들은 자신들의 신분과 특권을 나타내는 데 이용하게 된다. 따라서 인류학자들이 족장사회의 연구에서 지배 상층집단의 역할을 강조하면서 Service의 再分配 體系의 개념은 정치적인 책략과 사회적 불평등의 개념을 강조하는 쪽으로 변화되었다고 할 수 있다. 특히, Wright는 족장사회를 "전체적인 사회적 통제 행위들이 다른 행동들과 비교하여 外的으로 전문화되고, 통제과정(예를들면, 관찰하는 행위, 결정행위, 강제행위)의 다른 측면의 관점에서 內的으로 전문화되지 아니한 하부체계 안에 부여된 사회-정치 체제"라고 하였다. 따라서 간단히 말하면, "정치적 통제에서 하나의 일반화된 것"이라고 정의한 것이다.[69] 따라서 서비스의 이론을 한국사의 발전과정에 적용한다면, 서비스의 개념 가운데 일부를 소성할 필요가 있다.

68. Johnson, A.W., and T. Earle, 1987, *The Evolution of Human Societies: From Foraging Group to Agrarian State*. Stanford University Press, Stanford, p.227
69. Wright, H.T., 1984, Prestate political formations. In *On the Evolution of Complex Societies: Essays in Honor of Harry Hoijer 1982*, edited by T. Earle, p.40

2) 社會組織의 進化段階

앞에서 설명한 것처럼 미국의 신진화주의 이론과 그에 따른 사회발전 단계설이 한국에 잘못 소개되었다.[70] 그래서 몇몇 신세대 고고학자들이 한국 고대문화의 형성과정을 설명하기 위한 이론적 배경으로 적용한 미국의 신진화주의 이론에 어떤 커다란 문제점이 내포되어 있는 것처럼 보였다. 인류학 이론에 익숙하지 못한 한국의 고대사학자들에게 더욱 그러하였다. 따라서 지석묘 사회 연구의 이론적 배경으로 서비스의 族長社會論을 적용하고자 하는 본 논문의 성격상 서비스의 社會發展段階說의 개념을 보다 명확히 설명할 필요가 있다. 여기서는 1960년대 이래로 서비스를 위시한 미시간 학파들이 이룩한 新進化主義 理論의 성과인 發展段階說을 중심으로 간략히 살펴보고자 한다.

고고학자나 인류학자들이 사회나 문화의 진화과정이나 변화의 동인 또는 변화에 따른 인간의 대처과정 등을 연구하기 위해서는 논리의 전개를 위한 어떤 형태의 일정한 이론적 체계가 필요하다. 비판적 견해가 없는 것은 아니지만, 신진화주의의 여러 이론 중에서 현재 인류학계에서 널리 통용되는 것은 서비스의 네 단계 진화모델이라 하겠다. 실례로 현재 미국의 인류학과에서 교재로 사용하는 인류학 개설서의 거의 대부분은 사회의 진화단계를 서술할 때 서비스의 모델을 기본으로 하고 있다. 그리고 다른 학자의 견해는 서비스 모델에서의 미비점을 일부 보충하는 정도이다. 서비스가 제시한 모델을 중심으로 사회조직의 네 단계 발달과정을 구체적으로 살펴보면 다음과 같다.

---

70. 김정배, 1986, 『韓國 古代國家의 起源과 形成』, 고려대학교 출판부, p.180
　　전경수, 1988, 「신진화론과 국가형성론」 『韓國史論』19

가. 무리사회(Band)

무리사회는 소규모의 친족에 기초를 둔 집단으로 수렵과 채집에 종사하는 狩獵採集民(foragers)이 대부분이지만, 일부의 경우는 원예농경 종사자들(gardeners)[71]이다. 구석기 시대의 인류나 현대 아프리카 보츠와나의 부시맨(!Kung San), 북미 에스키모인, 자이레의 무티 피그미족, 필리핀의 바탁(Batac) 등이 이 같은 무리사회의 단계에 속한다. 인류학자들은 일반적으로 이들 수렵채집경제에 의존하는 사람들은 낮은 노동력으로 풍부한 식량을 얻을 수 있기 때문에 영양 · 레져 · 물질적 복지 등에서 놀라울 정도로 삶을 잘 영위하고 있다는 데 동의한다. 이런 이유로 인류학자 Sahlins는 수렵채집 사회를 인류역사상 "원초적 풍요사회"(the original affluent society)라고 부르고 있다.[72]

무리집단은 그들이 위치한 자연환경에 적응하기 위한 매우 유동적인 사회조직이다. 부모와 자식들로 구성된 核家族이 기본적 가족단위이다. 그러나 環境條件에 따라, 여러 가족이 한 캠프에 모이기도 하고, 핵가족이 大家族(extended family)으로 확장되기도 한다. 예를 들면, 칼라하리 사막에 살고 있는 부시맨은 雨期가 계속되는 10월부터 다음해 4월까지 두 개나 네 개의 가족으로 나누어 살면서 과일 · 멜론 · 딸기 등과 같은 풍부한 야생 식물과 동물 등을 식량으로 이용하면서 살아간다. 그러나 5월이나 6월부터 9월까지의 乾期 동안에 그들은 크고 영구적인 우물(waterhole)의 주위에 커다란 캠프를 설치하고 함께 모여 擴大家族을 형성하고 살아간다.[73]

71. Robarchek, C., and Carole Robarchek, 1998, *Waorani: The Contexts of Violence and War*. Harcourt Brace College Publishers, pp.45~47
72. Sahlins, M., 1968, Notes on the original affluent society. In *Man the Hunter*, edited by R. Lee and I. Devore, pp.85~92
73. Lee, R., 1968, What do hunters do for a living, or how to make out on scarce resources. In *Man the Hunter*, edited by R. Lee and I.Devore, Aldine, Chicago, pp.30~40,

무리단계 사람들의 일반적인 평등관계는 각각의 가족이나 가족의 구성원들은 재산이나 자연자원에 동등한 접근이 허용된다는 데서 찾을 수 있다. 기술이나 직업 등에 전문화 된 역할이 거의 없기 때문에 각각의 가족은 그들이 생존에 요구되는 것은 무엇이든 스스로 해결할 수 있어야 한다. 그 사회의 일원들 간에는 권력이나 빈부의 차이는 거의 존재하지 않는다. 무리사회는 정치조직은 없으며 따라서 중앙 집권화된 정부는 존재하지 않는다. 따라서 정치적인 결정(decision making)은 매우 드물며, 무리사회의 지도자(band leader)의 의견이나 그 사회 구성원 전체의 여론에 따라 이루어진다. 그밖에 대부분 사회문제의 결정은 개인적 능력 때문에 존경을 받고 명성을 유지하고 있는 사람에 의해 이루어진다.

수렵채집 생활을 하는 무리사회는 사회 정치적으로 평등사회이지만, 에스키모의 일부 사회에서는 우두머리(headman)의 지위를 유지하는 사람이 존재한다. Sheehan은 북서 알라스카의 고래잡이 집단이 사회 정치적으로 복합사회를 형성해 나가는 과정을 기술하고 있다.[74] Sheenhan의 연구에 의하면, 고래잡이 집단의 지도자는 Umialik으로 그는 자신이 속한 사회로부터 성공적으로 고래사냥을 할 수 있도록 종교적 그리고 정치적인 리더쉽을 부여받게 된다. 그들의 사회 또는 영토범위 내에서 인구가 증가하면 할수록, 우미알릭의 역할은 생산물의 재분배와 사회집단 간 협동작업과 경쟁에서의 조정자로서의 역할이 증대하게 된다. 우미알릭으로서 그가 지닌 조정자 역할의 증대는 결국 정치적, 종교적 그리고 전쟁의 지도자로 우월적인 사회적 지위를 누릴 수 있는 계기를 잡게되는 것은 자연스러운 일로 이해할 수 있을 것이다. 한가지 흥미로운 사실은 최근 오스트레일리아의 동남부 지역과 페루의 해안 지역에 나타난 고고

---

74. Sheehan, G.W., 1985, Whaling as an organizing forcus in Northeastern Alaskan Eskimo society. In *Prehistoric Hunter-Gatherers: The Emergence of Cultural Complexity*, edited by T.D. Price and J.A. Brown, pp.123~154
75. Habu, F.J., 2001, *Beyond Foraging and Collecting: Evolutionary Change in Hunter-Gatherer Settlement Systems*. Klywer-Plenum Co., New York

학적 자료에 의하면, 수렵채집경제의 무리사회에도 정치조직체라고는 정의할 수 없지만, 어느 정도의 사회계급이 형성되었을 것이라는 설이 제기되고 있다.[75]

우리는 적어도 그 같은 인류학적 연구 事例로부터 平等의 정도는 인구의 규모가 증대되는 것과 비례하여 감소되는 것을 알 수 있다. 이는 다시 말해 인구의 증가는 사회성원 사이의 평등의 정도를 감소시키면서 사회적 복합성을 증대시키게 됨으로써, 결국 평등사회가 그렇지 못한 계층사회로 자연스럽게 전환되는 것이다. Sheenhan의 연구에서 보았듯이, 사회적 전환의 중심에서 단순히 사회적 분쟁의 조정자 역할을 담당하던 우미알릭이 일정한 통제력을 갖춘 정치 지도자로 종교적 의미까지 부여받게 되고, 결국 사회적인 우월적 신분과 지위를 지닌 자로 새롭게 떠오르게 된 것을 볼 수 있었다.

일반적으로 무리사회에서의 리더쉽은 개인적 자질과 능력에 기초한 것으로 영속적인 것은 아니다. 협동작업과 자원의 공유는 사회 구성원들 간에 필수적으로 요구되는 것이다. 훌륭한 사냥꾼은 그가 추종자들에게 관대하게 대하는 한 그의 추종자들로부터 존경을 받는다. 사회적 질서는 조소 배제 회피 같은 행위 등을 통하여 유지된다. 사회적 관계는 주로 개개인의 친분적 관계로 이루어진다. 비록 일부의 집단들에서 一夫多妻制가 행해지기노 하지만, 무리사회에서의 가상 일반석인 결혼형태는 一夫一妻制이다. 결혼관습은 주로 무리사회 간 사회적, 경제적, 그리고 정치적 상호의존적 관계를 증진시킬 뿐만 아니라, 무리사회 간의 적당한 연맹관계를 강화시키는 작용을 한다.[76]

나. 部族社會(Tribe)

서비스가 기술한 것 같이, 부족사회는 보다 넓은 범위에 걸친 親族分

76. Smith, P.E.L., 1976, *Food Production and Its Consequences*. Cumings, California

節(kinship segment)의 연합이다. 따라서 부족사회의 조직은 지역적 분절사회를 통합시키는 메커니즘의 역할을 한다. 비록 부족사회는 식량생산자 사회라 할지라도, 그런 단계의 사회는 사회경제적으로 계층을 형성한 사회도 아니며, 중앙 집권적 정부를 가진 사회도 아니다. 부족사회에는 정치적 결정을 강요할 수 있는 방법이 전혀 존재하지 않는다. 그러나 뉴기니아와 남태평양의 여러 섬들에 있는 부족사회에는 big man이라는 지도자가 있으며, 남미의 부족사회단계 원주민들에는 headman이라는 지도자가 마을에서 리더쉽을 발휘하기도 한다. 즉, 베네주엘라와 브라질의 아마존강 유역에 거주하고 있는 Yanomamo사회에는 headman으로 불리는 지도자가 존재한다.[77] 그러나 야노마모족에서의 headman의 권위는 상당히 제한적이다. 만일 그가 무엇인가를 하고자 한다면, 그는 마을 사람들에게 먼저 시범을 보여야 한다. 그런 다음, 마을 사람들에게 따라하도록 설득해야 한다. 그는 단지 평등관계에 있는 그 마을에서의 첫 번째 사람에 불과할 뿐이다.

부족사회에서의 리더쉽을 행사할 수 있는 또 하나의 신분은 big man의 지위이다. 비록 big man은 마을 사이의 정치적 활동을 조직하거나 분쟁의 조정을 담당하지만, 그의 지도력은 매우 한정적인 것이어서 그가 명령을 내리거나 집행할 만한 권위를 갖고 있지는 않다. 그러나 어떤 경우에는 big man의 명성이 그의 후손에게 세습되는 경우도 있다. 그러나 그런 경우에도 역시 마을 사람들에게 관대하게 대해야만 한다.[78] 리더쉽의 규모에서 headman과 big man 사이에는 약간의 차이가 있다. headman의 리더쉽은 마을내의 범위에 해당하나, big man은 여러 마을들로부터 지지를 받고 있다. 그러나 어떤 경우에도 부족사회에서는 결코 사회계층이 존재하지 않는다.[79]

77. Chagnon, N. 1992, *Yanomamo*. Harcourt Brace College Publishers, Fort Worth
78. Oliver, D., 1955, *A Solomon Island Society : Kinship and Leadership Among the Siuai of Bougainville*, Harvard University Press, Cambridge.
79. Johnson, A. W., and T. Earle, 1987, *The Evolution of Human Societies : From*

무리단계의 사회와 비교해서, 부족사회 조직은 그 사회에서 존경을 받는 연장자들로 구성된 회의체(council)를 통한 비교적 공식적인 통제 장치를 갖추고 있다. 정책결정은 초자연적 징후를 읽거나 연장자들의 여론의 일치를 통해서 합의점에 도달한다. 비록 big man은 정책결정에서 최종적 권한은 없지만, 그의 활동은 재분배에서 식량 관리자로서, 그리고 마을 간 분쟁의 조정자로서 잠재적인 리더쉽 능력의 증거가 될 수도 있다. 그러한 경우에도 직업의 전문화라는 측면에서 볼 때, 부족사회에서의 big man이나 headman 또는 匠人(craftsman)이라는 사회적 신분은 그들이 단지 여분의 시간을 이용한 전문가(part time specialist)로서 활동할 뿐이지, 그러한 일에만 전적으로 종사하는 직업 전문가(full time specialist)는 결코 아닌 것이다.

대부분의 부족사회 사람들은 협력관계에 있는 다른 부족집단과 族外婚의 규칙을 가지고 있다. 一夫多妻의 제도도 있는데, 대부분의 인류학자들은 그 같은 一夫多妻制는 노동력 공급의 증대와 가구의 전반적인 생산력을 확대하는 데 따른 자연환경과 인구 사이의 생태학적이고 경제적인 적응전략의 한 방편으로 간주한다. 또한 부족사회에서의 결혼관습은 계속적인 친족유대와 집단의 연맹을 유지하는 역할을 한다. 즉, 부족사회에서의 족외혼은 사회적으로는 집단 간의 결혼을 통한 聯盟關係를 공고히 하고, 경제적으로는 안정적인 交易網을 확보하려는 의도에서 비롯된 것이라 볼 수 있을 것이다. 예를 들어, 아마존강 유역의 야노마모족 같은 일부 부족사회에서는 交叉四寸婚 관습을 갖고 있다. Chagnon의 연구에 의하면, 야노마모에서의 이 같은 결혼관습은 마을 사이의 경제적이고 정치적인 연맹을 형성할 수 있는 기회를 제공하는 역할을 하는 것으로 알려졌다.[80]

부족사회에서는 죽은 사람의 형이나 동생이 그 미망인과 결혼하는 逆

Foraging Group to Agrarian State. Stanford University Press, Stanford.
80. Chagnon, N. 1992, *Yanomamo*. Harcourt Brace College Publishers, Fort Worth

緣婚(levirate)과 아내가 죽은 후 아내의 자매들과 결혼하는 妻系緣婚 (sororate) 등의 결혼관습도 행해지는데, 이는 한쪽 배우자가 사망한 후 直系親族(consanguineal kin)과 傍系親族(affinal kin) 사이의 상호적 책무 를 충족함으로써 친족유대를 지속할 수 있는 메커니즘으로 기능을 하게 된다.[81] 부족사회에서 일어나는 여러 형태의 族內婚的 婚姻規定은 바로 결 혼을 통하여 친족집단 간의 결속관계를 다지려는 데 목적이 있는 것이 다. 그 같은 관점에서 볼 때, 부족사회에서의 결혼관습은 마을 내외의 후 손 집단 간의 협력활동이나 연맹의 기초가 되고 있음을 알 수 있다. 다시 말하면, 부족사회의 결혼 시스템은 인류사회가 단순사회에서 복합사회 로 발전되어 나가는 데 따른 하나의 제도적 기반이 되고 있는 것이라 하 겠다.

다. 族長社會(chiefdom)

무리사회나 부족사회와는 다르게, 족장사회나 국가는 中央集權政府를 갖고 있는 계층사회이다. 족장사회는 부족사회보다는 좀더 복잡한 형태 의 사회 정치적인 조직으로 구성된 사회이며, 사회진화단계에서 부족사 회와 국가사회 사이의 중간단계에 위치한 사회이다. 족장사회는 기본적 으로 혈연에 기반을 둔 사회이기는 하지만, 자원에 대한 불평등한 접근 이 이루어지는 계층사회이며, 중앙집권적 정부를 갖고 있는 사회이다. 족장사회의 정치경제는 정치적 지위를 차지한 족장과 그의 추종자들에 의해 조정되는 재분배 체계가 특징이다.[82]

81. Keesing, R.M., 1975, *Kin Group and Social Structure*. Harcourt Brace College
    Lowie, R., 1920, *Primitive Society*. Harper and Brothers, New York
    Service, E., 1960, *Primitive Social Organization*. Random House, New York.
    _____, 1971, *Primitive Social Organization*. Random House, New York.
82. Johnson, A.W., and T. Earle, 1987, *The Evolution of Human Societies: From
    Foraging Group to Agrarian State*. Stanford University Press, Stanford.

Fried는 서비스의 이론을 비판하면서, 서비스와는 다르게 사회진화의 발전과정을 平等社會(egalitarian)→序列社會(ranked)→階層社會(stratified)→國家社會(state)로 도식화하여 설명하고 있다. 그러나 Fried가 제시한 사회발전단계설의 의미를 정밀하게 검토한다면, Service가 제시한 社會發展段階의 進化論的 圖式의 내용과 별반 차이가 드러나지 않고 있다. Fried가 제시한 진화도식의 개념을 굳이 서비스의 진화도식과 대비시켜 설명한다면, Fried의 서열사회[83]는 Service의 족장사회에 해당하고, Fried의 계층사회는 서비스의 국가사회와 동일한 개념이라고 하겠다. 따라서 Fried와 Service의 진화도식에 차이가 있다면, 그것은 단지 각각의 단계에서 쓰이는 용어만 다르다는 것 뿐이며 그 본질은 결국 같은 것이다.

족장사회의 정치경제는 앞에서 언급한 바와 같이 생산물의 수납과 재분배의 원리에 의해 이루어진다. 예를 들어, Johnson과 Earle은 폴리네시안 족장사회의 재분배 체계를 "식료품(staple foods)과 세공품(craft goods)이 세금이나 임차(rent)의 일종으로 각 家口로부터 收集되는 제도"[84]라고 정의하고 있다. 폴리네시아인들은 위급한 재난의 시기(risky season)에 대처하기 위해 貯藏體系(storage system)를 발전시켰다. 수집된 물품은 족장과 그의 추종자들로 대표되는 엘리트들에 의해 관리되고 재난의 시기에 일반인들에게 재분배된다. 그러나 이들 상층부의 엘리트

Service, E., 1960, *Primitive Social Organization*. Random House, New York.
_____, 1971, *Primitive Social Organization*. Random House, New York.
83. 프리드는 서열사회(ranked)를 다음과 같이 설명한다. "A rank society is one in which positions of valued status are somehow limited so that not all those of sufficient talent to occupy such statuses actually achieve them. Such a society may or may not be stratified. That is, a society may sharply limit its positions of prestige without affecting the access of its entire membership to the basic resources upon which life depends" M. Fried, 1967, *The Evolution of Political Society*, p 109
84. Johnson, A. W., and T. Earle, 1987, *The Evolution of Human Societies: From Foraging Group to Agrarian State*. Stanford University Press, Stanford., p.208

들은 수집된 물품의 일부를 자신들의 이익을 위해 유용할 기회를 갖게 됨으로써, 재분배 체계는 사람들 사이에 경제적 不平等을 초래하고 결국에는 사회를 계층화의 길로 이끄는 기능을 하게 된다.

족장사회에서의 재산 소유권은 사회적 엘리트 같은 특정한 후손집단들이나 개인들과 밀접한 연관성을 갖는 경향이 있다. 예를 들면, 트로브리안드 섬의 어떤 족장들은 'Kula exchange' 같은 지역 간 무역에 중요한 대형 카누 등에 다소 독점적인 권한을 소유하거나 유지하고 있다.[85] 족장들은 威勢品이나 전략적 물품에 대해 상당한 통제를 가한다. 심지어 어떤 족장들은 일정 정도의 권력까지 행사하고 있다.[86] 그럼에도 불구하고, 엘리트들에 대한 정치적 권위나 재산 소유권은 많은 제약이 존재한다. 왜냐하면, 족장의 지도력(chieftainship)은 권력에 의한 强制力에서 오는 것이 아니라 대중적인 信望으로부터 용인되는 것이기 때문이다.[87]

Malinowski와 Johnson과 Earle은 트로브리안드섬의 家口를 식량생산과 소비의 기본적 단위로 기술하고 있다. 家口는 남편, 아내, 그리고 결혼하지 않은 자녀들로 이루어진 핵가족으로 구성되어 있다. 트로브리안드섬의 사람들은 가족성원에서는 母系制(matrilineal)이지만 실제 住居規則에서는 父系居住(patrilocal)이다. 각각의 가구는 분리된 집과 저장시설을 갖고 있으며, 농경지 일부(garden plot)도 소유하고 있다.

家口의 범위를 넘어선 좀더 큰 단위는 'dala'라고 하는 소규모의 마을이다. 달라는 지역적 범위에서 농경을 위해 서로 협력하는 마을 규모의 집단인 것이다. 비록 달라는 주민이 땅을 소유하고 있다 할지라도, 땅에 대한 접근은 달라의 지도자에 의해 통제된다. 달라의 지도자는 매년 토

85. Malinowski, R 1922, *Argonauts of the Western Pacific*. Waveland Press, Prospect Heights.
86. Hayden, B,. 1996, Thresholds of Power in Emergent Complex Societies. In *Emergent Complexity: The Evolution of Intermediate Societies*, edited by E. Arnold, pp.50~58
87. Weiner, A., 1987, *The Trobrianders of Papua New Guinea*, Holt, Rehart and Winston,

지의 할당을 통제하고 조절하는 역할을 맡고 있다. 그 같은 시스템에 의한 토지의 통제는 트로브리안드섬의 사회를 정치적으로나 경제적으로 제도화되고 조직화 함으로써 보다 진전된 複合社會로 이끄는 기능을 한다.

달라의 거주 형태에도 계층성이 나타나고 있다. 즉, 주거구조를 보면, 공공의 광장 저장시설 정치적 중심지의 역할을 하는 상층계급의 거주지 등이 계층적으로 배치되어 있다. 비록 트로브리안드섬의 家口는 생계전략에 있어서의 기본적 단위가 될지라도, 각각의 가구는 그 사회에서 계층이 다른 친족에 기반을 둔 등급으로 나누어져 있다. 트로브리안드섬에서는 한해와 기근 같은 계절적인 유동성으로 발생한 재난의 시기는 사람들의 식량생산 계획을 매우 불안정하게 만드는 요인이 된다. 그 같은 현상은 저장을 위한 잉여생산물, 마을과 마을 사이 또는 섬과 섬 사이의 무역활동, 잘 계획된 원예농경활동 같은 다양한 생계전략이 필요하다. 식량의 저장과 축적은 개인의 신분적 지위와 밀접하게 연관되어 있다. 말리노우스키는 "식량의 축적은 경제적인 재난의 시기에 대비하는 역할을 할 뿐만 아니라, 富의 소유를 통하여 사회적 지위를 증진시키고 과시하고자 하는 욕망에 의해 이루어진다"[88]고 지적한다. 이를 바꾸어 말하면, 트로브리안드섬의 계층화는 개인의 사회적 지위를 과시하고자 하는 심리적 욕구를 충족시켜주기 위해 형성된 것이라고 하겠다.

족장사회에서의 결혼관습은 族內婚과 族外婚이 모두 이루어진다. 그러나 친족의 유대는 상부계층에서 평민계층으로 확대되지는 않는다. 그것은 결혼관습이 그들이 속한 신분적 지위의 범위 내에서 이루어지는 계층적 족내혼이 실행되고 있기 때문이다. 상류계층의 신분에 속한 자손들의 族內結婚은 혈통적으로 적절한 친족유대와 후손들 간의 친밀한 관계를 유지하기 위한 것이다. 앤더슨이 지적한대로,[89] 상층계급 사람들은 자

---

88. Malinowski, R 1922, *Argonauts of the Western Pacific*. Waveland Press, Prospect Heights.

원에 대한 우월적 접근의 허용으로 부의 축적이 가능하게 되고 경제적 여력을 갖게 됨으로써 일부다처제를 할 수 있게 된다. 상층계급 사람에서의 一夫多妻制는 족장사회에서는 매우 일반적인 현상이다. 반면에 평민들은 그러한 기회를 갖지 못해, 일부일체제의 결혼관습을 유지하고 있다.

따라서 족장사회에서의 결혼과 친족유대는 부족사회나 무리사회에서 와는 상당히 다른 편인데, 그것은 경제적인 불평등에 기초한 사회적 신분의 계층화가 상당히 이루어졌기 때문이다. 예를 들어 트로브리안드섬에서의 상층계급 사람들의 결혼관습을 보면, 엘리트 계층에 속하는 족장은 다른 마을의 여자와 결혼할 때 그들의 식량에서 중요한 부분을 차지하는 얌(yams)의 일부를 지불하고 결혼을 함으로써 정치 경제적으로 그들의 영역을 확대해 나간다. 다른 달라로부터 여러 명의 여자와 결혼을 하게 되면 가장 높은 서열의 달라에 속하게 되고, 그리하여 그 지역사회에서 가장 높은 지위를 혼자 획득할 수 있게 된다. 그러한 지위를 차지하게 되면, 그는 자신의 달라 영역에서 정치 경제적인 중심지로서의 역할을 하게 된다.

트로브리안도섬에서 보고된 그런 민족지적 자료는 어떻게 인류사회가 복합사회로 나아가는 가를 잘 보여주고 있다. 민족지자료에서 보고된 토지할당, 계층적 주거형태, 무역의 통제, 저장 시스템, 계층적 족내혼, 그리고 엘리트의 일부다처제 같은 사회적 운영상의 메커니즘이 그것이다. 그런 현상은 부족사회나 무리사회 같은 평등사회가 중앙집권적으로 조직된 재분배 체제로 전환하는 것을 의미한다. 그리고 족장사회라고 불리는 계층화된 복합사회의 수준으로 발전해 나가는 과정을 생생하게 보여주는 것이다.

---

89. Anderson, D.G., 1994, *The Savannah River Chiefdoms: Political Change in the Late Prehistoric Southeast*. University of Alabama Press

라. (古代)國家(State)

國家는 中央集權的으로 조직된 官僚的이고 社會 政治的인 組織이다. 인류사회의 발전단계에서 複合社會의 마지막 단계에 도달한 사회가 아마도 국가라고 불리는 사회조직일 것이다. 국가조직은 높은 인구밀도를 유지하기 위해 상당량의 剩餘食糧을 요구하기 때문에 주로 集約農耕에 경제적인 기반을 두고 있다.

國家組織의 출현과 관련하여 많은 인류학자들이 文獻史學, 民族誌, 民族史, 그리고 考古學的 資料들을 이용하여 어떻게 국가가 기원하게 되었는가를 설명하기 위해 오랫동안 노력해왔다. 지금까지 제시된 것들 가운데 비교적 설득력 있는 因果的 要素들로는 生態學的 多樣性論,[90] 灌漑農耕理論,[91] 長距離 交易網理論,[92] 社會分爭論,[93] 人口壓理論,[94] 領域限界理論,[95] 征服國家說[96] 등이 논의 되어왔다.

특히, Fried는 原初的 國家와 二次的 國家라고 하는 國家形成論에 관한 두 가지의 이론적 개념을 제안했다.[97] 원초적 국가는 다른 국가로부터의

90. Service, E., 1975, *Origins of the State and Civilization*, Norton, New York.
   Steward, J., 1949, Cultural causality and Law: A trial formulation of the development of early civilizations. *American Anthropologist 51*, pp.1~27
91. Wittfogel, K.A., 1957, *Oriental Despotism: A Comparative Study of Total Power*. Yale University Press, New Haven
92. Ratheji, W., 1971, The origin and development of lowland Classic Maya civilization. *American Antiquity 36*, pp.275~285
   Wright, H.T., 1978, Toward an explanation of the origin of the state. In *Origins of the State*, edited by R. Cohen and E. Service, pp.49~68
93. Engels, F., 1972, *The Origin of the Family, Private Property and the State*(orig. 1884). International Publishers, New York
   Fried, M., 1967, *The Evolution of Political Society*. Random House, New York
94. Boserup, E., 1965, *The Conditions of Agricultural Growth*. Aldine, Chicago
   Spooner, B., 1972, *Population Growth: Anthropological Implication*. The MIT Press
95. Carneiro, R., 1970, A theory of origin of the state. *Science 69*, pp.733~738
96. Oppenheimer, F., 1914, *The State: Its History and Development Viewed Sociologically*. Vanguard Press, New York.

직접적인 영향 없이 발전해온 국가를 의미한다. 따라서 원초적 국가 (pristine state)는 어떤 지역에서 자생적인 진화단계를 거쳐 최종적으로 국가사회의 단계까지 발전해온 것으로, 원초적 국가의 형성기에는 그 주변 지역에 어떤 형태의 국가도 존재하지 않는다. 반면에, 이차적 국가 (secondary state)는 주변에 이미 존재한 다른 국가로부터 영향을 받고 형성된 국가이다. 이차적 국가의 형성은 세 가지 방법, 즉 일차적 국가의 침입, 일차적 국가와의 무역활동, 그리고 단순히 일차적 국가와 국경을 접하면서 영향을 받아 새로이 국가를 형성하는 경우 등이 있다.

국가조직의 주요특징은 한정된 영토, 사회적 신분의 세습화, 공통의 문화를 갖는 국민, 세금의 징수, 조직화된 군대, 사법권, 강력한 권력을 합법적으로 행사하는 중앙정부와 세분화된 관료조직 등을 들 수 있다. 국가는 계층화된 사회로서 국민은 자원에 대한 평등적 접근이 결코 허용되지 않는다. 국가의 최고 지배층인 王家는 그들의 국민을 통치하기 위해 권력을 조작적으로 운용하기도 한다. 왕권은 다음 세대까지 세습된다. 예를 들면, 우간다의 서남부에 자리잡고 있는 Buganda王國의 王은 'Mukama'라고 불리는데, 그는 자신이 다스리는 왕국 전 지역에 절대적인 통치권을 행사하고 있다. 국민들로부터 거두어진 물품은 더 이상 재분배되지 않고 주로 王室의 생활이나 國王의 統治力을 유지하는 데 쓰인다. 전쟁은 전문화된 군인들에 의해 수행되며, 어떤 경우에는 자원의 획득과 관련되지 않는 경우도 있다.

지금까지 Service가 定型化한 네 단계의 사회 조직, 즉 무리사회, 부족사회, 족장사회, 그리고 국가사회를 인류학자의 제 견해와 민족지 자료들을 중심으로 살펴보았다. 한국의 考古學界와 古代史學界에서 미국 인류학계의 신진화주의에서 제시되어 온 사회진화의 발전단계설, 특히, Service의 네 단계설을 한국의 國家形成論에 적용하면서 상당한 연구성과를 얻게 되었다. 그러나 한편으로는 서구이론의 한국사에 대한 적용은

---

97. Fried, M., 1967, *The Evolution of Political Society*, Random House, New York

한국 고대문화의 진화나 발전과정을 설명하는 데 있어서 학자들 간에 많은 견해차이를 드러내면서 일정한 한계를 보이고 있다. 이런 이유로 일부의 인류학자나 다른 고대사 연구자들로부터 新進化主義 發展段階論의 韓國史에 대한 적용은 물론 이론 그 자체에도 상당한 비판적 시각이 대두되었다. 이는 신진화주의 이론에 대한 명확한 이해가 없기 때문에 일어난 현상이며 신진화주의의 이론이 한국사의 특수성에 적용하기에 적절하지 못한 이론이어서 그런 것은 아니었다.

미국에서도 물론 Service의 이론에 비판이 제기되었고, 지금은 그가 처음 제기했던 본래의 모습과는 많은 차이가 있다. Service가 제시한 사회발전단계설의 비판은 앞에서 언급한 바와 같이 부족사회 개념의 정의, 부족사회에서 '部族'의 용어문제, 그리고 족장사회에서 再分配의 실제 사회적 역할의 문제 등에 집중되어 있다. Fried는 부족사회를 허구의 개념이라고 주장했으나 서구의 영향으로 부족사회 본래의 모습이 다소 변형되었을 지라도 원초적인 부족사회의 모습이 뉴기니아 고산지대 등지에서 조사되고 있다. 부족사회에서 '部族'의 개념은 서비스가 동일한 문화를 공유하고 언어를 사용하는 '부족'이라는 종족집단을 사회발전단계로 설정하게 되면서 용어상의 혼란이 온 것은 사실이지만, 사용되는 용어상의 개념 그 자체가 잘못된 것은 아니다.[98] 재분배의 개념도 재난시기에 부족들에 대한 상호 互惠的 분배보다는 정치적 책략과 사회적 불평등을 강조하는 쪽으로 변모되었다.

Service의 이론 가운데 특히 고고학자들로부터 크게 주목을 받은 것은 역시 族長社會 發展段階說이다.[99] 즉, 여러 촌락으로 구성된 최고 권력

---

98. 부족은 영어로 'tribe'이지만 종종 'nation'이란 용어를 쓰기도 한다. 예를 들어, 체로키부족을 'cherokee nation'으로 지칭하는 경우가 대표적인 사례라고 하겠다. Renfrew와 Bahn은 'tribe' 대신에 'segmentary society'라는 용어를 사용하기도 한다.
   Renfrew, C., and Bahn, 1991, *Archaeology: Theories*, Methods, and Practice. p.157
99. 학자들의 연구결과로 수정된 내용은 최정필의 다음 글에 자세히 소개되어 있다.

자에 의해서 통치되는 하나의 권력집단으로 족장과 그의 동료들에 의해 리더쉽을 발휘되는 사회조직으로 간주되고 있다. 또한 족장사회의 주요 직위는 世襲되며 사회의 결속과 제도가 종교적 기능에 의해서 유지되는 것으로 밝혀지고 있다. 족장사회의 개념 자체도 족장이 통할하는 지역의 범위와 政策決定(decision making)의 수준에 따라 單純族長社會(simple chiefdom), 複合族長社會(complex chiefdom), 그리고 大族長社會 (paramount chiefdom) 등으로 세분된다.[100] 따라서 Service가 처음 주장했을 때와는 족장사회의 개념이 상당히 달라진 모습을 보인다.

비록, Service에 의해 제시된 族長社會의 개념이 많은 비판을 받기는 했지만, 그동안 많은 考古學者와 文化人類學者들의 꾸준한 考古學的 그리고 民族誌的 調査結果에 의해 현재 인류학계에서 폭넓게 받아들이고 있다. 그러한 모습은 미국의 대학교 인류학 교재들에 Service의 이론이 폭넓게 반영된 데서도 잘 알 수가 있다.[101] 그러나 한국의 일부 인류학자와

최정필, 1997, 「新進化論과 韓國上古史 解說의 批判에 대한 再檢討」『韓國古代國家成成論』, pp.37~44

100. Anderson, DG., 1994, *The Savannah River Chiefdoms*, pp.1~11

Seponaitis, V.P., 1978, Location theory and complex chiefdoms: a Mississippian example. In *Mississippian Settlement Patterns*, edited by B.D. Smith, pp.417~453.

101. 예를 들어, 미국에서 가장 많은 인류학교재로 채택되고 있는 C.P. Kottak의 *Anthropology: The Exploration of Human Diversity*의 제12장의 제목이 Bands and Tribes이며, 제13장은 Chiefdoms and Nonindustrial states이다. R. Scupin이 쓴 Cultural Anthropology: A Global Perspective에서는 Part III의 8장의 제목이 Band societies이고, 9장은 Tribes이며, 10장은 Chiefdoms이다. C. Renfrew와 P. Bahn 이 쓴 고고학 개설서인 *Archaeology: Theories, Methods, and Practice*의 part II, 제5장에서도 서비스의 발전단계설을 토대로 사회고고학의 연구 방법론을 기술하고 있다. 따라서 교과서에 서비스의 이론이 그대로 반영되었다고 하는 사실은 적어도 미국과 영국의 고고학계와 인류학계에서 서비스의 이론 이 통용되고 있음을 증명하는 것이라 하겠다. 1996년에는 International Monographs in Prehistory의 고고학 시리즈 아홉 번째 책에 11명의 고고학자가 참가하여 *Emergent Complexity: The Evolution of Intermediate Societies*에 9편의 족장사회와 관련된 논문이 발표된 바 있다. 또한 고고학자인 D. Anderson은

역사학자들은 Service의 이론이 이미 서구에서 폐기된 이론이라고 주장하면서,[102] 한국사에 적용하는 것에 대한 부정적인 견해를 드러낸다.[103] 이에 대해, 崔楨芯은 全京秀와 李賢惠의 부정적 논리에 대해 "족장사회의 개념이 다소 수정된 것은 사실이지만 국내학자들이 생각하는 바와 같이 의미를 완전히 상실한 이론은 아니라는 점이다"[104]라고 말하였다. 그리고 현재 미국학계에서 진행되는 족장사회의 연구경향을 일일이 열거하면서 반박하고,[105] 전라남도 승주군 우산리의 支石墓群에 族長社會 이론을 적용하면서 Service이론의 유용함을 다시 한 번 상기시킨 바 있다.[106]

이러한 일부학자들의 비판에도 불구하고, 최근에는 일련의 새로운 학자들에 의해 신진화주의의 이론이 심층적으로 연구 분석되고 한국사의 복원에 활발히 이용되는 추세이다. 특히 신진화주의의 發展段階說을 韓國史上 國家形成論의 전개를 위한 이론적 뼈대로서 활용하고 있다. 예를 들면, 崔夢龍은 영산강 유역의 지석묘 사회를 족장사회의 단계로 파악하면서 Service의 이론 가운데 族長社會의 개념을 한국 지석묘 사회 복원에 이론적 배경으로 차용한 바 있다.[107]

미국 서남부의 사바나강 유역 족장사회의 등장과 소멸과정을 다룬 것으로 내용만 459페이지에 이르는 족장사회의 방대한 고고학적 연구서인 *The Savannah River Chiefdoms*를 1994년에 출판하였다. 따라서 족장사회의 이론은 전경수의 말대로 폐기된 이론이 아니라 미국의 고고학계와 인류학계에서 갈수록 더욱더 큰 영향력을 발휘하고 있는 인류학 이론으로서 확고하게 자리를 잡아가고 있는 것이다.

102. 전경수, 1988, 「신진화론과 국가형성론」『韓國史論』19
103. 전경수, 1988, 「신진화론과 국가형성론」『韓國史論』19
　　　이기동, 1989, 「한국고대국가형성사 연구의 현황과 과제」『산운사학』1, pp.41~70
　　　이현혜, 1991, 「한국사 연구에 나타난 진화론적 시각」『현대 한국사학과 사관』
104. 최정필, 1997, 「韓國 上古史와 族長社會」『韓國古代國家形成論』, p.157
105. 崔楨芯, 1997, 「新進化論과 韓國上古史 解說의 批判에 대한 再檢討」『韓國古代國家形成論』, pp.1~46
106. 崔楨芯, 1997, 「韓國 上古史와 族長社會」『韓國古代國家形成論』, pp.155~188
107. Choi, M L., 1984, *A Study of the Yongsan River Valley Culture The Rise of Chiefdom Society and State in Ancient Korea-*. Harvard University Ph.D.

지금까지 사회 진화적 단계의 맥락에서 정치적, 사회적, 그리고 종교적 역할로부터 복합사회의 형성과 발전과정을 신진화론 학자들이 연구한 결과를 종합적으로 검토하여 합리적인 이해의 도출을 모색하였다. 그러나 Service가 제시한 모델을 이용하여 인류사회의 발전과정을 설명하고자 한다면, 우리는 그의 이론 원래 모습 그대로는 받아들일 수 없을 것이다. 우리가 인류의 사회 정치적 조직을 Service의 진화론적 발전과정에 맞추어 연구하기 위해서 그 개념의 일부를 조정해야 한다. 사실 우리가 일부 문제되는 개념들의 일부를 변화 발전시킨다면, 우리들은 Service의 이론을 인류사회 조직의 발전과정을 설명하는 데 편리한 도구로 사용할 수 있을 것이다. 결론적으로 말하면, 한국 고대사에는 문헌이 절대적으로 부족하기 때문에 考古學 遺物과 人類學 調査, 그리고 民族誌 資料를 바탕으로 한국 古代文化를 합리적으로 재구성할 수 밖에 없다. 그런 현실을 고려하면, Service의 모델은 아주 편리한 이론적인 뼈대가 될 것이라는 점이다.

dissertation.
Rhee, S.N., 1984, *Emerging Complex Society in Prehistoric Southwest Korea*. Univ. of Oregon, Ph.D. dissertation

4. 上層階級의 考古學的 評價基準

支配 上層階級(ruling upper class)의 출현문제는 政治體 硏究를 위한 중심적 과제이다. 그리고 고고학에서 사회적 계층의 모습을 재구성하고자 할 때, 특별한 사회 맥락적 의미를 갖는다. 그렇다면 우리는 고고학적 자료로부터 신분상 특권적 지위를 향유하고 있는 상층계급의 존재를 어떻게 해명할 수 있겠는가? 우리가 만일 階層社會의 일부 성원은 기본적 자원에 우월적 접근이 허용된다고 하는 Fried의 상층계급의 개념을 고려한다면,[108] 상층계급의 사회적 중요성이 考古學的 記錄에 표현되었을 것이라고 가정할 수 있다. 따라서 고고학적 유적지에서 우월적 접근이 요구되는 유물, 즉 장례에서의 사치스런 대접, 호화로운 부장품, 주거형태, 외래 무역품의 통제, 공공의 작업이나 거대 축조물의 공사에 요구되는 노동력, 기술의 전문화 등등을 분석평가 함으로써 지배 상층계급의 존재와 억할을 도출할 수 있을 것이다.[109] 그리고 頭蓋骨의 變形이나 骨格의 건강상태 같은 생물학적 자료들의 분석도 상층계급 연구에 커다란 도움이 될 것이다.[110]

108. Fried, M., 1967, *The Evolution of Political Society*. Random House, p.186
109. Chase, D.Z., and A.F. Chase, 1992, Mesoamerican elites: assumptions, definitions, and models. In *Mesoamerican Elites: An Archaeological Assessment*, edited by Chase and Chase. pp.303~317, Univ. od Oklahoma, Norman

    Wason, P.K., 1994, *The Archaeology of Rank*. Cambridge University Press, Cambridge
110. Becker, M., 1973, Archaeological evidence for occupational specialization among

첫째, 상층계급의 社會的 序列을 가리키는 증거는 상당량의 勞動力이 투입된 장례관습, 즉 무덤의 크기와 위치의 차이에 나타난다. 왜냐하면, 대형의 호화로운 무덤은 아마도 그 사회에서 특별한 有力者로서 상당한 노동력을 통제할 수 있는 위치를 차지했을 것이기 때문이다.[111] 그 같은 범주에 속한 무덤에서는 사치스런 副葬品이 동반 출토되는 경향이 있다. 예를 들면, Peebles는 족장사회 단계의 것으로 보이는 미국 동부의 Moundville 지역의 土築墓를 분석한 바 있다.[112] 그는 Moundville의 토축묘 2053개의 무덤을 분석하면서, 무덤군을 피라미드의 형태로 사회적 계층화를 시도한 후, Segment A, B, C의 세 등급으로 분류했다. 피블스에 따르면, Segment A의 무덤에는 적은 수의 상층계급 사람들이 독점적으로 사용했던 銅斧(Copper axe)와 귀거리 장식(earspool) 같은 유물과 함께 토축묘, 또는 그 주변 지역에 埋葬되었다. 그들 엘리트들의 무덤은 대체로 신성한 장소에 위치하고 있다. Segment B의 비교적 낮은 계층에 있는 사람들의 무덤에는 토축묘가 발견되지 않는다. 그리고 약간의 부장품이 발견되기는 하지만 銅製遺物(copper artifacts)은 전혀 보이지 않고 있다. Segment C에 속하는 사람들의 무덤은 토축묘의 변두리 지역에서 발견되었고, 副葬品도 거의 발견되지 않고 있다. Segment A의 그룹에 속하는 20개의 대형 평면형태의 토축묘는 엘리트들이 상당한 노동력을 통제할 수 있었다는 점에서 엘리트나 상류의 지배계층에 속하는 무덤으로 여

the Classic Period Maya at Tikal, Guatemala. *American Antiquity 38*, pp.396~406

Haviland, W.A., 1967, Stature at Tikal, Guatemala: implication for ancient Maya demography and social organization. *American Antiquity 32*, pp.316~325

Storey, R., 1985, An estimate of mortality in a pre-Columbian urban population. *American Anthropologist 87*, pp.519~535

111. Renfrew, C. and P. Bahn, 1996, *Archaeology: Theories, Methods, and Practice*. Thames and Hudson, New York. pp.182~193

112. Peebles, C.S., 1987, Moundville from 1000 to 1500 as seen from 1840 to 1985 A.D. In *Chiefdoms in the Americas*, edited by Drennan and C Uribe, University Press of America, Lanham, pp.21~42

길 수 밖에 없다. 어떤 경우에는 엘리트들이 이 같은 대형 평면형태의 토축묘의 정상부분에 집을 짓고 살다가 죽으면 그곳에 묻히기도 했다.

둘째, 부의 축적은 특별한 위치의 사람과 관련되었다는 점을 추론한다면, 고고학적 유적지에서의 상당량 富의 축적에 대한 증거는 엘리트나 상류계층의 존재를 나타내는 명확한 징표가 될 것이다. 생활 유적에서의 위세품이나 무덤의 부장품에 대한 분석은 사회적 신분에서의 不等性을 드러낸다. 예를 들면, Moundville 유적에서 발견된 손과 눈의 모티프가 새겨진 석판 팔레트 같은 정교하게 만들어진 유물들은 엘리트나 상류계층의 신분을 나타내는 象徵으로 사용되었을 것이다. Moundville 지역에서 발견된 조개 목걸이, 운모 장신구, 붉은 석판 가리개, 외부에서 반입된 규암 양면석기, 녹암 석부 같은 가치 있는 물품들은 일반적으로 외부로부터 들어왔거나 희귀한 재료로 만들었다.[113] Steponaitis는 Moundville 유적을 분석한 후 "Moundville에서, 엘리트 거주 지역의 발굴에서는 박편석기의 75%가 외부에서 수입된 재료로 구성된 유물조합이 출토되었으며", "운모(mica)와 구리(copper)는 엘리트의 標章으로 사용되었다"[114]는 사실을 밝혀 냈다. Moundville 유적에서의 威勢品이나 富를 나타내는 品目들은 상당한 사회적 불평등이나 지배 상층계급의 존재를 증명하는 것들이다.

셋째, 居住形態나 住居構造(residential structures)는 엘리트의 사회적 계층의 차이를 반영한다. 일반적으로 대형 건축물들은 복합사회를 가리키는 하나의 표상이 되고 있다. 그런 건물의 어떤 것은 지배 상층계급을 위한 집으로 사용되기도 한다.[115] Moundville 지역을 보면, 마운드빌 Ⅰ단

113. Steponaitis, V., 1991, Contrasting patterns of Mississippi development. In *Chiefdoms: Power, Economic, Ideology*, edited by T. Earle, pp.193~228
114. Steponaitis, V., 1991, Contrasting patterns of Mississippi development. In *Chiefdoms: Power, Economic, Ideology*, edited by T. Earle, pp.205~206
115. Haas, J., 1982, *The Evolution of the Prehistoric State*. Columbia University Press, New York

계(A.D. 1200~1250) 동안에는 엘리트 주거지와 지역의 중심지를 가리키는 단일 토축묘가 Moundville 지역의 네 곳에 세워졌다. 주민의 나머지는 마을의 주변 지역에서 살았던 것으로 생각되며, 그들의 生産品은 네 중심지의 어느 한 곳에서 살았던 지배 상층계급에 의해 통제되었을 것으로 보인다.[116] 말할 필요도 없이, 그들 토축묘는 각각 Mississippian 집단들 가운데 Alabama의 Moundville 지역에서 정치적, 경제적, 그리고 종교적 중심지로 기능했을 것이다. 마운드빌 Ⅱ (A.D. 1250~1400)와 마운드빌 Ⅲ (A.D. 1400~1550) 단계 동안에, 마운드빌 유적지에서의 토축묘 축조는 증가되었고, Moundville 유적지 자체는 그 지역의 주요 중심지로 발전되었다.

토축묘의 위치는 사회 종교적인 의미를 갖는다. Moundville 유적지에서, 두 개의 대형 토축묘는 플라자에 위치했고, 다른 18개의 토축묘들은 플라자의 주변 지역을 따라 자리잡았다. Steponaitis에 따르면, 두 종류의 대칭적인 유적이 플라자의 주변 토축묘군에서 확인되었다고 한다. 하나는 중심축의 주변을 따라서 양면적으로 위치했고, 다른 하나는 대소형의 두 토축묘가 한 쌍을 형성하면서 플라자의 동쪽과 서쪽을 따라 위치한 것이다. 그는 "소형 토축묘는 전형적인 무덤을 갖추었지만, 대형 토축묘는 (무덤을) 포함하고 있지 않다"고 밝혔다.[117] Vernon Knight는 이들 각각의 한 쌍은 墓地神殿과 어떤 특정 씨족의 엘리트의 주거지로 구성되어 있는 것으로 보았다.[118]

넷째, 公共作業이나 巨大 記念物의 築造 같은 건물 조영에 요구되는 노동력 통제의 정도는 사회적 계층의 정도를 밝히는 가장 확실하고 가시적인 고고학적 증거이다. Maya의 피라미드 神殿이나 이집트의 피라미

116. Anderson, D.G., 1994, *The Savannah River Chiefdoms: Political Change in the Late Prehistoric Southeast.* University of Alabama Press, pp.145~150
117. Steponaitis, V., 1991, Contrasting patterns of Mississippi development. In *Chiefdoms: Power, Economic, Ideology,* edited by T. Earle,p.200
118. recited from Steponaitis' citation 1991, p.200

드, 중국의 萬里長城 등은 우리에게 잘 알려진 예가 될 것이다. 물론 부족 단계의 사회 같은 단순사회에서도 실제적으로 대규모 축조물을 세우는 경우도 있다. 따라서 Renfrew와 Bahn은 유적에 대한 해석은 기념물의 크기와 규모, 지형에서의 공간적 분포, 기념 건조물에 묻혀있을지도 모를 개인의 신분상 지위 등이 고려되어야 한다는 것이다.[119]

예를 들면, Renfrew는 初期 新石器時代의 Wessex 문화를 조사하면서, 그 가운데 "causewayed enclosure"라고 불리는 가장 규모가 큰 축조물은 약 10만 시간의 노동력이 요구되는데, 250명의 장정이 하루에 8~10시간씩 6주 동안을 필요로 하는 작업량이다. 그 같은 축조물은 복합사회 단계에 속하는 유적이라기보다는 부족사회 같은 단순사회단계의 유적이라는 것이 그의 설명이다. 그러나 신석기 후기의 Wessex 문화기의 유적 가운데 가장 거대한 기념물은 Silbury Hill의 大形 記念物인데, 그 기념물의 축조에는 1백만에서 1천 8백만 시간에 해당하는 노동력이 요구된다는 것이다. 이는 대략 300명의 인력이 다른 일에 종사하지 않고 거의 1년을 노동에만 전담해야 가능한 일이다. Renfrew는 그 같은 노동인력과 의례적 중심지로서의 기능을 감안하여 족장사회의 단계에 해당하는 유적으로 추정하고 있다.[120]

Renfrew는 사회적 복합의 정도를 가리키는 또 하나의 징표로서 기념축조물의 공간적 분포에 주목하고 있다. 예를 들면, Wessex 巨石墳墓의 공간적 분포는 社會的 不平等性을 가리키지는 않지만, 서부 유럽의 거석분묘는 사회적으로 실제적인 중요성을 갖는다고 한다. 왜냐하면, 이들 거석분묘는 사회적 상부 계층의 사람들이 자신들의 사회적 지위가 일반인들에게 계속 인식되는 것을 조장하기 위한 영역의 徵標(territorial

119. Renfrew, C. and P. Bahn, 1996, *Archaeology: Theories, Methods, and Practice*. Thames and Hudson, New York. pp.182~193
120. Renfrew, C., 1973, Monuments, mobilization and social organization in the neolithic Wessex. In *The Explanation of Culture Change: Models in Prehistory*, edited by C. Renfrew. Duckworth, pp.539~558

markers) 기능을 했기 때문이다.[121]

다섯째, 考古學的 遺物에 나타난 技術 專門化에 대한 증거는 사회적 복합의 정도나 엘리트의 역할을 드러낸다. 기술 전문화에 대한 세 가지 모델, 즉 상업발달의 모델, 적응 모델, 정치적 모델 등이 제기되어 왔다.[122] 첫째, 상업발달 모델은 전문화는 경제적 성장과정의 종합적 부분이다. 왜냐하면, 노동의 분화가 세분화하면 할수록, 사회적 복합은 더욱더 증가되고, 엘리트나 통치자들은 경제생산자로서의 어떤 특정한 역할을 담당하지 않는다. 둘째, 적응 모델은 기술 전문화의 발전은 정치력을 가진 상층계급의 사람들이 介在하게 되는 경제적 재분배의 한 부분을 이룬다. 再分配的 經濟에서 정치력의 개입은 일반인(commoners)의 자원의 기반을 증대시키기 보다는 오히려 중앙 집권화된 정부의 재정을 확충하고 정치적 권력을 확대하기 위한 목적으로 이루어지는 것이다. 정치적 모델에서는, 정치적 엘리트들은 기술의 전문화를 그들의 정치 권력을 창조하고 유지하기 위해 조작한다. 기술적 특제품의 통제와 독점은 엘리트들이 그들의 사회적인 우월적 지위를 확립하고 유지하는 데 필요한 財富의 일차적 원천이 되는 것은 물론이다.

여섯째, 貿易品이나 지역 간 交易網에 대한 분석은 엘리트 집단의 사회적 지위를 증명하는 데 중요한 개념이 될 것이다. 威勢的 外來物品은 높은 지위에 있는 사람의 상징이 될 수 있고, 對外的 交易網은 개개인의 정치적 단위를 훨씬 넘기 때문이다.[123] 지역 간 상호영향의 범위에서 무역

121. Renfrew, C., 1973, Monuments, mobilization and social organization in the neolithic Wessex. In *The Explanation of Culture Change: Models in Prehistory*, edited by C. Renfrew. Duckworth, NW, pp.539~558

_____, 1984, *Approaches to Socal Archaeology*, Harvard University Press, Cambridge. pp.165~199

122. Brumfiel, E.M., and T.K. Earle, 1987, Specialization, exchange, and complex societies: an introduction. In *Specialization, Exchange, and Complex Societies*, edited by Brumfiel and T. Earle, Cambridge University Press, Cambridge, pp.1~9

에 의해 얻어진 威勢品은 考古學者들에 의해 중앙통제의 징표로 간주되는 경향이 있다. 그들은 수입된 威勢品을 그 사회에서 신분을 상징하는 것으로 보기 때문이다.

그러나 Hirth는 지역 간 교역망의 또 다른 중요한 의미를 지적한다. 그 같은 교역 시스템은 유동적인 식량생산에서 비롯되는 생계에서의 위험을 교역적 분배 체제로 확장시킴으로써 감소시킬 수 있고, 엘리트들은 지역 간 교역체계를 이용하여 사회적 네트웍과 그들 사회들 사이의 상호의존적 관계를 형성함으로써 생계전략에서의 위험도를 줄이는 데 중개자로서의 역할을 수행하게 된다.[124] 그는 엘리트 간 교환체계의 세 가지 기능을 다음과 같이 설명한다. 첫째, 엘리트는 교역체계에서 노동의 사회적 통제를 통하여 자원의 생산에 대한 그들의 통제를 확대시킬 수 있는 기회를 갖게 된다. 둘째, 그 같은 제도는 식량자원의 생산에서 유동적인 위험한 시기에 비상식량을 마련할 수 있는 기회를 제공하게 된다. 마지막으로, 그 시스템은 엘리트에게 계층사회 사이의 분쟁을 중개할 수 있는 기회를 제공한다.[125] 그 같은 교환 시스템을 통하여, 엘리트들은 무역으로부터 얻어진 貴重品과 자원을 통제할 수 있을 뿐만 아니라, 식량자원을 조작적으로 운용할 수 있게 된다. 따라서, 무역품이나 교환체계의 분석은 엘리트들이 그들의 사회에서 행사하는 소유권과 사치스런 外來物品의 통제 능에서의 역할에 관한 정보를 세공한다.

일곱째, 지배 엘리트의 존재는 고고학적 유적지에서 발굴된 人間의

123. Hirth, K., 1992, Interregional exchange as elite behavior: an evolutionary perspective. In *Mesoamerican Elites: An Archaeological Assessment*, edited by Chase and Chase, University of Oklahoma, Norman. pp.19~29

124. Hirth, K., 1992, Interregional exchange as elite behavior: an evolutionary perspective. In *Mesoamerican Elites: An Archaeological Assessment*, edited by Chase and Chase, University of Oklahoma, Norman. p.27

125. Hirth, K., 1992, Interregional exchange as elite behavior: an evolutionary perspective. In *Mesoamerican Elites: An Archaeological Assessment*, edited by Chase and Chase, University of Oklahoma, Norman. pp.19~29

骨格을 검사함으로써 증명될 수 있다. 고전적인 예들 가운데 하나가 호화로운 물품이 副葬되어 있는 幼兒의 墳墓이다. Peebles와 Kus는 Moundville 토축묘군에서 Segment A 등급 가운데 무덤군 Ib와 II는 어린아이와 성인남성의 무덤을 포함하고 있다고 지적한다.[126] Segment A 등급의 무덤군에서 어린아이 무덤의 존재가 확인된 것은 그 사회에서 어린아이가 유지하고 있는 지위나 명성이 어떻든 그 아이의 신분은 성취된 것(achieved)이라기보다는 귀속되어진 것(ascribed)이라고 보아야 할 것이다. 왜냐하면, 비교적 그 같은 어린 나이에 개인적인 뛰어난 능력을 바탕으로 높은 신분의 지위에 올랐다고는 생각되지 않기 때문이다.

頭蓋骨의 형태에 대한 體質人類學的 分析은 지배 상층계급의 존재 가능성에 대한 정보를 제공하기도 한다. 중미의 Tikal에서 마야 상층계급, 특히 상류계층에 속한 여인들 중 일부가 처음으로 자신들의 신분을 나타내기 위해 두개골 변형(skull deformation)을 실행하자, 일반 서민들(hoi polloi)들도 이 같은 풍조를 흉내내기 시작했다.[127] 또한 지배 상층계급 사람들은 帝國 내의 다른 일반 평민들보다 일반적으로 키가 큰 편인데, 이는 상층계급 사람들은 일반인들보다 동물 단백질을 훨씬 많이 섭취할 수 있는 보다 좋은 영양 환경을 갖고 살았다는 사실을 말해주는 것이다. 頭蓋骨과 碑文에 대한 분석은 엘리트의 평균 기대 연령은 60대로 비상층계급의 40대보다 훨씬 長壽하고 있음을 알 수 있다.[128] Becker는 齒牙의 變形

126. Peebles, C., and S.M. Kus, 1977, *Some archaeological correlates of ranked societies*. American Antiquity 42(3), p.439

127. Haviland, W.A., and H. Moholy-Nagy, 1992, Distinguishing the high and mighty from the Hoi Polloi at Tikal, Guatemala. In *Mesoamerican Elites: An Archaeological Assessment*, edited by Chase and Chase, University of Oklahoma, Norman. pp.50~60

128. Haviland, W.A., 1967, Stature at Tikal, Guatemala: implication for ancient Maya demography and social organization. *American Antiquity 32*, pp.316~325
_____, and H. Moholy-Nagy, 1992, Distinguishing the high and mighty from the Hoi Polloi at Tikal, Guatemala. In *Mesoamerican Elites: An Archaeological Assessment*, edited by Chase and Chase, University of

행위를 마야인들 가운데 상층계급의 신분을 나타내는 징표로 해석한
다.[129] 우리가 지금까지 언급한 골격학적 유물을 종합해 본다면, 마야사회
의 사례에서와 같이 상층계급의 사람들은 일반적으로 비상층계급의 사
람들보다 훨씬 건강했음을 알 수 있다.

Oklahoma, Norman. pp.50~60
129. Becker, M., 1973, Archaeological evidence for occupational specialization among
the Classic Period Maya at Tikal, Guatemala. *American Antiquity 38*,
pp.396~406

III. 支石墓 社會의 考古學的 背景

1. 支石墓의 名稱問題

支石墓는 世界的 分布를 보이고 있는 巨石文化의 한 무덤형식이다. 일반적으로 巨石(megalithic)이라는 어휘는 그리스어의 '크다'(mega, large)라는 말과 '돌'(lithic, stone)이란 단어로부터 유래한 것이다. 따라서 지석묘도 당연히 거석을 이용하여 만든 무덤의 형태를 말한다. 지석묘를 문자 그대로 정의하면 '돌을 고인 무덤'이 될 것이다. 순수 한국어로는 말 그대로 돌로 고여 놓았다는 뜻인 '고인돌' 또는 '굄돌'이라고 부른다.

이러한 '고인돌' 명칭을 '지석묘'란 용어로 처음 漢譯하여 사용한 사람은 高麗時代의 文人이었던 李奎報였다. 지석묘를 영어로는 'dolmen'이라고 하는데, 유럽의 dolmen과 한국의 지석묘가 서로 유사하기 때문에, 한국에서는 지석묘의 영문 표기에 그대로 dolmen이라는 단어를 사용한다. 그런데, 최근 한국을 방문했던 유럽의 고고학자들은 한국의 지석묘를 영어로 표기할 때, 한국말 그대로 '고인돌'(Koindol)로 표기할 것을 주문했다는 것이다.

지석묘는 한국에서 사용하는 漢文用語이지만, 정작 中國에서는 지석묘를 '石棚'(shipeng)으로 표기하고 있다. 그러나 일본에서는 우리와 같은 '支石墓'라는 용어를 사용한다. 물론 고고학 용어로서 지석묘는 '支石'이 없는 '無支石式' 지석묘도 포함하고 있다. 따라서 지석묘라고 하면 모두 蓋石을 支石으로 받치고 있는 것은 아니다. 그 경우 중국에서는 '大石蓋墓'란 명칭을 사용하며, 지석묘와는 다른 系統의 무덤형식으로 분류하고 있다.

지석묘의 명칭은 지석묘를 연구하는 학자나 지역마다 약간씩 다르게 표기하고 있다. 그러나 비록 명칭은 달라도 지석묘를 구성하는 각 부분의 역할은 동일하다. 지석묘를 구성하는 각 부분의 명칭은 다음과 같다.

蓋石은 덮개돌·上石·撐石 등으로도 불리는 것으로 지상에 노출되었고, 墓室 위에 올려진 커다란 돌을 의미한다. 蓋石은 단면의 형태에 따라 塊石形·長橢圓形·長方形·板石形 등이 있다.

支石은 굄돌 고임돌 받침돌 足石·支撐石·壁石 등의 이름으로도 불린다. 卓子式과 圍石式에서는 支石이 墓室을 구성하기도 하나 碁盤式에서는 단순히 蓋石을 받치는 역할만을 한다.

積石은 蓋石 아래의 石室 주위에 넓게 깔려있는 돌들을 의미한다. 이러한 積石은 석실주변을 보강해주고, 蓋石의 무게가 石室에 직접 받지 않고 분산되도록 해준다. 한편으로는 지석묘가 세워진 墓域의 전체 구역을 표시해주는 기능도 뒤따른다.

下部構造는 지석묘에서 개석 아래의 모든 요소를 총칭하여 부르는 말로 보통 支石·積石·墓室·墓域 등으로 구성된다.

墓室은 지석묘의 下部構造 가운데 埋葬主體部를 가리키는 말로 무덤방 또는 널방으로도 불린다. 墓室은 구성한 형태에 따라 石棺·石槨·圍石·土壙 등으로 분류된다.

板石은 石室을 위에서 덮고 있는 板石을 말하며, 板石이 한 개인 경우와 여러 개인 경우가 있다. 板石은 주로 屍身을 보호하면서 蓋石의 무게로부터 墓室이 파괴되는 것을 방지하는 시설물이다.

2. 支石墓의 文獻記錄

　지석묘는 先史時代에 축조되는 무덤의 형태이므로 축조 당시의 기록은 없다. 다만 後代의 기록에 지석묘로 생각되는 것이 한국과 중국에 몇 가지 사례가 보인다. 특히, 古代 中原의 漢族은 그들의 눈에 異國的으로 보이는 東夷族의 풍속에 대한 기록들을 편린으로 남겨, 고대 韓民族의 생활상을 이해하는 데 많은 도움을 주고 있다. 비록 이들 기록들은 지석묘가 축조될 당시의 것은 아니지만, 중국인들의 지석묘에 대한 관점이나 축조된 하한시기 등을 살필 수 있는 정보를 제공한다.

　지석묘에 관련된 가장 오래된 자료는『漢書』에 실린 내용이다.『漢書』는 西曆紀元 전후에 後漢의 班固가 저술한 것으로 東夷族에 관한 民族誌的 資料가 풍부하게 실려있다. 다음은『漢書』에 실린 지석묘에 관한 내용이다.

　　元鳳 3年 1月 泰山의 來蕪山 남쪽에서 수천명이 '쉉쉉' 하는 소리가 들려 사람들이 이를 자세히 살펴보니 큰돌이 스스로 세워져 있었다. 이는 높이가 1장 5척이고, 크기가 48발이며, 깊이가 8척으로 큰돌의 밑에는 3개의 돌이 받치고 있는데, 이 큰 돌 주변에 수천의 白鳥가 한데 모이고 있었다.[1]

---

1. 孝昭元鳳三年正月 泰山萊蕪山南 匈匈有數千人聲 民視之 有大石自立 高丈五尺

이 記錄에 나타나는 孝昭 元鳳 3년은 B.C. 78년이다. 3개의 돌이 다리로 받치고 있는 것을 보면 탁자식 지석묘임에 틀림없다. 아마도 산동반도의 탁자식 지석묘를 가리키는 것으로 생각된다. 크기가 1장 5척이므로 漢尺으로 계산하면 약 3.50m가 되고, 깊이는 1.86m가 된다. 따라서 비교적 규모가 큰 탁자식 지석묘로 추정된다. 다리가 3개인 것으로 보아 한쪽 막음돌이 이 당시에 이미 파괴되었던 것으로 보인다. 탁자식 지석묘에서 한쪽 막음돌이 유실되는 사례가 종종 발생하기 때문이다. 그런데 문제는 그 당시에 이미 現地人들도 이러한 지석묘의 축조와 기능에 대해서 전혀 이해하지 못하고 있었다는 점이다. 그 당시에 지석묘가 墓制로서의 기능이 정지된 채, 더 이상 세워지지 않는 잊혀진 이야기가 되어버린 것을 알 수 있다. 따라서 遼東地域에서의 지석묘도 山東半島 지역에서와 같이 적어도 기원전 1~2세기경에는 세워지지 않았음을 이 記錄을 통하여 추정할 수 있다.

遼東地方의 지석묘에 관한 기록은 『三國志』에도 보이고 있다. 『三國志』는 西紀 3世紀경에 西晉의 陳壽가 편찬한 중국 三國時代의 正史로 東夷族에 관한 기사가 많이 실려 있다. 그 중 지석묘는 『三國志』公孫度傳에 묘사되어 있다.

公孫度는 字가 升濟이고 遼東 襄平人이다..... 동쪽으로 高句麗를 정벌하고 서쪽으로 오환을 깨뜨려서 威武가 해외에 널리 퍼졌다. 初平 원년에 公孫度는 중국이 시끄럽고 어지럽다는 것을 알고 가까운 친구인 柳毅와 陽儀와 이야기를 나누게 되었다. 그들이 말하기를 '漢나라의 임금이 당장 끊어지게 되자 여러 대신들이 모여 부처의 귀에 대하여 말하던 중, 마침 양평 연리사에 큰 돌이 생겼는데, 그것은 길이가 1장 남짓

大四十八圍 入地深八尺 三石爲足 石立處 有白鳥數千集其旁. 『漢書』, 卷二十七, 五行志

하고, 그 아래에는 세 개의 작은 돌을 다리로 삼은 것이다'라고 하였다. 어떤 사람이 일러 公孫度에게 말하기를 '이것은 漢宣帝의 면류관 모양의 돌로서 상서를 나타내는 징조이다. 즉 마을 이름이 여러 先君과 같고, 社는 땅 主人인데다가 광명이야 당연히 땅위에 있으니, 이렇게 하여 세 분이 보필하고 있다'라고 하였다. 公孫度는 크게 웃었다.[2]

初平 元年은 後漢 獻帝의 즉위년으로 A.D. 190年이다. 여기에 나오는 大石도 다리가 세 개이고 개석이 면류관을 닮은 것으로 보아, 이 탁자식 지석묘였던 것으로 보인다. 크기가 1장 남짓이므로, 그 지석묘는 중국학자들의 분류대로 한다면, 소위 中石棚에 해당할 것이다. 이 지석묘의 역할도 『漢書』에서와 마찬가지로 당시 사람들에게는 잊혀진 이야기가 되었음을 알 수 있다.

탁자식 지석묘는 대체로 규모가 크고 잘 다듬어져 사람들에게 쉽게 눈에 띄었던 것으로 보인다. 唐의 장작(張鷟)이 저술한 『朝野僉載』라는 곳에도 蓋石은 없어지고 支石만 남은 卓子式 支石墓를 설명한 듯한 기록이 나온다.

父山은 辰州의 동쪽에 있는데, 그곳에는 세 개의 돌이 品자 모양으로 세워져 있다. 예소 노인들의 전하는 말에 의하면, '鄧나라의 과보는 태양과 경주를 하다가 여기에 다달아 밥을 짓고 물을 마셨는데, 세 개의 돌은 바로 과보가 솥을 받치도록 고여놓은 돌이다'라고 하였다.[3]

---

2. 公孫度 字升濟 本遼東襄平人也..... 東伐高句麗 西擊烏丸 威行海外初平元年
度知中國擾攘 語所親吏柳毅陽儀等曰 漢祚將絶 當與諸卿圖王耳 時襄平延里社
生大石 長丈餘 下有三小石爲之足 或謂度曰 此漢宣帝冠石之祥 面里名與先君
同 社主土地 明當有土地 而三公爲輔也 度益喜.『三國志』魏書八, 公孫度傳
3. 父山在辰州東 三石品立 古老傳曰 鄧夸父與 日競走至此炊飮 三石者 夸父支鼎

夸父는 중국전설에 나오는 신화적인 인물로 태양과 경주를 하다가 목말라 죽었다고 하는 이야기가 전하고 있다. 春秋戰國時代(B.C. 772∼221)의 鄧나라 때는 아직 지석묘의 축조 전통이 진행되던 시기이다. 이 이야기는 혹시 그 당시의 어떤 이야기가 전설이 되어 後代에 전해진 것이 아닐지도 모르겠다. 그 지석묘는 蓋石이 이미 流失되고 다리만 세 개가 殘存하는 것으로 보아 唐시기에 이미 상당히 심하게 파괴되었던 것으로 보인다.

지석묘에 관한 기록은 金의 王寂이 저술한 『鴨江行部志』에도 자세하게 묘사되었다. 金의 왕적이 관찰할 때, 제법 위엄과 신비를 느낄 정도로 이 지석묘는 잘 보존되어 있었고, 주변의 사람들에게도 잘 알려졌던 것으로 보인다. 특히, 지석묘의 중국식 명칭이 '石棚'으로 기록되어 있는 점이 주목된다.

己酉年에 西山에 놀러 갔더니, 석실 위에 바위하나가 있고, 그것의 가로와 세로는 3장에 달하며, 두께는 2척 남짓하다. 돌의 모서리는 반듯하고 매끄러우며 그 생김새가 마치 바둑판과 같다. 큰 돌 아래에는 3개의 돌이 벽을 이루고 있는데, 그 높이가 무려 1장이나 되고, 그 깊이도 1장에 가깝다. 거기에는 틈이 전혀 없으며, 도끼로 다듬은 흔적도 없다. 귀신같은 기교가 아니면 감히 그렇게 만들지 못하였으리라. 그곳 사람들은 이것을 石棚이라고 부른다.[4]

이 지석묘는 현재 遼寧省 瓦房店市 李官鄕 楡樹房에 있는 탁자식 지석

_____

之石也.『朝野險載』
4. 己酉 游西山 石室上石縱橫可三丈 厚二尺許 端平瑩滑 狀如棋局 其下壁立三石 高廣丈餘 深赤如之 了無暇隙 亦無斧業痕 非神功鬼巧 不能爲也 土人謂之 石棚.『鴨江行部志』

묘들 가운데 어느 하나로 比定된다. 이 지석묘도 3개의 지석만 잔존하는 것으로 보아 아마 막음돌이 이미 없어진 전형적인 탁자식 지석묘로 보인다. 오늘날 중국에서 지석묘를 '石棚'으로 부르는데, 이는 금나라 왕적이 사용한 용어를 현재 중국의 고고학자들이 원용하고 있는 것으로 생각된다.

중국의 지석묘를 石棚이라고 칭한 용어를 금대 왕적이 처음 사용했듯이, 오늘날 한국의 고고학자들이 사용하는 '支石墓'란 용어는 고려시대의 이규보가 『東國李相國集』에서 지석묘를 묘사하는 가운데, 처음으로 사용한 용어이다. 이규보는 高麗時代 武臣執權期를 대표하는 文人들 가운데 한 사람으로 전라도를 여행하던 중, 金馬郡에 이르러 지석묘를 관찰할 기회를 얻었던 것으로 보인다.

> 다음날 金馬郡으로 향하려 할 때, 이른바 '支石'이란 것을 구경하였다. 지석이란 것은 世俗에서 전하기를 옛날 聖人이 고여 놓은 것이라 하는데, 과연 奇迹으로서 이상하다 하겠다.[5]

李奎報는 高麗 神宗 3年(1200) 11月 末에 金馬郡 근처에서 지석묘를 찾아가 구경하였다. 이규보가 본 지석묘는 전북 지역에서 몇 안되는 탁자식 지석묘로 추정된다. 이규보가 관찰할 때, 현지의 마을 사람들도 지석묘의 來歷에 대해서 잘 모르고, 그저 '옛날 聖人이 고여 놓은 것' 정도로 이해하고 있었다. 여기서 중요한 점은 금대의 왕적은 '石棚'이란 용어를 사용했지만, 이규보는 '支石'이란 용어를 처음 사용하고 있다는 점이다.

지석묘에 관한 기록 가운데 가장 오래된 것은 班固가 『漢書』에 기록한

---

5. 明日 將向 金馬郡 求所謂支石者觀之 支石者 俗傳古聖人所支 果有奇迹之異常者. 『東國李相國集』卷二十三, 南行月日記.

내용이다. 그런데, B.C. 78년의 사실을 기록한 것임에도 불구하고 지석묘의 축조전통은 물론 그 기능이나 용도에 대해 당시 사람들은 전혀 알지 못하고 있었다. 따라서 文獻資料에 의하는 한 지석묘의 축조 下限年代는 적어도 紀元前 1世紀 以前이 될 것이다. 특히, 그 기록에 나오는 대부분의 지석묘는 지석이 4개가 아닌 3개로 기록되었다. 당시 지석묘의 막음돌이 이미 오래전부터 없어졌던 현상을 설명하는 것이다. 따라서 오늘날 탁자식 지석묘에서는 副葬品이 거의 나오지 않은 이유는 사람들에 의해 일찍부터 훼손되었기 때문일 것임을 어렵지 않게 추측할 수 있다.

『三國志』公孫度傳에 기록된 지석묘의 외형을 漢 宣帝의 면류관과 비교했고, 『鴨江行部志』에는 바둑판처럼 잘 만들었다는 사실을 강조하고 있다. 李奎報는 『東國李相國集』에서 全羅北道 金馬郡에 있는 지석묘는 옛날의 聖人이 고여놓은 것이라고 世俗에 전한다고 기록하고 있다. 이러한 世傳은 지석묘의 축조는 역사시대 들어와서도 사람들이 그 築造淵源과 機能을 전혀 생각할 수 없을 만큼 많은 노동력과 상당한 축조기술이 요구되는 특별한 건축물이었음을 반영하고 있는 것이다. 그리고 『漢書』에서 언급된 孝昭 元鳳 3年은 B.C. 78년인데, 이는 한국의 考古學에서 鐵器時代 前期에 해당하는 연대이다. 그런데 이 시기에 山東半島의 사람들이 이미 지석묘의 축조과정이나 기능에 대한 정보를 전혀 인지하지 못하고 있다. 따라서 山東半島에서는 이 시기에 이미 지석묘가 더 이상 축조되지 않았음을 미루어 짐작할 수 있다. 비록 지석묘에 관한 기록이 지석묘가 축조될 당시의 것은 아니지만, 지석묘에 대한 後世 사람들의 지석묘에 대한 觀念과 築造의 下限年代에 관한 약간의 정보를 얻을 수 있다.

3. 支石墓의 起源問題

　한국에서 축조된 지석묘의 起源問題는 그 연구의 歷史만큼이나 오래 전부터 학자들 간에 많은 논의되어 왔다. 그것은 지석묘의 성격을 파악하는데 중요하고도 직접적인 시사점을 안겨준다. 支石墓의 起源에 관한 논의는 대체로 세계사적 측면에서 한국 지석묘의 위치를 찾아보려는 입장과 한국 고대의 東夷 또는 濊貊社會의 내재적 발전과정에서 지석묘가 발생했을 것이라는 두 가지 관점에서 이루어졌다. 전자의 견해는 傳播說이 될 것이며, 후자의 견해는 自生說 또는 石棺墓 派生說이라고 할 수 있다.

　한국 지석묘 연구의 초기부터 주장되어온 학설은 한국 지석묘의 東南亞 傳播說이다. 먼저, 도유호는 한국의 지석묘는 유럽의 지석묘가 동남아시아로 전파되었고, 여기에서 다시 황해를 건너 황해도와 평안남도 지방에 이르렀다고 주장하였다.[6] 그가 동남아시아의 지석묘가 황해도나 평안남도로 전파되었다고 본 것은 이 지역에 전형지석묘가 변형지석묘의 숫자보다 훨씬 많은 반면에, 한반도 남쪽에는 전형지석묘에서 파생되었다고 생각되는 변형지석묘가 많기 때문에 그렇게 본 것이다. 한편 金廷鶴도 한국의 지석묘는 동남아시아에서 海路를 따라 중국 동해안으로 上流하다가 한국에 전파되었다고 주장하여 도유호와 같은 동남아 전파설을 주장하였다.

---

6. 도유호, 1959, 「조선거석문화연구」 『문화유산』 59-2
　　　　, 1960, 『조선원시고고학』, 과학원출판사, 평양

지석묘의 동남아 전파설을 가장 체계적으로 정리하여 발표한 학자는 金秉模이다.[7] 그는 1981년에 발표한 논문에서 동아시아 거석기념물의 분포를 소개하면서 한국지석묘가 동남아시아로부터 전파되었을 것이라고 주장하였다. 동아시아의 지석묘는 中國의 경우에 吉林省 通化縣과 河北의 山東省에 탁자식 지석묘가 보고되었고, 日本에는 九州地方에만 지석묘가 존재하는데, 대개 조몽부터 야요이까지 축조되었다고 한다. 중국의 중원에는 지석묘가 존재하지 않고, 절강성 · 호남성 · 사천성 · 티베트 · 대만 같은 주변 지역에 분포되었다. 동남아시아에는 인도네시아열도 · 말레이반도 · 보르네오섬 등지에서 보고되었고, 서남아시아의 인도 등지에서도 지석묘가 널리 분포하고 있다. 그는 벼농사의 기원지가 동남아시아이고 벼농사가 해류를 따라 민간신앙과 함께 이동해 왔다면, 지석묘의 전파도 巨石崇拜思想과 함께 그 루트를 따라 전파되어 왔을 것이라고 주장한다. 특히, 그는 인도-동남아시아-한반도의 해안 지역의 支石墓 분포와 卵生神話의 지리적 분포가 일치하고 있다는 점을 지석묘의 동남아시아 傳播論의 유력한 근거 가운데 하나로 보고있다.[8]

自生說은 한국의 지석묘가 주변의 어느 지역보다 밀집도가 높고, 지석묘의 축조연대도 앞선다고 하는 데 근거를 두고 있다. 먼저, 북한의 황기덕은 한국의 지석묘가 주변보다 밀집되었고, 연대가 이르기 때문에 다른 지역에서 전하여 온 것이 아니라고 수장한다.[9] 지석묘가 자연적으로 발생하였던 것은 생산력이 고르게 발전한데 따른 사회구조의 변천이었다

7. 김병모, 1980, 「쟈바島의 巨石文化-인도네시아 巨石文化의 硏究(1)」『한국고고학보』8
    _____, 1981, 「한국 거석문화 원류에 관한 연구(1)」『한국고고학보』10 · 11合輯
    _____, 1992, 『한국인의 발자취』, 집문당, 서울
8. Kim, B.M., 1982, A new interpretation of megalithic monuments in Korea. In Megalithic Cultures in Asia, edited by B.M. Kim. pp.164~190
9. 황기덕, 1961, 「황해북도 황주군 긴동 고인돌 발굴보고(1)」『문화유산』61-3
    _____, 1965, 「무덤을 통하여 본 우리나라 청동기시대의 사회관계」『고고민속』4

는 것이다. 그래서 사람들 사이에 믿음이 새로 생겨났기 때문에 지석묘
문화가 이루어진 것이라고 주장하였다. 甲元眞之도 한국의 지석묘는 외부
에서 전래되어 온 것이 아니라 한국에서 自生한 것으로 파악하고 있다.[10]

任世權은 1976년에 발표한 논문에서 한반도의 지석묘는 자생적으로
발전했을 가능성이 있다고 주장하였다.[11] 그것은 일본의 지석묘가 한반
도보다 훨씬 늦은 야요이시대에 축조되었고, 만주의 지석묘는 형식의 선
후관계에서 볼 때 한반도 쪽에서 전파되어 간 것으로 보인다는 데 근거
를 둔 것이다. 그리고 동남아시아의 지석묘 또한 한반도의 것보다 연대
가 더 올라가지 못한다는 점도 그 이유로 지적하였다. 따라서 그는 한반
도의 지석묘는 한반도 내부에서 발생했을 가능성이 있고, 그 시기는 신
석기시대 말기가 될 것이라고 하였다.

지석묘의 기원과 관련하게 최근 크게 주목받는 이론이 石棺墓에서 지
석묘가 派生했다는 石棺墓 派生說이다. 석관묘 파생설은 1979년에 석광준
이 「우리나라 서북 지방 고인돌에 관한 연구」[12]라는 논문에서 처음 주장
하면서 학계의 주목을 받기 시작했다. 그는 자신이 圖式化한 지석묘의 型
式分類와 變化過程에서 가장 이른 침촌1유형 지석묘의 墓室 板石構造가
석관묘의 구조와 비슷하다는 데 착안하였다. 석관묘의 주변 土砂가 시간
이 흐름에 따라 유실되자 석관을 보호하기 위해 보다 크고 무거운 개석
을 석관에 올려놓게 되면서 나중에 침촌 1유형이라는 지석묘가 출현했다
고 보는 것이다. 그는 금교동 5호의 오덕형 지석묘와 공귀리의 석관묘의
평면구조의 유사성을 고고학적 증거의 실례로 들고 있다.

한편, 남한에서도 이와 유사한 학설이 제기되었는데, 金元龍은 한국
의 지석묘는 시베리아 전래의 石箱墳이 한국의 서북부에서 지석묘로 확

_____, 1984, 『조선의 청동기시대』
10. 甲元眞之, 1973, 「朝鮮支石墓の編年」『朝鮮學報』66
11. 임세권, 1976, 「한반도 고인돌의 종합적 검토」『백산학보』28
12. 석광준, 1979, 「우리나라 서북지방 고인돌에 관한 연구」『고고민속론문집』7
13. 김원룡, 1986, 『한국고고학개설』, p.92

대 발전한 것이라고 하였다.[13] 전영래는 지석묘의 始源形式을 'ㅍ'자형의 석관묘에서 북방식 지석묘가 발생한 것으로 파악하였다.[14]

河文植은 농경으로 인한 잉여생산이 증가하고 그로 인해 인구가 증가하는 과정에서 지석묘라는 墓制가 발생하였을 것으로 보았다.[15] 그리고 한국의 지석묘는 주변 지역보다 연대가 빠르고 단위 면적당 차지하는 숫자가 견줄 수 없을 만큼 높다는 고고학적 증거가 이를 뒷받침한다고 주장하였다. 李榮文은 한국 지석묘의 기원은 遼寧地方의 大石蓋墓에 해당하는 石蓋石棺墓·石蓋石槨墓·石蓋土壙墓 같은 무덤의 기능을 가진 墓制와 구릉상 1기만 독립적으로 존재하는 祭壇 支石墓의 결합과정에서 이들 墓制가 일반 지석묘 형태로 定型化되었다고 주장하였다.[16]

한편, Fleming은 중국초기의 黃河文化期에 주민이 북으로 이동하면서 만주와 한반도에 巨石文化를 형성시켰다고 주장하였다.[17] 그러한 거석문화는 일본과 유구열도를 거쳐 대만에까지 이어졌다는 것이다. 그런데 황하문명기의 移住民들은 지석묘 축조전통을 소유하지 않은 사람들이란 점에서 Fleming의 주장은 설득력이 부족하다고 하겠다. 李亨求는 B.C. 2000년경에 발해연안에서 발생한 석관묘·적석총·지석묘·청동기·갑골 같은 고대문화가 한국에 전래된 것으로 보고 있다.[18] 즉, 한국의 지석묘도 이러한 문화발전의 흐름 속에서 발해연안에서 발생하여 한국에 전파되었던 것으로 파악한 것이다.

14. 전영래, 1984, 『高敞雅山地區支石墓發掘調査報告書』, 全州市博物館
15. 河文植, 1985, 『우리나라 고인돌문화의 연구』, 延世大學校 大學院 碩士論文
16. 이영문, 1993, 『전남지방 지석묘사회의 연구』, 한국교원대학교 대학원 박사 논문
17. Fleming, M.E., 1963, Observation on the megalithic problem in Eastern Asia, *Bulletin of the Institute of Ethonology*, Academia Sinica 15, pp.153~162
18. 이형구, 1987, 『발해연안고대문화-한국고대문화의 원류에 관한 연구』 _____, 1991, 『한국고대문화의 기원』, 도서출판 까치, pp.83~137

4. 支石墓의 分布

지석묘는 巨石文化의 일부로서 유럽·아프리카·아시아·남미 등지에 널리 분포하고 있다. 그런 거석문화는 그 규모의 거대함 때문에 考古學이나 人類學을 연구하는 학자들에게 일찍부터 관심의 대상이 되어 왔다. 19世紀 文化傳播論者들은 세계 곳곳에 분포한 거석문화의 상호 연결성을 찾고자 많은 노력을 시도하였다. 말하자면 지석묘는 先史時代에 국제성을 띤 문화유적이었다고 할 것이다. 세계에서 가장 많은 지석묘가 분포한 지역은 역시 동북아시아이다. 중국의 山東半島, 遼寧과 吉林地方, 韓半島와 附屬島嶼, 일본의 北九州 등지에서 발견되고 있다.

山東半島에는 山東省 淄川縣 杜坡村 蝦蟆石 지석묘, 淄川縣 南定 王母山 支石墓, 榮成縣 石門子 支石墓, 榮成縣 兒女石 지석묘 등 모두 네 곳에서 조사되었다.[19] 山東半島는 濊貊系의 東夷族이 거주하는 요녕 지방과 인접한 곳이기 때문에 요녕 지방 지석묘의 영향을 받고 축조된 것으로 생각된다.

遼寧地方 지석묘는 遼東半島 南部의 碧流河와 大洋河 周邊地域과 서북부의 渾河 일대에 집중적으로 분포하고 있다. 吉林地方 지석묘는 渾江上流의 通化市 주변과 北流하는 輝發河上流 사이에 주로 분포되었다. 중국의 고고학자들은 蓋石式 支石墓를 大石蓋墓로 부르면서 탁자식 지석묘와 분리시키는 경향이 있다. 중국의 고고학자들은 요녕 지방과 길림 지방에

---

19. 三上次男, 1961, 『滿鮮原始墳墓の硏究』, 吉川弘文館, p.113

서 발견되는 지석묘를 크기에 따라 大石棚·中石棚·小石棚 등으로 형식을 분류를 하였다.[20] 그 지역의 지석묘는 한 기가 독립적으로 세워지거나 또는 여러 기가 무리를 지어 축조되면서 일정한 간격을 유지하고 있다. 요녕 지방과 길림 지방의 지석묘 연대에 대하여 許玉林은 大石棚과 中石棚은 3500~3100년 전에 축조되었으며, 小石棚은 3000년 전에 축조된 것으로 보고 있다.[21]

한국의 지석묘는 세계에서 가장 숫자가 많고 지역적 밀집도가 높다. 한국의 지석묘는 북쪽의 두만강 유역 일부를 제외한 거의 모든 지역에서 조사되고 있다.[22] 지석묘의 형식은 지석의 크기와 형태에 따라 卓子式, 碁盤式, 蓋石式, 그리고 圍石式 支石墓 등으로 분류한다. 입지는 주로 하천의 충적대지나 낮은 야산의 산기슭이다. 산악 지역에서 발견된 지석묘로는 량강도 신동리의 지석묘가 있다. 그 지석묘도 비록 백두산 남쪽의 개마고원 지대에 위치하고 있지만, 惠山市에 이르러 鴨綠江과 합쳐지는 허천강의 상류지대이다. 강원도의 지석묘는 太白山脈 서쪽의 북한강이나 남한강 일대의 江岸 堆積地나 平地에 위치한 반면, 산맥 동쪽의 동해안 지역에서는 구릉 위나 산기슭에 축조되었다. 전라도 지역에서 조사된 지석묘는 현재까지 모두 20,718기로 한국 지석묘의 최대 밀집 지역이면서 세계 최대의 밀집 지역이기도 하다. 제주도의 지석묘는 주로 해안가에 형성된 마을을 따라서 분포하고 있다.

일본의 지석묘는 지리적으로 한국과 가까운 九州의 서북 지방에서만 발견되었다. 축조시기도 한국보다는 다소 늦은 B.C. 5~4세기경에 해당

20. 李亨求, 1987, 「渤海沿岸地區 遼東半島의 고인돌무덤 研究」『정신문화연구』32
   許玉林, 1994, 『遼東半島石棚』, 遼寧科學技術出版社
21. 許玉林, 1994, 『遼東半島石棚』, 遼寧科學技術出版社
22. 서울대학교 박물관, 1999, 『한국 지석묘(고인돌)유적 종합조사 연구』, 피알에이드
   석광준, 2002, 『조선의 고인돌무덤 연구』, 도서출판 중심
23. 심봉근, 1979, 「일본지석묘의 일고찰」『부산사학』3
   _____, 1981, 「한·일 지석묘의 관계」『한국고고학보』10·11합집

한다.[20] 그런데 이 시기는 일본의 선사문화가 조몽에서 야요이로 넘어가는 문화적 변환기이다. 따라서 일본의 지석묘는 한국으로부터 일정한 문화적 영향력 아래에서 축조된 것으로 보인다. 그러나 일본의 지석묘는 개석식이 대부분이고, 개석의 규모가 작다. 甕棺을 墓室로 사용하는 사례가 발견된다는 점에서 한국의 지석묘와 차이를 보인다.

동북아의 지석묘 분포는 東夷族이 거주했던 지역과 비교적 일치하고 있다. 따라서 동북아의 지석묘는 그 지역에서 살았던 東夷族의 문화적 활동에 의한 소산물이라고 할 수 있을 것이다. 동북아 지석묘는 형태에 따라 탁자식, 기반식, 그리고 개석식 등으로 형식분류가 이루어진다. 이 지역의 지석묘는 주로 큰 강 유역의 충적대지, 낮은 야산의 산마루나 산기슭, 또는 산과 산 사이에 형성된 분지성 低平野地帶 등지에 밀집하여 立地하는 경향이 있다. 그리고 이러한 밀집 지역은 지리적으로 서로 일정한 거리를 두고 분포하였다. 그러한 지석묘의 형식분류와 입지 그리고 분포는 지석묘 축조집단의 사회구조나 사회조직의 연구에 대한 정보를 제공하기도 한다. 따라서 동북아 지석묘의 지리적 분포는 무덤으로서의 기능 뿐만이 아닌 지석묘 축조집단의 일정한 생활범위를 나타내는 것으로 해석되고 있다.

5. 支石墓의 築造年代

　지석묘 사회의 성격을 밝히는 데 반드시 제기되는 문제 가운데 하나가 언제 지석묘가 축조되어서 언제까지 사용되었는가 하는 것이다. 東北亞의 지석묘 축조연대는 유럽보다는 늦고 동남아시아나 인도쪽 보다는 약간 빠른 편이다. Renfrew에 의하면 영국의 지석묘는 B.C. 5000년경에 축조되기 시작하였다고 한다.[24] 인도와 동남아시아의 지석묘는 B.C. 1000년경부터 축조되기 시작하였는데, 동남아시아의 島嶼地域에서는 紀元後 20世紀 초까지도 지석묘 축조 전통이 남아있었다고 한다. 일본은 조몽문화가 끝나가고 야요이문화가 시작되는 B.C. 3세기 중반경[25]에 지석묘의 축조가 시작한 것으로 알려졌다.

　한국에서의 지석묘 축조연대에 대한 견해는 학자들마다 약간씩 차이가 난다. 한국학자들의 견해는 대개 지석묘의 상한연대는 新石器時代說[26]과 青銅器時代說[27]로 양분되고 있다. 하한연대는 初期鐵器時代[28]와 原二國

---

24. Renfrew, C, 1973, Monuments, mobilization and social organization in the neolithic Wessex. In *The Explanation of Culture Change: Models in Prehistory*, edited by Renfrew, pp.539～558, Duckworth, Manchester

25. 森貞次郎, 1979, 「文水田と最古の足跡」『考古學の謎解き』

26. 박희현, 1983, 「韓國의 고인돌文化에 대한 한 考察-그 上限 年代를 중심으로」『한국사연구』46

　　孫晋泰, 1934, 「朝鮮 Dolmen考」『開闢』I

　　─────, 1948, 「조선 돌멘에 관한 조사연구」『조선민족문화연구』

　　李隆助, 1975, 「양평 앙덕리 고인돌 발굴」『한국사 연구』11

　　韓興洙, 1935, 「조선의 거석문화 연구」『진단학보』3

27. 김재원 윤무병, 1967, 『한국지석묘 연구』, 국립중앙박물관

時代說[29] 등으로 나누어진다. 지석묘를 연구하는 학자들마다 축조 연대에 대한 견해차를 나타내는 원인은 지석묘에서 출토되는 유물에 대한 평가와 放射性炭素年代에 대한 신뢰여부에 있다.[30] 그러나 남북한은 물론 중국에서도 지석묘에 대한 발굴이 계속적으로 이루어지면서 꾸준히 출토유물과 절대측정 연대의 자료가 축적되었다. 그래서 지석묘의 축조시기에 대한 학자들의 견해는 변화를 가져오고 있다. 특히, 지석묘에서 출토되는 人骨이나 木炭을 試料로 한 방사성탄소연대의 측정자료가 늘어나면서 지석묘의 축조연대를 제고할 수 있는 근거가 마련되고 있다.

1) 諸學者의 見解

新石器時代說을 먼저 살펴보면, 韓興洙는 유럽의 거석문화를 고려하여 정착과 농경문화와 관련된 식물의 재배가 이루어지고 가축이 사육되는 신석기시대에 지석묘가 축조된 것으로 보았다.[31] 孫晋泰도 지석묘를 新石器時代 氏族社會의 家族共同體 墓制로 보고 있다.[32] 李隆助는 양평 앙덕리에서 출토된 타제석기의 예를 들어, 新石器時代 中期에 지석묘가 축조되기 시작한 것으로 해석하였다.[33] 黃龍渾은 農耕活動 · 土器 · 放射性炭

　도유호, 1959, 「조선거석문화연구」『문화유산』59-2
　석광준, 1979, 「우리나라 서북지방 고인돌의 변천에 대하여」『역사과학』79-1
　_____, 1979, 「우리나라 서북지방 고인돌에 관한 연구」『고고민속론문집』7
　최몽룡, 1981, 「全南地方 支石墓社會와 階級의 發生」『韓國史研究』35
　황기덕, 1987, 「우리나라 청동기시대의 사회관계에 대하여(1)」『조선고고연구』
　　　　87-2
28. 李榮文, 1990, 「遺物相으로 본 支石墓」『韓國 支石墓의 諸問題』, p.51
　林炳泰, 1964, 「韓國 支石墓의 型式 및 年代考察」『史叢』9
　崔夢龍, 1982, 「全南地方 支石墓의 編年」『震檀學報』53 · 54合輯
29. 김철준, 1959, 「제주도 지석묘 조사보고」『서울대 인문사회 논문집』9
30. 兪泰勇, 2001, 「支石墓의 型式分類와 築造年代에 대한 再檢討」『京畿史學』第5號
31. 한흥수, 1935, 「조선의 거석문화 연구」『진단학보』3
32. 손진태, 1934, 「朝鮮 Dolmen考」『開闢』I
　_____, 1948, 「조선 돌멘에 관한 조사연구」『조선민족문화연구』

素年代 등의 자료를 고려하여, B.C. 8세기경인 新石器時代 後期로 파악하였다.[34] 任世權은 한국의 지석묘는 金石竝用期에 사용한 것은 확실하지만, 지석묘 副葬品으로 출토되는 磨製石斧나 環狀石斧(달도끼) 등을 고려하면 新石器時代 末까지 소급이 가능한 것으로 보고 있다.[35] 李亨求는 요동반도의 지석묘의 출현은 新石器時代 末期인 B.C. 2000년경에 시작되었으며, 靑銅器時代 末期까지 사용이 계속된 것으로 보았다.[36]

지석묘의 新石器時代說을 가장 잘 정리한 학자는 박희현이다.[37] 그는 양평 양수리 지석묘의 C¹⁴가 3900±200 B.P.이고 이를 MASCA이론으로 계산하면 4140~4240 B.P.로 연대상으로 新石器時代에 속한다고 보았다. 그리고 양평 앙덕리 지석묘에서 타제석기와 날 끝만 부분적으로 磨研한 石斧가 출토되어 석기를 가는 기술을 약간 터득한 新石器時代 中期의 것으로 보았다. 또, 옥천 석탄리 안터 고인돌에서 유문토기가 출토되는 것으로 미루어 한국의 지석묘는 신석기시대 중기에 축조되기 시작했다고 주장하였다.

新石器時代에 지석묘가 축조되었다고 주장하는 견해는 지석묘에서 打製石器와 빗살무늬토기가 출토되고, B.C. 20세기까지 올라가는 放射性炭素年代가 산출되는 사례도 있다는 점에 근거를 두었다. 또한 지석묘가 原始 氏族社會의 共同體的인 무덤의 성격을 보여준다는 것도 그 근거로 꼽았다. 그러나 현재까지의 지석묘에 대한 발굴상황을 보면, 지석묘에서 출토되는 유물의 절대다수가 청동기시대와 관련된 자료들이다. 新石器時代와 관련된 자료들은 대체로 지석묘 축조시 混入된 것으로 추정되는 유

33. 이융조, 1975, 「양평 앙덕리 고인돌 발굴」『한국사 연구』11
34. Whang, Y.H, 1982, The general aspect of megalithic culture of Korea. In *Megalithic Cultures in Asia*, edited by B.M. Kim. pp.41~64
35. 임세권, 1976, 「한반도 고인돌의 종합적 고찰」『백산학보』28
36. 이형구, 1987, 「渤海沿岸地區 遼東半島의 고인돌 무덤 硏究」『정신문화연구』32
_____, 1991, 『韓國 古代文化의 起源』, p.90
37. 박희현, 1983, 「한국의 고인돌문화에 대한 한 고찰-그 상한 연대를 중심으로」『한국사연구』46

물이다. 따라서 현재까지 新石器時代에 해당하는 명확한 고고학적 증거가 제시되었다고는 볼 수 없을 것 같다.

지석묘는 역시 靑銅器時代의 중심적인 墓制이다. 그래서 대다수의 학자들은 지석묘가 청동기시대에 축조된 것으로 주장하고 있다. 예를 들어, 북한의 도유호는 한국의 지석묘는 청동기시대에 동남아시아로부터 유입된 것으로 팽이형 토기를 사용하던 주민들의 무덤으로 파악하였다.[38] 그리고 지석묘의 발전은 전형에서 변형 지석묘로 진행되었으며, 그 연대는 B.C. 7~3세기로 추정된다고 하였다. 그렇지만, 대개 B.C. 6~5세기에 번성하였을 것으로 주장하였다. 황기덕도 도유호와 같이 지석묘를 청동기시대의 묘제로 보았으나 그 연대는 기원전 2000년기 후반에 사용된 것으로 연대를 상향조정하였다.[39] 그 이유는 침촌리 지석묘에서 출토되는 副葬品이 기원전 2000年期 後半 대동강 유역 청동기시대 주거지 유적에서 출토되는 것들과 성격이같기 때문에 그렇게 본 것이다.

한편, 석광준은 1979년도 논문에서 한국의 지석묘는 청동기시대에 유행한 묘제형식으로 남방식 지석묘인 침촌형 1유형이 북방식 지석묘인 오덕형보다 선행하는 양식으로 보았다. 그 연대를 B.C. 20세기 중반으로, 오덕형 지석묘의 연대는 B.C. 10~9세기로 추정하였다.[40] 그러나 1995년에 발표한 두 편의 논문에서 지석묘의 축조연대를 B.C. 40세기 후반기로 연대를 크게 소급시켰다.[41] 그것은 룡산리 지석묘의 연대가 5069±426 B.P.으로 측정된 데다 오덕형 1유형인 구빈리와 용곡리의 지석묘가 각각 4990년과 4539년으로 측정되었기 때문에 그보다 先行樣式인 침촌리 1·2형식은 당연히 B.C. 40세기 후반기로 보아야 할 것이라고 주장하였다.

38. 도유호, 1959, 「조선거석문화연구」『문화유산』59-2
39. 황기덕, 1987, 「우리나라 청동기시대의 사회관계에 대하여(1)」『조선고고연구』 87-2
40. 석광준, 1979, 「우리나라 서북지방 고인돌의 변천에 대하여」『역사과학』79-1
　　　, 1979, 「우리나라 서북지방 고인돌에 관한 연구」『고고민속론문집』7
41. 석광준, 1995, 「평양일대에서 새로 발굴된 고인돌무덤과 돌관무덤에 대하여」 『조선고고연구』95-1

석광준의 이러한 견해는 단군릉 발굴이후 청동기시대의 연대가대폭 상향 조정하자 자신의 견해를 그러한 분위기에 맞추기 위해 수정한 것으로 보인다.

남한의 金載元과 尹武炳은 그들의 조사결과를 토대로 북방식이 형식적으로 남방식보다 선행한 것으로 보면서 적어도 B.C. 8세기 이전에 한국에서 지석묘의 축조가 시작되었을 것이라고 주장하였다.[42] 池健吉은 土器와 石器 종류의 양상을 고려하면, 한반도에서 지석묘가 축조된 시기는 B.C. 10세기부터 기원전후 사이가 될 것으로 내다보았다. 그러나 그 발생과 소멸에 있어서는 지역마다 약간의 차이가 있음을 지적하였다.[43]

崔夢龍은 靑銅器時代 연대를 B.C. 1000년경까지 올려다보기는 하지만, 전남 지방의 지석묘는 지역적 성격을 감안하여 B.C. 6~5世紀경으로 추정하였다.[44] 金秉模는 탄화미가 출토된 여주 흔암리 주거지의 방사성탄소연대가 B.C. 8세기로 측정되고, 지석묘 사회는 벼농사에 기반을 두고 있으므로 한국의 지석묘는 이 시기에 축조되었을 것으로 추정하였다.

지석묘의 靑銅器時代說은 대체로 북한에서는 10세기 전후, 그리고 남한에서는 8~6세기로 편년을 세우고 있다. 그러나 요동 지방의 청동기시대가 방사성 탄소 연대로 B.C. 15세기로 올라가고, 한국에서도 최근 이와 비슷한 연대가 산출된 바 있다. 특히 북한에서는 檀君陵 발굴이후 연대가 B.C. 40세기 후반기까지 올라가기 때문에 실 연대를 대폭 수정해야 할 입장이다.

한국의 지석묘가 鐵器時代 初期나 歷史時代에 축조되었을 것이라고 하는 견해는 지석묘 축조의 하한연대와 밀접한 관련이 있다. 金哲埈은 지석묘의 구조가 三國時代 橫穴式 古墳이나 竪穴式 石室墓의 그것과 상당히 유사한 면이 보인다는 점에 주목하여 A.D. 4~5세기경으로 추정한 적이

---

42. 김재원 · 윤무병, 1967, 『한국지석묘 연구』, 국립중앙박물관
43. 지건길, 1997, 「무덤」『한국사 3-청동기문화와 철기문화』, 국사편찬위원회, p.165
44. 최몽룡, 1982, 「全南地方 支石墓社會와 階級의 發生」『韓國史研究』35

있다.[45] 임병태는 1964년 논문에서 완전한 철기시대 유적으로 보이는 김해패총과 웅천패총의 연대를 들어 지석묘의 소멸을 A.D. 1세기로 보았으나,[46] 『선사시대와 그 문화』에서는 B.C. 2세기로 조정하였다. 金元龍은 남방식 지석묘를 북방식 지석묘보다 후행하는 형식으로 간주하면서 영동 유전리의 지석묘를 B.C. 2세기~A.D. 2세기로 추정하였다. 김해 무계리의 지석묘는 거기에서 출토된 마제석검이 상당히 儀器化되었다는 사실을 들어 A.D. 2~3세기경으로 추정하였다.

崔夢龍은 전남 지방의 지석묘에서 출토되는 유물 출토상황이 철기시대 전기에 해당한다는 견해를 전제로 지석묘의 하한연대를 서력기원 전후로 보았다.[47] 李榮文은 지석묘에서 출토되는 細形銅劍·粘土帶土器·黑陶 등과 몇 가지 절대연대 자료를 토대로 한국의 지석묘는 B.C. 3世紀 末에서 2世紀 初로 보고 있다.[48] 그러나 전남 지방의 지석묘는 B.C. 2~1世紀로 약간 늦추어 보고 있다.[49]

지석묘의 下限年代說은 발굴의 증가와 함께 고고학적으로 새로운 사실들이 밝혀지고 있다. 그동안 지석묘에서 철기가 출토되지 않는 것으로 보았으나 점차 鐵製品의 出土事例가 증가하고, 土器類에서도 金海式土器, 牛角形把手片, 또는 刻目突帶紋土器들이 출토되고 있다. 따라서 지석묘의 하한연대도 재검토가 필요한 것으로 보인다.

45. 김철준, 1959, 「제주도 지석묘 조사보고」『서울대 인문사회 논문집』9
46. 林炳泰, 1964, 「韓國 支石墓의 型式 및 年代考察」『史叢』9
47. 崔夢龍, 1982, 「全南地方 支石墓의 編年」『震檀學報』53·54合輯
48. 이영문, 1993, 『全南地方 支石墓 社會의 研究』, 韓國敎員大學校 博士學位論文
___, 2000, 「韓國 支石墓 年代에 대한 檢討」『先史와 古代』, p.62
49. 李榮文, 1990, 「遺物相으로 본 支石墓」『韓國 支石墓의 諸問題』, p.51

2) 築造年代의 再檢討

한국 지석묘의 축조연대가 학자들마다 다른 견해를 나타내는 것은 역시 지석묘에서 출토되는 유물자료의 부족과 절대연대 측정 데이타의 부족에서 기인한다. 그러나 지석묘에 대한 꾸준한 발굴로 副葬品의 출토사례가 늘어났고, 絶對年代도 放射性炭素年代法, 전자상자성공명법, 核分裂法 등 여러 가지 다양한 방법으로 측정되고 있다. 따라서 여러 측면에서 지석묘의 축조시기를 가늠할 수 있는 계기가 전보다 훨씬 증가되었다고 평가해도 좋을 것이다.

가. 絶代年代의 檢討

지석묘에 대한 絶代年代를 가지고, 지석묘의 축조시기를 살펴볼 수 있다. 지석묘에서 출토된 인골이나 탄소 등을 토대로 측정된 방사성 탄소연대는 표1에 나타난 것과 같다. 측정 사례 중에서 가장 빠른 연대는 양평 양수리의 지석묘가 3900±200 B.P.이고, 그 補正年代는 B.C. 2090~1880년으로 B.C. 20世紀 前後이다. 이외에도 충청북도 제천시 황석리 13호 지석묘는 2360±370 B.P.이고, 補正年代는 B.C. 930~A.D. 10년이다. 대전시 비례동 1호 지석묘는 2860±50 B.P.이고, 補正年代는 B.C. 1145~900년이다. 두 유적의 연대는 대략 紀元前 10世紀 前後가 될 것이다.

전라남도 여수시 화장동의 지석묘에서 3개의 절대연대가 나왔다. 화장동 1호 지석묘는 2770±40 B.P., 補正年代는 B.C. 910~740년으로 측정되었다. 화장동 4-1호 지석묘는 2744±60 B.P., 補正年代는 B.C. 1012~802년로 나왔다. 같은 지석묘의 다른 측정연대는 2630±40 B.P., 補正年代는 B.C. 770~600년으로 측정되었다. 이들 세 자료의 중심연대는 B.C. 10세기가 되므로 제천시 황석리나 대전시 비례동과 서로 비슷한 시기에 축조되었음을 알 수 있다. 한편, 전라남도 화순군 대신리 27호 지석묘에 대한 측정치는 2500±80 B.P., 補正年代는 B.C. 720~390년으로 위의 연대들보다는 다소 늦은 것으로 나타났다. 그러나 경상남도 창원시 덕천리 2호 지석묘에 대한 年代測定에서는 2650±50 B.P.로 산출되어, 대전 비례동이나 제천 황석리 또는 여수 화정동의 지석묘 등에서 연대와 크게 차이가 없는 것으로 드러났다. 따라서 남한 쪽의 지석묘는 대략 紀元前 10世紀 前後라고 추정할 수 있을 것이다.

그러나 최근에 들어 지석묘와 같은 시대에 해당하는 住居址의 試料에 대한 放射性炭素年代 측정자료가 쏟아져 나왔다. 靑銅器時代의 住居址와 支石墓는 서로 문화적으로 밀접한 관련을 맺고 있다. 즉 경기도 파주군 다율리 지석묘의 아래층에서 무문토기가 출토되는 장방형 주거지가, 강화도 삼거리 지석묘군의 근처에서 장방형 주거지와 함께 주거지 내부에서 팽이형 토기가 발굴되었다. 경상남도 진주시 대평리 청동기시대 주거지 주변에서 여러 基의 지석묘가 발굴되기도 하였다. 특히, 청동기시대의 주거지에서 출토된 無文土器들이 지석묘에서 출토된 無文土器들과 같은 성격의 것이어서 청동기시대의 주거지에서 무문토기를 사용하던 사람들이 바로 지석묘를 축조하던 사람들이었던 것을 알 수 있다. 따라서 청동기시대의 주거지에 대한 연대는 바로 지석묘의 축조연대와 같은 성격으로 파악할 수 있을 것이다.

청동기시대의 주거지에 대한 放射性炭素年代를 살펴보면, 먼저 경기도 여주군 흔암리의 12호 주거지의 C14연대는 2620±100 B.P., 보정연대는 B.C. 930~410년이다. 12호의 다른 시료의 C14연대는 3210±70 B.P.이며, 보정연대는 B.C. 1640~1310년이다. 그러나 13호 주거지는 2290±60 B.P.이며, 그 보정연대는 B.C. 490~180년으로 나타나 12호 주거지보다 연대가 약간 늦다. 강원도 춘천시 내평리의 주거지에서 3개의 C14연대가 나왔는 데, 각각 2930±60 B.P., 2590±60 B.P., 2290±60 B.P.로 측정되었다. 충청남도 부여군 송국리 주거지에 대한 절대연대는 54-1호가 2670±60 B.P.이고, 보정연대는 B.C. 980~760년으로 측정되었다. 같은 주거지의 다른 시료에 대한 C14연대는 2570±90 B.P.이고, 보정연대는 B.C. 850~410년이다. 54-5호 주거지의 C14연대는 2500±370 B.P.이고, 보정연

120

대는 B.C. 800~410년으로 측정되었다. 따라서 송국리의 연대는 지석묘에서 측정된 연대와 거의 같은 시기임을 알 수 있다.

강원도 강릉시 교동과 방내리 주거지 조사에서 여러 개의 방사성탄소연대를 얻었다. 교동 1호 주거지의 C^{14}연대는 3390±60 B.P., 보정연대는 B.C. 1743~1610년이다. 2호 주거지의 연대는 3100±50 B.P.,이고, 보정연대는 B.C. 1427~1315년으로 측정되었다. 3호 주거지는 3230±50 B.P., 보정연대는 B.C. 1524~1434년으로 나타났다. 따라서 교동의 주거지는 실연대가 B.C. 18~15世紀 사이이다. 그들 연대는 청동기시대의 연대로서는 가장 연대가 빠른 양평 양수리 지석묘의 연대와 상당히 근접하고 있다. 한편 방내리 1호 주거지의 C^{14}연대는 2650±170 B.P., 보정연대는 B.C. 973~543년으로 나타났다. 2호 주거지는 2710±110 B.P., 보정연대는 B.C. 973~797년으로 측정되었다. 3호 주거지는 2930±50 B.P.로 보정연대는 B.C. 1270~970년으로 산출되었고, 4호 주거지는 2500±50 B.P., 보정연대는 B.C. 790~480년으로 측정되었다. 방내리 주거지의 연대는 교동 주거지의 연대보다는 다소 늦으나 기존의 청동기시대 C^{14}연대에 비교하면 그래도 상당히 이른 시기에 속하는 편이다.

최근 청동기시대 주거지에 대한 이른 시기의 연대가 속속 보고되고 있다. 먼저 속초시 조양 5동 주거지는 2820±50 B.P., 보정연대가 B.C. 1042~901년으로 측정되었다. 진주시 옥방 5지구의 D-2 주거지에서 채취된 첫 번째 시료는 3180±50 B.P., 그 보정연대는 B.C. 1590~1310년으로 나타났다. 두 번째 시료의 C^{14}연대는 3239±50 B.P., 보정연대는 B.C. 1620~1400년으로 측정되었다. 한편 충청남도 부여군 구봉리의 청동기시대 논 遺蹟址 조사에서 3400±40 B.P.의 放射性炭素年代를 얻었다.[50] 이들 데이터의 실연대는 대략 B.C. 17世紀에서 14世紀 사이가 될 것이다. 이는 대전 비례동이나 창원 덕천리 등지의 지석묘 연대보다는 이르지만 양평

---

50. 충남대학교 백제연구소, 2001, 『구룡–부여간 도로확장 및 포장구간내 문화유적 발굴조사–현장설명회자료』, p.27

군 양수리 보다는 약간 늦는 연대로 볼 수 있다.

북한학자들이 제시한 C^{14}측정값은 함경북도 무산군 호곡동 주거지와 평양시의 남경유적, 그리고 구룡강 유역의 주거지 등에 대한 자료 등이 있다.[51] 무산군 호곡동 15호 주거지의 C^{14}연대는 2470±60B.P., 그 보정연대는 B.C. 790~500년이다. 평양의 남경유적 청동기시대 주거지에 대한 C^{14} 측정연대는 2890±70이고, 보정연대는 B.C. 1270~860년이다. 영변군 구룡강유적의 6호 주거지의 C^{14}년대는 2740±70 B.P., 보정연대는 B.C.

---

51. 한편 북한에서는 檀君陵 발굴이후, 전자상자성공명법(ESR)이나 핵분열법(FT) 등으로 측정한 絶對年代를 제시하고 있다. 예를 들어, 강동군 구빈리의 지석묘는 ESR로 4990±444 B.P.이며, 구빈리 1호는 FT로 4854±790 B.P.이고, 향목리 지석묘는 ESR로 2604±113이다. 상원군 용곡리 1호는 FT로 4030±599 B.P.이며, 용곡리 4호는 ESR로 4539±167 B.P.이고, 6호는 FT로 4616±636 B.P.로 측정되었으며, 11호는 FT로 4767±694 B.P.이고, 귀일리 2호는 FT로 4611±724 B.P.로 연대 측정 결과가 나왔다. 여기에서 강동군 향목리의 지석묘를 제외한 나머지의 연대를 그대로 받아들인다면, 그 실연대는 B.C. 30~20世紀에 해당하여 연대가 지나치게 올라가고 있다.
성천군이나 순안구역 또는 황해도 안악군의 지석묘 조사결과도 이와 비슷하게 나타나고있다. 먼저 성천군 5호 지석묘의 ESR의 연대가 4688±719 B.P.이고, 로동자구 지석묘는 FT로 각각 3368±522 B.P., 3324±465 B.P., 3402 553 B.P.로 측정되었다. 그러나 용산리 5호 지석묘는 무려 5069±426 B.P.로 측정 결과까지 제시되었다. 순안구역 지석묘도 이와 비슷한 수치가 제시되었다. 석암 2호 지석묘는 FT로 4089±673 B.P.이며, 3호는 3748±602 B.P.이고, 9호는 3928±639 B.P.로 측정되었다. 따라서 이들 평양과 그 주변지 역의 지석묘는 B.C. 32세기에서 B.C. 14세기 사이가 된다.
황해도 지역의 지석묘 측정결과를 보면, 은천군 1호 지석묘는 FT로 3931±590 B.P.이고 2호는 3512±557 B.P.이며, 안악군 2호 지석묘는 FT로 4596±657 B.P.로 측정되었다. 황해도 지역의 지석묘도 결국 B.C. 27세기에서 B.C. 16세기 사이가 된다는 결론이 나온다.
과연 북한에서 제시한 이러한 연대를 그대로 신용할 수 있을까? FT나 ESR 측정법은 원래 10,000년 以前의 舊石器時代 年代를 측정하게 위해 개발된 年代測定法이다. 따라서 대다수의 서구학자들은 10,000년 이후의 연대측정에 대입을 가급적 피해왔다. 오차가 너무 크게 발생하기 때문이다. 따라서 북한에서 제시한 이러한 측정값은 다시 검토해야 할 여지가 있으며, 현재로서는 이들 데이터를 그대로 받아들이기에는 매우 부정적일 수밖에 없다.

1110~790년이다. 9호 주거지는 2380±40 B.P., 보정연대는 B.C. 410~200년이다. 이러한 연대는 남한의 흔암리나 춘천시 내평리 또는 강릉시 방내리 등지의 주거지 연대와 비슷하지만, 진주시 대평리 옥방 5지구, 부여군 구봉리, 강릉시 교동 등지의 住居址나 논 유적지보다는 오히려 늦은 연대이다.

遼寧省과 吉林省에서 지석묘 자체의 연대가 보고된 것은 아직 없다. 다만, 중국의 학자들은 지석묘에서 출토되는 것과 같은 성격의 유물이 출토되는 다른 유적의 연대를 통하여 지석묘의 연대를 추정하고 있다.[52] 지석묘의 副葬品과 같은 성격의 유물이 출토되는 유적의 연대는 遼東半島 남단의 岡上 積石塚의 C[14]연대는 3285±90 B.P이고, 그 보정연대는 B.C. 1565±135년이다. 雙坨子 3기층은 3115±90 B.P.이며, 보정연대는 B.C. 1355±155년이다. 于家村 상층에 대한 연대는 두 개가 나왔다. 하나는 3280±85 B.P.에 보정연대는 B.C. 1555±135년이고, 다른 하나는 3440±155 B.P.로 보정연대는 B.C. 1490±155년이다. 上馬石 상층의 연대도 두 개가 측정 되었다. 첫 번째 것은 3170±150 B.P.에 보정연대는 B.C. 1415±195년이고, 다음 것은 3130±100 B.P.에 보정연대는 B.C. 1370±160년으로 산출되었다. 한편 琵琶形銅劍이 출토된 바 있는 길림성 영길현의 성성초 석관묘에 대한 C[14]는 한 개가 나왔는 데, 그 연대는 요녕성보다 약간 늦은 3055±100 B.P.로 측정되었다.

비록 많은 측정자료는 아니지만, 그러한 C[14]연대의 수치 결과는 객관적 데이타로서 요녕과 길림 지역의 지석묘 축조연대를 파악하는데 상당한 도움을 준다. C[14]의 연대로 볼 때, 그 지역의 지석묘는 대개 B.C. 16~14세기 사이에 축조되었을 것으로 생각된다. 참고로 만주 지역에서 가장 빠른 청동기문화인 夏家店 下層文化의 C[14]를 고려하면, 그 지역의 지석묘 축조에 대한 시대적 배경을 파악할 수 있을 것이다. 요녕성의 하가점 하층문화에 속하는 C[14]는 현재까지 모두 6곳에서 측정되었고, 내몽고

---

52. 許玉林, 1994, 『遼東半島石棚』, pp.74~75

표 1. 靑銅器時代 年代表

유적지	측정방법	절대연대(B.P.)			보정연대
		FT/ESR	C¹⁴(5568)	C¹⁴(5730)	(B.C.)
요녕성 岡上 積石塚	C¹⁴		(3285±90)		1565±135
雙坨子 3기층	C¹⁴		(3115±90)		1355±155
于家村 상층	C¹⁴		(3280±85)		1555±135
于家村 상층	C¹⁴		(3440±155)	1490±155	
上馬石 상층	C¹⁴		(3170±150)	1415±195	
上馬石 상층	C¹⁴		(3130±100)		1370±160
영변군 구룡강유적 주거지6	C¹⁴		(2740±70)	2830±80	1110~790
구룡강유적 주거지9			(2310±40)	2380±40	410~200
덕천시 남양유적 주거지	FT	5769±788			
강동군 구빈리 지석묘	ESR	4990±444			
1호 지석묘	FT	4854±790			
향목리 지석묘	ESR	2604±113			
상원군 룡곡리 지석묘 1호	FT	4030±599			
상원군 룡곡리 지석묘 4호	ESR	4539±167			
룡곡리 지석묘 6호	FT	4616±636			
룡곡리 지석묘 11호	FT	4767±694			
귀일리 지석묘 2호	FT	4611±724			
성천군 5호 지석묘	ESR	4688±719			
로동자구 지석묘	FT	3368±522			
로동자구 지석묘	FT	3324±465			
로동자구 지석묘	FT	3402±553			
용산리 5 지석묘		5069±426			
순안구역 석암2호 지석묘	FT	4089±673			
순안구역 석암3호 지석묘	FT	3748±602			
석암9호 지석묘	FT	3928±639			
삼석구역 표대중층 주거지8	FT	5283±777			
표대중층 주거10	FT	4450±380			
표대중층 주거11	FT	4415±718			
은천군 1호 지석묘	FT	3931±590			
2호 지석묘	FT	3512±557			
안악군 2호 지석묘	FT	4596±657			
룡연군 곡정리	ESR	4310±435			
무산군 호곡동 주거지 15호	C¹⁴		2470±60	2502±120	790~500
평양시 남 경 주거지 36호	C¹⁴		(2890±70)	2970±70	1270~860
파주군 옥석리 주거지	C¹⁴		2565±90	2667±105	900~740

유적지	측정방법	절대연대(B.P.)			보정연대
		FT/ESR	C^{14}(5568)	C^{14}(5730)	(B.C.)
여주군 흔암리 주거지 8호	C^{14}		2700±160	2780±160	1220~410
흔암리 주거지 12호	C^{14}		3210±70	3310±70	1640~1310
흔암리 주거지 12호	C^{14}		2620±100	2700±100	930~410
흔암리 주거지 13호	C^{14}		2290±60	2360±60	490~180
양평군 양수리 지석묘	C^{14}		3900±200	4020±200	2890~1880
상자포리 지석묘	C^{14}		2230±280	2235±60	410~170
양근리 포함층	C^{14}		2760±70	2840±70	1060~800
춘천시 내평리 주거지	C^{14}		2930±60	3017±60	1300~930
내평리 주거지	C^{14}		2590±60	2667±60	850~510
내평리 주거지	C^{14}		2290±60	2358±60	490~180
제천시 양평리 주거지爐址	C^{14}		(2790±170)	2870±170	1400~530
황석리 지석묘	C^{14}		(2360±370)	2430±370	930~AD10
대전시 비래동 지석묘 1호	C^{14}		2860±50		1145~900
부여군 구봉리 水田地	C^{14}		3400±40		
송국리 주거지 54-1	C^{14}		2670±60	2750±60	
송국리 주거지 54-1	C^{14}		2570±90	2640±90	
송국리 주거지 54-5	C^{14}		(2500±370)	2580±90	
강릉시 교동1호 주거지	C^{14}	3390±60		1743~1610	
교동2호 주거지	C^{14}		3100±50		1427~1315
교동3호 주거지	C^{14}	3230±50		1524~1434	
방내리1호 주거지	C^{14}		2650±170		973~543
방내리2호 수거지	C^{11}		2710±110		973~797
방내리3호 주거지	C^{14}		2930±50		1257~1021
방내리4호 주거지	C^{14}		2400±50		537~400
속초시 조양동5호 주거지	C^{14}		2820±60		1042~901
화순군 대곡리 도롱 주거지	C^{14}		(2380±100)	2450±100	780~200
대곡리 석관묘	C^{14}		2560±120	2640±120	910~390
대곡리 석관묘	C^{14}		(2200±90)	2270±90	400~100
대신리 지석묘 27호	C^{14}		2500±80		720~390
여수시 화장동 지석묘 1호	C^{14}		2770±40		910~740
화장동 지석묘 4-1	C^{14}	2744±60		1012~802	
화장동 지석묘 4-1	C^{14}		2630±40		770~600
진주시 옥방5 주거지 D-2	C^{14}		3180±50		1590~1310
옥방5 주거지 D-2	C^{14}		3239±50		1620~1400
창원시 덕천리 지석묘 2	C^{14}		2650±50	2730±50	910~760

지역에서는 2곳에서 C¹⁴년대가 나왔다. 요녕성의 하가점 하층문화인 赤峰 蜘蛛山의 C¹⁴가 3855±90 B.P.에 보정연대는 B.C. 2435~2340년이고, 다른 시료는 4360±140 B.P.의 측정치를 얻었다. 建平縣 水泉에서는 4130±100 B.P으로 측정되었고, 北標의 豊下에서는 3450±80 B.P.와 3840±130 B.P. 등 두 개의 C¹⁴가 나왔다. 그런 C¹⁴의 데이터 자료를 감안하면, 요녕 지방의 초기 청동기문화는 대략 B.C. 25~18세기 사이가 될 것이다. 따라서 요녕·길림 지방의 지석묘는 청동기문화가 개시될 때쯤에서 축조되기 시작된 것으로 간주할 수 있을 것이다.

나. 出土遺物의 年代

지석묘에서 출토된 유물은 그 숫자에 비해 비교적 다양하다. 출토유물로는 石器·靑銅器·鐵器·玉器·짐승뼈 등이 있다. 그런 유물들은 시대성과 지역성이 보여 지석묘의 축조시기를 판별하는 데 많은 정보를 제공한다.

그 가운데 가장 오래된 시기를 나타내는 유물로는 빗살무늬토기가 있다. 경기도의 파주군 옥석리 A호 지석묘와 안산시 선부동 나7호 지석묘에서는 빗살무늬토기만 출토되었고, 안산시 선부동 나2-2호 지석묘에서는 磨製石劍·磨製石鏃·半月形石刀와 함께 빗살무늬가 共伴하여 출토되었다. 충청도에서는 청원군 아득이 돌1호 지석묘에서 다른 遺物없이 빗살무늬토기편만 출토되었고, 옥천군 석탄리 안터 1호 지석묘에서는 磨製石斧·갈돌·어망추 등과 함께 빗살무늬토기가 발굴되었다. 전라도에서는 승주군 대치리 E 지석묘 한 곳에서만 공반된 유물이 없는 가운데 빗살무늬토기가 출토되었다. 경상도의 경우에는 진주시 귀곡동 대촌 1호 지석묘에서 打製石斧와 함께 빗살무늬토기가 출토되었고, 합천군 저포리 8호 지석묘에서 磨製石劍·磨製石斧·磨製石鏃(5개)·紅陶 등과 함께 빗살무늬토기가 출토되었다.

지석묘에서 출토되는 빗살무늬토기는 지석묘를 축조할 때, 주변 지역에서 混入된 것으로 생각된다. 실제로 지석묘에서 출토되는 빗살무늬토기는 대부분이 完形土器가 아니라 단편적으로 출토되는 殘片들이다. 물론 빗살무늬토기가 지역에 따라 無文土器와 層位的으로 중첩되어 출토되는 경우가 있다. 그래서 일정기간 동안은 무문토기문화와 빗살무늬토기문화가 공존했던 것으로 추정되기도 한다. 그러나 지석묘 墓室의 일정한 위치에서 葬禮意味를 갖는 完形의 빗살무늬토기가 출토되기 전까지, 지석묘에서 출토된 빗살무늬토기의 殘片은 지석묘의 築造年代를 編年하는 데 사용할 수 없을 것이다.

지석묘에서 출토되는 토기들 가운데 前期 靑銅器時代로 생각되는 토기에는 팽이형토기 · 孔列土器 · 紅陶 · 口脣刻目文土器 · 豆形土器 · 雙方類型의 美松里形土器 등이 있다. 팽이형토기는 평안도와 황해도 지역의 지석묘에서 주로 출토되고, 미송리형토기는 요녕성과 평안도 지방에서 나온다. 紅陶는 한반도 中 · 南部 지역의 지석묘에서 빈번하게 출토되었으나 器形에는 지역마다 약간씩 차이가 있다. 孔列土器는 京畿道 · 忠淸道 · 全羅道 · 慶尙道 지역의 지석묘에서 주로 나왔다. 따라서 지석묘는 청동기시대의 주요 墓制임에 틀림없으나 지역에 따라 遺物組合에 다소 차이가 있음을 알 수 있다.

한편 지석묘에서는 鐵器時代 初期나 歷史時代에 해당하는 토기와 유물들이 출토되었다. 예를 들어, 平安南道 价川郡 墨房里의 묵방리 24호 지석묘에서는 미송리형토기의 變形이면서 시기적으로 가장 늦은 묵방리형토기가 출토되었다.[53] 忠淸北道 中原郡의 河川里 D1-1호 지석묘와 제천시 함암리 1 · 5호 지석묘에서는 金海式土器가 출토되었고, 함암리 6호에서는 牛角形把手가 나왔다. 全羅南道에서는 승주군 월산리 사비13호와 대곡리 도롱 2호에서 牛角形把手가, 담양군 문학리 지석묘에서는 金海式土器가 출토되었다. 慶尙南道 昌原市 가음정동 지석묘에서 金海式의 打捺文短頸壺가 1점이 나왔다.[54] 濟州道 지석묘에서는 郭支式 토기가 종종 출토

53. 하문식, 1999, 『古朝鮮 地域의 고인돌 硏究』, p.143

된다.[55]

한편, 지석묘에서 4점의 細形銅劍이 출토되었다. 평안도 지석묘에서 2점이, 전라도와 경상도에서 각각 1점씩 지석묘의 부장품으로 출토되었다. 지석묘에서는 철제품도 확인되었다. 경기도 상자포리 단대 5호 지석묘의 철촉이 1점, 충청북도 제천시 함암리 5호 지석묘의 金海式土器·紅陶·孔列土器 등과 함께 나온 쇠찌꺼기(鐵滓)가 그것이다.

따라서 지석묘의 하한연대를 추정하는 데 이러한 유물들은 좋은 판단 근거를 마련해준다. 토기로서 북한 지역에서는 묵방리형토기가 출토되고 남한 지역에서는 金海式土器와 牛角形把手가 나왔다. 金屬器로서는 細形銅劍이나 鐵鏃 또는 쇠찌꺼기 등이 발굴된다는 사실은 지석묘가 靑銅器時代 後期 또는 鐵器時代 初期에 이르는 시기에 사회적 역할을 담당하면서 계속적으로 축조되었음을 의미하는 것이다.

다. 文獻 記錄의 年代

東北亞의 지석묘는 청동기시대에 축조되었기 때문에 축조 당시의 문헌기록은 없다. 다만, 後代에 쓰여졌을지라도 지석묘와 관련된 기록은 지석묘가 마지막으로 축조된 시기를 판별할 수 있는 자료로서 이용할 수는 있다. 앞에서 언급했듯이 지석묘에 관한 文獻記錄은 班固의『漢書』와 陳壽의『三國志』등에 실려있다.『漢書』에 기록된 孝昭 元鳳 3年은 B.C. 78년이 된다. 기록을 보면 3개의 돌이 다리로 큰 개석을 받치고 있는 것을 보면 탁자식 지석묘임에 틀림없는데, 당시 사람들이 지석묘의 축조와 기능에 대해서 전혀 이해하지 못하고 있다.

『三國志』에 나타나는 初平 元年은 後漢 獻帝의 卽位年으로 A.D. 190年

54. 國立昌原文化財硏究所, 1999,『昌原上南支石墓群』, pp.61～62
55. 李淸圭, 1995,『濟州道 考古學 硏究』, p.261

이다. 이는 韓國史의 시대구분으로는 三國時代 前期에 해당하는 연대이다. 그런데 여기에 나오는 지석묘도 『漢書』에 나오는 지석묘와 마찬가지로 당시 사람들이 지석묘가 어떤 것인지 전혀 이해하지 못하고 있다. 다시 말해 당시 사람들에게 지석묘는 완전히 잊혀진 먼 옛날의 이야기였던 것이다. 따라서 문헌자료에 의하는 한, 적어도 그 지역의 지석묘는 B.C. 1세기경에 이르러 그 축조전통이 이미 사라졌던 것으로 보인다.

3) 支石墓의 築造年代

지금까지 지석묘의 築造年代를 放射性炭素에 의한 絶對年代, 副葬遺物의 編年검토를 통한 相對年代, 그리고 文獻記錄의 下限年代 등을 살펴보았다. 그 결과 지석묘에 대한 자체 연대는 양평군 양수리 지석묘의 경우, 이곳에서 측정된 연대가 3900±200 B.P.,로 그 보정연대가 무려 B.C. 28세기까지 소급되고 있다. 그러나 전라남도 여수시 화장동 지석묘나 경상남도 창원시 덕천리 2호 지석묘 같은 대다수의 지석묘에 대한 절대연대가 대략 B.C. 7세기에서 B.C. 10세기 사이로 나타난다. 따라서 절대연대가 B.C. 28世紀까지 올라가는 사례는 경기도 양평군 양수리 지석묘밖에 없다. 신석기시대에 속하는 이 연대 값을 그대로 신용하기에는 문제가 있음을 알 수 있다.

따라서 지석묘가 아닌 청동기시대의 다른 유적지로 住居址와 水田地의 연대와 비교할 필요가 있다. 주거지의 경우 경기도 여주군 흔암리 12호 주거지, 강원도 강릉시 교동 1호와 3호 주거지, 경상남도 진주시 옥방 5지구 D-2호 주거지 등의 放射性炭素年代가 B.C 16세기에서 B.C.14세기로 측정되었다. 부여군 구봉리 水田址 유적도 이와 비슷한 측정치를 나타내고 있다. 따라서 靑銅器時代에 속하는 이들 연대를 고려할 때, 양평군 양수리의 放射性炭素年代의 측성치는 아무래도 니무 빠른 언대가 아닌가 생각된다. 다만, 앞에서 검토한 방사성탄소연대와 지석묘에서 출토된 유물의 시대적 성격은 지석묘 축조집단의 사회적 복합성(social complexity)의 진전이란 관점에서 어느 정도 이해될 수 있을 것이다.

6. 支石墓의 型式分類

考古學에서의 型式分類는 共有한 屬性(attribute)을 기초로 유물을 어떤 형식이라는 범주 안에 체계적으로 조직화하는 것이다. 그러한 형식으로 유물을 분류함으로써 그 유물의 구조적 변천과정이나 연대적 편년을 설정하는 데 일차적으로 이용된다. 그리고 궁극적으로는 해당유물의 사회적 의미를 추출하는 데도 이용되는 것이다. 지석묘에 대한 형식분류는 많은 학자들에 의해 다양한 견해가 나왔고, 그만큼 지석묘 연구는 활성화되어 온 긍정적 측면이 있다. 그러나 이러한 과도한 형식분류는 지석묘 연구에 오히려 혼란을 가중시킨 부정적인 측면도 간과할 수 없을 것이다. 여기에서는 기존 학자들의 형식분류를 간단히 살펴보고, 이들의 견해를 종합하여 지석묘 연구에서 형식학적 분류의 혼란을 해결할 수 있는 방안을 모색해 보고자 한다.

1) 諸學者의 型式分類

먼저, 孫晉泰는 거석문화를 크게 고인돌과 巨石蓋墳墓 등 두 종류로 형식분류를 하였다.[56] 그리고 지석묘는 다시 축조 목적에 따라 祭壇과 住居, 그리고 무덤 등으로 기능적 분류를 시도 하였다. 그는 지석묘에 관련된 전설이나 축조방법 등을 고찰하면서 연대를 新石器時代로 추정하였다. 葬法은 洗骨葬을 채용하였다고 주상하었나. 韓興洙는 거석문화를 선

---

56. 손진태, 1934, 「朝鮮 Dolmen考」『開闢』I

돌 · 지석묘 · 칠성바위 · 돌무덤으로 분류하면서,[57] 지석묘를 크게 北方式과 南方式 등 두 가지로 형식분류를 시도하였다. 그는 지석묘를 정착생활 · 農耕 · 家畜飼育 등이 시작된 新石器時代에 同族의 屍體를 埋葬하기 위해 축조하였다고 주장하였다.

정백운은 석실위치에 따라 북방형식과 남방형식으로 분류하였다.[58] 그러나 두 형식 사이에는 副葬된 유물의 차이가 없어 연대상의 선후관계를 찾을 수 없다면서, 연대는 新石器時代 末期나 金屬使用器에 사용된 墓制로 보았다. 도유호는 한국의 거석문화를 선돌 · 적석총 · 석상분 · 지석묘 등으로 분류하고, 고인돌은 다시 본격적 고인돌과 변형고인돌로 나누었다.[59] 그는 문화발전에서의 변증법적 원리에 입각하여, 지석묘와 선돌, 그리고 石箱墳과 積石塚의 傳來系統은 서로 다르나 전형 고인돌(북방식)이 積石塚 또는 石箱墳과 혼합하여 변형 고인돌(남방식)로 발전한 것으로 보았다.

金元龍은 지석묘를 北方式 · 南方式 · 蓋石式으로 분류하였다.[60] 北方式은 지상에 책상처럼 세워진 것으로 대동강 · 임진강 · 북한강 등의 큰 강 상류에 분포하며, 남방 한계선은 대체로 수원-용인에서 북한강을 연결하는 선으로 보았다. 南方式은 地下에 埋葬施設을 만들고 주변에 돌을 약간 깐 다음 흙을 덮고 지상의 巨石을 몇 개의 받침돌로 고여 놓은 것이고, 북방식 지석묘의 倒壞된 형태로부터 발생한 것으로 해석하였다. 그 시기를 B.C. 100년경이라고 하였다. 蓋石式은 석관의 뚜껑이 지상에 노출되거나 지하석관의 개석과는 별도로 그 위에 큰 판석을 받침돌 없이 놓은 것을 의미하며, 石箱墳이 地上化 또는 北方式化 하는 중간단계로 파악하였다.

三上次男은 지석묘를 북방식과 남방식으로 나누고, 남방식을 다시 上

58. 한흥수, 1935, 「조선의 거석문화 연구」『진단학보』3
58. 정백운, 1957, 「조선 고대무덤의 연구(1)」『문화유산』57-2
59. 도유호, 1969, 「조선 거석문화 연구」『문화유산』59-2
60. 김원룡, 1986, 『한국고고학개설』, 일지사

石아래에 특별한 시설이 없는 A式, 扁平하고 넓은 蓋石을 네 개의 小支石으로 고인 다음 積石을 한 B式, 扁平한 蓋石을 그냥 積石위에 올려 놓은 C式, 그리고 塊狀의 蓋石을 積石 위에 올려 놓은 D式 등으로 型式分類하고 있다.[61] 여기에서 A · C · D式은 蓋石式을 의미한다. 北方式이 南方式보다 先行하는 것으로 보면서, 支石墓의 上限은 紀元前 3~2世紀, 下限은 紀元後 3世紀까지 내려잡았다.

林炳泰는 지석묘의 형식을 크게 卓子式 · 碁盤式 · 無支石式으로 분류하였다.[62] 卓子式은 A式의 地上 單石室形, B式의 地下 單石室形, C式의 地上 多石室形, D式의 變形石室形으로 분류하였다. 碁盤式에는 A式의 地下 石室形과 B式의 地下 土壙形이 있고, 그중 A式의 地下 石室形은 다시 單石室形과 多石室形으로 나누었다. 無支石式에는 A式의 地下 多石室形과 B式의 地上 土壙形이 있고, 다시 A式의 地下 多石室形에는 1式의 上石 垂直下石室築造形과 2式의 上石 周圍地下室築造形으로 나누었다. 여기의 2式을 다시 a式의 單石室形과 b式의 多石室形으로 細分한 그는 B式 地上 土壙形은 2石室形 · 3石室形 · 4石室形으로 분류하고 있다.

황기덕은 지석묘를 세 가지 유형으로 설명한다.[63] 전형의 고인돌을 제1유형(北方式)으로 하고, 변형의 고인돌은 하부구조의 차이에 따라 제2유형과 제3유형으로 나누고 있다. 제2유형(地下에 墓室이 있는 것)은 변형고인돌에서 한 개의 蓋石아래에 한 개의 石棺이나 石槨이 설치된 유형을 말한다는 것이다. 제3유형(한곳에 여러 墓室이 있는 것)은 한 개의 개석 또는 여러 개의 蓋石下에 여러 개의 돌널이 설치되었고, 積石의 묘역시설을 갖추었다고 말한다.

金載元 · 尹武炳은 지석묘를 북방식과 남방식으로 분류한 후, 남방식

61. 三上次男, 1961, 『滿鮮原始墳墓の硏究』
62. 임병태, 1964, 「한국지석묘의 형식 및 연대고찰」『사총』9
63. 황기덕, 1961, 「황해북도 황주군 긴동 고인돌 발굴보고(1)」『문화유산』61-3
_____, 1987, 「우리나라 청동기시대의 사회관계에 대하여(1)」『조선고고연구』87-2

을 다시 無支石式과 有支石式으로 나누었다.[64] 그들은 지석묘의 발전이 북
방식에서 남방식으로, 남방식에서도 無支石式에서 有支石式으로 이루어
졌다고 보았다. 지석묘의 상한은 紀元前 8世紀 以前, 하한은 북쪽은 紀元
前 4世紀 末에서 3世紀 初 사이, 남쪽은 紀元前 2世紀까지라고 하였다.

李殷昌은 크게 北方式(탁자식)과 南方式(기반식)으로 나누면서, 북방
식은 ㅁ자형·ㄷ자형·二자형으로, 그리고 남방식은 一支石式·多支石
式·無支石式 등으로 세분하고 있다.[65]

韓炳三은 지석묘를 북방식인 支石墓와 變形支石墓로 분류하면서 변형
지석묘를 지석이 있는 변형지석묘와 지석이 없는 변형지석묘로 구분하
였다.[66] 그는 石室의 크기가 蓋石의 크기를 결정하는 것으로 보고 있으나,
많은 경우에서 꼭 그렇지만은 않으므로 검토가 요구된다.

任世權은 墓室의 위치에 따라 地上型과 地下型으로 나누고, 지상형은
지상A형(地上型 石室로 세련되지 못함), B형(A에 비해 세련됨), C형(多
角形 또는 楕圓形 石室), D형(강돌, 板石의 正方形石室)로 분류한다. 지하
형은 들린형(支石式)과 놓인형(無支石式)으로 분류하고, 들린형은 들린
B형·들린 D형·들린 E형(토광묘식)으로, 놓인형은 놓인 A형·놓인 B
형·놓인 C형·놓인 D형·놓인 E형으로 세분한다. 그는 지석묘의 기원
은 토광형 石室을 가진 개석식 지석묘로 간주했고, 반지상형에서 지상형
으로, 무지석식에서 지석식으로, 석관형 석실에서 석곽형 석실로 발전한
것으로 생각하였다.[67]

崔夢龍은 전남 지방의 지석묘를 북방식·남방식·개석식 등으로 대
별하였다.[68] 남방식은 지석이 3~4개로 석실과 지석이 독립된 형식인 제1
식, 지석이 7~8개 또는 그 이상으로 이중 일부가 석실을 구성하는 제2

64. 김재원·윤무병, 1967, 『韓國 支石墓 硏究』, 국립중앙박물관
65. 이은창, 1968, 「扶餘恩山 桂谷里 兄弟岩 支石墓調査」『考古美術』9-2(21)
66. 한병삼, 1973, 「墓制」『한국사』1
67. 임세권, 1976, 「한반도 고인돌의 종합적 연구」『백산학보』28
68. 최몽룡, 1979, 「전남지방 소재 지석묘의 형식과 분류」『역사학보』78

식, 그리고 제2식에서 한 개의 개석 아래에 2개 이상의 石室이 있는 제3식으로 분류하고 있다. 개석식은 석실을 割石 또는 川石으로 축조한 제1식, 석실을 판석으로 축조한 제2식, 이중의 개석이 있는 제3식, 지하석실에 아무 시설이 없는 토광형식의 제4식, 그리고 지석이 개석의 주위를 돌아가며 일정한 형체가 없는 석실을 갖고 있는 제5식으로 세분하고 있다. 그는 전남 지방 지석묘의 선후관계는 북방식이 먼저이며, 다음에 남방식, 그리고 개석식으로 이어진 것으로 보았다. 그리고 서해안을 따라 북으로부터 전파된 것으로 파악하고 있다.

석광준은 1974년도의 논문에서 지석묘를 네 가지 유형으로 분류하였다.[69] 제1유형은 묘역이 설치된 것 중 積石으로 묘역시설을 크게 한 것, 제2유형은 墓域의 잔재만 남은 것, 제3유형과 제4유형은 묘역이 설치되지 않은 것 등 석실의 크기와 형식에 따라 세분하였다. 여기에서 제1유형과 제2유형은 변형지석묘에 해당하는 것이고, 제3유형과 제4유형은 전형지석묘에 속하는 것이다. 그의 분류의 특징은 지석묘 축조기술의 발전과정에 따라 제1유형(변형지석묘)에서 제4유형(전형지석묘)으로 발전한 것으로 인식함으로써, 지석묘가 전형지석묘에서 변형지석묘로 발전해 왔다는 지금까지의 견해와 정반대의 발전논리를 세운 점이다.

그는 1979의 논문에서 한국 서북 지방 지석묘를 종합적으로 분석하면서 전형지석묘를 오덕형으로, 그리고 변형지석묘를 침촌형으로 부를 깃을 제창하였다.[70] 그는 오덕형을 세 가지 유형으로, 그리고 침촌형을 다섯 가지로 더욱 잘게 세분하고 있다.

그는 한국의 지석묘는 형식분류를 통하여 자생 발전한 것으로 간주하였다. 침촌형의 제1유형·제2유형·제3유형은 집체무덤이며, 침촌형의 제4유형·제5유형과 오덕형은 개별무덤의 형태이다. 그는 한국의 지석묘는 집체무덤에서 개별무덤으로 변화 발전한 것으로 해석하였다. 그래서

---

69. 석광준, 1974, 「오덕리 고인돌 발굴보고」『고고학 자료집』4
70. 석광준, 1979, 「우리나라 서북지방 고인돌의 변천에 대하여」『역사과학』79-1

지석묘 사회가 발전해가면서 그 사회구조의 변화된 성격이 지석묘의 발전형태에 반영되었다는 것이다. 그의 발전과정에 관한 견해를 정리해 보면 다음과 같다.

B.C. 2000年紀中葉, 2000年紀後半, 2000年紀末, 10世紀, 9世紀, 8世紀, 7世紀, 6世紀
　　　　침촌1형 → 침촌2형 → 침촌3형 → 　침촌4형 → 침촌5형
　　　　　　　　　　　　　　　↓
　　　　　　　　　　　오덕1형 → 오덕2형 → 오덕3형

　　그러나 석광준은 1974년에 자신이 제시한 기존의 형식을 다시 새롭게 분류하였다. 첫째는 한 묘역 안에 5~6기의 무덤이 밀집된 집합식 고인돌로 기존의 침촌형 고인돌을 의미한다. 침촌형 고인돌은 다시 4가지 형식으로 세분된다. 두 번째는 판돌을 네 면에 세워 石室을 만든 것으로 1개의 묘역 안에 1개의 무덤이 있는 것을 말한다. 기존의 오덕형 고인돌을 가리키는 형식이 그것이다. 오덕형 고인돌도 역시 3가지 형식으로 다시 나었다. 셋째는 하나의 묘역 내에 석실을 조각돌 또는 강돌을 쌓아서 1기의 무덤을 만든 것으로, 묵방형 고인돌을 새로 형식화한 것이다. 묵방형 고인돌은 2개의 형식으로 세분화 하였다. 석광준이 제시한 지석묘의 발전과정을 도식화하면 다음과 같다.

　　　　　　　　　오덕형 1식 → 오덕형 2식 → 오덕형 3식
　　　　　　　　　　　　↑
침촌형 1식 → 침촌형 2식 → 침촌형 3식 → 침촌형 4식
　　　　　　　　　　　　↓
　　　　　　　　　묵방형 1식 → 묵방형 2식

136

金秉模는 한반도의 거석기념물에는 立石 · 石棺墓 · 支石墓 등이 있다고 하였다. 지석묘는 다시 塊石式(북방식 또는 오덕리형), 몇 개의 支石이 원형을 이루면서 塊石을 바치고 있는 濟州道式, 그리고 지하에 매장구조물을 두고 그 위에 塊石이나 板石을 올린 형식 등으로 분류하였다.[71]

盧爀眞은 지석묘를 탁자식 · 바둑판식 · 개석식으로 나누고, 그 중 바둑판식과 개석식 매장시설의 축조방식은 다양한 모습을 보여주는 것으로 파악하고 있다.[72] 그는 지석묘는 개석, 지석, 그리고 石棺이나 石槨의 埋葬部 등으로 구성되지만, 바둑판식과 개석식의 경우에는 積石이 부가되기도 하는 것으로 보았다. 일반적으로 積石은 石棺部의 보강용 정도로 간주되어 왔다. 그러나 노혁진은 積石이 경우에 따라서는 구조적으로 석관보강 이상의 기능이 있음을 지적하면서 기존의 지석묘 분류에 '積石附加支石墓'라는 새로운 형식을 추가할 것을 주장하였다.

李榮文은 지석묘를 외형상 분류에는 탁자식 · 기반식 · 개석식 등으로 분류할 수 있으나 石室 위치에 따라 지상형과 지하형으로 나누고, 上石의 형태에 따라 괴석형 · 장타원형 · 장방형 · 판석형 등으로 형식을 세분하고 있다.[73] 그는 또 下部構造의 속성을 검토하여 지석을 柱形 支石(Ⅰ), 大形 支石(Ⅱ), 小形 支石(Ⅲ) 등으로 지석을 유형화하고, 積石도 넓은 積石 안에 2개 이상의 石室이 있는 集葬形과 積石 내에 1기의 석실이 있는 單葬形으로 분류하고 있다. 그리고 지석묘의 기능에 따라 무덤 · 祭壇 · 墓標石 등 세 가지로 나누었는 데 그것은 인위적인 구분으로 생각하였다.

71. 김병모, 1981, 「한국 거석문화 원류에 관한 연구(1)」 『한국고고학보』 10 · 11합집
72. 노혁진, 1986, 「積石附加 支石墓의 型式과 分布」 『한림대 논문집』 4
73. 李榮文, 1993, 『全南地方 支石墓 社會의 硏究』, 韓國敎員大學校 大學院 博士論文
_____, 2002, 『韓國 靑銅器時代 硏究』, 도서출판 주류성, pp.84~91

2) 型式分類의 再檢討

지석묘의 가장 큰 특징은 지상에 드러난 大形 蓋石, 개석을 받치는 支石, 지석 주변에 돌을 깔아서 만든 積石, 그리고 墓室 등으로 구성된 下部構造로 되어 있다는 점이다. 그러나 지석묘의 형식은 연구자의 강조 부분에 따라 크게 달라진다. 즉, 지석묘의 형식분류는 외형상 특징만 고려하는 경우, 下部構造를 포괄하여 형식을 분류하는 경우, 지석이 없는 蓋石式은 지석묘의 범주에서 제외시키는 경우, 埋葬部의 위치를 기준으로 분류하는 경우, 또는 地下 埋葬部의 석실 숫자를 형식분류의 중요 요소로 간주하는 경우 등 각양각색이다. 따라서 지석묘가 학자들마다 형식이 다르게 분류됨으로써 지석묘 연구는 그 출발부터 커다란 장애물을 만날 수밖에 없다.

예를 들어, 孫晉泰는 巨石文化를 지석묘와 巨石蓋墳墓로 분류하는데, 여기서 말하는 巨石蓋墳墓는 支石이 없는 支石墓, 즉 蓋石式 支石墓를 의미하는 것으로 보인다. 그럴 경우, 孫晉泰는 蓋石式 支石墓를 지석묘의 범주에 포함시키지 않은 것이다. 그러나 거의 같은 시대에 활동했던 韓興洙나 1950년대에 활동했던 정백운은 지석묘를 북방식과 남방식으로 구분하여, 蓋石式 支石墓를 지석묘의 범주에 포함시켰다. 도유호도 마찬가지로 蓋石式을 포함한 南方式 支石墓를 變形 支石墓란 이름으로 지석묘의 범주에 넣고 있다.

金元龍은 지석묘의 형식을 북방식, 남방식, 그리고 개석식 등 3개의 형식으로 분류하였다.[74] 반면에 황기덕은 북방식을 전형의 1유형으로 하고 埋葬部의 위치와 묘실의 숫자에 따라 제2유형과 제3유형으로 나누었다. 반면에 金載元 尹武炳은 지석묘를 북방식과 남방식으로 나누고, 남방식을 다시 有支石式과 無支石式으로 세분하였다. 이러한 분류에 따른다면 김원용이 분류한 개석식 지석묘의 개념은 金載元과 尹武炳이 분류한

---

74. 김원룡, 1986, 『한국고고학개설』, 일지사

남방식 지석묘에 흡수될 수 밖에 없다. 그러한 개념이 李殷昌의 분류개념에 이르면 더 복잡해지고 세분화된다. 즉, 李殷昌은 지석묘를 북방식과 남방식으로 나누되, 북방식은 ㅁ자형·ㄷ자형·二자형으로 나누고 남방식은 일지석식·다지석식·무지석식으로 좀더 세분하였다. 이러한 분류는 金元龍은 물론 황기덕이나 金載元과 尹武炳의 형식과는 또 다른 분류체계라고 할 수 있을 것이다.

任世權은 지상형과 지하형으로 나누면서 지상형은 지석의 세련정도에 따라 A~D형으로 분류하였다.[75] 그런데 문제는 지석의 세련 정도를 어느 선에서 정확하게 구별할 수 있느냐가 문제가 될 것이다. 지하형도 개석이 땅에 接地하는 형태에 따라 들린형과 놓인형의 8개 형식으로 세분하는데, 분류하는 용어자체도 문제지만 들리고 놓인 정도에 따라 세분하여 형식분류를 한다는 게 더 큰 문제가 될 것이다. 盧爀眞은 기존의 지석묘 형식에 積石이 부가되는 경우에 積石附加支石墓라는 새로운 형식을 추가했고,[76] 최근에는 지석묘에 지석이 없는 경우도 있으나 공통적 속성인 거대한 개석을 감안하여 지석묘의 명칭자체를 '巨石墓'로 바꾸자는 견해를 제시하기도 하였다.[77]

따라서 지석묘는 명칭 형식 구조를 학자들이 어떻게 평가하느냐에 따라 형식분류의 성격이 크게 달라졌음을 알 수 있다. 그러한 형식분류를 바탕으로한 지석묘 변화과정의 설명은 지석묘 연구에 혼란을 너욱 가중시켰다. 고고학에서 형식분류는 이미 사라진 사회를 복원하기 위한 수단이 되어야 할 뿐 목적이 되어서는 안될 것이다. 형식분류는 단지 고고학연구의 유용한 여러 방법론 가운데 하나일 뿐이다. 그러한 방법론으로부터 제시된 형식분류는 누구나 쉽게 공감하고 이해할 수 있어야 한다. 따라서 지금까지 여러 학자들로부터 제시된 지석묘의 형식분류는 공통적

75. 임세권, 1976, 「한반도 고인돌의 종합적 연구」『백산학보』28
76. 노혁진, 1986, 「積石附加 支石墓의 型式과 分布」『한림대 논문집』4
77. 노혁진, 1999, 「形式學 批判-支石墓 事例를 中心으로」『韓國上古史學報』31

속성을 한데 묶어 새로이 재조정되어야 할 필요성이 제기된다.

3) 새로운 型式分類

지석묘의 형식분류는 보통 支石의 有無, 埋葬 主體部의 位置, 石室의 有無, 石室 構造의 특징, 石室의 숫자, 積石附加 여부 등의 조건 등을 기준으로 진행되어 왔다. 그러한 기준을 고려하여 형식분류를 진행한다는 것은 너무도 당연한 것이다. 그러나 지금까지 지석묘 연구자들이 그러했던 것처럼, 각각의 조건들을 필요 이상으로 강조하였다. 그러다 보면, 오히려 올바른 형식분류에 문제점만 나타나게 된다. 지석묘를 축조하는 일차적인 목적은 屍身을 埋葬하는 데 있다고 할 것이다. 여기에서는 지석묘가 무덤의 기능을 가졌다는 관점에서 支石의 形態와 埋葬主體部의 위치에 따라 대략 네 가지 형태로 형식분류를 하고자 한다.

가. 卓子式 支石墓

탁자식 지석묘는 보통 북방식 지석묘라고 불리는 형식으로 대개 4매의 판자형 지석을 이용하여 상자형태의 석실을 지상에 구축하고, 그 위에 대형 개석을 얹어 놓은 지석묘를 말한다(도면1-①). 탁자형태를 한 그러한 지석묘는 한강 유역을 중심으로 북쪽으로 갈수록 높은 분포도를 보인다. 반면, 남쪽으로 갈수록 희소해지기 때문에 지금까지 북방식 지석묘라고 불려 왔다. 그러나 이러한 형식의 지석묘는 韓半島나 滿洲地域에 넓게 분포하고 있다. 따라서 북방식이라는 단어는 적절하지 못한 것으로 판단되어 탁자식 지석묘라는 용어를 쓰고자 한다.

탁자식 지석묘는 지석의 네 면 가운데 한 쪽이 없이 대개 'ㄷ'형태로 발견되는 경우가 많다. 그것은 막음돌로 사용한 지석의 벽면이 파괴되어 없어졌기 때문에 그렇게 된 것이다. 탁자식 지석묘의 대표적인 사례는 황해도 은율의 지석묘나 강화도 부근리의 지석묘가 될 것이다. 북한에서

140

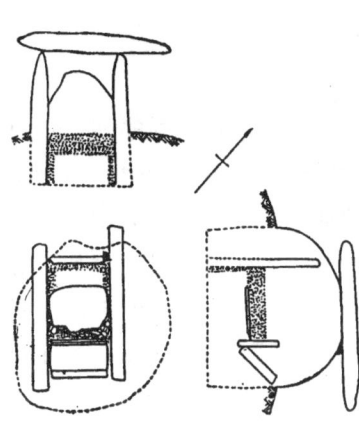

① 탁자식

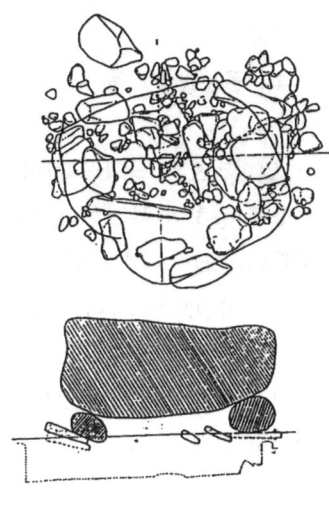

② 기반식

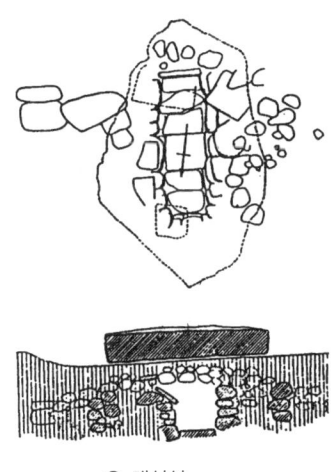

③ 개석식

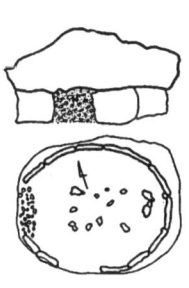

④ 위석식

도면 1. 支石墓의 型式

는 오덕형 지석묘라고 부르고 있다.

나. 碁盤式 支石墓

일반적으로 남방식 지석묘라 불리는 것으로 대략 네 개의 괴석형 지석을 이용하여 부정형의 大形 板石을 고여 놓은 것이다(도면1-②). 埋葬主體部는 石棺이나 石槨 또는 土壙의 형태로 지하에 위치한다. 그러한 지석묘는 漢江이남 특히 全羅道와 慶尙道 지방에 많이 분포하기 때문에 종종 남방식으로 불리고 있다. 매장시설은 발굴 사례가 증가함에 따라 석실이 單石室만 존재한 것이 아니고, 二重石室이나 多石室 등 다양하게 나타나고 있다.

다. 蓋石式 支石墓

개석식 지석묘는 탁자식이나 기반식 지석묘와는 다르게 개석 아래에 지석이 없는 형태이다(도면1-③). 그러나 기반식 지석묘와 같이 매장 주체부가 지하에 石棺·石槨·土壙의 형태로 존재한다. 그러나 石棺이나 石槨으로 墓室을 만들고 그 위에 얇은 板石을 여러 개 덮고 소형 雜石을 간다음 大形 蓋石을 올려놓는 경우가 많다. 이러한 형식은 요녕이나 길림지방은 말할 것도 없이 한반도의 거의 전 지역에 걸쳐 고르게 분포하고 있다. 일제시대에 처음 발굴된 대구시 대봉동 2호 지석묘가 대표적인 사례이다.

라. 圍石式 支石墓

위석식 지석묘는 보통 제주도형식으로도 불리는 형식으로 탁자식과 마찬가지로 매장 주체부가 지상에 위치하고 있다. 그러나 네 개의 板石이 支石을 이루어 장방형의 墓室을 구성하는 탁자식과는 달리 小形 板石이나

塊石이 여러 개 모여 地上에 墓室을 구성하는 형식이다(도면-④). 그러한 형태는 全羅道와 慶尙道에서 발견되나 보통 濟州道에서 주로 발견되는 형식이기 때문에 제주도식이라고도 부른다. 그런 형식은 東南亞 지석묘에서 자주 보여, 한국 지석묘가 남방에서 전래되어 왔다고 하는 남방 전파설의 근거가 되기도 한다. 위석식 지석묘의 대표적인 사례로 제주시 오라리 4호 지석묘를 들 수 있다.

지금까지 지석묘의 형식을 외형의 특징과 매장 주체부의 위치를 고려하여 네 가지로 형식분류를 시도하였다. 탁자식은 한반도 남부 지방에서 발견되기도 하지만 주로 遼寧 吉林地方과 漢江以北 지역에 분포하는 형식이다. 반면에 기반식은 탁자식과는 반대로 漢江의 남쪽 지역에서 널리 분포하고 있다. 개석식은 遼寧 吉林地方은 물론 全羅道와 慶尙道 등지에서 고루 분포되고 있다. 위석식 지석묘는 기존에 崔夢龍이 개석식의 제5형식으로 분류했던 것인데,[78] 다른 개석식 지석묘와는 달리 매장 주체부가 지상에 위치하고 있는 점을 감안하여 여기에서 하나의 독립된 형식으로 분류한 것이다. 위석식 지석묘는 全羅南道와 濟州道는 물론 東南亞에서도 발견되는 형식이며, 시기적으로는 다른 지석묘보다 가장 늦게 발생한 형식으로 알려져 있다.

한편, 기반식이나 개석식 지석묘는 앞에서 살펴본 바와 같이 地下 墓室의 형태에 따라 石棺形・石槨形・土壙形 등으로 분류되고, 또 墓室의 숫자에 따라 單石室・二重石室・多石室 등으로 세분될 수도 있다. 그러나 이러한 형태는 개개의 지석묘 또는 해당 지역의 특수성을 반영한다고 보기 때문에, 그러한 지석묘가 그 지역에 어떻게 해서 축조되었는가 하는 지역적 관점에서 연구되고 이해되어야 할 것으로 생각된다. 그래서 형식분류의 고려사항에서 제외하였다. 예를 들어, 일본 지석묘의 아래에 甕棺을 墓室로 이용하는 경우가 있는데, 그것은 한반도에서 전래된 지석묘가 일본에 土着化하는 과정에서 나타난 형식이라 생각되기 때문이다. 따라

---

78. 최몽룡, 1979, 「전남지방 소재 지석묘의 형식과 분류」『역사학보』78

서 여기에서 분류한 지석묘의 형식은 지석묘에서 나타나는 최소한의 속성만을 고려하여 네 가지 형식을 제안한 것이다.

7. 支石墓와 다른 墓制와의 關係

青銅器時代의 墓制에는 지석묘 이외에도 石棺墓와 石槨墓 등이 있다. 그리고 青銅器時代 後期 또는 鐵器時代 初期에 이르러서는 甕棺墓와 土壙墓가 폭넓게 퍼졌다. 그러나 이러한 무덤들은 지석묘에 비하여 그 숫자도 적고 연구성과도 많지 않은 편이다. 그것은 지석묘는 외부에 노출되어 연구자들이 손쉽게 접근할 수 있는 반면에 그들 墓制는 地下에 埋葬되어 우연히 발견되는 경우가 대부분이다. 그래서 즉 현재까지 발굴된 숫자가 많지 않다.

1) 石棺墓

石棺墓는 지표면 아래에 板石으로 네 벽을 조합하여 箱子形態의 墓室을 만들고 그 안에 시체를 埋葬하는 墓制이다.[79] 그러한 석관묘의 墓室構造는 탁자식 지석묘의 매장 주체부나 기반식이나 개석식의 석관형 하부구조와 매우 유사한 모습을 보이고 있다. 석관묘의 묘실구조는 한 벽면을 이루는 板石의 숫자에 따라 單板石式과 複板石式으로 나눈다. 석관묘의 墓室 上部도 마찬가지로 1장의 판석이 蓋石으로 덮이는 경우와 여러 장의 판석이 묘실을 덮는 경우로 나눈다. 석관묘의 墓室 바닥에는 板石이 깔리는 경우가 대부분이지만 가끔 바닥에 자갈이 깔린 경우도 있다. 이

---

79. 李鍾宣, 1976, 「韓國 石棺墓의 研究」『韓國考古學報』1
　　池健吉, 1984, 「墓制II」『韓國史論』13, 國史編纂委員會

러한 묘실구조는 탁자식 지석묘인 오덕리 10호 지석묘의 석실구조와 유사하며, 慶尙南道 晋州市 大坪里 玉房地區 지석묘의 下部構造로서 石棺이 나타나고 있다. 지석묘와 석관묘가 결합하는 양상을 반영한 것이다. 한편, 석관묘의 墓室의 평면 형태는 전체적으로 장방형이나 머리 쪽이 넓고 다리 쪽이 좁은 頭寬足狹 형태의 무덤이 많이 발굴되었다.

석관묘는 발견된 숫자는 적지만 분포 지역은 遼寧·吉林地域은 물론 한반도 전역에 걸쳐 널리 분포하고 있다. 吉林地方에서는 松花江 上流流域과 頭滿江 中·下流流域 등지에 분포했고, 한반도의 북부 지방에서는 鴨綠江 中流와 大同江 流域에서 발견되고 있다. 中·南部地域으로는 南漢江 유역, 錦江 중류 유역, 洛東江 下流流域, 그리고 晋州의 南江流域 등지에서 발견되었다. 석관묘의 그러한 지리적 분포는 지석묘와 그것과 상당히 중첩한다. 그러나 지석묘가 많이 분포한 요동반도 남부에 석관묘의 보고사례가 적은 대신 지석묘의 발견사례가 적은 길림 지방에서 석관묘의 분포숫자가 많게 나타난다는 점에 차이점이 있다. 물론 요녕 지방에서 발견되는 소위 '大石蓋墓'의 墓室構造를 石棺墓의 일종으로 간주한다면, 요녕 지방에서도 지석묘와 석관묘가 결합하고 있다고 말할 수 있을 것이다.

2) 石槨墓

石槨墓는 地下에 깊은 土壙을 파고, 그 안의 네 벽면에 割石이나 강돌을 平積하여 屍體를 安置할 수 있도록 墓室을 造成한 墓制이다.[80] 墓室의 상면에는 석관묘에서와 같이 개석을 덮도록 하였다. 石槨墓는 여러 면에서 석관묘와 유사한 점이 많으나 몇 가지 점에서 차이를 나타내고 있다. 즉, 석관묘에서는 磨製石劍이나 無文土器는 물론 청동단추 兩翼靑銅鏃·遼寧式銅劍같은 청동기시대 전기의 유물이 출토되고 있다. 葬法으로는 屈

---

80. 池健吉, 1984, 「墓制Ⅱ」『韓國史論』13, 國史編纂委員會, pp.245~252

身葬이 주로 채용되는 경향을 보인다. 반면에 石槨墓에서는 細形銅劍이나 多紐粗文鏡 · 銅鐸 · 劍把刑銅器같은 청동기시대 후기 또는 철기시대 전기의 유물이 출토되고 있다. 葬法에서도 屈身葬보다는 伸展葬을 주로 채용하였다. 따라서 석관묘보다는 석곽묘가 시기적으로 약간 늦게 유행한 墓制로 판단된다.

石槨墓는 중국 遼寧의 西部地方과 한국의 충남 지방에 주로 분포하고 있다. 요녕성 寧城의 南山根 10호분에서는 琵琶形銅劍 · 銅戈 · 銅斧 · 西周형식의 靑銅鼎 등 西周末에서 春秋初에 이르는 夏家店上層文化의 유물이 다수 출토되었다. 朝陽의 十二臺營子 석곽묘에서는 琵琶形銅劍 · 扇形銅斧 · 多紐鏡 등의 유물이 출토되었는데, 南山根 遺蹟보다는 다소 늦은 春秋戰國時代의 遺蹟으로 평가되고 있다. 한국에서는 황해북도 서흥군 천곡리[81]와 충청남도 예산군 동서리, 부여군 연화리, 대전시 괴정동, 충청북도 청주시 비하리, 전라남도 화순군 대곡리, 함평군 초포리 등지에서 석곽묘가 조사되었다.

石槨墓의 墓室構造는 支石墓의 매장 주체부로서 하부구조로 채용되는 경우가 있다. 예를 들어, 대구시 상동 I-6호 지석묘의 하부구조나 경상남도 창원시 덕천리 1호 지석묘의 하부구조도 割石을 平積하여 조성한 석곽형 석실구조이다. 연대를 보면, 요녕성 서부 지역의 석곽묘는 서주말에서 춘추전기(B.C. 8~B.C. 5세기)에 해당한다. 한국의 석곽묘는 대전시 괴정동 석곽묘는 B.C. 4세기, 그리고 아산 남성리 석곽묘는 B.C. 3세기로 편년되었다. 따라서 한국의 석곽묘는 중국보다는 1세기 정도 늦은 시기에 한국에 유입되면서 창원시 덕천리의 지석묘에서와같이 지석묘의 하부구조로 채용된 것으로 보인다. 즉, 청동기시대 후기에 석곽묘 사용자들은 지석묘의 墓制와 결합하게 되면서 지석묘 사회와 융합해 간 것으로 추정된다.

---

81. 백련행, 1966, 「천곡리 돌상자무덤」『고고민속』66-1

3) 土壙墓

土壙墓는 地表面 아래에 구덩이를 파고 시체를 안치한 후, 上部에 石板이나 木板을 덮은 墓制이다.[82] 물론 외부는 封土하여 마무리하였기 때문에, 地表上에 잘 드러나지 않아 우연히 발견되는 것이 대부분이다. 土壙墓의 埋葬 主體部를 구성하는 內部構造의 형태가 명확하게 드러나지 않는다. 토광묘는 인류가 사용한 墓制 가운데 가장 오래되고 가장 널리 사용된 형식이다. 현대의 많은 民墓들도 이 같은 방법을 따르고 있다.

靑銅器時代의 土壙墓로는 遼河 동부 유역에 위치한 瀋陽의 정가와자 6512호분이 대표적인 유적이다.[83] 그 고분은 장방형의 竪穴墓壙을 파고 木棺과 木槨을 설치한 다음 많은 유물을 부장하였다. 葬法은 頭西足東의 仰身直肢 單葬이다. 목관과 목곽 사이에서 세형동검 3점 · 多紐鏡 1점 · 半月形飾玉 1점 · 圓蓋形銅器 4점 등의 유물이 출토되었다. 이러한 유물들은 대전시 괴정동이나 아산시 남성리의 석곽묘에서 출토된 유물과 같은 성격의 것이다. 따라서 이들 유물의 연대는 대략 B.C. 6~4세기로 편년되고 있다.

한국에서 발굴된 대표적인 토광묘에는 김해시 예안리 고분군의 최하층에서 발굴된 토광묘와 경주시 조양동 석곽묘 아래층에서 발견된 토광묘가 있다. 김해시 예안리 토광묘에서는 鐵鉾 · 鐵斧 · 鐵鎌 등이 출토되었고, 경주시 조양동 토광묘에서는 黑陶長頸壺가 출토되었다. 따라서 이들 묘제는 청동기시대 후기 또는 철기시대 전기에 해당하는 것으로 보인다.

토광묘도 지석묘의 하부구조로 나타나 주목된다. 예를 들어, 전라남도 보성군 죽산리 가群 지석묘는 개석 아래에 석실이 없이 토광의 흔적

---

82. 李榮文, 2002, 『韓國 靑銅器時代 硏究』, pp.95~96
83. 瀋陽古宮博物館 · 瀋陽市文物管理辦公室, 1975, 「鄭家窪子的兩座靑銅時代墓葬」『考古學報』1975-1

만 있고, 무안군 월암리 지석묘는 개석 아래에 회백색 사질점토를 깐 토광묘로 확인되었다.[84] 또한, 전라남도 승주군 우산리 내우 19호 지석묘의 하부구조도 지석을 갖추어 묘광의 형태로 보아 토광묘로 분류되고 있다.[85] 충청남도 부여군 비당리 지석묘의 하부구조는 장방형 토광이며,[86] 이곳 내부에서 마제석검이 출토되었다. 경기도 시흥시 계수동 지석묘의 하부구조는 교란상태가 심하나 한쪽에 殘存部分에 土壙의 윤곽선이 일부 보여, 지석묘와 토광묘의 결합결구 양식을 반영하였다.[87]

그렇듯 토광묘가 지석묘의 하부구조로 나타나는 것으로 미루어 지석묘와 토광묘의 문화적 관련성을 엿볼 수 있다. 遼河流域의 土壙墓에서는 細形銅劍 등과 같은 靑銅器時代 後期의 유물이 나왔다. 한반도의 토광묘에서 출토되는 유물도 주로 鐵製品이다. 따라서 지석묘의 하부구조로서 나타나는 토광묘는 靑銅器時代 後期 또는 鐵器時代 前期에 지석묘와 일정 기간 공존하면서 지석묘의 墓室形態로 채용되기도 한 것으로 보인다.

4) 甕棺墓

甕棺墓는 屍體를 크고 작은 항아리 또는 동이에 넣고 매장하는 墓制이다. 보통 두 개의 항아리를 서로 맞붙여서 관으로 사용한다. 그러한 墓制는 전세계적으로 널리 사용되는 墓制이나 동아시아에서는 중국의 본토, 요동반도 남부, 한반도, 그리고 일본열도 등의 여러 지역에서 墓制로 채용되었다.

중국 동북 지방에서는 옹관묘가 제2송화강 유역에 위치한 夫餘族의 先代文化인 西團山文化圈에 널리 분포하고 있다. 한반도에서는 평양시 삼

---

84. 崔盛洛 외, 1992, 『務安 月巖里 支石墓』
85. 李榮文, 1993, 『全南地方 支石墓 社會의 硏究』, 韓國敎員大學校 博士論文, p.132
86. 李揆山, 1977, 「扶餘郡 碑堂里 先史墳墓」 『考古學』4, pp.75~80
87. 김병모 외, 1999, 『시흥시 계수동 지석묘』, p.37

석구역 호남리 남경유적, 평양시 낙랑구역 정백동, 忠淸南道 公州郡 南山里, 公州郡 松鶴里, 扶餘郡 松菊里, 全羅北道 益山市 石川里 무형리, 光州市 新昌里, 慶尙南道 居昌郡 大也里, 金海市 會賢洞 貝塚, 釜山市 東萊區 貝塚, 그리고 釜山市 五輪臺 古墳郡 등지에서 甕棺墓가 발굴되었다.

무덤 형태를 보면, 평양시 남경유적에서 출토된 옹관묘는 모두 9개인데, 3개의 독을 하나로 맞붙여 한 개의 관을 이루었다. 정백동 옹관묘는 작은 항아리 두 개를 맞붙인 小兒用 옹관묘이다. 익산 석천리의 경우에는 1m의 거리를 두고 3기가 나란히 배치되었다. 부산의 오륜대 옹관묘는 석곽묘 사이에서 발견되었으며, 대전의 괴정동 옹관묘는 석곽묘 안에서 발견된 것들이다. 따라서 옹관묘는 처음에는 옹관만 단독으로 매장하다가 나중에 석곽묘와 결합한 것으로 추정할 수 있다. 甕棺의 매장형태는 斜置와 橫置가 있다. 斜置甕棺은 송국리에서 출토된 甕棺墓로 發掘 당시 약 70° 정도 비스듬하게 安置되어 있었다. 반면에 橫置甕棺은 光州市 新昌洞에서 발굴된 甕棺墓 형태로 甕棺을 옆으로 눕혀서 安置한 형태이다.

옹관의 규모를 보면, 옹관묘는 伸展葬 · 幼兒葬 · 洗骨葬 등의 葬法이 채용된 것으로 보인다. 예를 들어, 김해시 회현동 패총이나 부산시 동래구 패총에서 발견된 옹관은 성인을 신전장할 수 있을 정도로 규모가 크다. 반면에 전라남도 광산군 신창리에서는 小型合口甕棺이 발견되기도 하는데, 그러한 크기의 옹관은 幼兒葬이거나 洗骨葬일 것으로 해석된다.

甕棺墓의 使用年代는 全羅北道 益山市 石川里 甕棺墓의 경우는 直立口緣에 口脣刻目文土器의 無文土器로 靑銅器時代 前期에 속하는 土器이다. 그러나 한국에서 발견된 先史時代 甕棺묘의 대부분은 대략 B.C. 5세기에서 B.C. 1세기에 사용된 것으로 조사되고 있다. 따라서 한국의 甕棺墓는 靑銅器時代 前期에 일부 사용되기 시작했으나 대체로 靑銅器時代 後期 또는 鐵器時代에 들어와서 좀더 유행한 墓制樣式으로 보인다. 따라서 甕棺墓는 支石墓와 일정기간 동안 共存하였던 것이다. 그런데 일본 九州地方의 五反山 4호 支石墓, 小田 支石墓, 須久岡本 支石墓, 德須惠 支石墓 같은 南方式 支石墓의 埋葬施設로 甕棺이 출토되고 있다. 따라서, 支石墓文化와

甕棺墓文化가 일본의 九州地方에 이르러 서로 결합하는 현상을 보여주고 있는 것이다.

　지금까지 설명한 이들 네 가지 墓制와 支石墓와의 관계에서 몇 가지 사실을 살펴볼 수 있다. 첫째, 지석묘와 석관묘는 청동기시대 전기에 널리 사용되었던 것으로 보인다. 그러다가 청동기시대 후기 또는 철기시대 전기에 이르러 석곽묘나 토광묘와 일정기간 동안 공존하거나 또는 그들 묘제가 지석묘의 하부구조로 채용되는 현상을 발견할 수 있다. 둘째, 철기시대 전기에 묘제로서 채용되기 시작한 옹관묘는 한국에서는 지석묘와 그 계통을 달리하여 분포하지만, 일본에서는 지석묘의 하부구조로 채용되고 있다. 예를 들어, 佐賀縣 東松浦郡 北波多村 德須惠 소분지에 위치한 기반식 지석묘 아래에서 合口式甕棺이 발굴되었다. 따라서 일본에서는 지석묘와 옹관묘가 결합하는 양상을 보여준다. 셋째, 지석묘는 다른 묘제들보다 상위에 있는 묘제로 추정된다. 예를 들어, 경상남도 진주시 대평리 옥방지구 10호 지석묘는 원형묘역을 했고, 그 서쪽의 지석묘는 장방형묘역이 조성되어 있다. 그런데 10호 지석묘의 동남부에 小形石棺墓 6기가 분포되어 그들 지석묘가 석관묘들보다 상위의 묘제로 파악되고 있다. 따라서 동북아시아의 지석묘는 다른 어떤 墓制보다도 오랜 기간 사용되었고, 또한 공간적인 분포상으로도 우월적 위치를 점하였던 무덤양식이었던 것으로 간주되고 있다.

Ⅳ. 支石墓社會의 階層構造 分析

1. 支石墓의 築造와 勞動力의 統制

지석묘 사회에서 上層階級의 存在與否는 지석묘의 축조 그 자체의 분석으로부터 시작될 수 있다. 지석묘의 축조 과정에 대한 분석은 支配階層의 存在를 포함한 지석묘 사회에서의 社會組織의 본질적 문제를 드러낼 수 있다. 왜냐하면, 지석묘를 축조하는 행위는 엄청난 노동력의 투입, 숙련된 석공기술자의 노력, 축조 엔지니어링 기술, 그리고 採石·運搬·築造 등에서의 사회적 리더쉽 등이 절대적으로 요구되기 때문이다. 그러나 한국의 지석묘는 엄청난 축조수량에 비하여, 축조과정에 대해서는 자세히 알려져 있지 않다. 따라서 여기에서는 지석묘의 축조과정에 따른 勞動力의 統制問題를 포함한 諸般事項을 살펴보기로 한다.

1) 巖石의 種類

먼저, 지석묘에 쓰인 암석의 재질을 보면, 한국의 지석묘는 花崗巖이나 片麻巖系의 巖質이 주로 사용되고, 지역에 따라서는 石英巖이나 玄武巖이 사용된 경우도 있다. 예를 들어, 평안남도 남포시 용강군 석천산 일대의 암반이 흑운모 편마암이며, 지석묘 축조에 사용된 암질도 같은 흑운모 편마암으로 밝혀졌다. 그리고 경기도 이천시 백사면 현방리와 지석리 일대의 지석묘의 구성암반에 대한 자연과학적 분석과 현미경 관찰을 실시한 결과, 대부분의 지석묘 석재가 黑雲母 花崗片麻巖인 것으로 밝혀졌다.[1]

전주대학교 박물관이 고창군 고창읍 죽림리와 아산면 운곡리 상갑리 하갑리 일대의 지석묘에 대해 실시한 암질분석을 보면,[2] 대부분의 지석묘는 데사이트질 凝灰巖이고 일부 지석묘만 안산반암인 것으로 밝혀졌다. 데사이트질 응회암으로 축조된 지석묘와 그 주변에서 채취된 암석의 비중은 각각 2.598g/㎤와 2.542g/㎤이고, 안산반암으로 축조된 지석묘와 그 주변에 분포하는 안산반암의 비중은 대략 2.600g/㎤와 2.631g/㎤로 조사되었다. 따라서 안산반암은 데사이트질 응회암에 비하여 상대적으로 치밀하고 단단하였음을 알 수 있다. 이 일대에서 조사된 대부분의 지석묘가 데사이트질 凝灰巖인 것은 그 당시 지석묘 축조에 이용된 암반을 채석하고 운반하는 데 있어서 안산반암보다는 훨씬 용이하였기 때문일 것으로 추정된다.[3]

경기도 김포군 하성면 고정리에서도 3기의 기반식 지석묘가 조사되었는데, 개석은 石英巖이고 지석은 암갈색계통의 變成巖으로 밝혀졌다. 한양대학교 박물관에서 발굴한 경기도 시흥시 조남동 지석묘의 암질분석을 보면, 개석은 閃綠片麻巖의 재질이며, 남쪽과 북쪽에 위치한 지석은 曹長片巖이고, 동쪽에 있는 지석은 輝綠巖의 재질인 것으로 밝혀졌다.[4] 김포의 고정리나 시흥의 조남동에 위치한 지석묘의 암석조사에서 특이한 점은 개석의 암질과 지석의 암질이 다르다는 점이다. 아마 개석은 원거리에 위치한 채석장에서 옮겨왔으나 기반식 지석묘의 지석은 크기가 작기 때문에 주변에서 쉽게 얻을 수 있어, 개석과 지석의 암질이 달라신 것이 아닌가 생각된다.

전라남도 화순군 일대에서 조사된 지석묘의 암석에 대해서도 암질분석이 행해진 바 있다.[5] 화순군 도곡면 대곡리 지석묘의 암질은 무등산 안산암이며, 춘양면 대신리와 도곡면 효산리 일대의 지석묘는 유문암질 응

1. 최정필 외. 2000, 『이천지역 고인돌 연구』, 세종대학교 박물관
2. 전주대학교 박물관, 1999, 『고창 시석묘군 성석 채굴지』, pp.93~110
3. 이상균, 1999, 『고창 지석묘군 상석 채굴지 지표조사 보고서』, p.101
4. 김병모 외, 1999, 『시흥시 조남동 지석묘』
5. 이영문·김승근, 1999, 『和順 支石墓群』, 학연문화사

회암의 암석이 사용되었는데, 이는 해당 지역의 지질분포와 일치한다고 한다. 한편 제주도 지석묘에 사용된 암석은 현무암인데, 이는 제주도의 지질 자체가 원래 현무암이기 때문이다.

지석묘의 축조에 사용된 암석은 대체로 흑운모 편마암이나 화강암이 대부분이며, 이외에도 응회암·안산암·석영암·변성암·휘록암·현무암 등이 이용되고 있다. 이것은 기본적으로 지석묘를 축조하는 데 사용되는 석재를 근처에서 손쉽게 채취할 수 있는 그 지역의 암석학적 지질구조와 밀접하게 연관되어 있으며, 또한 당시 석재를 채취할 수 있는 연모 같은 도구나 운송수단의 발달상태를 반영하는 것으로 보인다.

2) 石材의 採石

지석묘의 축조에 쓰인 石材의 採石場이 보고되고 있다. 예를 들어, 황해도 연탄군 오덕리 지석묘의 경우에는 100기 이상의 북방식과 남방식 지석묘가 다섯 개 집단으로 나누어 분포하고 있는데, 이들 지석묘 분포지역의 북쪽 산 능성이에 채석장이 위치하고 있다.[6] 평안남도 개천군 묵방리 지석묘의 채석장도 지석묘가 위치한 곳으로부터 약 500여 미터 떨어진 곳에서 채석장이 발견되었다.[7] 시흥시 조남동 지석묘의 암질분석을 담당한 한양대학교 지구해양과학과 지구해양실험실의 김기홍 연구관에 의하면, 조남동 지석묘에 쓰인 石材 採石場의 정확한 위치가 밝혀지지는 않았지만, 지석묘 축조에 쓰인 석재는 지석묘가 위치한 주변에서는 구할 수 없으며, 적어도 3~4㎞ 정도 떨어진 곳에서 채석한 후, 현재의 위치로 운반된 것이라고 한다.

경기도 이천시 신둔면 일대의 지석묘는 그 북쪽에 위치한 鼎蓋山 중턱에서 채취된 석재를 이용하여 축조된 것으로 밝혀졌는데, 채석장에서

---

6. 석광준, 1974, 「오덕리 고인돌 발굴보고」『고고학 자료집』4
7. 김기웅, 1963, 「평안남도 개천군 묵방리 고인돌 발굴중간보고」『고고학 자료집』3

지석묘까지의 거리는 가깝게는 약 1㎞ 지점에서 멀리는 대략 5㎞ 지점 사이인 것으로 조사되었다.[8] 전라북도 고창군 죽림리 일대의 지석묘에 쓰여진 석재는 북쪽에 위치한 성틀봉과 중봉의 능선을 따라 조사된 23개소의 채석장에서 채석된 것으로 밝혀졌다.[9] 한편 화순군 대신리와 효산리에서는 대규모의 지석묘군과 함께 채석장이 8군데나 조사되었다.[10] 그런데 화순군에서 조사된 채석장은 산 중턱에서 발견되고 있으며, 중턱 바로 아래에 지석묘들이 위치하고 있다.

한편, 採石에는 石材를 잘 다룰 수 있는 숙달된 採石技術이 요구된다. 靑銅器時代에는 어떤 도구와 기술로 거대한 석재를 채취하였을까? 이에 대해 북한의 한용걸은 채석에 대한 몇 가지 사례를 제시하고 있다. 즉, 황해도 연탄군의 오덕형 지석묘의 채석장으로 인정되는 신흥리구역 안의 황주천 기슭에 위치한 돌모루 바위에는 돌을 떼어내기 위해 일정한 간격으로 뚫은 주먹만한 크기의 구멍흔적이 있으며, 평안남도 남포시 룡강군 룡강읍 석천산 지석묘 부근의 석천산 일대에서도 채석장이 발견되었는데, 이곳의 암반에서도 여러 개의 구멍자리가 확인되었다.[11]

이러한 구멍들은 지석묘를 축조한 石工들이 지석묘의 석재를 채취하기 위하여 새로운 노동도구를 이용하여 효과적으로 뚫었다는 것을 의미한다고 한다. 왜냐하면, 경질의 도구를 사용하지 않고서는 길이 6m를 초과하는 50톤 급 이상의 대형 석재를 채석할 수 없을 것이기 때문이라고 한용걸은 분석한다. 석천산 일대의 채석장 암반의 재질이 류비스므동강이나 니켈록니석 또는 흑운모 편마암인데 이러한 석재의 구멍뚫기와 석재의 정밀한 가공에는 반드시 경질성 노동도구가 사용되었던 것이라고 한다. 이러한 구멍들이 평양일대의 채석장 수십 개소에서 발견되고 있

8. 최정필 외, 2000,『이천지역 고인돌 연구』
9. 전주대학교 박물관, 1999,『고창 지석묘군 상석 채굴지』, pp.93～110
10. 이영문·김승근, 1999,『和順 支石墓群』, 학연문화사
11. 한용걸, 1999,「고인돌무덤 건축에 사역된 로동의 성격에 대하여」『단군과 고조선』, 살림터

다.

평양일대의 지석묘에 사용된 석재는 대체로 편마암이 많은데, 이것은 片理가 발달한 편마암과 편암들은 片理面을 따라 쪼개지기 쉬운 성질을 당시의 석공들이 잘 인식하고 있었으며, 그러한 성질을 효과적으로 잘 이용하였음을 증명하는 것이다. 당시 사람들이 편리면을 따라 판석을 채취할 수 있을 것으로 생각하고, 또 그것을 실제로 행하는 과정에서 지석묘에 쓰이는 석재의 채석방법을 터득했을 것이다. 한용걸은 이것은 바로 편리면 방향과 평행이 되게 일정한 간격(10~33㎝)으로 뚫은 구멍에 필요한 크기의 팽창압을 내는 물질을 넣어 그것이 구멍벽에 누름 압력을 조성하는 물리적 성질을 이용하는 방법이었을 것이라고 하였다. 그에 따르면, 현재 드러나는 구멍자리들은 당시 사람들이 板石을 얻기 위해 구멍들을 뚫고 거기에 물을 부어넣고 겨울에 얼음을 얼려내는 팽창압을 이용하였거나 구멍에 나무쐐기를 박고 물을 채워서 나무가 팽창되어 내는 압력을 이용한 것이라고 한다.[12]

이러한 한용걸의 석재 채석방법과 거의 동일한 의견이 1984년에 이미 최몽룡에 의해 발표된 적이 있다. 崔夢龍은 지석묘의 채석과정을 조사하면서, 지석묘에 쓰인 석재의 채석기술은 개석의 가장자리 부분에 採石때 사용된 나무쐐기의 흔적 등을 조사하면 알 수 있다고 주장하였다. 즉, 채석과정은 지석묘의 개석이 채석될 때 돌망치로 바위에 쐐기 구멍을 뚫은 다음, 나무쐐기를 그 구멍에 넣고 망치로 치거나 나무가 부풀어오를 때까지 물을 부어 적시면, 커다란 암반 덩어리로부터 蓋石으로 쓰일 바위가 분리하게 된다는 것이다.[13]

한편, 原石의 절리면 형태, 암석의 성질, 암석의 강도, 암석의 현존위

---

12. 한용걸, 1999, 「고인돌무덤 건축에 사역된 로동의 성격에 대하여」『단군과 고조선』, 살림터

13. "Wooden wedge marks around the edge of the capstone can be seen in the dolmens in Korea. The process by which a dolmen capstone was quarried began with drilling holes into the stone with stone hammers. Woodge wedges were then driven into the

치에 의한 타격방법 등을 면밀히 검토한 후, 6가지의 석재 채굴방법이 李相均에 제시되기도 했다.[14] 첫째 방법은 떼어내고자 하는 원석의 양 끝단에 타격을 가하는 방법으로, 제2절리면의 틈이 진행되어 있으며 비교적 암석의 규모가 작은 경우에 사용한다. 둘째 방법은 原石의 중앙부위 한곳에 타격을 가해 채석하는 방법으로 제1절리면과 제2절리면에 틈이 잘 진행되어 있어야 한다. 이 타격법은 중앙의 급소부위를 타격하여 대형 석재를 얻고자 할 때 사용하는 방법이다. 세 번째 방법은 중앙부위 두 개의 지점에서 타격하여 채석하는 방법으로 절리면의 틈이 잘 진행되지 않았거나 두 번째 방법에서 채석되지 않았을 경우 재시도한 것으로 보인다. 네 번째 방법은 떼어 내고자 하는 석재의 절리면에 V자형의 홈을 길게 판 다음 여기에 쐐기를 밖아 원하는 석재를 방법이다. 다섯 번째는 떼어 내고자 하는 석재 절리면의 양 끝부분과 중앙 등 세 곳에 타격을 가하는 방법으로 비교적 大形 巖盤을 채석할 때 사용한다. 마지막 여섯 번째는 네 다섯 군데에 작은 구멍을 뚫은 다음 그곳에 쐐기를 넣고 타격을 가하는 방법으로 채석하는 방법으로 소규모 석재를 채석할 때 사용한다.

지석묘를 축조할 당시의 石材의 採取나 治石 등에는 아직 철기문화가 한국에 전래되기 이전이므로 鐵材의 금속도구가 사용되지 못하고 모두 돌을 이용하여 만든 도구들이 사용되었다. 따라서 石材의 採取는 매우 어려운 작업이었을 것이며, 채석하고자 하는 암석의 강도나 편리 같은 石質

---

holes and either pounded hammers or soaked with water until they swelled, either of which technique ultimately broken the block loose from the mass of rock. The relatively high degree of expertise required by the quarrying process is therefore indicative of the level of labor specialization implicit in a dolmen society and the rise of subsidized specialists."

Choi, M.L., 1983, *A Study of the Yongsan River Valley Culture: The Rise of Chiefdom Soiety and State in Ancient Korea*, Harvard University Ph. D. dissertation. pp.140~141

14. 이상균, 1999, 『고창 지석묘군 상석 채굴지 지표조사 보고서』, pp.26~29
＿＿＿, 2000, 「고창 지석묘군 상석 채굴지의 제문제」『한국상고사학보』32, pp.16~19

에 대한 매우 전문적인 지식을 가진 특별한 채석기술을 가진 자가 석재의 채취를 전문적으로 담당하였을 것으로 보인다. 그리고 채취된 석재의 치석에도 역시 고도의 석공기술을 가진 전문가가 요구되었을 것이다. 이러한 작업에는 금속기가 아닌 석기들로 구성된 도구들이 이용되었기 때문에, 지석묘의 채석과 치석에 엄청난 시간이 소모되고 상당량의 노동력이 투자되었을 것으로 보인다. 따라서 채석과 치석을 담당한 석공 기술자들은 다른 생계업무에 종사하지 않고, 거의 일년 내내 석재의 채석과 치석에만 전념하였던 것으로 파악된다. 따라서 지석묘 사회에서는 이미 직업의 전문화가 진행되었음을 알 수 있다.

3) 運搬과 築造

지석묘는 채석장 주변에 세워지는 경우도 있지만, 대부분의 지석묘는 채석장에서 비교적 멀리 떨어진 곳에 위치하고 있다. 예를 들어, 전라남도 지방의 지석묘를 중점 조사한 崔夢龍에 따르면, 광주시 충효동과 나주시 판촌리 등의 지석묘 채석장은 지석묘가 세워진 지역으로부터 적어도 10㎞ 이상 떨어진 곳에서 발견된다고 한다.[15] 시흥시 계수동 지석묘의 경우도 3~4㎞ 떨어진 채석장에서 채석한 석재를 이용하여 축조된 것으로 밝혀졌다. 따라서 지석묘의 축조에는 개석으로 사용되는 석재의 운반이 커다란 문제로 대두된다.

석재의 운반방법에 대하여는 이미 지석묘를 연구하는 학자들에 의하여 몇 가지 견해가 제시된 바 있다. 孫晋泰는 석재의 운반방법으로 지렛대식, 목도식, 끌기식 등을 제안하였다.[16] 지렛대식은 대형 석재 아래에 나무를 넣어 옮기는 방식이며, 목도식은 커다란 석재를 묶어서 사람들이

15. Choi, M.L., 1983, *A Study of the Yongsan River Valley Culture : The Rise of Chiefdom Society and State in Ancient Korea*. Harvard University Ph. D. dissertation.
16. 손진태, 1948,「조선 돌멘에 관한 조사연구」『조선민족문화연구』

메고 옮기는 방법이고, 끌기식은 대형 석재 밑에 통나무를 깔고 석재는 묶어서 끄는 방법이다. 한편, 한용걸은 고대 이집트에서 노예들이 석재를 옮길 때 미끌판을 이용하였다는 점에 착안하여 한국의 지석묘가 축조될 때에도 미끌판이 사용되었을 것으로 추정하였으며,[17] 석광준은 연탄군 오덕리의 채석장이 1.5km 떨어진 강변 지역에서 채석장이 발견되는 점을 중시하여 지석묘에 사용되는 석재는 뗏목을 사용하여 운반되었을 가능성을 제기하였다.[18]

석재의 운반에는 그 무게에 따라 동원되는 인력이 달라진다. 지금까지 고고학자들에 의하여 석재의 운반 방법과 투입되는 노동력에 관해 많은 연구가 진행되어 왔다. 그리고 이러한 공공활동에 대한 민족지고고학적 조사도 진행되었고, 고고학적 기록이나 浮彫畵에 대한 분석이 이루어지기도 했다.

고대 이집트에서는 피라미드 · 神殿 · 巨大墳墓 등이 강제 노역으로 세워졌다. 특히, 古王國時代에 이 같은 건축물이 상위 행정관 · 재무관 · 首都의 市長 · 고위 성직자 등과 같은 국가사회의 고급 상위관료들의 지도하에 세워지기 시작했다. Strouhal의 연구에 따르면,[19] 신왕국의 람세스 4세 통치기에 석재를 채석하고 운반하기 위해 Wadi Hammamat에 출정한 원정에는 170명의 행정참모, 130명의 숙련된 석공들, 800명의 아시아계 포로들, 2000명의 노예, 50명의 근위병이 수행하였다고 한다.[20]

Strouhal이 이집트에서 연구 분석한 석재채취의 원정에 나서는 인적 구성이나 석재의 운반방법 등의 활동이 이집트의 Prince Djehutihetep에 실제 모습으로 묘사되어 있다(도면2). 이 浮彫像은 약 60톤의 무게를 갖는 석상의 운반방법과 작업자들이 자세히 묘사되어 있다. 즉, 나무썰매

17. 한용걸, 1999, 「고인돌무덤 건축에 사역된 로동의 성격에 대하여」『단군과 고조선』, p.385
18. 석광준, 1974, 「오덕리 고인돌 발굴보고」『고고학 자료집』4
19. Strouhal, E., 1992, *Life of the Ancient Egyptians*. University of Oklahoma Press
20. Strouhal, E., 1992, *Life of the Ancient Egyptians*. University of Oklahoma Press

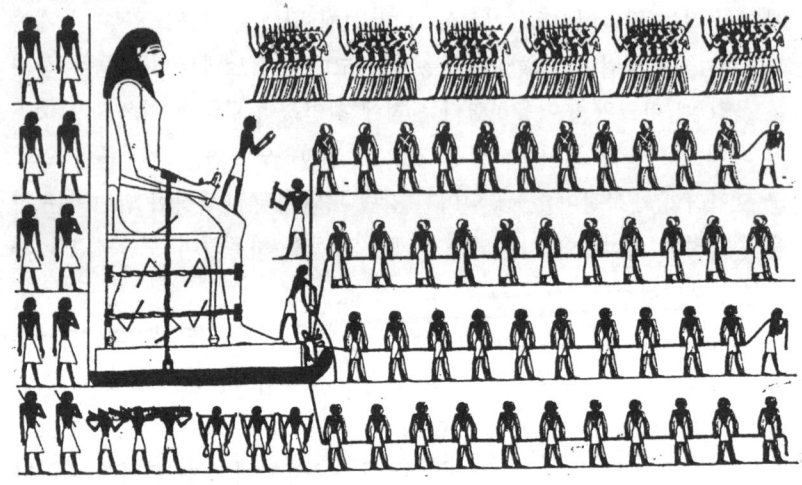

도면 2. 石像運搬(Prince Djehutihetep in Egypt)

위에 석상을 올려놓고 로프로 묶은 다음 90명의 남자들이 로프를 끌고 있다.

Nineveh의 Sennacherib 宮殿에 있는 浮彫像에도 뗏목을 이용하여 석상을 운반하는 모습이 묘사되어 있다(도면3).[21] 약 30톤 가량 나가는 석상을 뗏목으로 운반해온 뒤 46명의 노예로 추정되는 작업자가 석상을 뗏목으로부터 끌어내려 육지로 옮기고, 또 다른 26명의 작업자들은 석상을 안전하게 옮길 수 있도록 지렛대 등으로 돕고 있으며, 이들 주변에는 근위병들이 감시하는 한편, 왕과 그를 보좌하는 참모들로 구성된 지배 엘리트들은 수레에 앉거나 수레주변에서 이들을 감시하거나 지켜보고 있다.

대형 석재를 고대인들이 어떻게 채취하고 또 어떤 방법으로 운반하는

21. Coles, J., 1973, *Archaeology by Experiment*. Hutchinson University Library, p.87
    Whitehouse, R., and J. Wilkins, 1988, *The Making of Cvilization*. Alfred A. Knope,
        p.159

도면 3. 石像運搬(Nineveh의 Sennacherib 궁전에 있는 부조)

지를 이해하기 위한 또 다른 방법은 그러한 것들을 실제로 실험하는 것이다. 실제로 많은 고고학자들은 대형석재의 운반방법과 이에 소요되는 노동력을 측정하기 위하여 석재운반에 대한 실험을 여러 번 행하였다. 영국 스톤헨지의 축조에 대한 실험을 보면,[22] 실험은 石柱 위로 상석을 끌어올리기 전에 石柱 높이 만큼 흙을 돋은 다음, 지면과 수직으로 서있는 교각 모양의 石柱 위에 40톤 무게의 상석을 끌어올리고 다시 흙을 제거하는 방식으로 진행되었는데, 이때 동원되었던 人力은 남자 장정 180명이었다. 따라서 1톤의 무게를 옮기는 데 요구된 인력은 약 4.5명이 요구된 것이다. 그러나 이 실험의 스케일 모델에서 7톤 나가는 상석을 끄는 데 요구되는 인력은 남자 장정 약 100에서 150명 가량이었다고 한다. 그럴 경우 1톤을 움직이는 데 약 14~21명이 필요했던 것이다.

영국의 스톤헨지에서와 똑같은 상석 운반 실험이 프랑스의 Bougon에서 실시되었다(도면4).[23] 이 실험에서 많은 지렛대를 상석 아래에 넣고 로프를 이용하여 상석을 묶은 다음 끄는 방법을 사용하였는데, 32톤의 무게가 나가는 상석을 이동하는 데 남자 장정 200명이 요구되었다. 그럴 경우, 1톤을 움직이는 데 약 6명 정도의 인력이 소요되었음을 알 수 있다. 이들 두 실험을 통하여 알 수 있는 것은 석재의 재질이나 운반 도로의 경사도 또는 수평이동이나 대각선 이동 같은 여러 조건에 따라 요구되는 인력이 약간씩 차이가 발생함을 알 수 있다.

Coles나 Atkinson 등이 행한 실험들에도 주목할 필요가 있는데, Atkinson 약 35톤이 나가는 석괴를 로프로 묶고 끄는 데 약 600~700명 정도가 요구되는 반면, 50톤이 나가는 장방형 석재를 석실(chamber)의

---

22. Coles, J., 1973, *Archaeology by Experiment*. Hutchinson University Library, pp.90
23. Mohen, J.P., 1980, *La construction des dolmens et menhirs au Neolithique*. Dossiers de l'archeologie 46
     거석을 운반하고 축조하는 실험은 이밖에도 세계 여러 나라들에서 실시되고 있다. 예를 들어, 덴마크의 Leire 실험고고학 야외 박물관에서 거석을 운반하여 지석묘와 환상열석을 축조하는 작업이 현재까지도 지속적으로 실시되고 있어 주목된다.

도면 4. 石像·塊石 運搬實驗 : Bougon에서 실시한 석괴 이동실험

상부에 안치하는 데에 500명의 인력이 요구되었다고 한다.[24] Coles의 실험에서도 50톤 가량 되는 멕시코 라 벤타의 대형 올맥의 石柱를 옮기는데 500명 정도의 인력이 필요한 것으로 나타났다.[25] 이 경우에는 1톤을 운반하는데 약 10명 내외의 인력이 요구되었던 것으로 계산되고 있다.

한편 거대한 석상을 이동시키기 위한 실험이 이스터섬에서도 실시된 바 있다. 이스터섬 원주민의 전설에 따르면, 이스터섬에 서있는 거대한 석상들은 초능력의 힘을 가진 추장의 명령 아래 현재의 위치로 스스로 걸어온 것이라고 한다. 이스터섬의 석상에 대한 운반 실험은 Heyerdahl이 1956년의 탐험기간 동안 실시하였다.[26] 약 10톤 나가는 4m 크기의 석상을 두 갈래 형태의 나무 줄기를 이용하여 만든 썰매에 묶고, 두 줄의

24. Atkinson, D.G., 1961, *Neolithic engineering*. Antiquity 35. p.293
25. Coles, J., 1973, *Archaeology by Experiment*. Hutchinson University Library, pp.87
26. Heyerdahl, T., 1958, *Aku-Aku*. Rand McNally and Company, Chicago

로프를 평행하게 썰매에 묶어서 끄는 데 요구된 인력은 약 180명의 남자와 여자 그리고 아이들이었다. 이 방법으로는 1톤에 약 18명의 인력이 요구되었음을 알 수 있다.

William Mulloy는 위의 방법을 정밀하게 조정하여 다시 'bipod method'라는 石材移動 방법을 고안하였다.[27] 이것은 두 갈래로 뻗은 대형 나무 줄기를 이용하여 Y字 형태의 썰매를 만들고, 그 위에 석상을 옆으로 뉘어서 묶은 다음, 위에 'ㅅ'자로 나무를 세우고, 그 사이에 석상을 매달고 로프로 끌어서 이동하도록 하는 것이었다(도면5). 그에 따르면 Paro는 90명의 남자를 이용하여 6㎞ 떨어진 석상축조 지점까지 이동시킬 수 있었다고 한다.

Jean-Pierre Adam은 'canoe-swivel method'라는 방법을 제안하였다. 그는 아이보리 코스트의 漁夫가 카누를 이동시키는 것을 관찰한 적이 있는데, 그곳에서는 카누를 운반할 때, 카누의 밑에 나무를 옆으로 집어 놓

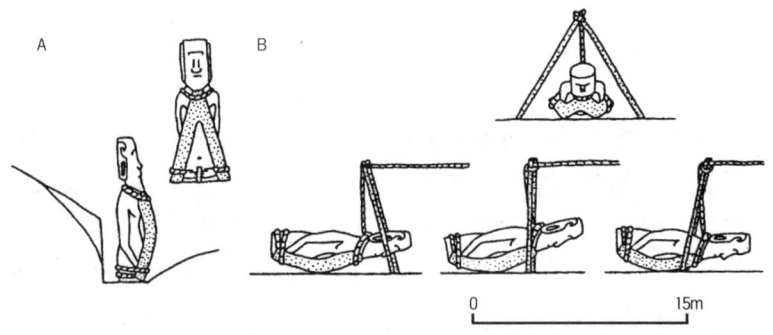

도면 5. 石像·塊石 運搬實驗 : Mulloy의 Bipod Method

---

27. Bahn, P., and J. Flenley, 1992, *Easter Island, Earth Island*. Thames and Hudson, p.135

고 한사람이 카누의 한쪽 끝을 앉을 때 카누가 위로 올라가면 이때 다른 한 명이 카누를 180도 옆으로 이동시키고, 그 작업이 끝나면 위치를 바꾸어 반대편에서 다시 같은 작업을 반복하여 카누를 목적지까지 운반시키고 있었다(도면6).[28] 이 방법을 이용하면 이스터 섬의 파로는 590명의 인력으로 운반시킬 수 있을 것으로 계산해내었다.

Charles Love는 미국의 와이오밍주에서 길이가 4m 되고 무게가 10톤이 되는 거대한 석상을 만들어서 운반하는 실험을 하였다(도면7).[29] 그는 두 가지 방법으로 운반 실험을 시행하였다. 그것은 석상을 썰매 위에 싣

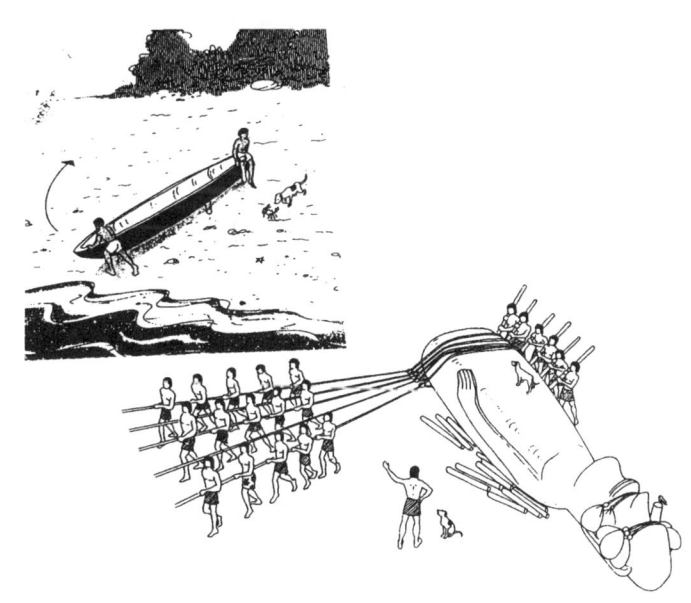

도면 6. 石像·塊石 運搬實驗 : Canoe-Swivel Method

28. Bahn, P., and J. Flenley, 1992, *Easter Island, Earth Island*. Thames and Hudson, p.136
29. Bahn, P., and J. Flenley, 1992, *Easter Island, Earth Island*. Thames and Hudson, p.142

도면 7. 石像·塊石 運搬實驗 : Love의 석상이동 실험

고 canoe-swivel method법으로 운반하는 것과 통나무 굴림대를 깔고 그 위에 석상을 세운 후 로프로 끌어서 운반하는 방법이다. 이 방법으로 운 반하면 14명에서 22명의 인력이 요구되었으며, 石像의 밑부분이 파손되 는 현상이 발생하였다. 반면에 썰매와 통나무 굴림대를 사용하여 운반하 였을 경우에는 25명의 인력이 필요하였으며, 하단부가 파손되는 일은 발 생하지 않았다. 따라서 그는 아마도 이스터섬에서는 석상을 운반할 때 썰매와 통나무 굴림대를 이용하는 것이 좀더 효과적이었을 것이라고 결 론지었다.

따라서 멕시코 라벤타의 50톤 되는 올맥石柱는 500명의 인력이 요구 되었고, 모헨은 32톤의 석괴를 운반하는 데 200명이 필요하였으며, 애킨 슨의 실험에서 32톤의 석괴운반에 600~700명의 가량의 인력이 요구되었 다. 따라서 1톤의 석괴운반에는 대개 6명에서 21명 정도의 인력이 요구되 고 있다고 할 수 있는데, 이는 지형이나 석괴의 모양 또는 운반 방법에 따라 요구되는 인력이 달라지고 있음을 알 수 있다. 이러한 실험 결과를 종합하여 석괴운반에 요구되는 평균 인원수를 산출하면 대개 1톤당 10명이라는 수치가 나오고 있다. 이러한 경과는 한국 지석묘에 대한 실험 결과로도 증명되고 있다. 그것은 최성락과 한성욱이 실시한 실험으로, 기반식 지석묘를 세우기 위하여 6.8톤 되는 개석을 끌기식으로 150m를 이동하는 데에 73명의 인력이 요구되었다.[30] 따라서 이 실험에서도 1톤당 약 10.7명 정도의 인력이 필요하였던 것을 알 수 있다.

4) 構造와 社會的 規模

이러한 결과들을 한국의 지석묘의 축조에 적용하여 여기에 소요되는 인력을 산출할 수 있다. 예를 들어, 비교적 가벼운 것은 요녕성 보란점시 벽류하 24호와 강화도 부근리 88-A호로 각각 7톤이 산출되고 있으며, 상대적으로 무거운 것은 강화도 부근리 317호가 109톤이고, 고창의 운곡리 24호가 297톤이나 나간다.

그런데 여기에서 지석묘를 세우는 데 필요한 인력을 산출해보면, 보란점 벽류하 24호의 지석묘는 7톤×10명=70명이 계산되고 있다. 따라서 벽류하 24호는 적어도 70명 내외의 인력이 있어야 지석묘를 축조할 수 있다는 계산이 나온다. 부근리 317호 지석묘의 경우를 살펴보면, 109톤×10명=1,090명이 된다. 이는 부근리 317호의 지석묘를 세우는 데는 대략 1,090명 내외 인력의 뒷받침이 있어야 가능함을 의미한다고 하겠다. 한편 전라북도 고창군 운곡리 지석묘 24호의 개석 무게는 무려 297톤이나 나가고 있다. 이를 환산하면 297톤×10명=2,970명이라는 엄청난 人力이 요구되고 있음을 알 수 있다.

이렇게 환산된 인력의 규모를 바탕으로 지석묘 축조집단의 사회구조를 살펴보면, 요녕성 보란점시 벽류하 24호나 강화도 부근리 88-A의 지석묘 개석의 무게가 7톤으로, 이를 세우는 데 소요된 인원은 대략 70명 내외인데, 대체로 靑長年의 남자들이 동원되었을 것으로 가정할 수 있다.

---

30. 최성락 · 한성욱, 1989, 「支石墓 復元의 一例」『全南文化財』2, pp.11~24

그럴 경우 당시 가구상 인원수를 평균 5명[31]으로 가정하면, 동원된 인원 70명×한 가구당 평균 인원 5명=350명으로 계산되고 있다.

따라서 이러한 규모의 지석묘가 세워질 당시의 사회는 그리 큰 규모는 아니었던 듯 하다. 그런데 강화도의 경우는 부근리 지석묘의 규모가 가장 크고 築造構造도 훌륭하게 되어 있어, 대체로 강화도 지석묘 발달과정에서 가장 늦게 축조되었을 것으로 추정되고 있는데, 그 개석의 무게가 108톤으로 대략 1,090명 정도의 인력이 필요했던 것으로 판명되고 있다. 이를 전체 사회 구성원 수로 환산하면, 1,090명×가구당 평균 인원수 5=5,450명이란 수치가 나온다. 따라서 부근리 317호 지석묘가 세워질 때의 사회구성 인원은 대략 5,000~6,000명 사이가 될 것으로 추산된다.

전라북도 고창군 운곡리 21호 지석묘의 경우도 이와 다르지 않을 것이다. 이 지석묘를 축조하는 데 요구된 인력은 대략 2,970명 내외일 것이며, 여기에 참가한 사람들은 대체로 성년의 젊은 남자들일 것이므로, 각 가구당 5명이 거주하고 가정한다면, 2,970명×5명=14,850명이란 수치가 나온다. 이는 운곡 21호 지석묘를 축조할 당시의 이 지역의 사회규모는 적어도 15,000명 내외가 될 것으로 여겨진다.

이렇듯 많은 노동력이 투입되는 거대한 규모의 지석묘를 축조한 사람은 누구일까? 이에 대해, 한용걸은 이러한 지석묘들은 추장들의 권위에 의해 동원되는 씨족성원이나 공동체 성원의 공동 노동력으로는 도저히 실현할 수 없다고 단언한다.[32] 그에 따르면, 거대한 지석묘는 피장자가 속해 있던 씨족이나 종족성원들의 도움을 받았던 경우도 생각해 볼 수 있으나 기본적으로 지석묘의 被葬者 또는 奴隷主에 속한 노예들의 노동에 의해 축조되었을 것이라고 보고있다.

여기서 피장자의 정치·경제적 능력을 생각한다면, 요녕성 보란점시

---

31. 송국리형 주거지의 경우 대략 4~5명이 거주한 것으로 밝혀지고 있어, 이를 기준으로 계산한 것이다.
32. 한용걸, 1999, 「고인돌무덤 건축에 사역된 로동의 성격에 대하여」『단군과 고조선』, p.383

벽류하 24호와 강화도 부근리 88-A호 지석묘에 피장된 주인공은 적어도 350명의 내외의 경제적 공급능력을 생각하지 않을 수 없을 것이다. 강화도 부근리 317호 지석묘의 주인공은 대략 1,090여명, 그리고 운곡 21호 지석묘에 묻힌 피장자는 적어도 2,970여명 등의 인력에게 식량을 공급할 수 있는 경제력과 그들을 사회적으로 통제할 수 있는 정치력을 갖춘 자일 것이다.

이런 이유로 석광준은 평양일대에 15기 가량 존재하는 50톤 이상의 지석묘는 대개 표고 80여 미터의 높은 산릉선에 위치하거나, 인위적으로 터를 쌓은 높은 대지 위에 세워져 있어, 축조에 강제로 청장년의 노동력을 동원할 수 있는 권력과 평민들의 物質的 그리고 文化的 財富를 독점할 수 있는 권력자나 지배자들의 무덤일 것으로 주장한 것이다.[33] 결국 이들 권력자나 지배자들이 그 사회의 상층부를 구성하면서 政治經濟(political economy)를 통제하는 지배 上層階級(ruling elite)의 사람들이며, 이들이 死後에 엄청난 노동력이 동원되는 지석묘에 被葬되었던 것이다.

지석묘가 평민들의 무덤이라고 주장하면서 지석묘 사회가 평등사회였을 것이라고 주장하는 학자들의 견해대로 만일 지석묘가 당시 유행하던 일반 평민들의 무덤이라고 한다면, 왜 지석묘 사회의 일반 평민들은 무덤의 기능 이외에는 별로 실용성이 없어 보이는 지석묘의 축조에 엄청난 노동력을 투입하였는 지를 생각해보지 않을 수 없을 것이다. 그리고 만일 지석묘의 축조가 실용성이 보장된다고 하여도 지석묘의 축조에 소비되는 시간과 경제적 투자가 너무나 커서 지석묘 사회 자체가 붕괴되는 과정을 걷게 되었을 것이다.

한편으로 영국의 신석기시대 지석묘를 생각해 볼 수도 있다. 영국의 신석기시대에 축조된 지석묘는 그 사회의 성원이 모두 묻히는 집단무덤이다. 따라서 비록 계급사회가 형성되지 않았다고 해도 집단 노동력을 동원함으로서 지석묘의 축조가 가능했던 것이다. 그러나 한국을 포함한

---

33. 석광준, 1993, 「로암리 고인돌에 대하여」『조선고고연구』93-1

동북아의 지석묘는 집단무덤이 아니고 개인무덤이라는 점을 고려해야한다. 그런데, 개인무덤은 그 무덤에 묻힐 피장자가 거대한 지석묘를 세울 수 있는 개인적인 정치력과 경제력을 확보해야만 한다. 따라서 한국의 지석묘 축조자는 유럽의 그것과는 달리 족장을 포함한 지배 상층계급의 무덤으로 해석되고 있는 것이다.

2. 墓室構造와 副葬品의 位階性

Peebles가 일찌기 "persons who are treated differentially in life will be treated differentially in death"[34]라고 말했듯이, 지석묘 墓室의 화려한 구성과 그에 매장된 부장품에 대한 분석은 사회적 신분계층의 不平等性을 드러낼 것이다. 그리고 이러한 측면에서의 분석은 被葬者의 생존시기의 역할이나 위계는 물론 그가 죽은 후 屍體가 처리되는 방식과 그에 수반되는 副葬品의 관계 등을 증명할 수 있다.

지석묘에 대한 사람들의 이미지는 그것이 매우 크다는 점이다. 그러나 그 크기에 비하여 副葬品이 발견되는 예는 비교적 적다. 그러한 이유로 일부 고고학자들은 지석묘가 일반인들의 墓制로 사용되었다고 주장하는 주요 근거가 되어왔다. 반면에 다른 고고학자들은 지석묘의 크기·무게·제한적 숫자 등을 이유로 상층계급의 무덤으로 간주하려고 한다. 이에 대해 미국의 고고학자로서 한국 고고학을 오랫동안 연구했던 넬슨은 지석묘에 부장품이 적은 이유는 지석묘가 외부에 노출되어 있어 일찍부터 유물이 도굴되었을 것으로 추정한 바 있다.[35] 사실 지석묘를 조사해보면 거의 모든 북방식 지석묘와 규모가 큰 남방식 지석묘들은 도굴에 노출되어 있고, 도굴이 아니더라도 긴 기간 동안 사람들의 생활에 노출되

---

34. Peebles, C.S., 1971, Moundvills and surrounding sites: some structural considerations of mortuary practices II. In *Approaches to the Social Dimensions of Mortuary Practices, Memoirs of the Society for American Archaeology,* edited by J. Brown. p.68

35. Nelson, S., 1993, *The Archaeology of Korea.* p.147

어 있어 다른 용도로 전용되는 경우도 종종 보인다.

최근 몇 년 간 활발한 지석묘의 발굴로 그 하부구조의 다양함과 정교함이 비교적 상세히 밝혀지고 있으며, 그와 더불어 지석묘 묘실의 크기와 거기에서 출토되는 다양한 부장품들이 속속 보고되고 있다. 물론 전체 지석묘의 숫자에 직접적으로 비교하기는 어렵겠지만, 지금까지 조사된 지석묘의 구조나 출토된 부장품을 정밀하게 검토하면, 지석묘의 피장자가 생존에 유지했던 신분이나 사회적 위치를 확인할 수 있을 것이다.

1) 墓室의 規模와 葬法

지석묘는 개석이나 지석, 또는 묘실 등의 크기나 형식에 다양한 모습을 보여주고 있다. 한국 고고학자 대다수는 지석묘가 무덤의 목적으로 축조되었다는 점에 별다른 이견이 없는 듯하다. 그러나, 일부 학자들은 墓室이 작거나 아니면 墓室 자체가 잘 확인되지 않는 지석묘는 무덤이 아닌 다른 용도로 축조되었을 것으로 간주하려고 한다. 특히 이러한 견해를 나타내는 학자들은 이들 지석묘는 아마도 무덤이 아닌 제단이나 혹은 단지 무덤구역을 표시하기 위한 일종의 標石의 목적으로 축조되었을 것으로 해석하기도 한다.

그러나 이 같은 견해는 지석묘의 축조전통이 넓은 지역에서 오랜 기간 행해지는 동안 지석묘의 기능이 복합성을 갖게 되었기 때문일 것이다. 따라서 지석묘 축조전통의 지역적 다양성에 대한 고고학자들의 견해 차이가 지석묘의 사회적 기능성에 대한 해석상의 차이로 나타났다고 할 수 있을 것이다. 따라서 지석묘 墓室과 그에 副葬된 유물의 성격을 파악하기 전에 먼저 지석묘의 석실구조에 대한 성격을 살펴보기로 한다.

墓室은 지석묘의 형식에 따라 크기나 위치가 달라진다. 탁자식과 위석식은 埋葬主體部가 지상에 위치하고 있으며, 개석 아래에 놓인 지석 가운데 한 개는 시체를 墓室에 안치한 후에 폐쇄하는 기능을 하게 된다. 이들 형식에 속하는 지석묘는 墓室에 묻힌 被葬者 近親이 다음에 사망했을

174

경우, 墓室의 개폐 역할을 하는 지석을 이용하여 합장하였던 것으로 보인다. 탁자식 지석묘의 묘실 크기는 장축이 약 170~220cm이고 단축은 약 80~140cm 사이에 해당한다. 그러나 탁자식 지석묘의 묘실 가운데 여러 칸으로 칸 나누기를 한 묘실이 발견되고 있어 주목된다. 묘실의 칸 나누기를 한 탁자식 지석묘는 주로 황해도와 평안도에서 발견되고 있다. 예를 들어, 황해도 연탄군 평촌 9호 · 석장골 1호 · 송신동 20호 등의 지석묘는 묘실을 3개의 칸으로 나누었으며, 황해도 연탄군 송신동 22와 송신동 31호, 평안도 상원군 귀일리 2호 등의 지석묘는 묘실을 4칸으로 칸 나누기를 하였다(도면8).

칸 나누기를 한 지석묘의 인골과 나누기를 하지 않은 인골 사이에는 장법에 차이가 있는 듯 하다. 칸 나누기를 하지 않은 탁자식 지석묘에서 종종 불에 탄 인골이 출토되고 있어, 아마 이들 지석묘에 묻힌 피장자는 火葬된 것으로 생각된다. 그러나 칸 나누기를 한 묘실에서는 불에 타지 않은 인골이 출토되고 있다. 칸 나누기를 한 지석묘는 칸에 의한 공간분할에 따라 묘실이 작게 분할되어 있어 伸展葬이 이루어졌다고 볼 수 없다. 그렇다고 인골이 불에 탄 흔적도 없다. 따라서 이러한 묘실에 묻힌 被葬者는 아마도 洗骨葬 같은 二次葬의 방법으로 매장된 것으로 보인다. 그러나 칸을 나누지 않은 지석묘나 칸을 나눈 지석묘의 묘실에서 발견되는 인골의 MNI 구성이 서로 다르게 나타나고 있다. 따라서 이들 지석묘는 여러 번에 걸쳐 반복적으로 이용되었던 것으로 보이며, 여기에 반복적으로 피장된 사람들은 이들 지석묘를 소유한 가족이나 친족 집단이었을 것이다.

기반식이나 개석식 지석묘는 매장 주체부인 묘실이 지하에 위치하고 있다. 그러나 이들 지석묘의 묘실도 크기나 형식 등에 따라 대형, 중형, 소형, 또는 이중석실 같은 여러 종류로 나누어지고 있다. 먼저 대형석실은 길이가 150cm 이상이 되는 것이다. 예를 들어, 황석리 충 6호 지석묘의 하부구조는 크기가 길이 195cm, 넓이 130cm, 그리고 깊이가 40~50cm 이다. 이 지석묘의 묘실은 다른 지석묘와는 다르게 내부가 이중 벽면으로

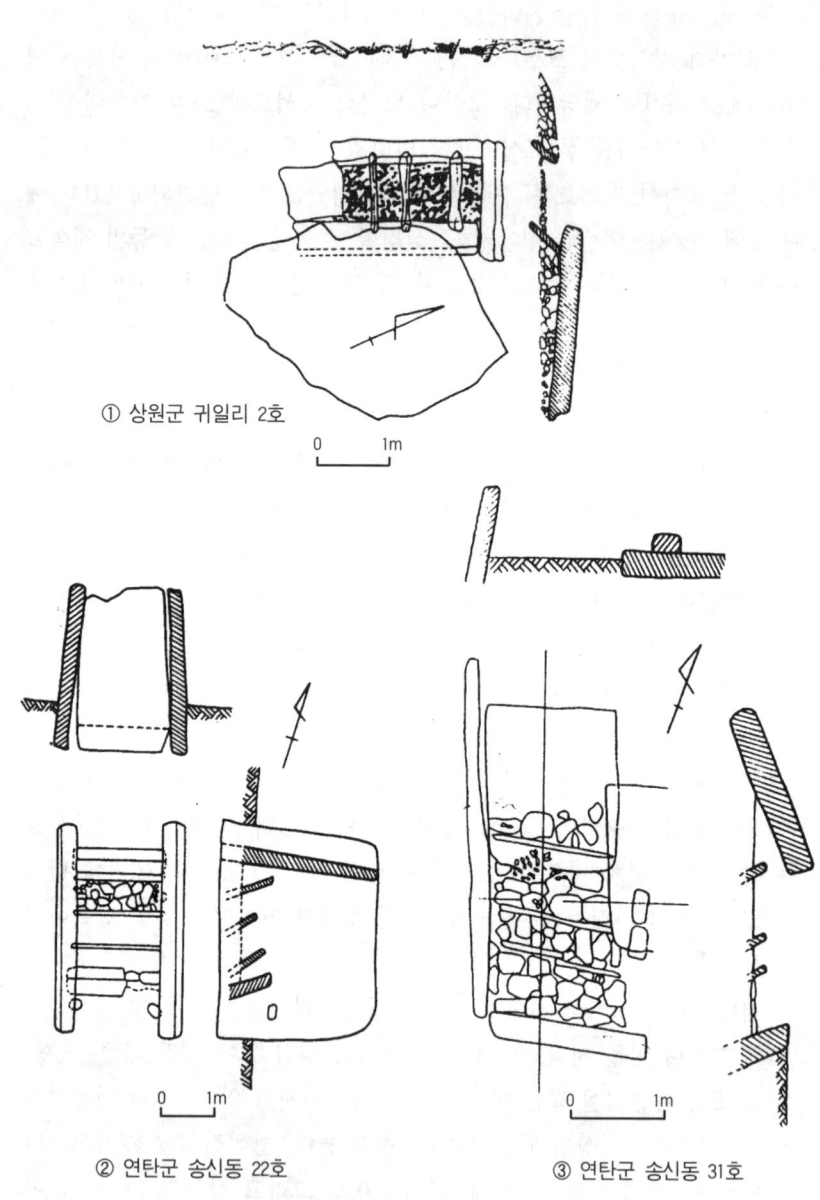

① 상원군 귀일리 2호

0   1m

② 연탄군 송신동 22호

③ 연탄군 송신동 31호

도면 8. 支石墓의 平面圖(칸 구조)

176

되어 있으며, 내부석실의 크기는 길이 195cm, 넓이 60cm, 깊이 30cm이다. 내부에서 신전장을 한 인골이 출토되었다. 중형석실은 길이가 120cm에서 150cm 사이에 해당한다. 이 같은 규모는 成人을 伸展葬의 방법으로 매장하기에는 적절하지 않은 크기이다. 따라서 만일 成人이 묻혔다면, 중형석실은 屈身葬이나 洗骨葬의 葬法이 사용되었을 것이다. 소형석실은 길이가 120cm 이하가 되는 경우이다. 이 같은 석실은 규모가 너무 작아 성인을 屈身葬이나 伸展葬의 葬法으로도 埋葬할 수 없는 크기이다. 따라서 이것은 幼兒葬·火葬·洗骨葬 등으로 사용되었던 것으로 보인다. 실제로 부분적으로 화장된 인골이 춘천의 중도 지석묘에서 출토되었는데, 인골의 분석결과 뼈 안쪽에 뼈가 자라는 병을 앓고 있는 4세에서 8세 가량된 女兒로 확인되었다.[36]

二重石室은 한 개의 개석 아래에 두 개의 석실이 발견되는 경우이다. 이 같은 지석묘는 전라남도 나주시 판촌리, 나주시 보산동, 광주시 충효동 7호, 보성군 죽산리 6호 등이다. 이 가운데 광주시 충효동 7호나 보성군 죽산리 지석묘의 두 墓室의 크기는 伸展葬을 할 수 있는 규모이다. 그러나 나주시 보산동은 主室 옆에 덧붙인 소형 石槨形의 副室 구조로 되어 있다. 이러한 이중석실 지석묘는 탁자식 지석묘의 墓室 가운데 칸 나누기를 한 것과 유사한 것으로 생각되고 있다. 이중석실 지석묘에서 두 墓室의 크기가 같은 것은 夫婦合葬墓이거나 혹은 적어도 그에 상응하는 혈연관계의 무덤으로 생각되고 있으나, 반면에 나주시 보산동 지석묘 墓室과 같이 두 墓室의 규모에 차이가 있는 것은 母子관계에 있는 무덤으로 해석되고 있다.

多重石室은 한 개의 개석 아래에 하부석실을 여러 개의 칸으로 분리시킨 경우로 하부석실을 11개의 칸으로 나눈 평안남도 성천군 용산리 지석묘가 대표적인 예이다. 가운데에는 큰 석실이 위치하고 주변에는 작은

---

36. 최몽룡, 1985, 「春川中島와 義城塔里 出土人骨」『민석홍박사 화갑기념 사학논총』, pp.698~700.

석실로 나누어져 있다(도면9). 보고자인 김종혁은 이를 主人과 奴隷의 관계로 해석하고 있다.[37] 그는 주인이 죽자 노예들이 함께 殉葬되었다고 주장한다. 그러나 보고서를 검토해보면, 남쪽에 출입구가 나있어 殉葬보다는 지배계층의 가족이 여러 세대에 걸쳐 사용한 가족무덤으로 해석될 수 있는 여지를 남기고 있다. 土壙形 墓室은 지석묘의 하부구조에 석실이나 석곽 등과 같은 시설이 없이 단지 토광을 파고 시체를 매장하는 葬法이다. 그러나 경기도 시흥시 계수동 지석묘와 같이 개석 아래에 몇 개의 개석을 놓고 지하에 타원형의 토광을 한 경우도 있다. 충남 부여군 비당리

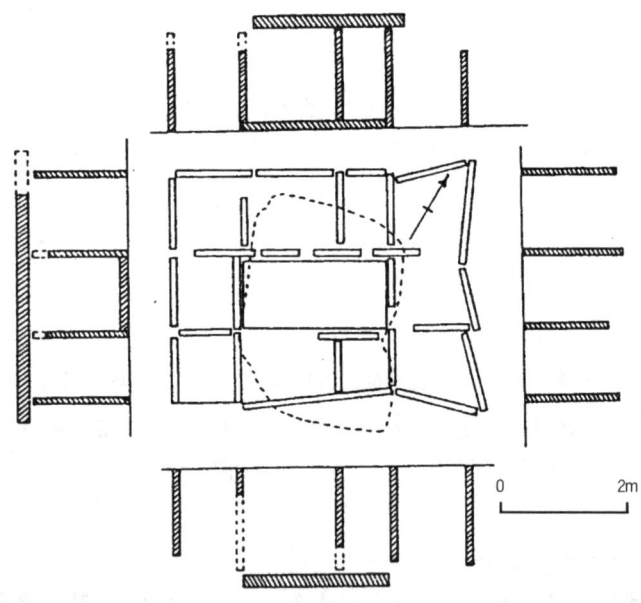

0   2m

도면 9. 支石墓의 平面圖(칸 구조) : 성청군 용산리 5호

37. 김종혁, 1995, 「새로 발굴된 성천군 용산리 순장무덤에 대하여」『단군과 단군 조선』

지석묘의 하부구조는 장방형 토광으로 되어 있는데, 여기에서 마제석검 1점이 출토되었다.

2) 副葬遺物의 地域的 出土頻度

2001년까지 발굴이나 지표조사를 통하여 유물이 출토된 지석묘는 대략 739곳이다.[38] 이는 유물의 종류나 수량에 관계없이 지석묘의 하부구조 내에서 출토된 사례를 종합한 것이다. 이를 지역별로 살펴보면, 요녕 지방에서 57곳(7.71%), 길림 지방에서 20곳(2.7%), 평안도에서 34곳(4.6%), 함경도에서 4곳(0.54%), 황해도에서 33곳(4.47%), 경기도에서 77곳(10.42), 강원도에서 34곳(4.61%), 충청도에서 57곳(7.71%), 전라도에서 274곳(37.07%), 경상도에서 146곳(19.76%), 그리고 제주도에서는 3곳(0.4%)의 지석묘에서 유물이 출토되고 있다. 표2는 유물이 출토되는 지석묘수를 지역별로 나타낸 것이며, 표3은 표2를 다시 백분율로 환산한 것이다.

표2와 표3에서 나타난 것과 같이, 부장유물이 출토되는 지석묘의 숫자가 가장 많은 곳은 전라도 지방으로 274곳이며, 이는 전체 출토사례의 37.07%를 차지하고 있다. 다음은 경상도로 146곳의 지석묘에서 유물이 발견되어 전체의 19.76%를 차지한다. 가장 적게 확인된 곳은 제주도와 함경도인데, 제주도에서는 3곳의 지석묘에서 유물이 출토되어 전체의 0.4%, 그리고 함경도에서는 4곳으로 전체의 0.54%를 차지한다. 이외에도 경기도에서는 77곳으로 전체의 10.42%를 차지하고, 충청도에서는 57곳의

---

38. 이 數値는 그동안 각 지역에서 진행된 發掘이나 地表調査 등의 활동으로 얻어진 報告書의 내용은 물론 해당지역의 지석묘 관련 논문들의 정보를 모두 聚合하여 統計를 낸 것이다. 따라서 미처 획득하시 못한 報告書나 論文들도 있을 것이며, 각종 建設事業 등으로 支石墓가 이미 파괴되어 없어진 경우도 많을 것이다. 따라서 여기에 제시된 資料는 遺物 出土 資料로서 완전한 數値를 나타내는 것은 아니다.

표 2. 遺物이 出土되는 支石墓數

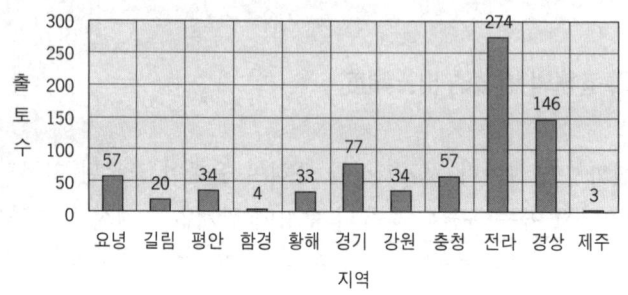

표 3. 遺物이 出土되는 支石墓의 百分率

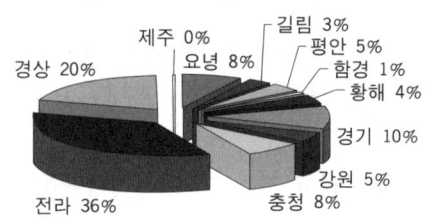

지석묘에서 유물이 출토되어 전체의 출토비율 7.71%를 나타내고 있다.

이들 표에서 보여주듯이 북쪽으로 올라갈수록 유물이 출토되는 지석묘의 숫자는 점차적으로 감소하는 현상이 나타나고 있다. 즉 황해도에서는 33곳에서 副葬品이 출토되어 전체의 4.47%를 차지하고, 平安道에서는 34곳의 지석묘에서 확인되어 전체의 4.6%를 나타내고 있다. 한편 길림 지방에서는 20곳의 지석묘에서 유물이 출토되어 전체의 2.7%의 출토비율을 보이고 있으며, 요녕 지방은 57곳의 지석묘에서 확인되어 전체의 7.71%의 유물 출토 사례를 보이고 있다.

그런데 요녕 지방과 한반도 지방에 분포된 전체 지석묘와 유물이 출토되는 지석묘를 비교하면, 이들 표에서 나타난 것과는 사뭇 달라진 결과가 나타나고 있다. 다음의 표4는 전체 지석묘의 지역에 따른 숫자와 유물이 출토되는 유물이 출토되는 지석묘와의 상관관계를 나타낸 것이다.

표4를 참조하면, 전라도와 경상도 지역의 지석묘에서는 지석묘의 숫자가 많음에도 불구하고 유물이 출토되는 비율은 그렇게 높지 않다. 반면에 한반도 북부와 요녕 지방 등에서는 지석묘의 숫자에 비하여 유물이 출토되는 비율이 전라도나 경상도 지역보다는 훨씬 높게 나타나고 있음을 알 수 있다. 따라서 북쪽 지방으로 올라갈수록 유물이 출토되는 지석묘의 빈도가 높게 나타나고, 반면에 남쪽 지방으로 내려올수록 유물이 출토되는 지석묘의 빈도가 낮게 나타내고 있음을 발견할 수가 있다.

표 4. 有遺物 支石墓와 無遺物 支石墓와의 相關關係

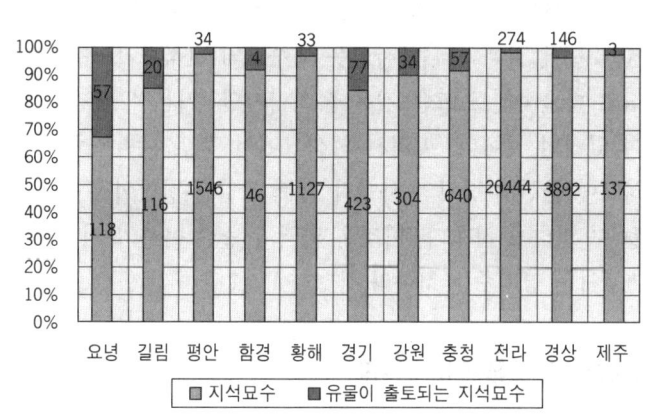

물론 여기에서도 지역에 따라 지석묘의 숫자나 발굴 사례에 따른 차이점을 감안하지 않을 수 없고, 또한 지역의 넓고 좁은 면적의 차이도 고려하지 않을 수 없을 것이다. 따라서 북쪽 지방의 지석묘에서 유물이 출토되는 지석묘 숫자가 전라나 경상도 지역에 비하여 비율상으로는 적게 나타나는 것은 아니라고 볼 수 있다. 결국 지석묘가 어떤 형식이냐에

따라 유물의 출토되는 지석묘의 비율이 달라지고 있는 것이다. 즉, 기반식이나 개석식은 埋葬 主體部가 지하에 있어 유물의 도굴 같은 훼손사례가 적은 반면, 탁자식은 埋葬 主體部가 지상에 있고, 게다가 墓室을 출입하는 문의 역할을 하는 막음돌 같은 시설이 있어 유물의 파손이나 도굴은 매우 손쉬운 작업이 되고, 따라서 탁자식 지석묘에서 유물이 출토되는 비율이 적을 수밖에 없는 것이 있다. 따라서 길림이나 요녕 지방에서 유물이 출토되는 지석묘의 숫자가 적은 것은 결국 지석묘에 매장된 부장품이 원래 빈약해서 그런 것이 아니라, 지석묘의 형식이 탁자식이기 때문에 副葬된 유물이 외부에 노출되어 쉽게 도굴되거나 파손되었기 때문일 것이다.

이와 똑같은 사례가 제주도에서도 확인되고 있다. 소위 濟州道式 또는 圍石式 지석묘라 불리는 지석묘도 탁자식 지석묘와 같이 埋葬 主體部가 지상에 위치하고 있다. 따라서 제주도에서 유물이 출토되는 지석묘가 단지 3곳(0.4%)에 불과하다는 사실은 제주도의 지석묘가 타지역에 비해 숫자가 적고 발굴사례도 드문 것은 사실이지만, 기본적으로 석실구조에 그 원인이 있었던 것이다. 따라서 지석묘에서 출토되는 유물이 적기 때문에 지석묘에 묻힌 피장자의 사회적 신분이 일반 평민이라고 하는 가설은 성립될 수 없다고 하겠다. 이것은 일찍이 넬슨 여사가 지적했던 것을 실제 數値로서 증명해주는 것이라 하겠다.[39]

3) 副葬遺物의 種類別 出土頻度

다음은 지석묘에서 어떤 유물들이 출토되는 지를 살펴보기로 한다. 지석묘에서 출토된 유물은 전체 739곳에서 2,835점[40]이다. 이를 종류별로

39. Nelson, S., 1993, *The Archaeology of Korea*. p.147
40. 遺物의 전체 출토 숫자도 앞의 유물이 출토되는 支石墓數와 마찬가지로 각종 發掘 또는 地表調査 資料를 토대로 統計數値를 작성한 것이므로 여기에 포함되지 못하고 漏落된 遺物들도 상당수 있을 것이다. 따라서 여기에 제시된 數

보면, 石器는 1,606점(56.64%), 土器와 土製品은 372점(13.12%), 金屬製品은 57점(2.01%), 玉器는 779점(27.40%), 그리고 동물뼈나 뼈로 만든 도구는 23점(0.8%)이 출토되었다. 따라서 石器가 56.64%로 가장 많은 비율을 차지하고, 玉器는 전체의 27.40%를 차지한다. 金屬製品은 2.01%를 차지하여 외견상 큰 비율을 차지하지는 않으나 당시의 시대적 지표유물들이 포함되고 있다는 점에서 상당한 가치를 지니고 있다.

지석묘에서 출토되고 있는 이들 유물의 총계를 다시 지역별 살펴보면, 요녕 지방이 139점(4.9%), 길림 지방이 106점(3.73%), 함경도에서 6점(0.21%), 평안도에서 124점(4.37%), 황해도에서 106점(3.73%), 경기도는 166점(5.85%), 강원도는 130점(4.58%), 충청도는 216점(7.62%), 전라도는 1,008점(35.55%), 경상도는 824점(29.06%), 그리고 제주도는 10점(0.35%) 등의 출토 분포를 보이고 있다. 따라서 출토유물이 가장 많은 지역은 전라도 지방으로 전체 2,835점 가운데 1,008점이 출토되어 출토비율 35.55%를 나타내고 있으며, 경상도에서는 824점이 출토되어 전체의 29.06%를 차지하고 있고, 충청도 지방에서는 216점이 출토되어 전체 출토비율의 7.61%를 나타내고 있다. 반면에 북부 지역으로 갈수록 유물의 출토비율이 낮아지고 있다. 예를 들어, 요녕 지방에서는 139점이 출토되어 출토비율 4.9%를 점유하고 있으며, 길림 지방에서는 106점이 출토되어 전체의 3.73%를 점유한다.

다음의 표5는 지석묘 부장유물의 지역별 출토수를 나타낸 것이다. 여기에 나타난 바와 같이 지석묘에서 유물이 출토되는 숫자는 전라도와 경상도에서 압도적으로 높게 나타나고 있다. 표6은 부장유물의 종류별 출토비율을 나타낸 것이다.

이는 앞에서 유물이 출토되는 지석묘의 숫자에 대한 검토에서 이미 확인된 수치와 매우 비슷한 양상을 나타내고 있는 것이다. 전라도와 경상도 지역의 지석묘에서 출토된 유물이 요녕·길림 지방이나 한반도 북

値는 완전한 것이 되지 못한다.

표 5. 副葬遺物의 地域別 出土數

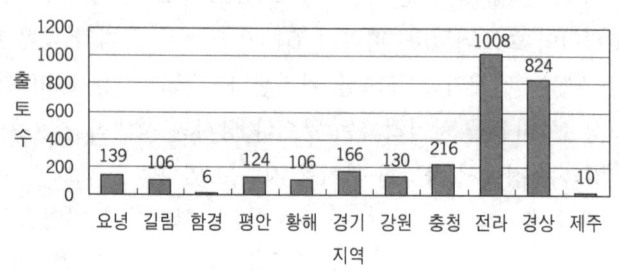

표 6. 副葬遺物의 種類別 出土比率

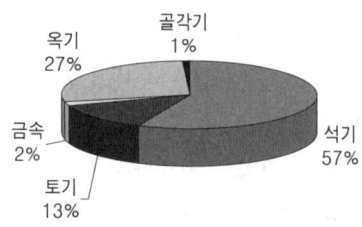

부 지역의 지석묘에 비하여 훨씬 많은 것은 바로 이들 지역의 지석묘 형식이 개석식이나 기반식이라는 점과 밀접하게 관련되어 있음을 알 수 있다. 이것은 바로 요녕·길림 지방이나 평안도 지역의 지석묘에 副葬된 유물이 원래 빈약해서 그런 것이 아니었음을 지석묘에서 출토되는 유물의 통계수치를 통해서 다시 한 번 확인되고 있는 것이다.

그런데 이들 표에 나타난 바와 같이, 지석묘 부장품으로 출토되는 유물은 종류와 수량에서 지역에 따라 커다란 차이를 보이고 있다. 이것은 단순히 발굴이나 그 지역에서 조사된 지석묘의 숫자에 따른 차이에서 기인된 것일 수도 있을 것이다. 그러나 근본적인 문제는 지역 간 형식에 따른 부장품의 보존여부나 피장자의 사회적 신분과 관계가 있는 듯하다.

184

표6에서 보여주는 것과 같이, 석기의 비율이 57%로 부장유물의 종류 가운데 가장 높은 수치를 나타내고 있다. 석기의 종류가 마제석검이나 마제석촉 등이 다수를 차지하면서 출토유물 가운데 가장 높은 출토비율을 보이고 있어, 지석묘 피장자의 성별이 주로 남성이었을 가능성을 제기해 준다. 반면에 琵琶形銅劍을 비롯한 금속유물이 차지하는 비율은 불과 2% 에 불과하다. 이것은 지석묘 축조사회에서 아직도 청동제품의 사용이 일반화되지 못하고, 소수의 상층계급을 위한 威勢品 같은 희소성을 지녔기 때문일 것이다.

지석묘의 부장품 가운데 특기할 점이 玉器와 土器의 출토비율이다. 玉器의 출토비율은 27%이며 토기의 출토비율은 13%로 통계수치상 그리 높다고는 할 수 없으나 이들 모두가 지역적으로 고루 출토되는 특징을 보여주고 있다. 玉器는 한반도 중·남부 지방의 지석묘에서 주로 출토되고 있는데, 이것은 『三國志』東夷傳 韓條에 마한사람들은 瓔珠를 귀하게 여겼다고 기록되어 있는 史實과 고고학적 유물이 서로 부합하고 있는 것이다. 玉器는 실용적 가치를 지닌 생활용품이라기보다는 사회적 신분을 나타내는 장식품이라는 점에서 지석묘 피장자의 사회적 성격 파악에 도움을 주고 있다. 특히 玉器가 여성과 관련된 물품이라는 주장도 주목할 점이다.

토기의 경우에는 지역적으로 출토되는 종류에 차이가 있다. 따라서 토기를 통하여 피장자의 사회적 성격을 파악하기는 쉽지 않다. 다만 지석묘에서 출토되는 토기가 요녕 지방이나 길림 지방에서는 夾砂紅褐陶 系統의 貯藏用土器들로 死者와 함께 지석묘에 副葬되는 용량과 함수관계가 있는 듯 하고, 한반도의 중·남부 지역에서는 제작에 많은 시간이 소모되고 정교한 작업이 요구되는 紅陶가 출토된다는 점이 지석묘 피장자의 신분을 파악하는 데 약간의 정보를 제공하고 있다. 이외에도 동물뼈와 貝殼 등이 약 1% 정도 출토되고 있는데, 이는 아마도 지석묘를 축조하거나 또는 정기적으로 피장자에게 祭儀를 할 때 바쳐진 종교적 희생물 등과 관련되어 있는 것으로 판단된다.

4) 墓室과 副葬品의 社會的 性格

다음은 지석묘의 구조와 부장품의 분석을 통해 피장자가 위치한 사회적 신분을 구체적 사례를 들어 그 성격을 검토해보자. 墓制로서 지석묘의 구조나 사회적 신분을 상징하는 물품으로서의 副葬品은 당시 사회의 계층적 신분질서를 충실히 반영하는 考古學的 記錄이라고 할 수 있다. 그러나 본 논문에서 모든 지석묘를 전부 검토할 수는 없으므로, 여기서는 파손되지 않고 비교적 잘 보존되어 있거나 지역적 특성을 대표하는 지석묘를 중심으로 살펴보기로 한다.

지석묘는 下部構造로서 크기나 형식이 지역에 따라 다양하게 나타나고 있다. 이것은 지석묘가 각기 지역의 고유한 埋葬慣習과 융합되면서 축조되어 왔음을 보여주는 것이다. 따라서 이러한 특수한 형태는 그 지역의 사정에 맞게 따로 설명되어야 할 것이다. 그러나 중요한 것은 지석묘가 세워지는 데는 많은 노동력과 높은 축조기술이 요구되는 데 비하여, 그곳에 묻힌 피장자는 나이가 어린 女兒, 夫婦 또는 母子 관계에 있는 사람들이며, 게다가 이들은 생계전략에 관여하지 않은 신분계층에 있는 사람들이었을 것으로 추정되고 있다.

예를 들어, 충청북도 제천시 황석리 충6호 지석묘에서 출토된 인골은 뼈가 굵고 신장이 큰 남성으로 밝혀졌다. 특히 뼈가 튼튼하고 사슴뼈가 공반하여 출토되는 것으로 보아 피장자는 생존하는 동안 영양분을 충분히 공급받을 수 있는 사회적 지위에 있었던 것으로 보인다. 또한 墓葬이 二重構造로 정성스럽게 만들어져 있다. 이러한 사실들로 미루어 여기에 묻힌 피장자는 稻作農耕과 같은 생계전략에 관여하지 않은 신분계층의 사람으로 분석되고 있다. 특히 춘천시 중도의 지석묘에서 출토된 인골은 분석결과 뼈 안쪽에 뼈가 자라는 병을 앓은 적이 있는 4~8세 가량의 여아였던 것으로 밝혀졌다.[41] 이 여아가 상대적으로 어린 나이에 많은 노동

---

41. 崔夢龍, 1985,「春川 中島와 義城 塔里 出土 人骨」『閔錫泓博士華甲紀念史學

186

력이 투입되는 지석묘에 묻힐 정도로 높은 사회적 지위에 이르렀다고 생각하기 어렵다. 따라서 이러한 사실은 이 여아의 신분적 지위가 成就的인 것이라기보다는 歸屬的 地位였음을 가리킨다고 하겠다. 이것은 역시 지석묘는 전부는 아니겠지만 대체로 사회의 상층부를 구성하고 있는 지배 상층계급의 墓制였음을 증명하는 것이라 하겠다.

지석묘에 대한 고고학적 조사가 실시되던 초기에는 지석묘의 墓室에서 출토되는 副葬品은 매우 빈약하였던 것으로 보였다. 그것은 초기 지석묘의 조사가 기반식이나 개석식보다는 도굴이 비교적 용이한 탁자식 지석묘에 집중되었고, 기반식이나 개석식 지석묘라 해도 개석의 무게가 비교적 가벼운 소형의 지석묘에 집중되었기 때문이었다. 그러나 그동안 지석묘의 발굴이 활발하게 진행되면서 지석묘 내부의 埋葬 主體部에서 副葬品들이 출토되는 사례가 점차적으로 증가하여 왔다. 여기에서는 파괴나 도굴의 정도가 약하여 내부 구조가 잘 보존된 지석묘의 副葬品을 중심으로 살펴보기로 한다.

먼저 개석식 지석묘로 하부구조가 비교적 잘 남아있는 보란점시 쌍방 6호의 지석묘를 보면,[42] 이 지석묘는 개석식 지석묘로 발굴조사 당시 둥근 모양의 개석이 일부 파손되었고 석실에는 황색 모래가 퇴적되어 있었다. 석실은 장축이 155cm이고 폭이 60cm이며 깊이가 73cm되는 장방형이며, 네 벽은 板石을 세워 만든 것이다. 장축은 동서방향인데 북쪽은 길이가 133cm이고, 폭이 7~9cm 되는 板石에 길이 35cm, 그리고 폭이 50cm 되는 板石을 두 개로 연결하여 벽면을 만들었고, 남쪽은 길이가 128cm이고 폭은 10~1cm인 板石과 길이가 40cm 되고 폭이 50cm 되는 板石을 북면과 같은 형태로 연결하여 만들었다. 동쪽과 서쪽은 좁은 벽은 넓적한 板石한 개씩을 세워 축조하였다. 바닥은 자연 암반층을 그대로 활용하였다. 石室에서 琵琶形銅劍 1점과 滑石으로 만든 도끼 石范 1쌍, 그리고 美松里

論叢』
42. 하문식, 1999, 『古朝鮮 地域의 고인돌 硏究』, p.15

形 土器 2점과 深鉢形 토기 1점이 출토되었다. 따라서 이 지석묘의 피장자는 비파형동검 같은 청동기를 소지하고 미송리형토기 같은 토기를 사용하던 신분의 소유자라고 믿어진다.

蓋州市 石棚山 지석묘는 탁자식 지석묘로 현지에서는 '許家屯石棚' 또는 '九寨石棚'으로 불리고도 있으며, 크기가 커서 뒤에 古雲寺라는 절로 이용되기도 하였는데 이 때문에 '石棚廟' 또는 '石廟子'라고도 불린다. 화강암의 石材를 아주 말끔하게 다듬어서 축조하였다.[43] 개석의 크기는 대략 860×510×50㎝로 앞쪽이 약간 넓고 높은 모습이다. 지석 역할을 하는 板石은 막음돌 역할을 하는 남쪽만 없어지고 동쪽과 서쪽, 그리고 북쪽의 것은 남아 있다. 이 지석묘는 탁자식 지석묘로 후대에 사찰로도 이용되는 등 훼손이 많아 내부에 남아 있는 副葬品은 아무것도 발견되지 않았다.

이 지석묘는 蓋州市 二台子 농장의 石棚村 남쪽에 있는 완만하고 평평한 둥근 대지 위에서 주변 사방을 잘 조망할 수 있는 위치에 자리잡고 있다. 특히 주변 지역에서는 이 지석묘를 제외하고 다른 지석묘가 발견되지 않아 직계 후손들이 다른 지석묘를 축조하지 않고 계속적으로 사용하였을 가능성이 있다. 이같이 축조에 많은 노동력과 기술력이 요구되는 이러한 무덤형식을 채택하고, 이렇듯 특별한 무덤에 直系血族만이 埋葬될 수 있다는 사실은 바로 이 혈족이 이 지방에서 다른 일반 평민들과 구별되는 사회적으로 유력계층의 신분을 지니고 있었음을 의미하는 것이라 하겠다.

평양시 상원군 장리 2호 지석묘는 최근 북한에서 새로이 발굴된 지석묘로 탁자식 지석묘임에도 불구하고 많은 유물이 출토되어 지석묘의 사회적 성격을 분명히 해주고 있다.[44] 이 지석묘는 평양시 상원군 장리의

---

43. 하문식, 1999,『古朝鮮 地域의 고인돌 硏究』, pp.32~34
44. 최응선, 1999,「상원군 장리 고인돌무덤을 통하여 본 고조선 초기의 사회문화 상에 대하여」『단군과 고조선』, pp.479~488

장리천 左岸 평지의 여러 지석묘들 가운데 하나이다. 이 지석묘의 개석은 630×405×72㎝의 크기이다. 또한 墓室에서는 청동방울 2점과 青銅曲藝裝飾 1점, 그리고 청동끌 1점 등의 청동제품이 출토되었다. 석기로서는 석촉 44점·석부 1점·별도끼 1점·반월형석도 1점등이 출토되었으며, 또한 많은 토기편과 함께 인골이 출토되었다.

이것은 탁자식은 물론 지석묘의 일반 墓制로서도 이례적이라 할 만큼 다양한 유물이 출토된 것이다. 당시로서는 상당한 威勢品이라 할 만큼 青銅製品은 당시로서는 稀貴品에 속하는데, 多種의 青銅製品을 墓室에 副葬했다는 것은 그 만큼 피장자의 사회적 신분이 예사롭지 않음을 가리키는 것이라 하겠다. 그리고 많은 석촉과 석부의 출토는 이 지석묘의 피장자가 전투력을 지휘하고 통제하는 위치에 있었음을 의미하는 것으로 보이는데, 특히 전투나 사회적 활동에서 지휘봉 역할을 하였다고 해석되는 별도끼가 출토되고 있어 피장자의 성격을 더욱 분명히 하고 있다.

룡산리 4호 지석묘는 평안남도 성천군 룡산리의 비류강가에서 발견된 개석식(또는 묵방리식) 지석묘이다. 묘실은 반지하로 만들었는데, 바닥을 다진 다음 점판암 판석을 세워서 11칸의 무덤칸을 나누고 그 위에 개석을 올려놓았다. 묘실은 동서 장방형인데, 중앙에 큰 무덤칸이 있고 이를 중심으로 동쪽과 서쪽에 각각 3개의 무덤칸이 있으며 북쪽과 남쪽에는 각각 2개의 무덤칸이 있다. 묘실의 전체 넓이는 동서가 4.7m이고 남북이 3.6m이다. 중앙의 큰 무덤칸은 길이가 2.17m이고 넓이가 1.04m이며 높이는 1.46m인데, 바닥은 다른 무덤칸보다 한 단이 높게 만들어졌다.[45]

큰 무덤칸에서는 부식이 심한 청동편과 함께 2개체분의 인골이 출토되었고, 작은 무덤칸들에서는 석부·석경·팽이형 토기편들과 함께 유아의 인골을 포함하여 모두 38개체분의 인골이 출토되었다. 개석의 크기는 길이가 335㎝이고, 넓이는 290㎝이며, 두께는 20㎝이다. 북한의 고고

45. 석광준, 1999,「고조선의 고인돌무덤과 돌관무덤에 대하여」『단군과 고조선』, pp.179~186

학자들은 이 무덤을 殉葬무덤으로 추정하고 있다. 그 이유로 첫째는 墓室의 짜임새가 主從關係를 이루고 있다는 점이다. 중앙의 무덤칸은 그 주변의 다른 무덤칸보다는 규모가 크고 주변으로부터 擁衛되어 있으면서 바닥이 한 단 높게 설계되어 있고, 중앙과 다른 무덤칸이 동시에 매장된 것은 중앙의 노예주가 사망할 때, 여러 사람을 같이 묻은 순장무덤으로 해석되고 있는데, 이는 사후에도 많은 노예들의 상위에 군림하기 위한 奴隷主들의 탐욕을 나타내는 것이라고 북한의 학자들은 해석한다. 둘째는 葬法上의 차이인데, 중앙의 큰 무덤칸은 2個體分의 인골이 가지런하게 펴묻은 伸展葬이나 주변의 다른 무덤칸에는 3∼4개체분의 사람이 정돈되지 않은 채 埋葬된 점이다. 셋째는 墓室에서 출토된 副葬品의 차이로 큰 무덤칸에서는 당시로서는 진귀한 물품인 청동편이 출토되었으나 다른 무덤칸에서는 石斧 같은 노동도구와 팽이형 토기편이 출토되었다는 점이다.

북한에서 이 무덤을 ESR의 방법으로 측정한 결과 5069±426 B.P.의 연대가 산출되었다고 하면서, 사회가 여러 계층으로 분화되고 權力과 財富를 독차지한 氏族長이나 酋長과 같은 軍事民主主義社會에서 상층계급의 奴隷主를 위한 순장무덤이었을 것으로 해석하고 있다. 여기서 주목되는 점은 우리와 용어는 다르지만 북한학자들도 國家社會가 형성되기 이전의 족장사회 단계를 설정하고 있다는 점이다.

경기도 시흥시 계수동 지석묘는 시흥시 계수동 안골마을 입구에 위치하고 있으며, 1999년 11월에 한양대학교 박물관에 의해 발굴되었다.[46] 발굴 당시에 서쪽과 북쪽의 지석 일부가 노출된 상황에서 개석이 서쪽에서 동쪽으로 약 20° 정도 기울어진 채 놓여 있었다. 개석은 호상편마암의 암질로 장축이 315cm, 단축이 262cm, 그리고 두께가 55cm 되는 부정형 마름모꼴이다. 하부구조는 2/3정도가 파괴되어 전체적 규모나 형태는 알 수 없지만 다행히 3개의 지석이 잔존한다. 지석 아래의 서북쪽에 토광이 흔

---

46. 김병모 외, 1999, 『시흥시 계수동 지석묘』

적이 일부 보이고 있다. 따라서 이 지석묘는 土壙을 埋葬部로 한 기반식 지석묘로 확인되었다. 토광의 파괴가 심하여 출토된 유물은 없으나 주변 지역에서 磨製石鑿片과 無文土器片이 수습되었다.

이 지석묘는 안골마을 입구의 서쪽 양지쪽에 대지에 위치하고 있어, 축조 당시에는 이 마을 전체를 통합하는 중요지점의 역할을 하였을 것으로 보인다. 그리고 서남쪽의 낮은 야산에는 이 지석묘보다는 규모가 작고 좀더 오래된 것으로 보이는 지석묘 3기가 발견되었다. 따라서 이 지석묘는 안골마을 앞의 평야지대를 경제적 배경으로 사회적 통제력이 어느 정도 확립된 시기에 현 지점에 축조되지 않았나 판단된다. 이 지석묘의 피장자는 이 지역의 촌락구조로 보아 안골마을, 뒷골, 덕석골 같은 지역을 통제하던 단순족장사회(simple chiefdom society)의 상층신분이었을 것으로 추정된다.

충청북도 제천시 청풍면 황석리 충6호는 황석리의 남한강변의 충적대지 위에 위치하고 있는 46기의 지석묘 가운데 하나이다. 개석의 크기는 장축이 260cm이고 단축이 160cm이며 두께는 25cm이다. 개석아래에는 판석을 세워서 만든 장방형의 석실이 있으며, 석실 바닥에도 역시 판석을 깔았다. 석실의 크기는 가로가 195cm이고 세로는 60cm이며 높이는 30cm이며, 이 안에서 신전장을 한 20세 미만의 남자 인골과 사슴뼈가 출토되었다. 그런데 이 무덤의 석실구조에서 특이한 것은 석실 바깥에 무덤 구역을 표시하는 판석의 호석을 세워 석실이 이중구조로 되어 있다는 점이다. 이는 지석묘의 매장 구조로서는 매우 이례적인 사례이다.

황석리 충6호 지석묘에서 출토된 유물은 없으나 석실구조가 이중구조로 되어 있어, 지석묘 축조고정에서 상당히 특별한 배려를 받았던 것으로 보인다. 그리고 주변의 다른 지석묘와 다르게 성혈이 12개나 파여져 있어 어떤 종교적 이데올로기와의 연관성을 유추해 볼 수도 있을 것이다. 따라서 이 지석묘에 피장자의 신분이 상당히 높았던 것으로 보인다. 특히, 발굴된 인골이 20세 미만의 남자이고, 상당히 영양상태가 좋았다는 분석결과로 미루어 보아 피장자가 생존시 육체적 노동에 의지하지 않고 영양상태를 충분히 공급받을 수 있는 사회적 지위를 유지했었음을 추정할 수 있다.

강원도 춘천시 대곡리 1호 지석묘는 춘천시 북산면 대곡리에 위치하고 있었으나 현재는 소양강호에 수몰되었다. 1971년에 문화재 관리국에 의해 발굴조사가 이루어졌다. 개석은 장축이 225㎝이고 단축은 180㎝이며 두께는 30㎝인 사다리꼴이며 장축은 남-북 방향이다. 조사 당시 벽을 세운 지석으로 보이는 판석 2매가 무너진 채 개석 아래에 눌려 있었다. 하부의 토층은 교란되었는데, 교란층 아래에서 20㎝ 두께로 강돌을 한 겹 깔아서 敷石 시설을 하였다.

토층의 교란으로 지석묘의 하부구조가 파괴되어 정확한 묘실의 구조나 장법을 알 수는 없다. 다만 개석 아래에서 석부 1점이 출토되었으며, 주변의 표토층에서 공렬토기편 여러 점이 출토되었다. 출토된 유물이 마제석부라는 점을 감안하면 아마도 피장자는 전쟁에서 지도력을 발휘할 수 있는 사회적 신분에 있었던 사람으로 보인다. 왜냐하면 지석묘에서 발견되는 석기제품은 농경이나 건축용 도구들이라기 보다는 전투용으로 사용되었던 것으로 해석되기 때문이다.

전라북도 진안군 정천면 용담댐 수몰지구내 여의실에서 총 5기의 지석묘가 조사되었다.[47] 금강 상류의 방향을 따라 일렬로 배치되어 있다. 1호·2호는 말각방형의 적석묘역 내에 위치하고 있으며, 3호는 이 積石墓域을 동남부로 연장하고 설치하였다. 4호는 1호와 2호 묘역과는 서남쪽으로 약 1m 정도 분리되어 축조되었고, 5호는 4호의 북쪽에 홀로 위치하고 있다. 이러한 묘실구조로 볼 때, 1호와 2호가 가장 먼저 축조되었으며, 3호는 그 다음에 축조된 것으로 보인다. 그리고 1호와 2호의 被葬者는 夫婦關係로 추정되며, 3호는 나중에 2호의 墓域에 연장하여 축조된 점

47. 김승옥, 1999,「진안 용담댐 지석묘 발굴조사」『제42회 전국역사학대회발표요지』, pp.363~379
_____·이종철, 2000,「진안 용담댐 수몰지구내 여의곡유적 조사개요」『제24회 한국고고학 전국대회 발표요지』, pp.101~132

으로 미루어 보아 1호 · 2호 피장자의 자식으로 추정된다. 4호와 5호의 지석묘는 1호 · 2호 · 3호보다는 더 늦게 축조된 것으로 추정된다.

이들 지석묘의 특징은 개석 아래에 상당히 넓은 묘역 시설을 하고, 묘역의 중앙에 石棺의 墓室을 한 점에 있다. 4호와 5호는 타원형의 묘역 시설을 하고 앞쪽에는 다시 方形으로 돌을 깔았는데, 아마 祭壇施設의 일종으로 판단된다. 출토유물을 보면 1호 지석묘 석실에서는 二段柄式 石劍 1점이 출토되었고, 積石遺構에서는 石器類와 無文土器片들이 출토되었다. 2호 석실에서는 一段柄式 石劍 1점과 磨製石鏃 3점이 출토되었다. 3호 지석묘의 석실에서는 출토된 유물은 없으나 積石施設에서 無文土器片들이 출토되었다. 4호 지석묘의 석실에서는 一段柄式石劍 1점 · 有溝石斧 1점 · 磨製石鏃 6점이 무문토기편들과 함께 출토되었고, 積石施設에서는 一段柄式 石劍 1점 · 有溝石斧 1점 · 磨製石鏃 3점이 출토되었다. 5호 지석묘에서는 석실에서 有溝石斧 1점이 출토되었고, 積石施設에서는 有溝石斧 1점 · 石劍片 1점 · 石鏃片 2점 등이 無文土器片들과 함께 출토되었다.

이러한 副葬品들은 당시의 생계활동에 직접 사용된 것이라기보다는 전투용이나 의례용으로 사용되다가 死後에 明器로서 무덤에 부장된 것으로 보인다. 또한 이들 지석묘는 묘역을 넓게 축조하고, 제단시설을 갖추는 등 매우 공을 들여 축조하였다. 따라서 이들 지석묘에 부장된 피장자들은 권력의 승계가 가능한 정치력을 유지했던 한 상층계층의 가족 무덤으로 추정된다.

전라남도 여천시 평려동 산본 다-2호 지석묘는 전라남도 여천시 평려동 산본마을의 산기슭에 위치하고 있다.[48] 개석의 단면은 장방형이며, 크기는 장축이 250cm이고 단축이 180cm이며 두께는 105cm이다. 개석식 지석묘로서 하부구조는 개석 아래에 2중의 板石을 이용하여 石槨을 덮은 구조로 되어 있다. 석실은 바닥은 4매의 板石을 깔았으며 石室周邊에는 割石을 깔아서 墓域을 조성한 흔적이 있으나 많이 파손되었다. 이와 같이 이

---

48. 이영문 외, 1993, 『麗川 平呂洞 산본 支石墓』

지석묘는 석실의 바닥이나 벽면을 빈틈없이 잘 처리하였고, 시신을 매장한 다음 2중의 판석으로 石槨을 완전히 밀폐시키는 등의 장치를 하고, 그 위에 약 13톤의 무게가 나가는 개석을 올려놓았다.

피장자의 신분적 지위는 부장품으로도 확인되고 있다. 먼저 天河石製 曲玉은 석실의 동남 모서리 쪽에서 2점이 출토되었고, 碧玉製 管玉은 석실바닥과 벽석 사이에서 무두 29점이 출토되었다. 小玉은 석실 바닥의 동쪽 주위를 중심으로 무려 253점이나 출토되었다. 이러한 玉製品은 신분의 상징을 나타내는 위세품들이다. 따라서 이 지석묘의 피장자는 상층신분에 속한 사람으로 보인다. 특히, 石斧나 石劍 같은 무기류나 농기구류가 출토되지 않고 진귀품인 옥제품만 무려 284점이 출토되는 것으로 보아, 어떤 족장의 부인들 가운데 하나였을 것으로 추정된다.

전라남도 여천시 적량동 지석묘는 1989년에 모두 14기가 발굴되었다. 이 가운데 7호 지석묘만 하부구조가 비교적 온전히 보존되어 있었다. 7호 지석묘는 기반식 지석묘로 개석 아래에 지석이 있으며, 그 아래에 동서로 145cm, 남북으로 60cm, 깊이 60cm 되는 석곽 시설이 마련되었다. 그리고 석곽에서 지석 사이의 공간은 할석으로 채워서 지석의 무게를 분산시키고 석실을 안전하게 보호될 수 있도록 하였다.

적량동 14기의 지석묘에 대한 발굴조사에서 비파형동검과 동모 등 모두 8점의 청동제품이 출토되었는데, 그 가운데 7호 지석묘의 석실 북쪽 벽 쪽에서 길이 33cm 되는 완전한 비파형동검 1점이 출토되었다. 이 동검은 검 끝부분에서 시작한 등대가 검신을 지나 슴베까지 이어지고 있으며, 슴베 끝 부분에 홈이 파여져 있다. 이러한 청동제품이 적량동 지석묘에서 8점이나 출토되었다는 사실은 당시 지석묘에 묻힌 피장자들이 생존시에 전투용이든 의례용이든 보편적으로 청동기를 지니고 있다가 사망시에 묘실에 부장되었던 것으로 보인다.

전라남도 여수시 오림동 지석묘는 여천시의 동북부 해안가 근처에 위

---

49. 이영문 · 정기진, 1992, 『麗水 五林洞 支石墓』

치하고 있다.⁴⁹⁾ 오림동 5호 지석묘는 개석의 규모는 길이가 410cm이고 넓이가 276cm이며 두께가 180cm이다. 그런데 원래의 개석은 이보다 더 컸었는데 나중에 상면이 파손되었다고 한다. 개석의 평면은 장방형이나 단면은 윗면이 평평하고 아래는 완만한 호를 그리고 있으며 북서쪽은 약간 뽀족한 괴석형이다. 개석의 남쪽은 20° 정도 앞으로 기울어 있으며, 크기는 가로가 260cm이고 높이가 180cm인데, 중앙에서 약간 왼쪽에 一段柄式石劍과 人物像이 內視透視的 技法으로 陰刻되어 있다.

이 지석묘의 하부구조는 개석의 서북부에서 지석의 일부와 함께 바닥에 깐 판석이 노출면서 확인되었다. 조사결과 개석이 원래의 위치에서 동남쪽으로 이동한 것으로 밝혀졌다. 이런 사정으로 석실은 거의 대부분이 파괴되었고, 유물도 토기편 몇 점 외에는 출토된 것은 없다. 그러나 다행하게도 현재 남아 있는 遺構를 통하여 하부구조를 복원할 수가 있다. 즉, 개석아래 서북쪽에 장축이 400cm이고 단축이 240cm 되는 범위 내에 장대석과 판석이 놓여져 있어, 이 범위가 석실 규모로 추정된다. 그리고 석실 밖으로 넓게 돌이 깔려 있는데, 그 길이는 동서가 520cm이고 남북이 420cm 정도가 된다. 따라서 이 지석묘의 하부구조는 가운데 板石의 석실이 있고, 그 주위에 넓게 묘역을 조성한 다음 그 위에 상석을 올려놓은 것으로 생각된다.

7호 지석묘는 석실이 외부로 노출되어 파손된 관계로 석실내부에서 출토된 유물은 없고, 積石 주변에서 점토질의 무문토기편이 출토되었을 뿐이다. 그러나 개석의 남쪽면에 一段柄式의 石劍과 人物像 2인이 陰刻되어 있어, 지석묘 사회를 연구하는 데 귀중한 자료를 제고해주고 있다. 인물상 가운데 1명은 무릎을 꿇고 조상에게 음식을 바치는 듯한 의례를 행하는 모습을 하고 있다. 石劍이 지석묘의 부장품으로 다수 발견되고 있으며, 岩刻畵로도 개석에 새겨지고 있는 것으로 보아, 지석묘가 축조되던 당시에 석검 같은 무기류가 상당한 威勢品으로 신분을 상징하는 기능을 했던 것으로 보인다. 결국 지석묘의 개석에 이러한 것들을 새겨 넣음으로써 피장자의 신분적 혈통을 강조하여 出系集團(descent group)의 사회

195

적 위신을 높이려 한 것으로 추정된다.

창원시 덕천리 1호 지석묘는 경상남도 창원시 동면 덕천리 德川川의 沼澤地와 산의 경계지점에 조사된 6기의 지석묘 가운데 하나이다.[50] 이 지석묘의 하부구조는 매우 독특한 구조를 하고 있다. 즉, 개석 아래에 가로 800cm, 세로 600cm 되는 묘광을 파고 그 450cm 아래에 석실을 설치하였다. 이 석실 위에는 5매의 판석을 덮고, 다시 그 위에 30~50cm 크기의 돌 800여 개로 積石하였다. 積石 위에는 다시 12매의 板石을 2겹으로 덮고 그 위는 묘광 어깨선까지 흙으로 채웠다. 마지막으로 어깨선부터 다시 50cm 가량 높이로 적색황토를 봉토처럼 덮고 그 위에 개석을 올려놓았다. 석실의 크기는 가로 280cm이고 세로는 80cm이며 깊이는 120cm이다. 바닥에도 板石을 깔았고, 석실의 네 벽은 板狀割石을 平積하여 만들었다.

1호 지석묘는 외곽을 넓게 둘러쌓는 석축의 묘역시설을 하였다. 묘역시설은 생토를 40~50cm 깊이로 파고 석축한 것으로 남북이 56.2m이고 동서가 17.5m의 크기로 잔존하고 있는데, 양 끝단은 파손되어 있어 원래는 이보다 훨씬 더 넓은 규모였던 것으로 보인다. 석축은 돌을 정교하게 다듬어서 平積하였는데, 기단부인 가장 아랫단은 앞으로 약간 나오도록 설계하였다. 이 기단석의 전면에는 폭이 1.5m 가량되는 넓이로 판석을 깔았다. 이 석축의 남북구간 가운데 북단의 모서리와 접하는 부분에 3.6m 가량은 석축되어 있지 않은데 이는 아마 석축의 내부로 통하는 입구의 역할을 하던 공간으로 보인다.

이 유적은 몇 가지 특징을 보이고 있다. 첫째, 묘역근처에서 주거지가 발견되지 않고 있다는 점이다. 따라서 당시에는 묘역과 주거 공간이 분리되었던 것으로 보인다. 둘째는 거대한 개석의 이동에만 노력이 요구된 것이 아니라 석실 자체도 아주 정교하게 축조하는 등 상당히 공을 들였다. 셋째, 지석묘 주위에 넓은 묘역을 설치하여 의례행위를 할 수 있는

---

50. 홍형우, 1999, 「창원 덕천리 지석묘」『한국 지석묘(고인돌)유적 종합조사 연구』, pp.283~290

공간을 마련하고 神聖性을 가질 수 있도록 하였다. 넷째, 지석묘의 하부
구조로서 매장주체부인 석실은 물론 묘역의 石段 등에 쓰여진 석재들의
治石상태가 아주 정교하여, 당시 석재를 전문적으로 가공하는 전문 석공
집단이 존재하였을 것으로 상정된다. 다섯째, 석실의 바닥에서 22점의 마
제석촉과 6점의 管玉 등과 함께 목관의 殘片으로 보이는 木製品 일부가
출토되었다. 특히 이 지석묘에서 신분을 상징하는 管玉 6점이 발견되었
고, 마제석촉도 무려 22점이나 출토되었다. 이것은 무덤의 피장자가 상층
신분자이면서도 전투력을 겸비한 자였던 것으로 추정케 한다. 따라서 이
러한 묘역에 피장된 사람은 계층이 분화된 사회에서 강력한 정치력을 갖
고 이 지역을 통괄하던 사회적 신분을 지닌 자였던 것으로 생각된다.

3. 專門職業人의 出現

Kristiansen은 직업의 전문화를 "exclusive activities which a person or small group perform for long periods demanding economic support for their living from one or several settlements"[51]라고 정의한다. 전문가 집단에 의해 제작된 물품의 통제와 독점은 지배 상층계급의 사람들이 우월적인 사회적 지위를 확립하고 富를 축적하는 데 있어서 일차적 원천(source)이 되기 때문에, 고고학적 유물의 技術專門化에 대한 분석은 지석묘 축조집단의 사회적 구조와 제도에 대한 位階的 階層構造를 드러낸다.

지석묘의 부장품으로 출토되는 유물은 土器·石器·靑銅器·玉器·동물뼈 등이 있다. 그리고 지역에 따라 이들 副葬品과 人骨이 함께 출토되기도 한다. 여기에서는 지석묘에서 주로 출토되는 副葬品을 製作過程에서 기술의 전문화라는 주제에 초점을 맞추어 설명해 보고자 한다.

1) 土器의 製作과 使用

토기를 살펴보면, 無文土器는 거의 모든 지석묘나 지석묘 주변 지역에서 발견되고 있다. 따라서 무문토기 사용인들의 주요 墓制가 지석묘였

---

51. Kristiansen, K., 1987, From stone to bronze: the evolution of social complexity in Northern Europe, 2300~1200 B.C. In *Specialization, Exchange, and Complex Societies*, edited by E. Brumfiel and T. Earle. pp.30~50.

음을 알 수 있다. 한국에서의 토기제작에 대한 성질분석이 있기는 했지만, 청동기시대 무문토기의 제작기술에 관한 본격적인 분석은 1970년대 후반과 80년대 초반에 崔夢龍에 의해서 과학적 분석이 처음으로 시도되었다.[52] 이 당시까지 토기의 분석은 주로 토기제작기술의 파악과 原産地를 추정하기 위한 측면에서 진행되었다. 그러나 崔夢龍이 이러한 자연과학적 분석결과를 토대로 무역과 토기제작 전문가 집단의 등장이라는 측면으로 연구의 범위와 깊이를 확대 심화시키게 되면서, 토기분석을 통한 청동시기대 사회의 복원이 이루어지기 시작한 것이다.

가. 出土 土器의 種類

지석묘에서 출토되는 토기에는 紅陶 · 美松里形土器 · 팽이형토기 · 孔列土器 · 深鉢形土器 · 공귀리형토기 등이 있다. 토기 이외의 土製品으로는 방추차와 어망추가 발견되고 있다. 여기서는 지석묘에서 출토되는 토기 가운데 대표적인 토기를 중심으로 검토하면 다음과 같다.

① 紅陶
지석묘에서 가장 특징적으로 출토되는 토기는 역시 紅陶이다. 이번에 조사한 지석묘에서 출토된 홍도는 총 162점으로 전체 토기류의 43.54%를 차지하며, 기반식과 개석식 지석묘가 대부분인 전라도와 경상도에서만 모두 123점(75.92%)이나 출토되었다.

紅陶는 매우 정선된 점토질의 태토를 사용하여 만든 토기의 표면에 붉은 슬립〔酸化鐵〕을 표면에 칠하고 마연한 후, 燒成하여 붉은 색의 윤택이 나도록 제작된 토기를 통칭한다. 이러한 紅陶는 연구자에 따라 붉은

52. Choi, M.L., 1983, *A Study of the Yongsan River Valley Culture: The Rise of Chiefdom Society and State in Ancient Korea*. Ph.D. dissertation, Harvard University

간토기 · 붉은 토기 · 赤色磨研土器 · 丹塗磨研土器 등 여러 가지 명칭으로
불리어 왔다. 일반적으로 홍도는 청동기시대의 墓制인 지석묘나 석관묘
등에서 주로 출토되었기 때문에, 보통 이들 유적에서 출토되는 '圓底壺
形'의 토기만을 지칭하기도 했다. 그러나 발굴이 진척되어 감에 따라 주
거지에도 출토되는 사례가 증가했으며, 器形도 '圓底壺形'의 표준형에서
벗어나 平底壺形 · 鉢形 · 甕形 · 盌形 등의 다양한 기종이 출토되고 있다
(도면10).

　紅陶의 起源은 잘 알려져 있지 않으나, 학자들은 대개 요녕 지방의 채
색토기에서 찾고 있다. 그러나 홍도의 분포지가 한반도의 서북 지방보다
는 동북 지방 · 중부 지방 · 남부 지방 등에서 더 많이 출토되고 있고, 특
히 남부 지방의 신석기 유적에서도 출토되고 있으며, 서북 지방이나 요
녕 지방에서는 미송리형토기나 팽이형토기 등에도 일부 丹塗磨研의 기법
이 관찰되고 있어 홍도의 요녕 지방 기원설에 대한 재검토가 요구되고
있다. 한편 紅陶로 분류되는 토기 중에 어깨선에서 胴體部 중심까지 이어
지는 부분에 가지모양의 무늬가 있는 토기를 '가지문토기' 또는 '彩色土
器'라고 하여 紅陶와는 별도의 토기로 간주하는 경향이 있다. 그러나 넓
은 범주에서 보면 가지문토기도 紅陶의 土器屬性을 그대로 갖추고 있어
여기서는 홍도의 한 종류로 파악하여 다루고자 한다.

　紅陶는 제작과정에서 다른 無文土器들과는 몇 가지 다른 특징을 보여
주고 있다. 첫째, 홍도는 다른 무문토기들과는 달리 胎土의 선정에 매우
신중하고 의도적으로 선택되고 있다. 이는 보다 효율적으로 붉은 슬립을
입히고 磨研하여 특수용기를 제작하기 위한 측면에서 고려된 것으로 추
정된다. 둘째, 성형방법은 내면에서 접합흔이 관찰되고 있어 점토 띠의
소지를 쌓아 올리면서 성형한 것으로 보이며, 한편으로는 토기형태의 균
형성이나 器壁이 얇은 것으로 보아 끝마무리로 회전대가 사용되었을 가
능성이 제기되고 있다. 셋째, 토기의 整面에는 붉은 슬립을 바르기 전과
바른 후에 하는 두 가지 방법이 있다. 바르기 전에 하는 방법은 器壁을
가벼운 木理조정으로 器面을 다듬고, 바른 후의 방법에는 종이나 횡으로

매끄럽게 磨硏하여 器面에 윤택이 나도록 면을 다듬는 것이다. 넷째, 燒
成은 붉은 슬립을 칠하고 마연하기 전에 이루어진 경우와 燒成된 이후에
슬립을 칠하고 磨硏된 경우 등 두 가지 방법으로 나타나고 있다.

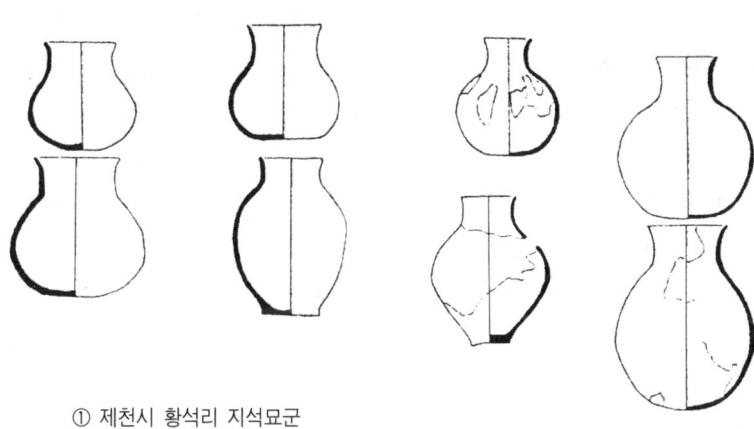

① 제천시 황석리 지석묘군

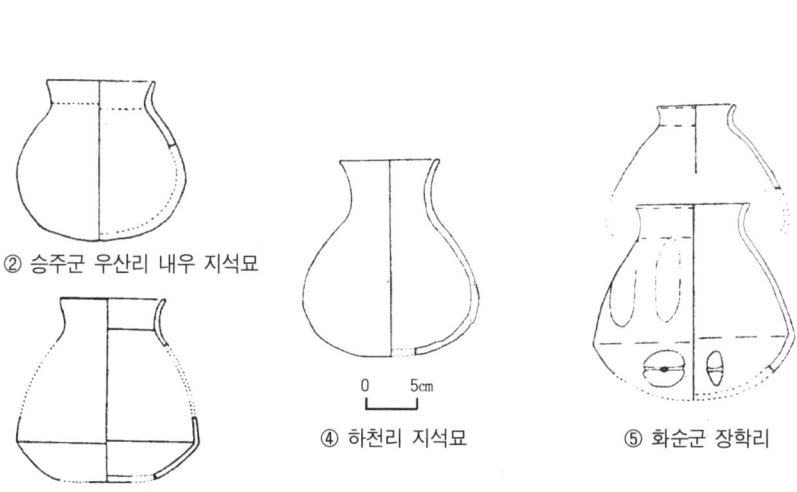

② 승주군 우산리 내우 지석묘

③ 승주군 유평리 지석묘

④ 하천리 지석묘

⑤ 화순군 장학리

도면 10. 支石墓 出土 紅陶

②팽이형토기

한반도 서북 지방의 지석묘에서 출토되는 대표적인 토기 가운데 하나가 팽이형토기이다. 팽이형토기는 角形土器 · 鬲足形土器 · 新興洞式土器 등의 명칭으로 불리는 것으로 한반도 서북 지방의 독특한 最古式 無文土器이다. 팽이형 토기는 형태가 팽이처럼 생긴 胴體部에 직경이 약 3cm 되는 平底의 바닥을 붙이고, 口緣部는 밖으로 접에서 二重口緣으로 처리하였으며, 그 위에 斜線으로 빗금을 드문드문 그어서 마무리한 토기이다 (도면11). 器壁은 약 5~7mm로 대체로 얇은 편이다. 胎土에는 모래나 활석가루가 섞여있고, 색조는 紫褐色 黃褐色 黑灰色 등을 띠는데, 특히 黑灰色을 띠는 팽이형 토기에는 滑石이 많이 섞여있다.

지석묘에서 출토된 팽이형토기는 지석에서 출토된 전체 土器와 土製品 372점 가운데 19점을 차지하여 토기 출토비율 5.1%를 나타내고 있다. 지석묘 副葬品으로 팽이형토기가 가장 많이 출토되고 있는 지역은 황해도의 14점으로 팽이형토기 비율 73.68%를 나타낸다. 전라도에서는 유일하게 지석묘에서 변형 팽이형 토기 1점이 출토되었다.

팽이형토기의 기원에 관하여 도유호는 사천성 신번의 광한이나 섬서

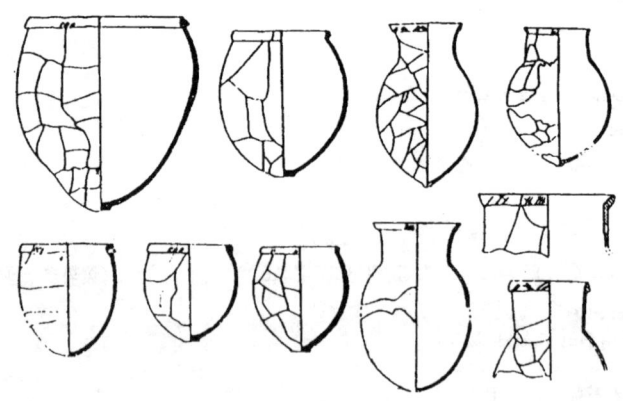

도면 11. 支石墓 出土 팽이형 토기

성 서안 반파 등의 신석기시대 유적지에서 이와 비슷한 토기가 발견되어 중국과의 연관성을 조심스럽게 제기한 적이 있다.[53] 그러나 팽이형 토기의 기원은 나중에 금탄리유적의 발굴 결과 반란형의 빗살무늬토기 형식으로부터 발전한 것이 層位的으로 밝혀졌다. 형식에는 甕形과 壺形의 전형 팽이형토기와 긴 목이 달리고 어깨부분이 드러나는 변형 팽이형 토기로 나누어진다. 전형 팽이형 토기는 청천강 유역, 대동강 유역, 황해도 지방에서 출토되고, 변형 팽이형 토기는 전형 팽이형 토기가 나중에 유행한 형식으로 전형 팽이형 토기와 공존하기도 하나 평안북도, 함경남도, 경기도, 전라도 등지에서는 변형 팽이형 토기만 출토되고 있다.

팽이형 토기는 住居址·石棺墓·支石墓 등지에서 출토되고 있어, 지석묘가 축조되기 시작한 시점에서 팽이형 토기의 제작이 이루어진 것으로 추정되고 있다. 따라서 팽이형 토기의 등장은 곧 이 지역에서 지석묘가 축조되기 시작하는 상한연대를 나타내주는 중요한 문화적 지표가 된다. 한반도 서북 지방 초기 지석묘 축조자들의 정치 경제적 교류범위를 나타내는 고고학적 증거가 바로 팽이형 토기의 분포범위가 될 것이다.

③ 美松里形 土器

지석묘의 副葬品으로 출토되는 또 다른 토기는 미송리형 토기이다. 미송리형 토기는 팽이형 토기와는 器形이나 磨研처리 같은 제작기술 등에서 많은 차이를 보이고 있다. 분포범위도 팽이형 토기는 한반도 서북부를 벗어나지 못하나 미송리형 토기는 한반도 서북부는 물론 요녕과 길림 지방에서까지 발견되고 있다. 미송리형 토기는 북한학자들에 의하여 고조선의 標識的 遺物로 평가됨으로써 역사학계로부터도 크게 주목을 받고 있다.

미송리형 토기는 평안북도 의주군 미송리의 동굴 상층에서 처음 출토되어 미송리형 토기라는 이름으로 부르는 토기인데,[54] 중국에서는 薄手長

---

53. 도유호, 1960, 『조선 원시 고고학』, p.134

頸瓶 · 弦紋壺 · 曲頸壺 · 平底瓢形長頸壺 등으로 부르기도 한다. 미송리형 토기의 특징은 구연부가 넓고 목이 점점 좁아져서 동체부와 목이 만나는 부분이 잘록하게 되고, 다시 胴體部로 가면서 커지다가 밑으로 내려가면서 다시 좁아지는 형태의 토기이다. 이는 마치 표주박의 아래와 윗 부분을 잘라 놓은 것 같은 모양의 平底의 표주박 모양을 한 목긴 단지라고 하겠다(도면12).

토기 제작상의 특징으로는 표면을 磨研하고 동체부 중간에 帶狀의 把手를 붙여 놓았다. 또한 胴體部와 목부분에 여러 개의 줄을 합친 線帶文을 돌려 놓았다. 그러나 線帶文이 없는 것도 있으며, 토기의 底部가 약간 들린 굽을 한 것도 발견되고 있다. 미송리형 토기와 공반하여 출토되는 또 다른 토기는 꼭지처럼 손잡이를 붙인 平底 小鉢이다. 이 토기는 平底

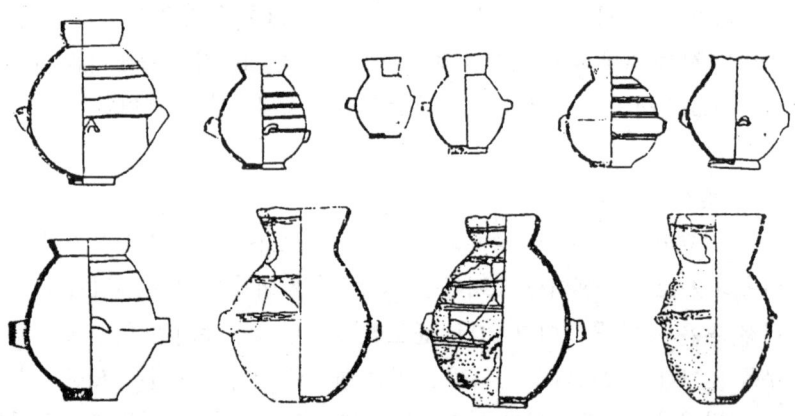

도면 12. 支石墓 出土 미송리형 토기

54. 김용간, 1961, 「미송리 동굴유적 발굴중간보고(1)」『문화유산』61-1
    _____, 1961, 「미송리 동굴유적 발굴중간보고(1)」『문화유산』61-2
    _____, 1962, 「미송리 동굴유적 발굴보고」『고고학 자료집』3집
  서영수 · 김희찬, 1998, 「미송리형 토기와 청동기시대 유물에 대하여」『高句麗硏究』5

이면서도 壺를 형성한 底部를 갖고 있으며, 口緣部는 끝에서 약간 外反시켜 마무리를 하였다. 어떤 小鉢에서는 底部에 굽을 만들어 붙여 壺를 약간 높여 안정감 있게 한 것도 있다.

미송리형 토기가 출토된 지석묘에는 요녕성 보란점시 쌍방6호, 봉성현 동산7호 · 동산9호, 봉성현 서산 1호, 평안남도 개천군 묵방리 24호, 평양시 상원군 장리 2호, 함경북도 북창군 대평리 2호 등으로 모두 7곳에서 8점이 출토되었다. 전체 지석묘에서 출토된 토기 가운데 미송리형 토기가 차지하는 비율은 2.15%이다.

요녕 · 길림 지역의 지석묘에서 출토된 토기들 가운데 미송리형 토기로 분류되지 않은 토기들이 상당수 존재한다. 따라서 미송리형 토기가 아닌 그냥 장경호의 범주로서 처리된 것들까지 포함한다면, 미송리형 토기가 차지하는 비율은 훨씬 더 올라갈 것이다. 미송리형 토기의 또 하나의 특징은 미송리형 토기의 분포지와 비파형동검의 분포지가 중첩한다는 사실이다. 따라서 미송리형 토기를 사용한 사람들이 바로 비파형동검을 소지한 사람들이라고 볼 수 있을 것이다. 비파형동검은 지석묘나 석관묘에서 자주 출토되는 副葬品 가운데 하나이기도 하다.

미송리형 토기는 지리적으로 비교적 넓은 범위에 걸쳐 출토되고 있다. 중국에서는 요녕성 남부의 대련에서 단동에 이르는 지역, 동쪽으로는 혼강 상류 유역, 그리고 북쪽으로는 길림 · 장춘 지방에까지 분포하고 있으며, 한국에서는 평안북도와 평안남도의 압록강 · 청천강 · 대동강 유역에서 발견되고 있다. 미송리형 토기는 이렇듯 넓은 지역에 분포하는 만큼 그에 따른 지역성도 강하게 나타내고 있다. 즉, 요동반도 남쪽에서 출토되는 미송리형 토기는 미송리 동굴유적에서 출토된 것과 비하여 토기의 목 부분이 가늘고 약간 길다. 길림 · 장춘 지역의 西團山子形 土器는 胴體部에 무늬가 없으며, 평안남도의 개천 묵방리 지석묘에서 출토된 묵방리형 토기는 목이 미송리형 토기보다 길고 손잡이가 없다.

④ 孔列土器

孔列土器는 한반도 전지역의 주거지에서 출토되고 있다. 그러나 여기에서는 지석묘에서 출토된 孔列土器만 다루고자 한다. 孔列土器는 한반도 중·남부 지역에 위치한 지석묘들에서 출토되고 있으나, 최근에는 한반도 동북부 지역인 함경북도 김책군 덕인리 1호 지석묘에서도 출토된 바 있다. 지석묘에서 출토된 孔列土器는 모두 29점으로 지석묘에서 출토된 전체 토기 372점의 7.79%에 해당한다. 이 중 경기도에서 출토된 孔列土器는 14점으로 전체 孔列土器 출토비율의 48.27%를 차지한다. 경기도 지역의 지석묘에서 출토되는 孔列土器의 비율이 높게 나타나는 것은 바로 이 지역의 지석묘문화가 孔列土器의 사용자들과 아주 밀접한 관련이 있음을 나타내는 것으로 보인다. 특히, 孔列土器는 주로 주거지에서 출토되는 생활용기인데도 불구하고 경기도 지역의 지석묘 墓室에서 紅陶와 함께 많은 孔列土器가 출토되고 있다. 이것은 이 지역의 지석묘 사회가 한반도의 동북부와 중·남부 지역을 연결하는 문화적 접촉지대로서 교역의 역할을 담당하였기 때문일 것으로 생각된다.

孔列土器의 특징은 口緣部 바로 밑에 평행하게 한 줄로 일정한 간격을 두고 직경이 5mm 되는 작은 구멍을 뚫은 토기를 말한다. 물론 구멍을 완전히 뚫은 것도 있고, 반정도 밖에 뚫지 않은 것도 있다. 뚫는 방향도 안쪽에서 뚫은 것도 있고 바깥쪽에서 뚫은 것도 있다. 孔列土器는 한반도 서북부에만 분포하는 팽이형 토기와는 다르게 한반도의 동북부에서 중서부 지방을 거쳐 남부 지방까지 전국적으로 넓게 분포하고 있다. 기형에 있어서도 넓은 지역만큼이나 다양하다. 함경북도 지방에서 출토되는 孔列土器는 화분형 토기에 구연부가 외반된 반면에, 중·남부지역에서 출토되는 孔列土器는 대부분의 구연부가 수직을 하고 있다.

孔列土器는 지역에 따라 여러 다른 토기의 요소들과 결합하는 양상을 보여준다. 예를 들어, 함경도의 북청군 중리와 영흥읍, 평안북도 공귀리와 세죽리 등지에서 출토되는 孔列土器에는 꼭지 손잡이가 붙어 있다. 함경남도 원산 중평리, 함경북도 북청 중리, 경상북도 경주 내남초등학교 뒷산 등지에서 출토된 孔列土器에는 이중구연에 공렬을 배열하였다. 한편 서울 강남구 역삼동에서 출토된 孔列土器에는 입술에 刻目文이 새겨져 있고 그 아래에 孔列이 나란히 배열되어 있다.

⑤ 豆形土器

豆形土器는 한반도의 서북 지방과 요녕 지방에서 출토되는 경우는 드물고, 길림·장춘 지역이나 한반도의 동북 지방이나 중부이남 지역에서 다수 출토되고 있다. 그러나 지석묘의 부장품으로 豆形土器가 실제로 출토되는 곳은 길림 지역의 지석묘 4군데 밖에 없다. 豆形土器가 출토된 지석묘를 구체적으로 살펴보면, 길림성 유하현 야저구 3호 지석묘, 유하현 통구 3호 지석묘, 동풍현 조추구 3호 지석묘, 동풍현 보산촌 동산 1호 지석묘 등이다.[55] 지석묘에서 출토된 豆形土器는 4점으로 이는 전체 토기 372점의 1.07%정도 밖에 안되는 수치이다.

지석묘에서 실제 발견된 豆形土器의 숫자는 이와 같이 적지만 길림지방이 夫餘의 先祖인 西團山文化의 특성을 보여주는 곳이며, 豆形土器자체가 祭器라고 불리고 있을 정도로 의례적인 역할을 하는 토기로서 주목된다. 따라서 종교적 의미에서의 커다란 상징성을 내포하고 있다는 점을 고려한다면, 豆形土器가 갖는 고고학적 의미는 매우 크다고 하겠다.

豆形土器는 접시나 盌形의 토기에 높은 굽이 달린 고배모양의 토기를 지칭한다. 원래 豆形土器는 중국의 앙소문화에서 출현했으며, 이러한 토기양식이 우리나라에 전해진 것은 대략 청동기시대 후반경인 것으로 추정되고 있다. 한국에서 출토되는 두형토기는 굽이 높은 것과 낮은 것이 있으며, 굽이 높은 것은 대체로 원통형이며, 굽이 낮은 것은 원추형을 많다. 굽 내부에는 비어있는 경우가 많으나 小形 豆形土器에는 흙이 완전히 메워지는 경향이 있다. 한편 함경북도 무산군 호곡동의 6호 주거지 상층

---

55. 河文植, 1999, 『古朝鮮 地域의 고인돌 研究』, 백산자료원
　　許玉林, 1994, 『遼東半島石棚』, 遼寧省文物考古研究所編

에서 출토된 두형토기의 경우에는 굽에 삼각형의 透窓이 나있기도 하다. 豆形土器의 또 다른 특징은 두형토기의 대부분이 갈색토기보다는 黑色磨硏土器라는 점이다. 이러한 이유로 豆形土器는 紅陶보다는 시대적으로 약간 늦을 것으로 보는 경향이 강하다.[56]

길림 지방의 지석묘에서 주로 출토되는 두형토기는 한반도 지역에서는 시대가 다소 늦은 鐵器時代 初期의 유적에서 발견되고 있다. 이러한 豆形土器는 삼국시대에까지 계승되어 百濟[57]나 古新羅[58]의 古墳 등지에서 의례용 토기로서 발견되고 있다. 따라서 靑銅器時代의 지석묘에서 출토되는 豆形土器는 실용적 목적으로 제작되었다기 보다는 종교적 의례를 목적으로 제작되었을 가능성이 있다.

나. 土器의 出土地域과 種類에 따른 出土比率

지석묘 부장품으로서 출토되는 토기류는 총계가 약 372점[59]이나 되지만, 그러나 지석묘 출토 토기의 가장 큰 특징은 器種의 복합성과 강한 地域性을 나타내고 있다는 점이다. 예를 들어, 한반도의 동북부와 중·남부 지역에서는 紅陶가 주로 출토되고 있으며, 한반도 서북부 지역에서는 미송리형 토기와 팽이형 토기가 출토되고 있고, 요녕 지방에서는 夾砂紅褐陶와 미송리형 토기 등이 집중적으로 출토되고 있다. 따라서 출토 유물의 지역적 조합상의 차이라는 측면에서 토기의 출토비율을 세 지역으로

56. 한병삼, 1974, 『토기와 청동기』, 세종대왕기념사업회, pp.91~93
57. 이남석, 1995, 『百濟 石室墳 硏究』, 학연문화사
58. 최병현, 1991, 『新羅古墳硏究』, 일지사
59. 이 數値는 發掘과 地表調査를 통하여 지석묘의 埋葬主體部에서 출토된 토기들을 대상으로 하였다. 그러나 여기에 언급된 자료의 대부분은 完形土器라기 보다는 土器片이 주류를 이룬다. 이들 자료를 統計的 數値로 나타내기 위해 발굴된 자료가 비록 土器片일지라도 각각의 個體分(MNI)을 확인하여 이를 전부 합산한 것이다. 따라서 報告書의 未備등으로 여기에서 漏落된 土器들도 상당수 있을 것이다.

나누어 살펴본다.

먼저, 요녕·길림 지방의 지석묘에서 출토된 토기는 약 90점으로 토기의 지역별 출토비율에서 24.19%를 차지한다(표7, 도면13, 도면14). 요녕과 길림 지방에서 이렇게 높은 출토비율을 나타내는 것은 기반식 지석묘의 발굴조사가 진전되면서 토기의 출토량이 늘어난 점도 있지만, 탁자식 지석묘에서 빈번하게 출토되는 夾砂紅褐陶의 土器片을 모두 MNI로 환산한 후 통계숫자에 포함했기 때문이다. 이를 좀더 구체적으로 살펴보면, 요녕 지방에서 출토된 68점의 토기류 가운데 가장 많은 수를 차지하는 것은 21개체분이 발굴된 夾砂紅褐陶片이며, 다음은 12점이 출토된 深鉢形동이이고, 平底長頸壺도 10점이나 출토되고 있다. 요녕 지방 지석묘에서 확인되는 나머지 토기들에는 雙房形 夾砂紅褐陶(2점), 미송리형 토기(5점), 공귀리형 토기(7점), 大口壺(3점) 등이다. 반면에 夾沙黑褐短頸壺(3점)나 夾沙黑褐雙耳壺(1점) 같은 크기가 작은 토기의 출토율은 낮으며, 土製 紡錘車·土製 管玉·獸形土偶 같은 土製品도 출토되고 있다.

길림 지방에서는 출토된 토기는 22점으로 전체 토기 출토비율의 5.91%를 점유하고 있다. 길림 지방에서 가장 많은 출토비율을 나타내는 것은 7점의 夾砂黑褐陶片이며, 大口壺도 6점이나 출토되고 있다. 반면에

표 7. 遼寧·吉林地方 支石墓 出土土器 比較

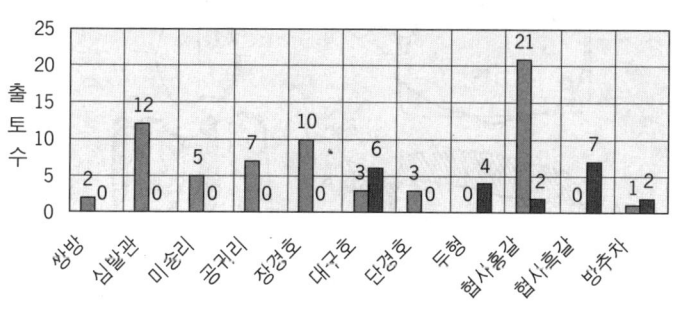

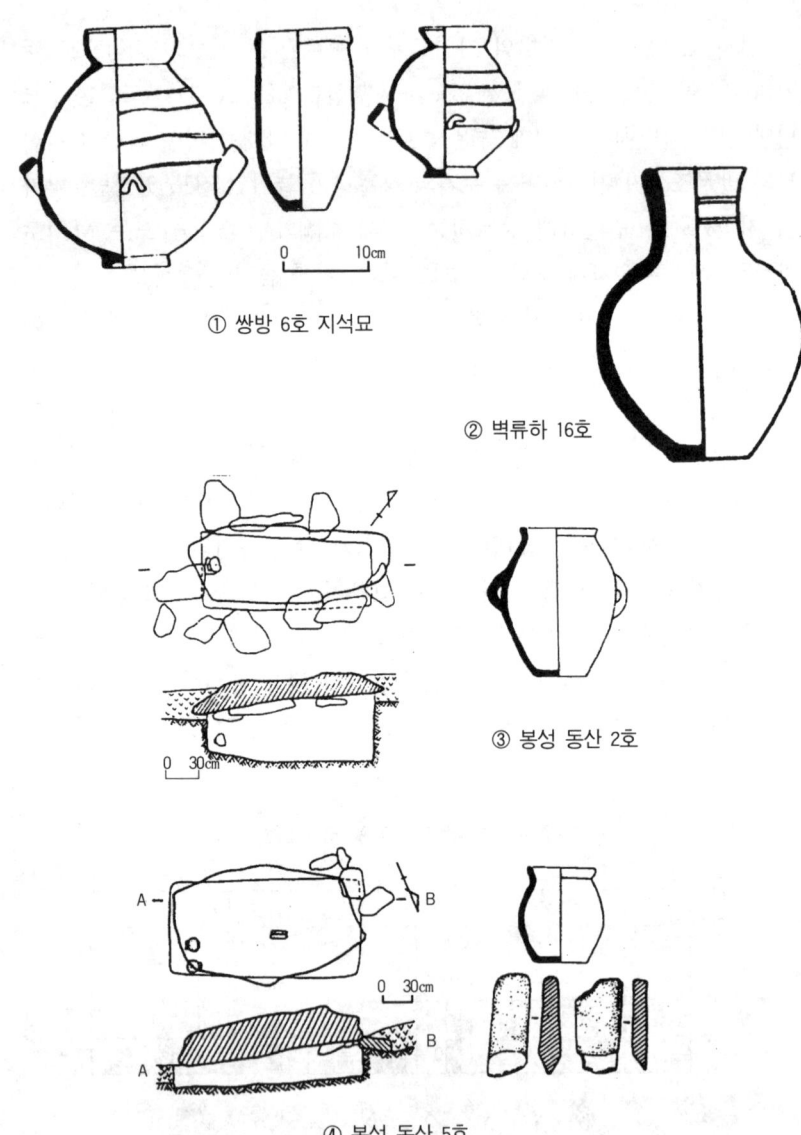

① 쌍방 6호 지석묘

0 10cm

② 벽류하 16호

0 30cm

③ 봉성 동산 2호

A —   — B

0 30cm

B

A

④ 봉성 동산 5호

도면 13. 支石墓 出土 土器

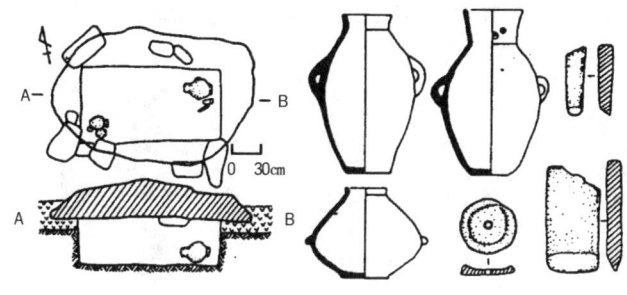

① 봉성 동산 6호

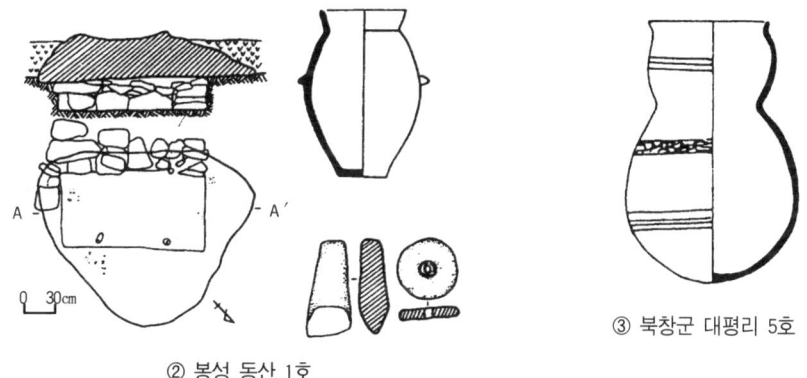

② 봉성 동산 1호

③ 북창군 대평리 5호

도면 14. 支石墓 出土 土器

夾沙黑褐陶片이 2個體分 밖에 출토되지 않고 있는 것이 요녕 지방과 다른 점이다. 다른 土製品으로는 土製 漁網錘가 2점이 출토되었고, 사발 1점과 두형토기 4점이 출토되었다.

한반도의 북부 지방에서 출토되는 토기는 전체 23점(6.18%)이다(표 8). 평안도 지방의 지석묘에서 출토된 토기류에는 미송리형 토기(3점)와 팽이형 토기(5점) 등 단지 두 종류만 보고되어 있고, 황해도 지방에서는 14점의 팽이형 토기가 조사되었고, 함경도 지방에서는 1점의 공렬토기가

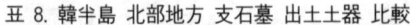

표 8. 韓半島 北部地方 支石墓 出土土器 比較

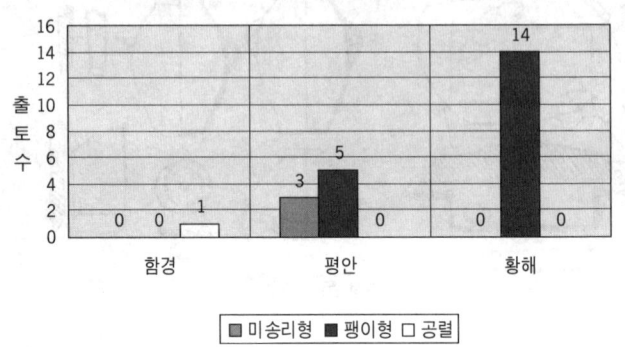

출토수

	함경	평안	황해
	0 0 1	3 5 0	14 0 0

■ 미송리형 ■ 팽이형 □ 공렬

지석묘에서 출토되었다. 따라서 한반도 북부 지방에서 출토된 토기류는 매우 빈약한 편이다.

그러나 이들 지역에서 출토된 토기들이 요녕·길림 지방의 지석묘에서 출토된 토기들과 같이 주로 실생활에 사용되는 대형 토기들이다. 이러한 실용토기들은 아마 死者를 무덤에 被葬할 때 사후세계를 위한 곡물이나 어떤 음식을 담아서 저장하였던 것으로 보인다.[60] 그런데 이들 지역의 지석묘에서 출토되는 토기들이 미송리형 토기[61]나 팽이형 토기[62] 같은

---

60. 後代의 記錄이기는 하지만, 土器에 음식을 넣는 풍습은 『三國志』東夷傳 東沃沮條에 실려있다. 이 기록을 보면, 東沃沮에서는 사람이 죽으면 가매장하였다가 뼈가 肉脫이 되면 槨속에 안치하는데, 질그릇솥에 쌀을 담아서 槨의 문곁에 매달았다고 한다.

61. 참고로 이 지역 지석묘에서 출토된 미송리형 토기의 크기는 아래 표와 같다.

유 적	지석묘 형식	태토성분	크 기(cm)
쌍방 6호 지석묘1	개석식	고운 砂粒	16.7
쌍방 6호 지석묘2	개석식	고운 砂粒	27.0
동산 7호 지석묘	개석식	고운 砂粒	16.0
동산 9호 지석묘	개석식	砂粒＋滑石	19.2
서산1호 지석묘	개석식	砂粒＋滑石	25.0
묵방리 24호 지석묘	개석식	·	18.8

대형 저장용 토기들인 동이와 단지 종류인 것은 被葬者의 사회적 신분에 걸맞게 많은 곡물이나 음식을 담아서 무덤에 副葬했었던 것으로 해석된다.

한반도 중·남부 지역의 지석묘에서는 비교적 많은 토기가 출토되고 있는데, 그 가운데에서도 가장 많은 토기가 출토되는 곳은 역시 전라도로 모두 11종류에 걸쳐 총 101점 조사되었다(표9). 이는 지역에 따른 토기의 출토비율에서 27.15%를 점하는 수치이다. 다음으로 많은 토기가 출토되는 곳이 경상도인데, 역시 11종류에 80점으로 토기 출토비율 21.50%를 차지하고 있다. 그런데, 전라도와 경상도의 지석묘에서 출토된 토기들 가운데 紅陶가 무려 123점을 차지하고 있어, 지석묘 부장품으로서의 紅陶의 가치를 주목하게 한다.

이렇듯 지석묘에서 출토되는 토기는 한반도 중·남부 지역의 경우 다른 토기에 비하여 제작시 시간이 비교적 많이 소모되고 정교한 기술이 요구되는 홍도의 출토 사례가 많은 반면, 요녕·길림 지방이나 한반도

표 9. 韓半島 中·南部地方 支石墓 出土土器 比較

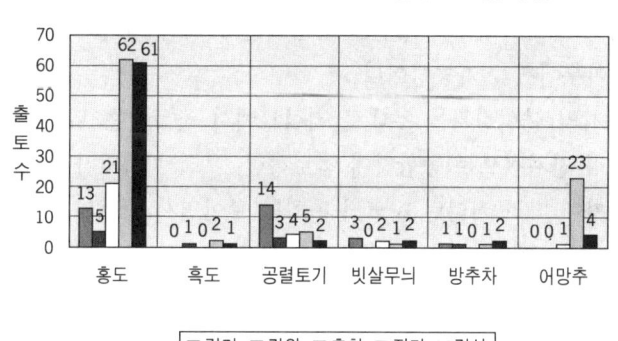

62. 한반도 서북지방에서 출토되는 팽이형 토기의 높이는 대략 20~70cm 사이에 해당한다.
    韓永熙, 1983, 「角形土器考」『韓國考古學報』14·15 合集, pp.77~132 참조

서북부 지방에서는 미송리형 토기나 팽이형토기 같은 비교적 실용적인 토기가 출토되고 있다. 따라서 요녕·길림 지방이나 한반도 서북부 지방의 지석묘는 피장자가 평소 사용하던 물건들을 안치했던 것으로 생각되는 반면, 한반도 중·남부 지방의 지석묘는 피장자를 묘실에 안치할 때, 피장자가 생존시 누리던 지위에 걸맞는 의례적 예우를 했던 것으로 생각된다. 이와 같이 지석묘에서 출토되는 토기들이 강한 지역적 성격을 내포하고 있는 것은 바로 지석묘 축조집단의 생활범위 또는 지역적 성격을 나타내주는 것이라 하겠다.

지석묘 부장품으로 특이한 점은 전라도 지역에서 토제 어망추가 집중적으로 출토되고 있다고 하는 점이다. 전라도 지역에서만 토제 어망추가 23점이나 출토되고 있는데, 전라도는 넓은 평야지대로서 형성되어 농경활동이 활발했었음에도 불구하고 다량의 토제 어망추가 출토된 것은 매우 이례적인 것이다. 이러한 토제 어망추의 다량 출토는 두 가지 측면에서 해석할 수 있을 것이다. 하나는 전라도는 서해와 남해에 면하면서 많은 섬들이 분포되어 있어, 당시의 생계전략에서 어로활동이 차지하는 비중이 상당히 높았던 것을 반영하는 것으로 볼 수 있으며, 다른 하나는 전라도의 넓은 평야지대에서 생산된 농경곡물과 해안 지역과의 활발한 해상교역이 이루어졌을 가능성이다.

지금까지의 분석결과를 토대로 지석묘에서 출토되는 토기를 지역과 종류에 따라 전체적으로 종합하여 검토하면, 무려 30가지가 넘는 토기가 종류와 숫자에 따라 커다란 지역적 편차를 보이면서 출토되고 있음을 알 수 있다. 지석묘 출토 토기 가운데 가장 많은 숫자로 출토되는 토기는 홍도이다. 홍도는 162점이 출토되어 토기출토비율 43.54%를 차지하며, 그 다음이 공렬토기로 29점이 출토되어 7.79%를 나타낸다. 미송리형 토기는 요녕성에서 5점, 그리고 평안도에서 3점 등 모두 8점이 출토되어 전체 토기 비율의 2.15%를 나타내고 있다. 팽이형 토기는 평안도와 황해도에서만 각각 5점과 14점등 19점(5.1%)이 출토되고 있다. 또한 지석묘에서 출토되는 토기의 器種에서 뚜렷한 지역성을 보여주고 있다. 예를 들어, 紅

陶의 경우 한반도의 중·남부 지석묘에서 주로 출토되는 데 비하여, 夾砂紅褐陶나 深鉢形罐 등은 요녕 지방에서만 출토되고 있다. 반면에 전형 팽이형 토기는 한반도의 서북부 지역에서만 출토되고 있다. 또한 미송리형 토기는 한반도의 서북부와 요녕 지방은 물론 길림 지방에서까지 넓은 지역에 걸쳐 출토되고 있다.

지석묘에서 출토되는 이들 토기들의 지역적 특성은 대략 두 가지로 해석되고 있다. 첫째 한반도 중·남부 지방의 지석묘에서 출토되는 토기들은 생활용 토기보다는 의례용으로 특수 제작된 토기들이지만, 요녕·길림이나 한반도 서북부 지방에서는 의례용 토기보다는 곡물 등 음식물을 많이 담을 수 있는 대형의 실용토기들이 지석묘에 부장되고 있음을 알 수 있다. 부장된 토기 器種의 이러한 차이는 역시 지역에 따라 死者에 대한 매장풍습에 차이가 있었기 때문일 것이다. 즉, 한반도 중남부 지방에서는 피장자의 신분에 걸 맞는 의례용 특수 토기가 지석묘에 부장된 반면, 요녕과 한반도 서북 지방에서는 피장자의 생존시 사회 경제적 능력을 과시하기 위해 다량의 곡물을 담은 대형 토기가 부장되었던 것으로 해석된다.[63]

둘째는 지석묘에서 출토되는 토기들이 강한 지역성을 띠는 한편으로, 토기 자체의 器形이나 胎土性分 등에서도 상당히 표준화되어 있다는 점이다. 만일 모계집단에 의해 토기 양식의 전파가 이루어졌다면, 같은 문화지역 내에서라도 토기의 양식이나 형태적 속성에서 약간의 변화가 감지되어야 할 것이다. 그러나 같은 문화지역 내에서 출토되는 같은 器種의 토기는 형태나 양식은 물론 태토성분 또는 소성강도 등에서 매우 일관성을 유지하고 있다. 따라서 기종의 다양성과 함께 이러한 토기제작의 표준화는 지석묘 사회에서 토기만 전문적으로 생산하는 토기의 전문제작자 집단이 이미 등장하였음을 나타내는 것으로 해석된다.

---

63. 『三國志』東夷傳 東沃沮條

다. 土器의 社會的 性格

고고학 자료 가운데 토기는 집단과 집단 사이의 문화관계는 물론 문화의 속성을 설명하는 데 가장 많은 자료를 제공해준다. 출토된 유물의 상대연대를 결정하는 데 있어 토기의 형식(pattern)이나 양식(style)은 매우 유용한 근거자료로 이용되며, 토기의 통시적 연속성과 공시적 분포도는 당시 그러한 토기를 사용한 사람들과 그들이 살던 문화를 복원하려는 고고학자들에게 실질적이고도 유용한 실마리(clue)를 제공해준다.

이러한 작업은 기술적 측면(technofact)에서 자연과학적 성분분석을 통한 산지추정과 토기의 기술적 발달 단계의 분석을 통한 해당 문화의 역사적 발달과정을 복원해 볼 수 있다. 이러한 자연과학적 연구는 다시 사회적 측면(sociofact)에서의 지역 간 또는 집단 간 무역활동이나 전쟁 또는 결혼관계 등을 추적할 수 있을 것이다. 그리고 다시 이러한 기술적 그리고 사회적 측면에서 진행된 연구 결과는 다시 이념적 측면(ideofact)에서 특정 토기들이 지니고 있는 가치나 용도에 대한 사회적 접근 정도의 분석은 토기들이 갖는 종교적 의미나 사회적 위계성에 대한 정보를 제공할 것이다.

한국에서의 토기에 대한 자연과학적 분석은 그리 활발하게 진행되었다고 볼 수는 없다. 그러나 최근 들어서 조금씩 진행된 토기의 자연과학적 분석은 지석묘 사회를 연구하는 데 많은 도움을 제공하고 있다. 한국에서 진행된 토기의 과학적 분석은 X선 회절 분석법(XRD)·X선 형광분석법(XRF)·주사전자 현미경분석법(SEM)·시차열분석법(DTA) 같은 암석분석 방법이 사용되고 있다.[64] 이러한 방법들에 의한 결과들을 가지고 토기의 사회성(sociofact)을 살펴보기로 하자.

먼저 紅陶의 경우에 토기 표면과 器壁에 대한 성분분석, 붉은 슬립이 굽기 전에 칠해진 것인지 혹은 구운 후에 칠해진 것인지에 대한 여부, 토

---

64. 최몽룡, 1997, 「토기의 과학적 분석」『한국사』3, pp.251~256

기가 소성된 온도, 붉은 슬립의 성분 등에 관한 정보를 얻기 위해 자연과
학적 분석이 실시되었다. 이를 간략히 정리하면 다음과 같다.

첫째, 紅陶의 胎土는 매우 정선되었으나 비짐 등을 포함한 태토의 성
분구성의 함유비율 자체는 다른 토기들과 커다란 차이는 보이지 않고 있
다. 흔암리의 無文土器와 紅陶에 대한 조사에서 두 토기의 구성광물은
SiO_2와 · Al_2O_3 등이 주요 성분을 이루고 이외에도 Fe_2O_3 · K_2O · TiO_2 ·
CaO · P_2O_5 등의 성분이 함유되어 있음이 밝혀졌는데, 두 토기의 구성성
분에는 별 차이가 없는 것으로 밝혀졌다. 입자는 대개 모난 것에서 약간
모난 것까지 분포하고 있는 것으로 밝혀지고 있다. 따라서 이들 결과들
은 두 토기의 제작 수법이 비슷하고 胎土의 구성성분의 함유비율이 같다
는 사실은 홍도의 제작방법은 같지만 정선된 胎土를 사용하기 위해 기술
적으로 그 만큼 많은 노력과 시간이 투자되었음을 의미하는 것으로 볼
수 있을 것이다.

둘째, 주거지에서 출토되는 紅陶는 붉은 슬립을 칠하고 磨研한 후에
주로 燒成하여 생활용기로 사용하는데, 표면이 벗겨지지 않도록 하였다.
그러나 무덤에서 출토되는 紅陶는 燒成한 후에 붉은 슬립을 칠하는 경우
가 많은데, 이는 표면의 박리문제보다는 붉은 색감이 잘 나타나도록 하
여 주로 의기로서의 역할을 고려한 것이라 생각된다.

셋째, 무문토기의 대체적인 燒成온도는 650±50℃이나 홍도의 소성온
도는 평균 700~750℃인 것으로 밝혀지고 있어 홍도가 약간 높은 온도에
서 소성된 것으로 보인다. 특히, 남한강 일대에서 조사된 홍도에 대한 자
연과학적 분석을 실시한 결과 물레를 사용하고 재벌구이까지 한 것으로
밝혀지고 있다. 따라서 홍도의 제작에 많은 노동력과 시간이 투자되었음
을 알 수 있다.

넷째, 홍도의 특징 가운데 하나가 磨研된 표면에 붉은 슬립을 칠하였
다는 것이다. 인류학이나 민족학적 연구의 사례들을 보면, 붉은 색은 피
를 상징하면서 재생의 뜻이 내포되어 있다고 한다. 따라서 홍도에 표현
된 붉은 색은 사자가 내세에서의 재생을 기원하기 위한 종교적이고 주술

적인 의미를 담고 있는 특별한 용도의 토기임을 알 수 있다.

따라서 홍도는 토기제작 자체에 많은 노력과 시간이 투자되고, 표면의 붉은 슬립을 칠하여 붉은 색을 강조함으로써 사자의 내세관이 강조되고 있으며, 출토지가 많은 인력이 동원되는 지석묘 같은 무덤이라는 점에서 신분을 상징하는 의례용 토기로 고고학자들은 간주했었던 것이다.

이런 측면에서 넬슨이 일찍이 제시했던 했던 홍도에 대한 사회학적 평가가 다시 한 번 주목될 수 있을 것이다. 그녀는 홍도를 신분적 의미를 가진 특별한 토기로 평가한다.[65] 즉 홍도를 제작할 때 많은 노동력이 요구되며, 지석묘의 부장품으로 자주 발견되는 것으로 보아 신분을 상징하는 토기일 것으로 간주한 것이다.

지석묘에서 주로 출토되는 홍도는 고운 점토를 이용하여 주의 깊게 만들어진 토기이다. 굽기 전에 표면에 슬립을 칠한 후, 비교적 얇은 기벽을 마연하여 마무리한 토기인데, 燒成溫度도 다른 토기보다 약간 높은 편이다. 홍도의 출토 범위가 매우 넓은 것에 비하여, 그 기형의 크기·형태·색상 등이 상당히 표준화되어 있다. 따라서 홍도도 토기 전문제작자들에 의해 만들어진 것으로 여겨진다. 그리고 전문제작자들에 의해 만들어진 표준화된 홍도는 생산과 분배에 있어서 엘리트들의 통제를 받았을 것으로 생각된다.

최근 청동기시대의 주거지에 대한 활발한 발굴조사를 통하여 주거지에서 출토되는 홍도의 사례가 증가하고 있다. 그러나 주거지에서 출토되는 홍도는 공반되는 유물들의 상태를 고려하면 무덤에서 출토되는 것들보다 시대가 다소 늦는 청동기시대 후기에 속하는 것으로 編年되고 있다. 따라서 처음에 무덤의 부장용으로 공들여 만들던 홍도가 시간이 흐름에

---

65. Nelson은 紅陶에 대하여 "Burnished red pottery seems to have been used as a status marker, as it is discovered far more often in burial than in dwellings. ……The bright red-orange color is said to derive from iron oxide, and much labor was expended to accomplish the high sheen"라고 평가한다. Nelson, S., 1993, *The Archaeology of Korea*. p.123

따라 사회 이념적 의미를 잃고 점차적으로 일반인들의 실용토기로 변모해갔던 것으로 여겨진다.

지석묘에서 출토되는 토기로는 홍도 이외에도 미송리형 토기·팽이형 토기·공렬토기·두형토기 등이 여러 토기들이 있다. 그러나 이러한 토기들에 대한 자연과학적 분석이 실시된 적은 아직 없다. 따라서 지석묘 부장품으로 출토되는 이들 토기에 대한 연구는 종교나 이념적 측면보다는 지역 간의 무역활동이나 사회의 복합성 등에 관한 측면에서 살펴볼 수 있다.

먼저 한국의 무문토기 가운데 가장 古式으로 평가되고 있는 팽이형 토기는 평안도의 청천강 유역이나 대동강 유역, 그리고 황해도 등지에서 제작되고 사용된 상당히 지역성을 띠고 있다. 물론 그 주변 지역인 평안북도 경기도 전라도 등지에서도 팽이형 토기가 출토되기는 하나 목이 길어지고 어깨부분의 윤곽이 뚜렷한 변형 팽이형 토기들이다. 따라서 한반도의 서북 지방에서 팽이형 토기를 제작하던 초기 무문토기 사용인들은 평안도와 황해도를 중심무대로 생계활동이 이루어졌음을 알 수 있다. 또한 지리적으로 넓은 범위에도 불구하고 토기 양식의 정형성과 제작기술의 일관성이 유지되고 감안할 때, 팽이형 토기는 전문제작자들에 의해 만들어지고, 그러한 토기들이 무역활동 등을 통하여 분배되었을 것으로 추정된다.

미송리형 토기도 팽이형 토기와 마찬가지로 토기의 분포범위를 통하여 사회적 성격을 살펴볼 수 있다. 전형 미송리형 토기는 평안도 서북부와 요녕 동부에 이르는 지역이다. 이들 지역을 중심으로 遼南地區나 吉林長春地域 또는 평안도 남부 지역 등에서는 각각 지역에 따라 토기의 형태가 달라진 변형 미송리형 토기가 출토되고 있다. 따라서 미송리형 토기를 사용하던 사람들의 생활 범위는 요하의 동쪽에서 청천강에 이르는 넓는 지역이다. 미송리형 토기 사용자들은 이 지역을 중심으로 남쪽과 북쪽 또는 동쪽으로 그들의 정치 경제적인 활동 무대를 넓혀갔던 것으로 보인다. 그것은 요남지구의 미송리형 토기는 전형에 비하여 목이 길고

219

가늘며, 길림·장춘의 미송리형 토기는 서단산자형 토기로 변화되었고, 청천강 유역에서는 묵방리형 토기로 변하고 있는 데서 찾아볼 수 있다.

이러한 미송리형 토기의 사용자들은 요하에서 압록강 유역에 이르는 생활권을 바탕으로 지역적 정치체를 확립시키고 무역의 확대에 따라 이들 정치체는 주변 지역으로 경제적 영향력을 확장시켜 나갔던 것으로 가정해 볼 수 있다. 특히, 미송리형 토기가 출토되는 범위가 매우 넓음에도 불구하고 토기를 제작하는 기술에 공통성이 엿보이고, 토기의 기형에도 어떤 양식적인 일관성이 유지되고 있다. 한반도의 서북부와 요녕·길림 지역의 광대한 지리적 여건에도 불구하고 이러한 기술적 양식적인 공통성이 유지된다는 것은 역시 미송리형 토기도 직업적 토기 전문가들에 의해 제작된 후, 무역 같은 방법을 통하여 여러 지역으로 분배되어 나갔을 것으로 밖에 생각할 수 없을 것이다. 특히, 미송리형 토기의 지리적 분포와 지석묘의 축조범위가 일치하고, 이들 범위에서 비파형동검이 출토된다는 사실은 당시 미송리형 토기를 제작하던 사람들의 사회적 복합도가 매우 진전되었음을 나타낸다고 하겠다. 이것은 그동안 미송리형 토기가 한국사의 최초국가인 古朝鮮의 標識的 土器였다고 주장되어 온 사실과도 무관하지 않는 것으로 보인다.

이러한 미송리형 토기나 팽이형 토기의 지리적 분포와 그에 따른 활발한 무역활동에 대한 가정은 한반도 서남부의 영산강 유역에 대한 토기 분석 결과로 나타난 사회적 성격과도 크게 다르지 않을 것이다. 영산강 유역의 지석묘 사회에 대한 연구는 崔夢龍이 토기의 분석을 실행하면서 진척되었다.[66]

그는 전라남도 영산강 유역에서 출토된 무문토기에 대한 암석분석과 XRD 분석법을 실행하여 무문토기 제작자 집단의 성격을 밝힌 바 있다.

---

66. Choi, M.L., 1984, *A Study of the Yongsan River Valley Culture: The Rise of Chiefdom Society and State in Ancient Korea*. Harvard University Ph.D. dissertation.

이들 지역에서 수집된 무문토기의 胎土에는 대략 15 가지의 다른 물질이 포함되어 있지만 주요 구성성분은 석영과 장석 등인 것으로 밝혀졌으며, 특히, 몬트모릴로나이트(montmorillonite) 성분이 함유된 것으로 분석되었다. 崔夢龍에 따르면, 토기의 구성물질에 대한 분석결과는 표본이 채집된 유적지 사이에서 지역적 그리고 지리학적 가변성을 보여주고 있다고 한다. 즉, 토기 표본에서 지배적인 화학적 구성성분의 유사성은 이들 지역이 지리학적으로는 분산되어 있으나 토기제작기술이 같은 집단에 의해서 만들어졌음을 가정하고 있다. 이는 영산강 유역의 40㎞ 범위 내에서 출토되는 無文土器의 제작에 공통의 제작기법이 보이고 있기 때문이다. 따라서 이 지역에서의 무문토기는 토기 전문가들에 의해 만들어졌으며, 교역활동 등을 통하여 다른 지역으로 분배되었던 것이다.

토기는 교역이 아닌 母系集團의 婚姻形態에 따라 주변 지역으로 전파될 수도 있다.[67] 그러나 지석묘 사회에서의 토기의 지역적 분포는 모계집단의 혼인 등의 결과로 그러한 지역적 분포도를 보이는 것 같지는 않다. 예를 들어, 영산강 유역의 넓은 지역에서 출토되는 무문토기의 지역적 분포가 모계집단에 의한 토기양식의 지역적 확산이라고 한다면, 이들 지역에서 출토되는 토기의 형태나 양식에 유사성이 나타난다고 하는 점은 인정할 수 있을 것이다. 그러나 토기를 제작한 胎土性分·燒成强度·용량의 크기 등이 지역적으로 표준화되어 있을 정도로 거의 동일하다고 하는 점은 이해하기 어렵기 때문이다. 제작기법상 이렇듯 동일한 양상을 나타내는 것은 바로 전문적으로 토기를 제작하는 사람들에 의해 만들어진 토기가 이들 지역에 재분배되었음을 의미하는 것이다. 따라서 지석묘 축조사회에서 토기의 지역적 분포는 역시 족장이나 지배 상층계급의 통제아래 교역을 통한 재분배가 이루어졌던 것이라 하겠다.

한편, 앞에서 언급한 바와 같이, 요녕·길림 지방이나 한반도 서북부

---

67. Deetz, J., 1965, *The Dynamics of Stylistic Change in Arikara Ceramics*. University of Illinois Series in Anthropology 4. Urbana

지방의 지석묘에서 출토되는 토기들은 지석묘 부장용으로 만든 의례용 토기들이 아닌 일반 주거지 등지에서도 빈번하게 출토되는 실용토기들이다. 따라서 토기 자체만을 대상으로 할 때, 이들 토기들이 출토되는 지석묘의 被葬者가 반드시 사회적으로 높은 위치에 있는 신분을 나타낸다고 할 수는 없다.

그런데, 지석묘에서 출토되는 이러한 실용토기의 종류가 용량이 작은 鉢·扁·盌·杯 등이 아니고, 미송리형 토기·孔貴里形 土器·大口壺·深鉢形·항아리·平底長頸壺 등과 같이 비교적 용량이 큰 대형토기들이라는 점이다. 따라서 이 같은 대형 토기들이 지석묘에서 출토되고 있는 것은 아마 死者의 死後世界를 위하여 풍족한 곡물이나 飮食을 담아서 被葬者의 屍體와 함께 副葬한 것으로 생각된다.

무덤에 곡식을 副葬하는 이러한 풍습은 문헌사료에서 찾아 볼 수 있다. 즉 『三國志』東夷傳 東沃沮條에 의하면, 동옥저인들은 죽으면 장사를 지낼 적에 큰 나무로 길이가 10여 丈이나 되는 槨을 만들고, 假埋葬했던 시체가 완전히 肉脫되면, 뼈를 추려서 槨속에 안치하였다. 그리고 질그릇 솥에 쌀을 담아서 槨의 문 곁에다 엮어 매단다고 기록되어 있다. 요녕·길림 지방이나 한반도 북부 지방은 濊貊系統의 汎東夷族이 거주하던 지역이다. 따라서 이들 東夷族 先祖들의 무덤으로 생각되는 지석묘에서 발견되는 실용토기들은 바로 이같이 쌀을 비롯한 곡식들을 담가두던 용기들이었던 것으로 유추되고 있다.

그런데 지석묘에 출토되는 토기들이 원래의 토기형태를 소형화한 明器들이 아니라 대형의 실용토기라는 데 주목되고 있다. 이같이 저장용량이 비교적 큰 대형 토기들이 지석묘에서 발견되는 것은 바로 지석묘에 묻힌 피장자가 생존시 지녔던 정치 경제적 능력을 상징하는 것으로 추정된다. 즉, 지석묘 피장자가 생존시 지닌 財富만큼 사후세계에서도 같은 수준의 생활을 위해 많은 양의 곡식을 대형토기들에 담아서 지석묘에 副葬되었던 것으로 추정된다. 특히, 무덤에 副葬된 대형토기에 이들 지역에서는 비교적 귀한 곡식 종류 가운데 하나인 쌀이 매장되었다는 점이 매우 주목된다.

지석묘에서 출토되는 토기의 성격은 대략 세 가지 관점에서 요약할수 있다. 첫째, 기술적 측면에서 홍도나 기타 다른 토기제작에 소요된 시간이나 노동력의 투자, 또는 제작에 요구되는 특별한 토기제작 기술 등의 분석을 통하여, 토기 전문제작자 집단이 이미 등장했음을 알 수 있다. 사회적 측면에서는 일정한 지역적 거리 내에서 출토되는 같은 종류의 토기가 양식이나 태토성분 또는 소성강도 등에서 거의 유사성을 보인다는 것은 모계집단에 의한 토기양식의 전파라기보다는 분배나 교역을 통하여 이들 토기가 재분배되었음을 의미하는 것이며, 이는 곧 분배나 교역에서의 지배 상층계급의 중앙통제적 역할을 드러내는 것으로 간주할 수있을 것이다. 셋째, 이념적 측면에서 한반도 중남부 지방의 지석묘에서 출토되는 홍도나 요녕이나 한반도 북부 지방의 지석묘에서 출토되는 대형 실용토기는 지석묘에 피장된 사람이 생존시 지닌 정치 경제적인 우월적 능력을 드러내는 것이며, 이는 바로 피장자의 계급적 성격과 이념을 상징적으로 나타내는 것이라 할 수 있을 것이다.

2) 靑銅器의 製作과 使用

지석묘에서 출토되는 청동기의 숫자는 매우 적은 편이다. 이런 이유로 지석묘를 연구하던 초기의 고고학자들에 의하면 지석묘는 청동기와는 관련이 없으며, 따라서 청동기를 일상생활에 이용하지 않았을 것이라고 생각하기도 했다. 이에 대해, 金元龍은 "청동제품은 남아 있는 것은 수가 매우 적으며, 앞에서 언급한 것처럼 청동기는 많은 일반 주민이 일상생활에서 쓴 실용품이라기보다는 소수의 유력자들만이 향유할 수 있었던 특수품, 신분상징적 재물이었다고 생각한다"[68]라고 청동제품의 희소성을 설명한다.

---

68. 김원룡, 1986, 『韓國考古學槪說』, 일지사, p.85

그러나 지석묘에 대한 발굴이 점차 증가되면서, 지석묘 副葬品에서 靑銅製品이 차지하는 비율도 점차 늘어나고 있다. 지석묘에서 출토되는 총 金屬製品의 수는 2점의 鐵製品을 포함하여 57점이며, 이는 전체 부장품의 2.01%를 점유하고 있다.

가. 支石墓 出土 靑銅器의 種類

지석묘에 출토되는 청동기의 종류에는 비파형동검·비파형동모·세형동검·선형동부·청동촉·검파두식·청동고리·청동단추 등 모두 16가지가 있고, 이와 함께 두 군데서는 철촉과 鐵澤가 출토되기도 하였다. 여기서는 지석묘에서 출토되는 청동제품 가운데에 대표적인 몇 가지만 골라 그 특성을 살펴보기로 하자.

① 琵琶形銅劍

비파형동검은 만주식동검, 요녕식동검, 또는 비파형단검 등으로 불리는 청동검으로서, 지석묘의 축조가 시작된 청동기시대 전기에 만주와 한반도에서 사용되기 시작하였다. 비파형동검은 학자에 따라 몇 개의 형식 분류가 이루어지고 있다. 전형 비파형동검은 검신 하부의 폭이 넓고 둥글게 비파의 모습을 하고 있으며, 중앙보다 약간 위쪽에 위치한 좌우양쪽의 돌기가 뚜렷하게 나타나는 형식이다. 이러한 동검이 후기에 이를수록 검신 하부의 폭이 좁아지고 좌우 돌기가 약화되며, 어떤 경우에는 아예 돌기가 형성되지 않은 변형 비파형동검도 있다.

비파형동검의 제작상 특징은 劍身과 검자루, 그리고 劍把頭飾을 따로따로 만든 후, 그것을 다시 조립하여 맞추도록 되어 있다는 것이다. 따라서 비파형 같이 생긴 검신과 'T'형으로 생긴 검자루, 그리고 검자루에 끼우거나 붙들어 매도록 되어 있는 검파두식 등으로 구성되어 있다. 이러한 피바형동검은 만주와 한반도 등지에서 널리 분포하고 있다. 그러나 특이하게도 한반도 중서부와 남해안 지역에서는 슴베에 홈이 파여져 있어, 비파형동검의 지역적 성격을 나타내주고 있다(도면15, 도면16). 비파형동검은 지석묘에서 출토되기도 하지만, 그밖에 석관묘·토광묘·집자리·패총 같은 유적에서도 출토되고 있다. 그러나 지석묘에서 출토되는 사례가 갈수록 증가하고 있어, 비파형동검은 지석묘 축조집단과 밀접한 관련이 있음을 알 수 있다.

② 琵琶形銅鉾

지석묘에서 출토된 비파형동모는 평안도와 전라도에서 등에서 각각 1점씩 모두 2점으로 수량은 적은 편이다. 그렇지만 비파형동검과 마찬가지로 지석묘의 부장품으로 출토되고 있다는 점이 지석묘 축조집단의 靑銅遺物로서 중요한 것으로 생각된다.

비파형동검과는 달리 슴베 대신에 자루를 끼우는 銎部가 달려 있다. 한반도에서는 중서부 이남 지방에서만 출토되고 있으며, 길림·장춘지구에서 출토되는 것은 전라남도 여천시 적량동 출토품과 형식상 유사한 면이 있다. 그러나 요서 지방에서 출토된 琵琶形銅鉾는 銎部에 파인 구멍의 깊이가 깊지 않고 단면이 菱形인 것이 있는데, 중국학자들은 曲刃銎柄式短劍으로 분류한다.

한국의 중서부와 남부 지역에서 출토되는 비파형동모는 자루를 고정시키기 위한 구멍이 銎部에 나있다. 따라서 비파형동모도 비파형동검과 같이 강한 지역성을 갖는다고 하겠다. 이러한 비파형동모는 지석묘 이외에 주거지 등에서도 출토되고 있다.

③ 靑銅鏃

청동촉도 지석묘에서 출토된 수량은 겨우 6점으로 전체 청동유물 출토비율의 10.52%에 불과하다. 그러나 지석묘 축조자들이 사용한 청동제품들 가운데 한 종류라는 점에서 그냥 지나칠 수 없는 유물이다. 청동촉은 황해도에서 1점, 전라도에서 1점, 그리고 경상도에서 4점 등 모두 6점이 출토되었다. 이 시기 청동촉의 형식은 鏃身 좌우에 혈구가 있는 有莖

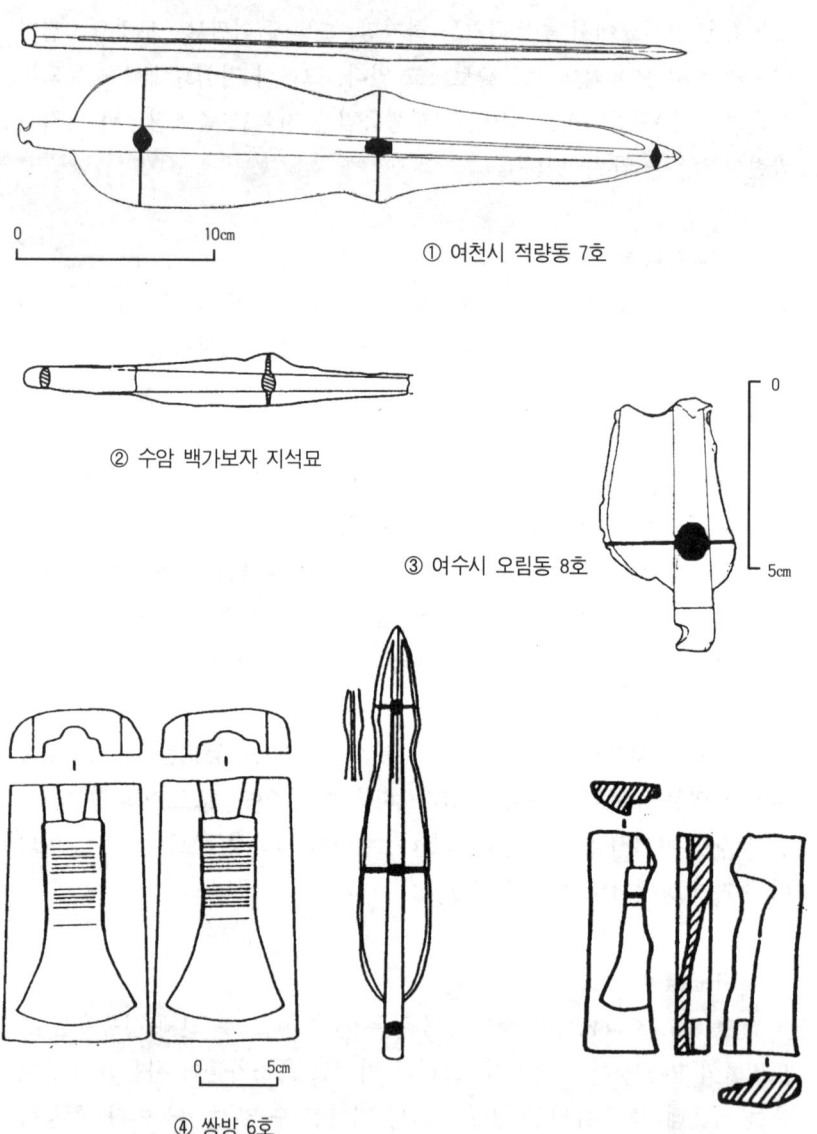

① 여천시 적량동 7호

0   10cm

② 수암 백가보자 지석묘

③ 여수시 오림동 8호

0

5cm

④ 쌍방 6호

0   5cm

⑤ 벽류하 21호

도면 15. 支石墓 出土 靑銅器와 鎔范

226

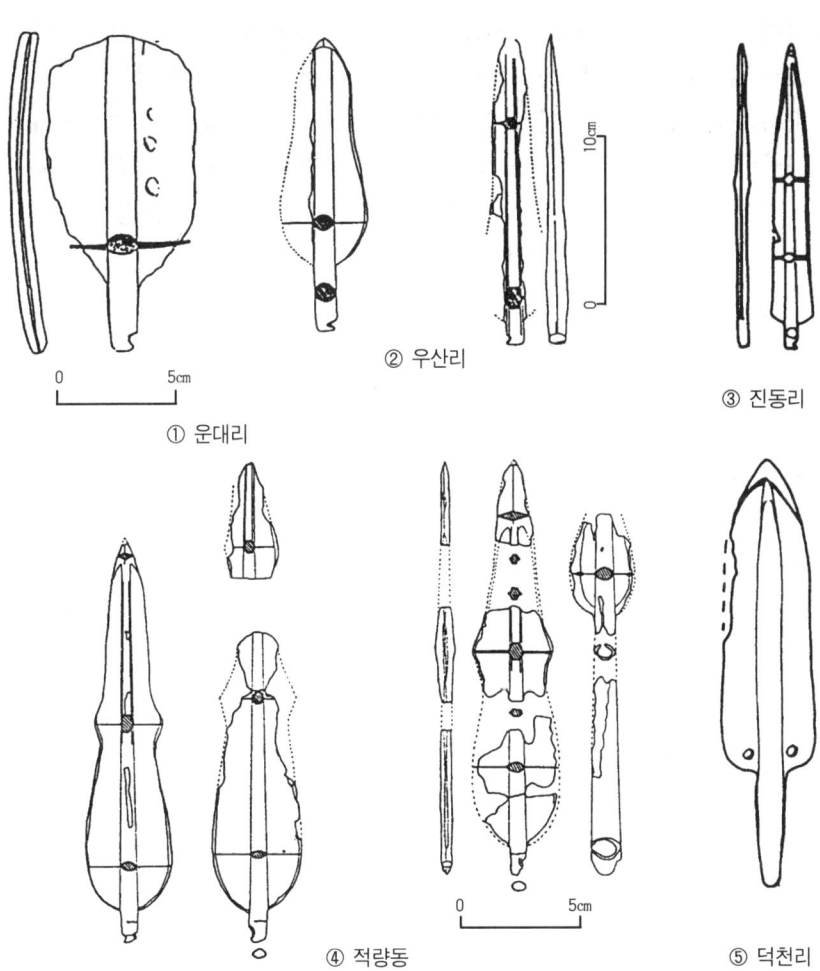

0   5cm

① 운대리

② 우산리

③ 진동리

④ 적량동

⑤ 덕천리

0   5cm

10cm

도면 16. 支石墓 出土 靑銅器

227

兩翼鏃이다.

황해도 은천군 약사동의 지석묘에서는 二段莖式의 석촉과 함께 이단 경식의 청동촉이 출토되었고, 김해 무계리와 보성 덕치리 15호 지석묘에 서는 一段莖式의 석촉과 함께 有莖靑銅鏃이 출토된 바 있다. 한편 덕치리 에서 출토된 청동촉은 비파형동검이나 동모 조각을 갈아서 만든 2차 轉用品이다. 지석묘가 아닌 유적으로는 황해도 배천군 대아리 · 홍현리와 사리원시의 상매리의 석관묘가 있고, 강원도 강릉시 포남동의 주거지 등 이 있다. 이러한 청동촉은 그 형태가 공반하여 출토되는 磨製石鏃이나 磨製石劍과 유사하여 비파형동검 문화의 유물조합 가운데 하나로 판단된 다.

④ 細形銅劍

세형동검은 한국식동검 또는 좁은 놋단검 등으로 불리는 청동단검이 다. 세형동검은 등대에 세운 稜角이 抉入部 아래까지는 미치지 않고 검신 의 하반부 폭이 넓으며 검신의 基部에서 결입부까지는 완만한 곡선을 그 리고 있다. 세형동검의 기원을 비파형동검에 두고 있으나 한국에 들어와 서 정형화된 것으로 보고 있다. 비파형동검과 세형동검에서 나타나는 차 이점은 비파형동검에서 보이지 않던 결입부가 형성되는 등 마디가 뚜렷 해지고, 검신이 전체적으로 직선화되면서 劍鋒이 예리해졌다는 데 있다.

지석묘에서 출토된 세형동검은 모두 4점으로, 평양시의 순안구역 오 산리1호 지석묘와 평안남도 성천군 백원 로동자구 지석묘에서 각각 1점 씩 2점이 출토되었고,[69] 전라남도 영암군 장천리 1호 지석묘와 경상남도 김해시 내동 1호 지석묘에서 각각 1점씩 출토되었다. 그러나 이러한 세형 동검은 청동기시대 후기나 철기시대 전기의 유물 출토품을 내는 석관묘 에서 더 많이 출토되고 있어, 그 사용시기를 비파형동검보다는 다소 늦 은 청동기시대 후기 또는 철기시대 전기에 주로 사용하였던 동검으로 비

---

69. 하문식, 1999, 『古朝鮮 地域의 고인돌 硏究』, 백산자료원

파형동검과 시대적 분류를 하고 있다.

⑤ 靑銅曲藝裝飾

청동곡예장식 1점이 평양시 상원군 장리 2호 지석묘에서 출토되었다. 청동곡예장식은 두 사람이 한쪽 팔을 상대의 어깨에 걸치고 한쪽 발을 합친 曲藝師가 각각 다른 한쪽 손에 둥근 환을 쥐고 또한 같은 크기의 둥근 환에 한쪽 발이 올라서서 곡예를 하는 모습을 형상화한 청동제품이다. 사람의 키는 3.7㎝이고 환까지 포함한 높이는 4.8㎝이다. 두 곡예사가 좌우에 쥐고 있는 둥근 고리 사이의 거리는 5.1㎝로 크기는 그리 크지는 않지만 두 곡예사의 표정을 잘 표현한 상당히 세련된 세공기술을 보여주고 있다(도면17).[70]

곡예사의 옷은 몸에 꼭 붙은 것을 입고 있으나 뒷면의 무늬가 허리부분에서 아래위가 구분되고 있는 것으로 보아 바지와 저고리를 입은 것으로 판단된다. 옷의 몸통과 팔소매, 그리고 바지에는 굵은 번개무늬가 陽刻되어 있다. 얼굴에도 눈·코·입·귀 등이 비교적 잘 묘사되어 있다. 따라서 이러한 청동장식품의 제작에는 숙련된 세공기술자가 참여하였을 것으로 보인다.

청동곡예장식이 출토된 지석묘 개석의 길이가 630㎝이고, 넓이가 405㎝되며, 두께가 72㎝나 되는 비교적 큰 규모의 탁자식 지석묘였으나 한쪽이 기울어 넘어지는 바람에 내부의 부장품이 보존될 수 있었다고 한다. 공반 출토된 부장품에는 청동곡예장식 이외에도 청동방울 2점, 청동끌 1점, 석촉 44점 등과 함께 팽이형 토기와 미송리형 토기의 조각들이 출토되었다. 따라서 이 지석묘에 피장된 주인공은 세공기술이 상당히 발달하고 전문 곡예사들이 활동하는 복합 군장사회에서 비교적 상위의 신분층에 속한 사람이었다고 판단된다.

---

70. 최응선, 1999, 「상원군 장리 고인돌 무덤을 통하여 본 고조선 초기의 사회문화상에 대하여」『단군과 고조선』, pp.479~488

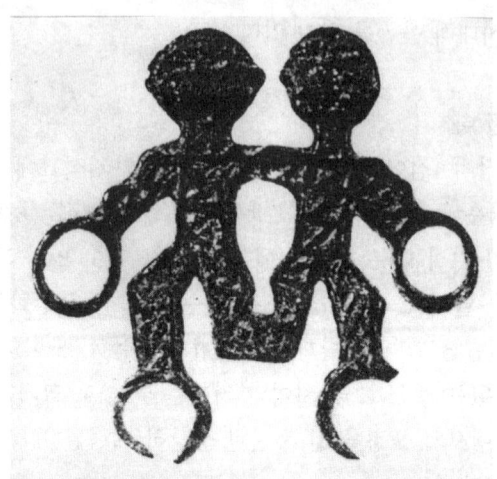

곡예를 형상한 청동장식(상원군 장리 고인돌무덤)

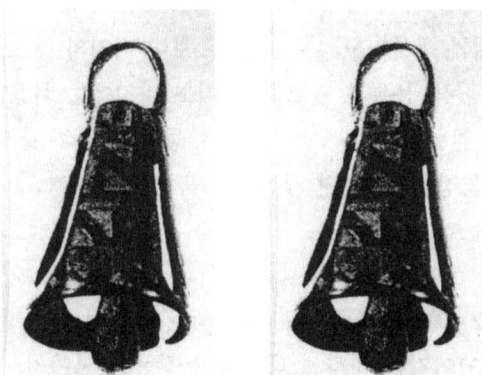

청동방울(상원군 장리 고인돌무덤)

도면 17. 支石墓 出土 靑銅器

나. 靑銅器의 出土比率

지역에 따른 출토비율을 보면(표10), 가장 많은 출토 사례를 보이는
곳은 전라도 지역으로 비파형 동검 12점, 변형 비파형동검 1점, 세형동검
1점, 그리고 청동촉이 1점 등 모두 15점이 출토되어 지역 간 청동기 출토

표 10. 支石墓 出土 靑銅器의 地域別 出土比率

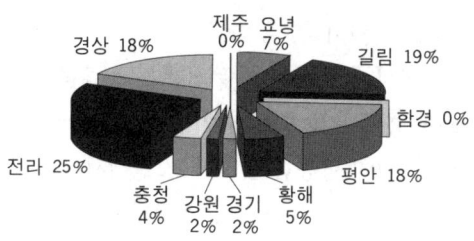

비율 26.31%를 차지한다. 경상도 지방에서는 모두 10점으로 비파형동검이 3점, 청동촉이 4점, 그리고 변형 비파형동검과 세형동검이 각각 1점씩 출토되어 17.54%의 출토 점유율을 나타낸다. 충청도 지방에서는 변형비파형동검 1점과 鐵滓가 한 곳에서 확인되었다. 경기도와 강원도에서는 철촉과 청동촉이 각각 1점씩 출토되었다. 따라서 금속제품은 전라도와 경상도를 제외하면, 한반도 중부 지방의 지석묘에서는 거의 출토되지 않고 있다.

반면에 주로 탁자식 지석묘가 분포한 요녕·길림 지방과 한반도 서북부 지방에서는 의외로 많은 금속제품이 지석묘에서 출토되고 있다. 요녕 지방에서는 비파형동검 3점과 청동장식품 1점 등 모두 4점(7.01%)이 출토되었고, 길림 지방에서는 청동단추 9점과 함께 청동고리와 청동팔찌가 각각 1점씩 출토되어, 모두 11점이 출토되어 금속제품 출토비율 19.29%를 나타내고 있다.

그밖에도 출토 수량은 적지만 평안도 지방에서는 다양한 청동기가 출토되고 있어, 이 지역에서의 청동기의 다양한 쓰임새를 보여준다. 따라서 청동기도 토기와 마찬가지로 지역에 따라 출토되는 청동기의 종류나 수량이 다르지만, 거의 전지역의 지석묘에서 청동기가 출토되고 있음을 알 수 있다. 이렇듯 다양한 종류의 청동기가 각 지역에서 출토되고 있는

231

것은 지석묘 사회에서 요구되는 청동제품의 수요가 그만큼 다양했고, 또한 이를 충족시키기 위한 전문 금속주조 또는 세공기술자의 역할이 활발했음을 반영하고 있는 것이다.

다음은 지석묘에서 출토되는 청동제품을 종류별로 살펴보기로 한다. 지석묘에서 출토된 청동유물 중에서 가장 많은 출토량을 보이는 것은 역시 비파형동검이다. 비파형동검은 요녕 지방에서 3점, 전라도에서 12점, 그리고 경상도에서 3점 등 총 18점이 출토되어, 금속제품에서 비파형동검이 점유하는 비율은 무려 31.58%가 된다(표11). 다음은 10점이 출토된 청동단추인데, 그 수량에 비하여 출토지가 길림과 평안도 두 지역뿐이며, 그것도 길림 지역에서만 10점 가운데 9점이나 출토되고 있어, 커다란 지역적 편차를 보여준다. 세형동검은 평안도에서 2점이 출토되었고, 전라도와 경상도에서 각각 1점씩 출토되어 총 4점으로 금속제품 출토비율의 7.01%를 점유한다.

표 11. 支石墓 出土 代表的 靑銅遺物의 出土比率

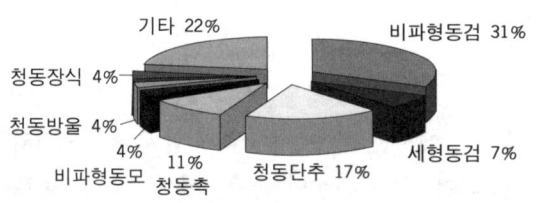

이외에도 평안도와 전라도에서 비파형동모 1점씩이 출토되었고, 평안도에서 청동방울 1점이 출토되었다. 요녕과 황해도 지석묘에서 청동장식이 각각 1점씩 출토되었고, 강원도에서는 선형동부 1점이 출토되었다. 길림 지방 지석묘에서 청동고리와 청동팔지 각각 1점이 출토되었으며, 평

안도에서 청동비수 1점과 청동끌 1점이 출토되었다. 한편 평양시 상원군 장리 2호 고인돌에서는 청동방울이나 청동끌과 함께 당시의 사회적 풍습을 보여주는 靑銅曲藝裝飾 1점이 출토되어 주목되고 있다.

지석묘에서 출토되는 金屬製品의 종류는 모두 18점으로 다양한 遺物組合相을 보여주고 있다. 이렇게 다양한 제품의 조합상은 바로 이들 석기가 사용되는 용도의 다양성을 의미하는 것이며, 한편으로는 사회의 다양한 측면을 보여주는 것이다. 제품의 기술적 측면에서도 이렇게 다양한 제품이 생산될 수 있었다는 것은 바로 지석묘 축조사회에서 금속제품을 능숙하게 다룰 수 있는 숙련된 전문 기술자집단이 존재하였음을 반증하는 것이며, 결굴 지석축조집단의 사회에 이미 직업전문화가 상당히 진척되었음을 반증하는 것이라 하겠다.

위의 표11은 이들 청동제품 가운데 비교적 많이 출토되는 유물의 상호비교를 도표로 나타낸 것이다. 상기 도표에서 나타난 것과 같이 무기류인 비파형동검·비파형동모·세형동검·청동촉 등이 전체의 44%를 차지하고 있으며, 청동방울을 포함한 장식품은 불과 25%를 나타내고 있다. 따라서, 당시 청동제품의 희소성에도 불구하고 지석묘에 묻힌 피장자가 이러한 청동제품을 소지할 수 있었다는 것은 그가 비교적 사회적으로 우월적인 신분적 지위에 있었던 자였을 것으로 추정되고 있다. 특히 청동무기류의 출토비율이 44%를 점하고 있다는 것은 지석묘의 피장자가 정치적으로 상당한 능력을 보유하고 있음을 반영하는 것으로 해석되고 있다.

다. 靑銅器의 製作技術

금속제품으로서의 청동기는 신석기시대의 뒤를 이어 사용된 인류 최초의 금속유물이다. 이러한 금속유물이 사용되기 시작함으로써 인류역사는 사회제도나 조직 등 전반에 걸쳐서 커다란 변화를 불러일으켰다. 처음 사용된 청동기는 이란의 알리 코시에서 B.C. 7000년경에 自然銅을 사용하여 만든 송곳이나 구술 등이며, B.C. 5000년경에 이르러 소아시아와 이집트에서 동을 제련하기 시작하였다.

동북아시아에서 가장 오래된 청동기 유적은 하북성 당산시의 대성산 유지로 B.C. 2400~1800년에 사이에 해당하는 純銅의 穿孔紅銅牌飾 2점이 출토되었다. 한국의 靑銅器는 紀元前 2000年期 後半에서 1000年期 前半 사이가 될 것으로 추정하고 있다. 그러나 최근에 이르러 靑銅器時代 遺蹟의 방사선탄소년대가 B.C. 15세기경으로 올라가고 있고, 연대가 B.C. 20세기까지 올라가는 요녕 지방의 문화가 濊貊文化의 요람지였음을 고려한다면,[71] 한국의 청동기 문화의 시작도 그에 상당할 것이다. 현재 한국에서 가장 오래된 청동기는 함경북도 나진의 초도유적에서 발견된 B.C. 2000 年期의 불그스레한 純銅製 대롱구술이다.[72]

① 採鑛

청동기를 제작하려면 우선 合金을 만드는 金屬鑛石의 採取가 선행되어야 할 것이다. 그런데 청동기 제작에 기본적으로 요구되는 성분은 銅·주석·납 등이다. 따라서 청동기를 제작하기 위해서는 銅鑛石이 필요한데, 이에는 自然銅과 산화광물인 赤銅石, 그리고 탄산염광물인 孔雀石과 鈉銅石 등이 있다. 그러나 아직까지 靑銅器時代의 광석 채굴지가 발견된 적이 없어, 당시의 광산유적에 대한 고고학적인 조사가 실시되지 못하고 있다.

다만 한국의 광석산지는 옛 문헌이나 자원개발연구소에서 조사한 자료들을 토대로 靑銅器時代의 광물 산지를 추정할 수 있을 것이다. 먼저 문헌자료를 보면, 『高麗史』의 光宗 9年條에 "이 해에 周나라에서 尙書 水部員外郎 韓彦卿과 尙輦奉御 金彦英을 보내어 비단 수천 필을 가지고 銅을

---

71. 李亨求, 1983, 「靑銅器文化의 비교II(中國과의 비교)」『韓國史論』13
72. 강승남, 1992, 「우리나라 원시 및 고대 유색금속의 리용에 대한 고찰」『조선고고연구』4, pp.39~43

무역하여 갔다"라고 하였고, 광종 10년조에 "겨울에 사신을 周나라에 보내어 銅 5만근과 자수정 백수정 각 2,000개를 보냈다"라고 하였으며, 원종 3년조에 "몽고가 安脫麥徹兒, 禮部侍郎 劉憲, 接伴使 康和尙 등을 보내어 다시 새매와 好銅을 요구하였다. 劉憲에게 물어보았더니, '好銅이란 곧 놋쇠(鍮鉐)다'라고 대답하였다. 그래서 재상이하 6품 이상의 문무관원들에게서 놋쇠를 차등있게 거두었다"라고 하여 고려에서 동을 수출할 만큼 많은 양을 생산하였음을 알 수 있다.

조선시대에 들어와서는 『東國與地勝覽』에 "다섯 가지 금속(金銀銅鐵鈉) 중에서 銅이 제일 많이 산출되는데, 이 땅에서 만들어지는 구리는 가장 굳고 붉은 색이 난다. 식기나 수저 등은 모두 이것으로 만드는데, 이것이 곧 중국에서 말하는 高麗銅이다"라고 기록되어, 한국의 銅이 우수하여 중국에 널리 알려졌음을 말하고 있다. 董越의 『朝鮮賦』에도 "다섯 가지 금은 산출되는 곳을 자세히 모르나 가장 많은 것은 銅이다"라고 했고, 그 注에 "땅에서 나는 銅이 가장 굳고 붉다. 밥그릇과 수저는 다 이것으로 만든다. 즉 중국에서 이른 高麗銅이 그것이다"하였다. 『本草綱目』에는 "李時珍이 말하기를 페르샤 동은 거울을 만드는 데 좋고 신라동은 종을 만드는 데 좋다"하고 면서 한국산 동과 서역산 동을 비교하고 있다. 한편, 조선후기 실학자인 한치윤이 저술한 『海東繹史』에 보면, "당과 송에서 고려의 황동과 청동을 사다가 돈과 그릇을 만드는 원료를 썼다"라고 기록하였는데, 이는 당송시대에 고려산 동이 중국에 중요한 수출품으로 팔렸었던 것을 알 수 있게 한다.

고려와 조선시대의 이러한 기록은 근래 자원연구소에서 실시한 광물조사에서 그대로 확인되고 있다. 예를 들어, 자연동의 경우도 그 수량은 많지 않으나 충청도 등지에서 산출되고 있으며, 산화광물인 주석은 강원도와 경북 지방에서 산출되고 있는 것으로 조사되었다. 한편 북한 지역은 평안도와 함경남도 일대에 동광석이 풍부하게 매장되어 있고, 요녕지방에서는 요하 하류 유역에 동광석이 매장되어 있으며, 이들 지역의 동광석이 일찍부터 채굴되었다고 한다.

이러한 자료들을 근거로 할 때, 한국의 여러 곳에 동광석이 존재하고 있으며, 이러한 銅鑛石은 기록상으로는 적어도 고려시대에 이미 널리 채광되어 중국에 수출까지 하였음을 알 수 있게 한다. 따라서 선사시대에도 한국에서 銅鑛石이 채광되고, 제련되었을 가능성이 존재한다.

② 製鍊·鎔解·合金

청동기 제작에서 합금을 하기 위해서는 이에 필요한 각각의 광석을 따로 제련하여야 한다. 산화물 광석인 적동석과 탄산염광물인 동광석, 그리고 황화광물인 방연광 등은 숯과 섞고 불을 피워 송풍하면 숯에서 나오는 일산화탄소로 환원되어 손쉽게 금속을 얻을 수 있으나, 黃銅石은 硫黃을 焙燒하여 제거시키거나 아니면 두 차례에 걸쳐 제련해야 한다.[73]

청동기시대의 동제련과 관련된 유적이나 유물이 발견된 사례는 아직 없다. 그러나 동에 관한 일반적 성질을 고려하고 유럽이나 중국에서 시행된 동제련에 관한 정보들을 종합하면, 청동기시대의 동제련은 주로 질흙 도가니나 구덩이에서 동광석과 숯을 섞고 풀무질을 하여 동을 제련하였던 것으로 보인다. 그러나 동의 녹는점이 1,083℃나 되는 고온이므로 작은 도가니나 구덩이에서 제련된 동은 일부만이 銅粒子가 된다. 따라서 이를 채로 쳐서 고른 다음 다시 도가니에 넣고 같은 일을 반복하게 되면 덩어리를 얻게 된다. 이러한 방법은 나중에는 노를 쌓아 제련하는 방법으로 발전하여 많은 동을 얻게 되었다.[74]

경주 황남동과 동천동에서 6세기경의 동제련도가니와 동제련노가 발굴되어 고대의 동제련 기술에 관한 정보를 제공해주고 있다. 황남동 출토 동제련 도가니는 내경이 12cm이며 깊이가 4cm 되는 그릇 안에 동광석 분말과 숯을 넣고, 그 안에서 숯불로 동을 제련한 것으로 조사되었다. 그

---

73. 崔 炷, 1997, 「야금술의 발달과 청동유물의 특징」『한국사』3, p.229
74. 리태영, 1991, 『조선광업사 1』, 공업종합출판사, p.26
   崔 炷, 1997, 「야금술의 발달과 청동유물의 특징」『한국사』3, p.230

리고 동천동에서 출토된 동제련로는 내경이 13㎝ 되고, 높이가 15㎝ 되며, 爐壁의 두께는 3~4㎝ 되는데, 노의 안쪽 벽에서 약 0.5㎝ 두께의 銅滓가 덮여 있었다. 그리고 이 안에서 좁쌀 크기의 구리 알갱이가 흙과 섞여 나왔고, 노의 하단부에는 2개의 풀무 구멍이 나 있었다.[75]

이러한 조사 결과들을 토대로 할 때, 고대 한국에서의 동제련은 먼저 동광석과 석광석, 그리고 납광석 등을 숯과 섞거나 교대로 쌓아 송풍하면서 녹였던 것으로 보인다. 그 후에 동의 강도를 높이기 위해 금속의 동·주석·납 등을 계량하여 비율을 맞추고 이를 도가니에 넣고 합금을 하면서 청동기를 제조한 것으로 추정된다.

그러나 동은 녹는점이 1,083℃의 고온이므로 이를 용해시키기가 어렵고 주조성이 나쁜 편이다. 그러나 청동은 주조성이 좋고 또한 주석의 함량을 높일수록 녹는점이 낮아져 용해시키기가 쉬워진다. 예를 들어, 동에 주석을 10% 첨가하면 994℃에서 녹고, 20%이면 875℃의 더 낮은 온도에서 녹게 된다. 그러나 실제 주조할 때는 200℃ 정도 더 높은 온도에서 작업하게 된다. 그런데 여기에 납을 첨가하게 되면 합금의 녹는점이 더 낮아질 뿐더러 쇳물의 유동성과 주조성이 좋아지고, 그에 더하여 수축공과 같은 주조과정에서 생기는 결함을 메우며, 표면을 매끄럽게 하는 등의 절삭성을 좋게 한다.

③ 鑄造技術

銅鑛石에서 용해된 鑄液을 이용하여 청동기를 주조하려면, 해당제품에 맞는 鑄型, 즉 鎔范이 필요하다. 용범은 한반도와 요녕·길림 등지의 지역에서 다수 출토되었다. 한반도에서 출토된 용범은 송국리 주거지에서 출토된 편암제 석범 1점을 제외하고는 대부분이 활석제의 석범이다. 중국에서는 토범(土范 또는 泥范)이 주로 사용되었고, 한국에서 토범이

75. 盧泰天, 2000, 『韓國古代 冶金技術史 硏究』, 학연문화사, pp.127~132
    崔　炷, 1997, 「야금술의 발달과 청동유물의 특징」 『한국사』3, p.229

출토된 적은 아직까지 없다. 일본에서는 사암제 石范이 사용되었다. 지석 묘에서 출토된 용범은 요녕 보란점시 쌍방 6호와 벽류하 21호 지석묘에서 활석제 석범이 출토되었다.[76] 이것은 한반도에서 주로 출토되는 석범도 활석제여서, 한반도 지석묘와 요녕 지방 지석묘와의 상호간 문화적 친연성이 시사되고 있다고 하겠다.

土范은 주물 용액의 주입구와 함께 가스가 빠져나갈 수 있는 구멍을 반드시 만들어져야 하며, 재사용이 불가능하다. 사암제 석범은 암질이 단단하지 못해 여러 번 사용하기가 어렵고 또 자주 보수해야 하는 불편함이 있다. 한편 활석제 석범은 석질이 무르기 때문에 만들기를 원하는 제품의 틀을 조각하기가 쉽고, 가스 구멍을 따로 낼 필요가 없으며, 주조할 때 터지지 않아 반영구적이고, 표면이 매끄러워 제품 표면의 질을 높일 수 있다는 장점이 있다. 따라서 滑石製 石范이 지석묘 축조 지역에서 주로 출토되고 있다는 점은 바로 지석묘 사회의 주조기술자들이 상당히 수준이 높은 청동기 제작 기술과 지식을 가지고 있었음을 알 수 있다.

④ 靑銅遺物의 成分分析

지석묘에서 청동기가 출토되고 있음은 앞에서 이미 살펴보았다. 따라서 지석묘 축조사회가 청동기의 제작과 사용에 관련되었음은 분명하다고 할 수 있다. 이들 청동제품에 대한 성분분석을 하면 당시 청동기 제작 기술자들의 전문성을 어느 정도 살펴볼 수 있다. 그러나 현재까지 이들 제품에 대한 성분분석의 사례가 그렇게 많이 이루어지지 못하고 있다.

한국 고대의 청동제품에 대한 성분분석은 1966년에 북한의 최상준이 북한 지역에서 출토된 청동기시대의 청동장식 동경·비파형동검·세형 동검 등에 대한 성분분석을 행하여 한국청동기의 성격을 파악하면서부 터 시작되었다.[77] 그는 한국의 청동기에 아연이 포함되어 있음을 특히 주

---

76. 許玉林, 1994,『遼東半島石棚』, 遼寧省文物考古研究所編
77. 최상준, 1966,「우리나라 원시시대 및 고대의 쇠붙이 유물분석」『고고민속』66-3

목하였는데, 이는 청동기제작에서 내식성을 높이면서 제품에 색깔을 내고 주조성을 높이기 위한 것으로 해석하였다. 이에 대해 이형구는 최상준의 분석결과에서 아연의 함유에 의문를 제기하였다.[78] 그는 당시 청동제작 기술이 발전하지 못한 상태에서 제련에 상당한 기술력이 요구되는 아연이 다량 함유되었다는 것은 아마 성분분석에서 오류가 있었을 것으로 보았다.

崔 炷는 한국 청동기시대의 청동제품에 대한 성분분석에서 아연의 함유량이 대체로 1%미만임을 들어 한국청동기의 아연설에 부정적인 견해를 나타내었고, 특히 슴베에 홈이 있는 비파형동검과 비파형동모는 납동위원소비를 측정하여 南韓産임을 밝혀낸 바 있다.[79] 한편 1990년에 북한의 강승남도 청동기시대의 비파형동검·세형동검·동경·세형동모 등에 대한 성분분석을 실시하였다.[80] 그 결과 온성군 강안리에서 출토된 세형동검에서만 0.009%의 아연이 함유되었을 뿐, 다른 청동제품에서는 아연이 전혀 함유되어 있지 않았다. 따라서 이것은 최상준의 분석결과에 의문을 품었던 이형구와 최 주 등의 주장에 대한 북한 학계의 새로운 연구결과라고 하겠다. 현재까지 이루어진 성분분석의 사례는 다음 표12와 같다.

표12에서 보는 바와 같이 신평 선암리의 비파형동검은 주석이 6.0%이고 납이 7.0%이며, 순천 출토 비파형동검은 주석이 14.84%이고 납이 14.22%가 되어 주석과 납의 함유비율이 비슷하나 나머지 비파형동검에서는 주석의 비율이 높게 나타나고 있음을 알 수 있다. 따라서 한국 출토 비파형동검의 특징은 주석이 납보다 높은 함유율을 나타낸다는 점이다.

---

78. 이형구, 1994, 「북한의 청동기시대에 대한 연구성과」『韓國史學』14, pp.223~227
79. 崔 炷, 1996, 「슴베에 홈이 있는 琵琶形銅劍 및 琵琶形銅鉾의 國産에 대하여」『先史와 古代』7, pp.93~102
80. 강승남, 1992, 「우리나라 원시 및 고대 유색금속의 리용에 대한 고찰」『조선고고연구』4, pp.39~43

표 12. 靑銅製品 成分分析

품 명	출토지역	Cu	Sn	Pb	Zn	Fe	As	Sb	Ag	Ni	Bi	Co
비파형동검	신평 선암리	86.79	6.0	7.0		0.11		0.01		0.025	0.06	
	의주	81.97	13.5	4.5		0.05					0.03	
	평양	78.09	14.3	8.39								
	평양	75.94	15.04	9.45								
	순천	70.30	14.84	14.22								
	순천	73.14	19.77	6.39								
청동장신구	나진 초도	53.90	22.30	5.11	13.70	1.29						
	나진 초도	83.40	7.20	8.0	0.05	0.12	0.3	0.85			0.08	
靑 銅 塊	나진 초도	67.23	25.0	7.5	0.05	0.14	trace	0.24			0.05	0.002
원판형동기	북청 토성	57.70	25.0	7.0	1.0	2.0	5.0	2.0			0.3	
세형 동검	함주 조양리	67.28	25.0	7.0		0.09		0.15		0.02	0.04	0.02
	함주	73.05	20.0	5.0	0.06	0.9		0.2		0.1	0.04	0.05
	북청하세동리	67.02	25.0	7.0	0.04	0.45		0.3		0.09	0.05	0.05
	온성 강안리	96.96	0.25	2.0	0.009	0.55		0.09		0.07	0.02	0.05
	황주 청룡리	78.97	8.5	11.0		0.01	1.2			0.035	0.07	0.025
	황주 천주리	84.7	8.0	5.2		0.1	1.4	0.35		0.09	0.08	0.08
	연탄 도치리	92.64	4.0	3.1		0.11		0.01		0.06	0.02	0.06
	신천 석당리	83.33	10.0	6.4		0.09		0.01		0.065	0.05	0.05
	신천	83.6	12.0	4.0		0.13		0.15		0.04	0.08	
	신천	82.69	13.5	3.5	0.01	0.10		0.17		0.02	0.009	
	배천 일곡리	88.88	11.0			0.025	0.045	0.04				0.01
	사리원시	76.47	12.0	7.9		3.0		1.2		0.1	0.025	0.1
	익산 용제리	75.3	17.1	6.80		0.001		0.001			0.01	
	傳전남	73.4	18.7	6.86		0.016		0.095	0.09	0.13	0.01	
	傳전남	74.0	14.4	10.6	0.003	0.053		0.12	0.13	0.17	0.03	
	傳전남	71.0	13.6	15.7		0.01		0.01	0.01	0.01	0.01	
세형 동모	은파 갈현리	84.2	8.5	7.0	0.01		0.19		0.035		0.06	0.025
錛斧	봉산 송산리	40.55	18.30	7.50	24.50	1.05						
동 경	봉산 송산리	42.19	26.70	5.56	7.36	1.05						
	신천 용산리	79.7	16.0	4.0		0.043		0.15		0.04	0.08	
	아산 남성리	39.5	27.3	11.4	0.05	0.7						
銅鈴(자루)	傳전남	67.7	17.4	13.30		0.04	0.05	0.14	0.11	0.16	0.03	
	傳전남	64.3	19.0	12.1								
	傳전남	69.4	20.0	10.3								

주석의 함량을 높일수록 녹는점이 낮아져 용해시키기가 쉬워진다는 점은 앞에서 말한 바와 같다.

그러나 같은 비파형동검에 속하지만 지석묘가 축조되지 않은 요하 서쪽의 대릉하 방면에서 출토되는 비파형동검에서는 주석보다는 납의 비율이 높게 나타나고 있다. 이점은 비파형동검의 성분분석에 대한 지역적 특성을 나타내는 매우 흥미있는 결과라고 하겠다. 다음 표13은 대릉하 유역에서 출토된 비파형동검의 화학 조성표이다.

표 13. 琵琶形銅劍 成分分析(대릉하 유역)[81]

품 명	Cu	Sn	Pb	출전
B형I식	76	5	19	新 1988
B형I식	87	2	13	新 1988
B형I식	74	13	13	新 1988
B형I식	73	11	16	新 1988
B형I식	79	13	8	新 1988
B형I식	73	8	19	新 1988
B형II식	77	4	19	新 1988
B형II식	79	13	8	新 1988
B형II식	62	19	19	新 1988
B형II식	75	2	23	新 1988
B형II식	83	2.5	14.5	新 1988
B형II식	88	5	7	新 1988
B형II식	77	7	16	新 1988
B형V식	74.5	13.5	12	新 1988
B형VI식	78	12	10	新 1988

위 표13에 나타난 바와 같이 대릉하 유역에서 출토된 비파형동검에는 납의 함유비율이 8~23% 사이에 해당한다. 이것은 지석묘가 축조되는 한반도 지역의 비파형동검에서 나타내는 4.5~14.22% 보다는 훨씬 납의 비

---

81. 靳楓毅, 1988, 「大凌河流域出土的靑銅時代遺物」『文物』11, p.34

중이 높은 것이다. 따라서 지석묘가 축조되는 지역과 그렇지 않는 지역 사이의 청동제품에 대한 화학조성 비율에 차이가 있음을 알 수 있다. 그러나 두 지역에서 공통적으로 나타나는 점은 아연의 함유량이 측정되지 않았다는 점이다. 이것은 기존에 동북아시아 특히 한국의 청동기에 아연이 함유되어 있어 한국의 청동기 문화가 시베리아의 카라스크 문화로 소개되었던 것과 커다란 차이를 나타내고 있는 것이다.

물론 초기 청동기로 분류되는 것 가운데 함경북도 초도에서 출토된 青銅裝身具의 아연 함유량이 13.70%나 된다. 그러나 초기 청동제품으로서는 단 한 가지 사례에 해당한다. 이에 대해 李亨求[82]와 崔 炡[83]는 최상준이 행한 청동유물의 분석방법이 정확하게 밝혀져 있지 않으며, 후대의 청동유물에 주조성을 높이기 위해 함유된 아연의 비율이 1%미만이고, 청동기 주조시 납을 첨가할 때 불순물로 소량의 아연이 함유되는 예는 중국의 청동기에서 흔히 볼 수 있는 사실 등을 고려하여, 최상준의 분석 결과에 의문을 제기하였다. 이에 대해 盧泰天은 주석광석과 함께 동·납·아연의 공생광석을 함께 녹였거나 아니면 주석광석과 동광석, 그리고 납·아연광석을 함께 녹여서 얻어진 청동제품이었을 것으로 해석하였다.[84]

비록 분석사례가 많은 것은 아니지만 지석묘가 축조되던 시기의 청동 기술을 이해하는 데 약간의 도움을 얻을 수 있을 것이다. 표13은 비파형 동검의 화학조성이 표본에 따라 구리·주석·납의 합금비율(%)에 약간의 차이가 있음을 보여준다. 신평 선암리 출토 비파형동검을 제외하면 대체로 비파형동검에 함유된 주석의 비율은 13.5~19.77% 사이이며, 평

82. 李亨求, 1983, 「青銅器文化의 비교Ⅱ(中國과의 비교)」『韓國의 考古學』, Ⅱ-下
83. 崔 炡 외, 1992, 「韓國 細形銅劍의 微細構造 및 原料産地 推定」『분석과학』, 5-2
_____, 1992, 「韓國의 細形銅劍 및 銅鈴의 金屬學的 考察과 납동위원소비법에 의한 原料産地推定」『先史와 古代』3, pp.189~213
84. 노태천, 2000, 『韓國古代 冶金技術史 研究』, p.151

균 주석의 함유량은 15.498%이다. 청동제품의 굳기가 주석 합금비율의 19%가 될 때 가장 단단하게 된다. 그러나 주석의 비율이 19%를 넘으면 강도는 높아지나 쉽게 부러진다. 따라서 비파형동검이 무기로 사용되었을 것으로 가정할 때, 주석의 비율에서 이에 가장 가깝게 제조된 것이 순천에서 출토된 비파형동검의 19.77%이며, 그 나머지는 함유량에서 약간 모자라게 나타나고 있다. 따라서 당시의 청동기 제작 기술상 주석의 함유율이 평균 15.498%를 나타낸다는 것은 상당히 놀라운 수치가 아닐 수 없다.

세형동검의 경우는 주석과 납의 합금비율이 다양한 모습을 나타내고 있다. 함주 조양리와 북청 하세동리에서 출토된 세형동검의 주석함유 비율은 20~25%를 나타내고 있다. 반면에 온성군 강안리 출토품은 겨우 0.25%의 주석 함유량을 보이고 있으며, 황주 청룡리와 천주리, 그리고 연탄 도치리 출토품에서는 4.0~8.5의 낮은 주석 함유량을 보이고 있다. 신천 석당리나 배천 일곡리, 그리고 사리원시 등지에서 출토된 비파형동검의 주석 함유량은 10.0~13.5로 겨우 10%를 넘어서고 있다. 그러나 한반도 서남부 지방인 익산 용제리나 傳전남의 비파형동검에는 대체로 13.6~18.7의 주석 함유량을 보이고 있다.

이러한 결과는 비파형동검 제조에서 주석이 함유되는 비율에 지역에 따라 차이가 있음을 나타내는 것이다. 특히 주석의 함량이 높아질수록 청동기의 강도가 증가한다는 점을 고려할 때, 서북 지방에서 출토된 세형동검의 강도가 가장 낮고 동북 지방의 세형동검이 높은 주석 함유량을 나타내고 있다. 그러나 주석 함유량이 25%를 나타내는 동북 지방의 것은 오히려 깨질 우려가 있다. 반면에 서남부 지방 출토 세형동검은 평균 15.95를 나타내고 있어 가장 이상적인 비율인 19%에 근접하고 있다. 이는 비파형동검의 평균 함유량인 15.498%보다 약간 높은 수치를 나타내는 것이다. 그러나, 전체 세형동검의 평균치가 13.467%를 나타내고 있어, 비파형동검보다 세형동검이 무기로서의 실용성을 더 가지고 있다고는, 현재까지의 수치로써 말하기가 어렵다고 하겠다.

반면에 銅鏡의 주석 함유비율은 동검보다 높은 16.0~27.3%의 수치를 나타내고 있다. 그래서 동경은 주석의 합금 함유량이 많아 쉽게 깨질 우려가 있다. 그럼에도 불구하고 동경은 동검보다 주석의 함유량을 증가시켜 강도가 더 높게 만들어야만 하는데, 그것은 동경의 표면에 광택을 내야하기 때문이다. 주조성을 높이고 동경 뒤쪽의 무늬가 잘 나타나도록 하기 위해서 납을 첨가하지만, 동경의 납 함유량은 겨우 4.0~11.4%를 나타내고 있다. 그러나 이것은 납의 함량이 많으면 편삭이 일어나서 좋은 주물을 얻을 수 없기 때문에 그렇게 한 것이다.

銅鈴은 전남에서 출토된 것으로 알려진 것 가운데 세 개의 성분분석 사례가 있다. 이들 동령에는 주석의 함유량이 17.4~20.0% 사이로 평균 18.8%의 주석이 함유되어 있다. 납의 함유량도 비교적 높은 10.3~13.3%가 들어있어 평균 납 함유량이 11.9%를 나타내고 있다. 따라서 동령은 주석과 납의 함유량이 비파형동검이나 세형동검보다 많이 함유되어 있음을 알 수 있다.

그런데 銅鈴의 주석 함유량이 銅鏡보다는 적고 납의 함유량이 銅鏡보다는 많은 것으로 나타나고 있다. 이는 銅鈴의 경도를 높이기 위해 주석의 함유량을 높이면서, 또한 銅鈴의 제조에서 요구되는 기술적 처리를 위해 주조성도 높여야 하기 때문에 납의 첨가량도 그만큼 증가되어야만 했다. 특히 銅鈴은 蜜蠟法으로 주조하기 위해 12% 정도의 납이 필요하다고 한다. 따라서 동령의 강도와 주조성 등 두 가지 사항을 동시만족하면서도 밀랍법으로 주조하기 위해 주석과 납의 함유 비율을 적절하게 조정한 것이다.

표14는 청동기가 그 종류에 따라 의도적으로 화학비율이 적절히 조성되었음을 나타내고 있다. 이는 당시 청동기 제작 기술자들이 청동기 제작에서 요구되는 주물의 합금비율 같은 기술적 사항들을 이미 모두 파악하고 있었다는 사실을 가리키는 것이라 하겠다. 따라서 청동기시대의 청동제작 기술은 상당히 높은 수준에 이르렀음을 비파형동검이나 세형동검 또는 여타의 다른 청동제품에 대한 화학 조성표에서 알 수 있다.

표 14. 靑銅器의 種類에 따른 화학조성표

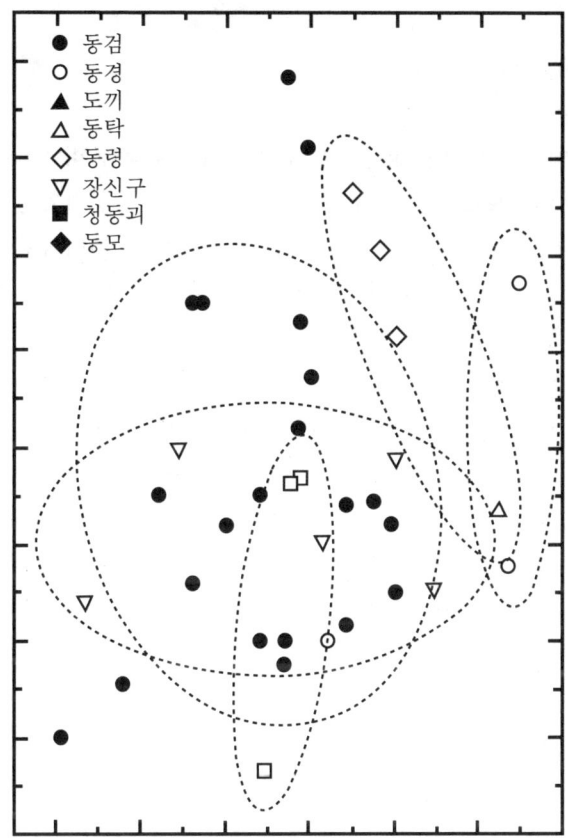

청동제품의 화학성분 가운데 동·주석·납 이외에도 아연·철·비
소·안티몬·알미늄·실리콘 등이 약 1% 내외로 함유되어 있다. 화학성
분의 함유량이 1% 내외이면, 이는 청동기 제작시 의도적으로 첨가한 것
이라기보다는 동광석을 제련할 때 공석이 포함되어 있던 원소가 불순물
로 섞여 들어산 것이라고 한다.[85] 따라서 1% 내외의 성분 함유량을 보이

85. 崔　炷, 1997,「야금술의 발달과 청동유물의 특징」『한국사』3, p.249

는 것은 청동제작 기술상 큰 의미가 없는 불순물이라고 하겠다.

라. 靑銅器의 社會的 性格

지석묘에서 출토되는 청동기의 수량은 다른 유물에 비하여 적은 편이다. 이러한 이유로 초기의 고고학자들은 지석묘는 청동기와는 관련이 없으며, 따라서 청동기를 일상생활에 이용하지 않았을 것이라고 생각한 적도 있었다. 이런 이유로 김원룡은 청동제품은 남아 있는 것은 수가 매우 적으며, 주로 소수의 유력자들만이 향유할 수 있었던 특수한 제품으로 희소성을 평가한다.

그러나 지석묘에 대한 발굴 사례가 늘어나면서, 지석묘에서 출토되는 청동제품의 숫자도 점차적으로 늘어났다. 청동기의 종류에는 비파형동검 · 비파형 동모 · 세형동검 · 동촉 · 동령 등이 있다. 비파형동검은 청동기시대 전기에 주로 유행한 것으로 지석묘가 발견되는 요녕 지방과 한반도에서 사용되었고, 세형동검은 비파형동검보다는 사용시기가 다소 늦은 청동기시대 후기에 한반도 지역에서 주로 사용되었다. 동경은 요녕성과 한반도에서 출토되고 있으나 시기가 비파형동검보다는 늦는 것으로 알려지고 있다. 따라서 지석묘가 축조되는 청동기시대 초기부터 청동기가 자체적으로 제작 사용되었음을 알 수 있다.

특히, 청동기를 제작하는데 사용된 鎔范[86]이 발견되어 청동기의 제작기술에 대한 실제적인 정보가 알려지고 있다. 용범의 종류를 보면, 그 종류가 매우 다양한 것으로 나타나고 있으며, 이 같은 용범을 사용하여 청동기를 제작하는 데에는 전문제작자가 요구되었던 것을 알 수 있다. 특히 정밀한 청동합금 비율로 제품을 만드는 데에는 전문적인 청동세공업

---

86. 보란점 쌍방 6호와 벽류하 21호의 지석묘에도 鎔范이 출토되었는데, 하문식은 피장자의 신분이나 직업과의 연결 가능성을 제시하고 있다.
하문식, 1999,『古朝鮮 地域의 고인돌 硏究』, 백산자료원

자나 청동원석의 전문적 채광기술자의 등장은 필수적인 것이다. 보다 더 중요한 것은 청동제품이나 용범은 제품의 제작과정에서 크기와 형태가 매우 표준화되어 있다는 것이다. 이것은 당시에 청동기를 전문적으로 제작하기 위한 청동제작 기술자가 출현했음을 가리키는 것이라 하겠다.

물론 지석묘에서 많은 수량의 청동제품이 출토되지는 않고 있다. 이것은 당시에 청동원료의 부족으로 사용하던 제품이 부러지거나 마모되면, 다시 주물해서 사용되었기 때문일 것으로 보인다. 청동기의 희소성은 청동제품의 소유가 일부 엘리트 집단이나 권력을 소유한 개인에게 한정되는 결과를 가져왔을 것인데, 이러한 제품의 희소성과 함께 동검이나 동모가 지니는 살상력은 이들 제품을 소유한 집단이나 사람과 그렇지 못한 집단이나 사람 사이에는 사회적 격차가 발생하고, 그것이 다시 신분적 불평등으로 굳어졌을 것이다.[87] 그리고 이러한 청동제품도 또한 전문화되고 표준화된 토기들과 마찬가지로 의해 생산과 분배과정에서 지배상층계급의 통제가 이루어졌던 것이다. 특히, 청동기가 지역적으로 매우 광범위하게 출토되는 것에 비하여, 銅鑛 産地가 매우 제한되어 있고, 실제 제작에 사용된 용범이 고고학적으로 출토 지역도 몇 군데로 한정되어 있다. 따라서 지석묘에서 출토되는 이들 청동제품의 대부분은 청동기 전문제작자 집단에 의해 만들어지고, 상층계급의 통제아래 여러 지역으로 교역에 의해 재분배되어 나갔던 것으로 여겨진다.

청동제품의 대부분은 무기와 의례활동에 관련된 제품이라는 관점에서 또 다른 특징을 찾아볼 수 있다. 김영수는 한국과 중국 그리고 일본의 청동단검 등을 종합적으로 분석하면서, 이들 지역의 청동단검은 동이족에 의해 정치적 그리고 군사적 의미로 사용되었다고 주장한다.[88] 그에 따르면, 군사적 의미에서 무기의 용법과 기능은 전투의 형태를 결정하며,

---

87. Yu, T.Y., 1998, *Dolmen Builders : The Emergence of Elite in Prehistoric Korea*. Whichita State University MA Thesis

88. 김영수, 1994, 「곡인청동단검문화에 대한 연구사적 검토」『古代 東北아시아의 民族과 文化』, pp.760~923

특히 비파형 청동단검은 강력한 殺傷力을 가진 무기라고 한다. 단검은 보병전에 활용되는 무기인데, 특히 비파형단검은 종류면에서는 검에 속하고, 劍 중에서도 단검에 속하기 때문에, 비파형단검에 의한 전쟁의 형태는 步兵戰이었을 것으로 보았다. 步兵戰은 戰車戰에 뒤이어 나타난 전투형태로 엄청난 殺傷力을 초래하는 전투형태이다.

비파형동검 사용에 대한 정치적인 의미는 전쟁의 목적뿐만이 아닌 역사적 맥락에서도 이해될 수 있다. 殷·周혁명과 그 이후의 春秋戰國時代에 이르는 中原地方의 혼란기 동안에 漢族이나 北方民族들의 東夷地域에 대한 이주는 동이 지역에 대한 정치 군사적인 위협 요소가 되었으며, 따라서 이러한 시대적 상황속에서 청동단검을 소유한 전사집단의 위상은 강화되었을 것이라고 김영수는 설명한다. 따라서 단검을 소유한 개인이나 집단은 그들 민족집단에서 차지하는 정치적 역량을 증대시키면서, 전쟁 지휘관으로서 상층계급으로 변환되어 나갔던 것으로 생각된다.

3) 石器의 製作과 使用

지석묘에서 출토되는 석기에는 무기류·농기구류·생활용구 등 종류가 다양하다. 이는 청동기시대에 들어오면 석기의 사용이 줄어들 것이라고 하는 생각과 상당히 배치되는 현상이며, 오히려 청동기시대에 들어와서 磨製石器가 본격적으로 제작되고 이를 실생활 등에 폭 넓게 사용했음을 알 수 있게 한다. 따라서 이러한 석기들이 당대의 유물로서 지석묘의 부장품으로 출토되는 것은 지극히 당연한 현상일 것이다. 여기에서는 지석묘 사회에서 이들 석기가 위치하는 사회적 성격을 중심으로 살펴보기로 한다.

가. 出土 石器의 種類

지석묘에서 출토된 석기의 종류에는 武器類에·磨製石斧·打製石斧·

磨製石劍·磨製石鏃·石槍·달도끼(環狀石器)·별도끼(星形石器) 등이 있고, 農器具類에는 磨製石鑿·반월형석도·石鋤·괭이 등이 있다. 이밖에도 생활용구로 사용된 석기 종류에는 송곳·砥石·갈돌·갈판·發火石·沈床器·石鏡·紡錘車·漁網錘·돌돈(石貨)·石杯·대롱구술·치레걸이 등 모두 27종류이다. 이들 가운데 磨製石斧·갈돌·갈판·半月形石刀·漁網錘 같은 일부 石器類는 新石器時代이래 계속적으로 사용되어 온 것도 있지만, 磨製石劍 등은 청동기시대에 들어와 새로이 제작된 것이다. 특히, 青銅器時代의 석기는 新石器時代의 석기들보다는 종류가 다양해지고, 기능에 따른 형태의 분화가 분명해지고 있으며, 지역에 따라 형식에 일정한 차이를 드러내고 있다는 점이다. 여기에서는 지석묘에서 대표적으로 출토되는 석기들을 살펴보기로 하자.

① 磨製石劍

마제석검은 청동기시대의 대표적인 석기 가운데 하나로 함경도를 제외한 한반도 일대의 지석묘에서 약 210점이 출토되었다(도면18~22). 마제석검은 劍의 범주에 속하는 것으로 양쪽 면 모두에 날을 가진 것을 지칭하며, 한쪽 면에만 날이 있는 刀와는 구별되고 있다. 마제석검의 형식은 크게 슴베가 있는 有莖式과 손잡이가 있는 有柄式으로 나누어지며, 유병식은 다시 홈이 없는 一段柄式과 홈이 있는 二段柄式, 그리고 마디가 있는 有節式으로 분류된다. 또한 학자들마다 피홈(血溝)의 존재 유무, 검신의 형태, 검신과 자루가 만나는 형태 등에 따라 세분하고 있다.

마제석검은 지역과 제작형식에 따라 출토양상이 약간씩 다른 경향을 보여주고 있다. 예를 들어, 유경식 석검은 팽이형 토기가 출토되는 한반도의 서북 지방에서 주로 출토되며, 이들 磨製石劍의 대부분에 피홈(血溝)이 있다. 반면에 지석묘가 별로 세워지지 않았던 한반도 동북 지방에서는 마제석검의 출토사례가 희소하다. 또한 보성강이나 영산강 유역 같은 한반도 서남 지방에서 출토되는 마제석검은 유병식과 유경식이 있는데, 이 가운데 유경식 석검은 서북 지방의 마제석검과 형식상 유사하여

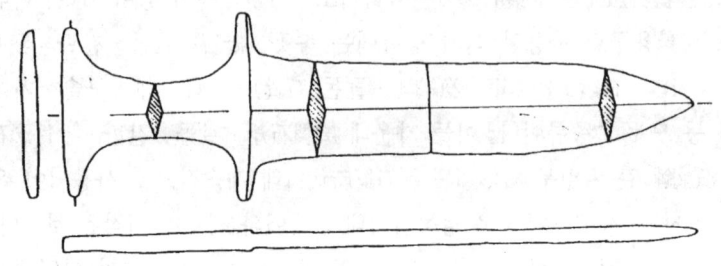

① 고흥 장수리 장수제 3호

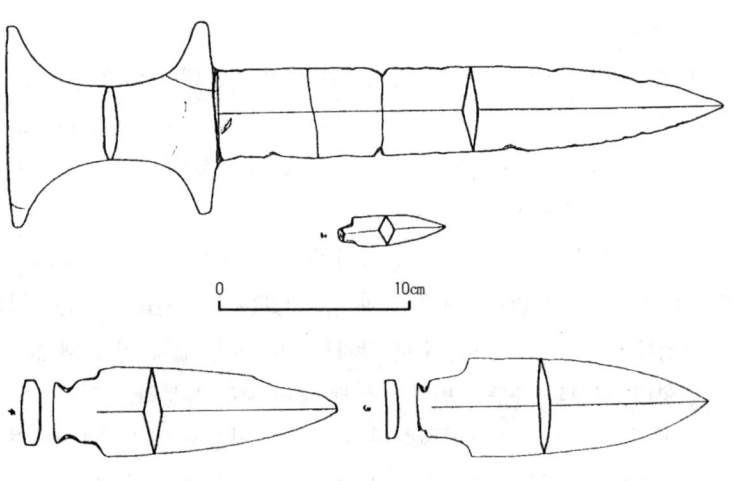

0   10cm

② 화순 창랑리

도면 18. 支石墓 出土 石器

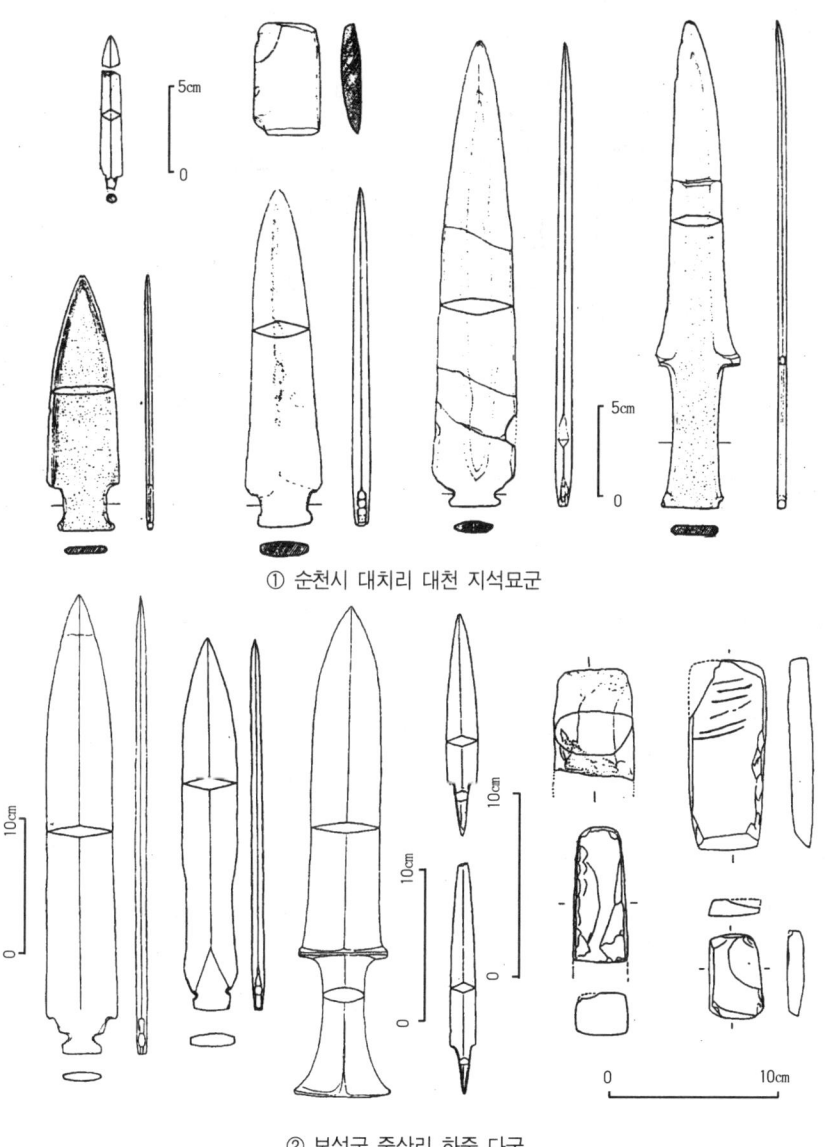

① 순천시 대치리 대천 지석묘군

② 보성군 죽산리 하죽 다군

도면 19. 支石墓 出土 石器

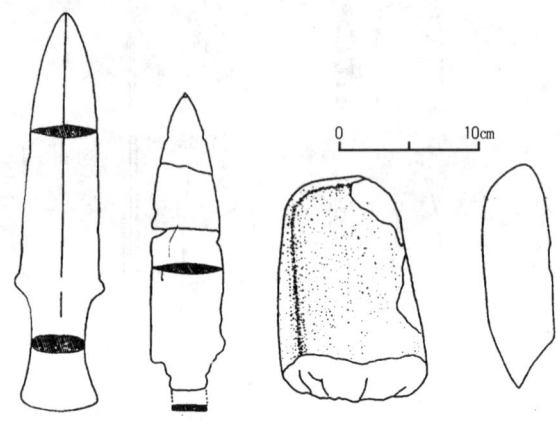

① 순천시 오봉리 마군

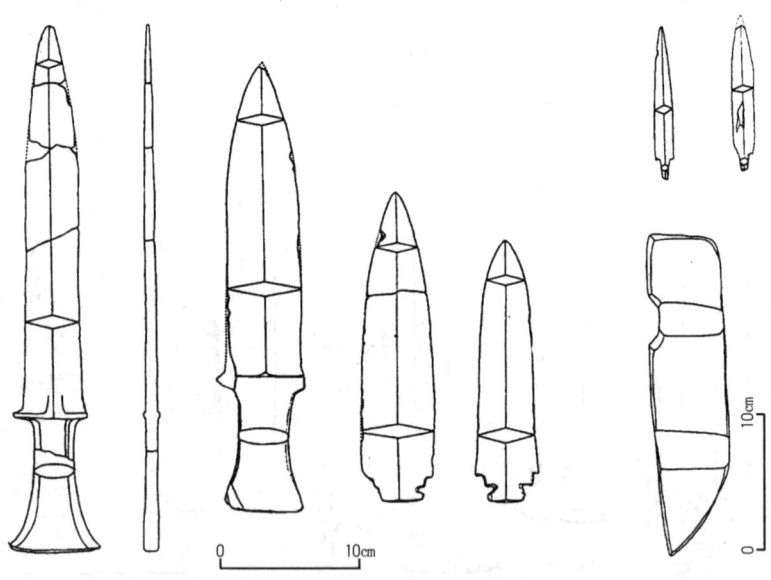

② 보성군 덕치리 신기 지석묘군

도면 20. 支石墓 出土 石器

252

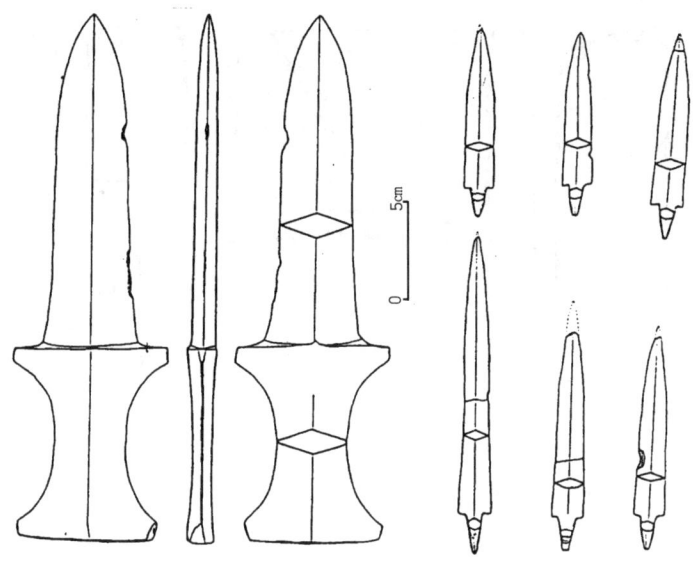

① 봉계동 대곡 4호 지석묘

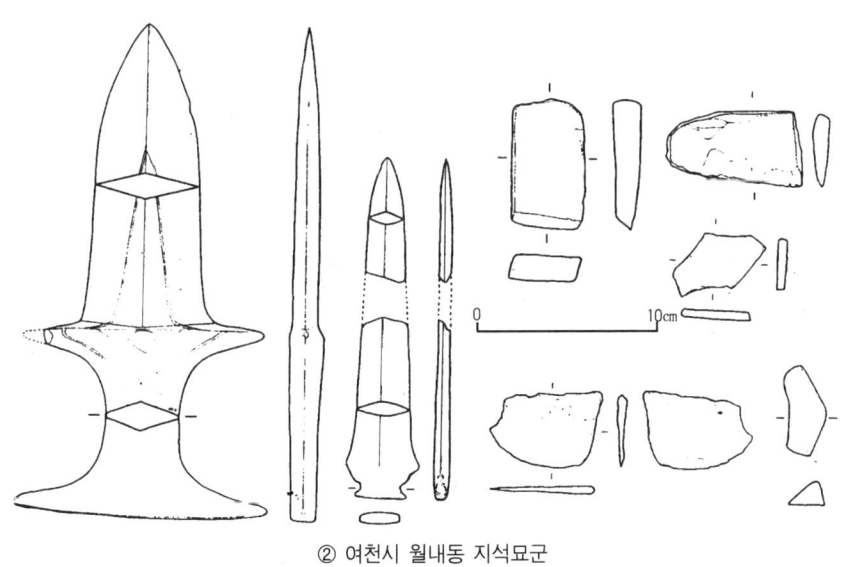

② 여천시 월내동 지석묘군

도면 21. 支石墓 出土 石器

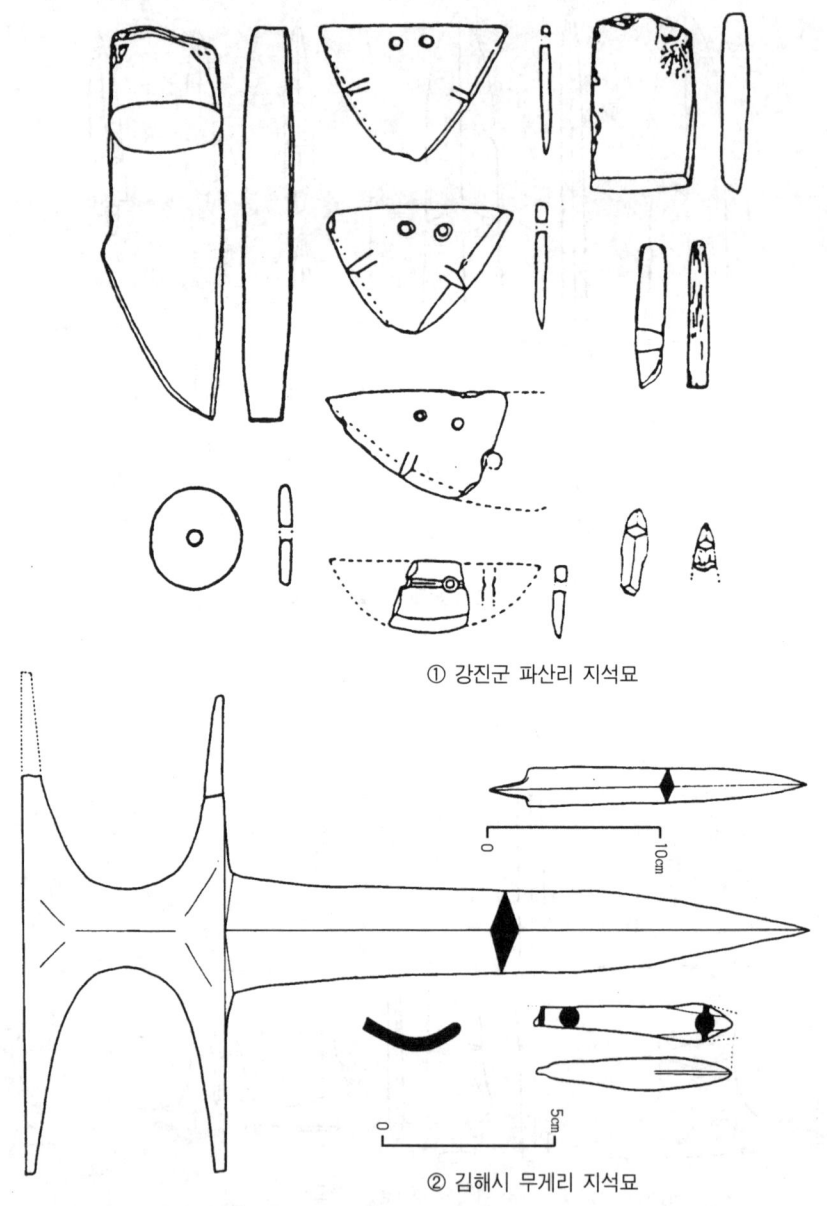

① 강진군 파산리 지석묘

② 김해시 무게리 지석묘

도면 22. 支石墓 出土 石器

두 지역사이의 문화적 상관관계를 추측하게 한다. 한편 동남 지방에서는 마제석검의 손잡이(柄部) 끝에 장식이 있거나 병부가 옆으로 길게 늘어난 儀器的인 형식이 출토되고 있다. 대부분의 마제석기는 무덤과 생활유적에 따라 형식이 뚜렷하게 구별되지는 않는다. 그러나 지석묘에서 출토되는 이러한 儀器化된 磨製石劍은 일반 집자리 같은 생활유구에서 출토되는 마제석검들과는 그 용도에 차이가 있는 것으로 생각된다.

② 磨製石鏃

지석묘에서 출토된 磨製石鏃은 무려 953점[89]이나 되며, 지석묘가 분포하고 있는 요녕과 길림 지방에서 한반도에 이르기까지 거의 전지역에 걸쳐 지석묘의 副葬品으로 출토되고 있다. 磨製石鏃은 新石器時代에 이미 사용되기 시작하였다. 그러나 靑銅器時代에 들어오면 그 종류가 다양해지고 제작도 보다 정교하게 만들어지고 있다. 지석묘의 墓室에서 출토되는 磨製石鏃은 磨製石劍과 공반하여 출토되고 있으며 완제품으로 사용흔적이 나타나지 않고 있으나, 墓室周邊에서 출토된 것은 사용한 흔적이 나타나고 있다. 따라서 지석묘의 출토품으로서는 비교적 다량으로 출토되는 磨製石鏃은 지석묘 피장자의 신분을 파악하는 데 상당히 주목되는 유물이라 생각된다.

磨製石鏃의 전체적인 몸체는 鏃頭, 鏃身, 그리고 鏃莖 등으로 구분된다. 석촉의 형식은 경부의 유무에 따라 有莖式과 無莖式으로 나뉘는데, 대개 유경식의 단면은 마름모꼴을 하고 있으며, 무경식은 납작한 육각형꼴을 하고 있다. 有莖式은 경부의 段에 따라 一段莖式과 二段莖式으로 다시 세분된다. 이러한 형식의 차이는 시대적 변화과정을 반영하는 것인지, 아니면 사용 가능상의 차이점을 나타내는 것인 지는 현재까지 명확

---

89. 지석묘의 發掘이나 地表調査의 報告書를 토대로 자료를 聚合한 것이다. 따라서 미처 입수하지 못한 報告書가 있으면, 여기의 자료에서 누락되었을 것이다. 따라서 여기에 제시된 數値는 완전하다고 할 수는 없을 것이다. 그리고 유물 가운데 파손된 것이 있을 지라고 이를 모두 MNI로 통계 처리하였다.

하게 밝혀진 것은 없다. 그렇지만, 고고학자들의 연구결과들에서 나타나는 대체적인 의견에 따르면, 석촉의 형식상의 차이는 시대적 선후관계보다는 지역적이고 기능적인 차이를 반영하는 것으로 보고 있다.

③ 磨製石斧

지석묘에서 출토되는 石斧에는 打製石斧와 磨製石斧가 있다. 打製石斧는 경기도 · 강원도 · 전라도 · 경상도 등지에서 11점이 출토되었지만, 磨製石斧는 요녕 지방에서 제주도에 이르는 넓은 지역의 지석묘에서 총 97점이 출토되었다(도면23). 따라서 磨製石斧가 지석묘 사회와 매우 밀접한 관련이 있음을 알 수 있다. 마제석기의 재질은 화강암 · 점판암 · 편마암 · 사암 · 사문암 · 석회암 등이 이용되었고, 흔하지는 않지만 벽류하 23호 지석묘와 화가와보 1호 지석묘에서는 옥돌로 만든 마제석부가 출토된바 있다.

마제석부도 마제석검이나 마제석촉과 같이 지역에 따라 형태가 약간씩 차이를 보이고 있다. 磨製石斧는 홈(有溝)의 유무에 따라 有段石斧와 有溝石斧로 나누어지며, 날의 磨面에 따라 蛤刃石斧[90]와 單刃石斧[91]로 구분되고 있다. 김원룡은 팽이토기가 출토되는 지역의 유단석부가 한강 이남으로 넘어오면서 腹部에 가로의 홈이 생기는 유구석부로 변하는 것으로 보았다.[92] 따라서 요녕이나 길림 지방에서는 유구석부가 발견되지 않고 있으며, 한강 이남에서는 유단석부와 함께 유구석부가 출토되고 있다. 유구석부는 중국 · 동남아시아 · 태평양제도 등지에서 널리 분포하고 있으며,[93] 한반도에서는 홍도의 출토 지역과 대략 그 분포가 일치하고 있다.

蛤刃石斧는 주로 탁자식 지석묘에서 출토되고 있으며, 단인석부는 주

---

90. 蛤刃石斧는 조개날 또는 兩刃石斧라고도 불린다.
91. 單刃石斧는 扁平單刃石斧 直刃石斧 납작날도끼 등으로도 불리고 있다.
92. 김원룡, 1993, 『韓國考古學槪說』, p.80
93. 元重皓, 2000, 『韓半島 有溝石斧 硏究』, 漢陽大學校 大學院 碩士論文

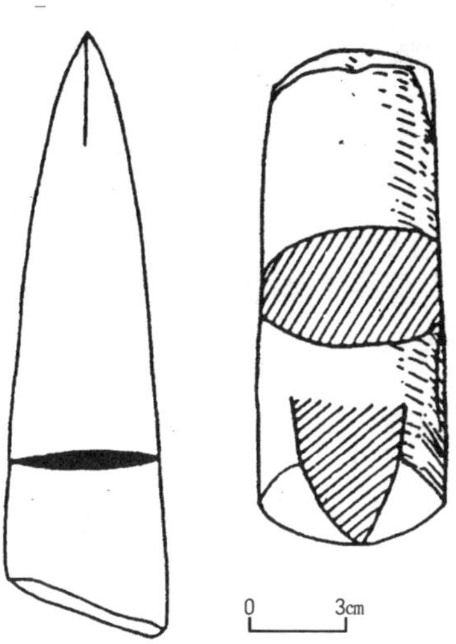

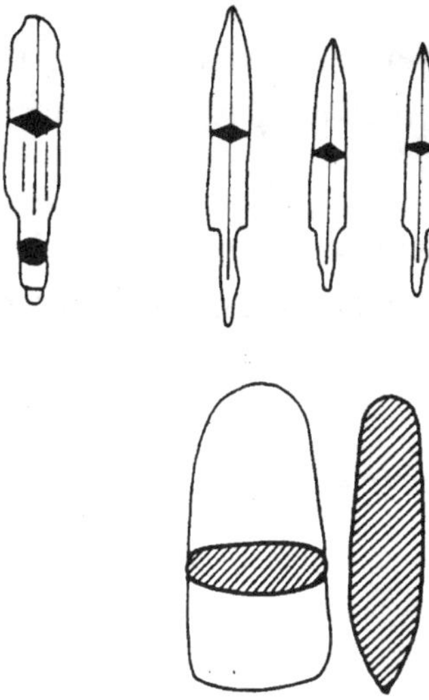

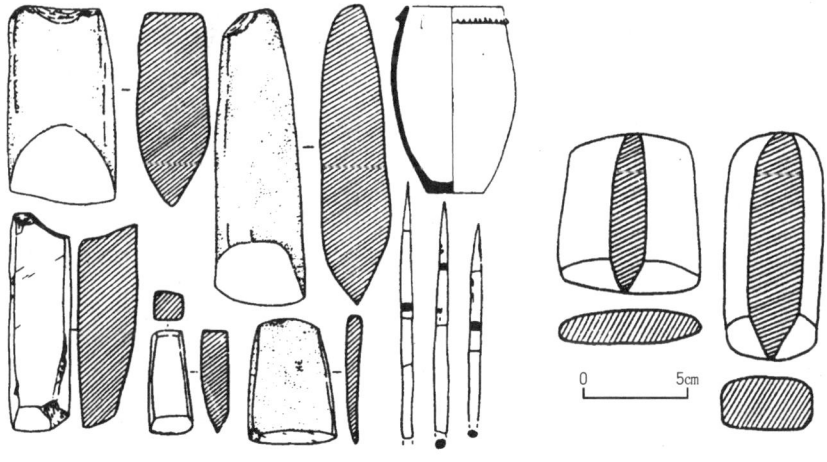

① 연탄군 평촌 11호

② 은천 약사동

③ 개주시 화가와보 3호 지석묘

④ 금현 소관둔

도면 23. 支石墓 出土 石器

로 기반식이나 개석식 지석묘에서 출토되는 특징이 있다. 그러나 보성군 덕치리 20호 지석묘와 죽산리 다군 1-8호 지석묘 같은 위석식 지석묘의 묘실내에서도 출토되는 경우도 있다.

④ 달도끼

環狀石斧라고도 불리는 달도끼도 石斧의 한 종류로 분류되기도 한다. 그러나 달도끼는 곤봉대가리(棍棒頭)의 일종으로 형태나 용도에서 유단석부나 유구석부와는 완전히 달라 여기에서는 이들과 분리하여 서술하였다. 곤봉대가리는 긴 막대기 끝에 석기를 꽂아 무기 등으로 사용되었

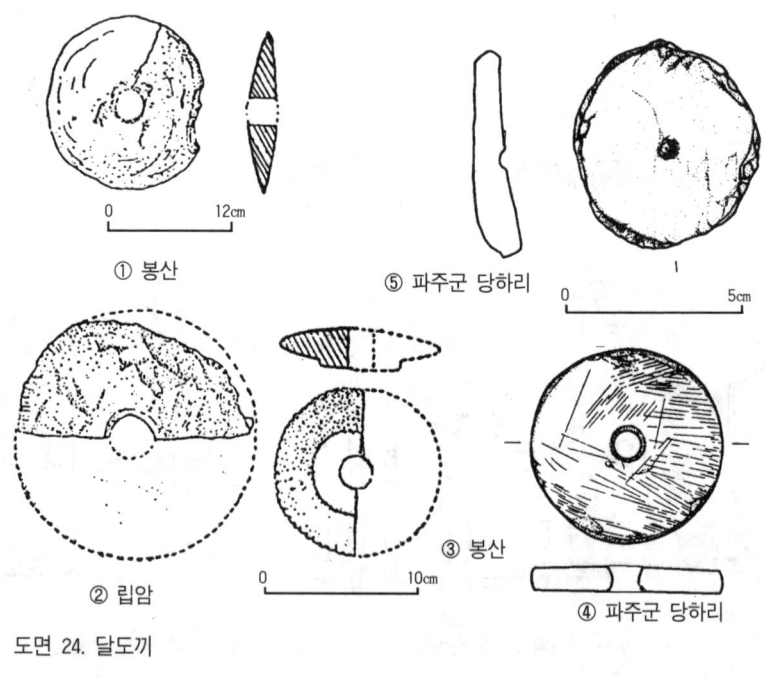

0   12cm

① 봉산

⑤ 파주군 당하리

0   5cm

② 립암

0   10cm

③ 봉산

④ 파주군 당하리

도면 24. 달도끼

---

94. 도유호, 1960, 『조선 원시 고고학』, p.155

던 석기를 의미한다.[94] 이러한 곤봉대가리의 하나인 달도끼는 원판형으로 생긴 석기의 가운데에 구멍을 낸 것으로 원판형의 가장자리를 따라 磨硏하여 날을 만든 것이다(도면24).

지석묘에서 출토된 달도끼는 모두 6점이다. 평안남도 증산군 룡덕리 7호 지석묘에서 달도끼 조각이 출토되었고, 황해도 연탄군 오덕리 송신동 31호 지석묘에서 달도끼 2점이 출토되었다. 달도끼는 팽이형토기와 관련된 유적에서 주로 출토되고 있다. 한편 한강이남에서는 충청북도 제천시 황석리 A호 지석묘와 전라남도 승주군 우산리와 유평리 지석묘에서도 달도끼 조각이 각각 1점씩 출토되었다. 승주군의 출토품은 달도끼로서는 가장 남쪽 지방에서 발견된 것이다.

⑤ 별도끼

별도끼는 星形石斧 또는 多頭石斧 등으로 불리는 곤봉대가리의 일종이다. 별도끼는 원판형석기의 가장자리를 돌아가며 몇 개의 간단한 홈을 낸 것, 이러한 홈을 완전히 내서 바퀴살 같은 가닥을 길게 한 것, 가닥을

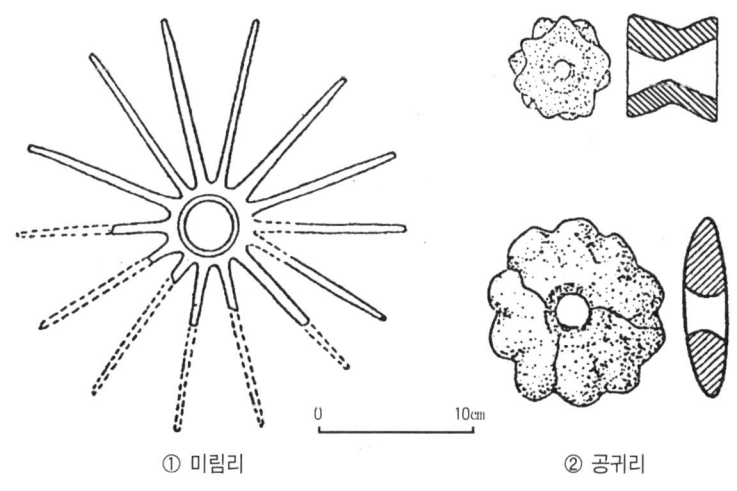

① 미림리   ② 공귀리

도면 25. 별도끼

송곳과 같이 뾰족하게 만든 것, 그리고 가닥과는 한 단을 두고 아래에 다시 가닥 사이로 다른 가닥을 두어 곤봉자루를 끼울 수 있는 구멍이 길어진 것 등이 있다. 별도끼도 달도끼와 같은 곤봉대가리의 한 종류이기 때문에 석기 가운데에 곤봉자루를 끼울 수 있는 구멍이 뚫려 있다(도면25).

지석묘에서 출토된 별도끼는 모두 3점이다. 요녕성 와방점시 화동광 지석묘에서 1점이 출토되었고, 북한에서는 평양시 상원군 장리 2호와 황해도 오덕리 송신동 5호 지석묘에서 별도끼 1점씩이 출토되었다.[95] 별도끼도 달도끼와 마찬가지로 팽이형토기 관련 유적에서 출토되고 있다. 별도끼의 기능에 대해서는 무기나 지휘봉 등으로 사용되었을 것으로 추정되고 있다. 그러나 그 형태로 보아서는 무기 같은 실용도구로는 볼 수 없고, 아마 지석묘 피장자의 신분적 상징을 나타내기 위한 어떤 儀器的 용도로 만들어졌을 것으로 간주하는 것이 합리적이라 생각된다.

⑥ 半月形石刀

半月形石刀는 穀物의 이삭을 자르는 농경도구로서 한국과 중국 그리고 일본 등지에서 널리 출토되고 있다. 지석묘에서 출토된 半月形石刀는 모두 55점이며, 이 가운데 전라도 지방에 15점이 출토되어 가장 높은 출토비율을 보이고 있으나, 황해도에서 1점, 그리고 평안도에서 3점이 출토되었고, 길림 지방에서는 7점이 출토되었다. 따라서 북쪽 지역으로 올라갈수록 출토숫자가 줄어들고 있음을 알 수 있다. 곡물의 수확용 농경구인 半月形石刀가 지석묘에서 출토되고 있다는 사실은 바로 지석묘 사회의 경제적 성격을 이해시켜주는 것으로 생각된다.

지금까지 半月形石刀의 형식분류는 주로 외형을 중심으로 시도되어 왔다. 여기에서는 金元龍[96]과 안승모[97]의 견해를 중심으로 살펴보면 다음

95. 하문식, 1999, 『古朝鮮 地域의 고인돌 研究』, 백산자료원
96. 김원룡, 1987, 「韓國半月形石刀의 發生과 展開」『韓國考古學研究』, pp.331~349

과 같다. 첫째, 장방형석도는 평면형태가 장방형이며 날은 單刃도 있으나 蛤刃이 압도적으로 많다. 주로 요동반도와 한반도 동북 지방에서 출토되고 있다. 둘째, 櫛形石刀는 直刃에 外灣背의 형태이며 單刃이 대부분이다. 요동 지방과 압록강 상류 유역에서 주로 출토되고 있다. 셋째는 魚形石刀는 外灣背에 外灣刃이며, 대체로 單刃雙孔 형식이다. 주로 요동반도에서 출토되고 있으며, 한반도에서도 숫자는 적지만 여러 곳에서 출토되고 있다. 넷째의 長舟形石刀는 直背에 灣刃의 세로로 길쭉한 형태이다. 길이와 폭의 비가 약 4:1이다. 길림과 장춘 지역은 물론 대동강 유역·한강 유역·낙동강 유역 등지에서 널리 발견되고 있다. 다섯째, 短舟形石刀도 장주형석도와 마찬가지로 直背에 外灣의 형태이나 장주형석도와는 달리 길이와 폭의 비가 약 3:1 전후이다. 대동강 유역과 한강 유역에서 널리 발견되고 있다. 마지막으로 三角形石刀는 直背에 雙邊刃이다. 삼각형석도의 특이한 점은 單刃이면서 磨研한 면이 같은 면이 아니고 서로 반대 면이 되도록 한 점이다. 삼각형석도는 충청도와 전라도, 그리고 경남 지방에서도 출토되고 있다.

⑦ 磨製石鑿

현재까지 지석묘에서 출토된 석착은 모두 39점이며, 이 가운데 전라도에서 출토된 磨製石鑿은 모두 10점으로 가장 많은 출토사례를 보이고 있다. 경기도와 경상도에서 각각 7점씩 출토되었으며, 이외에도 요녕 지방·함경도·평안도·황해도·강원도·충청도·제주도 등지에서도 약간의 출토 사례가 보고되고 있다.

磨製石鑿은 용도에 있어서 磨製石斧와 차이를 보이고 있다. 즉, 打製石斧나 磨製石斧는 掘地具나 벌목 같은 농경도구나 전투에서의 무기용으

97. 안승모, 1985, 『韓國半月形石刀의 硏究』, 서울大學校 大學院 碩士論文
　　　　, 1998, 「韓國半月形石刀의 硏究-發生과 變遷을 중심으로」『東아시아 先史時代의 農耕과 生業』, pp.105~208

로 사용된 데 비하여 磨製石鑿은 단순히 나무를 다듬기 위한 木工具로만 사용된 것이다. 마제석착의 날은 單刃이고 평면형태는 장방형이다. 그런데 지석묘에서 출토된 이들 마제석착은 지석묘의 墓室 내부보다는 墓室 주변에서 출토되는 경향이 있어, 지석묘 부장품으로서 磨製石鑿의 기능이 재검토되고 있다.

나. 石器의 出土比率

현재까지 지석묘 부장품으로 조사된 석기의 총 숫자는 1,606점[98]이며, 이는 전체 지석묘에서 출토되는 유물 가운데 56.64%를 차지하고 있다(표 15). 이를 지역별로 살펴보면, 지석묘 부장품으로 가장 많은 석기가 출토된 지역은 490점의 석기가 출토된 경상도 지방으로 전체 비율의 30.51%를 차지하고 있으며, 다음은 전라도 지역으로 403점에 전체의 25.09%를 차지하고 있다. 충청 지역에서는 159점(9.90%)이 출토되었고, 경기 지역에서는 130점(8.09%)이 출토되어 북쪽으로 올라갈수록 출토되는 수치가 낮아지는 경향이 있다.

한강이북의 황해도에서는 82점(5.10%)이 출토되었고, 평안도에서는 97점(6.03%)이 출토되었으며, 함경도에서는 5점(0.31%)이 출토되었다. 요녕 지방의 지석묘에서 출토된 석기는 모두 64점으로 석기 출토비율 3.98%를 나타내고 있으며, 길림 지방에서는 71점이 출토되어 석기 출토비율 4.42%를 나타내고 있다. 따라서 전라도나 경상도 지방의 지석묘에서 출토되는 석기의 출토비율에 비하여 요녕 지방이나 평안도 지방의 출토비율이 크게 감소하는 현상을 나타내고 있다. 이러한 현상은 앞에서 말한 대로, 한반도의 남부에서 북쪽으로 올라갈수록 매장주체부가 외부에 노출되는 탁자식 지석묘가 증가하는 현상과 관련이 있는 것으로 보인

---

98. 관련 보고서나 논문 등에 나타난 자료들을 취합한 것이며, 비록 유물의 일부가 파손되었다 할지라도 MNI로 계산하여 통계수치에 포함하였다.

다.

표15는 남쪽 지방에서 북쪽 지방으로 올라갈수록 지석묘에서 출토되는 석기의 비율이 점차 감소하는 현상이 아주 뚜렷하게 나타나고 있다. 이것은 결국 매장주체부가 외부에 노출되는 卓子式 支石墓의 지리적 분포현상과 밀접한 관련이 있는 것으로 해석되는 것이다. 이는 매장 주체부가 지상에 위치하는 圍石式 支石墓가 주류를 차지하는 濟州道에서 출토된 석기의 총 수량이 7점으로 0.43%를 나타내고 있다는 점에서도 이러한 사실이 다시 한 번 증명되고 있다. 따라서 지석묘에서 출토되는 유물은 지석묘의 매장 주체부가 地上이냐 아니면 地下냐에 따라 크게 달라지는 것으로 보인다. 물론 지상에 매장 주체부가 있는 지석묘에 원래부터 副葬品이 적거나 없었다는 것을 의미하는 것이 아니라, 매장 주체부가 외부에 노출됨으로서 호화롭게 副葬된 유물이 파손되거나 도굴되었을 가능성이 높다는 것이다. 따라서 지석묘에서 출토되는 유물이 희소하기 때문에 지석묘의 被葬者가 共同體社會의 일반 평민들이라는 지석묘 사회의 平等社會를 주장하는 학자들의 의견에 문제가 있음을 알 수 있게 한다.

다음은 지석묘에서 출토되는 석기의 출토비율을 검토해보기로 한다. 지석묘에서 출토되는 석기는 876기의 지석묘에서 27종류에 총 1,606점[99]

표 15. 支石墓 出土 石器의 地域別 出土數

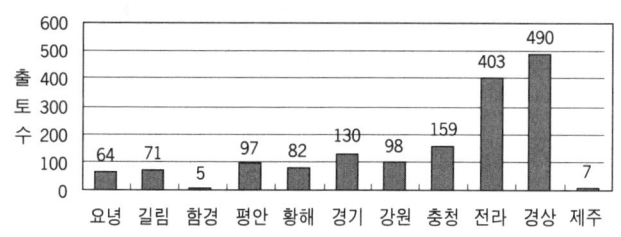

---

99. 현재까지 發掘調査나 地表調査가 실시된 報告書의 내용을 토대로 數値를 算定하였으며, 파손된 것도 모두 MNI로 처리하여 본 統計値에 포함시켰다.

이다. 표16은 지석묘에서 출토되는 주요 석기의 종류별 숫자를 나타낸 것이며, 표17은 이 가운데 비교적 출토빈도가 높은 석기를 용도별 비율로 나타낸 것이다.

표 16. 支石墓 出土 主要石器의 種類와 出土數

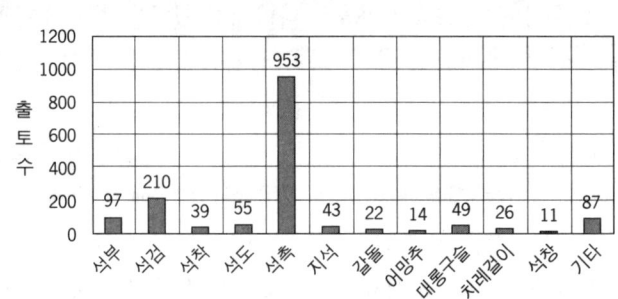

표 17. 支石墓 出土 石器의 用度別 出土比率(%)

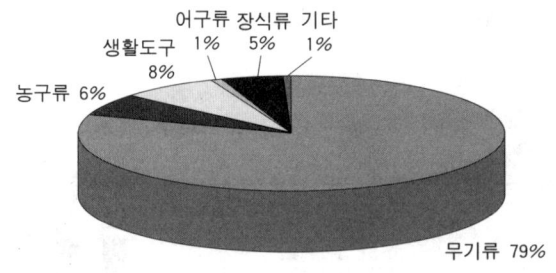

　여기에서 주목되는 것은 磨製石斧·磨製石劍·磨製石鏃·磨製石槍 등을 포함한 무기류의 출토비율이 무려 80%를 차지하고 있다는 점이다. 반면에 농기구를 포함한 생활용구들인 半月形石刀·磨製石鑿·갈돌·紡錘車·漁網錘 등은 대략 10% 정도를 차지하고 있다. 그리고 裝飾品인 대롱

264

구슬과 치레걸이는 합해서 약 3%를 나타내고 있다. 특히, 사회적 계층문제와 관련하여 주목되는 점은 석기유물의 출토비율만 고려했을 경우, 무기류(80%)와 장식품(10%)등 사회적인 신분을 나타내는 것으로 보이는 石器類가 무려 90%를 점유하고 있다는 점인데, 이는 바로 지석묘에 묻힌 피장자가 농경이나 어로 같은 생계전략보다는 사회 정치적인 영향력을 행사하는 지배 상층계급의 신분에 속한 자였음을 알 수 있게 하는 것이다.

지석묘에서 출토되는 石器類에는 이밖에도 여러 가지의 생활용품들이 포함되어 있다. 그런데 달도끼 · 별도끼 · 돌돈 · 石范 · 石槍 · 石鏡 · 송곳 등이 한반도 서북부나 요녕 지방에서 출토되고 있는 반면에, 砥石 · 갈돌 · 石棒 · 갈판 · 打製石斧 등은 한반도의 중 · 남부 지방에서 출토되는 현상을 보이고 있다.

이러한 현상은 지역에 따라 지석묘 축조집단의 생계전략에 차이가 있었음을 반영하는 것으로 보인다. 지석묘 墓室에서 출토된 특이한 石製品으로 경기도 하남시 광암동 지석묘에서 사람 얼굴이 새겨진 人面畵 板石 1점이 있고,[100] 길림성 동풍현 조추구 2호 지석묘에서 돌로 만든 잔인 石杯 1점이 있다.[101] 그리고 출토 수량은 적지만 요녕 지방에서 제주도 지역에 이르기까지 여러 지역의 지석묘에서 치레걸이가 출토되고 있다.

이런 점으로 볼 때, 지석묘 축조사회는 넓은 지역에서 다양한 분화적 특성을 보여주고 있음에도 불구하고, 지석묘 피장자의 사회적 신분을 유추할 수 있는 석기들이 반출되고 있다는 공통점을 보여준다고 하겠다. 특히, 지석묘의 묘실에서 다양한 목적으로 사용되는 석기들이 출토된다고 하는 사실은 바로 그만큼 지석묘 사회에 직업의 전문화가 상당히 진전되었음을 내포하는 것이라 하겠다.[102]

---

100. 최정필 외, 1998, 『河南市 廣岩洞 支石墓』, 세종대학교 박물관
101. 하문식, 1999, 『古朝鮮 地域의 고인돌 硏究』, p.104
102. Yu, T.Y., 1998, *Dolmen Builders : The Emergence of Elite in Prehistoric Korea*, Whichita State University MA Thesis

다. 石器의 製作技術

石器를 磨研하여 도구를 만드는 제작기술은 신석기시대부터 이미 시작되었다. 그러나 청동기시대에 들어와서도 마제석기는 계속 사용되었고, 어떤 의미에서는 마제석기의 제작기술이 더욱더 발전하였다. 물론 청동기가 석기보다는 여러 면에서 장점이 많을 것이다. 그러나 청동기시대에 생활도구나 무기를 모두 청동으로 만들 수는 없었다. 이러한 현상은 김원룡이 이미 지적한 바와 같이, 청동제품의 稀少價値 때문에 사용범위에 제한되었기 때문일 것이다.

『조선고고학개요』에서는 石劍과 靑銅短劍에서 제작기술의 관계를 "이처럼 청동기의 출현은 석제 도구와 무기 제작기술의 발전을 억제한 것이 아니라 그것을 더욱 발전시키는 작용을 하였으며 그리하여 석기제작기술발전에서 새로운 국면을 열어놓았다. 처음에 청동기는 석기를 모방하였으나 나중에는 석기가 청동기를 모방하게 되었다. 기원전 2000년기 이후 시기에 단검, 곤봉대가리 같은 일부 무기에 청동제 단검, 곤봉대가리를 재현한 것이 더러 보이는 것은 잘 알려져 있는 사실이다"[103]라고 설명한다. 따라서 청동기시대에 이러서도 청동기 제작기술의 점진적인 발전과 더불어 석기제작기술도 발전하여 갔던 것이다.

① 石材의 選擇

석기를 제작하기 위해 사용된 석재는 주변 지역에서 산출되는 암석, 특히 片麻巖 계통의 石材가 사용되었다. 예를 들어, 마제석검의 거의 대부분은 片麻巖의 石材를 磨研하여 제작되었다. 이것은 지질학적으로 한반도 암반의 40%가 片麻巖系이기 때문에 비교적 손쉽게 얻을 수 있을 뿐만 아니라 제작상 절리도 쉽게 이루어지기 때문에 사용된 것이다. 요녕지방에서 출토된 마제석기의 석재도 대부분이 石灰巖이나 片麻巖이어서

---

103. 사회과학원 고고학연구소, 1977, 『조선고고학개요』, p.78

266

한반도에서 제작된 석기의 재질선택과 별반 차이가 없어 보인다.

　농경 수확도구인 半月形石器의 石材도 砂巖·石灰巖 같은 堆積巖이나 粘板岩·片麻巖·板岩 같은 變成巖 등이 사용되고 있는데, 이는 석재의 강도나 예리함보다는 편리가 잘되는 점을 石器製作에서 우선적으로 고려하였기 때문으로 보인다. 이는 안승모가 이미 지적한 대로 半月形石刀는 이삭을 잡아뜯어 수확하는 도구의 특성을 감안한 것이다.[104] 한반도 서북지방의 팽이형토기를 사용한 사람들도 半月形石刀나 磨製石鏃 또는 마제석검 등을 제작할 때 주로 片離가 쉬운 점판암을 사용하였다.

　그러나 주변 지역에서 석기제작에 필요한 석재를 구하지 못할 때는 타지역으로부터 필요한 석재를 수입하거나 아니면 이미 완성된 석기를 교역하였던 것으로 보인다. 예를 들어, 충주 지방에서 출토된 석기들의 石質은 적색 청색 회색의 색조를 띠는 점판암이 사용되었다. 그런데 적색의 점판암은 제천 지역에서 산출되고, 청색의 점판암은 강원도 평창이나 영월 지역에서 산출되는 것으로 알려지고 있다. 따라서 이러한 石材는 강이나 일반 交易路를 따라 석재의 交易이 이루어진 것으로 생각된다.[105] 따라서 우리는 石器의 재질 분석을 통하여 石材의 原産地를 추정함으로써 先史時代의 交易路를 추정할 수 있는 것이다.

② 石器의 製作

　석기의 제작기술에 관한 연구는 아직까지 크게 진척되지 못하여, 당시의 제작과정을 상세하게 살펴보기는 어려운 형편이다. 그러나 경기도 여주군 흔암리나 경상남도 진주시 대평리의 옥방지구에 대한 고고학적 발굴조사 과정에서 석기를 제작하던 주거지 또는 공방 등이 발견되고 있으며, 실제로 마제석기를 실험 제작해 본 경우도 있어, 先史時代의 石器

104. 안승모, 1985, 「韓國半月形石刀의 硏究-發生과 變遷을 중심으로」『東아시아 先史時代의 農耕과 生業』, pp.105~208
105. 김선우, 1993, 『韓國 磨製石劍의 性格』, 梨花女子大學校 大學院 碩士論文, p.27

製作 과정에 대한 정보가 많이 제공되고 있다.

석기의 제작은 먼저 石塊로부터 채취한 석재를 만들고자 하는 형태로 주변 지역을 打製하고,[106] 다음에 숫돌에 갈아서 완성한다. 최근에 靑銅器時代의 磨製石劍을 제작한 경험도 韓國 先史時代의 석기제작기술을 이해하는 데 도움을 준다. 이 석기제작 실험을 살펴보면,[107] 석기의 제작은 원형의 돌로 된 날을 가진 그라인더로 대리석에서 마제석검을 만들 정도의 석재를 잘라내고, 드릴을 이용하여 표면의 각을 처리하였으며, 다시 핸드 밀러를 사용한 후에 60·120·240·320·400·600·300·1000·1200·1500·2000번의 사포를 가진 그라인더로 단계적으로 갈아서 왁스로 처리해서 광을 내고 마무리하는 데 거의 하루의 시간이 소유되었다 한다. 현대적인 공구를 사용하여 마제석검 한 개를 만드는 데 하루가 걸린 시간을 감안하면, 청동기시대에는 1개의 마제석검을 만드는 데 1개월 정도가 소유되었을 것으로 추정되기도 한다.

석기가 제작된 주거지로는 경기도 여주군 흔암리의 12호 주거지를 그 한 예로 들 수 있을 것이다. 이 주거지 내부에서는 여러 종류의 석기와 함께 석기를 磨研하여 가공하던 지석이 출토되었으며, 지석의 주변 지역에서는 여러 종류의 박편이 흩어진 채 출토되었다. 그런데 이러한 石器·砥石·薄片들이 다른 주거지에서는 발견되지 않고 유독 12호 주거지에서만 출토되고 있는 점이 주목되는데, 이는 모든 주거지가 아닌 어떤 특정 주거지를 중심으로 석기제작이 이루어졌음을 알 수 있다. 따라서 이러한 주거지는 장인들이 집단적으로 거주하면서 석기를 제작하던 곳으로 판단된다.

석기를 제작하던 공방은 진주시 대평리 옥방 5구역 A지구에서 송국

---

106. 有溝石斧의 경우 打製에 flaking과 pecking의 방법이 적용된 것으로 밝혀지고 있다.
　　元重皓, 2000, 『韓半島 有溝石斧 研究』, 漢陽大學校 大學院 碩士論文, p.14
107. 金仙宇, 1993, 『韓國 磨製石劍의 性格』, p.24에 마제석검의 재현과정이 자세히 기록되어 있다.

리형 주거지 23기가 발굴되었는데,[108] 이들 주거지에는 석기를 제작하던 작업공간을 갖추고 있었다. 또한 C지구 2호의 장방형 주거지에서도 석기를 제작하던 당시 상태의 모습 그대로 발굴되어, 청동기시대의 석기제작 과정을 이해하는 데 많은 정보를 제공하고 있다. 이들 주거지가 위치한 옥방 5구역의 북쪽과 동쪽 지역 등지에서 지석묘가 발굴되었다. C지구 2호의 장방형 주거지의 경우 서북쪽에는 북쪽으로 공간이 외부로 확장되어 있는데, 이 공간 안에는 작업을 위한 공간이 마련되어 있고, 안의 석렬 사이에서는 작업하면서 남겨진 玉의 박편들이 다수 출토되었다. 따라서 이 곳은 玉製品을 생산하던 공간으로 판단된다. 주거지 내부의 서쪽에서는 주로 토기가 출토되고, 북벽 쪽에 있는 단에서는 완성된 半月形石刀가 출토되고 있다. 그리고 동남부 쪽에서는 미완성 석검 등이 놓여 있었다. 이외에도 石斧·半月形石刀·石鎌·紡錘車 등이 일정한 위치에 놓여 있다. 특히, 이들 석기가 각각의 제작과정의 단계에 따른 석기들이 출토되고 있다. 예를 들어, 半月形石刀는 原石, 原石을 打製하여 半月形石刀의 외형만 대략적으로 만든 것, 어느 정도 반쯤 완성된 것, 제작이 이미 끝난 것 등 각 단계별로 출토되고 있다. 따라서 석기 제작과정의 분업화나 단계화를 한 눈에 살펴볼 수 있는 것이다.

라. 石器製作의 社會的 意味

石器의 제작에는 石材의 채취·운반·제작 등의 과정을 한 사람이 모두 처리하기에는 무리였을 것으로 판단된다. 따라서 이러한 석기를 전문적으로 제작하는 전문가 집단의 존재를 상정케 한다. 그리고 이렇게 만들어진 석기들도 그 종류나 형태에 따라 여러 가지 용도로 사용되면서 사회적인 역할을 했을 것으로 판단된다. 또한 같은 종류의 석기라 해도 지역에 따라 형식에 차이를 보이고 있다.

---

108. 이형구, 2001, 『晋州 大坪里 玉房五地區 先史遺蹟』

석기의 지역에 따른 형식적 차이는 마제석검에서 잘 살펴볼 수 있다. 예를 들어, 磨製石劍은 平安道와 黃海道에서는 有莖式 石劍만 출토되고 있으며, 京畿道와 江原道에서는 有莖式과 有柄式이 같이 출토되고 있다. 반면에 충청도 지역에서는 一段柄式이나 二段柄式의 두 종류의 有柄式 石劍이 출토된다. 전라도 지역에서는 忠淸道 지역과는 달리 一段柄式 石劍만 출토되는 경향을 보인다. 한편 경상도 지방에서는 충청도 지방에서와 마찬가지로 一段柄式과 二段柄式의 두 有柄式 石劍이 출토되나 石劍의 모양에 있어서는 상당히 儀器化 되어 있다.

磨製石劍의 지역에 따른 이러한 차이는 그 지역의 문화적 성격을 크게 반영하고 있다고 할 수 있다. 有莖式 石劍이 출토되는 平安道와 黃海道는 미송리형 토기가 출토되는 곳이며, 血溝가 있는 유경식 석검의 분포는 팽이형토기가 출토되는 범위와 일치한다. 유병식 석검이 출토되는 忠淸道와 全羅道 지역은 송국리형 토기와 주거지가 발견되는 곳이다. 따라서 마제석검은 해당 지역의 문화적 분포범위에 따라 형식이 표준화되고 양식화되어 있었던 것으로 보인다. 이러한 현상은 半月形石刀나 磨製石鏃에서도 나타나고 있다. 예를 들어, 魚形石刀는 주로 요동반도에서 나타나고 있으나 長舟形石刀는 大同江流域과 吉林 長春地域에서 출토되고 있다. 長方形石刀는 두만강 유역에 분포하고 있으며, 櫛形은 압록강 중·상류에서 발견되고 있다. 반면에 短舟形石刀은 한반도의 중부에서 출토되고 있으며, 三角形石刀는 한반도의 서남부인 전라도 지역에서 출토되고 있다.

청동기시대의 마제석기가 지역적으로 형태가 양식화되어 있다는 것은 바로 이러한 석기를 제작하는 전문 제작집단이 존재하였음을 강력히 시사하는 것으로 보인다. 특히, 이들 석기가 지역에 따라 표준화되어 있을 뿐만 아니라 세부적인 손질이나 석재의 결을 아름답게 살리는 것 등은 숙련된 기술을 요구한다. 그리고 경기도 여주의 흔암리나 진주시 대평리 옥방 5구역에서 확인된 공방형 주거지 등은 석기만을 전문적으로 제작하던 곳으로 보인다. 따라서 이러한 석기의 표준화와 공방터의 존재는 바로 당시 직업적으로 석기만을 전담하여 생산하는 석기 전문가 집단이 이미 등장하였던 것으로 판단케 한다.

磨製石劍은 주거지에서도 출토되지만 지석묘에서 많은 수가 출토되고 있다. 특히 경상남도 김해시 무계리 등지에서 출토된 마제석검은 완전히 儀器化된 것으로 지석묘 被葬者의 신분을 가늠할 수 있게 해준다. 마제석검은 지석묘의 부장품으로 출토되는 것과 주거지에서 실용품으로 출토되는 것으로 구별되기도 한다.[109] 예를 들어, 有柄式 石劍은 손잡이 끝에 있는 홈의 有無에 따라 홈이 있는 것은 실용품이고 그렇지 않은 것은 副葬品이며, 有柄式 石劍은 손잡이 단면이 렌즈형은 실용품이고 菱形은 副葬品인 것으로 구분하고 있다. 또한 一段柄式 石劍은 주로 무덤에서 출토되는 반면에 二段柄式 石劍은 주거지에서 출토되는 경향이 있다. 따라서 마제석검은 생활에 사용되는 실용품과 엘리트계층의 신분을 상징하는 무덤에 매장하기 위한 儀器化된 副葬品으로 구별하여 제작되었던 것이다.

磨製石器의 종류 가운데에 비록 그 숫자는 적지만 달도끼나 별도끼 같이 비실용적인 석기가 지석묘에서 출토되고 있다는 점이다. 이러한 석기들은 지석묘에 묻힌 被葬者의 權威를 상징하는 것으로 알려져 있다. 황기덕은, 용녕성 와방점시 화동광 지석묘에서 출토된 별도끼는 氏族의 우두머리는 또는 世代共同體의 家長을 나타내는 것으로 보았고,[110] 윤덕향은 달도끼와 별도끼를 권위를 상징하는 儀器로서의 기능을 갖는 것으로 파악하였다.[111]

金元龍의 지적대로,[112] 지석묘에 副葬된 磨製石劍이나 磨製石鏃 등과 같은 석기들은 희소가치가 있는 청동기 종류 대신에 副葬되었을 것으로

109. 金仙宇, 1993, 『韓國 磨製石劍의 性格』, 梨花女子大學校 大學院 碩士論文, p.28~29
   尹德香, 1977, 『韓半島 磨製石劍의 一考察』, 서울대학교 考古學科 碩士論文
110. 황기덕, 1987, 「우리나라 청동기시대의 사회관계에 대하여 (2)」『조선고고연구』87-4
111. 尹德香, 1997, 「(2) 석기」『한국사』3, 국사편찬위원회, p.204
112. 김원룡, 1993, 『韓國考古學槪說』, p.85

도 여겨진다. 이것은 지석묘에서 출토되는 磨製石劍이나 磨製石鏃의 대부분은 사용흔적이 거의 나타나지 않고, 모양도 손잡이 등이 과장된 모습으로 만들어져 있는 데서 알 수 있다. 다른 磨製石器도 마찬가지인데, 김해 무계리의 儀器化된 마제석검이나 팽이형 토기가 출토되는 달도끼나 별도끼를 북한의 고고학자들은 군사 지휘관이 사용하던 것이라고 해석하고 있다. 이러한 측면에서 본다면, 이들 마제석기들은 상층계급에 속하는 사람들이 생존기간 동안에는 상징적이고 의례적 용도로 사용되다가 死後에 지석묘에 副葬되었을 것으로 여겨진다.

물론 지석묘에서도 半月形石刀 · 石鑿 · 갈판 · 갈돌 · 紡錘車 · 發火石 같은 다양한 석기제품 등이 출토되고 있다. 그리고 이러한 석제도구들은 생산에 사용되는 도구들이다. 그러나 이러한 도구들이 지석묘의 부장품으로서 출토되는 비율은 磨製石劍 · 磨製石鏃 · 磨製石斧 같은 석기들보다 훨씬 적은 수치이다. 이것은 바로 지석묘에 묻힌 피장자의 사회적 신분이 생계경제와는 크게 관련되지 않았음을 의미하는 것으로 보인다. 靑銅器時代 後期에 해당하는 주거지 등에서 여러 번 사용한 痕迹이 있는 마제석검 등이 출토되는데, 이는 인구의 증가와 그로 인한 사회적 분쟁 또는 빈번한 전쟁활동 등의 활동에 수요가 증가되었던 점을 반영하는 것으로 보여진다.

4) 玉器의 製作과 使用

지석묘에서 출토되는 副葬品 가운데 신분을 상징하는 유물로 주목받는 것이 바로 玉器類이다.[113] 지석묘의 墓室에서 출토되는 玉器類는 지역에 따라 차이를 보이고 있다. 즉, 요녕과 길림 지방에서는 玉斧와 玉鑿 같은 실용도구들이 발견되고 있다. 반면에 한반도 중 · 남부 지방에서는 曲

---

113. 兪泰勇, 2002, 「支石墓 出土玉器의 政治的 性格에 대한 研究」『白山學報』, p.364

玉·管玉·小玉 같이 신분을 상징하는 장신구가 출토되고 있다(도면 26~27). 물론 玉으로 만든 제품들이 주거지·패총·토광묘·옹관묘 등에서도 출토되고 있다. 그러나 지배 상층계급의 사회적 신분을 상징하던 용도로 사용되었던 것으로 믿어지는 玉器가 지석묘에서 출토되고 있다는 점은 지석묘의 被葬者가 상층계급의 신분에 속한 자이며, 따라서 지석묘 축조집단의 사회가 그 만큼 계층화되었음을 반영하는 것이라 하겠다.[114]

가. 出土 玉器의 種類

지석묘에서 출토된 玉器의 종류에는 曲玉·管玉·小玉·白玉·丸玉·기타 옥제품 등이 있다. 한국 선사시대의 玉은 신석기시대에는 점판암제·곱돌제·大理石製·土製·骨製 같은 재료가 주로 사용되었고 비취제나 白玉 또는 碧玉製는 비교적 소량 사용되었다. 그러나 청동기시대에 이르면 天河石製 같은 질 좋은 석재가 널리 사용되었다. 특히 玉器의 종류에 曲玉이라는 새로운 형식이 추가되었다. 따라서 청동기시대의 玉製品은 新石器時代의 玉器들보다 형식과 용도에 따라 석재가 다양하게 이용되었던 것을 알 수 있다. 여기에서는 지석묘에서 대표적으로 출토되는 玉器들을 중심으로 살펴보기로 한다.

① 曲玉

曲玉은 지석묘에서 출토되는 대표적인 玉器들 가운데 하나이다. 曲玉은 學者들에 따라 까분玉·勾玉·곱은玉 등 여러 名稱이 사용되고 있다. 曲玉의 기원은 半月이나 三月神을 숭배하던 原始 宗敎的 護身符의 착용관습으로서 금속기가 사용되는 초기에 그 祖形이 이루어졌다고 하는 설,[115]

---

114. 李仁淑, 1987,「韓國 先史曲玉에 관한 小考」『二佛金元龍敎授停年退任紀念論叢』, p.364

　　Nelson, S.M., *The Archaeology of Korea*, p.132

115. 김양선, 1972「까분玉 源流考」『梅山國學散考』

상원 귀일리

북창 대평리 2호

황해 황주 천진동

황해 연산 공포리

강원 춘천 천전리

경기 양평 상자포리

전남 무안 월암리

충북 제원 황석리

충북 제원 황석리

전남 곡성 연화리

전남 여수 오림동

전남 여수 오림동

전남 승주 오봉리

도면 26. 支石墓 出土 玉器

274

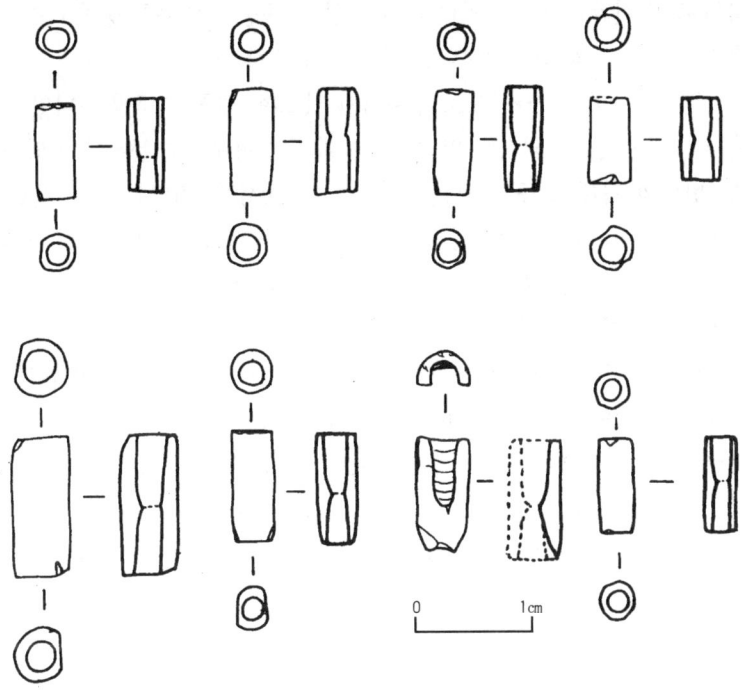

① 경남 창원 덕천리

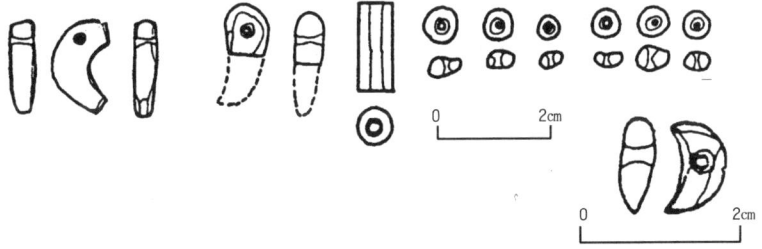

② 전남 승주 우산리

도면 27. 支石墓 出土 玉器

비파형동검 사용자들이 달 숭배 사상의 상징으로서 呪術的 護符로 佩用하던 것이 한국에 전래되었다고 하는 설,[116] 동물의 태아를 상징하고 풍요를 기원하기 위해 만들어졌다는 설[117] 등이 제시되었다.

曲玉은 보통 'C'자형으로 구부려져 있으며, 한쪽에 구멍이 나있는 것을 말한 곡옥은 그 외형에 따라 대개 7가지의 형식으로 분류되고 있다.[118] 즉, 반달의 형태로 등이 굽고 배가 직선인 半月形, 편평한 배 부분을 둥글게 깎아 머리와 꼬리의 형태가 같으면서 직각을 이루어 중국의 옥결을 반분한 형태와 비슷한 모양을 한 半圜形, 배부분을 둥글게 깎았으나 그 위치가 머리쪽으로 내려와 머리부분이 꼬리에 비해 큰 魚形, 머리와 꼬리부분이 뾰족하여 전체적인 형태가 초생달 모양을 한 초생달형(新月形), 曲玉의 형태를 하고 있지만 머리와 꼬리의 형태가 둥글며 크기가 같은 것으로 기존에 벌레형·獸形·櫛形 등으로 불렸던 牙形, 양끝이 직선으로 잘리고 머리에서 꼬리까지 같은 폭으로 구부러지게 만든 半圜形, 그리고 曲玉의 형태는 아니지만 曲玉과 같은 기능을 하는 것으로 사다리형 方形 등과 같은 부정형 등이 있다.

② 管玉

管玉은 대롱옥으로도 불리는 것으로 원통형의 모양에 가운데 구멍이 있는 것을 말한다. 管玉은 지석묘에서 출토되는 玉製品 가운데 가장 많은 출토 비율을 나타내고 있다. 管玉은 平安北道나 江原道 등지의 지석묘에서 출토되기도 하지만 대부분의 管玉은 전라도와 경상도에서 발굴된 지석묘에서 출토되고 있다(도면28~29). 管玉은 대체로 碧玉製의 재질로 만

---

116. 韓炳三, 1976, 「曲玉의 源流」『考古美術』129·130 合集, p.225
117. 金元龍, 1986, 『韓國考古學槪說』, p.240
118. 곡옥의 형식분류는 학자에 따라 여러 가지 형태로 이루어지고 있지만, 여기서는 최근 옥에 대한 종합적인 연구가 이루어진 盧希淑의 형식분류를 기준으로 정리하였다.
　　盧希淑, 1997, 『韓國 先史 玉에 대한 硏究』, pp.10~12

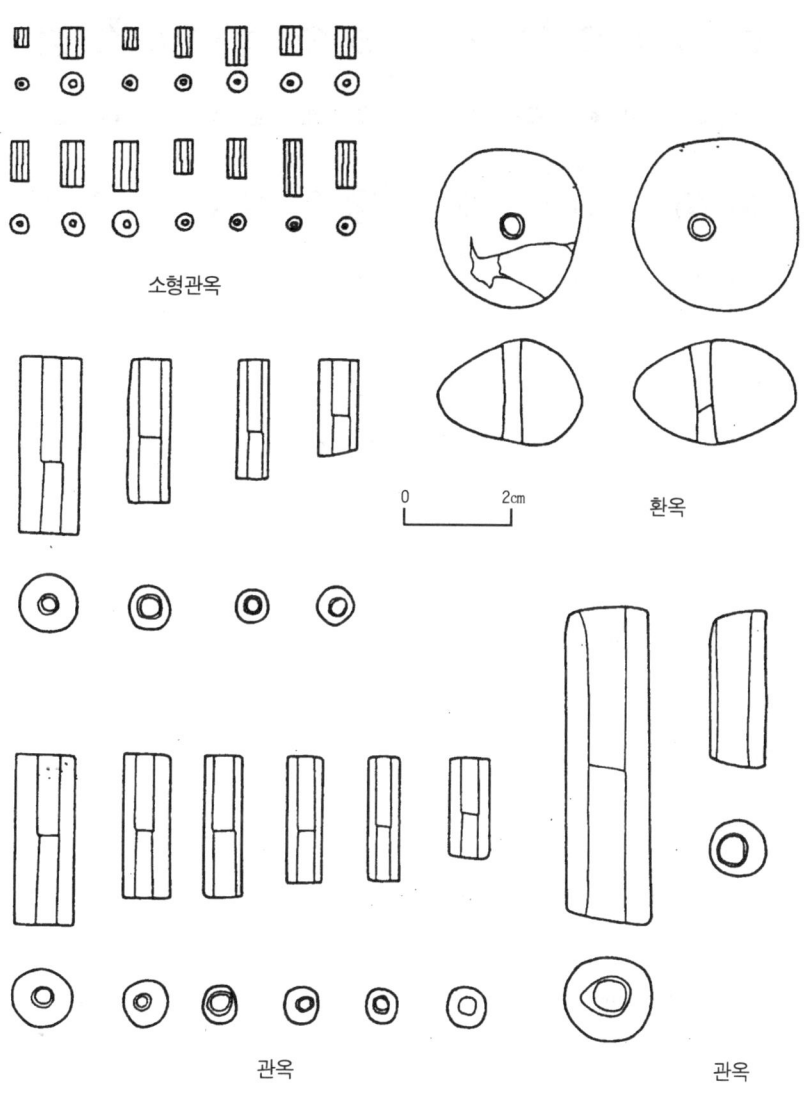

소형관옥

환옥

0   2cm

관옥

관옥

여천 평려동 다군-3호

도면 28. 支石墓 出土 玉器

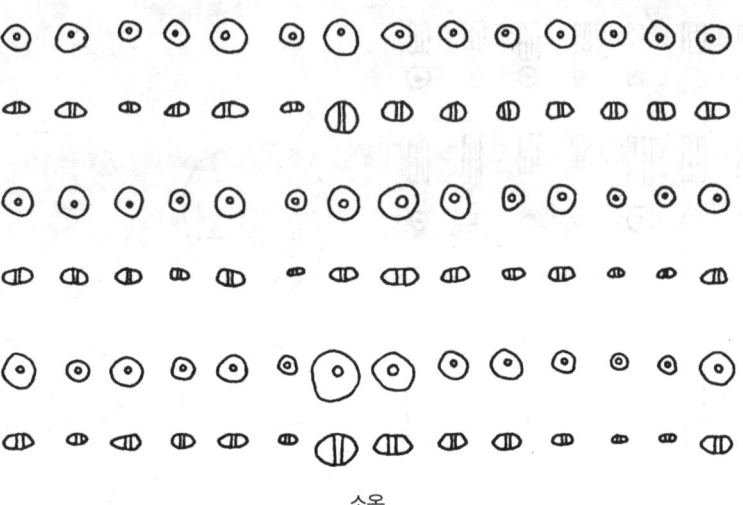

소옥

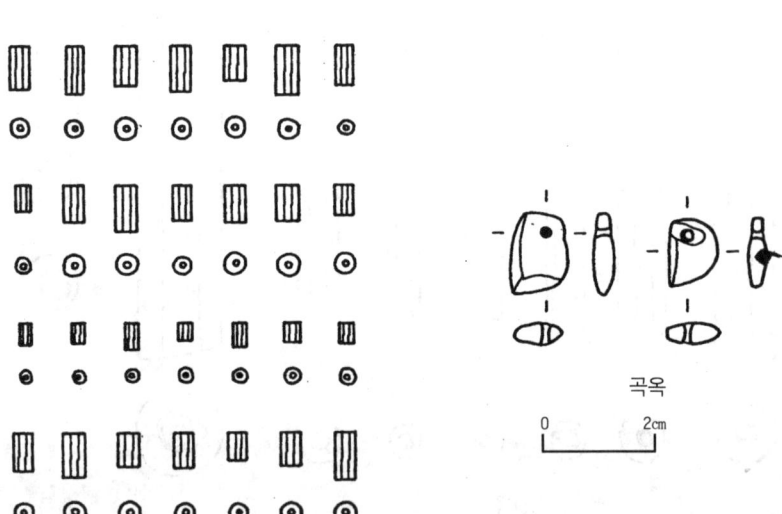

관옥

곡옥

0   2cm

여천 평려동 다군 2호

도면 29. 支石墓 出土 玉器

278

들어졌다.

管玉의 형식은 형태·길이·직경 등을 기준으로 분류되고 있다.[119] 직경을 기준으로 한 분류를 보면, 먼저 A식은 직경이 0.5cm 이하의 크기로 보통 平玉으로 분류되는 것이며, B식은 0.5~1.0cm 길이의 직경을 갖는 것이고, C식은 직경이 1.0~1.5cm의 사이에 해당하는 크기이며, D식은 1.5~2.0cm 길이의 직경이고, E식은 직경의 길이가 2.0cm 이상이 되는 것이다. 여기에서 다시 管玉의 길이와 직경에 비교하여 형식이 세분된다. 1식은 길이가 직경보다 작은 것이며, 2식은 길이가 직경보다 크나 직경의 2배를 넘지 않은 것이고, 3식은 길이가 직경의 2배에서 3배 사이에 해당하는 것이며, 4식은 길이가 직경의 3배를 넘는 것이다. 따라서 管玉은 A식에서 E식의 형식으로 옮겨갈수록 직경이 커지는 것이며, 1식에서 4식으로 갈수록 길이가 길어지는 형식으로 볼 수 있다.

③ 小玉

小玉은 직경이 약 2.0cm 정도 크기의 둥근 玉으로 가운데에 구멍이 나 있다. 小玉도 曲玉과 마찬가지로 빛깔이 고운 天河石의 재질로 만들어졌다. 소옥은 출토 수량이 많지만 전라도 지역 지석묘 몇 기에서만 집중적으로 출토되고 있어, 출토유적에 심한 편중성을 보이고 있다. 예를 들어, 전라남도 여천시 평려동 다-2호 지석묘에서는 무려 253점이 출토되었고, 같은 지역의 지석묘인 평려동 다-5호 지석묘에서 2점의 小玉이 발굴되는 등 전라도 지역에서만 269점의 小玉이 출토되었다(도면29). 반면에 경상도 지역의 지석묘에서는 단 1점의 小玉이 출토되었고, 그 나머지 지역에서는 아직까지 小玉의 출토사례가 보고된 바 없다.

小玉의 형식분류는 재질·평면형태·크기·단면형태 등의 속성을 바탕으로 분류할 수 있으나, 현재까지 출토된 小玉의 수량이 많지 않아 형식을 분류하는 데 어려움이 있다. 小玉도 盧希淑[120]이 이미 시도한 방법대

---

119. 盧希淑, 1997, 『韓國 先史 玉에 대한 硏究』, pp.12~14

로 직경의 크기에 따라 형식을 분류하는 것이 가장 무난할 것이라 생각된다. 盧希淑은 네 가지 형식으로 분류하고 있는데, A식은 직경의 크기가 0.5cm이하에 해당하는 것이고, B식은 직경이 0.5~1.0cm의 크기에 해당하는 형식이며, C식은 직경의 크기가 1.0~2.0cm 사이에 드는 것이고, D식은 지경의 크기가 2.0cm 이상 되는 것이다.

④ 丸玉

丸玉은 小玉과 형태가 비슷하지만 직경의 크기가 3.0cm가 넘는 대형의 玉製品이다. 평면은 원형이며 단면은 타원형을 이루고 있고, 중앙에 曲玉과 같이 구멍이 뚫려있다. 曲玉이나 管玉 등과 비하여 丸玉이 지석묘에서는 출토되는 경우는 여천시 평려동 지석묘 밖에 없다.

丸玉이 출토된 유적은 전라남도 여천시 평려동 다-2호 지석묘이다(도면28). 이 지석묘의 石室 동쪽 중앙과 남쪽에서 각각 1개씩 출토되었다. 크기는 하나는 직경이 3.1cm이며 두께가 1.9cm이고 구멍이 0.4cm이며, 다른 하나는 직경이 2.9cm이고 두께가 1.87cm이며 구멍이 0.34cm이다. 이 丸玉들을 중심으로 많은 小玉들이 발견되고 있어, 이 丸玉들은 목걸이의 중심 옥 역할을 한 것으로 추정된다. 재질은 天河石이 사용되었다.

⑤ 其他 玉器

지석묘에서 출토된 玉器에는 曲玉이나 管玉 같은 것들이 있지만, 이외에도 형태나 용도가 명확하지 않은 것이 출토되기도 한다. 그러나 현재로서 출토사례가 적어 지석묘 부장품으로서의 이들 玉製品의 가치를 평가하기는 어려운 편이다. 그러나 지석묘에서 희소적 가치를 지니는 이들 玉製品이 출토된다는 점에 의미를 둘 수 있을 것이다.

요녕 지방에서는 玉石을 신분을 위한 장식품보다는 실용적 도구를 만드는 데 사용되었다. 예를 들어, 요녕성 보란점시 벽류하 23호 지석묘에

---

120. 盧希淑, 1997, 『韓國 先史 玉에 대한 研究』, pp.14

서 玉斧 1점이 출토되었고, 요녕성 개주시 화가와보 1호 지석묘에서는 玉
鑿 1점이 출토되었다. 그밖에 이형 옥기는 두 군데의 지석묘에서 확인되
고 있다. 길림성 동풍현 보산촌 동산 1호의 개석식 지석묘에서 옥제품이
출토되었는데, 구멍과 전체적인 모양으로 보아 치레걸이의 일종으로 보
인다.[121] 이 옥제품은 위쪽에는 원형의 구멍이 뚫려있고 직경이 1.5cm이
다. 경기도 이천시 현방리 3호 지석묘에서 출토된 옥제품은 평면형태가
원형이나 가장자리는 다듬어지지 않아 울퉁불퉁하다. 크기는 직경이 0.8
cm이고 두께는 0.3cm이다.[122]

나. 玉器의 出土

지석묘에서 출토된 玉器는 현재 779점이 확인되고 있다. 이는 지석묘
에서 출토되는 전체 유물 가운데 약 27.40%를 차지하는 수치이다. 지역
별로는 전라도에서 487점이 출토되어 전체 지역별 비율의 62.67%를 차지
하고 있으며, 경상도 지역이 그 다음으로 많은 수치로 모두 412점이 지석
묘에서 출토되어 전체의 약 31.01%를 차지하고 있다.

아래 표18은 지석묘에서 출토되는 玉器의 지역별 출토숫자를 그래프
로 나타낸 것이다. 그래프에 나타난 바와 같이 북쪽으로 올라갈수록 지
석묘에서 출토되는 玉器의 數値는 현격하게 낮아지고 있다. 요녕 지방의
지석묘에서는 玉斧 1점과 玉鑿 1점 등 2점(0.26%)이 출토되었고, 길림 지
방에서는 동풍현 보산촌 동산 1호의 개석식 지석묘에서 玉으로 만든 치
레걸이가 1점(0.13%)이 출토된 바 있다. 충청도 지방에서는 16점(2.06%)
이 출토되었고, 강원도 지방에서는 이보다 약간 많은 20점(2.57%)의 玉
製品이 출토되었다. 그러나 경기도에서는 2점(0.26%), 황해도에서는 4점

121. 河文植, 1999,『古朝鮮 地域의 고인돌 硏究』, p.108
    許玉林, 1994,『遼東半島石棚』, p.135
122. 최정필 외, 2000,『이천지역 고인돌 연구』, pp.42~43

표 18. 支石墓 出土 玉器의 地域別 出土數

(0.51%), 그리고 평안도에서는 6점(0.77%) 등 북으로 올라갈수록 출토 숫자가 감소하고 있다.

이것은 지석묘의 다른 부장품들과 마찬가지로, 지역에 따라 지석묘의 형식이 달라지는 현상과 관련이 있는 것으로 생각할 수도 있다. 예를 들어, 평안도와 황해도, 그리고 경기도의 지석묘에서도 옥기가 일부 출토되기는 하지만, 요녕 지방의 지석묘에서는 옥기의 출토사례가 아직까지 보고되지 않고 있는데, 이는 아마도 지석묘의 형식이 북쪽으로 올라갈수록 탁자식의 비율이 많아지고 있으며, 특히 요녕과 길림 지방의 지석묘는 대형의 탁자식 지석묘이면서도 막음돌이 거의 파괴되어 玉器가 일찍부터 유실되었던 것이 옥기의 출토비율이 낮은 가운데 하나일 것이다.

그런데 중국의 요녕성 수암현 같은 곳은 오늘날에도 중요한 玉石産地이다. 따라서 당시 지석묘 사회에서도 많은 옥제품이 유통되었을 가능성이 있다. 다른 토기나 석기 등과 비교하여 옥기의 출토량이 낮은 것은 당시의 葬禮風習이나 어떤 옥과 관련된 民間習俗 등과 관련이 있을 것이다. 이와 관련된 기록이 중국의 사서에 일부 보이고 있어 주목된다. 즉, 『三國志』東夷傳 濊條에 "珠玉은 보물로 여기지 않는다"라고 기록되어 있다. 다시 말해, 한반도 북부 지방이나 요녕·길림 지방의 東夷系 濊貊社會에서는 珠玉을 귀하게 생각하지 않았던 것이며, 이것은 바로 이 지역에서는

282

玉器가 상층신분을 나타나는 상징적 威勢品으로서의 역할을 하지 못했던 것을 의미하는 것으로 보인다. 따라서 이들의 선조인 지석묘 축조집단에서도 玉器를 사회적 신분을 나타내는 威勢品 같은 물품으로 간주되지 않았을 것이며, 이러한 이유로 지석묘에 옥기가 副葬되지 않았던 것으로 생각된다.

반면에 한반도의 중·남부 지역의 지석묘에서는 많은 玉器가 출토되고 있다. 예를 들어, 전라도와 경상도 지역의 지석묘에서 출토된 옥기의 비율은 무려 93.45%를 차지하고 있다. 따라서 이들 지역에서는 玉의 가치를 높게 평가했던 것으로 생각되는데, 문헌기록에도 이와 관련된 기사가 보인다. 즉,『三國志』東夷傳 韓條의 기록에 의하면, 마한사람들은 瓔珠를 財寶로 여긴다라고 하였다. 따라서 북쪽 지방의 지석묘와는 달리 한반도 중·남부 지방의 지석묘에서 옥기가 많이 출토되는 것은 이러한 葬法上의 이유 때문일 것이다.

지석묘에서 출토된 玉器를 종류별로 살펴보면, 7가지 옥기 종류 가운데 가장 많이 차지하는 것은 管玉이며, 다음은 小玉과 曲玉이다. 그런데 管玉과 曲玉은 요녕·길림과 함경도 지방을 제외한 나머지 한반도의 여러 지역에서 출토되고 있으나, 숫자상으로는 전라도와 경상도 지역에서 압도적인 출토율을 보이고 있다. 다음 표19는 지석묘에서 출토된 옥기의 종류별 출토비율이다.

표 19. 支石墓 出土 玉器의 種類別 出土比率

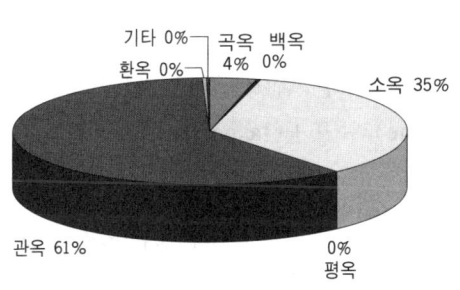

위의 표19에 나타난 바와 같이, 지석묘에서 출토된 玉器 약 779점 가운데 管玉이 470점이 출토되어 전체 玉製品에서 차지하는 비율이 60.33%가 되어 가장 높은 출토비율을 나타내고 있다. 다음으로 많이 출토되는 玉製品은 小玉으로 모두 270점으로 玉製品 비율에서 34.66%를 차지하고 있다. 그러나 소옥은 여천시 평려동 다-2호 지석묘 한 곳에서만 253점이 출토되어 출토 지석묘가 매우 편중된 현상을 보이고 있다. 曲玉은 모두 31점(3.97%)이 출토되어 숫자상으로 결코 많다고는 볼 수 없지만, 지역적으로 고르게 출토되는 현상을 보이고 있다. 백옥은 1점이 출토되어 출토 비율 0.13%를 보이고 있다. 丸玉은 2점(0.26%)과 기타 玉器는 4점(0.51%)도 지석묘에서 출토된 바 있다.

따라서 신분을 상징하는 지석묘 부장품으로서의 의미를 갖는 옥기는 대체로 曲玉·管玉·小玉 등이 될 것인데,[123] 이는 『三國志』東夷傳 韓條에서 말한 '瓔珠' 類의 옥기로서 지배 상층계급의 사람들이 그들의 옷에 꿰어 장식하거나 또는 목에 달고 다니던 것이었다.

다. 玉器의 製作技術

석기와 마찬가지로 玉製品의 제작과정도 많은 시간과 기술이 요구된다. 선사시대의 玉加工에 관한 정확한 기술을 알기는 어렵겠지만, 그동안 발굴된 先史時代 遺構와 전통 玉加工 공정과정 등을 고려하면, 지석묘 축조 당시의 玉加工 기술을 이해하는 데 도움이 될 것이다.

① 玉石의 採鑛

한반도에서 출토되는 靑銅器時代 玉製品의 재질은 대개 天河石(Amazonite stone)과 碧玉(Jasper)이다. 天河石은 花崗巖의 일종인

---

123. 俞泰勇, 2002, 「支石墓 出土玉器의 政治的 性格에 대한 研究」『白山學報』, p.364

pegmatite의 造岩鑛物이다. 石英과 長石의 粒塊로 청록색 또는 녹색의 미사칼륨장석으로 흰 반점을 가진 반투명의 돌이다. 충청북도 단양, 경기도 안양, 함경북도 성진, 함경남도 단천 등지에 산지가 있는 것으로 알려지고 있다. 碧玉은 石英의 일종으로 석영이 약 70%이고 철분의 혼합되어 있어, 녹색·적색·갈색·등황색 등의 색조를 띠지만 보통 불투명 녹색이 대부분이다. 경도는 6.5~7도 사이이다.

玉塊의 채석은 석재를 채석하는 방법과 비슷하다. 즉 채석시 정을 사용하여 구멍을 낸 후, 팽창과 수축이 심한 목재를 이 구멍에 넣고 물을 부으면, 목재가 팽창하고 그 결과 채석하려는 암반에 균열이 생기면, 이때 정으로 쳐서 原石을 채석하게 된다.

이렇게 채석된 原石을 사용하여 玉製品을 만들게 되는데, 天河石으로 만든 玉製品에는 曲玉과 小玉이 대부분이고 碧玉은 주로 관옥을 만드는 데 사용되었다. 그러나 몇몇 제품은 예외적인데, 예를 들어 전라남도 승주군 오봉리와 대전시 비래동에서 출토된 管玉은 예외적으로 천하석으로 제작된 것이다. 碧玉은 주로 管玉의 제작에 사용되고 있으나 평안북도 용천군 신암리, 충청북도 제천시 황석리, 그리고 충청남도 태안군 고남리 등지에서 출토된 곡옥에도 碧玉이 사용되었다.

② 玉器의 製作

옥돌은 크기와 형태가 제한적이어서 玉製品 제작자는 균열과 색채에 따라 옥돌 위에 먼저 제작하고자 하는 제품을 디자인한다. 先史時代에 玉石을 자르는 방법은 잘 알려져 있지 않다. 다만 전통 玉加工 제작기법을 바탕으로 先史時代 玉石의 절단 과정을 유추할 수 있을 뿐이다.[124] 전통적 방법에 따르면, 玉을 자를 때는 硏磨製가 사용된다. 硏磨製는 모래가 물레 섞여 있는 것으로 톱날과 모래가 옥의 原石을 갈아내면서 절단하게 된

---

124. 玉加工에 관한 자료는 주로 盧希淑의 논문을 참조하였다.
　　　盧希淑, 1997, 『韓國 先史 玉에 대한 硏究』, pp.119~124

다. 전통적 硏磨製에는 砂巖·石英·金剛砂 등이 사용되었다.

성형제작은 原石을 원하는 크기로 자른 다음 원하는 모양을 만들기 위해 정해진 선을 따라 硏磨製를 주입하면서 옥석을 절단한다. 절삭공구로는 광산에서 채굴해온 原石을 필요한 규격으로 자르는 데 사용되는 톱인 拉大鋸, 납사궁으로 불리는 활 모양으로 된 톱인 絲子鋸, 그리고 搜弓 등이 있다.

透孔작업은 관상형 송곳이 이용된다. 먼저 옥을 단단하게 고정하고 작은 활을 이용하여 관상형 송곳을 옥의 표면을 대고 회전시키면 우묵하게 파이기 시작한다. 파인 홈이 일정한 깊이가 되면 송곳을 제거하고 망치나 끌 등으로 두드린다. 그러면 관상형 송곳에 의해 남겨진 중심부위가 부서지면서 구멍이 형성된다. 진주시 대평리 옥방 5지구 C구역의 4호 장방형 주거지에서 옥제품의 구멍을 뚫을 때 사용되는 두 점의 드릴 모양 鑿工具가 출토되어 청동기시대 玉加工 제작기술을 이해하는 데 좋은 자료가 되고 있다.[125] 첫 번째 착공구는 규암제의 드릴 모양 착공구로 주거지의 중앙부에서 출토되었다. 현대의 드릴과 비슷하게 尖端部가 나선형으로 되어 있으며 頸部는 양 옆면을 약간 파서 돌림대를 동여 맬 수 있도록 하였다. 길이는 2.0cm이고 너비는 0.7cm이며 두께는 0.4cm이다. 두 번째 착공구도 드릴 모양이지만 尖端部가 파손되었다. 주거지의 서쪽부분에서 출토되었다. 길이는 1.3cm이고 너비는 0.5cm이며 두께는 0.4cm이다.

경상남도 진주시 대평리 옥방 5지구 B구역에서도 8기의 주거지가 조사되었는데,[126] 그 가운데 4호~7호 주거지에서 다량의 玉製品과 玉碎片 등이 출토되었다. 특히 5호 주거지의 내부에 있는 장방형 작업공 안에서 玉을 가공하기 위한 臺石, 옥의 磨硏을 위한 玉磨石, 옥을 다듬기 위한 砥石, 玉石을 자르는 데 쓰는 擦折石器 등과 함께 많은 玉製品과 玉碎片이

---

125. 이형구, 2001,『晋州 大坪里 玉房 5地區 先史遺蹟』, pp.491~547
126. 이형구, 2001,『晋州 大坪里 玉房 5地區 先史遺蹟』, pp.311~323

발굴되었다. 따라서 이들 주거지는 玉製品을 전문으로 제작하던 玉器工房, 즉 玉房이었을 것으로 추정되고 있다. 게다가 이들 주거지가 발굴된 곳의 현지의 마을 이름이 '옥방마을'이어서, 이곳은 선사시대부터 玉製品을 전문적으로 생산하던 저명한 玉器의 생산기지였던 것을 알 수 있다.

玉器의 제작과정에서 磨研作業의 전통적인 방법은 수등을 이용하여 이루어지는데, 특히, 수등은 연마와 절단작업에 이용된다. 수등은 일종의 동력시설로 두 발을 사용하여 옆 물레를 회전시켜 물모래를 톱날과 옥재료가 접하는 부분에 첨가하면서 제작하고자 하는 재료를 움직여 가며 연마한다. 물레에 부착하여 사용하는 연마도구에는 충사·마사·일사 등이 있다. 충사는 자동차 운전대와 유사한 형태를 하고 있는 것으로 구멍을 뚫는 데 사용된다. 마사는 엽전날 모양으로 크기는 20~25㎝이다. 알사는 적당한 입체감을 나타내고자 할 때 사용되는 것으로 옥제품의 세부를 새김질할 때 이용되며, 용도에 따라 평구·혼구·쾌구·절구·박협공 등이 있다. 마지막 공정은 광내기로 옥의 거친 표면을 균등하게 문질러 곱게 연마하는 작업이다. 磨研에 砥石이 이용되기도 하는데, 이 경우 지석에 깊은 홈(溝)을 파고 여기에 玉製品을 넣고 磨研을 하게 되면, 완전히 정형화된 磨研이 된다. 磨研이 끝나면 硼砂나 紅殼을 써서 갈아 광택을 낸다.

라. 玉器의 社會的 性格

玉器는 新石器時代에 점판암제이나 大理石製가 사용되고 翡翠製나 碧玉製는 소량으로 사용되었다. 그러나 청동기시대에 이르면 天河石製로 만든 曲玉이 새로이 출현하여 삼국시대까지 계속적으로 사용되었다. 특히 지석묘에서 희귀한 天河石製 曲玉이나 管玉과 같은 玉製品들이 출토되고 있다는 점이나. 그러나 수적 측면에서는 많은 비율을 점하는 것은 아니다. 하지만 지석묘에서 이러한 물품들이 출토된다는 것은 적어도 당시 사회에서 이러한 유물들이 어떤 형태로든 유통되고, 그리고 그것이 지석묘 피장자가 생전에 소지하고 있었음을 반영하는 것이다. 따라서 지석묘의 부장품으로 출토되는 옥제품은 지석묘 피장자의 사회적 신분을 어느 정도 유추할 수 있게 만들 뿐만 아니라 분배과정이나 제작기술 같은 사회적 성격의 측면에 대한 정보를 제공해주고 있는 것이다.

앞에서 언급했듯이, 지석묘에서 출토되는 玉器는 요녕 지방과 한반도 중·남부 두 지역에 따라 출토되는 玉器의 숫자와 종류에서 많은 차이를 나타내고 있다. 이는 두 지역에서 玉을 대하는 사회적 풍습과 무관하지 않은 듯하다. 예를 들어, 요녕 지방에서는 보란점시 벽류하 23호 지석묘에서 玉斧 1점이 출토되었고, 개주시 화가와보 1호 지석묘에서는 玉鑿 1점이 출토되었다. 따라서 이들 지역에서는 玉이 출토되는 숫자도 적지만, 옥기 종류도 도끼와 끌 같이 장식 종류가 아닌 생활도구들이라는 점이 주목된다. 그 만큼 이 지역에서는 玉器가 사회적으로 중요한 품목으로 취급되지 못하였다고[127] 하는 역사적 사실이 반영된 것으로 보인다.

반면에 한반도의 중·남부 지역 지석묘에서 다량의 옥이 출토되는데, 이 지역에서는 玉이 준보석으로서 사회적으로 상당한 의미를 지녔던 것으로 보인다.『三國志』東夷傳 韓條에 마한 사람들은 "瓔珠를 財寶로 여겨 옷에 꿰매어 장식하기도 하고, 목이나 귀에 달기도 한다"[128]라고 특기한 사실에서도 이 지역의 지석묘에 출토되는 玉器에서 내포하고 있는 신분적 의미를 알 수 있게 한다.

한반도 중·남부의 지석묘에서 출토되는 玉製品은 주로 天河石製와 碧玉製이다. 이들 옥석은 청록색 또는 녹색의 색조를 띠는 미사칼륨장석인데, 대개 반투명의 석재로 준보석으로 간주되는 가치있는 석재이다. 또한 이들 옥석은 함경북도 성진이나 충청북도 단양 또는 경기도 안양 등과 같이 지역적으로 몇 군데에서만 제한적으로 생산되고 있어 原石 자체가 매우 희소성을 갖고 있었다.

127.『三國志』東夷傳 濊條, "不以珠玉爲寶."
128.『三國志』東夷傳 韓條, "以瓔珠爲財寶 或以綴衣爲飾 或以縣頸垂耳."

또한 原石의 희소성과 함께, 옥기 제작은 정밀하고도 숙련된 세공기술이 필요한 작업이다. 특히, 玉石을 적절한 크기로 자른다던 혹은 研磨製를 적당한 비율로 배합하는 등 제작공정에 있어서의 전문 기술자가 요구되고 있는 것이다. 특히, 최근에 玉製品을 전문적으로 제작하던 玉房이 진주시 대평리 옥방 5구역에서 발굴되어 당시 옥기를 제작하던 모습을 이해하는 데 많은 정보를 제공하고 있다.

진주시 대평리 옥방 5지구의 C구역 장방형 주거지 등에서 옥석 가공에 사용된 것으로 보이는 드릴 모양의 硅巖製 鑿工具가 출토되었고, B구역 주거지에서 다량의 옥제품과 玉碎片 등과 함께 옥가공에 사용된 것으로 보이는 臺石 · 玉磨石 · 砥石 · 擦折石器 등이 발굴되었다. 따라서 지석묘가 축조되던 청동기시대에 이미 옥가공 작업이 특정 주거 지역을 중심으로 전문 제작자들에 의해 생산된 것으로 보인다.

玉의 산지와 가공 지역이 매우 제한되어 있음에도 불구하고, 玉器는 지석묘를 포함한 靑銅器時代 한반도의 여러 유적 등에서 널리 출토되고 있다. 그리고 지석묘에 副葬된 玉製品이 曲玉이나 管玉 등으로 규격화되어 있다. 이것은 바로 전문제작자들에 의해 생산된 玉製品이 무역 등의 방법을 통하여 여러 지역으로 분배되어졌기 때문일 것이다. 각 지역에 존재하고 있는 지배 상층계급 사람들은 준보석으로 간주될 정도로 아름답고 희소적 가치가 높은 玉製品을 자신의 권위를 상징하기 위해 목걸이 같은 방법으로 몸에 착용했던 것으로 보인다.

여러 玉製品들 가운데, 특히 天河石製 曲玉은 지석묘에서 널리 출토되고 있다. 고고학자들은 曲玉의 기원을 달 숭배를 상징하던 주술적 호신부로 패용되거나 태아를 상징하는 모양으로서 풍요를 기원하기 위해 만들어진 것으로 설명하고 있으며, 이러한 曲玉이 歷史時代 新羅의 金冠 등에 장식으로 매달려 있다는 점을 주목하고 있다. 왕이 쓰는 금관에 曲玉이 매달려 있다는 사실은 바로 곡옥이 삼국시대에 王家나 王者의 신분을 상징하는 器物로 사용되었다는 것을 의미하는 것이 있다. 이러한 이유로 넬슨도 지석묘에서 출토된 曲玉이 상층신분을 나타내는 標識的 遺物이었을 것으로[129] 간주하고 있다. 李仁淑도 先史時代의 曲玉이 磨製石器나 靑銅製 武器들과 공반하여 석관묘 같은 무덤에서 출토되는 것에 주목하고 있다.[130] 즉, 그녀도 선사시대의 곡옥은 주술적 의기로서, 이를 소유한 자의 권위와 권력의 상징을 나타내는 神物로 보는 데 별 무리가 없는 것으로 간주하고 있는 것이다.

따라서 지석묘에서 출토되는 玉器는 직업 전문가 집단에 의해 만들어 졌으며, 그러한 제품이 무역을 통하여 각 지역의 지배 엘리트들에게 전해지고, 이들 엘리트들은 그들의 사회적 신분에 대한 상징적 의미를 갖는 이러한 옥기를 몸에 착용하거나 패용하였던 것으로 보인다. 그리고 사회 정치적으로 우월적 신분을 유지하면서 玉器를 소유하였던 지배 상층계급 사람들은 그들 계층의 사람이 사망하면, 신분을 상징하던 이러한 옥기는 피장자와 함께 지석묘에 副葬되었던 것으로 해석된다.

---

129. "Whatever its symbolic meaning may be, the gokok seems to function as an indicator of high status." Nelson, S.M., 1993, *The Archaeology of Korea*, p.132
130. 李仁淑, 1987, 「韓國 先史曲玉에 관한 小考」『三佛金元龍教授停年退任紀念論叢』, p.365

4. 稻作農耕과 集約的 生計戰略

인류사회의 발달과정에서 복합사회 형성의 계기가 되는 단서는 바로 狩獵과 採集에 의한 생계전략이 농경활동으로 바뀌게 되면서 마련된 것이다. 특히 마지막 氷河期가 끝난 이후, 인간이 농경이라는 새로운 生計戰略을 채택함으로써 경작지의 작물을 돌보기 위해 오랫동안의 狩獵이나 採集 또는 어로 등에 의존한 이동생활을 끝내고 한곳에 정착해서 살기 시작하게 되었다. 이렇듯 농경과 정착생활의 결과는 여성에게 이동생활에서 오는 육아의 어려움을 덜게 했으며, 사람들이 한곳에 머물게 됨으로써 마을이 형성되고 도시가 형성되었다. 이렇듯 농경의 기원은 인간이 문명을 일으킬 수 있는 가장 핵심적인 요소가 되었다. 그래서 Childe는 농경의 발생을 "新石器 革命"이라고까지 불렀다.[131]

그런데 한국사회에서 농경이 미치는 영향은 일반적 의미에서의 농경의 시작보다는 한국에서 稻作農耕이 시작되었다는 사실이 더 중요하게 다루어져야 할 것이다. 벼는 수확량이 많을 뿐더러 생육지가 온대가 아닌 열대식물로서 자연적 기후조건이 전혀 다른 한반도에서 재배된다는 것은 한국인의 생계경제에 전혀 새로운 것이었다. 특히, 많은 노동력이 요구되는 벼농사는 한국사회의 구조를 근본적으로 바꾸도록 강요하였다. 稻作農耕으로 인한 생산량의 증대와 식량의 안정적 확보는 한국의 사회구조가 적절한 통제와 분배문제의 메커니즘으로 변환되면서 복합사회의 형성이 급속히 진전되었고, 식량자원의 경제적 접근이 용이한 지위에

---

131. Childe, G., 1936, *Man make himself*. Watts, London

있는 계층은 그들의 사회적 신분을 나타내기 위해 지석묘 같은 많은 노동력이 요구되는 건축물들을 축조하기 시작하였다. 벼농사는 고대 한국 사회에서 상층계급이 富를 축적할 수 있는 정치경제의 기초적 역할을 담당하였다. 따라서 이 장에서는 지석묘 축조사회의 경제적 배경이 되는 생계전략의 관점에서 農耕의 起源과 稻作農耕의 전개과정을 살펴보고자 한다.

1) 農耕起源의 諸理論

인간이 농경을 영위하게 되면서 보다 많은 식량을 획득할 수 있는 기회를 얻게 되었다. 반면에 식량의 증가는 인구가 급속도로 증가하는 한 원인이 되었다. 그리고 인구의 급속한 증가는 더 많은 식량을 생산하기 위하여 자연자원에 대한 끝없는 개척을 요구하게 되었고, 그로 인하여 많은 지역에서 환경이 파괴되고 자연자원의 고갈을 초래하게 되었다. 자연자원에 대한 끝없는 파괴는 이제 인류의 생존권을 위협하는 지경에까지 이르게 되었을 뿐더러, 질병이나 사회 경제적 불평등과 같은 여러 사회적 문제의 근본적 원인으로 작용하였다. 그럼에도 불구하고 빙하기가 끝난 이후 인간은 농경을 시작하였는데, 그것은 농경이 인류에게 주는 단 한가지 利點, 즉 토지의 단위 면적 당 수확량이 수렵과 채집활동에서 얻어지는 식량생산량에 비해 훨씬 높은 생산성을 가져다 준다는 것 때문이었다.

그 동안 전세계의 많은 고고학자와 인류학자들은 농경의 기원문제를 이해하기 위해 엄청난 노력을 기울여 왔다. 특히 신고고학의 등장 이후, 고고학자들은 인간이 환경에 어떻게 적응해 나가면서 문화를 발전시키는가 하는 인간의 행위의 변화과정을 이해하기 위한 하나의 연구주제로서 농경의 기원문제를 깊이 있게 연구해 왔다. 현재 미국의 인류학과에는 농경의 기원문제 전문가로 자처하는 많은 고고학자들이 왕성한 활동을 하는 것만 보아도 농경의 기원과 발달에 관한 문제가 인간의 문화적 행위를 이해하는 데 얼마나 중요한지 가히 짐작할 수 있을 것이다.

　식량획득의 한 방편으로서 인간이 발전시킨 농경의 활동은 인간에게 풍요만을 가져다 준 것은 결코 아니다. 농사를 짓는 농부는 狩獵 · 採集 · 漁撈와 같은 狩獵採集民들(foragers)이 하는 일보다 상대적으로 더 많은 시간과 노동력을 식량생산에 투입하는 반면, 그로부터 얻어지는 농산물은 狩獵採集民들의 食生活에서보다도 영양가가 떨어지는 경향이 있다. 이것은 식량생산에 들어가는 비용이 식량생산으로부터 얻어지는 이익을 초과함을 의미하는 것이라 하겠다. 만일 그러하다면, 왜 수렵과 채집생활을 하던 인류가 중석기말이라는 특정한 시간을 기점으로 해서 농경을 발전시키게 되었는가? 그리고 한국에서의 농경의 기원은 어떠한가? 언제부터, 그리고 어떤 과정을 거쳐 한국인은 농사를 짓기 시작했을까? 지금까지 고고학자들이 이룩한 농경의 기원에 관한 연구성과를 바탕으로, 여기에서는 앞에 제시한 의문들과 관련하여 간단히 살펴보고자 한다.

　첫째, 농경의 기원은 지구의 기후나 환경의 변화에 대한 인간의 적응이라고 설명할 수 있을 것이다. 실제로 마지막 빙하기가 끝날 무렵에, 지구상의 환경은 지역적으로 크고 다양한 변화를 겪었다. 처음으로 이 같은 변화에 처음으로 주목한 고고학자는 Childe였다. 그는 'Oasis Theory'이라고 하는 농경의 기원에 관한 독특한 이론을 제시했는데,[132] 그의 이론에 따르면, 마지막 빙하기가 끝난 후, 환경과 기후의 변화로 중동과 아프리카 북부에 사하라 사막 같은 건조지대가 형성되자, 사막의 오아시스에 사람과 동물이 모여들어 같이 살게 되면서 사람과 동물, 사람과 식물사이에 공생의 관계가 형성되었다. 거기에서 사람들은 동물의 행동과 식물의 성장을 주위 깊게 살피게 되었는데, 그런 지식으로부터 동물을 가축화하게 되고, 식물을 재배하게 되면서 농경이 시작되었다고 한다.[133] 따라서 인간이 농경을 발달시킨 것은 빙하기가 끝난 후 지구상에 급격한 기

132. Childe, G., 1936, *Man make himself*. Watts, London
133. Childe, G., 1936, *Man make himself*. Watts, London

후의 변화에 대한 적응 과정에서 나온 것이라고 볼 수 있을 것이다. 차일드의 오아시스이론은 상황론에 근거한 것으로 실제적 증거를 제시하지는 못하였지만, 자연환경과 인간생활과의 관계를 연결시켜 설명한 이론이라고 하겠다.[134]

그러나 미국의 고고학자인 Braidwood는 농경의 발생과 관련하여 환경변화의 역할을 과소평가하고 있다. 1948년 중동의 Hilly Franks에 위치한 초기 농경마을인 Jarmo를 발굴한 그는 농경이 시작된 이곳은 '농경의 핵심지대'로서 급격한 환경의 변화가 발생하지 않았다고 한다. Braidwoow에 따르면, 밀이나 보리 같은 야생식물이 자연적으로 자라는 농경의 핵심지대에 사람들이 이주하여 살게 되면서 사람과 야생식물 사이에 밀접한 관계가 형성되고 원시적 경작행위가 시작되면서 농경이 발생했다고 하는 自然棲息處 理論을 전개하였다.

그러나 Braidwood에 반대되는 의견이 Binford에 의해 제기되었는데, 빈포드는 미국 캘리포니아 인디언은 비록 그들이 야생의 도토리(wild acorns)가 풍부하게 자라는 지대에서 살고 있었음에도 농경으로까지 발달시키지는 못했음을 지적하고 있다.[135] 그러나 비록 Binford가 예를 든 식물의 종류를 고려해서 재검토해야 할 문제이지만, 다른 지역에서도 고고학적으로 그리고 민족지적으로 이 같은 예가 많이 보고되고 있음을 감안하면, 인간은 야생식물이 풍부하게 자라고 농경에 적합한 지역에 살고 있다 할지라도, 그들의 생계방식을 수렵채집 활동에서 반드시 농경활동으로까지 발전시켜 나가는 것이 아님을 알 수 있다. 비록 Braidwood가 농경의 核心地帶 理論을 제기했지만, 그도 Childe와 같이 농경 발생의 기원에 관한 메커니즘을 밝혀 설명하지는 않았다.

둘째로, 농경의 발생은 인구 증가의 압력에 대한 적응수단으로 이루

---

134. 최정필, 1991, 「농경의 기원에 관한 제문제」『韓國上古史』, pp.332~345
135. Binford, L.R., 1968, Post-pleistocene adaptations. In *New Perspective in Archaeology*, edited by S.R. Binford and L.R. Binford, pp.313~341, University of Chicago Press, Chicago

어졌다고 할 수 있다. 자연환경의 변화와 인구의 증가에 초점을 맞춘 고고학자로는 Flanner[136]와 Binford[137] 그리고 Cohen[138] 등이 있다. 이들 학자들의 의견에는 약간의 차이가 있지만, 인구압을 농경의 발생요인으로 보는 입장은 같다. 이들에 따르면, 야생의 식량자원이 풍부한 최적지대 (optimal zone)에 살고 있는 狩獵採集民들은 식량을 얻기 위한 이동생활을 그만두고 그 곳에 정착해서 살게 된다. 이때 인구의 증가는 계속되어 결국은 인간의 집단과 그들이 의존하는 식량자원 사이에는 심각한 불균형이 발생하게 된다. 초과된 인구는 最適地帶(optimal zone)로부터 변두리지대(marginal zone)로의 이주를 강요당하는데, 이때 변두리지대로 밀려난 사람들은 이전까지는 그들의 식생활에서 무시되어 왔거나 별로 중요하지 않다고 간주되어 온 많은 다양한 식물과 동물을 식량으로 이용하게 된다. 변두리지대에서의 제한된 식량자원으로 인한 심각한 人口壓은 사람들에게 부족한 식량을 보충하기 위해 야생의 식물과 동물을 스스로 재배하고 돌보도록 강요받게 되며, 이런 행위가 결국엔 농경의 발생으로 이어지게 되는 것이다.

셋째, 中石器末에 발생한 농경은 자연환경의 변화에 대한 인간의 지식 축적과 그 지식의 세련된 이용의 결과로 여겨진다. 농경은 인간이 식량을 획득하는 데 있어서 예측이 가능하고 높은 생산성을 가져다 주는 생계전략이 될 수 있다는 점이다. 앞에서도 설명했지만, 농업에 종사하는 사람들은 수렵채집민들이 식량을 얻기 위하여 일하는 것보다 상대적으로 더 많은 시간과 노동력을 투입하는 데 비하여, 농산물로부터 얻어지는 영양소의 질은 오히려 수렵채집민들의 그것보다 떨어지는 경향이

136. Flannery, K., 1973, The origin of agriculture. *Annual Review of Anthropology*, 2, pp.271~310

137. Binford, L.R., 1968, Post-pleistocene adaptations. In *New Perspective in Archaeology*, edited by S.R. Binford and L.R. Binford, pp.313~341, University of Chicago Press, Chicago

138. Cohen, M.N., 1977, *The Food Crisis in Prehistory*, Yale University Press

있다. 다시 말하면, 농경은 인간에게 과중한 노동량을 부과시킨 것에 비례하여, 그에 상응하는 영양공급원이 되지 못한 것이다.[139] 그럼에도 불구하고, 인류는 중석기시대 이래로 점차적으로 농경을 발달시켜 왔다.

인류는 마지막 빙하기가 끝난 이후로 도대체 어떠한 사정이 발생해서 농경이란 생계수단을 선택했을까? 여기에는 적어도 두 가지의 이유가 있다. 첫째, 농경에 의한 식량의 생산은 수렵채집의 방법으로 야생의 식량을 얻는 것보다 단위 면적당 토지 생산성이 훨씬 높다는 점이다. 둘째, 농경은 사람들이 언제 씨를 뿌리고, 언제 수확을 할 수 있는가를 정확히 알 수 있기 때문에 식량획득에 대한 예측이 가능하여, 안정적인 식량 공급원의 한 방법이 될 수 있었다는 점이다.

그러나 어느 경우든, 이 같은 토지의 생산성과 식량획득의 예측 가능성은 오랜 기간에 걸친 인간의 植物生長에 대한 지식과 기후나 환경의 변화에 대한 지식이 축적되어 온 결과일 것이다. 이러한 지식을 바탕으로 인간은 식물이 자연환경에서 어떻게 잘 성장하는가 하는 식물의 생장주기를 정확히 이해하게 되면서, 인간이 야생 식물의 生長週期(life cycle)에 끼어 들게 되고, 결국은 이 같은 인간의 행위가 농경의 발생으로 이어지게 되었던 것이다.

2) 韓國 農耕의 起源

그러면 한국인은 언제부터, 그리고 어떤 과정을 거쳐 농사를 짓기 시작했는가? 한국에서의 농경의 기원을 주제로 논한다는 것은 아직은 시기상조라고 생각된다. 왜냐하면, 고고학적 발굴조사에서 花粉分析, 식물규소체분석, 그리고 浮游法 등이 사용된 지도 시기적으로 얼마 되지 않았으

---

139. Lee, R., 1968, What do hunters do for a living, or how to make out on scare resources. In *Man the Hunter*, edited by R.B. Lee and I. DeVore, pp.30~43, Chicago, Aldine

며, 무엇보다도 고고학적 발굴에서 출토된 많은 곡물의 증거들이 栽培種인지 野生種인지에 대한 植物生態學的(botanical) 조사의 예가 거의 없기 때문이다. 그러나 위에서 살펴본 농경의 발생원인들과 비교해도 한국에서의 상황은 크게 다르지는 않을 것으로 생각된다. 따라서 여기에서는 그 동안의 고고학의 성과를 토대로 농경의 시대적 발전과정을 간단히 살펴보기로 한다.

한국에서 농경의 발달에 대한 환경의 역할을 고려한다면, 무더운 여름과 혹한의 겨울이 교대하는 계절적인 기온의 커다란 차이를 우선 고려하여야 할 것이다. 한반도의 겨울철은 시베리아의 북쪽으로부터 내려오는 차갑고 건조한 한대기후의 영향권아래에 놓이게 된다. 반면에 여름철에는 서태평양에서 올라오는 아열대 기후의 영향을 강하게 받기 때문에 무덥고 찌는 듯한 더위가 계속된다. 이같이 계절적인 현격한 차이로 인하여, 선사시대 한국인의 식생활 패턴이 계절적으로 달랐을 것으로 여겨진다.

中石器末이나 初期 新石器時代의 빗살무늬토기를 사용한 사람들의 생계수단이 수렵과 채집에만 의존했다면, 그들은 춥고 긴 겨울을 나는 데 많은 어려움을 겪었을 것이다. 그들이 겨울철에 대비한 음식물을 저장하지 않고, 계속적인 수렵과 채집, 그리고 어로활동으로 겨울철 식생활을 해결하려고 했다면, 아마도 혹한의 겨울에는 식량의 부족으로 커다란 고통을 겪었을 것이다. 따라서 그들이 겨울을 지내기 위해서는 상당량의 식량을 저장했을 것으로 여겨지며, 이 같은 음식물의 저장을 위해 그들은 상당 수준의 어떤 저장기술을 지녔던 것 같다.

新石器時代 빗살무늬토기인들의 貯藏技術은 考古學的 遺物에 잘 나타나 있다. 집터 유적에서 발견되며, 저장 구덩이와 저장용으로 사용된 듯한 크기가 상당히 큰 빗살무늬토기가 바로 그것이다. 이 것은 바로 겨울철에 대비해 식량을 저장하기 위한 시설들일 것이다.[140] 미국의 고고학자

---

140. Nelson, S., 1975, *Han River Chulmuntogi*. pp.104~105

로 한국의 신석기 시대를 전공하고 있는 넬슨은 특히 거대한 빗살무늬토기들에 주목하면서 "90리터까지나 되는 용량을 가진, 매우 큰 단지는 거의 확실히 저장용으로 사용되었다"라고 저장기능의 역할을 강조하고 있다.[141] 기나긴 겨울철이 끝나고 이른봄이 돌아 왔을 때, 겨울철 동안의 저장된 식량이 거의 소진되자, 빗살무늬토기인들이 새싹이 돋은 지 얼마 되지 않은 채소류 등의 봄나물을 얻기 위해 산능성이 강변 평야지대 개울가 등지를 분주히 헤매고 다녔을 것으로 여겨진다. 그런 채집생활이 오랫동안 계속해서 이어지면서 빗살무늬토기인들은 야생의 식물에 대한 상당한 지식을 얻게 되었을 것이다. 넬슨은 사람과 식물이 오랜 기간 동안 형성된 상호의존관계를 바탕으로 동시 발전해 나가면서 야생식물이 재배식물로 바뀌어 간다는 Rindos[142]의 동시진화론을 한국의 선사시대에 적용하면서, 밀·기장·보리·麻 같은 식물뿐만 아니라 배추나 무우 등을 이용해 만든 김치의 저장과 초봄에 생산되는 나물, 구근 등의 품종에도 주목하고 있다. 가을에 김장을 담그는 것은 대표적인 겨울나기의 한 예이다. 이런 저장활동과 초봄의 나물캐기 등을 통하여 야생의 식물을 이해하게 되고, 그것들을 인위적으로 경작하게 되면서 농경으로 이어졌을 것이다. 이러한 생태학적 맥락과 더불어, 崔楨苾은 신석기시대의 빗살무늬토기의 변화상을 토대로 한국에서의 원예농경이 자생적으로 기원했음을 주장한 바 있다.[143]

　　비록 新石器時代의 인구수를 어느 정도 정확하게 추산한다는 것은 어렵겠지만, 빗살무늬토기의 유적에서 토기편이나 그 밖의 다른 유물들이 비교적 많은 숫자로 발굴되는 것으로 보아 상당히 조밀한 인구가 살았던 것으로 여겨진다. 한국에서 가장 오래된 토기가 발견되는 곳은 강원도 양양의 오산리 유적인데, 그 연대가 放射線炭素年代로 대략 紀元前 6000

141. Nelson, S., 1975, *Han River Chulmuntogi*. p.104

142. Rindos, D., 1984, *The Origin of Agriculture*, Academic Press, Orlando

143. Choi, C.P., 1986, *Subsistence Patterns of the Chulmun Period*, Univ. of Pittsburgh
　　　Ph.D. Dissertation.

년경으로 측정되고 있다. 신석기시대 후기에 이르면 인구가 급격히 증가되고 있음을 고고학적 조사로 밝혀지고 있다. 대략 70%가 산으로 이루어진 한반도에 이 같은 급격한 인구의 증가는 한국의 先史人들에게는 상당한 압력으로 작용했을 것이며, 따라서 플레너리가 제시한 생계양식의 광역적 혁명 같은 넓은 범위에 걸친 생계전략이 요구되었을 것으로 여겨진다. 고고학적으로도 지역과 유적에 따라, 수렵, 채집, 어로, 그리고 농경 등의 활동을 보여주는 다양한 유물이 발굴되고 있다. 그러나 新石器時代에 農耕이 시작되었다고 해도 그것은 掘耕, 火田, 또는 園藝 같은 초기의 농경형태였을 것이며, 상당한 어로도구가 신석기시대 유적지에서 출토되는 것으로 보아 당시 생계전략에 농경이 절대적인 비중을 차지하지는 못하였던 것으로 보인다.[144]

신석기시대 농경의 증거는 한반도 여러 곳에서 출토된 곡물의 씨앗이나 농경도구로 쓰인 고고학적 유물자료의 분석을 통하여 알 수 있다. 예를 들어, 황해도 지탑리의 2호 주거지에서 조가 출토되었고, 부산 시립박물관에 의해 발굴된 신석기시대의 동삼동패총 1호 주거지에서 불에 탄 흙과 토양식물자료를 분석한 결과 조와 기장 등의 유기물의 존재가 확인되었다. 조와 기장의 경우 내건성이 강하고 척박한 토양에서 잘 자라고, 생육기간이 80일에서 130일로 짧아 재배가 비교적 쉽기 때문에 출토지 근처에서 재배된 것으로 추정되고 있다. 동삼동 유적의 연대는 放射性炭素年代 測定法에 의해 B.C. 3360년으로 측정되었다. 또한 新石器時代의 유적에서 출토되는 유물에 갈돌·갈판·곰배괭이·뿔괭이·半月形石刀·돌보습·돌괭이 등이 다수 포함되어 있다.[145] 이들 유물들은 청동기시대에 행해진 농경작물과 농경도구를 이해하는 데 많은 도움을 주는 것들이다.

---

144. 李春寧, 1973, 「韓國農耕 起源에 관한 小考」『民族文化研究』7, pp.1~27
　　　, 1978, 「韓國農業技術史」『韓國文化史大系』Ⅲ, pp.16~32
145. 崔茂藏, 1978, 「韓 中 先史時代의 農具」『白山學報』, pp.76~116

3) 韓國의 稻作農耕

한반도에 稻作農耕의 방법이 전래되자 한국인의 食生體系는 물론 生計戰略이 완전히 새로운 모습으로 바뀌게 된다. 稻作農耕은 중국의 화남지방에서 전래된 것으로 알려지고 있지만, 그러나 아직까지 정확한 전파경로는 밝혀지지는 않고 있다. 稻作農耕은 新石器時代의 掘耕을 통한 雜穀農耕과는 여러 면에서 많은 차이가 있다. 무엇보다도 稻作農耕은 熱帶地域의 식물을 다루는 것이므로 벼의 생장과정에 대한 정확한 지식이 요구된다. 반면에 한국의 다른 토착식물과는 달리 稻作農耕은 많은 노동력을 요구하는 대신, 다른 작물에 비해 영양가가 높고 단위 면적당 많은 수확량을 산출한다는 점이다. 이러한 이유 때문에 선사시대 한국인은 도작농경의 어려움에도 불구하고 생계경제의 중심이 稻作農耕으로 빠르게 변모되어 갔다.

가. 볍씨의 考古學的 資料

한국에 稻作農耕이 처음 전래된 시기는 현재 정확하게 밝혀지지 않고 있다. 다만 선사시대의 고고학적 발굴에서 출토된 벼에 관한 자료를 통하여 전래 시기를 살펴볼 수 있을 뿐이다. 벼에 관한 고고학적 자료에는 炭化米·볍씨·토기壓痕·볍씨 花粉·plant-opal 등이 있다. 한국의 선사 유적에서 처음으로 탄화미가 출토된 것은 경상남도 김해의 패총이며, 여기에서 출토된 장폭비가 2.0 이하인 단립형 炭化米인데, 이 유적에서 貨泉이라는 동전이 공반 출토되어 西紀 1世紀경으로 編年된 바 있다. 그리고 볍씨가 壓印된 무문토기편이 지석묘에서 발견되기도 한다. 이러한 고고학적 자료들은 靑銅器時代에 稻作農耕이 활발하게 진행되었고, 지석묘 사회의 생계경제가 稻作農耕에 있었음을 알 수 있게 한다.[146]

---

146. 최정필, 2000, 「農耕道具를 통해 본 韓國 先史農耕의 起源」『김포반도 고대

이후 한국의 각지에서 벼와 관련된 유물이 속속 보고되기 시작하였다. 먼저 탄화미가 출토된 유적은 평양시 남경유적, 경기도 여주군 흔암리의 12호와 14호 주거지, 수원시 서둔동 주거지, 충청남도 태안군 고남리 3호와 6호 주거지, 부여군 송국리 502호 주거지, 논산시 마전리 논유적, 광주시 신창동 유적, 경상남도 울산시 검단리 2호 주거지, 진주시 대평리 어은1 주거지와 옥방2 저장공, 창원시 성산동 패총, 고성군 동외동 패총, 김해시 회현동과 농소리 패총 등이 있다. 이 가운데 평양의 남경유적에서는 조·기장·수수 등이 炭化米와 공반 출토되었고, 여주 흔암리에서도 보리·조·수수 등이 다량의 炭化米와 함께 출토되었다. 따라서 靑銅器時代에 벼와 함께 다른 잡곡 종류도 경작되었음을 알 수 있다.

炭化米가 아니지만 稻作農耕의 정보를 제공해주는 자료에는 볍씨가 압인된 토기편들이 있다. 벼가 壓印된 토기가 발굴된 유적으로는 강원도 춘천시 중도유적, 인천시 강화군 우도유적, 경기도 광주군 궁뜰유적, 하남시 미사동 30호 주거지, 경기도 하남시 광암동 지석묘, 충청남도 서산시 휴암리 A6호 주거지, 태안군 고남리 B-1 패총, 부여군 송국리 54-2호·54-11호·54-13호 주거지, 전라북도 익산시 부송동 2호 주거지, 부안군 소산리와 반곡리 유적, 전라남도 순천시 대곡동 40-1호 주거지, 여수시 월내동 지석묘, 경상남도 진주시 대평리 옥방 5지구 주거지, 산청군 감투리 유적, 거창군 대야리 3호와 4호 주거지, 거창군 산포 21호 지석묘, 경산군 성산유적 등이 있다. 이 가운데 경기도 하남시 광암동 지석묘,[147] 전라남도 여수시 월내동 지석묘,[148] 경상남도 거창군 산포 21호 지석묘[149] 에서 볍씨가 압인된 무문토기편이 출토되고 있는데, 이러한 土器壓痕 자료들은 지석묘 축조집단의 경제적 배경이 바로 稻作農耕에 있었음을 고고학적으로 증명하는 것이라 하겠다(표20).

쌀문화의 위치』, pp.87~108
147. 최정필 외, 1998, 『河南市 廣岩洞 支石墓』, p.63
148. 지건길 조현종, 1992, 『여천 월내동 고인돌』, 국립광주박물관
149. 임효택 외, 1987, 『거창 합천 큰돌무덤』, 동의대학교 박물관

표 20. 벼의 考古學的 資料

出土遺蹟	出土資料	出土狀況	年代	出典
평양시 남경유적	탄화미	36호 주거지		김용간 외 1964
춘천시 중도	무문토기 압흔			지건길 1982
중도	무문토기 압흔			최복규 외 1982
일산시 가와지	稻殼	土炭層	6200±60 B.P.	이융조 외 1994
가와지	稻殼	토탄층	4700±70 B.P.	이융조 외 1994
가와지	稻殼	토탄층	4070±80 B.P.	이융조 외 1994
대화리	稻殼	토탄층	4330±80 B.P.	이융조 외 1994
김포군 가현리	稻殼	土炭層	4010±25 B.P.	임효재 외 1990
강화군 우도	토기 壓痕	貝塚	신석기시대	최미경 1987
광주군 궁뜰	토기 壓痕			손보기 외 1987
하남시 미사동	토기 壓痕	30 주거지		윤세영 외 1994
광암동	토기 壓痕	2호 지석묘		최정필 1998
여주군 흔암리	탄화미	12호 주거지		임효재 1978
흔암리	탄화미	14호 주거지		임효재 1978
가흥리	벼 花粉	강변퇴적층	3500 B.P.	安田喜憲 외 1980
수원시 서둔동	탄화미	주거지		임병태 1982
청원군 궁평리	稻殼	토기가마		이융조 외 1994
소로리	稻殼	土炭層	13010 B.P.(?)	이융조 외 1998
소로리	稻殼	土炭層	14820 B.P.	이융조 외 2001
소로리	稻殼	土炭層	13920 B.P.	이융조 외 2001
소로리	稻殼	土炭層	12930 B.P.	이융조 외 2001
소로리	稻殼	土炭層	12300 B.P.	이융조 외 2001
서산시 휴암리	토기 壓痕	A6호 주거지		윤무병 외 1990
태안군 고남리	토기 壓痕	B-1 貝塚		김병모 외 1990
고남리	탄화미	3호 주거지		김병모 외 1990
고남리	탄화미	6호 주거지		김병모 외 1990
부여군 송국리	탄화미	50-2 주거지		국립박물관 1987
송국리	무문토기 壓痕	54-2 주거지		국립박물관 1987
송국리	무문토기 압흔	54-11 주거지		국립박물관 1987
송국리	무문토기 압흔	54-13 주거지		국립박물관 1987
논산시 마전리	탄화미	耆	B.C. 5세기경	고려 매장연 1999
익산시 부송동	토기 압흔	2호 주거지		
부안군 소산리	무문토기 壓痕			전영래
광주시 신창동	탄화미/볍씨/稻殼			
나주시 가흥리	벼 花粉	강변퇴적층		
순천시 대곡리	토기 압흔	40-1 주거지		

出土遺蹟	出土資料	出土狀況	年代	出典
여수시 월내동	토기 압흔	支石墓		
울산시 무거동 옥현	벼 花粉/plant-opal	畓		경남대 1999
검단리	탄화미	2호 주거지		이신효 1994
진주시 대평리	탄화미			심봉근 1982
대평리 어은1	탄화미	104호 주거지		이상길 1997
대평리 옥방2	탄화미	貯藏孔		
대평리 옥방5	토기 압흔	주거지		이형구 2001
산청군 감투리	토기 壓痕		심봉근 1982	
거창군 대야리	토기 압흔	3호 주거지		
대야리	토기 압흔	4호 주거지		
산포	토기 압흔	21호 支石墓		임효택 외 1987
경산군 성산	토기 壓痕			심봉근 1982
창원시 성산동	탄화미	貝塚		이호관
고성군 동외동	탄화미	貝塚		심봉근 1982
김해시 회현동	탄화미	貝塚		
농소리	plant-opal(즐문토기)	貝塚	3500 B.P.	곽종철 외 1995
예안리	벼 花粉	강변퇴적층	3000 B.P.	安田喜憲 외 1980

볍씨가 출토된 대표적인 유적으로는 경기도 일산시의 가와지와 대화리, 그리고 김포군 가현리 등지에서 조사된 土炭層 유적이 있다.[150] 이들 지역은 한강 하류의 낮은 습지대에 위치한 곳으로 벼의 초기 경작과 관련하여 중요하게 평가되고 있다. 이 밖에도 충청북도 청원군의 가마유적과 소로리 토탄층 유적,[151] 그리고 광주시 신창동 유적이 있다. 이 가운데 청원군 소로리 유적의 경우는 학자들마다 약간씩 다른 의견을 개진하고

150. 허문회, 1992, 「볍씨 분석」『일산 신도시 개발지역 학술조사보고』1, pp.207~280
_____, 2000,「植物學上으로 본 韓國 古代米의 特性」『金浦半島 古代 쌀문화의 위치』
151. 충북대 박물관, 2001, 『청원 소로리 볍씨 출토 토탄층 조사 현장설명회 자료』, p.5

있지만 이 유적에서 볍씨가 출토된 층위가 빙하기시대의 간층이며, DNA 분석결과 현재의 종과는 다른 것으로 알려지고 있는 점이 주목된다.

탄화미나 토기의 벼 압흔 또는 벼의 껍질 등이 출토되는 자료 이외에도 고고학자들은 저습지의 토탄층 등에 함유된 벼의 花粉분석이나 혹은 plant-opal 같은 자연과학적 분석 등의 도움을 통하여 선사시대 벼에 관한 정보를 제공받는다. 이러한 분석을 통하여 벼의 존재가 확인된 유적으로는 경기도 여주군 가흥리 강변퇴적층, 충청남도 논산시 마전리 논 유적, 전라남도 나주시의 가흥리 강변퇴적층, 그리고 경상남도 김해시 예안리의 강변퇴적층 등이 있다. 따라서 한국의 선사시대에 도작농경이 적어도 강변지대나 구릉과 구릉사이의 저지대 습지에서는 널리 행해졌을 가능성을 시사하고 있다.

나. 稻作資料의 檢討

야생의 벼가 자라는 곳은 동남아시아 지역, 오스트레일리아 북쪽 지역, 신대륙의 아열대 지방, 아프리카의 서남부 아열대 지방 등으로 알려져 있다. 이러한 야생의 벼가 재배되기 시작한 것은 대략 인도와 중국 등지에서 마지막 빙하기가 끝나고 신석기가 시작된 얼마간 지난 후에 이루어진 것으로 추정되고 있다.

현재 벼과(Gramineae)의 벼속(Oryza)에 속하는 종류에는 Oryza sativa L.와 Oryza glaberrima S.의 두 가지가 있다. 그러나 아시아에서 자라는 벼는 모두 Oryza sativa L.에 속하는 것들이다.[152] 한국에서 재배되었거나 재배되고 있는 벼는 Oryza sativa L.종 가운데에서 장립형의 Oryza Indica와 단립형의 Oryza Japonica이 있다. 장립형의 현미는 가늘고 길며 약간 편평하고, 나락(籾)은 털(毛)이 적고 짧으며, 까끄라기(芒)는 없는 게 대부분이지만 있는 것도 그 길이가 대체로 짧다. 나락의 장폭

---

152. 안승모, 1999, 『아시아 재배벼의 起源과 分化』, pp.25~68

비는 2 이상이며, 뿌리가 크고 비료의 흡수력이 강하며, 白葉枯病에 약하나 도열병에는 강하다. 반면에 단립형의 현미는 길이에 비해서 폭과 두께가 크고, 나락의 털이 많고 길며, 까끄라기는 긴 것에서부터 짧은 것까지 여러 단계가 있다. 나락의 장폭비는 대부분이 2.0 이하이며, 비료 흡수력에 약하고 이모지병에 약하다. 더운 저위도 지방의 인도나 태국 또는 인도네시아 등지에는 長粒이나 狹粒型 벼가 많고, 온도가 비교적 낮은 고위도 지방의 한국이나 중국의 화북 지방, 그리고 일본 등지에는 短粒이나 圓粒型 벼가 많으며, 그 중간지대인 대만이나 중국의 화남 지방 등지에는 이들 중간형태의 벼가 많이 자라는 것으로 보고되고 있다.[153]

　　동북아시아, 특히 선사시대 한국에서 주로 재배된 벼의 종류는 장폭비(길이와 넓이)의 비가 2.0 이하인 단립형(Japonica)이다. 그러나 장폭비가 2.0 이상인 장립형(Indica)의 볍씨도 선사시대 유적지에서 출토되고 있다.[154] 예를 들어, 평양시 남경유적에서 출토된 탄화미의 장폭비는 1.8이고, 흔암리 12호 주거지 출토 탄화미의 장폭비는 1.74이며, 송국리 54-1호 주거지에서 출토된 탄화미의 장폭비는 1.79이다. 따라서 이들 탄화미는 단립형의 벼에 속한다고 할 수 있겠다. 반면에 경기도 광주군 궁뜰유적에서 출토된 탄화미의 장폭비는 2.1~2.45이며, 강화군 우도에서 출토된 탄화미의 장폭비는 2.15에 해당한다. 그러므로 이들 탄화미는 장립형의 벼에 속한다고 할 수 있다. 결국 선사시대 한국에서는 단립형과 장립형 두 가지 종류 모두 재배된 것으로 볼 수 있다. 물론 고고학적 유적에서 단립형의 벼가 출토되는 수량이 압도적으로 많기 때문에, 당시에 재배벼로서는 단립형이 선호되었던 것으로 추정되기는 한다.

---

153. 안승모, 1991, 「동남아시아의 初期 稻作」『韓國考古學報』, pp.96~155
　　　　, 1999, 『아시아 재배벼의 起源과 分化』, pp.149~308
154. 손보기, 1987, 「우리나라 벼농사의 새로운 사실」『동방학지』, p.364~366

다. 稻作農耕의 開始年代

야생의 벼가 처음 재배되기 시작한 것은 아프리카에서는 약 3500여 년 전에 Niger강 유역에서 Oryza glaberrima의 종류가 재배되기 시작하였고, 동남아에서는 약 7000~5000년 전 경에 도작농경이 시작된 것으로 알려지고 있다. 반면에 중국에서의 稻作農耕은 대단히 빠른데, 장강지류의 상강 상류에 위치한 호남성의 옥섬암유지에서 출토된 야생벼의 연대가 12000~10000년 전으로 측정되고 있으며, 江西省의 仙人洞과 왕동 동굴유적의 퇴적층에서 식물규소체의 분석에 의하여 확인된 야생벼와 재배벼의 연대가 12000년 전으로 측정되었다.[155] 따라서 적어도 이시기에 長江流域의 주민들은 벼와의 관계를 갖기 시작한 것으로 추정된다. 한편 팽두산 유적에서 발견된 재배벼는 신석기 중기의 전반에 속하는 약 9000년 전으로 연대가 측정되었다.[156] 이것은 옥섬암시기의 야생벼가 팽두산시기에 이르러 재배벼로의 전환이 이루어진 것으로 생각된다.

그렇다면 한국에서는 도작농경이 언제 시작되었을까? 먼저 한국에서 고고학적으로 확인된 가장 오래된 벼의 증거는 충북대학교 박물관이 충청북도 청원군 소로리의 유기질 점토층에서 출토한 14800~13000여 년 전의 볍씨와 17000여 년 전의 土炭層에서 발굴한 '유사' 볍씨이다.[157] 이들 볍씨는 DNA의 분석결과 현재의 벼와 39.6%의 유전적 유사성을 나타낸다고 한다. 이 결과를 그대로 신용한다면, 청원군 소로리에서 출토된 볍씨는 세계의 고고학계에 보고된 볍씨 가운데 가장 오래된 증거로 보인

155. 최정필, 2000, 「農耕道具를 통해 본 韓國 先史農耕의 起源」『김포반도 고대 쌀문화의 위치』, pp.87~108

McNeish, R., 1995, Origins of Rice Agriculture: The Preliminary Report of the Sno-American Jianxi Project. *Publication in Anthropology 13*. The University of Texas, El Paso

156. 鄭漢德, 2000, 『中國 考古學 研究』, pp.86~95

157. 충북대학교 박물관, 2001, 『청원 소로리 볍씨 출토 토탄층 조사 현장설명회』, p.5

다. 그러나 이들 볍씨의 연대에 대한 학자들의 견해가 일치되지 않고 있다. 일부학자들은 이들 볍씨가 출토된 층위에 의문을 제기하고 있기 때문이다. 따라서 앞으로 이들 볍씨에 대한 유전적 조사는 물론 출토된 토탄층을 정확하게 분석하여 이들 자료가 출토된 층위가 충적세시기의 층위로서 벼가 잘 자랄 수 있는 자연환경을 갖추고 있었는 지를 면밀히 검토할 필요가 있다.

문제가 되고 있는 청원군 소로리의 사례를 제외하면, 한반도에서 가장 오래되었고 연대가 확실하게 산출되는 유적은 일산의 가와지나 김포의 가현리 등지에서 조사된 토탄층 볍씨유적이다.[158] 일산 가와지에서 볍씨가 출토된 토탄층의 연대는 6200±60 B.P., 4700±70 B.P. 그리고 4070±80 B.P. 등이며, 대화리의 토탄층 연대는 4330±80 B.P.이다. 또한 바로 인접 지역인 김포군 가현리의 볍씨가 출토된 토탄층은 4010±80 B.P.로 산출되었다.

이들 측정자료는 한국의 고고학 編年에 의하면, 대략 신석기시대의 중·후반기에 속하는 연대들이다. 벼가 열대성 식물임을 감안한다면, 이 시기에 한반도에서 생육한 벼는 인간의 도움 없이 독자적인 생존이 불가능하였을 것으로 판단된다. 그러므로 이들 볍씨들은 인간에 손에 의해서 생존이 보장된 재배종일 것으로 판단되며, 따라서 적어도 이 시기에 도작농경이 처음 시작된 것으로 간주될 수 있을 것이다. 그런데 이들 土炭層을 제외하면, 대다수 炭化米나 볍씨가 압인된 토기가 출토되는 유적들은 송국리형 주거지나 지석묘 또는 패총 같은 靑銅器時代에 속하는 유적지들이다. 따라서 비록 新石器時代 중·후반기에 稻作農耕이 개시되었다 할지라도 본격적인 도작농경은 논농사가 소개되는 靑銅器時代에 들어서면서 이루어진 것으로 생각된다.

158. 허문회, 1992, 「볍씨 분석」『일산 신도시 개발지역 학술조사보고』1,
    pp.207~280

라. 耕作遺構의 檢討

벼가 재배된 청동기시대의 耕作遺構에는 논(畓)과 밭이 있다. 논의 遺構는 물을 이용하여 벼를 경작한 토지라고 할 수 있는데, 청동기시대의 이러한 논의 遺構가 조사된 곳은 충청남도 보령시 관창리 유적, 논산시 마전리유적, 부여군 구봉리 구봉유적, 울산시 무거동 옥현유적, 울산시 야음동유적, 진해시 자은동 I유적 등이 있다. 그리고 밭의 遺構로서는 경상남도 진주시 대평리의 옥방, 대평리 어은유적, 대구시 동천동 유적, 대구시 동호동 유적 등이 새로이 조사되었다.

忠淸南道 論山市 麻田里 유적은 해발 20~25m의 구릉에서는 생활유구가 발굴되고 있으며, 이들 구릉과 구릉사이의 저지대에 논 유구가 위치하고 있다. 구릉지대에 위치한 생활유적은 한쪽에서는 송국리형 주거지가 발굴되었고, 다른 한쪽에서는 石棺墓나 甕棺墓 같은 묘역시설이 조사되었다. 송국리형 주거지에서는 석부와 함께 홍도와 무문토기가 출토되었고, 무덤에서는 마제석검과 석촉 등이 출토되었다. 그리고 이들 유적의 대략 중앙 저지대에서 목재로 結構된 방형의 우물 遺構가 발굴되었는데, 우물 유구에서는 송국리식 甕形土器가 출토되었다. 논 유구는 바로 이 우물의 아래쪽에서 조사되었다. 논은 경사면에 계단형태로 구획하였고, 경사가 완만한 곳에서는 논둑과 수로에 의해 논이 약 3평 정도로 구획되었다. 이들 논 유구의 전체적인 평면형태는 경사가 완만한 지역에서는 방형이나 장방형의 모습이나 계단형태로 된 속은 부채꼴 모양을 하고 있다. 그리고 물을 일시적으로 담수하기 위한 溜水施設과 이 溜水施設로부터 논까지 연결되는 인공적인 수로가 확인되었다. 여기에서는 木製의 도끼자루 같은 많은 木製品이 출토되었다.

부여군 구봉리유적[159]은 해발 94.5m의 구릉사면과 규암평야가 만나는

---

159. 충남대학교 백제연구소, 2001, 『구룡-부여간 도로확장 및 포장구간내 문화유적 발굴조사 현장설명회자료』

충적대지에 위치하고 있다. 이 유적에서는 청동기시대와 백제시대의 논 유구가 함께 확인되었는데, 이 가운데 제1경작면이 청동기시대의 논 유구에 해당하며, 수로와 둑, 그리고 環狀集水遺構 등으로 구성되어 있다. 수로는 모두 7개가 확인되었는데, 크기는 폭이 50～1m 사이이며, 깊이는 5～10㎝ 정도이다. 그리고 이들 수로에서 논으로 들어가는 부분에서 입수시설이 확인되었는데, 입수시설의 바닥에서 웅덩이가 조사되었다. 웅덩이와 입수시설에서 모두 8개의 주공이 확인되었는데, 이는 수로와 입수시설 사이를 보강하기 위한 것으로 보인다. 제6수로에서 半月形石刀 · 打製石斧 · 磨製石鏃 · 無文土器片 등이 출토되었다. 環狀集水遺構는 폭이 약 3m 내외이고 깊이가 약 50～60㎝이다. 이 유구 내부에서 다양한 木材片이 발견되고 있다. 그런데 環狀集水遺構는 제1경작면 아래층에서 확인되고 이 유구가 완전히 매몰된 이후에 제1경작면이 형성된 것으로 보인다. 이 유구에서 렌즈형 단면과 外灣刃 형태를 한 반월형석도 1점이 출토되었으며, 방사성탄소연대는 1450±40 B.C.로 측정되었다.

울산시 무거동 옥현유적은 해발 약 35m 정도 되는 낮은 구릉과 그 아래 계곡사이의 충적지대를 중심으로 형성된 村落遺構의 일부로 조사되었다.[160] 논의 층위는 전체 42개이며, 이 가운데 33～31층이 청동기시대 전기의 논(畓)유적층에 해당한다. 즉, 지표로부터 약 130～160㎝ 아래에서 노출되고 있는데, 넓이가 16～52㎝ 되고 높이가 1.4～6㎝ 정도 되는 둑으로 구획되어 있다. 그리고 구릉과 계곡의 경계선을 따라 길이가 45m 되고 폭이 약 2.6m 되고 깊이가 0.85m인 水路가 나왔다. 논바닥에서 條狀痕 · 足跡 · 耕作具痕 · 柱穴 · 株跡 · 牛의 足跡 등이 확인되었고, 논둑 중간중간을 끊어 만든 水口도 발굴되었다. 주거지는 장방형이나 방형의 평면이며 내부에 기둥구멍이 배치된 형식이다. 주거지 내부에서 孔列土器 등 靑銅器時代의 無文土器들과 함께 半月形石刀 · 磨製石斧 · 磨製石鑿 · 달도끼 같은 農耕道具 등이 출토되고 있다.

160. 이상길 외, 1999, 「울산 무거동 옥현유적」『제42회 전국역사학대회 발표요지』

밭의 유구로는 경기도 하남시 미사리에서 百濟時代의 밭이 조사되었고, 충청남도 부여군 서나성에서 新羅後期의 밭 유구가 조사된 바 있다. 그러나 청동기시대의 밭 유구가 고고학적으로 조사된 것은 전라북도 진안군 모정리 여의곡 유적, 경상남도 대평리 옥방유적, 어은유적, 대구시 동천동 유적이 대표적인 것이며, 청동기시대 밭 유구 상층에 역사시대의 밭 유구도 함께 발굴되기도 한다.

밭 유구가 조사된 전라북도 진안군 모정면 여의곡 유적에서는 支石墓群, 圓形과 橢圓形의 住居址群, 지석묘를 옮긴 道路, 水路로 추정되는 溝狀遺構 등이 조사된 곳이다.[161] 밭 유구는 A-1지구의 지석묘가 위치한 곳으로부터 북쪽 대지면에서 조사되었다. 현재 확인된 밭 유구는 고랑의 길이가 4m이고 폭이 65cm인 곳과 고랑의 길이가 20cm이고 폭이 35~40cm 정도 되는 곳 등 모두 두 곳이다. 밭 고랑에서는 미세한 沙質 粘土層이 堆積되어 있으며, 금강의 흐름이나 등고선 방향과 직교하도록 밭고랑이 형성되어 있다. 밭 고랑과 두둑에서 소량의 무문토기와 석기편이 출토되었다.

밭 유구가 발굴된 곳은 진주시 대평면 대평리의 남강 수몰지구 일대로, 1997년부터 실시된 대규모 발굴조사 과정에서 밭 유구가 노출되었다. 밭 유구가 발굴된 곳은 玉房 · 1지구 · 2지구 · 3지구 · 5지구 · 8지구 · 9지구와 漁隱 1지구 등이다(도면30). 밭 유구 가운데 옥방 2지구와 3지구는 경상대학교 박물관에서 발굴하였는데, 모두 14개소의 밭터가 확인되었고, 그 중 청동기시대 밭터는 9개소이다.[162] 전체적인 평면은 抹角細長方形으로 동서방향으로 길게 형성되어 있고, 고랑은 등고선과 직교하는 방향으로 만들어져 있다. 고랑과 둑의 길이는 일정하지 않으나 대체적인 고랑의 폭은 28~40cm이고 깊이는 8~10cm이며, 둑의 폭은 28~44cm이다.

161. 김승옥 · 이종철, 2000, 「진안 용담댐 수몰지구내 여의곡유적 조사개요」『제24회 한국고고학 전국대회발표요지』, p.114

162. 孔智賢, 1999, 「진주 대평리 옥방 2 · 3지구 선사유적」『남강선사문화세미나요지』, p.50

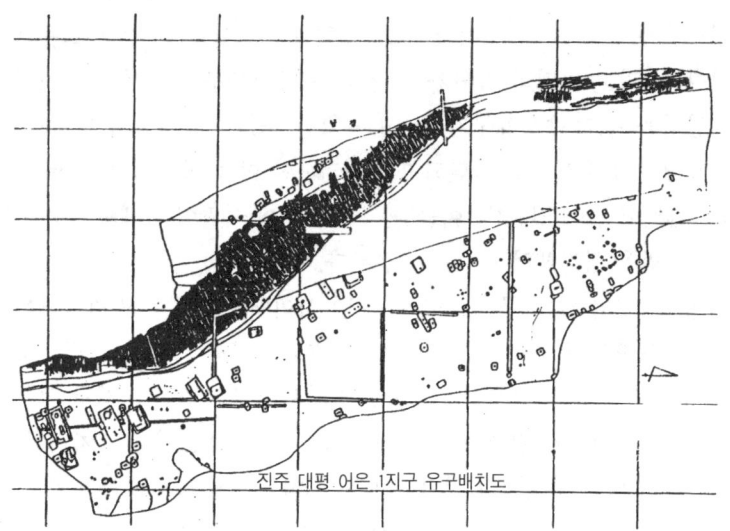

진주 대평 어은 1지구 유구배치도

① 진주 대평 어은 1지구

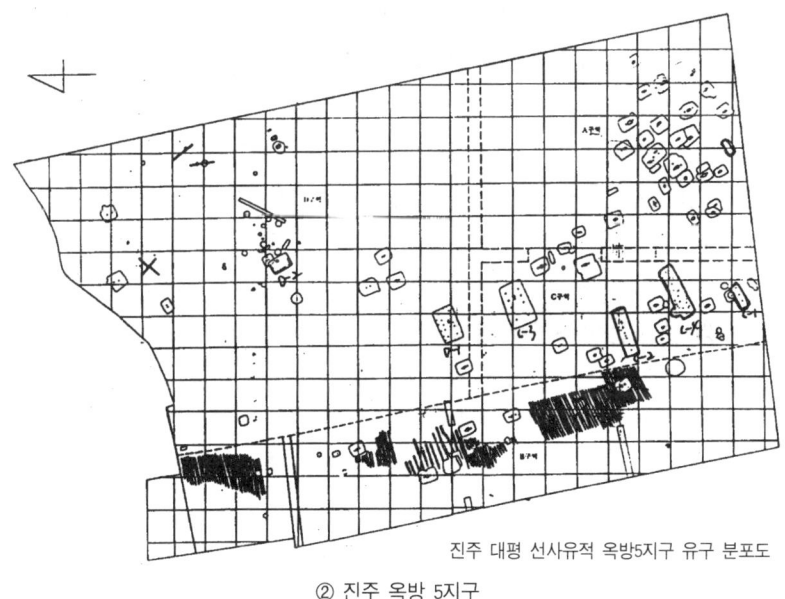

진주 대평 선사유적 옥방5지구 유구 분포도

② 진주 옥방 5지구

도면 30. 마을유적 平面圖

크기는 남북이 33m이고 동서가 152m로 약 1500평이 넘는 것으로 추산되고 있다. 그리고 밭터의 깊이가 가장 낮은 중앙부분에 동서방향으로 일정한 간격을 두고 수혈유구가 5군데나 확인되었는데, 경작시 임시로 사용하기 위한 집수시설로 판단되고 있다. 한편 이들 밭터에서 경작시 작업한 掘地痕이 남아 있는데, 이들 흔적으로 보아 사람이 목제의 농기구를 이용하여 밭을 경작했던 것으로 추정된다.

옥방 5지구의 밭 유구는 1997~1999년 사이에 선문대학교 박물관에서 발굴한 유적으로 B구역의 남강 강변을 따라 약 10m 길이의 밭고랑이 150m 가량 길게 노출되었다.[163] 밭고랑의 전체적인 평면은 동서방향의 밭고랑이 남북방향으로 길게 형성된 모습이다. 이들 밭고랑이 집자리와 중복되지 않고 있어 경작지가 집자리보다 이른 시기에 사용된 것으로 추정되는데, 이는 爐址와 석관묘가 밭터의 상층에 위치하고 있기 때문이다. 고랑과 이랑의 폭은 약 40cm 정도이다.

옥방 8지구는 1997~1999년 사이에 창원문화재연구소에 의하여 발굴되었다.[164] 즉, 8지구의 퇴적층 VI층과 VII층 사이에 형성된 것으로 하층의 주거지가 폐기된 이후에 쌓인 퇴적층에 밭 유구가 조성되었다. 고랑과 이랑이 분명하게 나타나고 있으나 두둑의 높이가 비교적 낮고 자연풍화에 의한 훼손이 심하다. 유구는 남쪽과 북쪽이 약간 높고 중앙 부분이 낮은 지형을 따라 북에서 남으로 길게 이어져 있다. 고랑은 약 30~40cm이고 이랑은 약 40cm이다.

옥방 9지구는 1998년에 경남고고학연구소에 의해 조사되었다. 밭유구는 시기를 달리하는 사질층이 4층으로 형성되었다. 이 가운데 아래층인 3층과 4층이 청동기시대의 문화층이다. 3층밭은 서남 구간의 경우 두둑폭이 70cm이고 고랑폭은 90cm이며, 고랑 깊이는 약 17cm 정도가 되고, 이랑

163. 이형구, 2001, 『진주 대평리 옥방 5지구 선사유적』, p.344
164. 李柱憲, 1999, 「진주 대평면 대평리 선사문화 유적 발굴조사-어은2지구 및 옥방8지구」『남강선사문화세미나요지』, p.98

폭은 160cm 내외이다. 4층밭은 위층인 3층 밭을 만드는 과정에서 둑과 고랑이 많이 훼손되어 둑과 고랑의 흔적이 분명하지 않다. 발굴보고자는 3층밭과 4층밭의 관계는 4층밭이 형성되던 중 자연적인 홍수나 강우 등으로 황갈색 퇴적토가 덮이게 되자 다시 그 위에 3층밭을 조성한 것으로 설명하고 있다.[165]

어은 1지구는 1997~1999년 동안 경남대학교에 의해 발굴조사가 이루어졌다. 어은 1지구에서 조사된 밭 유적은 서쪽 남강의 강변을 따라 남북으로 길게 이어져 있으며, 전체 규모는 약 4000여평에 이른다. 어은 지구의 밭 유적은 남쪽에서 선문대가 발굴했던 옥방 5지구의 밭 유적으로 계속 이어지고 있다.

지금까지 살펴본 바와 같이, 많은 사례는 아니지만 청동기시대의 논 유적이 비교적 여러 지역에서 발굴되고 있다. 울산의 옥현유적에서는 물을 논에 대기 위한 수로가 확인되었고, 논산 마전리 유적에서는 논과 우물 뿐만이 아닌 人工水路와 溜水施設까지 확인되고 있다. 부여 구봉리유적에서도 논에 물을 대는 수로와 연결된 入水施設과 環狀集水遺構까지 확인되고 있으며, 방사성탄소연대가 1450±40 B.C로 측정되고 있어, 청동기시대의 稻作農耕은 일찍부터 畓에 의존하는 논농사 형태로 전개되었을 가능성이 있다.

한편, 진안군 모정리 여의곡에서 조사된 밭 유적에서 無文土器片과 石器片등이 출토되었고, 진주시 대평리에서 조사된 대규모 청동기시대의 밭 유적에서 마제석검·반월형석도·석착 같은 석기류와 함께 많은 무문토기편이 출토되고 있다. 그러나 비록 밭 유적의 토양검사에서 벼의 plant-opal이 검출되었고, 볍씨가 壓印된 無文土器片들이 출토되고 있음에도 불구하고 볍씨가 출토되지 않고 있다. 따라서 이들 밭 유적들을 모두 稻作農耕의 유적지로 간주하기 위한 고고학적 증거로 삼기에는 부족한 면이 있다.

---

165. 李秀鴻, 1999, 「진주 대평 옥방 9지구 유적」『남강선사세미나요지』, p.38

4) 稻作農耕의 社會經濟的 意味

한국에서 稻作農耕의 전개는 사회 경제적으로 커다란 의미를 가지고 있다. 그것은 무엇보다도 벼가 열대와 아열대에서 자라는 식물이므로 生育을 전적으로 인간에게 의존하게 된다는 점이다. 따라서 稻作農耕을 위해서는 벼에 대한 많은 지식을 갖추고 있어야 하며, 이러한 벼를 경작하기 위하여 많은 노동력이 준비되어야 한다. 반면에 稻作農耕의 결과로 식량의 급격한 증대는 물론 비교적 안정적으로 공급받을 수 있는 계기를 마련하게 되었다. 따라서 한국인에게 있어서의 稻作農耕의 도입은 경제혁명과 같은 것이었다. 이러한 생계전략의 메커니즘으로 말미암아 한반도에서 인구가 급격하게 증가하고 사회가 복합사회로 전환되는 결과를 가져왔다고 할 수 있을 것이다.

벼는 단립형과 장립형 두 가지가 있으며 한국에서는 두 종류 모두 재배되었다. 崔夢龍에 따르면, 초창기의 벼농사는 밭벼였으나 청동기시대의 후기에 이르러 논벼가 재배되기 시작했다고 한다.[166] 앞에서 말했듯이 벼는 한국의 토착식물이 아닌 열대성 식물이기 때문에 그 재배에는 상당한 지식과 기술, 그리고 노동력이 요구되었다. 특히 봄철 농번기의 벼농사에는 농부들이 마을 내에서 뿐만이 아니라 이웃마을에서까지 서로 협동하여 작업을 해야할 경우도 있게 되었다. 이러한 협동작업은 두레나 품앗이라는 마을의 노동협업조직을 통해서 이루어짐으로써, 마을사이의 교류가 촉진되고 여러 지역이 서로 통합하는 기능을 하게 됨으로써 복합사회의 형성이 진전되는 효과를 가져왔던 것이다. 다시 말해, 복합사회의 형성기반이 바로 稻作農耕이었던 것이다.

벼농사는 많은 노동력을 요구하는 대신, 다른 작물에 비해 영양가가

166. Choi, M.L., 1984, *A Study of the Yongsan River Valley Culture: The Rise of Chiefdom Society and State in Ancient Korea*, Harvard University Ph.D. dissertation, pp.124~141

높고 단위 면적당 수확량이 많고 생산성이 가장 높은 곡물이며, 보관하기도 가장 쉬운 곡물에 속한다. 崔夢龍은 논벼의 재배, 소규모의 관개시설, 수로통제기술 같은 농경활동은 결국 사회를 계층화시키고, 지석묘를 造營하던 집단이 족장사회 단계로의 정치적 발전을 이룰 수 있는 일차적 동인으로 작용하였다[167]고 주장한다. 울산 무거동의 옥현유적이나 논산시 마전리 유적, 그리고 부여군 구봉리 유적 등지에서 확인된 논농사는 이러한 주장에 대한 고고학적 증거로 간주될 수 있을 것이다. 특히, 이들 논유적은 논의 구획은 물론 수로를 통한 물의 유입과 배수 같은 관개시설 등도 잘 구비되어 있다. 따라서 청동기시대에 이미 도작농경을 위한 관개시설이 상당히 발달된 수준에 이르렀던 것으로 판단된다. 물론 수로의 통제는 사회를 이끄는 지배 상층계급의 사람들에 의해 이루어졌음은 두말할 나위도 없을 것이다.

金秉模도 지석묘 사회의 경제적 기반으로서 稻作農耕을 중요하게 생각하고 있다. 즉, 그는 巨石崇拜思想과 함께 한반도 원주민에게 소개되는 것이 稻作文化이며, 그 결과 채집·어로와 원시농경단계에 있던 원주민에게 새로운 도작농경은 경제혁명을 불러일으키고, 이어 인구의 증가와 사회의 팽창을 가져온 것으로 보았다.[168] 결국 이러한 사회적 발전이 반도 전역에 나타난 현상이 지석묘가 반도 전역에 나타나는 결과를 초래한 것으로 김병모는 생각한 것이다. 그는 따라서 벼농사의 전래가 한국인의 생계전략에서 생산량이 급증하는 경제혁명을 불러 일으키고, 이로 인해 인구가 증가하고 사회가 팽창하는 동인이었다고 하여 스트레스 모델의 입장에서 벼농사의 역할을 이해하고 있는 것이다. 다시 말해, 그는 거석 숭배사상과 함께 한국에 전래된 도작농경은 한국사회에 복합사회가 출현하는 기반이 되었으며, 그 징표가 바로 족장의 무덤으로 여겨지는 지

167. Choi, M.L., 1984, *A Study of the Yongsan River Valley Culture : The Rise of Chiefdom Society and State in Ancient Korea*, Harvard University Ph.D. dissertation. pp.124~141

168. 김병모, 1985, 『한국인의 발자취』, 정음사, pp.58~65

석묘의 축조라고 설명하고 있는 것이다.[169]

169. 김병모, 1985, 『한국인의 발자취』, 정음사, pp.58~65

5. 支石墓 築造集團의 位階的 住居形態

住居址 形態의 位階的 分析은 한 사회의 계층화된 複合性(complexity)을 밝혀내는 데 있어서의 가시적인 성과를 보여준다. 왜냐하면, 주거지 분포의 位階的 패턴은 당시 사회의 계층에 따른 생활양식의 차이를 平面的으로 노출시키기 때문이다. 社會考古學者들은 평면상에 나타난 개개의 주거지 자료들을 바탕으로 마을 내의 주거지의 분포나 지역적 유형을 고려하여 해당 사회에 대한 계층적 분석을 시도하게 된다. 특히, 이때 개개의 주거지가 갖는 용도나 이들 주거지에 거주하는 사람들의 사회적 관계나 경제적 배경을 주목하게 된다. 따라서 고고학적 발굴조사에서는 개개의 주거지를 신중하게 발굴하면서, 한편으로는 이들 개개의 주거지가 모두 평면상에 표기하여, 모든 주거지가 하나의 도면상에서 검토할 수 있도록 해야한다.

현재 북한이나 요동·길림 지방에서 발굴된 주거지들은 내체로 개별적인 평면도로 제시되고 있고, 남한에서도 개별적으로 발굴된 주거지가 하나의 도면에 모두 제시되기 시작한 것은 1990년 초반부터이다. 특히, 미국에서 族長社會를 전공한 학자들이 마을 전체에 대한 주거지 도면의 필요성을 제기하면서 住居形態(settleement pattern)의 한 研究方法論으로 주목을 받기 시작한 것이다.

新石器時代의 住居址는 강변이나 해안가에서 주로 발굴되고 있다. 그러나 지석묘가 축조되던 青銅器時代의 住居址는 이들 지역은 물론 낮은 능선 등지에서도 집단적으로 발굴되는 예가 많아, 당시 사회의 증가된 인구는 물론 촌락의 구조까지도 이해할 수 있는 자료를 제공하고 있다.

비록 靑銅器時代 後期에 이르러 地上 家屋이 축조되기 시작했지만, 전체적인 靑銅器時代의 주거형태는 역시 半竪穴式 住居構造이다. 이 시기의 주거형태는 장방형이나 방형 또는 원형의 주거구조가 대부분이다. 이러한 주거형태는 시대나 지역에 따른 사람들의 생계경제의 양식을 반영하고 있는 것으로 간주되고 있다. 따라서 여기서는 지석묘 축조시기와 관련되어 발굴되는 주거지를 형태에 따라 구체적으로 살펴보고, 다시 넓은 범위에 걸쳐 대규모로 발굴된 주거지를 기초로 청동기 사회의 위계적 주거패턴을 살펴보기로 한다.

1) 靑銅器時代의 住居樣式

한 사회의 생계경제는 그 지역의 사회구조를 결정하고, 그러한 구조가 주거양식에 반영되고 있다. 따라서 지석묘 축조집단의 가족관계, 집단내의 관계, 다른 집단과의 관계 같은 여러 사회적 측면이 주거지의 규모나 형태 또는 공간적 분포 같은 양식으로 고고학적 자료에 반영되었을 것이라는 관점에서 연구될 수 있을 것이다. 이러한 관점은 지석묘 사회의 주거지 양식의 연구에도 그대로 적용될 수 있다. 특히, 지석묘 축조집단과 관련된 청동기시대의 주거지는 구조나 형식에서 시대와 지역에 따라 많은 차이를 보이고 있는데, 이는 바로 지석묘 축조집단의 사회적 발전 과정에 따른 시대적 변화나 공간적 분포에 따른 지역적 특수성을 반영하는 것으로 볼 수 있을 것이다.

가. 雙坨子類型의 住居址

요동반도 남단에서 조사된 雙坨子遺蹟 제3문화층유형의 주거지는 요동반도 일대의 靑銅器時代 初期의 住居址 樣式을 대표한다(도면31). 쌍타자유적의 주거지는 매우 두꺼운 3개의 문화층에서 모두 19기가 조사되었다. 이 가운데 제3문화층에서 확인된 14기의 주거지가 청동기시대에 속

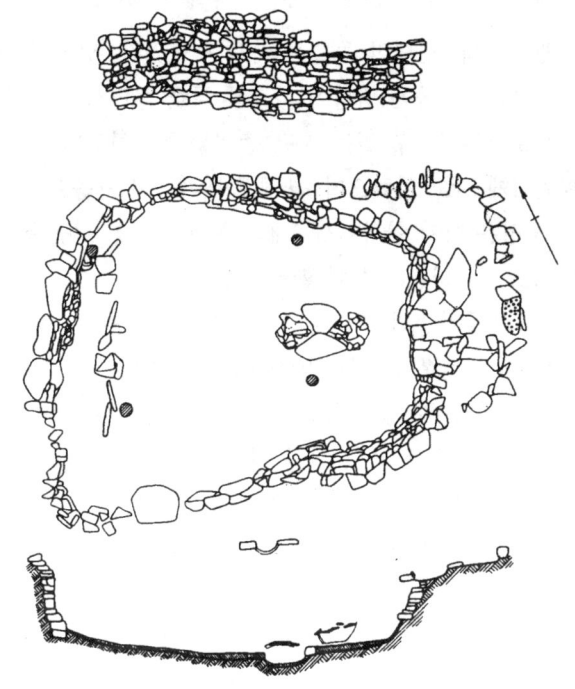

도면 31. 靑銅器時代 住居地 : 쌍타자 주거지

한다.[170] 이들 주거지는 竪穴 積石 주거양식이며, 평면은 대체로 方形이거
나 不定方形이다. 면적은 평균 20㎡이나 제4호 주거지의 면적이 24㎡로
가장 크고, 13호 주거지의 면적은 16㎡로 가장 작다.

　예를 들어, 쌍타자 6호 주거지의 동벽이 비교적 잘 남아있는데, 높이
가 약 1m이다. 동벽의 폭이 서벽보다 약간 좁은 형태이며, 남벽의 서쪽
에 출입문이 나있고, 동벽 바깥쪽에 곁방시설로 보이는 적석시설이 있
다. 내부에는 바닥을 오목하게 파고 그 둘레에 판석을 세워서 만든 화덕

170. 김용남 · 김용간 황기덕, 1975, 『우리나라 원시 집자리에 관한 연구』,
　　 pp.60~63

자리가 있고, 기둥구멍이 벽체 안쪽에서 방형의 간격으로 확인된다. 7호 주거지는 방형인데, 남벽만 돌을 쌓아서 만들었다. 남벽의 서쪽에 설치한 출입문은 밖으로 좁은 방형이 되도록 돌을 쌓아서 벽체를 만들었고, 바닥은 안으로 드나들 수 있는 계단 층계를 설치하였다. 주거지 바닥은 모래를 평탄하게 깔고 다졌으며, 대체로 벽체에서 안쪽으로 경사지게 하였다. 기둥구멍은 벽체 안쪽에서 3개씩 확인되고 있으며, 동벽의 북쪽에도 출입문으로 생각되는 시설이 확인된다.

쌍타자 제3기문화층의 주거지 구조에서 돌로 壁體를 쌓아 올리는 방법, 벽체 밖으로 출입문을 내는 방식, 또는 주거지의 한 쪽의 벽에 곁방 시설을 두는 방식 등은 鴨綠江流域이나 遼東半島 또는 吉林地方에서 조사되는 주거지 양식과 상당히 유사한 면을 보여주고 있다. 요동반도 남단의 대련시 양두와 유적 주거지에서 돌을 쌓아서 壁體를 만드는 방법이나 길림 지방의 포자연 전산유적 또는 後石山 遺蹟 등지에서와 같이 돌을 쌓아 만든 벽체나 곁방시설 등과 같은 주거지 구조를 가진 西團山文化 계통의 주거지들과 연결되고 있다. 쌍타자 주거지의 연대는 紀元前 2000年代 後半에 속하는 것으로 편년되고 있다.

나. 細長方形 住居址

세장방형 주거지는 한반도 중서부 지역의 청동기시대 전기 유적에서 널리 발굴되는 주거지 형식이다. 구체적인 규모는 장폭비가 3.0이상이 되거나 장축 길이가 약 8m 이상이 되는 것으로, 비교적 규모가 크고 길쭉한 형태의 주거지를 의미한다. 이러한 주거지는 지석묘가 축조된 아래층이나 근처에서 발굴되는 경우도 있다. 따라서 이러한 주거지는 지석묘의 축조가 시작된 시기에 유행한 주거양식으로 여겨진다. 세장방형 주거지는 평양시 남경유적의 청동기시대 3기 문화유적, 평안남도 북창군 대평리, 황해도 송림시 석탄리, 경기도 파주군 당하리, 파주군 교하리, 파주군 옥석리, 서울시 가락동, 서울시 역삼동, 부천시 고강동, 평택시 현화리, 충청남도 보령시 관산리, 충청북도 청주시 향정동, 청주시 외북동, 충청남도 천안의 백석동 등지에서 발굴조사가 이루어졌다. 그리고 최근에는 남강댐 수몰지구 발굴조사에서 많은 세장방형 주거지가 노출되기도 하였다.

이들 지역에서 조사된 세장방형 주거지의 구조는 유적에 따라 약간씩 차이를 보이고 있다. 예를 들어, 북창리 유적의 2호 주거지는 남북의 길이가 10m이고, 폭이 5.3m이며, 깊이는 10~15cm 사이이고, 기둥은 한 줄에 4개씩 세 줄로 초석을 배치하였는데(도면32), 이 수혈 주거지가 지상식으로 변천해 가는 중간 단계의 것으로 주거구조가 상당히 발달된 면모를 보여주는 것이다. 반면에 황해도 송림시 석탄리유적의 주거지는 바닥이 평탄한 제1유형과 바닥의 반정도를 깊게 판 제2유형으로 분류되고 있으며, 기둥구멍 자리는 한 줄에 5개씩 15개의 구멍이 주거지의 장축을 따라 일정한 간격을 두고 배열되어 있다. 그런데 다른 주거지와 달리 이 주거지의 기둥 구멍은 벽체에서 80cm 정도 안쪽에 위치하고 있는데, 이는

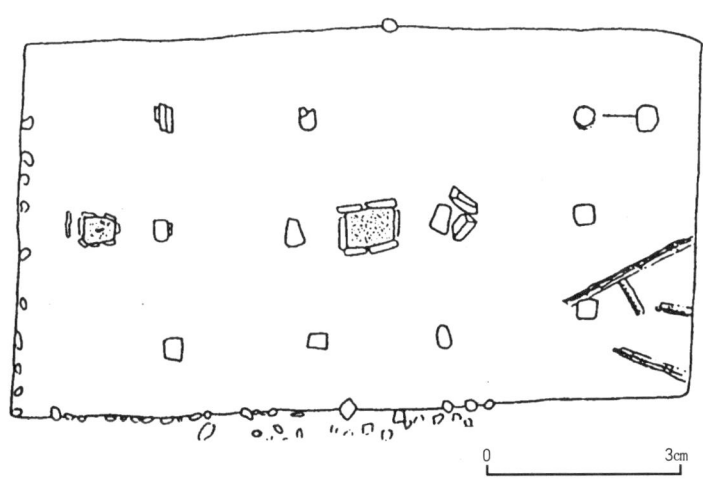

도면 32. 靑銅器時代 住居地 : 북창 대평리 2호 주거지

기둥이 벽체의 골조역할을 겸한 것이 아닌 순수하게 지붕을 받치기 위한 역할만 하던 것으로 판단된다.

한반도 중서부 지방에서 조사된 세장방형 주거지는 무리가 아닌 개별적으로 지석묘를 발굴하는 과정에 노출되고 있다. 예를 들어, 파주 당하리 주거지는 당하리의 9호 지석묘를 조사하는 과정에서 수혈 주거지가 발견되었고(도면33), 파주 교하리 주거지는 교하리의 가호 지석묘에서 서북쪽으로 약 80m 정도 떨어진 곳에서 발굴되었다. 파주 옥석리의 세장방형 주거지도 옥석리의 BI호 발굴하는 과정에서 발굴되었으며(도면34), 강화도의 삼거리 지석묘군 근처에서 팽이형 토기가 출토된 장방형 주거지가 발굴되었다(도면35). 이들 지역에서 조사된 주거지에서 출토된 유물에는 석기류에 마제석검 · 마제석촉 · 갈돌 · 砥石 · 반월형석도 · 달도끼 · 방추차 · 어망추 등이 있고, 土器類에는 공렬토기 · 송국리형 토기 · 원통형 토기 등이 출토되었다. 특히 강화도 삼거리에서 발굴된 세장방형 주거지는 파괴가 심하나 팽이형 토기가 출토되어 주목을 받고 있다.

보령의 관산리에서 발굴된 세장방형 주거지인 004호와 013호 주거지

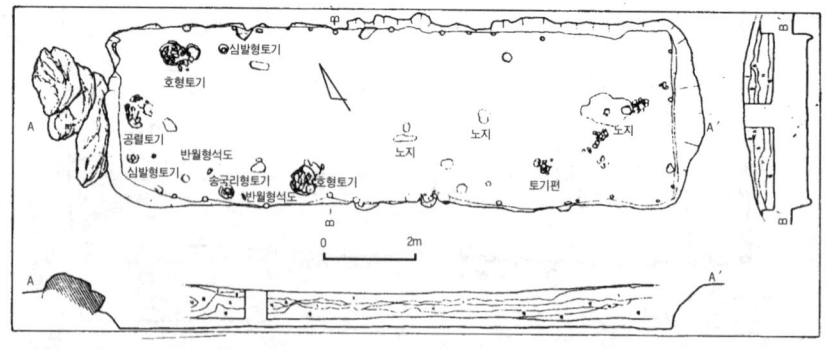

도면 33. 靑銅器時代 住居地 : 파주 당하리 주거지

는 남한 지역에서 발굴된 세장방형 주거지 가운데 가장 큰 규모이다. 예를 들어, 004호의 장축은 20.40m이고 단축은 5.80m인데, 내부시설이 침상과 생활공간 등으로 분리하여 칸막이 시설을 설치하였음이 기둥구멍과 불에 탄 판재들의 조사를 통하여 확인되었다. 즉, 내부의 이용은 반원

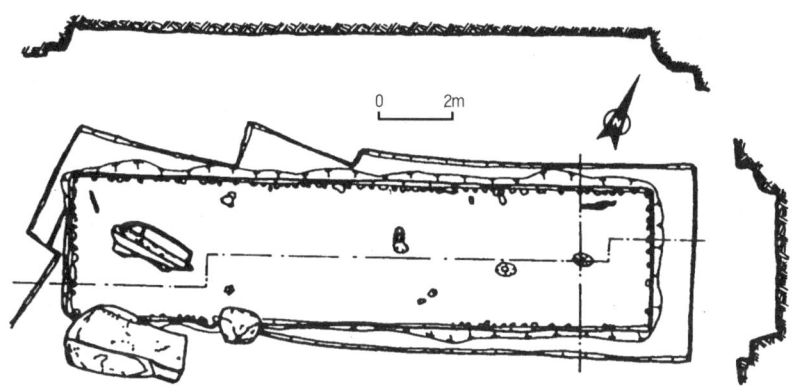

도면 34. 靑銅器時代 住居地 : 파주 옥석리 주거지

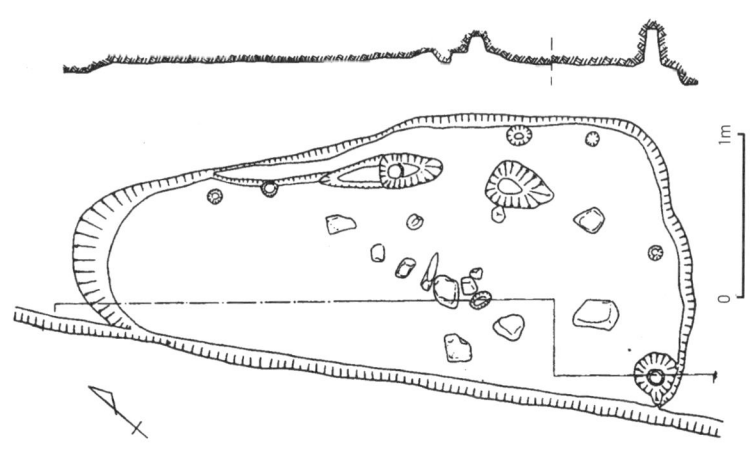

도면 35. 靑銅器時代 住居地 : 강화 삼거리 주거지

형의 출입구로부터 약 5m 간격으로 칸막이를 설치하여 내부 전체가 4칸이 되도록 하였고, 각각의 칸에서 독립된 화덕자리가 발견되었다. 내부에서 홍도와 공렬토기가 출토되었는데, 특히 공렬토기에는 口脣刻目短斜線文과 胴體部 格子文 등의 문양이 복합적으로 결합되어 나타난다.[171]

한반도 중·동부 지방의 세장방형 주거지로는 강릉시 방내리 3호의 수혈주거지가 있다. 이 주거지는 풍화 암반층을 파고 바닥을 평탄작업을 한 다음 점토를 깔고 바닥을 다져서 만들었다. 장축 길이는 8.3m이고 폭은 4.6m이며 깊이는 55m이다. 기둥구멍은 벽체 안쪽을 따라 일정한 간격으로 파여져 있고 서쪽 벽체 안쪽의 북쪽과 남쪽, 그리고 등벽의 남쪽에서 저장 구덩이가 발굴되었다. 내부에서 불에 탄 목재편들과 함께 무문토기 저부편과 삼각만입형 석촉 등의 유물 각각 한 점씩 출토되었다.

남부 지방에서 발굴된 장방형 주거지로서 대표적인 사례는 남강댐 수몰지구의 발굴조사과정에서 드러난 세장방형 주거지들일 것이다. 예를 들어, 옥방 5구역의 C-2호 주거지는 장축이 15.11m이고, 폭은 4.91m이며, 깊이는 1.67m이다. 장축방향을 따라 중앙에 직경이 12~15cm인 기둥구멍 8개가 2m 간격으로 확인되고 있다. 중앙을 중심으로 양쪽에 구(溝)가 형성되어 있는데, 이들 구(溝)의 안쪽에서 토기와 석기들이 출토되고 있다. 주거지 중앙에서 세 군데에 불먹은 황색 燒土가 드러나고 있는데, 아마 특별한 시설을 갖추지 않은 화덕자리였던 것으로 추정된다.

옥방 5구역 C-4호 주거지는 옥방 5지구 가운데 가장 규모가 큰 세장방형 주거지로서 장축이 무려 17.01m에 이르며, 폭은 5.20m나 되고, 깊이도 40cm 가량이나 된다.[172] 서북쪽에는 반원형으로 외부에 돌출된 특이한 구조를 갖고 있다. 주거지 내부에는 기둥구멍과 화덕자리, 그리고 저장구덩이가 시설되어 있다. 기둥구멍은 어깨선을 따라 18개가 배치되어 있는데, 직경은 15~20cm 내외이다. 중앙에고 기둥자리가 2m 간격을 두

---

171. 윤세영·이홍종, 1996,『관산리유적(I)』, 고려대학교 매장문화재연구소, p.17
172. 이형구, 2001,『진주 대평리 옥방 5지구 선사유적』

고 8개가 배치되어 있다. 집자리 내부에서 토기와 석기 같은 제품들이 출토되는데, 특히 석기들이 종류에 따라 완성품과 미완성품의 제작 단계별로 출토되고 있어, 생활도구를 제작하던 工房形 住居址로 추측되고 있다.

다. 長方形 住居址

한반도의 여러 지역에서 발굴되고 있는 장방형 주거지의 전체적인 규모는 장축비가 1.5~3.0이상이 되거나 장축의 길이가 약 8m 전후가 되는 주거지 형태를 의미한다. 장방형 주거지는 남경유적 청동기시대 1기와 2기 문화층의 주요 주거지 양식이다(도면36). 함경북도 무산군 범의구석유적, 회령군 오동유적, 경기도 평택시 현화리, 충청남도 아산시 신달리와 군덕리, 천안시 청당동과 백석동, 대전시 둔산, 부여군 송국리, 보령시 교성리, 그리고 경상남도 진주시 대평리 등지에서 발굴되고 있다.

도면 36. 靑銅器時代 住居地 : 남경 청동1기 7호 주거지

한반도 서북부 지방에서 발굴되는 장방형 주거지는 이른 시기의 팽이형토기를 사용한 주민들이 남긴 것들이다. 예를 들어, 남경유적의 청동기시대 1기와 2기 문화층에서 모두 18기의 장방형 주거지들이 발견되었는데, 이들 주거지에서 모두 전형 또는 변형의 팽이형토기들이 발견되었다. 이들 주거지의 규모를 보면, 청동기시대 1기의 제7호 주거지의 경우 남북방향의 단축은 4.75m이고 동서방향의 장축 북벽의 길이는 7.50m이며 남벽은 7.50m이다. 따라서 남벽의 길이가 북벽보다 약간 짧으며, 화덕자리는 동서방향의 중앙에서 서쪽으로 약간 치우친 지점에서 드러났는데, 직경 1m 정도 되는 둥근 테두리 내에서 불에 탄 흙이 10㎝ 정도 쌓여 있을 뿐, 다른 특별한 시설이 보이지 않는 것으로 보아, 아마도 바닥을 약간 파서 화덕자리로 이용한 듯하다.

청동기시대 2기 주거지로서 보존상태가 비교적 양호한 것은 11호 장방형 주거지이며, 이 주거지의 장축 길이는 7.20m이고 폭은 4.15m가 되는 긴 사각형의 반수혈 주거지이다. 바닥은 평평하게 고른 후에 불을 먹여 단단하게 하였는데, 특히 남쪽부분은 약 10㎝ 정도의 진흙을 깔고 불을 먹여 바닥을 매우 단단하게 하였다. 북벽의 중앙에서 70㎝ 안쪽에 직경이 약 70㎝ 정도 크기의 원형에 깊이가 약 10㎝ 정도 되게 파서 화덕자리 시설을 만들었다.

청동기시대 1기 주거지에서는 전형 팽이형토기와 목이 길어진 변형 팽이형 토기가 출토되고 있다. 청동기시대 2기 주거지에서도 1기와 같이 팽이형 토기가 출토되고 있으나, 토기 모양에서 약간의 변화가 보이고 있다. 즉 2기 주거지에서 출토되는 전형 팽이형 토기(I식)의 경우는 1기의 주거지 출토 팽이형토기와는 다르게 구연부의 외부 마무리가 둥글게 처리되었고, 변형 팽이형 토기(II식)도 구연부가 경부로 내려오면서 점점 좁아지다가 경부와 맞닿은 부분의 직경이 가장 작아지게 만들었다. 그리고 이 시기에 이르면 구연부에서 동체부 아래 부분까지 곧바로 내려오다가 구연부 쪽에서 좁아지는 형태를 유지하지만 바닥의 직경이 약간 커진 형태의 팽이형토기(III식)가 새로이 출현하며, 초기 형태의 미송리형토기가 공반 출토되고 있다.

한반도 동북 지방에서는 함경북도 무산군 범의구석 유적의 경우 제2기와 제3기의 문화층이 청동기시대 문화층이다. 제2기에 속하는 주거지 유적 가운데 15호 주거지가 대표적으로 알려져 있는데, 이 시기의 주거지는 장축이 대략 8~9m가 되고 폭이 5~6m 정도의 크기가 된다. 바닥에는 불에 탄 판자가 깔려 있는데, 이것은 단순히 짚이나 나무껍질 같은 것을 깔았던 것보다 발달된 주거구조를 나타내는 것으로 보인다. 제3기에 속하는 주거지에서 잘 남아있는 것이 제31호 주거지이다. 장축방향이 동서인데 길이는 5.4m이고, 폭은 4.6m이며, 깊이는 0.7m이다. 동벽의 중간에 출입구가 만들어져 있으며, 그 안쪽에 화덕자리 시설이 있다. 내부에 14개의 주춧돌이 4열로 일정한 간격을 두고 배치되어 있다. 연대가 2000년기 말로 추정되고 있는데, 이 시기에 주춧돌을 놓고 기둥을 세우는 지상형 주거지를 축조하였다는 것은 한국 건축사에서 획기적인 것으로 당시의 발달된 주거건축의 일면을 보여주는 자료라 하겠다.

회령 오동유적의 제1기층은 청동기시대 초기 유적으로 두 기의 장방형의 주거지가 노출되었다. 그 중 비교적 잘 남아 있는 것이 2호 주거지로 규모는 길이가 9.15m이고 폭은 6.1m이며 깊이는 0.75m이다. 모래층을 파서 주거지를 만들었으며, 바닥에는 진흙을 얇게 깔고 다졌다. 남쪽 중앙에 바닥을 파서 만든 화덕자리가 있으며, 바닥에는 장축방향으로 네 줄의 기둥구멍이 있다. 내부에서 흑요석제 석기 등과 함께 황갈색 무문토기와 홍도가 출토되고 있다. 북한학자들은 이 유적에서 출토되는 유물을 근거로 대략 2000년기 전반에 건축된 주거지로 연대를 추정하고 있다.

한반도 중서부 지방에서는 평택의 현화리 유적, 아산의 신달리 군덕리, 천안 청당동 백석동, 대전 둔산, 부여 송국리, 보령 교성리, 그리고 진주 대평리 등지에서 장방형 주거지가 발굴되고 있다. 이들 지역에서 확인된 장방형 주거지의 규모는 장축길이가 대개 6~7m 정도이고, 폭은 약 4~5m 내외에 해당한다. 예를 들어, 부여 송국리의 57-D호 주거지는 확인된 장축이 서남-동북 방향인데, 장축길이는 7.30m이며 폭은 3.75m이다. 그런데 송국리의 장방형 주거지는 54지구의 목책 내부에서 밀집되어 발견되고 있으나 여기에서 발견되는 원형주거지는 목책을 파괴하면서 조성하고 있다. 따라서 송국리의 장방형 주거지는 원형주거지와 시기를 달리하여 조성된 것으로 보인다.

중·동부 지방에서는 강릉시 방내리에서 세장방형 주거지와 함께 장방형 주거지가 발굴되었다. 방내리 1호 장방형 주거지는 장축 길이는 7m이고, 폭은 4m이며, 깊이는 위치에 따라 15~68cm로 높낮이에 차이가 있다. 내부에서 공렬토기가 출토되었는데, 구연부는 둥글게 처리한 다음 각목문을 새겼으며, 구연부 아래에 안에서 밖으로 구멍을 뚫어 공렬을 내었는데, 어떤 공렬문토기는 공렬문 아래에 교차 단사선문을 돌리기도 하였다. 장방형 주거지인 4호 주거지의 방사성탄소연대는 2500±50 B.P.이고, 세장방형에 속하는 3호 주거지의 연대는 2930±50 B.P.로 산출되었다.

남부 지방에서는 진주시의 남강댐 수몰지구에서 발굴된 주거지들 가운데 장방형 주거지가 확인되고 있다. 예를 들어, 진주시 대평면 상촌리 7호 장방형 주거지는 장축길이가 7.20m이고 폭이 5.80m이다. 이 주거지의 기둥구멍은 장축의 경우에는 벽의 어깨선에서 확인되고 있는 반면 단축의 경우에는 기둥이 벽에 가까운 기둥바닥에서 확인되었다. 내부에서 작업 구덩이 2곳이 발굴되었는데, 주변에서 제작과정에 있는 석기들이 출토되고 있어 공방형 주거지로 추정되고 있다.

라. 方形 住居址

방형 주거지는 장축비가 1.5이하이고 평면이 方形인 주거지를 의미한다. 방형 주거지는 네 모서리가 모두 네모진 형태의 방형 주거지와 모서리의 각을 죽여 둥글게 된 抹角方形 주거지 등 두 가지 종류가 있다. 방형 주거지는 한반도의 여러 지역에서 다수 발견되고 있으나 세장방형이나 장방형 주거지들보다는 시기적으로 늦게 이용되었고, 원형 주거지들과는 동시기에 사용된 주거 형식이다. 주요 방형의 주거지 유적으로는 평안도 강계의 공귀리, 영변의 세죽리, 황해도 용연의 석교리, 함경북도 회령의 오동유적, 경기도 평택 현화리, 충청남도 아산군의 신달리 군덕리, 태안군 고남리, 대전시 둔산, 서산시 휴암리, 부여군 송국리, 보령시 교성리, 충청북도 청주시 내곡동, 경상남도 진주시 대평리 등지에서 발굴되고 있다.

강계의 독로강 기슭에서 발굴된 공귀리 유적의 주거지는 상층과 하층 2개의 문화층으로 구분된다. 하층의 2호 · 3호 · 6호 주거지는 장축 길이가 9~9.8m이고 폭이 7~7.8m가 되어 비교적 규모가 크고 장방형에 가까운 모습을 보여주고 있다. 반면에 상층에 해당하는 4호와 5호는 한 변이 약 6~6.5m가 되는 방형의 주거지이다. 그런데 공귀리 주거지 양식에서 나타나는 특이한 점은 다른 팽이형 주거지와는 다르게 주거지의 한 쪽에 저장 시설로 보이는 竪穴遺構가 붙어 있고, 각 주거지를 서로 연결한 듯한 통로 같은 시설이 있다. 청천강 유역의 영변 세죽리에서 두 가지 유형에 속하는 주거지 7기가 발굴되었는데, 이 가운데 제1유형이 방형 주거지이다. 예를 들어, 10호 주거지는 말각 방형이며, 면적은 11.56㎡이고, 깊이는 0.7m이다. 바닥은 모래 바닥이고 구멍기둥은 없다. 화덕자리는 북벽 가운데에 돌을 3면으로 세워 만들었다. 27호 주거지도 10호 주거지와 마찬가지로 말각 방형이다. 출입문은 북쪽에 있으며 내부에서 공귀리식 토기와 전형 미송리형토기가 출토되고 있다. 이들 주거지의 연대는 대략 2000년기 말이나 1000년기 초로 보고있다.[173]

동북 지방에서는 회령의 오동유적 제3기층에 해당하는 오동 5호 주거지가 방형 주거지 양식이다. 오동 5호 주거지는 장축 길이가 5.2m이고, 폭이 4.5m이고, 약 7.9m 가량 깊이로 파서 만든 수혈 주거지이다. 주거지

---

173. 김영우, 1964, 「세죽리유적 발굴 중간 보고(2)」『고고민속』64-4
    김정문, 1964, 「세죽리유적 발굴 중간 보고(1)」『고고민속』64-2
    황기덕, 1984, 『조선의 청동기시대』, 사회과학출판사, p.48

바닥에는 40여개의 기둥구멍이 벽체 안쪽을 돌아가면서 나있다. 바닥 가운데에는 두 줄의 굵은 기둥구멍이 있는데, 그 안에 주춧돌이 고여 있다. 주거지 내부에서 흑색마연토기가 발견되고 있다. 함경북도 선봉군 서포항에서도 두 시기에 걸쳐 모두 9기의 주거지가 발굴되었는데, 모두 방형에 가까운 주거지 양식을 보여주고 있다. 하층은 상층보다는 약간 긴 방형이며, 이들 주거지 모두 패총을 파서 만든 것으로 중앙에서 약간 옆쪽으로 화덕자리가 있다. 두 문화층 모두에서 갈색토기와 홍도가 출토되고 있는 점은 같으나 목긴 단지는 상층 주거지에서만 출토되고 있다.

중서부 지방의 청동기시대 방형 주거지는 충청남도 태안군 고남리, 서산리 휴암리, 보령시 관산리, 부여군 송국리 등지에서 조사되고 있다. 태안군 고남리에서 2기의 방형 주거지가 확인되었다. 그 중 1호 주거지는 패각층을 제거한 후에 드러났으며, 동서 길이가 4.7m이고 남북의 길이가 약 3.1m이다. 직경이 70cm이고 깊이가 10cm 되는 화덕자리가 중앙에서 약간 서쪽에 위치하고 있고, 20여개의 기둥구멍은 서북쪽 벽체의 안쪽과 벽체 외부를 돌아가면서 발견되고 있다. 그리고 1호 주거지의 서남쪽 벽의 약 60cm 밖으로 떨어진 곳에서 동서가 190cm 되고 남북이 150cm 되는 타원형의 구덩이가 발견되었는데, 아마 1호 주거지에 부속된 저장시설이었던 것으로 추정된다.

충청남도 보령시 관산리에서는 세장방형 주거지와 함께 소규모의 방형 주거지들이 발굴되었다. 예를 들어, 007호 주거지는 평면형태가 말각 방형으로 장축의 길이가 2.37m이고, 폭은 2.22m이다. 주거지 내부의 중앙에서는 직경 48cm 되고 깊이가 14cm 되는 화덕자리가 확인되었고, 기둥자리는 북벽과 남벽의 중앙지점에서 각각 한 개씩 확인되었다. 내부에서 무문토기편이 출토되었다.

서산 휴암리에서는 원형의 송국리형 주거지와 함께 말각 방형의 송국리형 주거지가 발굴되고 있다(도면37). 송국리형 주거지의 가장 큰 특징은 수혈 주거지 내부에 타원형의 작업공을 갖고 있는 것인데, 이 타원형 작업공의 좌우에 있는 기둥의 유무나 그 위치에 따라 a~g형으로 형식분

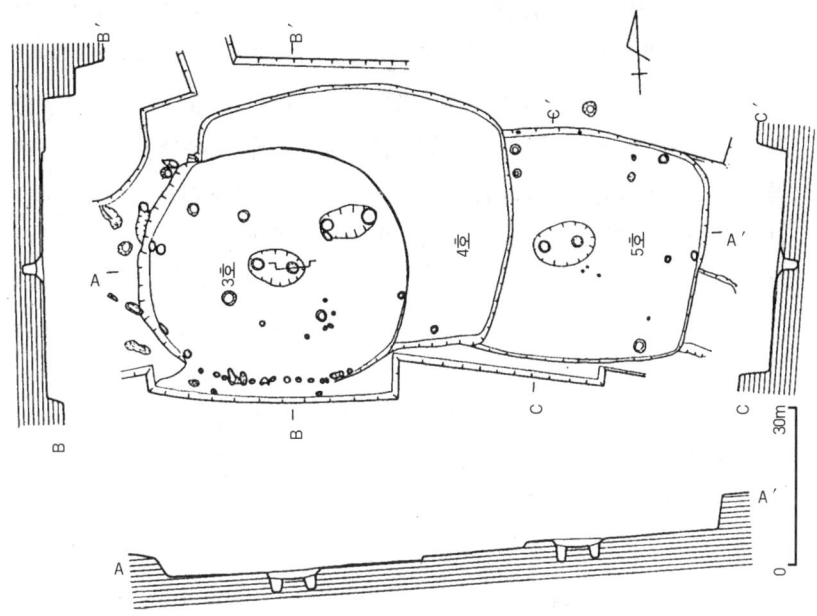

도면 37. 靑銅器時代 住居地 : 휴암리 3·5호 주거지

류가 이루어지고 있다. 이러한 송국리식 주거지 가운데 서산군 휴암리
유적에서 공렬토기가 출토되고 있으며, 대략 사용시기가 B.C. 8세기로
편년되고 있어, 가장 연대가 오래된 주거지로 알려지고 있다. 송국리형
주거지는 아산만 일대에서 남해안 지방을 거쳐 낙동강 유역에까지 널리
분포하는 남부 지방의 대표적인 청동기시대 후기 주거지 유형이다.

마. 圓形 住居址

청동기시대이 圓形 주거지가 발견되는 곳은 한반도의 중서부 지방에
서 남해안에 이르는 지역으로 대개 송국리형 주거지의 분포범위와 일치
한다. 현재 원형 주거지가 발굴된 유적으로 충청도 지방에서는 서산시

휴암리, 천안시 대홍리와 백석동, 서천군 오석리와 당정리, 부여군 송국리, 청원군 내수리, 대전시 구성동 등이 있고, 전라도 지역에는 익산시 영등동과 부송동, 전주시 여의동, 완주군 반교리, 고창군 죽림리, 영암군 장천리, 무안군 인평 유적, 영광군 마전유적, 광주시 송암동, 순천시 대곡리, 화순군 복교리, 그리고 곡성군 유평유적 등지에서 원형의 송국리형 주거지가 다량 발굴되었다. 한편 경상도 지역에서도 원형의 송국리형 주거지가 다수 발견되고 있는데, 그 대표적인 유적으로 거창 대야리, 진주 대평리, 함안 도항리, 창원 남산리, 대구 동천동, 그리고 울산시 검단리 유적 등이 있다.

원형의 송국리형 주거지는 직경이 평균 5m 정도 되는 원형 또는 타원형의 평면 형태이며, 그 내부에 타원형의 작업공이 있고, 이 작업공의 안쪽이나 바깥쪽에 중심기둥을 세우도록 설계된 주거지 양식이다(도면38). 원형의 송국리형 주거지도 방형의 주거지와 마찬 가지로 타원형 작업공과 중심기둥의 구멍 배치형태에 따라 a~g의 7개의 유형으로 분류된다. a

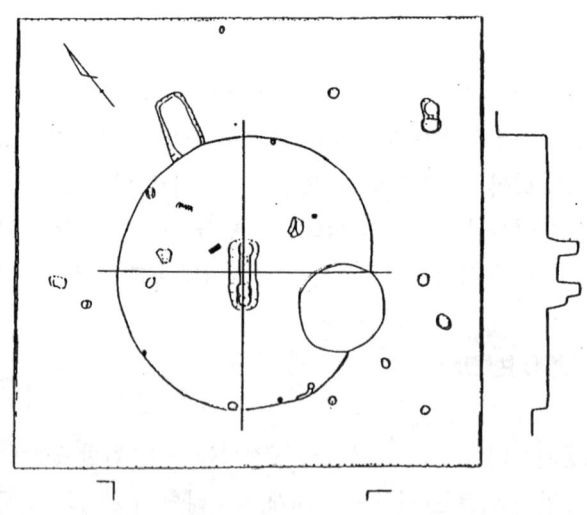

도면 38. 靑銅器時代 住居地 : 송국리 '50-3호

형은 주거지 내부에 타원형 작업공과 중심기둥이 없는 형식이고, b형은 타원형 안에 중심기둥이 있는 형식이다. c형은 타원형 작업공 밖에 중심기둥이 있는 형식이며, d형은 타원형 작업공 안에 중심 기둥이 있고 작업공 주변에도 4개의 기둥이 있는 형식이고, e형은 타원형 작업공 밖에 중심기둥이 있고 그 주변에 4개의 기둥이 있는 형식이다. f형은 원형 주거지 내부에 타원형 작업공만 있는 형식이며, g형은 주거지 내부에 타원형 작업공이 있으나 중심기둥이 없고, 주변에 기둥만 있는 형식이다.

원형 송국리형 주거지의 일부 유적에서는 내부의 타원형 구덩이에서 臺石이나 미완성 석기들이 출토되는 경우가 있다. 예를 들어, 진주 상촌리 1호 주거지나 영암군 장천리 9호 주거지의 내부 바닥이나 타원형 구덩이 등지에서 砥石·갈돌·發火石 등과 함께, 제작과정에 있는 미완성 석제품들이 다수 출토되고 있다. 이러한 유물이 출토되는 주거지는 석기를 제작하는 작업 공간 또는 공방이었을 것으로 추정된다. 한편 주거지의 내부에서 저장공이나 화덕자리 시설을 한 경우도 발굴되고 있다. 예를 들어, 송국리 유적의 50-2호나 50-3호 주거지의 내부 한쪽에서는 저장시설로 보이는 구덩이가 발견되고 있다. 그리고 타원형 구덩이 안쪽에서 불에 탄 흔적이 있거나 목탄이 대량 검출되는 경우가 있는데, 李宗哲은 이러한 주거지는 시간이 지남에 따라 중심기둥을 없애면서 타원형 구덩이를 화덕자리로 변용하였기 때문일 것으로 판단하였다.[174]

원형 송국리형 주거지의 연대는 방형 송국리형 주거지와 마찬가지로 B.C. 8세기로 편년되는 서산의 휴암리 주거지가 가장 오래된 유적으로 보인다. 그런데 휴암리의 주거지에서 원형의 주거지가 방형의 주거지를 파괴시킨 위에 축조되고 있다. 이 같은 주거지의 중첩관계는 부여 송국리의 주거지 유적에서도 그대로 반영되고 있다. 특히, 원형 송국리형 주거지와 방형 송국리형 주거지는 같이 발굴되는 사례는 없고, 반드시 시

---

174. 李宗哲, 2000, 「松菊里型 住居址에 대한 硏究」 『湖南考古學報』 12輯, pp.91～94

기나 지역적인 차이를 두면서 발굴되는 특징이 있다. 따라서 두 유형의 주거지가 중첩되는 관계를 고려하면, 방형의 송국리형 주거지가 먼저 출현하고 원형의 송국리형 주거지는 비교적 늦게 출현한 것으로 보인다.

2) 住居樣式의 位階的 形態

주거양식의 위계적 형태를 연구하려면, 개개의 주거지가 평면상에 전체적으로 나타내는 작업이 먼저 실행되어야 한다. 그러나 한국에서의 주거지 형태에 관한 연구의 역사는 오래되지 않았으며, 특히 지석묘 축조 사회의 주거지 형태에 대한 분석은 매우 미미한 상태이다. 현재까지 북한이나 요동·길림 지방의 고고학적 조사에서 많은 주거지들이 발굴되었다. 그러나 보고서에서는 대개 이들 주거지에 대한 평면도가 개별적으로 제시되고 있을 뿐, 전체 주거지를 하나의 도면상에 제시된 것은 찾아보기가 쉽지 않다. 남한에서도 1990년대 초반에 이르러서야 겨우 주거지의 전체적인 평면도가 제시되기 시작하였다.

따라서 청동기시대의 위계적 주거형태를 분석하는 데는 자료가 매우 제한적일 수밖에 없을 것이다. 한 지역의 주거지 발굴조사에 대한 전체적인 평면도로 나타낸 유적에는 경기도 여주군 흔암리, 하남시 미사동, 충청남도 부여군 송국리, 전라남도 승주군 대곡리, 경상남도 진주시 대평리 옥방유적, 그리고 울주군 검단리 등이 있다. 여기에서는 앞에서 살펴본 여러 주거지의 형식을 고려하면서 전체 평면도가 제시된 주거지 유적들을 중심으로 위계적인 주거지 패턴을 살펴보기로 한다.

가. 驪州 欣岩里 遺蹟

경기도 여주군 흔암리의 주거지 유적은 당시 사회의 위계적 구조와 경제적 배경을 반영하고 있다. 흔암리에서 발굴된 장방형 수혈 주거지는 모두 16기이다. 이들 주거지의 면적은 가장 큰 제14호 주거지의 42.0㎡에서 가장 작은 제10호의 11.6㎡에 이르기까지 다양하다. 그러나 유물의 출토상황으로 보아 주거지 면적의 차이가 곧 주거지 점유 시간의 차이를 반영하지 않는 것으로 간주되고 있다. 최몽룡은 흔암리 주거지에 거주한 사람은 주거지당 평균 인원수가 4~7명 정도가 되어 가족형태는 單婚的 소가족이었거나 一夫一妻의 소가족 형태의 가족제도였던 것으로 파악하고 있다.[175] 흔암리 주거지의 내부에서 화덕자리와 출입구시설, 그리고 저장 구덩이 등이 확인되고 있다. 화덕자리는 3기의 주거지에서 확인되었는데, 특히 8호 주거지에서는 U자형으로 점토를 쌓아 올린 爐址가 발견되었다. 이러한 시설은 당시의 주거지 양식으로서는 특이한 것으로, 崔夢龍은 당시의 공공집회를 위한 장소로 추정하고 있다. 그리고 그는 4호와 12호의 주거지는 공공 저장용의 창고기능을 하였던 것으로 분석한 바 있다. 예를 들어, 4호 주거지의 바닥면은 다른 주거지의 바닥면과는 달리 7~10㎝ 두께의 회백색 점토층이 단단하게 다져 있고, 중앙과 모서리 부분에 타원형과 원형의 저장 구덩이가 밀접하여 나타나고 있다.

한편 12호 주거지에서 7개의 저장 구덩이가 발견되었고, 여기에서 탄화미·조·수수·보리 등의 탄화 곡물류와 함께 동물뼈가 출토되었다. 특히, 탄화미의 출토는 당시에 稻作農耕이 실시되었음을 실물로 제시하는 것으로 귀중한 자료라 하겠다. 12호 주거지에서는 그밖에 여러 가지 석제 도구와 많은 토기들이 출토되었다. 13호와 14호 주거지의 내부에는 공간을 토벽으로 양분하였는데, 이는 주거지의 활동공간을 보다 효율적으로 사용한 것으로 판단되고 있다. 崔夢龍은 면적이 넓은 주거지는 공간을 분할되었으며, 특히 공간에 따라 유물의 출토상황이 다르게 나타나고 있는 점에 주목하여 남녀에 따른 생활공간을 구분하였던 것으로 추정하고 있다. 14호 주거지의 경우에는 내부의 바닥 면보다 약 20㎝ 정도 높은 곳에 1m 넓이의 선반부가 마련되어 있는데, 이곳은 완성된 유물이나 사

175. 최몽룡, 1987,「여주 흔암리 선사취락지의 성격」『三佛金元龍敎授停年退任紀念論叢』, pp.85~102

용되고 있는 도구들을 보관하기 위한 시설로 추정되고 있다.

이들 주거지의 분석은 흔암리사회의 사회적 복합성(social complexity)을 드러내준다. 예를 들어, U자형 화덕을 가진 8호 주거지는 公共 集會場所로 해석되며, 4호와 12호 주거지는 저장용 창고로 이용된 것으로 보인다. 특히, 이들 창고는 공용창고로 해석되고 있다. 만일 이들 주거지가 공용창고로 사용되었다면, 아마 여기에는 잉여생산물이나 재분배를 위한 식량을 저장하였을 것으로 보인다. 특히 崔夢龍은 公用倉庫로 사용되었을 주거지에 주목하고, 이 공용창고는 잉여생산물과 재분배의 역할을 하였을 것으로 추정하였다. 이것은 바로 족장사회가 특징 가운데 하나였음을 그는 주목한 것이다.

만일 흔암리 사회가 족장사회였다면, 族長은 마을에서 행해진 중요한 안건 등을 결정하기 위해 8호 주거지에서 공공집회를 열었을 것이다. 그렇다면 흔암리 주거지 가운데 족장의 주거지는 어디였을까? 그것은 아마도 의례용 토기인 두형토기와 신분의 권위를 상징하는 마제석검이 3점이나 출토되는 반면, 반월형석도 같은 농경에 사용된 도구가 전혀 출토되지 않는 1호 주거지였을 가능성이 있다. 결국 이러한 주거위계형태는 흔합리 사회가 도작농경으로부터 수확된 곡물의 저장과 재분배가 이루어지는 경제적 구조를 갖추고 있었으며, 계층적 사회구조를 지닌 족장사회였음을 나타낸다고 하겠다.

나. 扶餘 松菊里 遺蹟

충남 부여의 송국리 유적은 토기요지, 매장유구, 그리고 주거지 등이 넓은 범위에 거쳐 공존하고 있어 당시의 사회적 성격을 파악할 수 있는 많은 자료를 제공하고 있다.[176] 이 가운데 청동기시대의 주거지유적은 산능선에 위치한다. 방형 또는 장방형 주거지는 49지구·50지구·52지구·53지구·54지구·57지구 등의 넓은 지역에 걸쳐서 발굴되었다. 방형 주거지는 대부분 불에 타면서 폐기된 것으로 조사결과 밝혀졌는데, 아마

전쟁에 의하여 이들 주거지가 불에 탄 것으로 생각된다. 원형 송국리형 주거지는 54지구·55지구·57지구에서 모두 17기가 조사되었다. 방형 주거지보다는 시기적으로 늦게 사용된 주거양식으로 밝혀졌다.

주거지 유구의 부속시설로는 55지구의 구릉 서남면 말단부에서 동서 3.3m, 남북 3.7m, 그리고 깊이 80㎝ 정도 되는 규모의 대형 원형의 토기제작소가 발굴되었다. 이 유구의 벽면은 진흙과 짚을 섞어 발랐으며, 바닥은 불어 타 흑색으로 변했고, 내부는 검붉은 진흙 덩어리로 가득차 있었는데, 여기에서 석기와 無文土器片들이 다수 출토되었다. 또한 55지구의 원형 주거지 주변에서 직경이 약 150㎝이고 깊이가 약 120㎝ 정도 되는 원형의 저장 구덩이가 다수 발견되었다. 이들 저장 구덩이는 원형 주거지와 불과 120~150㎝ 거리에 위치하고 있어, 원형 주거지의 부속시설로 추정된다.

이들 주거지의 외부, 특히 51지구에서 53지구 사이의 서쪽 능선에서 木柵시설이 발굴되었다(도면39). 木柵을 설치한 구간은 약 430m에 이르는데, 이는 당시 마을을 외부의 침입으로부터 방어하기 위한 방어시설의 일부로 설치하였을 것이다. 그리고 57지구 서쪽으로 돌출된 두 소구릉 사이의 경사면에 대한 5×9m의 조사구역에서 100여개의 小孔들이 빽빽하게 밀집되어 나타나고 있다. 발굴 보고자는 이들 小孔들이 木柵列 외측 경사면에서 출토되는 것에 주목하여 주거지의 방어시설을 강화하기 위한 鹿砦施設로 추정하였다. 또한 54지구의 설상대지 돌출부에서 직경이 25~30㎝되고, 깊이가 약 25㎝ 되는 기둥구멍 유구들이 드러났다. 이들 구멍 遺構는 주변의 지형조건 등으로 보아 망루를 설치했던 시설의 일부로 보인다.

한편 54지구와 57지구의 경계면에서 동남에서 북서 방향으로 木柵을 파괴시키면서 지나가는 環壕가 발굴되었다. 환호의 규모는 넓이가

176. 국립공주박물관, 1993, 『송국리』V
    金吉植, 1994, 「부여 송국리 유적의 발굴조사 개요와 성과」『마을의 고고학』

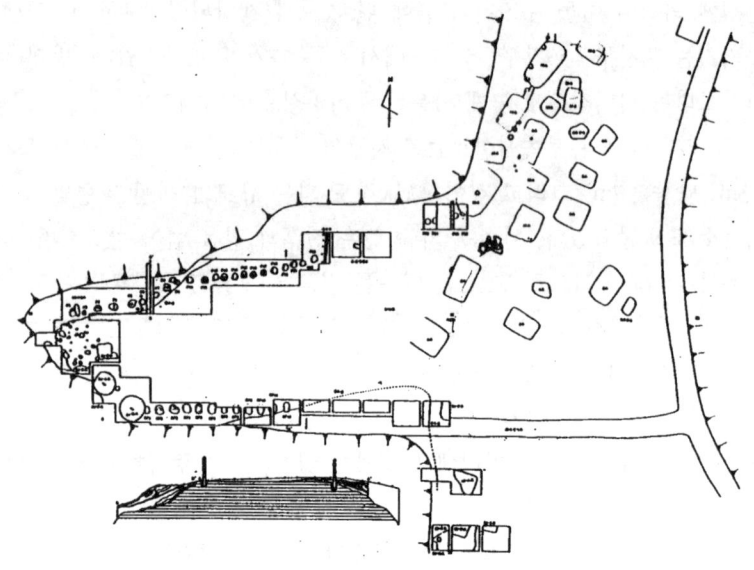

도면 39. 마을 유적 平面圖 : 송국리

270~380cm이고 깊이가 110cm 정도의 비교적 얕고 폭이 넓은 U자형의 단면구조로 되어 있다. 이 환호가 55지구의 원형 주거지들을 감싸면서 돌아가는 양상을 나타내고 있다. 따라서 이 環壕는 아마 木柵列이 파괴되고 55지구에 원형 주거지가 자리를 잡게 되자, 이 원형 주거지 집단을 방어하기 위해 설치한 환호였던 것으로 추정된다.

51지구와 55지구의 남향 소구릉 지역에서 석관묘 4기, 토광묘 2기, 그리고 옹관묘 2기 등이 발굴되었다. 특히 석관묘에서는 비파형동검이 출토되기도 하였다. 엘리트의 무덤으로 간주되는 이들 무덤들은 주거지 구역 내의 무덤구역에서 발견되고 있다. 그러나 송국리에서 북쪽으로 2.5km 떨어진 탄천면 남산리에서 평민의 무덤으로 여겨지는 무덤들이 발굴되었다. 이는 평민과 엘리트 계층이 무덤구역이 차별화 되었을 의미하는 것으로 여겨진다.[177]

송국리 유적의 54지구 설상대지 남·북 사면과 57지구 소곡 간에 대한 조사에서 대규모 토목공사가 행해졌던 유구가 발굴되었다. 즉, 이 두 지역에 목책과 주거지의 축조에 필요한 넓은 공간을 확보하기 위해 대지 조성공사를 벌인 것으로 확인되었다. 54지구에서는 설상대지의 남·북 사면의 모든 경사면을 생토층까지 L자형으로 삭토한 후, 적색 점토를 70~100cm 두께로 단단하게 다지고, 그 위에 내부 능선의 고지를 깎아낸 흙을 지면 높이로 겹겹이 성토하여 필요한 대지면적의 상당부분을 확장하였다. 57지구에서도 녹책시설이 있는 작은 돌출 구릉과 그 남쪽 대지 사이에 54지구에서와 같은 방식으로 성토하여 대지를 확장하였다.

부여의 송국리 유적은 목책 또는 환호시설로 주거지를 방어하도록 계획되어 있으며, 토기제작소와 저장 구덩이가 갖추어져 있고, 많은 인력을 동원하여 대규모 택지를 조성하였으며, 무덤유구도 엘리트와 평민으로 분리되어 조성되고 있다. 송국리유적에서는 농경관련 유물은 출토되지 않고 있으나 탄화미가 대량 출토되고 있어, 송국리 사회의 경제적 배경이 도작농경에 있음을 알 수 있다. 따라서 송국리 사회는 이들 유구들을 통하여 토기 제작자, 농경에 종사하는 집단, 마을을 방어하는 전사들과 이들을 지휘하는 전투 지도자, 공공사업 등에 투입된 많은 노동력을 통제하는 지도자 등과 같은 특정의 사회적 집단을 상정할 수 있을 것이다. 특히, 埋葬遺構를 통하여 주거지 근처의 엘리트 묘역에 매장될 수 있는 사람과 평민들의 묘역에 매장되는 사람 등으로 사회를 계층적으로 구분해 볼 수 있을 것이다. 부여 송국리 사회는 여주 흔암리 사회보다는 좀더 발달되고 계획된 주거지 유적을 남기고 있어, 사회적 발전 단계상 적어도 복합족장사회의 단계로 간주할 수 있을 것이다.

177. 김길식, 1994, 「扶餘 松菊里 遺蹟 調査 槪要와 成果」『마을의 考古學』, p.184

다. 晋州 大坪里 遺蹟

고고학적 기록을 바탕으로 한국 청동기시대의 문화를 복원하고자 할 때, 가장 훌륭한 자료를 제공하고 있는 유적지가 바로 남강댐 확장공사로 인하여 진주시 대평리 일대에서 시행된 대규모 고고학적 발굴조사의 결과들이다. 대평리 서남쪽의 남강 유역에 면한 옥방지구에 대한 고고학적 조사결과는 한국청동기사회가 이른 시기부터 계급사회단계에 진입한 매우 복합사회였음을 알려주고 있다. 옥방유적은 공공 집회가 열리고 분배의 장소로 사용된 것으로 보이는 지상건물지, 여러 가지 물품을 생산하던 공방형 주거단지, 무덤구역, 농경 지역, 환호 같은 시설이 평면상에 일정 지역으로 구분되어 발굴되었다(도면40).

옥방 5지구의 서쪽에 해당하는 B구역에 위치한 밭유구는 남강 유역을 따라 북쪽으로 이어져 어은지구까지 계속되고 있다. 밭 이랑의 폭은 약 40cm 정도이며, 고랑은 담황색 사질토이고 이랑은 흑갈색 사질토이다. 주거지 유적에서 출토된 토기에 볍씨자국이 있으며, 또한 돌보습이나 석부 같은 농경도구와 반월형석도 같은 수확용도구가 다량 출토되고 있다. 옥방 2·3지구에서는 나무로 만든 도구를 이용하여 경작했던 掘地痕이 그대로 남아있어, 당시의 농경상황을 그대로 보여주고 있다.

옥방5지구의 A역과 C구역은 장방형 주거지가 분포하고 있다. 그런데 A구역은 말각 방형의 송국리형 주거지가 한 곳에 집중적으로 분포하고 있다. 이들 주거지 내부에서 석기를 제작하던 미완성 석제품과 박편들이 출토되고 있어, 공방으로 사용된 주거지로 판단된다. A구역과 B구역 사이에 위치한 C구역과 그 북쪽으로 이어지고 있는 D구역에서 모두 5기의 장방형 주거지가 발굴되고 있다. C-2호의 주거지에서는 다량의 석기제작 공구와 미완성 석기들이 출토되고 있는데, 아마 대형의 석기제작소로 사용된 건물지로 보인다. 한편, C-4의 장방형 주거지에서는 동쪽 구역에서 제작과정에 있는 미완성 석기가 주로 출토되고 있으며, 서쪽편에서 토기가 출토되고 있으며, 이 주거지의 서북쪽에는 반원형으로 외부에 돌출된 지역에서는 옥기편들이 다수 출토되고 있다. 따라서 C-4호의 장방형 주거지에서는 석기나 토기 또는 옥기 같은 제품들이 공간별로 나누어져 제작되었던 것으로 생각된다. C구역의 가장 북쪽에 D-1호 장방형 건물지가 자리잡고 있다. 이 건물지의 내부에 5개의 기둥구멍이 두 줄로 배치되어 있고, 벽체를 따라 20개의 기둥구멍이 일정한 간격으로 배치되어 있다. 이 건물지는 내부에서는 출토된 유물이 별로 없어, 이 지역에서 생산된 물품들을 저장하고 분배하던 公共倉庫로 사용된 것으로 보인다.

C-3 장방형 주거지는 내부의 바닥에 4개씩 2열의 배치된 柱礎石이 잘 남아있다. 다만 남쪽 열의 주초석 가운데 서쪽에서 두 번째는 기둥구멍이 주초석을 대신하고 있는데, 아마 이 자리에 세워진 기둥은 門址의 역할을 했던 것으로 보인다. 내부의 중앙에서 약간 동쪽에서 돌상자 모양의 화덕자리가 있다. 주거지 내부에서는 孔列土器 · 耳形土器 · 無文土器 등이 출토되고 있으나 주변의 주거지들과는 달리 생산도구나 공작도구로 사용된 석기들이 출토되지 않고 있다. 특히, 이 주거지가 한국에서는 가장 오래된 지상 건물지이면서 생산용 도구들이 발견되지 않는다는 점에서 발굴 보고자는 '당시 집회소와 같은 공공건물'로 추정하고 있다. 그러나 주변의 공방이나 공공창고용 건물지 등과 같은 다른 건물지와의 상관관계를 고려하면, 족장의 집무실로 쓰이는 건물지로 사용되었을 가능성도 배제할 수 없다.

옥방유적에서는 모두 세 곳에서 환호가 발굴되었다. 옥방유적 가운데 가장 남쪽에 위치한 옥방 7지구에서 이중환호가 발굴되었는데, 환호의 규모는 폭이 170~200cm이고, 깊이는 170cm이며, 환호사이의 간격은 대략 250~350cm 정도이다. 그리고 환호의 안쪽에서 목책시설이 확인되고 있다. 옥방 7지구의 북쪽인 옥방 1지구에서도 환호유적이 확인되었다. 7지구의 환호유구는 깊이가 약 1m이고, 상단폭은 2m이며 하단 폭은 30cm 내외가 되어 단면이 깔때기 모양이다. 7지구의 환호 안쪽에서도 일부구간에 걸쳐 목책시설이 확인되고 있다. 옥방 4지구에서도 이중환호의 유구가 일부 발굴되었는데, 두 환호 사이의 간격은 200~500cm이며, 단면은 V

자형 또는 U자형이다. 마을을 중심으로 동쪽은 환호를 파고, 서쪽 강변은 강을 背水로 한 방어체계를 구상한 듯하다.

진주시 옥방유적은 대규모 마을 유적지로 경작지대, 공방 주거지, 공공 창고, 공공 집회소, 환호 등의 유구가 발굴되었다. 특히, 경작 유구는 청동기시대의 농경발달 상황을 보여주고 있으며, 지상 건물지는 당시 건축기술의 진보를 확인시켜주고 있다. 이중환호와 목책유구의 발굴은 당시 외부의 침입에 대한 집단의 방어체계를 이해할 수 있는 자료를 제공해준다. 이 가운데 특히 주목되는 점은 옥방 5구역에서 발굴된 청동기시대의 대규모 산업단지라고 표현할 수 있는 공방형 주거지들이다. 이들 공방형 주거지들은 당시 사회에 식량생산에 종사하지 않은 전문 수공업자들이 등장하고 있음을 설명하는 것이라 하겠다. 옥방 5지구의 D-5호 주거지에 대한 방사성탄소연대가 3230±50 B.P.로 산출되고 있어, 비교적 이른 시기의 청동기시대부터 진주 대평리 사회는 복합사회의 중요한 요소인 직업의 전문화가 형성되었고, 전문 기술자가 등장하는 복합사회 단계에 이르렀던 것으로 보인다.

라. 蔚州 檢丹里 遺蹟

1990년에 부산대학교는 경상남도 울주군 검단리에서 대규모 환호에 둘러 쌓인 마을 유적을 발굴하였는데,[178] 이 유적은 유적이나 유구 사이의 상호관계를 통하여 청동기시대의 사회구조를 제공할 수 있는 획기적인 자료로 평가되고 있다(도면40). 이 유적지에는 산의 정상부와 주변 지역에서 타원형 환호와 주거지 93기가 조사되었는데, 주거지의 일부가 방어용 환호로 둘러 쌓여 있다. 타원형 환호는 길이가 총 298m이며, 장축 직경이 약 170m이고, 단축 직경은 119m이다. 환호 내부의 총 면적은 5,974m²이다. 환호의 내외에서 모두 93기의 주거지가 발굴되었는데, 주거지의

---

178. 부산대학교 박물관, 1995, 『蔚山 檢丹里 마을遺蹟』

도면 40. 마을 유적 平面圖 : 검단리

사용시기는 환호이전의 주거지, 환호 사용시의 주거지, 그리고 환호 이후의 주거지 등으로 분류되고 있다.

환호가 사용된 시기의 환호내 유구는 모두 14개이다. 이 가운데 상방형 주거지는 13호·31호·60호·90호 등 모두 4개이고, 방형 주거지는 5호·6호·58호·71호 등 4개이고, 溝 유구는 57번·85번·62번·66번 등 4개이다. 수혈유구는 33호와 40호 등 모두 2개이다. 발굴 보고자들은 13호 주거지와 인접한 41호와 50호 주거지는 환호 이전 시기로 편년하고 있다. 그러나 출토유물과 주거지의 중첩관계 등을 고려할 때, 환호 사용시기의 주거지로 시기를 조정해야될 것으로 판단된다. 그럴 경우 장방형 주거지는 모두 6기가 된다.

환호내의 장방형 주거지 6기 가운데 13호·50호·41호는 가장 남쪽의 높은 능선을 따라서 발굴되었다. 이 가운데 먼저 13호 주거지 6柱式의 주거지로 규모는 길이가 566cm이고, 폭이 320cm이며, 최대 깊이는 60cm이다. 화덕자리는 서쪽 바닥으로 치우친 곳에서 발굴되었는데, 형태는 부정형으로 직경이 48cm이며 깊이는 8cm이다. 주거지의 바닥은 전면을 점토로 다져서 만들었다. 주거지 내부에서 紅陶 3개체분·발형토기 2개체분·직구호 1점·공렬토기편 1점 등이 출토되었다. 磨製石器類에는 石鏃 10점·石鑿 1점·石刀 1점·石劍片 1점·砥石 4점이 출토되었고, 이외에도 未完成 石製品도 12점이나 출토되었다. 土製 漁網錘 5점이 주거지 북쪽 어깨선 부분에서 출토되었다.

50호 장방형 주거지는 13호의 동남쪽 약간 높은 곳에 위치하고 있으며, 13호와 같은 형태, 같은 방향의 주거지이다. 규모는 길이가 575cm이고 폭이 390cm이며, 최대깊이는 28cm이고, 화덕자리의 크기는 직경 65cm의 원형이며 내부는 2단으로 파여져 직경 23cm의 圓形穴이 하나 더 만들어져 있다. 중앙 북쪽은 49호 주거지가 만들어지면서 파괴되었으나 柱穴은 모두 6개였던 것으로 보인다. 출토유물에는 약간의 무문토기편과 함께 扁平片刃石斧 1점·磨製石鏃 1점·石刀片 1점·未完成石器 1점 등이 있다. 60호 주거지는 규모나 내부 주혈과 화덕자리 등의 배치에서 옆의 13호 주거지와 거의 비슷한 방법으로 건축된 것으로 파악된다.

41호 장방형 주거지는 50호 주거지의 북쪽 아래쪽에 위치한다. 주혈은 모두 10개이나 柱穴 배치상 6柱式 건물로 생각된다. 화덕자리는 서쪽에 치우쳐서 발굴되었는데 평면은 원형이고 주변에 아무 시설도 발견되지 않았다. 주거지 바닥은 전면에 점토를 깔아서 다졌다. 유물은 토기류에 紅陶 2점·外反口緣 甕片 1점·鉢 1점·壺 1점 등이 출토되었고, 石器類에는 石鏃 1점과 蛤刃石斧 1점이 발굴되었으며, 이외에 土製漁網錘 1점이 있다.

남쪽의 높은 능선에 위치한 이들 3기의 주거지 가운데 13호 주거지는 출토유물에서 의례적 성격이 강한 紅陶, 무기류인 石鏃과 石劍, 저장용토기로 보이는 直口壺 같은 조합상을 보이고 있어 족장의 주거지로 판단되며, 50호 주거지는 주변의 5호·6호·58호의 방형 주거지 등과 함께 족장과 관련된 혈연이 거주한 것으로 보이며, 41호 주거지는 公共倉庫일 것으로 추정된다. 타원형 환호의 가운데에 동서방향의 60호 건물지가 자리잡고 있는데, 이 주거지는 환호를 세워서 사용하던 사회에서 공공 집회소 같은 중요한 역할을 했었던 곳으로 생각된다.

한편 환호는 산의 정상부에서 북쪽 경사면을 따라 아래쪽으로 길게 늘어진 형태로 장타원의 모습을 하고 있으며, 환호의 깊이는 20~150㎝이고, 폭은 50~200㎝이다. 환호의 단면은 V자형이며, 장타원의 양 끝 부분에 해당하는 북서쪽과 동남쪽 두 지점에 출입구인 육교시설이 있다. 이러한 환호는 이웃 마을과의 전쟁에서 방어를 하기 위한 장치로서 만들어졌을 것이다.

지석묘 2기와 석관묘 1기가 조사된 묘역은 가장 북서쪽에 위치하고 있으며, 취락과 거리를 두고 환호와 30m 정도 떨어져 있다. 유구의 평면 배치도를 검토해보면, 주거지들과는 분명하게 격리되어 있음을 알 수 있다. 즉 외곽에 위치한 주거지로부터 15~20m 가량 떨어져 있고, 환호 바깥 서남쪽에 위치한 주거지들과는 골짜기를 사이에 두고 분리되어 있다.

울주 검단리 유적은 한국 선사 고고학에서 위계적 주거 패턴을 연구할 수 있도록 가능케 한 중요한 유적이다. 검단리 유적의 주거지가 사용된 시대는 세 시기로 구분된다. 처음 검단리 마을에 인간이 거주하게 되면서 많은 주거지가 세워졌고, 다음에는 일부 주거지를 보호하기 위한 대규모 장타원형 환호가 설치되었다. 환호의 설치는 검단리 마을에 인구가 증가하면서, 식량이나 영토 등을 놓고 이웃 마을이나 집단과 경쟁관계에 놓이게 된 것으로 추측된다. 따라서 검단리 마을 사람들은 뛰어난 전투 지휘능력을 지닌 족장의 지도 아래 마을을 방어하기 위한 대규모 환호를 설치한 것이라고 하겠다. 그리고 잉여생산물을 저장하고 나중에 재분배를 하기 위한 공공 집회소를 환호의 내부에 세웠을 것이라고 생각되며, 그러한 건물들이 환호 내부에서 발굴되는 여러 장방형 건물지들이라고 생각된다. 따라서 대규모 장타원형 환호를 세웠던 검단리 사회도 흔암리나 송국리 사회와 마찬가지로 상당한 수준의 복합사회단계에 이른 사회였다고 생각된다.

3) 位置的 住居構造의 社會的 性格

위계적 주거 패턴을 연구하는 데 있어서 무엇보다 중요한 것은 해당 유적지에 대한 전면 발굴이 이루어져야 한다. 그리고 전면적으로 발굴된 이들 유적이나 유물의 시간적 성격이 밝혀지면, 고고학자는 이들 자료를 바탕으로 고고학적 기록을 읽는 작업이 시도될 것이다. 그러나 현재까지 선사시대의 주거지에 대한 발굴조사는 개별적으로 이루어졌을 뿐, 전면적인 조사가 이루어진 것은 단지 몇몇 사례에 불과하여, 유적지의 평면적 연구를 통한 복합사회의 연구를 어렵게 하고 있다. 그러나 다행하게도 지금까지 개별적으로 진행된 주거지의 연구가 활발하게 연구된 결과로 적어도 시대적 성격만큼은 비교적 많이 밝혀진 것으로 보인다.[179]

지석묘가 분포하고 있는 한반도와 요동반도 일대에서 조사된 대체적인 주거지의 양상은 長方形·細長方形·方形·圓形 등으로 분류되고 있다. 대평리 옥방 7지구를 발굴했던 鄭義道는 장방형 주거지가 시기적으로 조금 앞서며, 주거지의 평면형태는 장방형·방형·원형으로 변화해 갔을 것으로 추정하고 있다.[180] 정의도의 견해는 지금까지 위에서 살펴본 바와 같이 어느 정도 일치하는 것으로 보인다. 다만, 평양의 남경유적이나 회령의 오동유적, 그리고 부여의 송국리 유적 등지에서 발굴된 장방형 주거지가 유물 출토 상황이나 주거지의 중복관계 등에서 세장방형보다 시기적으로 앞서는 것으로 생각된다. 특히, 남경유적의 제3기 문화층의 주거지가 세장방형이며, 제1기와 제2기에 해당하는 주거지가 모두 장방형 주거지라는 점에서도 두 주거지 양식의 선후관계를 알 수 있다.

---

179. 宋滿榮, 2001, 「南韓地方 農耕文化形成期 聚落의 構造와 變化」『한국농경문화의 형성』, 한국고고학회, pp.75~108
180. 정의도, 1999, 「진주 대평리 옥방 7지구 선사유적」『남강선사문화세미나요지』

물론 장방형이나 세장방형 주거지 등은 청동기시대 전시기에 걸쳐서 사용되고 있다. 그러나 청동기시대 중기이후에 방형이나 원형 주거지 등과 함께 축조되는 장방형이나 세장방형 주거지 등은 진주 옥방 5구역에서 발굴된 사례에서 보듯이, 단순히 주거를 위한 건물이 아니라 공공 집회소나 잉여생산물을 저장하고 재분배하는 장소로 이용하기 위한 공용 창고 등의 목적으로 세워졌다는 점에서 이전 시기의 것들과 용도에서 차이가 있다고 하겠다. 청동기시대의 중·후반기에 이르면, 규모가 넓은 세장방형이나 장방형 주거지보다는 소규모의 방형이나 원형의 주거지가 새로운 주거 양식으로 널리 이용되고 있다. 특히, 한반도의 중서부와 남부 지방에서 널리 유행한 송국리형 주거지가 대표적인 경우이다.

주거지의 면적을 통하여 인구를 추산하는 방법에는 현재 두 가지 견해가 제시되어 있다. 남한의 金正基는 주거지에서 한 사람이 점유하는 면적은 5㎡가 될 것으로 보았다.[181] 반면에 북한의 학자들은 한 사람이 주거지에서 점유하는 면적은 3㎡가 될 것으로 추정하였다.[182] 이를 실제 고고학적 자료에 대입하며, 3㎡의 경우 靑銅器時代 前期의 세장방형이나 장방형 주거지의 경우 거주 인원이 15~20명 내외가 될 것이다. 이를 5㎡로 계산하면, 10~15명 사이가 된다. 청동기시대의 중·후기에 유행한 원형이나 방형의 송국리형 주거지의 경우, 3㎡로 계산하면 1기의 주거지에 6~7명이 거주하게 되고, 5㎡로 계산하면 1기의 주거지에 4명 내외라는 수치가 산출된다.

이러한 결과는 靑銅器時代 初期에는 여러 世代의 가족이 하나의 장방형 또는 세장방형 주거지에 거주했던 것으로 설명될 수 있다. 이는 복수 가족이나 복수세대가 함께 모여 살았던 것으로 추정되는데, 이것은 생계전략에서 밭농사나 초기 밭벼농사를 영위하기 위한 협업 노동력의 필요에 의해서 생긴 주거규칙이었던 것으로 보인다. 그러나 시간이 흐름에

181. 김정기, 1974, 「韓國竪穴住居址考(二)」『考古學』3집
182. 사회과학원 고고학연구소, 1977, 『조선고고학개요』, p.115

따라 인구가 증가하고 생계전략도 밭농사에서 논(水田)에 의한 벼농사로 바뀌게 되자 자연히 가족의 주거규칙도 변화된 것으로 보인다. 이것은 논에 의한 벼농사 같은 집약농경으로 생계전략이 바뀌면서 결혼한 배우자가 독립적 가족형태를 유지하게 되는 주거형태로 변화된 과정을 보여주는 것이다. 다시 말해, 주거지 양식의 변화는 생계전략과 그에 따른 사회조직의 변화되는 모습을 반영하고 있는 것이다. 논에 의존한 도작농경의 초기형태를 보여주는 뉴기니아 고산지대의 쩸바가나 필리핀의 루손섬 북부 고산지대에서 살고있는 족장사회단계의 사회들이 송국리사회와 같은 유사한 모습을 보여주는 민족지적 자료들도 고려될 수 있을 것이다.

주거지의 위계적 형태는 한 사회에 대한 평면적 발굴에서 얻어진 각각의 주거지 분석을 통하여 살펴볼 수 있다.[183] 예를 들어, U자형으로 점토를 쌓아올려 만든 화덕자리가 있는 여주 흔암리의 8호 주거지, 대규모 지상 건물지인 진주 대평리 옥방 5지구의 C-3 장방형 주거지, 타원형 주거지의 60호 주거지 등은 공공 집회소의 역할을 했던 것으로 생각된다. 그리고 7개의 저장 구덩이가 발견된 여주 흔암리의 12호 주거지나 주변의 석기 제작공방과는 달리 유물이 별로 출토되지 않아 용도가 달랐을 것으로 생각되는 진주 옥방 5지구의 D-1 주거지 등은 공공의 저장 창고용 건물지로 추정되고 있다.

주거지에 대한 발굴조사에서 전문적인 물품을 제작하던 건물지도 드러나고 있다. 예를 들어, 부여 송국리의 55지구 구릉 서남부에서 직경이 3.3~3.7m 되고 깊이가 80cm 되는 원형의 토기 제작소가 발굴되었고, 진주 대평리 옥방 5지구의 A구역에서 발굴된 말각 방형의 송국리형 주거지와 C구역의 C-4호 장방형 주거지는 석기와 옥기 또는 토기 등을 제작하던 공방으로 밝혀졌다. 특히 옥방 5지구의 A구역과 C구역은 청동기시대에 존재했던 하나의 거대한 산업단지라고 부를 수 있을 정도이다. 당시

---

183. 崔夢龍, 1987, 「驪州欣岩里先史聚落址의 性格」『三佛金元龍教授停年退任紀念論叢』

에 옥기를 제작하던 옥방의 명성이 오늘날까지 전해져 현지의 마을 이름이 '玉房'이라고 불리고 있다. 따라서 이러한 고고학 민속학 자료들은 청동기시대에 이미 식량생산에 관계하지 않는 수공업 전문가 같은 전문적인 직업집단이 이미 등장했었음을 보여주는 것이라 하겠다.

청동기시대에 이르러 농경이 발달하여 식량생산이 증대되자 인구밀도가 급속도로 증가하게 되면서, 각 지역의 사회집단은 주변 마을이나 다른 집단들과 식량자원의 보호나 영토의 접근을 놓고 분쟁을 일으키게 되었던 것으로 생각된다. 따라서 각각 사회적 집단은 외부의 침략을 방어하기 위하여 環壕를 파거나 木柵을 세우게 되었는데, 이러한 防禦體制가 고고학적 발굴조사에서 점차 드러나고 있다. 예를 들어, 부여의 송국리 51지구~53지구에 이르는 서쪽 경사면에서 木柵施設이 발굴되었고, 진주의 대평리 옥방 1지구 · 7지구 · 4지구 등지에서 이중환호와 木柵施設이 조사되었으며, 울주 검단리에서는 마을을 타원형으로 감싸는 환호가 발굴되었다. 이러한 방어체계는 당시 집단 사이의 전쟁이 활발하였던 사실을 고고학적으로 증명하는 것이라 생각된다. 지석묘에서 많이 출토되는 부장품도 석촉이나 석검 또는 석부 같은 전쟁용 도구들이라는 점도 간과할 수 없을 것이다. 그리고 전쟁 발발시 해당 집단의 족장은 전투를 지휘하는 전시 지휘관으로의 역할을 담담했을 것이다.

한국 선사시대 주거지의 유적들에 대한 발굴에서 공용의 저장창고, 공공 집회소, 석기공방, 옥방, 그리고 토기제작소 등과 같은 건물이 조사되었다. 이러한 용도의 건물지가 다른 건물지 등과 함께 발굴된다는 사실은 그만큼 청동기시대 지석묘 축조집단의 사회구조가 전문화되고 계층화되었음을 반영하는 것으로 생각된다. 특히, 송국리 유적에서 나타나듯이 무덤구역의 계층적 차별화는 사회가 계급적 구조로 되어 있음을 보여주는 것이다. 따라서 이러한 주거지에 대한 고고학적 발굴성과는 바로 지석묘 축조사회가 복합사회에서 일어나는 사회적 분쟁을 조정하고 통제하기 위한 메커니즘으로서 족장사회 단계에 이르렀음을 평면적으로 보여주는 것이라 하겠다. 그리고 주거지 형태에서 드러나는 이러한 족장사회의 정점에는 족장과 그를 보좌하는 전문 엘리트들로 구성된 상층신분의 계급집단의 존재를 가정하게 한다. 즉, 족장과 그 주변의 엘리트들은 잉여 생산물이나 중요물품의 교역에 대한 통제 같은 政治經濟(political economy)를 주도하는 지배 상층계급의 사람들이고, 옥기나 토기 또는 청동제품 같은 다양한 물품을 생산하는 匠人 또는 工人 집단은 稻作農耕 같은 식량생산에 직접 참여하지 않고도 生計經濟(subsistence economy)를 유지하는 직업 전문가들이라고 할 수 있을 것이다. 따라서 경기도 여주군 흔암리 주거집단, 충청남도 부여군 송국리 주거집단, 울주군 검단리 주거집단, 또는 경상남도 진주시 대평리 주거집단 등은 직업의 전문화가 이루어지고, 사회구조가 계층적으로 이루어진 족장사회 단계의 사회였던 것으로 볼 수 있는 것이다.

6. 宗敎儀禮와 社會的 理念

宗敎儀禮나 마을축제 등은 階層社會뿐만 아니라 平等社會에서도 실행된다. 따라서 종교 의례활동 그 자체에 대한 연구는 지배계층의 존재나 역할을 필연적으로 증명하는 것은 아니다. 그러나 그러한 의례에 대한 불평등한 참여나 제한적 접근은 거기에 참여할 수 있는 소수의 사람과 그 나머지 사람을 구별하게 만든다는 점이 주목된다.[184] 그리고 宗敎的 儀禮活動에 참여할 수 있는 소수의 사람은 그들의 사회적 지위를 강화하기 위하여 종교활동을 적절하게 이용하거나, 나머지 다른 사람들과는 달리 한정적 접근이 허용되는 집단으로 사회적 계층화를 꾀하게 된다. 지석묘 사회의 종교적 활동은 개석에 파여진 性穴, 개석이나 지석 등에 새겨진 岩刻畵, 또는 지석묘의 墓域을 구성하는 주변 구조물 등의 분석을 통하여 알 수 있으며, 그러한 활동들은 지배 상층계급의 역할을 드러낼 것이다.

1) 支石墓의 儀禮的 性格

많은 노동력이 투입되면서 세워지는 지석묘의 일차적인 목적은 屍體를 埋葬하기 위한 것이다. 그러나 하나의 墓制로서 지석묘는 被葬者의 신분을 내포할 뿐만 아니라 살아있는 後孫의 福祉를 위한 이데올로기적 상징물이 되기도 한다.[185] 따라서 호화로운 무덤 자체가 죽은 자를 위한 공

---

184. Earle, T., *How Chiefs Come to Power: The Political Economy in Prehistory*. Stanford University Press, Stanford, p.153

간이라기보다는 오히려 살아있는 자들의 복리를 위한 역할을 더 많이 해왔던 점을 인식할 필요가 있다.[186] 이 같은 관점에서 지석묘 축조집단의 의례적 성격을 통한 사회적 계층화 문제를 이해할 수 있을 것이다.

가. 墓域造成의 儀禮性

지석묘의 축조는 그 마을에서 비교적 전망이 좋은 구릉이나 마을 어귀에 축조된다. 그리고 이렇게 축조된 지석묘는 被葬者의 後孫들에 의하여 무덤으로서 뿐만 아니라 피장자가 생전에 누렸던 사회적 위치가 자신의 세대에서도 합법적으로 받아들여질 수 있는 상징적 장소가 되기도 한다. 이를 위하여 지석묘는 주변에 묘역을 조성하고 종교적 의례를 행하면서 이데올로기적 개념을 부여받는다. 지석묘의 주변에 묘역을 조성한 사실은 지석묘의 발굴조사가 진전되면서 점차 많은 사례들이 보고되고 있다.

예를 들어, 전라북도 진안군 여의실 지석묘는 1호와 2호 지석묘의 埋葬 主體部는 割石을 平積하여 석실을 만들고, 주변 지역은 할석과 강돌을 장타원형으로 積石하여 묘역을 조성하였다(도면41-②). 한편 여의실 4호와 5호는 지석묘 주위를 각각 타원형의 墓域을 조성하고 앞쪽에는 다시 방형의 묘역을 조성하였다. 전라북도 진안군 삼락리의 안자동 지석묘는 埋葬 主體部는 板石을 바닥에 깔고, 板石과 割石을 5~7단으로 平積하여 墓室을 만들었다. 그리고 墓室 주변의 墓域을 割石을 長方形으로 깔아서 조성하였다.

진주시 대평면 옥방 1지구의 지석묘도 석실의 주변을 둥글게 큰돌을

185. Shanks, M., and C. Tilley, 1982, Ideology, symbolic power and ritual communication: a reinterpretation of Neolithic mortuary practices. In *Symbolic and Structural Archaeology*, edited by Ian Hodder, pp.129~154

186. Joussaume, R., 1988, *Dolmens for Dead: Megalithic-Building throughout the World*. Cornell University Press, Ithaca

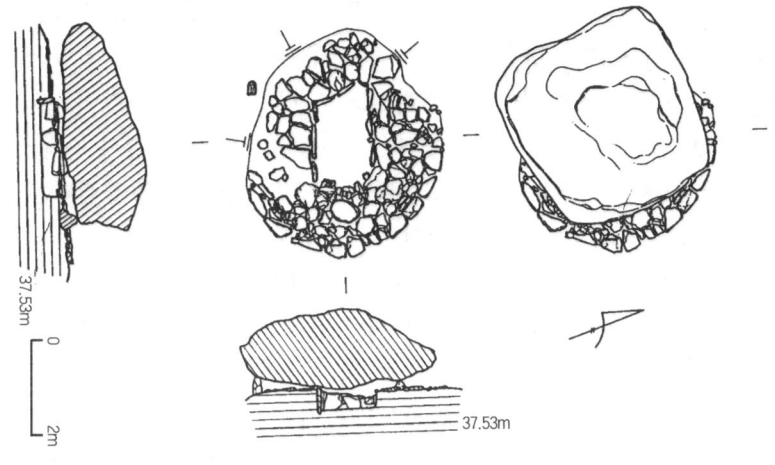

① 무안군 성동리 안골 나군-2호

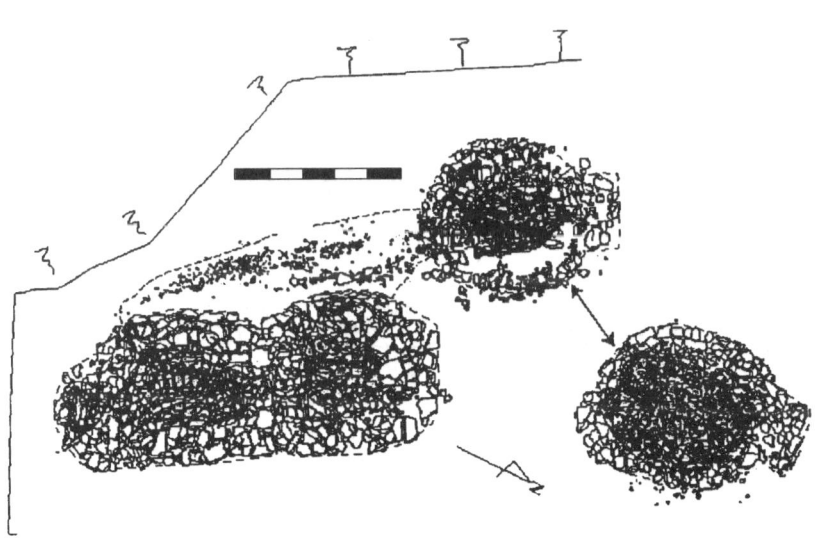

② 진안군 여의실 지석묘군

도면 41. 支石墓의 平面圖(積石墓域)

돌리고 내부에는 강돌을 깔아 묘역을 조성하였으며, 전면에는 강돌을 방형으로 깔아 祭禮에서 사용할 수 있는 단을 조성하였다. 이는 진안군 여의실 4호나 5호 지석묘는 물론 전라남도 무안군 성동리 안골 지석묘의 묘역도 같은 형식으로 보인다(도면41-①). 황해도 연탄군 평촌리 지석묘나 강원도 춘천시 천전리 A호의 지석묘가 '積石附加支石墓'로 불린다는 사실도 기본적으로 위와 같은 형식의 묘역구조를 의미할 것이다.

평안남도 북창군 대평리 5호 지석묘는 장축이 동서방향인 탁자식 지석묘인데, 북쪽 지석의 북쪽에 방형의 가장자리는 길쭉한 할석을 배열하고 그 내부에 막돌을 채운 묘역을 조성하였으며(도면42), 평안남도 평원군 원암리 8호 지석묘는 墓室을 중심으로 직경 1.5m의 범위에 막돌을 깔아 묘역을 조성하였다. 강동군 문흥리 3호 지석묘도 직경 2m의 범위에

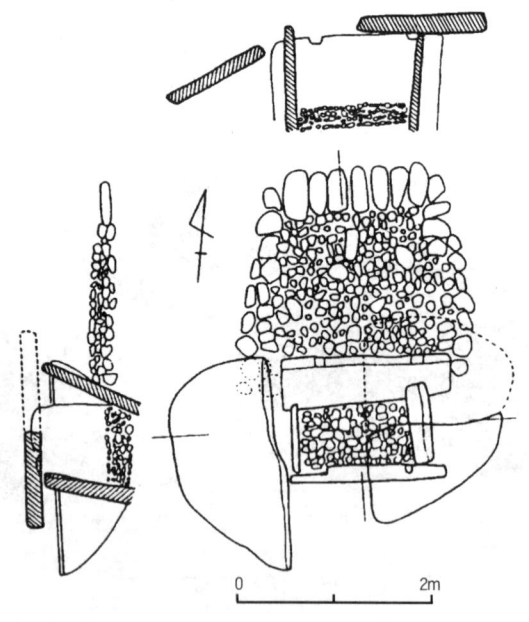

0   2m

도면 42. 支石墓의 平面圖(칸 구조) : 북창군 대평리 5호

막돌을 깔아 묘역을 조성하였는데, 동북-서남 장축방향의 남쪽에 祭壇으로 사용된 듯한 넓은 판석을 마련한 점이 주목된다. 강원도 춘천시 천전리 2호 지석묘의 묘역은 중앙의 석실을 중심으로 장타원형을 하고 있다 (도면43).

묘역조성이 가장 잘 되어있는 지석묘는 역시 경상남도 창원시 덕천리 1호 지석묘일 것이다. 덕천리 1호 지석묘의 묘역은 남북이 56.2m이고 동서가 17.5m 크기의 장방형으로 조성하였다. 묘역의 가장자리는 석축을 하였는데, 생토를 40~50㎝ 깊이로 파고, 그 안에 정교하게 다듬은 돌을 平積하였는데, 가장 아랫단인 基壇部는 약간 앞으로 나오도록 하였다. 그리고 基壇部 앞에는 폭이 약 1.5m 되는 넓이로 板石을 덮었다. 그리고 묘역 주변에서 주거지 遺構가 전혀 발견되지 않고 있는데, 이는 묘역을 주거 공간과 분리시킴으로써 묘역에 神聖性을 부가시키기 위한 것으로 보인다.

이러한 지석묘의 묘역조성은 요녕·길림 지방이나 한반도 부부 지방에서도 일부 나타나고 있다. 예를 들어, 요동 지방의 탁자식 지석묘인 요녕성 개주시 석붕산 지석묘, 해성시의 성목성 지석묘, 또는 수암현의 흥륭 1호 지석묘 등의 지석묘는 낮은 야산의 구릉에 위치하고 있는데, 지석묘 주변의 지면은 매우 평평하게 되어있다. 북한 지역에서도 황해도 은율군의 관산리 1호 지석묘나 안악군 노암리 지석묘 등도 묘역 주변의 내지가 평탄하게 정리되어 있다. 이러한 지석묘들도 원래는 주변 지역을 평탄하게 잘 정리하여 훌륭한 묘역을 조성하였을 것이나 시간이 흐르면서 이러한 묘역이 붕괴되거나 훼손되었던 것으로 보인다.

지석묘의 묘역에 대하여 李成周는 "즉, 이른 시기의 지석묘들은 묘역 한 가운데에, 그리고 매장시설 바로 위에 상석을 간단히 덮어 묘역-매장시설-상석이 구조적인 일체감을 보여주지만 시간이 지남에 따라 점차 묘역시설은 무덤의 한 부분이 아니라 제단과 같은 모습으로 변형되고 상석은 점점 현저하게 받쳐 올려진 구조물로 되면서 매장시설과는 유리되어 가는 경향이다"[187]라고 조성과정을 설명하고 있다.

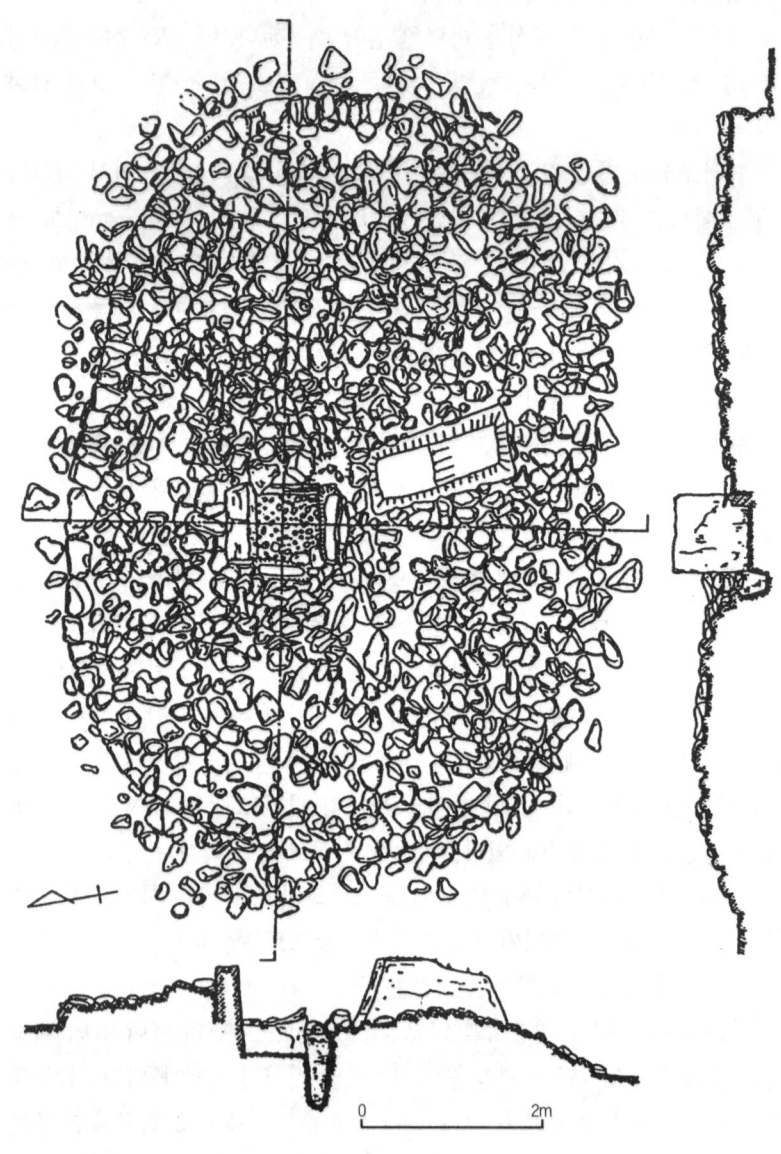

도면 43. 支石墓의 平面圖(積石墓域) : 춘천 천전리 2호

지석묘 축조의 일차적 목적은 매장시설을 위한 것이다. 그러나 피장자의 후손들은 그들의 조상이 누렸던 사회적 기득권을 사회적으로 계속 유지하고자 조상의 무덤에 神聖性을 부여하고 종교적 의례를 행하게 된다. 지석묘의 묘역도 이러한 관점에서 해석되어야 할 것이다. 최근의 지석묘에 대한 발굴조사 과정에서 고려와 조선시대의 祭器가 종종 출토되는 경우가 있는데, 이러한 사실도 그 맥락을 같이 하고 있다고 하겠다.

나. 支石墓 墓室의 方向性

東北亞의 지석묘는 그 많은 숫자에도 불구하고, 해당 지역의 산맥이나 강의 흐름 등과 관련된 어떤 일정한 방향성을 가지고 있으며, 이는 自然崇拜思想과 사상과 함께 지석묘 축조집단의 중요한 의식적 요인이라고 일찍부터 지적된 바 있다.[188] 실제로 지석묘를 조사해보면 이러한 지석묘의 방향성을 쉽게 확인할 수가 있다.

예를 들어, 경기도 시흥시 계수동 지석묘의 장축방향은 안골마을의 개천이 흐르는 방향과 일치하고 있으며, 전라남도 여수시 오림동 지석묘의 장축방향도 주변에 흐르는 하천이나 계곡의 방향과 일치하는 것으로 밝혀지고 있다. 이런 현상은 경기도 광명시 철산동 지석묘나 강원도 춘천시 신매리 지석묘 등 많은 지역의 여러 지석묘가 수변의 하천 방향과 평행하고 있다. 따라서 지석묘는 강이나 하천과 밀접한 관련이 있음을 알 수 있다. 사실 지석묘는 내륙 지방에 세워지든 해안 지방에 세워지든 간에 지석묘는 바다나 하천 또는 개울 등이 있는 근처에 축조되고 있다.

지석묘가 물과 관련이 있다는 사실은 지석묘 축조집단의 사회 경제적 배경과 관련이 있는 듯하다. 지석묘 축조집단의 생계전략은 기본적으로

187. 이성주, 1999, 「경상남도」『한국 지석묘(고인돌)유적 종합조사 연구』, p.873
188. 池健吉, 1980, 「支石墓社會의 復元에 관한 一研究」『梨花史學研究』13 · 14집, pp.4~5

도작농경에 의존하고 있다. 특히 논에 의한 稻作農耕은 물을 어떻게 관리하느냐에 따라 그들의 생존여부가 결정된다. 최근 靑銅器時代의 水田農耕이 부여의 구봉리에서 발굴되어, 당시 도작농경의 실상을 이해하는 데 많은 자료를 제공해주고 있다. 따라서 지석묘 축조집단에 있어서의 물은 그들의 생명이며 삶의 원천이었던 것이다. 따라서 지석묘의 방향성은 지석묘를 축조한 집단은 도작농경을 행한 농경사회로서 물과 밀접한 관련이 있다는 사실을 의미하는 것으로 보인다.

다. 副葬品의 儀禮的 性格

지석묘에서 출토되는 유물들의 의례적 성격을 살펴보면 피장자의 생전의 사회적 신분을 유추할 수 있다. 예를 들어, 지석묘에 부장된 유물 가운데 석촉이나 석검 같은 석기류, 비파형동검이나 비파형동모 또는 청동촉 같은 청동제품 등은 주로 전투나 사냥에 쓰이던 무기류이다. 김해시 무계리의 지석묘에서 출토된 마제석검은 실용성이 전혀 없는 완전히 의기화된 것이며, 피장자를 위한 순수 副葬品用으로 제작된 것으로 明器的 性格을 갖는다. 지석묘에서 출토되는 이러한 副葬品은 생전에 피장자가 지니던 것이었는데, 그가 죽자 지석묘에 그대로 副葬된 것이라 하겠다. 다시 말해, 피장자가 생전에 유지했던 사회적 신분이 이런 무기류를 소지할 수 있는 위치였다는 것을 의미한다. 그리고 그러한 신분이 내세에도 그대로 유지될 것을 기원하는 의미에서 이런 물품을 지석묘에 副葬한 것으로 보인다.

지석묘에서 출토되는 토기 가운데 대표적인 것이 紅陶이다. 紅陶는 당시의 토기들 가운데 정성을 많이 들여서 만든 토기로 겉 표면에 붉은 슬립이 칠해져 있다. 붉은 색은 샤머니즘 같은 동양적 사고체계에서는 부활이나 재생의 의미를 지니고 있으며, 기독교 같은 서양적 사고체계에서는 부활과 희생의 피를 상징하는 생명의 永遠性을 의미한다. 이와 관련하여 지석묘의 석실에서 붉은 흙(red ochre)이 종종 출토되기도 한다.

즉, 경기도 양평군 지석묘의 발굴과정 중 유구 둘레에서 붉은 흙이 확인되었고, 충청북도 옥천군의 안터 지석묘 유구에서 붉은 흙덩어리 5점이 출토되었으며, 청원군 아득이 지석묘에서는 붉은 색조를 띤 반암 약석이 遺構의 위쪽에 깔려있었다. 이밖에도 황해도 안악군 용순면 장산리 지석묘와 경상남도 창원군 곡안리 1호 지석묘에서도 붉은 흙이 유구에서 확인되었다고 한다. 붉은 흙을 시체의 위나 아래에 뿌리거나, 물에 풀어서 시체에 바르기도 하고, 혹은 붉은 흙덩어리를 시체 주위에 놓은 방식으로 이용되었다고 한다.[189] 홍도나 붉은 흙이 의미하는 붉은 색은 생명의 永遠性을 지닌 것으로 神聖을 가진 지석묘의 피장자가 다시 재생하기를 기원하는 의미가 담겨 있다고 하겠다.

2) 岩刻畵와 人面像의 性格

지석묘의 蓋石에 새겨진 岩刻畵는 지석묘 축조집단의 사회 문화적 배경은 물론 종교나 신화적 세계를 이해할 수 있게 한다. 지석묘의 암각화는 지석묘의 개석의 표면에 磨製石劍이나 磨製石鏃 등이 새겨진 것으로 주로 한반도의 동남부에서 발견되고 있으며, 岩刻畵의 일종인 人面畵는 경기도 하남시 광암동 지석묘, 요녕성 개주시 석붕산 지석묘, 경상남도 진주시 대평리 귀곡동 지석묘 등지에서 발견되었다.

가. 蓋州市 石棚山 支石墓

개주시 석붕산 지석묘는 탁자식 지석묘인데, 현지에서는 종교적 의례 장소로 이용되면서 '石棚廟' 또는 '石廟子'라고 불리고 있다. 지석묘에 사용된 석재는 치석을 잘하여 아주 매끈하고 잘 정돈된 느낌을 준다. 개석의 전체적인 평면 형태는 사다리꼴이며, 크기는 860×570~510×

---

189. 이융조, 1980, 「한국 고인돌사회와 그 의식」『동방학지』23·24집, pp.292~294

40~50cm이다. 그런데 이 개석 상부의 동남쪽에 사람의 얼굴을 陰刻한 人頭像이 새겨져 있다[190](도면44).

人頭像의 형태는 圓頭形이며, 크기는 길이가 14cm이고 폭이 11.5cm이다. 인두상의 얼굴의 위쪽은 남쪽을 향하고 있다. 눈은 눈동자의 테두리 부분을 따라 陰刻하였는데, 특히 눈꼬리가 잘 묘사되어 있다. 양쪽 눈 사이의 아래에 입이 반원형으로 조그만 하게 陰刻되어 있다. 그러나 암각화가 오랜 기간 동안 외부에 노출되면서 풍화작용으로 파손되었기 때문에, 얼굴의 다른 부분들은 음각의 깊이가 얕아져서 자세하게 확인하기가 어렵다.

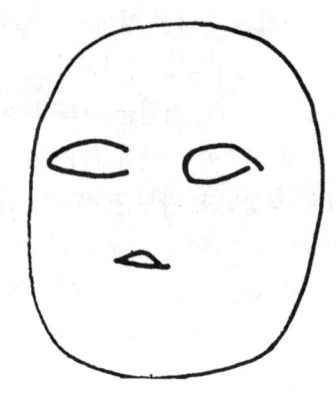

도면 44. 支石墓 岩刻畵
: 개주 석붕산 지석묘

나. 麗水市 五林洞 5號 支石墓

여수 오림동 5호 지석묘는 여수반도의 동남단 연등천가에 위치하고 있다. 암각화가 새겨진 5호 지석묘 개석의 규모는 동서 길이가 410cm이고, 남북의 넓이는 276cm이며, 두께는 180cm이다. 암각화가 새겨진 남쪽면은 면이 비교적 평평하나 풍화되어 부식되어 있다. 이 부식면에 0.2~0.3cm 깊이로 암각화가 陰刻되어 있다(도면45).[191]

岩刻畵 중 뚜렷하게 나타나는 것은 一段柄式 石劍 1점, 무릎을 꿇고 앉아있는 人物像 1점, 서있는 人物像 1점 등이며, 나머지는 어떤 物像을 새긴 것인지 확실하지 않다. 石劍은 검끝이 아래로 향해 있으며, 劍身의 밖

190. 許玉林, 1994,『遼東半島石棚』, p.28
191. 이영문 · 정기진, 1992,『여수 오림동 지석묘』

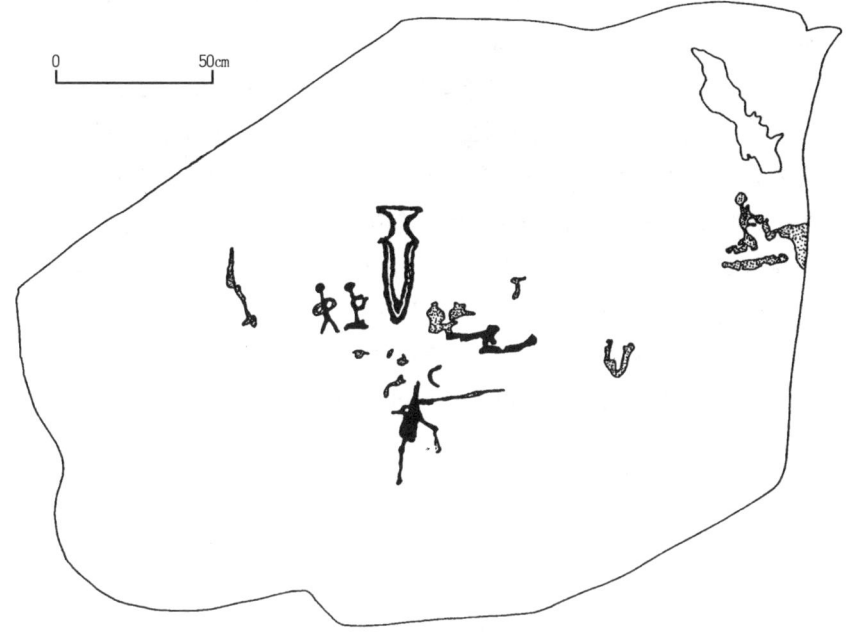

도면 45. 支石墓 岩刻畵 : 여수 오림동

에 칼집이 그려져 있는 소위 내부 투시도법으로 묘사되었다. 石劍의 총 길이는 34cm이고, 폭은 9cm이다.

　石劍의 좌측에 5cm 간격을 두고 두 사람의 인물상이 새겨져 있다. 선 각을 이용하여 머리와 팔, 그리고 다리를 표현하였다. 앉아 있는 人物像 은 石劍 가까이에 있으며, 무릎을 꿇고 있는 자세로 石劍을 향해 두 손을 받들어 올린 형태를 하고 있다. 이 형상은 마제석검을 경배하는 모습을 표현한 것으로 해석된다. 서있는 인물상은 앉아 있는 인물상에서 좌측으 로 5cm 가량 떨어져 있다. 다리를 벌리고 있는 모습인데, 양팔을 둥글게 하여 허리에 받치고 있는 자세를 표현한 것으로 보인다. 양팔의 모양을 여자의 가슴을 의미하는 것으로 해석하는 견해도 있다. 이밖에도 石劍의 아래와 우측에 여러 가지 物像을 새겼으나 정확히 어떤 것인지는 확실하지 않다.

이들 두 인물상은 매우 단순화되고 양식화된 것으로 6등신으로 커다란 과장이 없이 비교적 사실적으로 묘사되어 있다. 앉아있는 인물상은 피장자를 의미하는 듯한 석검에 무언가를 바치는 경배의식을 표현한 것으로 추정되고 있다. 이는 이 지석묘에 묻힌 피장자와 관련된 원시신앙이나 장례의식을 살펴볼 수 있게 한다. 서있는 인물상에서 팔을 둥글게 하여 손을 허리에 받친 모습이 여자의 가슴을 의미한 것이라면, 아마 이는 다산과 풍요를 상징하는 것으로 해석될 수 있다. 따라서 이들 암각화는 당시 지석묘 사회의 종교의례의 일면을 보여주는 귀중한 자료라고 하겠다.

다. 浦港市 仁庇里 16號 支石墓

인비리 암각화는 경상북도 포항시 기계면 인비리에 있는 16호 지석묘의 개석 남쪽 면에 새겨져 있다. 1984년 국립 경주박물관에 의해 처음 조사되었는데,[192] 이 개석은 원래의 위치에서 경작자에 의해 현재의 위치로 이동해있다.

암각화는 남쪽 면의 오른 쪽으로 치우쳐서 새겨져 있는데, 二段柄式石劍 2점과 無莖式石鏃 1점 등 모두 3점의 암각화이다 (도면46). 석검의 새김 수법은 오림동 지석묘 암각화에서 사용된 것과 같은 내부 투시도법으로 새겨져 있으며, 손잡이 부분

도면 46. 支石墓 岩刻畵 : 포항 인비리

---

192. 이건무 외, 1985, 「월성군 영일군 지표조사보고」『國立博物館 古蹟調査報告』17

의 홈까지 잘 묘사되어 있다. 석촉은 밑부분이 안쪽으로 오목한 이등변 삼각형의 무경식 석촉이다.

이 암각화의 석검이나 석촉의 끝이 우측을 향하고 있다. 그러나 여수 오림동의 석검 끝부분이 아래쪽을 향하고 있으며, 이 지석묘가 원래의 위치에서 이동되었다는 점을 고려하면, 이 개석의 우측이 원래는 아래 부분이었을 것으로 추정된다. 이단병식석검은 경상남북도 일대에서 많이 출토되는 석검 양식으로 피장자의 신분적 위치와 사회적 권위를 상징적으로 표현하기 위해 새겨서 만들었겠지만, 석검과 석촉 문양을 매우 사실적으로 묘사하였다.

라. 河南市 廣岩洞 2號 支石墓

광암동 인면상 암각화는 경기도 하남시 광암동에 위치한 4기의 지석묘를 조사하던 중, 2호 지석묘의 석실을 해체하는 과정에서 출토된 판상 석재 위에 새겨져 있다.[193] 이 석재는 巨晶花崗巖材의 암질이다. 석재의 크기는 장축이 65㎝이고 폭은 45㎝이다. 석재의 위쪽에 눈과 입, 그리고 코가 묘사되어 있는데, 약간 길쭉한 얼굴모습이다(도면47).

人面 岩刻畫를 자세히 살펴보면, 두 개의 눈 가운데 좌측 눈의 직경은 4.2㎝이고, 우측 눈의 직경은 7.0㎝이다. 그리고 이들 눈의 깊이는 약 0.3 ㎝이며, 코 부분은 석재의 평평한 면을 약간 治石하여 돋아 보이게 하였다. 그리고 코를 중심으로 좌우 양쪽에도 얕은 홈을 팠는데 정확한 성격은 알 수 없으나 귀로 추측되고 있다. 한편 입부분은 눈과 같이 陰刻하였으며, 입의 양쪽 가장자리는 약간 깊게 둥근 홈을 팠다.

지금까지 조사된 지석묘 암각화는 개석의 한 면에 음각한 것이었는데, 광암동 암각화는 석실 부재로 사용된 석재에 암각화가 새겨져 있다는 것이다. 인면상을 표현한 암각화로는 울산 대곡리와 천전리 암각화가

---

193. 최정필 외, 1998,『하남시 광암동 지석묘』

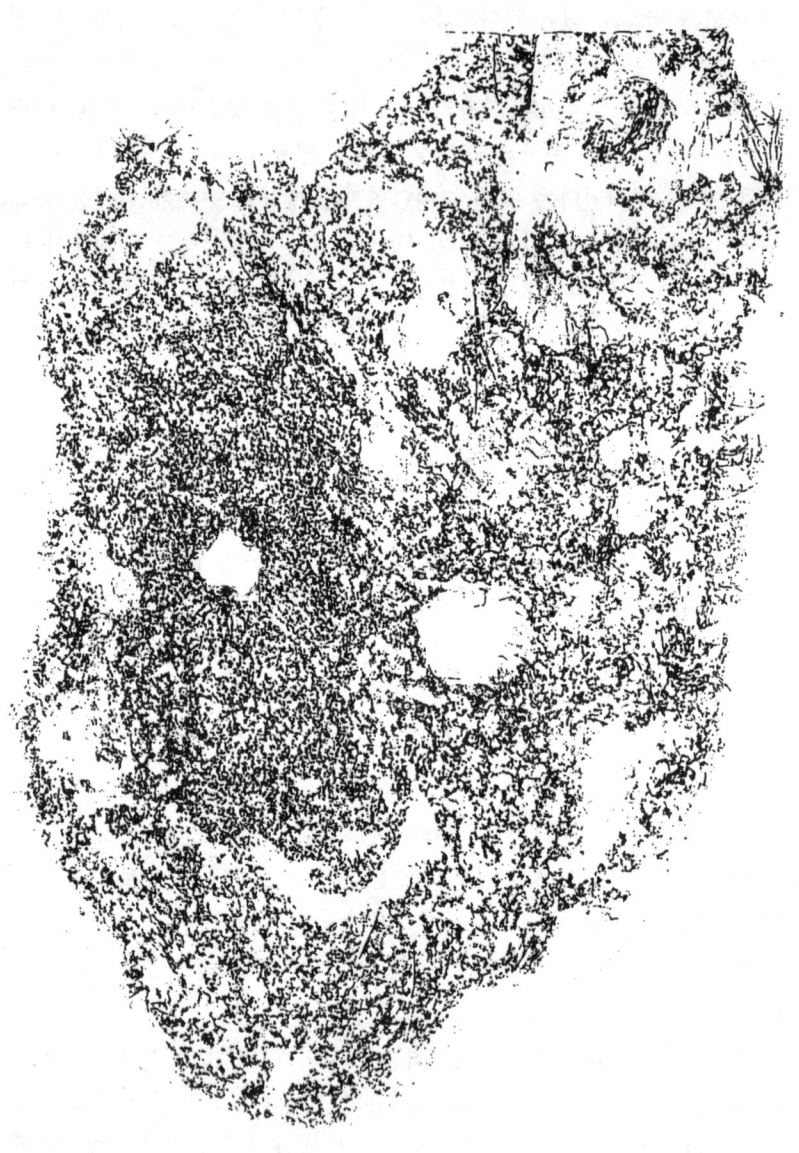

도면 47. 支石墓 岩刻畵 : 하남시 광암동 지석묘

있으며, 광암리 인면상과 비슷한 암각화로는 양구 가오작리에서 발견된 立石이 있다. 이 입석에 새겨진 인면상도 눈을 두 개의 구멍을 파서 표현했고, 코나 입부분은 음각으로 처리하고 있어 제작기법상 광암리 지석묘 출토 인면상 암각화와 유사한 면이 있다.

마. 晋州市 貴谷洞 支石墓

귀곡동 지석묘는 세종대학교 박물관에 의해 발굴된 것으로 진주시 귀곡동 남강 유역에 위치하고 있다.[194] 인면상 암각화는 개석을 떠받치고 있는 한 지석에 人面像이 陰刻되어 있다(도면48). 이 지석묘는 6개의 지석이 개석을 받치고 있는 위석식 지석묘로 매장 주체부가 지상에 위치한다. 개석은 장축이 남북 방향이며 평면은 사다리꼴을 하고 있다. 개석의 크기는 장축이 214cm이고 단축은 124cm이며 두께는 50cm이다. 개석의 상면에 4개의 성혈이 파여져 있다. 개석은 원래 위치에서 동쪽으로 약 25cm가량 밀려나 있으나 6매의 지석은 원위치를 유지하고 잇는 것으로 밝혀졌다. 지석 내부의 공간은 아주 작은 편이어서 洗骨葬을 했던 것으로 파

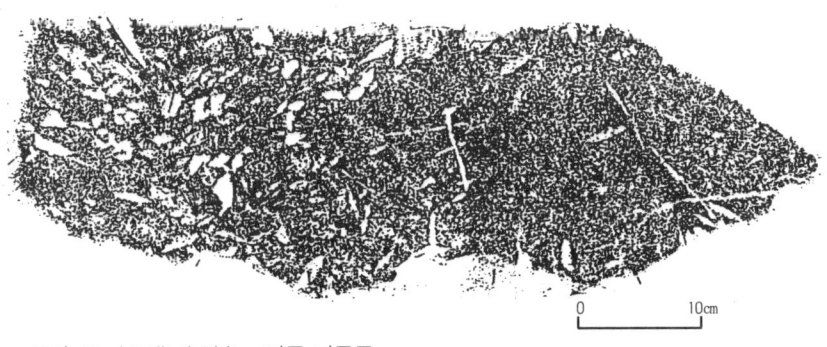

도면 48. 支石墓 岩刻畵 : 진주 귀곡동

194. 최정필 외, 1999, 『귀곡동 지석묘 및 무문토기 산포지』

악된다.

岩刻畵가 陰刻된 支石은 매장 주체부에서 북서쪽에 위치하고 있으며, 이 지석의 서쪽 판판한 면에 인면상이 음각되어 있다. 이 지석은 음각하기에 용이한 사암계의 무른 巖質이어서 지석묘가 축조될 당시에 인면상이 음각된 것으로 생각된다. 이 지석의 크기는 길이가 65cm이고 폭이 51치이며 두께가 16cm 되는 평면 직사각형이다. 인면상은 사람의 얼굴을 상당히 간략화 시켜 눈과 코, 그리고 입부분만을 상징적으로 표현하였다. 인면상 오른쪽에는 부정형의 작은 홈과 '王'자형의 도안으로 음각되어 있다. 귀곡동 암각화는 개석이 아닌 지석의 한 면에 음각되어 있어 특이한 모습을 보여주고 있는데, 이러한 암각화는 지석묘 축조집단의 종교적 의례행위를 이해할 수 있는 정보를 제공하고 있다는 점에서 중요한 고고학적 자료하고 생각된다.

바. 咸安郡 道項里 支石墓

함안 도항리 지석묘는 경상남도 함안군 가야읍 도항리에 위치하고 있으며 1991년에 창원문화재연구소에 의해 조사되었다.[195] 이 지석묘는 개석이 하부구조에서 약간 떨어진 지점에 위치하고 있어, 원래의 자리에서 이동한 것으로 보인다. 발굴결과 하부구조에서 紅陶가 출토되었고, 또한 바로 근처에서 지석묘와 같은 시기에 점유된 주거지가 확인되었다. 개석의 크기는 장축이 230cm이고 단축이 120cm이며, 평면은 부정 장방형이다. 개석의 상면에는 19개의 겹동심원과 함께 크고 작은 성혈이 약 300여개 파여져 있다. 그런데 개석의 상면 북서쪽에 여러 개의 가는 선이 陰刻되어 있는데, 배의 모습을 하고 있어 주목된다(도면49).

그런데 이들 성혈과 겹동심원들은 어떤 형태를 만들고 있는 것으로

---

195. 창원문화재연구소, 1996, 『咸安岩刻畵古墳』
　　　최헌섭, 1992, 「咸安 道項里 先史遺蹟」『韓國上古史學報』10

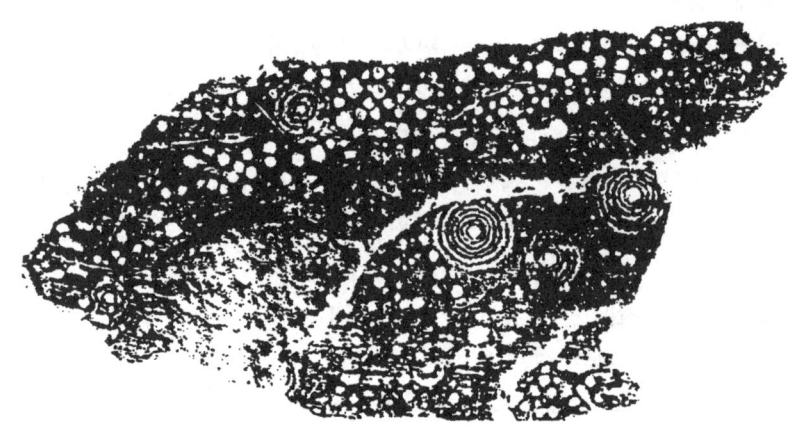

도면 49. 支石墓 岩刻畵 : 함안 도항리

보인다. 즉, 상상 가운데의 일곱겹 동심원의 왼편에는 작은 성혈들이 원형을 그리면서 배치되어 있고, 동심원과 성혈들이 겹치는 경우가 발견되지 않고 있어, 전체적인 구도 속에서 동심원과 성혈이 일정하게 배열된 것으로 보인다. 따라서 이러한 배치는 밤하늘에 떠있는 별들을 묘사한 것으로 보인다. 즉 겹동심원은 매우 밝은 별을 형상화한 것이고 작은 성혈들은 비교적 어두운 별들을 나타내고 있는 것으로 해석되고 있다.[196]

사. 永川郡 甫城里 支石墓

영천 보성리 암각화는 영천시와 청통면 은해사를 잇는 지방 도로상에 있는 보성리 봉수마을 앞에 위치하고 있다. 행정구역상으로는 경상북도 영천군 청통면 보성리에 속한다. 암각화가 새겨진 이 바위는 원래 마을

196. 任世權, 1994, 『韓國 先史時代 岩刻畵의 性格』, 檀國大學校 大學院 博士論文, p.78

앞에 있는 산기슭의 밭을 경지작업하다가 땅속에서 발견되어 인근 개울 가에 방치되어 있었다고 한다. 현재는 마을입구에 놓여있는데, 마을 주 민들이 이 바위의 생김새가 거북형상을 하고 있어 길조라고 생각하여 이 곳으로 이전시켜 놓은 것이라고 한다.[197]

이 바위의 크기는 장축이 330㎝이고 폭은 140㎝이다. 바위의 평면 형 태는 장타원형이며 아랫부분은 편편하게 治石되어 있고, 둘레도 돌아가 면서 약간씩 治石한 모습이 보이고 있다. 따라서 이 바위는 원래 지석묘 의 개석이었는데, 산기슭의 土砂가 흘러내리면서 흙 속에 묻혔던 것으로 생각된다. 암각화는 바위의 상면 아래쪽에 약 12개의 防牌文이 음각되어 있다(도면50). 이 방패문은 상하로 긴 장방형의 양측변이 안으로 오목하 게 들어간 호형이며, 중간 허리에 직선을 그어 상하로 양분하고 그 안에 점을 새겨 문양을 완성하였다. 그리고 중앙과 좌측에 배치된 방패문은

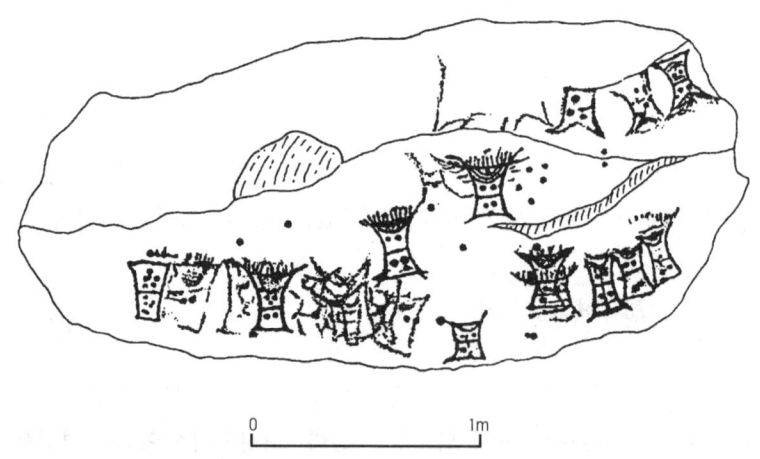

도면 50. 支石墓 岩刻畵 : 영천 보성리

197. 송화섭, 1993, 「韓半島 先史時代 幾何文 岩刻畵의 類型과 性格」『先史와 古 代』, p.123

문양의 중앙이나 위쪽에 여러 개의 선을 새기면서 생긴 고깔 또는 깃털 모양의 문양이 겹쳐져 있다. 이러한 문양은 南原 大谷里나 高靈 良田洞에서 발견된 암각화에 나타난 것과 매우 유사하다.

방패문은 집단사이의 분쟁에서 안위를 확보할 목적으로 새긴 암각화로 辟邪信仰보다는 守護信仰의 의미를 상징화한 것이라 한다.[198] 특히 방패문의 위쪽에 덧붙여진 고깔 또는 깃털 문양은 지석묘 축조집단 사이의 분쟁에서 군사적 의미가 강화되면서 방패와 고깔의 신앙적 요소가 결합되면서 나타난 의인화된 복합형 방패문으로 발달한 것으로 해석되고 있는 것이다.

지금까지 살펴 본 바와 같이, 지석묘에 나타나는 암각화는 인면상, 인물상, 석검문양, 석촉문양, 겹동심원문양, 그리고 방패문 등으로 나누어지고 있다. 이 가운데 인물상과 인면상은 지석묘 피장자에 대한 靈的 神的 崇拜에서 비롯된 것으로 출계집단의 守護神으로 기능하기 위한 의례적 목적을 지니는 것으로 해석되고 있다.[199] 석검문양과 석촉문양의 암각화는 지석묘에 묻힌 피장자가 생존시 누리던 사회적 신분과 권위를 상징적으로 나타내기 위한 것으로 보인다. 특히, 마제석검이나 방패문 같은 무기류가 음각된 암각화는 피장자가 상당한 정치적 통제력을 지닌 남성이었음을 의미하는 것이다.

다시 말하면, 지석묘 피장자의 출계집단은 자신들 조상의 권위를 신격화하는 상징적 행위를 통하여 친족 내부 간의 결속을 도모하고, 이러한 행위는 종교의례를 통하여 일반 평민계층에게 공인시킴으로써 자신들이 가지고 기존의 사회적 지위를 더욱 공고히 하고자 하였던 것이다.[200] 따라서 지석묘에 새겨진 여러 형태의 암각화는 바로 지석묘 축조집단의

198. 張明洙, 2001,『韓國 岩刻畵의 文化相에 대한 研究』, 仁荷大學校 大學院 博士論文, pp.152~154
199. 송화섭, 1997,「한국 암각화의 신앙의례」『한국의 암각화』, pp.279~296
200. 이상길, 2000,『青銅器時代 儀禮에 관한 考古學的 研究』大邱曉星카톨릭大學校 博士論文

계층적 사회구조를 상징적으로 표출하고 있는 것이라 하겠다.

3) 性穴의 社會的 性格

性穴(cup mark)은 지석묘 개석의 표면을 돌로 갈면서 파들어가 생긴 半卵形의 홈으로 민간에서는 알구멍·알바위·바위구멍·홈구멍·성혈 등 다양한 이름으로 불리고 있다. 물론 개석의 표면에 있는 성혈이 모두 지석묘가 축조될 당시의 사회적 분위기에서 만들어진 것은 아니다. 후대에 만들어진 성혈도 있을 것이다. 그러나 대부분의 성혈은 지석묘가 축조되던 당시에 만들어진 것은 분명한 것 같다. 이러한 성혈은 지석묘 사회의 성격을 규명하고자 하는 입장에서 고고학자들 사이에 여러 가지 견해가 제시되어 왔다. 그 중 대표적인 것이 난생신화설, 풍요 다산 기원설, 그리고 별자리설 등이다. 여기에서는 성혈에 관련된 諸說을 먼저 검토하고, 다음에 성혈에 내포된 사회적 의미를 살펴보기로 한다.

가. 卵生神話說

지석묘의 개석에 파여져 있는 성혈은 알에서 조상이 탄생했다고 하는 卵生神話와 관련이 있다고 하는 견해이다. 金秉模는 『三國史記』와 『三國遺事』에 나타나는 신화를 天孫降臨神話와 卵生神話로 대별하면서 난생신화의 분포에 주목하였고, 다시 이를 한국 지석묘의 기원과 연결시켜 설명하였다.[201]

난생신화를 연구한 김재붕은 한국의 고대신화 가운데 난생신화는 천손강림신화보다 늦으며, 한국의 난생신화는 인도나 동남아시아 등지의 해양문화의 한 끝이 해류를 타고 한반도 남쪽에 상륙한 것이며, 아시아의 난생신화는 기원전 800년경에 일어난 동손문화의 확산과 친연관계를

---

201. 김병모, 1981, 「韓國 巨石文化 源流에 관한 硏究(1)」 『韓國考古學報』 10·11집

맺고 있다고 해석하였다. 김병모는 김재붕이 제시한 난생신화의 분포와 지석묘의 분포가 일치하고 시기적으로도 겹치는 특히 점에 주목하였다. 한국 고대사에서 고구려 高朱蒙이 알에서 태어났으며, 斯盧國 6村長 가운데 하나인 李閼平이 박에서 태어났고, 伽倻의 金首路王을 포함한 6伽倻의 시조가 알에서 태어났다고 하는데, 金秉模는 이러한 사실을 지석묘 축조집단과 관련시켜 해석한 것이다.

또한 金秉模는 지석묘 축조자들은 난생신화를 믿고 있었던 사람들이며, 한국의 따라서 지석묘 축조자들은 동남아 해양 지역의 지석묘 축조자들과 문화적 공통분모를 갖고 있었다고 본 것이다.[202] 그리고 지석묘의 성혈은 바로 난생신화를 믿는 巨石文化 崇拜者들의 문화적 요소 가운데 하나일 것이라고 주장한다.[203] 즉, 그는 아시아의 지석묘 분포가 난생신화의 분포와 일치하고 있어, 지석묘 축조집단은 난생신화의 숭배자들이었던 것으로 간주되며, 지석묘의 개석에 나타난 性穴은 이러한 난생신화의 고고학적 증거로 간주하고 있는 것이다.

나. 多産 豊饒起源說

지석묘의 개석에 있는 性穴이 다산과 풍요를 상징한다는 견해는 학자들마다 약간씩 차이가 있다. 張明洙는 性穴이 지석묘 피장자의 친족집단을 표시하는 것으로 파악하고 있으며,[204] 黃龍渾은 性穴은 여성 생식기를 표현한 것으로 보고 있고,[205] 송화섭은 性穴은 地母神 또는 大地神의 상징으로 해석하고 있다.[206] 이들 학자들이 주장하는 공통된 특징은 지석묘는

---

202. 김병모, 1981, 「韓國 巨石文化 源流에 관한 硏究(1)」『韓國考古學報』10 · 11집, pp.71~72
203. Kim, B.M., 1982, A new interpretation of megalithic monuments in Korea. In *Megalithic Cultures in Asia*, pp.181~187
204. 장명수, 1995, 「한국 암각화의 편년」『한국 암각화의 세계』, 한국역사민속학회
205. 황용훈, 1995, 『동북아시아의 암각화』, 민음사

농경문화와 깊은 관련이 있으며, 지석묘의 개석에 새겨진 성혈은 민간에서 알구멍 또는 알바위 등으로 불리는 것으로 농경의 풍요와 다산을 의미하는 것으로 해석하고 있다는 점이다.

예를 들어, 송화섭은 卵生信仰圈에 속하는 지석묘는 농경의례와 깊은 관련이 있으며, 난생신앙권의 지석묘 특징 가운데 하나가 바로 성혈이라는 것이다.[207] 性穴은 인도네시아의 수마트라나 자바섬 같은 동남아시아 지역의 지석묘에서 발견되고 있는데, 지석묘의 전파와 더불어 지석묘의 개석에 성혈을 파는 의례도 함께 한반도에 전파해온 것으로 보고 있다. 지석묘의 성혈은 남방계통의 문화로서 지석묘가 벼농사와 함께 전래되었고, 농경의 풍요와 다산을 기원하는 주술종교의 전승이며, 땅과 물에 대한 종교적 이미지를 가진 신관념을 가진 집단들이 지석묘를 축조하였기 때문에, 지석묘의 개석에 조각된 성혈은 조상숭배와 풍요다산을 연결시킨 농경의례의 과정에서 조각하였던 것으로 송화섭은 파악하였다.

다. 별자리설

지금까지 학계의 지석묘 성혈에 대한 해석은 난생신화나 풍요와 다산을 의미하는 것으로 이해하여 왔었다. 그런데 다른 한편에서는 지석묘의 개석에 새겨진 성혈들이 별자리를 표시했을 것이라는 가능성을 조심스럽게 제기하기도 하였다. 특히, 북한학자들은 지석묘의 성혈을 초기에는 피장자의 족보나 점성술과 관련시켜 설명하더니, 최근에는 압도적으로 별자리로 파악하려는 분위기이다.[208] 만일 지석묘의 성혈이 별자리로 간주될 수 있다면, 이는 자연현상에 대한 관찰결과로서 지석묘 축조집단의

---

206. 송화섭, 2001, 「고인돌 암각화의 생성 배경과 상징성 연구」『백산학보』59號, pp.58~60
207. 송화섭, 2001, 「고인돌 암각화의 생성 배경과 상징성 연구」『백산학보』59號, pp.59~60
208. 김동일, 1996, 「별자리가 새겨진 고인돌무덤에 대하여」『조선고고연구』1996-3

경제적 기반이었던 도작농경과 관련이 있을 것이다.

성혈이 별자리 구멍으로 해석되어 크게 주목을 받은 지석묘는 평안남도 증산군 룡덕리 외세산에 위치한 지석묘와 함경남도 함주에 있는 지석묘이다(도면51).[209] 외세산 지석묘의 개석에는 약 80여개의 性穴이 새겨져있는데, 이들 성혈은 바로 별자리를 표시한 것으로 북한학자들은 해석하고 있다. 즉 그들은 구멍들의 크기나 배치관계를 고려하여 별자리를 동정하였는데, 밝고 중요한 별자리는 구멍을 크게 새긴 것으로 간주하였다. 즉 한가운데에 가장 큰 구멍은 북극성을 가리키는 것이며, 북극성을 중심으로 하는 용별자리, 북극성의 남쪽에는 큰곰자리가 있고, 북쪽에는 작은 곰자리가 위치하고 있으며, 큰곰자리 서쪽에는 사냥개 별자리가 있

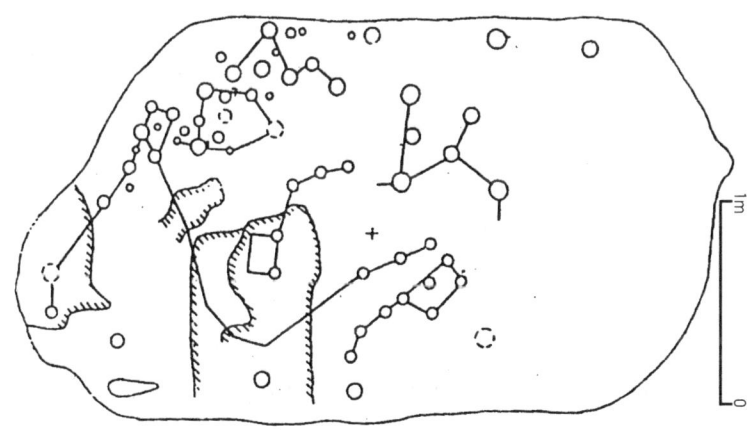

도면 51. 支石墓 蓋石 별자리 : 함남 함주군 지석묘

이준걸, 1996, 「단군조선의 천문지식은 고구려천문학의 기초」『조선고고연구』1996-3

박창범, 2002, 『하늘에 새긴 우리역사』, 김영사, pp.89~108

209. 조선기술발전사 편찬위원회, 1997, 『조선기술발전사-원시 고대편』, pp.174~175

고, 사냥개 별자리 서남쪽에 머리칼 별자리가 있는 것으로 동정하고 있다. 그리고 개석의 대각선 방향들이 천구의 동지점, 하지점, 춘분점, 추분점에 해당하며, 이러한 지점들을 중심으로 목동자리 · 북쪽 · 갓자리 · 헤르클레스자리 · 삵별자리 · 기린자리 · 케페우스자리 등 모두 11개의 별자리가 나타나며, 이 별자리의 제작년대는 B.C. 2900~3000년에 해당할 것으로 추정하였다.

평원군 원화리 지석묘의 26개 성혈도 별자리로 해석되고 있는데, 용별자리와 작은 곰자리가 동정되고 있으며, B.C. 2500년경에 제작된 것으로 알려지고 있다.[210] 함경남도 함주군 지석리에 있는 지석묘의 개석에는 북두칠성 · 작은 곰자리 · 카시오페아 · 케페우스 · 기린자리 · 용별자리 있으며, B.C. 1500년경에 별자리라고 한다.[211] 이밖에도 상원군 용곡리 g-9호 지석묘의 성혈은 북두칠성으로 확인되고 있으며,[212] 온천군 정동리 ㅈ-2호 지석묘의 성혈은 목동별자리로 확인되고 있다.[213]

남한에서 조사된 성혈 가운데 별자리구멍으로 분류되는 지석묘에는 충청북도 청원군의 아득이 1호 지석묘가 있다. 이 지석묘의 개석에는 무려 246개의 성혈이 새겨져 있으며, 조사 초기에는 성혈의 숫자를 감안하여 지석묘 피장자의 혈통을 나타낸 것으로 해석하였다. 그러나 최근에는 별자리로 해석하려는 시도들이 나타나고 있다. 특히, 이 지석묘에서 주목되는 것은 석실에서 출토된 사암질 퇴적암제 장방형 판석이다. 이 판석에는 4종류의 구멍이 65개가 새겨져 있는데, 이 판석에 새겨진 구멍이 바로 별자리라고 하는 연구결과가 최근 발표되었다(도면52).[214] 조선시대

210. 조선기술발전사 편찬위원회, 1997, 『조선기술발전사-원시 고대편』, pp.176~177
211. 조선기술발전사 편찬위원회, 1997, 『조선기술발전사-원시 고대편』, pp.177~178
212. 김동일, 1996, 「별자리가 새겨진 고인돌무덤에 대하여」『조선고고연구』1996-3, p.31
213. 김일권, 1998, 「별자리형 바위구멍에 대한 고찰」『古文化』51, pp.129~130

말의 周天星數圖, 고려말의 권준 벽화묘, 고구려시대의 안학 1호분·덕홍리고분·약수리고분·진파리 4호분 등에 그려진 별그림이 반전되어 그려진 것에 착안하여, 이 판석에 새겨진 구멍도 반전시켜 그린 결과 위의 별자리들과 유사한 것으로 해석되었다. 특히, B.C. 500년경의 실제 별자리들인 북두칠성·용자리·작은곰자리·북극성·케페우스·카시오페아 등과 대응하는 것으로 밝혀졌다.

이밖에도 경기도 양주군 금남리 5호 지석묘 개석에 새겨진 52개의 성혈이 별자리였을 것으로 해석되고 있다.[215] 경기도 양평군 앙덕리 21호의 지석묘 개석에 모두 60여개의 성혈이 새겨졌는데, 이 성혈들은 어떤 목적의식을 갖고 만들어진 것이며, 별자리를 의미하는 구멍으로 해석될 가능

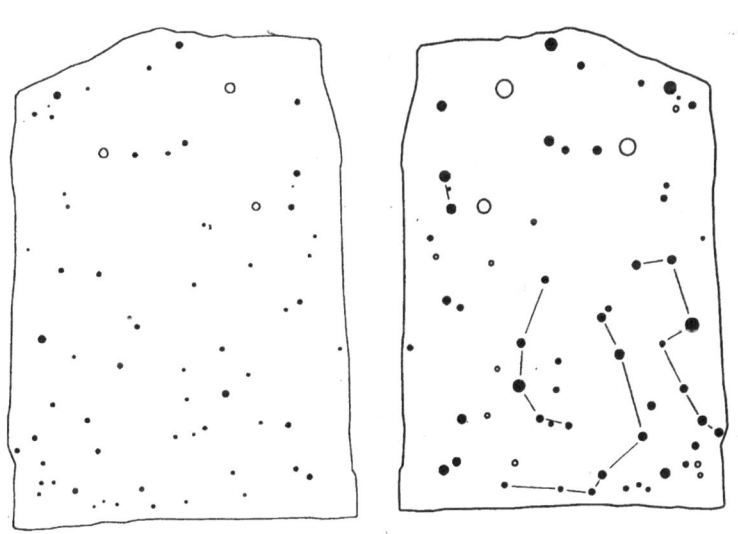

홈의 위치와 크기(좌), 반전(우)

도면 52. 支石墓 蓋石 별자리 : 청원 아득이 지석묘

---

214. 박창범 외, 2001, 「청원 아득이 고인돌유적에서 발굴된 별자리판 연구」『한국과학사학회지』23-1호
215. 김일권, 1998, 「별자리형 바위구멍에 대한 고찰」『古文化』51, p.138

성이 있다고 한다.[216] 한편 남부 지방인 경상북도 영일군 칠포리의 농발재 지석묘 개석에 7개의 성혈이 새겨져 있는데, 전체적인 형태와 성혈 숫자로 보아 북두칠성으로 동정되고 있다.[217] 경상북도 안동군 예안면 계곡동에 있는 지석묘의 개석에는 성혈들 일부는 음각선으로 서로 연결되어 있다. 이 성혈들은 별자리의 관계를 구체적으로 표현한 것으로 해석되고 있다.[218]

지석묘의 개석에 새겨진 성혈에 대한 이러한 해석은 그동안 성혈이 난생신화나 다산 풍요를 의미한다는 견해에 대하여 새로운 해석방법을 추가한 것으로 높게 평가될 수 있을 것이다. 만일 지석묘에 새겨진 성혈들 가운데 일부가 실제 별자리구멍이었던 것으로 밝혀진다면, 이는 지석묘 피장자의 신분보다는 지석묘 축조집단의 생활주기와 관련되었을 가능성이 높을 것이다. 왜냐하면, 지석묘 축조사회는 기본적으로 농경에 기반을 둔 사회이다. 따라서 그들은 별자리 같은 자연현상의 관측을 통하여 농경활동과 관련된 의례행위의 시기, 혹은 작물의 파종기나 수확기를 좀더 정확하게 파악하고자 하는 의도로 별자리를 새겼을 것으로 생각되기 때문이다.

4) 支石墓 築造集團의 理念

稻作農耕의 도입으로 급격하게 인구가 증가하여 사회적 계층화가 급속히 진전되면서 계층에 기반을 둔 複合社會가 형성되자, 무덤은 죽은 자를 위한 시설이 아니라 살아있는 자의 身分保障을 위한 상징적 역할이 커지게 된다. 따라서 필요 이상으로 과대한 노동력이 투입되는 지석묘의 축조는 바로 지배 엘리트 집단이 그들의 先祖를 神聖化하고 그들이 갖고

216. 김일권, 1998,「별자리형 바위구멍에 대한 고찰」『古文化』51, pp.136~137
217. 김일권, 1998,「별자리형 바위구멍에 대한 고찰」『古文化』51, pp.140~142
218. 김일권, 1998,「별자리형 바위구멍에 대한 고찰」『古文化』51, p.143

있는 사회적 역량을 가시적으로 보여주고자 한 것이었다.

특히, 지석묘를 축조할 수 있는 지배 엘리트집단들은 그들의 사회적 지위를 공고히 하기 위하여 지석묘 같은 무덤을 축조하면서, 여러 가지 사회적 종교적 의례활동에 평민계층의 접근을 제약하고, 더 나아가 이러한 무덤들에 神聖性이라는 이데올로기적 의미를 부여한다. 위에서 살펴본 바와 같이, 지배 엘리트들의 이데올로기가 지석묘 축조에 여러 형태로 직접적으로 반영하게 된다.

지석묘 副葬品으로 출토되는 磨製石劍이나 磨製石鏃 등은 狩獵道具나 무기로 사용되기도 하지만, 지석묘에서 발견되는 磨製石劍은 상당히 의례적이고 비실용적인 측면에서 만들어진 경우가 많다. 실용적이든 아니면 의례적이든 간에 피장자가 생존시에 소유하던 이러한 것들은 피장자가 죽자 피장자의 부장품으로 무덤에 함께 묻히게 되었을 것이다. 특히, 지석묘의 개석에 그 같은 문양이 새겨진 것은 피장자가 생존시에 갖고 있던 정치적 능력을 상징화한 것이며, 出系集團(descent group)은 이러한 상징적 아이덴티티를 통하여 혈족의 결속을 도모하고, 그들의 조상이 누리던 정치적인 우월적 기반을 계속적으로 유지하고자 하였던 것이다.

덕천리 1호 지석묘와 같이 지석묘 주변의 넓은 공간에 묘역을 조성한 것은 제례시 의례행위를 할 수 있는 장소를 마련한 것일 뿐만 아니라 피장자에게도 묘역의 공간만큼 위엄과 神聖性을 부여하는 방안이 고려되었을 것이다. 특히, 피장자의 永生과 復活을 기원하기 위한 葬送儀禮가 진행되었을 것으로 보이는데, 이는 지석묘의 墓室에 副葬된 紅陶나 石室內部에 뿌려지거나 시체에 발랐을 것으로 보이는 붉은 흙 등이 하나의 고고학적 증거가 될 것이다. 이러한 장송의례는 지석묘의 개석에 새겨진 문양을 통해서 구체적으로 살펴볼 수 있다. 여수시 오림동과 포항시 인비리 지석묘에는 무덤의 피장자가 마제석검으로 표현되어 있다. 특히, 오림동 지석묘 문양에서는 피장자로 상징화된 석검과 그 앞에 새겨진 두 사람 사이의 의례모습을 통하여 피장자가 생전에 누리던 사회적 신분과 권력의 정도를 가늠해 볼 수 있게 한다. 지배 상층계급의 지석묘 축조를 통한 종교의례와 사회적 이념은 외국의 지석묘 연구나 인류학자들에 의해 조사된 民族誌考古學의 자료들을 통해서도 확인할 수가 있다. 일찍이 Elliot Smith[219]나 William Perry[220]는 세계 여러 곳에 산재하는 거석기념물의 기원이 이집트의 '太陽崇拜思想'으로부터 비롯된 것이라고 주장했었다. 프랑스 Carnac의 거석유적에서 발견된 정교한 磨製石斧와 玉製 목걸이 같은 호화 副葬品 등은 거석문화 담당자들이 계급에 기반을 둔 사회조직을 갖추고 있었음을 보여주고 있다.

동남아시아의 보르네오섬 서남부 지역의 Jaong 근처에서는 巨石岩刻畵가 다수 발견되고 있는데, 이들 암각화들은 실물 크기의 人物像으로 A.D. 700~950년경 이 지역에서 생산된 철의 수출로 말미암아 富를 축적한 집단의 종교적 의식과 관련하여 제작된 것으로 추정되고 있다. 수마트라섬에도 지석묘 같은 거석문화전통이 계속적으로 진행되어 왔는데, 수마트라섬의 이러한 거석문화는 상층계급에 속한 사람들의 종교와 정치적 상징의 표식으로 축조되었으며, 특히 지석묘와 석관묘는 이 지역 족장들의 무덤으로 만들어 졌다고 한다.

남태평양의 여러 도서 지역에서도 다른 거석문화들과 함께 이 지역의 지배 상층계급은 지석묘 축조전통을 20世紀 初까지 이어왔다. 그런데 Schnitger[221]와 Riesenfeld[222]에 따르면, Nias섬 등을 포함한 남태평양의 멜라네시아의 여러 섬들에서 발견되는 巨石文化의 전통이 발견되고 있다 (도면53). 그런데 이들은 돌을 다루는 기술을 가진 사람들의 집단적 移住와 관련이 있다고 한다. 이들은 이 지역에 위치한 여러 섬들의 사회에서 상층계급에 속한 사람들인데, 동남아시아에서 이들 지역으로 건너와 살면서 지석묘를 세운 것으로 알려져 있다. 따라서 이곳에 지석묘를 세운

219. Smith, E., 1911, *The Influence of Egypt under the Ancient Empire*.
220. Perry, W., 1918, *The Megalithic Culture of Indonesia*. Manchester University P.
221. Schnitger, F.M., 1964, *Forgotten Kingdoms in Sumatra*. E.J. Brill, Leiden.
222. Riesenfeld, A., 1950, *The Megalithic Culture of Melanesia*. E.J. Brill, Leiden

도면 53. 塊石運搬(South Nias, Indonesia)

사람들은 다른 지역에서 건너 온 移住民集團들이지만, 이곳 사회에서 추
장이나 그에 버금가는 우월적인 사회적 지위를 유지하였던 것이다. 이들
은 그들의 우월적인 사회적 신분을 과시하고자 상징적 행위로서 지석묘
를 축조했던 것이다.[223]

　따라서 한국의 지석묘도 이들 지역의 지석묘들과 마찬가지로 정치 종
교적 목적을 위한 이데올로기적 측면에서 축조되었던 것이다. 즉, 한국
지석묘의 축조집단은 자신들 조상의 神聖性을 나타내기 위한 상징적 행
위로서 지석묘의 축조는 물론 지석묘 주변에 묘역을 조성하는 한편, 인
면상이나 마제석검 같은 암각화를 새기는 행위 등을 통하여, 그들의 사

---

223. Riesenfeld는 이들을 "Owing to their superior type of culture the stone-using
　　immigrants become the chiefs or the members of the highest ranks among the people
　　in the midst of which they settled. In some cases at least they enslaved the inferior
　　populations, employing them in the execution of their works"라고 설명한다.
　　Riesenfeld, A., 1950, *The Megalithic Culture of Melanesia*. E.J. Brill, Leiden

회적인 우월적 지위를 공인 받고자하였던 것으로 추정할 수가 있다. 다시 말해, 한국의 지석묘는 족장사회라는 사회적 구조 속에서 족장이나 그와 혈족관계에 있는 사람들이 그들의 조상을 종교의례나 사회적 이념을 통하여 신격화함으로써 자신들의 사회적인 권위를 합법적으로 보장 받고자 하는 이데올로기적 측면에서 축조되었던 것이다. 이것은 바로 고대 한국의 계층사회 형성과정에서 집단의 지도자가 조상에 대한 신격화된 종교적 의례활동을 빌어 자신의 신분적 입지를 합법화시키는 과정에서 과대한 노동력을 투입하여 지석묘를 축조하고, 그러한 과정을 통하여 자신들의 정치적 권력을 획득해 나아간 것이라고 생각되는 것이다. 따라서 한국의 지석묘는 한국의 고대사회가 구조적인 계층화의 길로 나아가는 과정에서 지배 상층계급들의 종교적 의례활동에서 생긴 정치적 부산물이라고 하겠다.

7. 支石墓 出土 人骨의 社會的 身分

　지석묘 축조집단이 사회적으로 차지하는 신분적 지위는 지석묘에 매장된 被葬者에 대한 骨格學的 硏究(osteological study)를 통해서도 살펴볼수 있다. 신석기시대에 이르러 인류가 식량생산에 직접 관여하게 됨으로써 안정적으로 식량을 공급받을 수 있게 되었다. 그러나 식량을 직접 생산하는 초기단계의 생계전략은 인간에게 많은 육체적 노동력을 요구하지만, 그에 따른 영양분은 오히려 수렵채집에 의존하던 시기보다도 덜공급받아온 것으로 알려지고 있다. 따라서 농경에 의존한 생계전략에서는 과도한 노동력에 의한 육체적 약화와 함께 동물성 단백질의 공급마저부족해지게 됨으로써 인간의 신체적 골격이 약화된 것으로 고고학적 자료는 보고되고 있다.

　그러나 사회적 複合性이 증대된 族長社會 단계에 이르면, 생계자원에대한 접근의 정도가 사회적 계층에 따라 달라지게 된다. 특히, 족장사회에서는 사회적으로 상층 지위에 있는 사람은 그 자신이 생계활동에 직접종사하지 않고도 그렇지 못한 사람들보다도 식량자원에 대한 접근이 훨씬 용이하여 계층에 따라 신체 골격상의 차이를 갖게 된다. 예를 들어, 상층신분에 속한 사람들은 사회적으로 낮은 신분의 사람들과 차별화하기 위하여 頭蓋骨 變形(skull deformation)이나 치아의 형태를 변형하는경우가 있으며, 또한 상층계급의 사람들은 다른 일반 평민들보다 일반적으로 키가 큰 경향이 있는데, 이는 물론 일반 평민들보다 동물 단백질을훨씬 많이 섭취할 수 있는 사회적 신분 때문이라고 하겠다.

　따라서 이들 계층의 사람들은 충분한 영향을 공급받을 수 있어 튼튼한 체격이나 골격을 유지하고 있다는 점이다. 그리고 상층신분의 사람들은 사망시 나이에 관계없이 호화로운 분묘에 매장되는 경향이 있다. 그러한 고전적인 사례가 바로 호화분묘에 埋葬된 幼兒의 무덤이다. 호화분묘에 幼兒가 埋葬되었다는 사실은 유아가 사회에서 유지하고 있는 신분적 지위가 성취된 것(achieved)이라기보다는 귀속되어진 것(ascribed)이라고 하겠다. 그것은 그 같은 어린 나이에 아무리 개인적으로 뛰어난 능력을 가졌다고 해도 사회적으로 그러한 높은 지위의 신분에 이르렀다고는 생각되지 않기 때문이다.

1) 人骨의 出土 現況

한국은 대체로 산성의 토양이라서 무덤에 인골이 남아있는 경우가 별로 없다. 그래서 지석묘 연구 초창기에 일부 학자들은 지석묘가 무덤이 아닐 것이라는 견해를 제시하기도 했었다. 그러나 지석묘에 대한 발굴조사가 진행되면서 人骨의 출토사례가 증가되어 지석묘가 우리 先人들의 墓制임이 밝혀지고 있다. 여기에서는 지역별로 출토되는 人骨의 사례를 구체적으로 살펴보자(표21).

가. 遼寧 · 吉林地域

요녕 지역에서는 14곳에서 약 14개체분의 인골이 확인되었다.[224] 요녕성에서 조사된 지석묘 가운데 9基의 탁자식과 5基의 개석식 지석묘 墓室에서 인골이 출토되고 있다. 蓋州市의 伙家窩堡 5호 지석묘는 탁자식인데, 墓室의 바닥에서 불에 타다 남은 머리뼈 · 손팔뼈 · 갈비뼈 같은 인골이 여러 점의 토기편들과 함께 출토되었다. 그러나 이곳에서 출토된 대부분의 인골은 불에 타다 남은 것들이어서 정확하게 어느 부위인지를 파

---

224. 許玉林, 1994, 『遼東半島 石棚』, 遼寧省文物考古研究所編

표 21. 支石墓 出土 人骨의 出土 現況

출토지	출토유물	기 타
(요녕성)		
보란점 雙房2	돌방추차, 협사홍갈도편	人骨
碧流河21	활석제 석범	人骨
장하시 白店子	방추차, 석기편, 흑색토기편	인골
大荒地	토기편	인골
楊屯1	석촉,홍갈토기편	인골
개주시 家窩堡1	석부2, 석착1,장경호3, 통형동이1 옥착1	인골
家窩堡5		人骨
牌坊	침상기,어망추,방추차,활석옥,비파검, 청동식	鹿製송곳,骨製구슬,인골
吳西		인골
太老墳	석도편,토기편	인골
大辺溝	협사홍갈도	인골
산룡5	방추차,홍색단지,토관	인골, 숯
봉성현 東山1	석부1, 밤추차1,협사흑색양이호	인골
동산8	반석도1	인골
(길림성)		
통화시 大廟	홍갈색토기편, 방추차	인골
매하구시 跳山溝		인골
水2		인골
水5		인골
水6	석촉17	인골
농풍현 瓦房頂子山12		인골
趙秋溝1		3개체분 인골
조추구2(2층)	돌잔1,管石34,침상기,단지,청동고리, 靑銅팔찌	2개체분인골, 뼈대롱
조추구3(2층)	방추차1,두형토기, 홍갈단지	2개체분인골
寶山村 東山1	석부1,관옥13,두형관,홍갈호,청동단추1, 옥기	인골
龍頭山	돌침상기,흑갈토기3	인골
大陽1	인골	
대양2	방추차	다수인골편
駝腰村	대롱구슬1, 갈돌1	인골
杜家溝	인골, 간골화장묘	
三里	사발	인골, 간골

383

출 토 지	출 토 유 물	기 타
(평안도)		
개천군 묵방리 20		인골/어금니2
묵방리 25	반월형석도1	인골
묵방리 30		성인/유아 인골
평양 순안 오산리1-2	석검1, 석촉7, 세형동검, 곡옥	인골
평양 상원군 장리 2	석부, 별도끼, 석촉44, 석도, 팽이, 미송, 청동령2, 곡예식	인골
룡곡리 1		인골
룡곡리 4	청동단추	인골
룡곡리 5	비파형동모	인골
룡곡리 6		인골
귀일리 2	석촉1, 팽이형토기, 곡옥, 백옥	인골, 貝殼팔찌
평양 강동군 문흥리 3	석부1	인골
구빈리		인골
향목리	철제품	인골, 貝殼
성천군 룡산리 5	석부, 석경, 반제품석부	인골(38개체분, 幼兒포함)
삭창리		인골
(함경도)		
김책군 덕인리 1	공렬토기편	인골
덕인리 2	석부	인골
(황해도)		
황주군 심촌리 긴동5	석창1, 석촉4	인골
연탄군 오덕리 평촌11	석검편	인골 大腿部
오덕리 석장골1		인골 大腿部
오덕리 송신동22	석부1, 석촉4	下顎骨/사지뼈/大腿部/齒牙
오덕리 송신동31	석검편1, 석창1, 달도끼2, 석촉9	인골, 뼈구술 묶음
오덕리 송신3-1		머리뼈/다리뼈
사리원 광성동 성문1-4	팽이형토기, 청동장식, 청동편	인골(2개체분)/頭蓋骨/齒牙/불탄흔적
광성동 성문1-5	석창1, 석촉3, 석착1, 팽이형토기	人骨/웃어금니/頭蓋骨/火葬
(경기도)		
양평군 상자포리 3-1		인골
상자포리 이대4		인골

출 토 지	출 토 유 물	기 타
양덕리 1		인골
(강원도)		
춘천시 천전리15		인골
신매리1-2	석검편	撓骨上部/尺骨下部
신매리3-2		인골
중도 중박1	석촉3	女兒/頭蓋骨片/大腿骨/불탄흔적
중도 강박1	석부1, 홍도, 흑도	인골, 숯
(충청도)		
중원군 하천리 D1-1	홍도, 김해식	齒牙
하천리 D1-2	반석도, 방추차	齒牙
제천시 양평리 1		頭蓋骨/大腿/비골/경근/족근골(18~35세)
황석리 12		人骨
황석리 13	석검1	人骨(男, 키 174cm)
황석리 충6		턱뼈/팔/빗장/갈비/엉덩/허벅/종아리/남20
황석리 충7	홍도·곡옥2, 관옥13	머리뼈/정강이뼈
황석리 충13	석검1, 홍도3	머리뼈(幼兒)
황석리 충17	석검1, (석부1)	머리뼈(男, 30세)
(경상도)		
대구시 진천동 3B		齒牙(女, 키 150~160cm)
진주시 대평면 어은2e	側臥屈葬	人骨
대평면 어은2s	석검1, 석촉4	人骨
김해시 내동3	홍도, 놀대구순각목문	人骨

악하기가 쉽지 않은 편이다. 이들 인골은 대체로 인골이 타면서 만들어
진 재와 함께 출토된 것이어서 지석묘에 묻힌 피장자의 개체수(MNI)를
정확하게 파악하기가 어렵다.

　길림 지역에서는 16곳에서 약 20개체분 이상의 인골이 확인되고 있
다.[225] 梅河口市 跳山溝 1호 지석묘는 탁자식으로 바닥에 넓은 板石이 깔려

---

225. 兪泰勇, 2002, 「支石墓 出土 玉器의 政治的 性格」『白山學報』62號
　　許玉林, 1994, 『遼東半島 石棚』, 遼寧省文物考古研究所編

있는데, 이 판석의 틈에서 인골들이 발견되었다. 梅河口市 험수 6호 지석 묘는 바닥의 판석 위에서 출토되었다. 개석식인 동풍현 조추구 1호 지석 묘에서는 묘실에서 회백색으로 변한 많은 인골이 출토되었다. 그런데 인 골을 특정 부위별로 모아 군데군데 쌓아 놓은 채로 출토되고 있는 점이 주목된다. 예를 들어, 두개골은 겹쳐서 묘실의 서남쪽 끝에 놓여 있고, 갈비뼈와 사지뼈는 묘실의 중앙에 정연하게 쌓여 있었다. 그런데, 이들 뼈 가운데 두개골이 3개인 것으로 보아 아마도 MNI가 적어도 3個體分인 듯하다. 趙秋溝 2호와 3호 지석묘에서도 불에 타다 남은 인골 2個體分이 각각 출토되었다.

東豊縣 龍頭山 지석묘에서는 묘실의 북쪽에서 두개골 2점이 출토되었 는데, 불에 타다만 갈비뼈와 사지뼈는 趙秋溝의 지석묘에서와는 달리 墓 室의 여기저기에서 흩어진 채로 출토되었다. 동풍현 대양 1호와 2호 지석 묘에서는 지하 묘실의 바닥 둘레에서 불에 타나 남은 나무 부스러기들과 함께 많은 인골 조각이 출토되었는데, 이 무덤에는 여러 사람을 火葬의 方法으로 매장했었던 것으로 보인다.[226] 길림 지역에서도 요녕 지역 지석 묘에서와 마찬가지로 인골들이 불에 타다 남은 상태로 출토되고 있는데, 특히 인골의 아래에 많은 숯이 발견되고 있는 사실이 주목된다. 이것은 무덤 안에서 직접 화장을 하는 揀骨火葬法이 채용되었기 때문일 것으로 보인다.[227]

나. 平安道 地域

평안도에서는 15곳의 지석묘에서 약 53個體分의 인골이 출토되었다. 먼저 가장 많은 인골이 출토된 성천군 룡산리 5호 지석묘를 보면,[228] 개석

226. 河文植, 1999,『古朝鮮 地域의 고인돌 研究』, 白山資料院, p.297
227. 河文植, 1999,『古朝鮮 地域의 고인돌 研究』, 白山資料院, p.297
228. 석광준, 1999, 「고조선의 고인돌무덤과 돌관무덤에 대하여」『단군과 고조선』
　　 p.180

식 지석묘의 묘실을 11개 칸으로 나누었는데, 중심 무덤 칸에서 2개체분의 인골이 출토되었고, 나머지 주변의 10개 칸에서는 한 칸당 3~4개체분의 인골이 확인되어 모두 38개체분의 인골이 출토되었다. 한편 묵방리 30호 지석묘에서는 사지뼈·엉덩이뼈·齒牙 등이 출토되었다. 그런데 齒牙가 成人의 것과 幼兒의 것이 섞여 있어, 아마도 父子 또는 母子 관계의 合葬墓로 추정되고 있다.[229] 이밖에도 평양시 순안구역 오산리, 상원군 장리 룡곡리, 강동군 문흥리 구빈리 향목리, 그리고 성천군 삭창리 등지의 지석묘 등지에서도 인골이 출토되었다. 그러나 뼈에 불에 탄 흔적이 없어 이들 지석묘에는 火葬法이 채용된 것 같지는 않다. 룡산리 지석묘의 좁은 묘실 공간에 여러 개체분의 뼈가 출토되는 경우와 장리 지석묘에서 같이 탁자식의 비교적 넓은 지상 묘실에 인골이 출토되는 경우가 있어, 아마 평안도 지방의 지석묘에는 洗骨葬과 伸展葬 같은 葬法이 채용된 것으로 보인다.

다. 咸鏡道 地域

함경도에서는 지석묘가 축조된 숫자가 다른 지역에 비해 많지 않다. 그리고 지금까지 발굴된 지석묘도 겨우 몇 기를 넘지 않는다. 그러나 다행하게도 김책군 덕인리의 1호와 2호의 탁자식 지석묘에서 각각 인골이 출토되어, 한국 지석묘 축조집단에 대한 귀중한 체질인류학적 정보를 제공해주고 있다. 덕인리 지석묘는 덕인리 전장마을의 편평한 대지 위에 4기의 탁자식 지석묘가 동서방향을 따라 거의 일직선으로 100~150m 간격으로 배치되어 있다. 이들 지석묘 가운데 1호와 2호 지석묘가 발굴되었다.

덕인리 1호 지석묘는 300×270×30cm 크기의 개석, 240×130×13cm 크

齊藤 忠, 1996, 『北朝鮮考古學の新發見』, p.22
229. 하문식, 1999, 『고조선 지역의 고인돌 연구』, p.145

기의 남쪽 지석, 그리고 190×140×13cm의 북쪽 지석이 남아 있다. 그러나 막음돌 역할을 하는 동서방향의 지석이 없어지고 내부에 자갈이 채워져 있는 상태로 발굴되었다. 인골은 이 자갈돌 사이의 틈에서 孔列土器口緣部를 포함한 여러 無文土器片들과 함께 출토되었다. 덕인리 2호 지석묘는 파괴되어 북쪽과 서쪽의 지석만 남아 있었다. 북쪽 지석의 크기는 190×135×19cm이며, 서쪽의 막음돌 역할을 하는 지석은 100×30×7cm의 크기이다. 2호 지석묘도 1호 지석묘에서와 같이 자갈들로 내부가 채워져 있었고, 인골도 이들 자갈돌 사이의 틈에서 磨製石斧와 함께 출토되었다.

라. 黃海道 地域

황해도에서는 8基의 지석묘에서 모두 9개체분의 인골이 출토되었다. 사리원시 광성동 성문1-4호 지석묘에서는 팽이형 토기·청동장식 등과 함께 2個體分의 頭蓋骨과 齒牙가 출토되었다. 그리고 뼈가 불에 탄 흔적이 일부 보이고 있어 埋葬할때 火葬을 했던 것으로 생각된다. 河文植은 이들 인골을 토대로 夫婦合葬墓로 추정하고 있다.[230] 성문1-5호 지석묘에서는 사람의 頭蓋骨片과 齒牙가 출토되었는데, 이들 인골에서도 역시 불에 탄 흔적이 확인되고 있다. 연탄군 오덕리 석장골 1호 지석묘는 탁자식 지석묘이며 내부가 3칸으로 나누어져 있는데, 맨 서쪽 칸에서 大腿部 일부의 인골이 출토되었다. 칸의 규모로 보아 洗骨葬이 행해진 듯하다.[231]

오덕리 평촌 11호 지석묘도 탁자식인데, 墓室의 서부쪽 모서리에서 사람의 대퇴부가 출토되었다. 오덕리 송신동 22호 지석묘는 탁자식으로 墓室의 내부가 4칸으로 나누어져 있는데, 이 가운데 북쪽에서 두 번째 칸에서 사람의 下顎骨·팔다리뼈·齒牙 등이 출토되었다. 송신동 31호도 22호와 같이 묘실이 4칸으로 되어 있으며, 역시 북쪽으로부터 두 번째 칸에

---

230. 하문식, 1998, 「고인돌 장제에 관한 연구(1)」『백산학보』51
231. 하문식, 1998, 『古朝鮮 地域의 고인돌 硏究』, 백산자료원, p.124

서 인골이 출토되었다.[232] 심촌리 긴동의 지석묘 8기가 1958년에 발굴되었는데, 이 가운데 긴동 5호 지석묘에서 인골이 출토되었다.[233] 5호 지석묘의 하부구조는 길이가 약 100㎝이고 넓이가 약 50㎝ 크기의 편암을 이용하여 만든 石棺인데, 인골이 무질서하게 놓인 채로 발굴되었다. 따라서 여기에 채용된 葬法을 정확하게 파악할 수는 없지만, 石棺의 규모로 보아 屈身葬한 것으로 판단된다.

황해도 지석묘에서는 인골이 출토되는 특징으로 보아 여러 가지 葬法이 埋葬에 채용되었음을 알 수 있다. 황해도에서 발굴된 대다수의 지석묘는 묘실의 규모로 보아 伸展葬을 했던 것으로 보인다. 그러나 송신동의 일부 지석묘 내부에서 보이는 칸막이 시설에서 출토되는 인골은 성인의 것이며, 칸의 크기가 좁아 洗骨葬 같은 二次葬을 한 것으로 추정된다.

마. 京畿道 地域

경기도의 지석묘에서 인골이 출토된 곳은 양평군 상자포리와 앙덕리 지석묘 등이다. 양평군 상자포리 지석묘는 1972년의 팔당댐 수몰지구에 대한 조사에서 모두 16기가 발굴되었다. 상자포리 지석묘의 대부분은 묘실 주위에 강자갈이 부가되어 있었으며, 墓室 내부에서 銅劍·紡錘車·石斧·石鏃 등의 유물이 출토되었다. 상자포리 지석묘는 탁자식이며, 묘실은 석관형이다.[234]

상자포리 3-1 지석묘의 묘실은 규모가 120×50×30㎝이며, 동쪽 바닥에는 판석이 놓여있으나 서쪽 바닥에는 자갈이 깔려 있었다. 屍身은 東寢을 한 것으로 보이며, 바닥에서 人骨片이 打製石斧·孔列土器片들과 함께 출토되었다. 상자포리 이-4호 지석묘는 개석의 크기가 90×90×42㎝이고

232. 석광준, 1974, 「오덕리 고인돌 발굴조사」『고고학 자료집』4집
233. 황기덕, 1961, 「황해북도 황주군 긴동 고인돌 발굴보고(1)」『문화유산』61-3
234. 문화재관리국, 1974, 『팔당 소양댐 수몰지구 유적발굴 종합조사보고』

墓室은 구덩이를 파고 판석을 덮었는데, 크기는 160×44cm이다. 판석 아래에서는 인골이 목탄과 함께 엉겨 붙은 채로 출토되었다. 木炭을 이용한 방사성탄소연대측정 결과는 2170±60 B.P로 나타났다.[235]

양평군 앙덕리 지석묘는 매장 주체부가 토광형으로 되어 있는데, 이 토광 바닥에서 손목과 발목의 뼈로 추정되는 인골이 출토되었다. 공반 출토된 유물로는 黑曜石製·石器·청동곳개·紅陶片 등이 있으며, 토광 바닥에서 붉은 흙이 깔려져 있는 것이 확인되었다(도면54).[236]

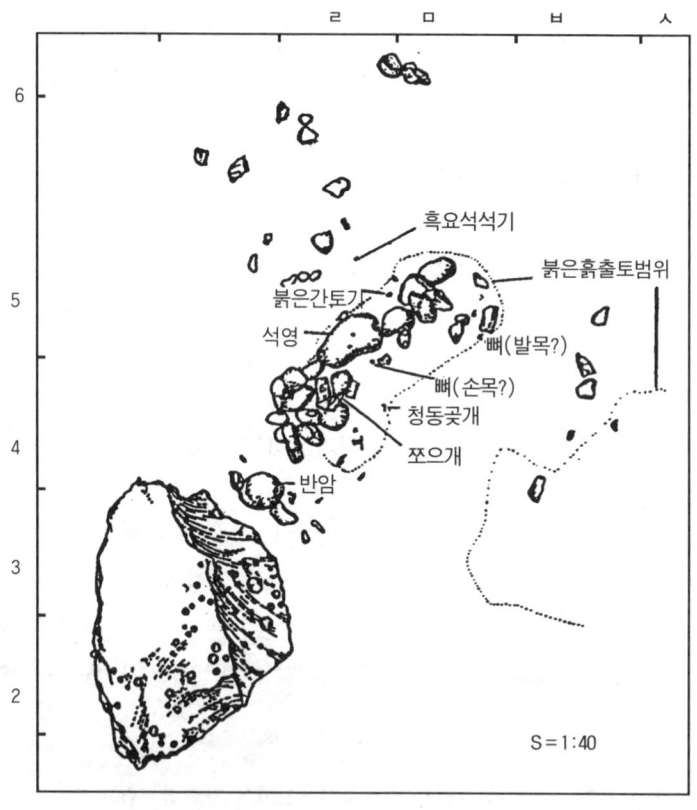

도면 54. 支石墓 出土 人骨 : 양평 앙덕리

경기도의 지석묘에서는 3곳에서 3個體分의 人骨이 출토되었다. 장법은 상자포리 이-4호 지석묘에서 木炭이 확인되고 있어, 경기도의 일부 지석묘에서도 火葬이 성행했었던 것으로 추정되고 있다.

바. 江原道 地域

강원도에서는 1983년 봄에 국립중앙박물관에서 발굴한 중도 1호(국박 1호) 지석묘가 대표적 사례이다. 인골은 구덩이를 먼저 파고, 側臥屈身葬을 한 시체를 그 안에 안치시킨 다음 나무를 쌓고 화장시킨 것으로 밝혀졌다(도면55).[237] 출토된 인골에는 頭蓋骨·鎖骨·上腕骨·手骨·脊骨·胸骨柄·足骨·大腿骨·骨盤 등이다. 이 인골은 골반에 있는 大坐骨切痕의 폭이 넓으나 깊지는 않은 것으로 보아 연령이 4~8세 사이에 해당하는

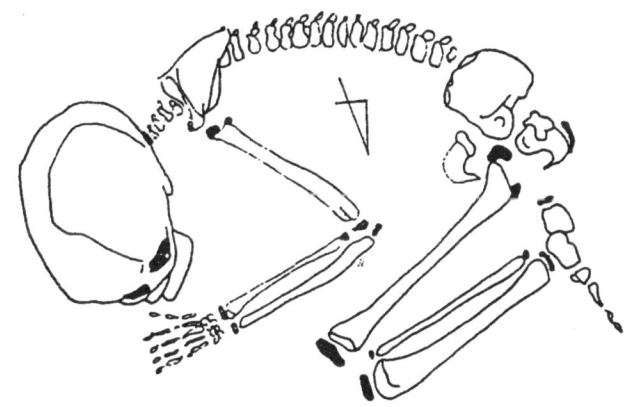

도면 55. 支石墓 出土 人骨 : 춘천 중도

235. 문화재관리국, 1974, 『팔당 소양댐 수몰지구 유적발굴종합조사보고』
236. 문화재관리국, 1974, 『팔당 소양댐 수몰지구 유적발굴종합조사보고』
237. 지건길·이영훈, 1983, 『중도 IV』, pp.4~5

여자아이로 추정되고 있다. 그런데 이 인골이 火葬된 상태에서 출토된 大腿骨의 안쪽에 病狀의 흔적이 있는데, 대퇴골의 안쪽에 뼈가 안쪽으로 자라는 병을 앓았던 것으로 추정되고 있다. 그렇다면, 이 아이는 생전에 보행할 때 상당한 불편을 겪었을 것으로 보인다.[238] 중도 2호(강박1호) 지석묘는 1983년에 강원대학교 박물관에 의해 발굴되었다. 석관 내부에서 숯과 함께 약간의 인골편이 출토되었다.

춘천시 신매리 1-2호와 3-2호 지석묘에서도 각각 인골이 출토되었다. 신매리 1-2호 지석묘의 석관 내부에는 자갈돌이 채워져 있었는데, 이 자갈돌 밑의 사질토에서 무문토기편들과 함께 橈骨의 上部와 尺骨의 下部가 출토되었다.[239] 신매리 3-2호 지석묘의 석실내부에 자갈이 채워져 있었고 외부에도 역시 자갈돌이 깔려 있었다. 인골은 석관의 내부에서 무문토기편들과 공반하여 출토되었다. 춘천시 천전리 15호 지석묘는 조사전에 개석이 적석에 둘러 쌓여 있었다. 개석을 제거하자 석곽이 드러났는데, 무문토기편과 함께 인골 2점이 출토되었다.

강원도에서 출토된 인골은 5곳에서 대략 5개체분의 인골이 출토되었다. 중도 1호와 2호 지석묘에서 출토된 인골은 화장한 것으로 추정되고 있다. 강원도 지석묘의 석실구조가 伸展葬이 가능한 구조임을 고려한다면, 이들 지역에서도 伸展葬이나 屈身葬은 물론 火葬의 葬法이 널리 채용되었던 것으로 보인다.

사. 忠淸道 地域

충청도 지역에서의 인골은 주로 충청북도 지역에서 확인되고 있다. 특히 제천시 황석리의 지석묘들에서 인골이 많이 조사되었다. 황석리 12

---

238. 최몽룡, 1985, 「春川中島와 義城塔里 出土人骨」『민석홍박사 화갑기념 사학논총』, pp.698∼700
239. 최영희·노혁진, 1986, 『신매리 지석묘, 주거지 발굴보고서』, 한림대학교 박물관

호 지석묘는 파괴상태가 심하나 석실내부에서 인골이 2점 출토되었다. 황석리 13호 지석묘에서 비교적 잘 보존된 인골이 출토되었는데, 伸展葬으로 오른팔은 배에 대고 왼팔은 가슴에 대고 있는 모습이었다.[240] 그리고 오른쪽 무릎에서 석검이 출토되기도 했다. 이 被葬者는 조사결과 남자로 밝혀졌으며, 키는 174㎝인 것으로 조사되었다.[241] 인골은 방사성탄소연대가 2360±370 B.P.로 측정되었다.

황석리 충6호 지석묘의 묘실은 이중구조로 되어있는 특이한 형태인데, 여기에서 20세 가량의 성인 남자 인골이 출토되었다(도면56-②).[242] 인골은 왼편 하악골·앞니·어금니·정강이뼈·윗팔뼈·갈비뼈·빗장뼈·엉덩이뼈 등이 출토되었다. 보존된 뼈의 건강상태가 비교적 좋은 것으로 보아 피장자가 생존시 충분항 영양을 섭취했던 것으로 보인다. 황석리 충7호 지석묘는 여러 개의 강돌을 세워서 벽을 만들고 바닥에 6개의 판석을 깔았는데, 이들 판석 위에서 인골이 출토되었다(도면56-①). 인골은 무릎 위쪽의 모든 뼈가 남아있을 정도로 거의 완전한 상태로 출토되었다. 피장자는 20~30세 가량의 남자이며, 키는 140~150㎝ 가량되는 것으로 조사되었다.[243] 屍體는 伸展葬인데, 曲玉 2점과 管玉 13점이 공반하여 출토되었다. 황석리 충13호 지석묘에서는 동쪽 바닥에서 유아의 머리뼈로 보이는 인골이 출토되었다.[244] 홍도 3개체분이 공반 출토되었다. 황석리 충17호 지석묘에서는 30세 전후의 남자 머리뼈가 석실의 농벽 쪽에서 발굴되었다.[245] 오른쪽 허리부근에서 마제석검 1점이 출토되었다.

이외에도 제천시 양평리 1호 지석묘의 석곽에서 다수의 인골이 출토되었다. 출토된 인골에는 두개골·대퇴부·비골·경근골·족근골이 있

240. 김재원·윤무병, 1967, 『韓國 支石墓 硏究』, pp.108~110
241. 우장문, 1995, 「제원 황석리 고인돌문화의 고찰」『韓國의 靑銅器 硏究』, p.504
242. 우장문, 1995, 「제원 황석리 고인돌문화의 고찰」『韓國의 靑銅器 硏究』, p.505
243. 이융조 외, 1984, 「제원 황석리 B지구 유직발굴조사」『충주댐(I)』, 충북대 박물관
244. 우장문, 1995, 「제원 황석리 고인돌문화의 고찰」『韓國의 靑銅器 硏究』, p.505
245. 김재원·윤무병, 1967, 『韓國 支石墓 硏究』, pp.108~110

으며, 석곽의 동쪽 끝부분에서 석착이 1점 출토되었다. 성별은 확인되지 않으나 나이는 18~35세 사이로 추정되고 있다.[246] 중원군 하천리의 지석묘에서도 인골이 출토된 바 있다. 즉, 하천리 D1-1호와 D1-2호 지석묘에

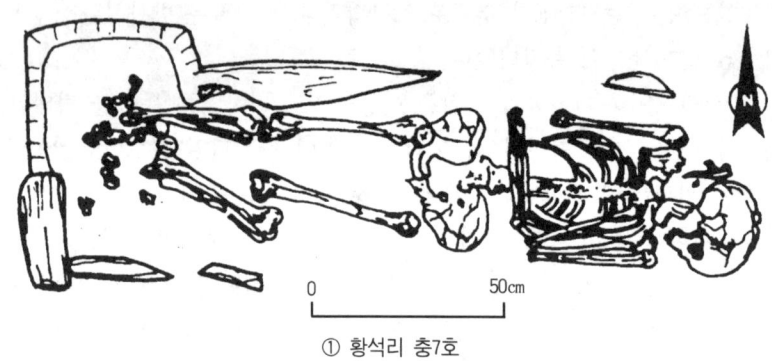

① 황석리 충7호

② 황석리 충6호

도면 56. 支石墓 出土 人骨 : 제천 황석리

246. 충북대학교 박물관, 1984, 『충주댐수몰지구 유적발굴조사보고서』1 · 2

서 치아가 각각 석실 남쪽에서 출토되었다. 충청도 지방에서 인골이 확인된 지석묘는 모두 9基에서 9개체분의 인골이 출토되었다. 인골을 근거로 葬法을 살펴보면, 대체로 仰臥伸展葬인 것으로 보인다. 지석묘에 묻힌 피장자는 대체로 체격조건이 좋은 18~35세 사이의 남자인 것으로 조사되었다.

아. 慶尙道 地域

경상도 지방의 대표적인 지석묘 출토 인골은 大邱市 辰泉洞 3호 지석묘 B관에서 발굴된 것이다. 이 지석묘는 하부구조가 편암 板石을 이용하여 장방형 석관으로 되어 있고, 내부가 중앙에서 약간 서쪽에 칸막이가 세워져 있다. 이 칸막이 板石을 중심으로 폭이 좁은 서쪽 A관과 폭이 넓은 B관으로 석관을 나누어지는데, 인골은 B관에서 출토되었다. 인골은 부식상태가 심하여 상체부가 거의 남아있지 않다. 발굴조사에서 확인된 인골은 대퇴부 2점, 다리뼈 2점, 그리고 치아 11점이 발굴되었다. 그리고 두개골이 위치에서는 두개골이 부식되면서 만들어진 가루가 원형으로 남아 있었다.

B관에서 발굴된 피장자의 신체는 다리뼈는 대퇴골과 겹치도록 나란하게 구부린 상태로 매장된 屈身葬이다. 치아의 마모상태로 보아 피장자는 20세 전후의 여자인 것으로 보이며, 두개골에서 다리뼈까지의 전체 身長은 대략 150~160cm 가량 될 것으로 보인다. A관에서는 인골이 출토되지는 않았으나 폭이 B관의 반 정도인 22cm 밖에 되지 않아 아마 乳兒나 幼兒가 매장되었을 것으로 추정된다.

김해시 내동 3호 지석묘는 기반식인데, 매장 주체부인 하부구조가 할석을 평적하여 만든 석곽을 채용하고 있다. 출토된 인골은 하악골, 치아 6점(I2, C, P1, P2, M1, M2), 우측 상완골 하단부, 우측 척골 중간부분, 우측 요골 상단부 등이다.[247] 下顎骨은 性別이 不明이나 熟年이상에 해당하며, 그밖의 다른 인골은 성별과 연령이 확인되지 않으나 성인인 것으로 추정되고 있다.

내동 3호 지석묘에서 출토된 인골의 위치가 각각 다른 것으로 알려지고 있어, 이들 인골이 1개체분인지 아니면 여러 개체분인지는 명확하지는 않다. 그러나 인골의 발달상태가 비슷하게 나타나고 있어, 동일 개체분일 가능성이 높은 것으로 판단되고 있다. 이 지석묘에서 홍도·무문토기편·돌대문토기편 등의 유물이 수습되었으나 석곽 내부가 아닌 개석과 석곽 상부에 채워진 자갈돌 사이에서 출토되고 있다.

이밖에도 진주시 대평리 어은마을 2호 지석묘의 동편과 서편의 석관에서 각각 인골이 출토되었다. 그런데 어은마을 2호 지석묘 동편 석관의 크기가 길이는 160cm이고 폭이 40cm여서 伸展葬이 가능한데도 불구하고 側臥屈身葬을 하고 있다.[248] 경상도 지석묘에서 출토된 인골은 4곳에서 모두 4개체분이다. 비록 그 숫자는 많지 않으나 비교적 교란되지 않은 상태로 발굴되고 있어, 인골을 통한 지석묘의 성격을 이해하는 데 많은 정보를 제공하고 있다.

2) 人骨의 性과 年齡

가. 人骨의 地域的 出土比率

현재까지 조사된 지석묘 가운데 인골이 출토된 곳은 모두 76곳이며, 출토된 총 MNI는 119개체분[249]이다(표22). 가장 많은 인골이 출토된 곳은 평안도 지역이다. 이 곳 15基의 지석묘에서 무려 53개체분(44.53%)이나

247. 김재현, 2000, 「김해 내동 제3호 큰돌무덤 출토 인골에 대란 소견」『학산김정학박사 송수기념논총 한국고대사와 고고학』, pp.161~165
248. 조유전, 1979, 「경남지방의 선사문화 연구」『考古學』5·6合集
249. 이 수치는 각각의 보고서나 논문에 실린 자료들을 조각의 크기나 잔존여부에 관계없이 모두 MNI로 확인하여 취합한 것이다. 따라서 지석묘에서 출토된 인골을 모두 정확하게 포함한 것은 아니다.

표 22. 支石墓 出土 人骨의 地域別 MNI

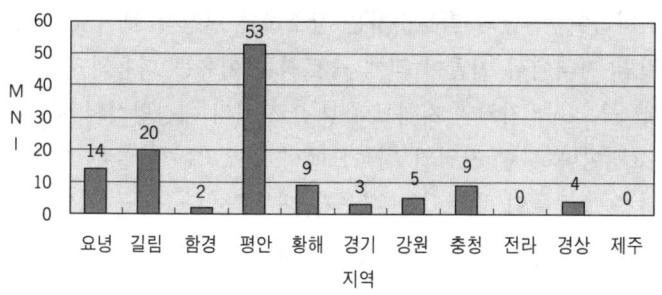

출토되었는데, 특히 성천군 룡산리 5호 지석묘에서 38개체분이 포함되면어 MNI의 숫자가 크게 증가한 것이다. 다음으로 많은 인골이 출토되는 곳은 길림 지역으로 모두 16基의 지석묘에서 약 20 개체분이 확인되고 있다. 이 숫자는 지석묘의 축조 숫자에 비하여 상당히 많은 인골이 출토된 것이다. 이는 보고서의 기록을 토대로 정리한 것인데, DNA를 통해 정밀 분석을 한다면, 지석묘에서 출토되는 인골의 MNI는 크게 증가할 것으로 보인다.

  탁자식 지석묘가 주로 분포하고 있는 요녕 지역에서도 상당히 많은 인골이 출토되고 있다. 이곳에서는 14곳의 지석묘에서 약 14개체분의 인골이 출토되었다. 그러나 길림 지역에서와 마찬가지로 정밀한 DNA분석이 이루어 지면, MNI는 상당히 증가할 가능성이 있다. 그 다음으로 인골 출토의 수가 많은 곳은 황해도와 충청도이다. 황해도에서는 8기의 지석묘에서 9개체분(7.56%)의 인골이 출토되었고, 충청도에서도 9기의 지석묘에서 9개체분(7.56%)의 인골이 출토되었다. 강원도에서도 5기에서 5개체분(4.20%)의 인골이 출토되었는데, 이는 지석묘의 숫자에 비하여 출토된 인골의 숫자는 많은 편이다. 경기도에서는 3기의 지석묘에서 3개체분(2.52%)의 인골이 출토되었고, 경상도에서는 4기의 지석묘에서 모두 4개체분(3.36%)의 인골이 출토되었다.

인골의 숫자로만 본다면, 남쪽으로 내려갈수록 지석묘의 숫자가 증가하는데 비하여, 인골의 출토숫자는 감소하는 현상을 보이고 있다. 요녕이나 길림 지역에서 인골이 적게 출토되는 이유는 다음과 같이 설명될 수 있다. 즉, 이들 지역의 지석묘에 대한 시체의 매장방식의 차이에 연유한다. 요녕이나 길림 지역의 지석묘에서 출토되는 인골은 대체로 불에 타다 남은 조각들이 출토되는 경우가 대부분이다. 이들 지역의 지석묘 대부분이 탁자식이어서 외부에 쉽게 노출될 가능성이 있는 데다가 埋葬方式에서조차 火葬法을 채용하게 됨으로써 출토되는 人骨은 여건상 그 숫자가 적을 수밖에 없을 것이다.

그런데 伸展葬이나 洗骨葬이 주로 채용된 한반도 남쪽 지역의 지석묘에서 인골이 요녕·길림 지역의 지석묘보다 적게 출토되는 이유는 무엇인가? 그것은 두 지역 간 토양의 차이에서 기인하는 것 같다. 요녕이나 길림 지역에서 한반도의 남쪽 지역으로 내려 갈수록 稻作農耕 같은 집약적 생계전략의 활성화로 토양이 강한 산성을 띠고 있다. 따라서 강한 산성토양은 유기물질인 인골을 쉽게 부식시키기 때문에 지석묘 발굴에서 출토되는 인골이 적을 수밖에 없는 것이다. 따라서 이렇게 부식된 인골은 발굴과정에서 묘실의 토양을 정밀하게 분석한다면, 토양 속의 燐分을 통하여 더 많은 숫자의 인골을 규명할 수 있을 것이다.

나. 人骨의 性別

지석묘에서 출토된 인골의 숫자는 대략 119개체분에 이르지만, 체질인류학적 분석을 행한 사례가 거의 없는 실정이다. 이로 말미암아 지석묘에서 발굴된 인골의 성별차이가 밝혀진 것은 겨우 몇 개의 사례에 지나지 않는다. 지석묘에서 여자의 인골이 출토된 곳은 강원도 춘천시 중

---

250. 최몽룡, 1986, 「春川中島와 義城塔里 出土人骨」『韓國古代史의 諸問題』, pp.103∼112

도 1호 지석묘의 4~8세 가량의 女兒 인골[250]과 경상북도 대구시 진천동 3호 B관에서 출토된 20세 전후의 여자 인골[251] 뿐이다. 그러나 전라남도 나주시 판촌리 지석묘에서와 같이 한 개의 개석 아래에 두 개의 墓室이 나타나는 경우, 대개 夫婦가 合葬된 지석묘로 간주될 수 있다.[252] 그리고 지석묘의 부장품으로 방추차나 곡옥 등이 출토되는 경우에는 여성과 관련된 무덤으로 파악되기도 한다. 이런 경우들에는 꼭 지석묘의 하부구조에서 인골이 발견되지 않는다고 해도 피장자가 여자였을 것으로 해석할 수가 있는 것이다.

출토된 인골 가운데 남자로 밝혀진 곳은 충청북도 제천시 황석리 지석묘들이다. 즉, 황석리 13호 지석묘에서는 키가 174cm 되는 남자의 인골이 출토되었고,[253] 황석리 충6호 지석묘에서는 20세 가량의 남자 하악골과 갈비뼈 등이 발굴되었으며, 황석리 충7호 지석묘에서는 나이가 20~30세 정도 되는 남자의 두개골과 정강이뼈 등이 출토되었고, 황석리 충17호 지

표 23. 人骨의 性別 및 年齡

유적지	성별	연령	신장
개천군 묵방리 30		幼兒	
송촌군 룡산리 5		幼兒	
춘천시 중도 1호	女兒	4~8	
제천시 양평리 1호		18~35	
황석리 13호	男性		174cm
황석리 충6호	男性	20세 가량	
황석리 충7호	男性	20~30	140~150cm
황석리 충13호	幼兒		
황석리 충17호	男性	30세 가량	
대구 진천동 3호B	女性	20세 전후	150~160cm

251. 姜仁求, 1980,「達城 辰泉洞의 支石墓」『韓國史硏究』28
252. 최몽룡, 1981,「전남지방 지석묘사회와 계급의 발생」『한국사연구』35
253. 김재원 윤무병, 1967,『韓國 支石墓 硏究』, pp.108~110

석묘에서는 30세 전후의 남자 두개골이 발굴되었다(표23).

그러나 지석묘의 墓室에서 人骨이 출토되지 않더라도 지석묘의 피장자가 남자였을 것으로 추정되기도 한다. 예를 들어, 副葬品으로 磨製石斧·磨製石鏃·磨製石劍·琵琶形銅劍 같은 유물이 출토되는 경우가 대부분인데, 지석묘 피장자의 성별과 관련하여 이들 유물을 주목할 필요가 있다. 이러한 부장품이 여성들이 사용하는 物品들이라기보다는 성년 남자의 전투용 유물로 생각되고 있다. 일찍이 많은 고고학자들은 이들 武器類의 유물이 출토되는 지석묘는 그에 묻힌 피장자가 成年男性에 해당할 것으로 해석해야 한다는 견해를 제출하여 왔었다. 따라서 지석묘의 부장품 대부분이 무기류들임을 감안한다면, 피장자의 대부분은 男性일 것으로 판단된다.

다. 人骨의 年齡

인골의 연령도 성별과 마찬가지로 정확하게 밝혀진 사례는 매우 적은 편이다. 현재까지 지석묘에서 출토된 인골은 대체로 성년에 해당하는 것들이다. 예를 들어, 충청북도 제천시 황석리 충6호 지석묘에서 출토된 인골은 20세 가량의 남자이며, 황석리 충7호 지석묘 출토 인골은 20~30세 가량의 성년 남자로 밝혀졌다.[254] 또한 황석리 충17호 지석묘에서 출토된 두개골도 발육상태로 보아 30세 전후가 되는 성년 남자로 조사되었다.[255] 충청북도 제천시 양평리 1호 지석묘에서 출토된 인골은 성별확인이 되지는 않았지만 나이는 18~35세 사이의 성년에 이른 사람으로 추정되고 있다. 경북 대구시 진천동 3호 B관에서 출토된 인골의 경우 성별은 여자로 밝혀졌지만, 정확한 나이는 밝혀지지 않고 있다. 다만 키가 150~160cm에 이르고 있어, 피장자가 성년에 이르렀을 것으로만 추정하고 있을 뿐이

---

254. 우장문, 1995, 「제원 황석리 고인돌문화의 고찰」『韓國의 靑銅器 硏究』, p.505
255. 우장문, 1995, 「제원 황석리 고인돌문화의 고찰」『韓國의 靑銅器 硏究』, p.506

다.

인골이 출토된 지석묘의 여러 보고서에서 나이에 대한 언급은 하지 않고 있는 경우가 대부분이다. 그러나, 요녕이나 길림 지방에서 불에 타다만 채로 출토된 인골이나 한반도의 여러 지역에서 단편적으로 출토되는 인골 대부분의 크기나 굵기로 볼 때, 적어도 이들 인골은 성년에 이른 것들이다. 다만 인골의 특정 부위 일부만 잔존하고 있어 구체적인 연령 파악이 어려울 뿐이다. 그리고 인골이 출토되지 않더라도 지석묘의 묘실이 伸展葬이나 屈身葬을 한 사례가 대다수이다. 따라서 대부분의 지석묘는 성년을 대상으로 축조되었다고 볼 수 있다.

그러나 이와 다르게 지석묘에서 유아의 인골이 출토되기도 한다. 예를 들어, 평안남도 개천군 묵방리 30호 지석묘에서 성인의 인골과 함께 유아의 인골도 출토되었다.[256] 성천군 룡산리 5호 지석묘에서 38개체분의 인골이 출토되었는데,[257] 여기에도 幼兒의 인골이 일부 포함된 것으로 보고되고 있다. 강원도 춘천시 중도 1호 지석묘에서는 4~8세에 이른 女兒의 인골이 屈身葬의 형태로 발굴된 것은 잘 알려져 있는 사실이다.[258] 충청북도 제천군 황석리 충13호 지석묘에서 성별은 밝혀지지는 않았으나 유아에 해당하는 두개골편이 출토되었다.

그리고 인골은 출토되지 않았으나 석실구조상 유아의 무덤으로 추정되는 지석묘들이 있다. 예를 들어, 경상북도 대구시 진천동 3호 지석묘의 B관 묘실은 폭이 22cm로 아주 작아 B관에 묻힌 성인 여성과 관계 있는 유아의 무덤으로 추정되고 있다. 전라북도 진안군 여의실 3호 지석묘의 묘실은 석관의 규모가 작고, 1호나 2호 지석묘의 묘역에서 남쪽 가장자리

---

256. 하문식, 1999, 『고조선 지역의 고인돌 연구』, p.145
257. 석광준, 1999, 「고조선의 고인돌무덤과 돌관무덤에 대하여」『단군과 고조선』, p.180
    齊藤 忠, 1996, 『北朝鮮考古學の新發見』, p.22
258. 최몽룡, 1985, 「春川中島와 義城塔里 出土人骨」『민석홍박사 화갑기념 사학논총』, pp.698~700

에 곁붙어 있다. 따라서 3호 지석묘는 1호와 2호 지석묘 피장자의 어린 자녀일 것으로 추정되고 있다. 또한 지석묘 묘실의 길이가 100㎝ 미만이거나 폭이 30㎝ 미만인 경우는 대개 세골장의 장법이 채용되었을 것으로 추정되고 있는데, 이들 가운데 일부는 洗骨葬보다는 幼兒葬일 것으로 해석할 수 있을 것이다.

3) 人骨의 社會的 身分

가. 幼兒葬의 社會的 身分

지석묘에서 출토된 인골을 통하여 지석묘 축조집단의 사회적 성격을 파악하기에는 인골의 출토사례가 충분하다고 볼 수 없다. 그러나 비록 인골의 숫자가 적다고 하더라도 이들 자료들을 정밀하게 분석한다면, 지석묘 사회의 성격을 파악하는 데 약간의 실마리를 얻을 수 있다. 지석묘에 출토된 인골은 바로 그 지석묘에 매장된 피장자 자신의 인골자료(osteological material)에 대한 고고학적 증거인 것이다. 따라서 우리는 이러한 인골이 지석묘에 묻힌 피장자 생존시의 사회적 풍습과 정치 경제적 여건이 담겨있을 것으로 생각할 수 있다. 고고학자들의 임무는 이들 자료에 나타난 고고학적 기록을 합리적이고 논리적으로 읽어나가는 데 있다고 하겠다.

먼저 지석묘에 묻힌 유아의 성격을 생각할 수 있다. 지석묘에서 출토된 인골 가운데 확실하게 유아의 것으로 확인된 것은 모두 4곳이나, 세골장이나 묘실의 구조상 유아의 무덤으로 밖에 해석할 수 없는 지석묘는 상당수 보고되고 있다. 강원도 춘천시 중도 1호 지석묘, 충청북도 제천시 황석리 충13호 지석묘, 경상북도 대구시 진천동 3호 지석묘 등이 대표적인 幼兒葬 지석묘들이다. 중도 1호에 묻힌 여아는 대퇴골의 안쪽에 뼈가 자라는 병을 앓고 있었던 것으로 밝혀졌는데, 만일 그렇다면 그녀는 생존시 보행에 상당한 어려움을 겪었을 것이다.[25] 진천동 3호 B관은 석실

규모상 유아의 무덤으로 해석되고 있는데, 이 유아는 B관에 연접된 A관에 묻힌 여성의 자식일 것으로 추정되고 있다. 즉, 전염병 등으로 엄마와 어린 지식이 동시에 사망하자 하나의 개석 아래에 관을 분리하여 함께 묻힌 것으로 해석되고 있다.

이들 유아들이 지석묘 같은 호화 무덤에 묻혔다는 것은 이들이 사회적으로 상층계급에 속한다는 것을 의미한다. 그것은 상대적으로 어린 나이에 많은 노동력이 투입되는 지석묘 같은 무덤에 묻힐 만큼 자신의 능력으로 경제적인 富를 축적하고 사회적인 지위를 성취했을 것이라고는 생각되지 않기 때문이다. 따라서 이들 지석묘에 묻힌 유아들의 사회적 지위는 성취된 지위라기보다는 귀속적으로 얻어진 지위라고 할 수 있겠다. 이것은 바로 지석묘 사회에 세습적 신분제가 이미 성립되어 있었음을 확인시켜주는 고고학적 기록이라고 하겠다.

나. 成年男性 人骨의 性格

유아의 무덤을 제외하면, 지석묘에서 출토되는 인골의 대부분은 성년 남성의 것이라는 점이다. 충청북도 제천시 황석리 13호 지석묘는 키가 174cm인 성년 남자의 무덤이며,[260] 황석리 충6호 · 충7호 · 충17호 지석묘의 피장자도 역시 20~30세 가량 되는 성년 남성의 인골이다. 그리고 양평리 1호 지석묘 피장자의 성별은 정확하게 밝혀지지는 않았지만 성년 남자의 무덤으로 추정되고 있다. 요녕 지방 등지의 지석묘에서 출토된 타다 남은 인골들도 대부분이 성인의 것으로 추정되고 있다.

그런데 이들 무덤은 물론 중국이나 한국의 지석묘들에서 磨製石劍 · 磨製石鏃 · 磨製石斧 같은 石器類나 琵琶形銅劍 · 琵琶形銅鉾 · 細形銅劍 같

259. 최몽룡, 1985,「春川 中島와 義城塔里 出土人骨」『閔錫泓博士華甲紀念 史學論叢』
260. 황석리 13호에서 출토된 인골이 超長頭型 SI를 나타내고 있어, 유럽형 인골로 보려고 하는 학자도 있다.

은 金屬器類 등은 모두 무기로 사용되는 유물들이 빈번하게 출토되고 있다는 사실이다. 이것은 바로 지석묘 피장자의 사회적 성격을 설명하는 것이다. 성인 남성의 인골과 그에 따르는 부장품의 성격을 고려하면, 지석묘에 묻힌 피장자는 그들의 집단 내에서 일정한 정치적인 힘을 발휘할 수 있던 자들로 보인다. 어떤 경우에는 전투에서의 지휘와 관련이 있는 것으로 보인다. 즉 이들은 그들 집단 내부나 외부에서 발생하는 분쟁에서 타협과 조정을 할 수 있던 정치적 결정자의 위치나 전시 지도자의 위치에 있었던 자들일 것이다.

다. 人骨의 社會的 意味

지석묘에서 출토된 인골에 대한 영양상태에 대한 분석은 지석묘 피장자의 생계전략에 대한 정보를 제공해 준다. 일찍이 미국의 고고학자들은 플로리다 족장사회의 무덤들에 대한 조사를 실시한 적이 있었다. 그 결과 족장계층에 속한 무덤에서 출토된 인골들은 영양상태가 좋은 것으로 나타났다. 특히 칼슘성분을 충분히 섭취하여 골격이 매우 튼튼한 것으로 밝혀진 바 있다. 반면에 평민이나 노예 계층에 속한 사람들은 불충분한 영양상태 뼈가 튼튼하지 못하였으며, 일부 평민들은 과도한 노동력으로 인하여 어깨뼈가 한쪽으로 기우는 등 골격이 균형조차 이루지 못하는 인골이 출토되기도 하였다. 다시 말하여, 족장계층의 신분에 있던 자들은 생계전략에 관여하지 않고도 식량자원에 접근이 매우 용이했었음을 나타내는 것이라 하겠다.

지석묘에서 출토된 뼈들은 대체적으로 튼튼하여 생존시 충분한 영양 공급을 받았던 것으로 보인다. 예를 들어, 요녕이나 길림 지방에서 출토되는 인골은 비록 그 대부분이 불에 탔지만 남아있는 부분들의 골상을 보면 뼈가 상당히 튼튼하고 철분을 잘 섭취했었던 것으로 나타나고 있다. 한반도 지석묘의 경우 충청북도 제천시 황석리 충6호나 충13호의 지석묘에서 출토된 인골은 칼슘을 잘 섭취하여 뼈가 매우 굵고 튼튼하다.

특히 황석리 13호 지석묘에서 출토된 두개골의 경우 한국인의 평균적 두형보다 비교적 길고 크며 튼튼하여 일부 학자들은 이 두개골을 서구인의 그것과 결부시켜 해석하는 경우를 종종 볼 수 있다. 그러나 이러한 골격상의 특징은 영양분의 충분한 섭취를 통한 동일집단 내의 世俗的 變移(secular change) 현상이라는 측면에서도 고려할 수 있을 것이다. 지석묘에서 출토되는 인골이 이처럼 골격학적으로 영양상태가 매우 좋은 것으로 분석되고 있는데, 이는 이것은 이들 피장자들이 생존시에 사회 경제적으로 무거운 노동력에 의지하지 않고도 식량을 충분히 확보할 수 있는 정치력을 확보하였기 때문일 것이다.

V. 支石墓의 築造와 族長社會의 形成

-江華島 地域을 中心으로-

1. 支石墓의 地理的 分布와 立地的 性格

지석묘의 축조입지와 지리적 조건에 따른 분포양상은 지석묘가 무덤으로서의 공간적 조건은 물론 지석묘 축조집단의 생활을 위한 공간으로서의 범위를 반영한다고 할 수 있다. 그런데 지석묘의 이러한 분포나 입지조건은 각 지역의 지세에 따라 약간씩 차이를 보이고 있다. 요녕 · 길림 지방이나 북한 지역의 지석묘는 전망이 좋은 산마루나 산기슭에 한기 또는 몇 기가 축조되는 경향이 있다. 그러나 남한 지역의 지석묘는 산마루나 산기슭은 물론 평지나 고갯마루 등지에도 밀집된 상태로 축조되는 경향이 있다. 그리고 이들 지석묘의 근처에서 지석묘를 축조했던 사람들이 거주한 주거지가 발견되고 있어, 지석묘 축조집단의 생활조건을 유추할 수 있는 근거를 제시하고 있다. 따라서 여기서는 지석묘 축조집단의 사회적 범위와 영역적 성격을 파악하기 위해 동북아시아 지석묘와 강화도 지역의 지석묘를 대비시켜 검토해 보기로 한다.

강화도 지석묘의 성격을 파악하는 데 있어서 가장 먼저 해결되어야 할 점은 이 지역 지석묘의 연대편년을 어떻게 설정하느냐 하는 것이다. 그것은 아직까지 강화도 지역 지석묘의 절대연대가 제시된 바가 없기 때문이다. 그런데 다행스럽게도 하점면 삼거리 소동부락의 지석묘 조사시 팽이형 토기 주거지가 조사되어,[1] 강화도 지역의 지석묘에 대한 연대를 설정할 수 있는 단서를 제공해주고 있다. 북한 지역에서 출토되고 있는 전형 팽이형 토기는 지탑리유적의 조사결과 新石器時代 最末期에 해당하

---

1. 金載元 · 尹武炳, 1967, 『韓國 支石墓 研究』, 國立中央博物館

는 波狀點線文土器의 문화층 위에서 확인되면서 빗살무늬토기와의 층위적인 서열 관계가 확인되었다.[2] 이로부터 팽이형토기가 靑銅器時代의 土器 가운데 가장 이른 시기의 토기였던 것으로 알려져 왔다. 현재 전형 팽이형 토기의 실 연대는 대개 B.C. 10세기 전후로 편년되고 있다.[3]

따라서 강화도에서 출토된 팽이형 토기가 전형 팽이형 토기에 속하고, 강화도 오상리 지석묘의 발굴에서 빗살무늬토기편이 출토되고 있는 사실을 감안하면,[4] 강화도 지석묘는 적어도 B.C. 10世紀경에 축조되기 시작하였고, 철기시대가 도래하는 B.C. 3~2세기 사이에 그러한 전통이 소멸되었던 것으로 추정할 수 있다. 앞으로 진행될 발굴결과에 따라 연대폭이 다소 조정될 경우를 가정한다고 하여도, 강화도 지석묘의 축조기간은 대략 700~800년 정도가 될 것으로 보인다. 따라서 본 논문에서는 이 기간을 잠정적인 강화도 지석묘의 축조연대로 받아들이고 논지를 전개하고자 한다.

1) 支石墓의 地理的 分布

가. 江華島 支石墓의 地理的 分布

강화도는 남북이 28km이고 동서가 16km이며 면적이 293km²이다. 지형을 보면, 강화도는 산악이 많으나 대체로 노년기지형이다. 따라서 산의 아래에 이를수록 완만한 경사를 이루어 평균고도가 비교적 낮은 편이다. 이러한 山麓 경사면의 낮은 지형에 聚落과 耕作地가 형성되어 있으며, 이들 지역에서 선사시대의 유적과 유물이 조사되고 있다. 따라서 선사시대부터 이러한 낮은 경사면에 사람들이 거주해 왔던 것으로 보인다. 강화

2. 도유호, 1961, 「지탑리 원시유적 발굴보고」『유적발굴보고』8집
3. 韓永熙, 1987, 「角形土器考」『韓國考古學報』, 14・15合集, p.129
4. 李亨求, 2002, 『江華 鰲上里 支石墓』, 鮮文大學校 考古研究所

도의 기반암은 화강암과 변성암 계통의 임질이며, 강화도에 분포한 대부분의 지석묘 석재도 이러한 암석에 속한다.

강화도는 高麗山 북쪽의 동·서 양 지역에 평야지대가 형성되어 있는데, 지석묘가 축조되던 청동기시대에는 지금과 같은 해안선은 아니었을 것이다. 선사시대에도 하점면과 송해면이 만나는 주변 지역에 낮은 평야지대가 형성되어 농경이 이루어졌던 것으로 추정된다. 그것은 이들 지역의 논바닥 아래층에서 토탄층이 확인됨으로써 알 수 있는데, 이러한 土炭層은 海進에서 海退로 변화하는 水準에서 오랫동안 습지환경이 조성될 때 형성된 것으로 밝혀지고 있기 때문이다.[5] 토탄층은 인근 喬桐島의 고구리나 김포 또는 일산 지역에서도 확인되고 있다. 특히, 김포의 가현리나 일산의 가와지 등의 토탄층에서 볍씨가 출토되고 있어, 강화도 지역 지석묘 축조집단의 경제적 배경을 이해하는 데 많은 자료를 제공하고 있다.

강화도 지역은 한강과 임진강이 합류하는 祖江의 남쪽에 위치하며, 조강의 한줄기는 남쪽의 염하로 흐르고, 다른 한줄기는 서쪽으로 흐르다 예성강과 합류하여 교동도 서쪽을 지나 서해로 빠진다. 따라서 경기만의 한 가운데에 위치한 강화도는 해수와 담수의 교차, 얕은 수심, 심한 潮水 그리고 干滿의 차이 등으로 干潟地가 발달하여 魚類와 貝類가 풍부하게 자랄 수 있는 좋은 조건을 갖추고 있다.[6]

이러한 자연 지리적 조건을 갖춘 강화도는 선사시대 이래로 한국사의 전개에 중요한 역할을 담당하여 왔다. 특히, 강화도는 한반도의 중부 지역에 위치하고 있어 한국의 남방문화와 북방문화가 교차하는 중간지점의 역할을 하고 있다. 한국의 지석묘가 한강을 경계로 남으로 갈수록 탁자식 지석묘의 숫자가 급격히 감소하고 있으며, 반대로 북쪽으로 올라갈수록 기반식이나 개석식 지석묘의 숫자가 점차 감소하고 있다. 이는 강

---

5. 김석훈, 2000, 「강화도의 선사문화」 『博物館誌』, pp.74~76
6. 김석훈, 2000, 「강화도의 선사문화」 『博物館誌』, pp.80~81

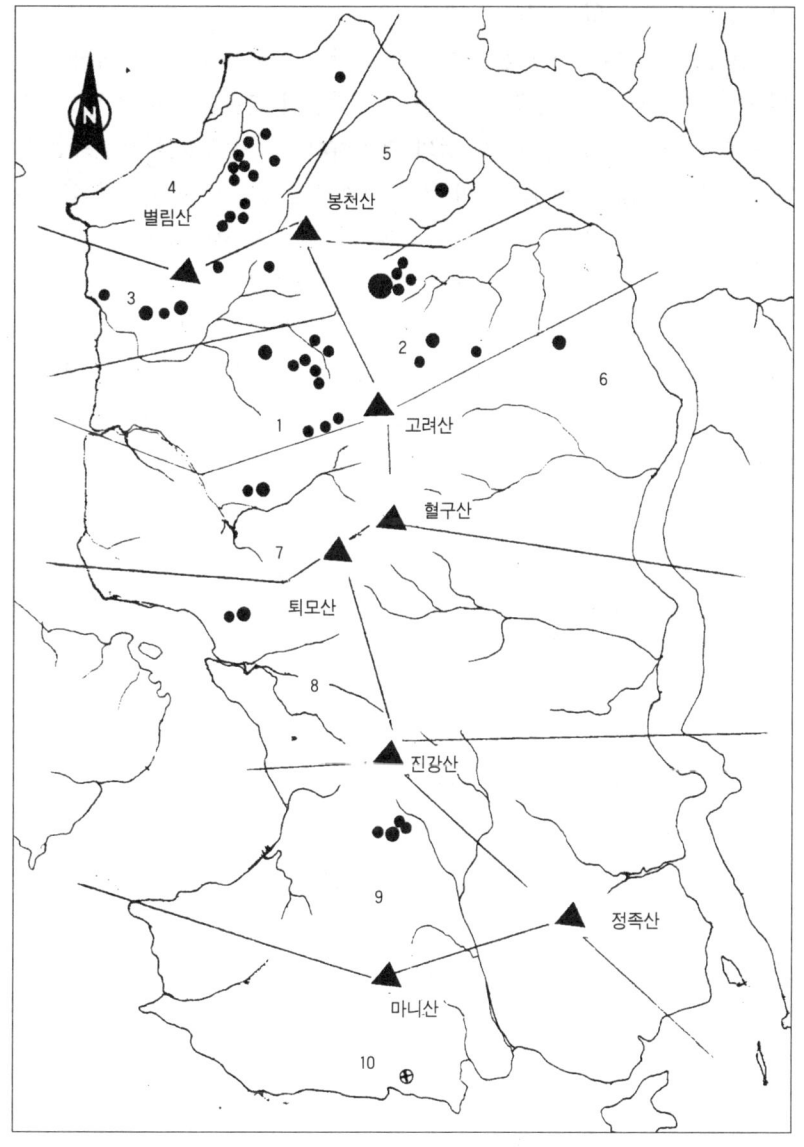

지도1. 江華島 支石墓의 分布와 小密集地域群

화도의 자연 지리적 위치가 바로 한반도의 문화·지리적 위치로서의 중요성을 나타내고 있는 것이다.

강화도 지역의 지석묘는 강화도가 한반도에서 차지하는 지리적 위치의 중요성만큼이나 상당히 많은 숫자와 밀집된 분포를 보이고 있다. 강화도 지역의 지석묘 대부분은 섬의 북쪽일대에 집중적으로 분포하고 있다. 특히 高麗山(해발 436.3m)의 북쪽 산록과 祖江의 남쪽 지역 사이에서 발달한 산사면을 따라 집중적으로 분포하는 현상을 보이고 있다.[7]

강화도 지석묘는 지형에 따라 10개의 密集地域群으로 나누어 볼 수 있다. 표24는 小密集地域群으로 분류된 강화도 지석묘를 지역과 형식에 따라 나타낸 分布圖이다. 먼저 1群의 고려산 주변을 보면, 고려산 정상에서 북쪽 평야지대 사이의 계곡을 따라 삼거리 일대에 샘말마을이 길게 형성되어 있는데, 이곳 계곡의 중턱에서 마을까지 일정한 거리를 두고 다수의 지석묘가 밀집을 이루면서 분포하고 있다.

1군에서는 모두 60기의 지석묘가 분포하고 있다. 2군은 1군의 동쪽 지역으로 고려산 동북쪽에 형성된 오류내마을로 대략 직경 3~4㎞범위구간이다. 오류내마을 남쪽은 고려산의 서북쪽 경사면으로 山下에 조성된 평지에서 고려산 北麓의 시루메산과 북쪽의 奉天山(해발 291.1m) 사이에 형성된 저평야 분지에 걸쳐 38基의 지석묘가 분포한다.

3군은 봉천산 건너편에 위치한 해발 399.8m의 別立山 남쪽 경사면을 따라 마을이 형성되어 있는데, 이곳에 축조된 지석묘 밀집군이다. 이곳에는 12기가 산하 경사면을 따라 축조되어 있다. 4군은 별립산에서 동북쪽의 別岳峯까지 일직선으로 산악지대가 길게 형성되어 있는데, 이 산악지대의 북쪽 경사면과 야산 능선을 따라 분포한 지석묘군이다. 여기에는

7. 강동석, 2002, 「강화 북부지역 지석묘사회의 취락유형 연구」, 성균관대학교 대학원 석사논문

　　金碩勳, 2000, 『江華地域의 先史遺蹟 遺物-仁川地域遺蹟 遺物地名表(Ⅱ)』

　　李亨求, 1992, 『江華島 고인돌무덤(支石墓) 調査研究』, 韓國精神文化研究院

　　＿＿＿, 1994, 『강화도』, 대원사

표 24. 江華島 支石墓의 密集分布 現況

分布수 地域群	분포수	형 식		
		탁자식	개석식	기타
1군	60	38	21	1
2군	38	13	22	3
3군	12	5	7	
4군	32	11	21	
5군	1	1		
6군	1	1		
7군	13	10	2	1
8군	1	1		
9군	6	1	5	
10군	1			1
합 계	165	81	78	6

13개 지점에 모두 32기의 지석묘가 축조되어 있다. 5군은 송해면 양오리 대곡촌의 낮은 야산 산마루에 축조된 대형 지석묘 지역을 의미한다. 비록 여기에는 단지 1기만에 축조되어 있으나 다른 지석묘군과 지역적으로 떨어져 있고, 지석묘가 대형 탁자식이며, 봉천산 남쪽에서 동북쪽 방향으로 흐르는 金谷川을 사이에 두고 조그만 평야지대가 형성되어 있는 마을의 야산에 우뚝 세워져 있어 하나의 地域群으로 분류하였다.

6군은 고려산 정상에서 동쪽으로 연이어 진 낮은 야산의 동쪽 언저리에 위치한 1기의 지석묘가 있는 지역을 의미한다. 이 지석묘를 중심으로 남북 양쪽에 넓은 평야가 형성되어 있고, 2군이나 5군과는 지역적으로 분리되어 있어 하나의 지역군으로 분류하였다. 이밖에도 고려산 동남쪽의 저평야지대에 위치한 지석묘를 7群, 섬 중서부 지역인 退帽山(해발 338.9m)의 동남쪽 산하 경사면의 분지에 있는 지석묘를 8群, 남쪽으로 摩尼山(해발 469.4m)과 鎭江山(해발 441.3m) 사이의 저평야지대의 지석묘를 9群, 그리고 摩尼山 東南麓의 산하 경사면에서 보고된 지석묘를 10군으로 분류하였다. 이 가운데 7군 지역에서 13기가 조사되었고, 9군 지역에서 6

기가 최근에 새로이 보고되었다.

이들 小密集地域 지석묘 숫자를 백분율로 나타낸 것이 표25이다. 이에 따르면, 소밀집 지역 가운데 1군은 35%로 가장 많은 분포도를 보이고 있으며, 나머지 2군은 23%, 3군은 7%, 4군은 19%, 5군은 1%, 6군은 1%, 7군은 8%, 8군은 1%, 9군은 4%, 10군은 1% 등을 각각 나타내고 있다. 그런데, 여기서 주목할 점은 가장 많은 분포비율을 보이는 1군의 위치가 강화도 지석묘의 지리적 분포에서 가장 중심적인 위치를 차지하고 있다는 점이다.

표 25. 江華島 支石墓의 小密集地域別 分布現況

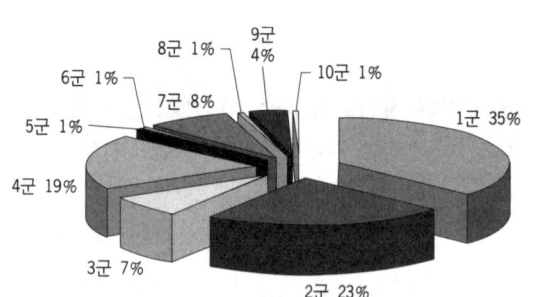

나머지 3군에서 10군의 소밀집 지역 지석묘는 1군과 일정한 거리를 두고 분포하고 있다. 따라서 이들 소밀집 지역군은 지석묘의 숫자도 적고 지리적으로도 1군이나 2군 지역과는 고립되어 있다. 이들 지역에 분포한 지석묘는 아마도 1군 지역에서 지석묘가 축조되는 것을 보고, 이들 지역에서도 1군 지역의 영향을 받아 축조한 것으로 생각된다. 특히, 강화도 지석묘 사회는 1군 지역에서 7군·8군·9군·10군의 순서로 확장되어 갔었을 것으로 해석된다. 이것은 바로 1군에서 형성된 복합사회가 강화도 전 지역으로 확산 또는 통합되는 루트를 가리키는 것으로도 볼 수 있을

표 26. 江華島 支石墓의 群集別 型式分布

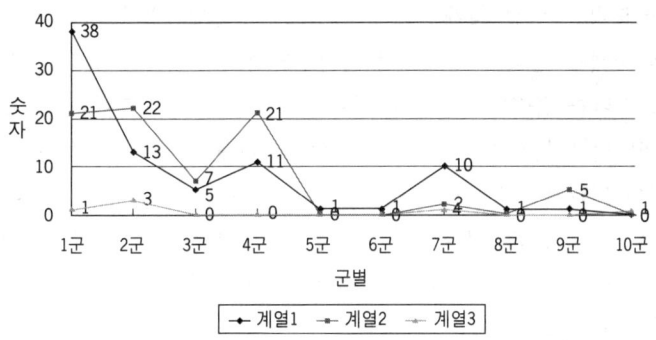

것이다. 이들 소밀집 지역의 지석묘들은 그 형식분포에서 약간의 차이를
나타내고 있다(표26).

　1군에서는 탁자식 지석묘의 숫자가 개석식 지석묘의 숫자보다 높게
나타나고 있다. 반면에 8군을 제외한 나머지 소밀집 지역군 지석묘들은
대체로 개석식 지석묘의 축조숫자가 높게 나타난다. 지석묘를 축조할
때, 탁자식 지석묘는 채석장에서 채취해 온 개석이나 지석을 축조장소에
서 다시 조립하는 기술과 더 많은 노동력이 요구된다. 특히 채석장에서
운반해 온 개석을 지석 위에 올려놓기 위해서는 특별한 노력과 기술이
요구된다.

　1군은 지리적으로 고려산 북서쪽의 평야지대에 위치하고 있어 이 지
역에 일찍부터 많은 사람들이 마을을 형성하면서 경제적으로 안정적인
생활을 유지하며 살았던 것으로 보인다. 실제로 이 지역에서 신석기시대
의 빗살무늬토기 散布地가 조사되었고, 청동기시대의 장방형 주거지가
발굴되기도 하였다. 따라서 강화도 지역에서는 1군 지역에서 가장 먼저
지석묘가 축조되면서 복합사회를 형성해 간 것이 아닌가 생각된다.

　다음으로 많은 숫자를 나타내는 곳이 2군으로 전체 23%의 분포비율
을 나타내고 있다. 2군은 1군의 동쪽 지역에 위치하며, 지리적으로는 1군

보다 평야지대가 적고 분지성 계곡이 발달한 것이다. 따라서 2군은 1군이 위한 곳보다는 약간 늦게 지석묘의 축조가 시작되었을 가능성이 있다. 그런데 문제는 강화도 지역에서 가장 큰 지석묘가 부근리 317번지에 위치하고 있다는 점이다. 이 지석묘는 규모에서 가장 크고 治石狀態도 가장 좋다. 따라서 이 지석묘는 강화도 지석묘 가운데 가장 늦게 축조되었을 가능성이 있다. 무게가 약 108톤 정도 나가는데, 이 지석묘 축조에 동원된 인원은 약 1,100명 정도로 추산되고 있다. 따라서 이 곳 지석묘의 피장자가 이 정도 규모의 인구를 동원하려면, 아마 강화도 전 지역의 장정을 동원하여야 했을 것이다. 따라서 강화도에 이 같은 지석묘가 축조될 시기의 강화도 사회는 아마도 정치적으로 하나의 족장아래 통합되어졌을 것으로 판단된다. 이는 다른 말로 하면, 이 시기에 강화도에는 하나의 大族長이 전 지역을 통괄하는 大族長社會가 등장하였을 것으로 해석된다.

탁자식 지석묘는 축조에 이러한 어려움이 가중되기도 하지만, 일단 지석묘의 축조가 완료되면 재사용이 가능하기 때문에 반영구적으로 사용될 수 있으며, 지석묘 자체도 예술적 조형미와 규모의 장대함으로 말미암아 주변을 압도할 정도로 웅장함을 나타내고 있다. 다시 말해, 탁자식 지석묘는 그 사회에서 정치력과 경제력을 겸비한 자들이 자신들의 영향력을 자신의 추종자들에게 과시하기에는 아주 적절한 형식인 것이다. 따라서 탁자식 지석묘에 묻힌 자들이 대체로 강화도 지석묘 사회에서 영향력을 행사할 수 있었던 자들이었음을 알 수 있는 것이다. 그런데, 강화도라는 하나의 생활권 범위 내에서 중심지 역할을 할 수 있는 최적의 지리적 여건을 갖춘 1군 지역에서 탁자식 지석묘의 축조비율이 높게 나타나는 것은 이러한 정치적 이유 때문일 것이다.

강화도 지역 지석묘의 분포를 전체적으로 살펴보면, 강화도 지석묘는 고려산을 중심으로 북쪽 지역에 집중적으로 분포하고 있음을 알 수 있다. 그리고 남쪽으로 내려 갈수록 퇴모산이나 진강산 또는 마니산과 같은 산과 산 사이에 형성된 낮은 평야지대의 산 언저리에 있는 小河川을 따라 단지 몇 기씩 분포하고 있다. 이는 강화도 지석묘 사회의 사회적 활

동은 역시 1군이나 2군 지역을 중심으로 이루어졌음을 의미하는 것으로
보인다. 물론 강화도 지역의 지석묘들도 요녕·길림 지역이나 한반도의
여러 곳에 세워진 지석묘들과 같이 산과 하천이 있는 곳에 집중적으로
분포하는 지리적 특성을 보여주고 있다.

나. 東北亞 支石墓의 地理的 分布

강화도 지역에 축조된 지석묘의 지리적 분포상의 특징은 東北亞의 다
른 지역에서 조사된 지석묘의 지리적 분포와 거의 일치하는 현상을 보이
고 있다. 먼저 분포상황을 보면(표27), 東北亞에서는 산동반도·요녕성·
길림성 등지에서 다수의 지석묘가 조사되고 있으며, 한반도에서는 함경
북도 북부의 두만강 유역 일부 지역을 제외하고는 거의 전 지역에서 지
석묘의 존재가 확인되고 있고, 일본에서는 한반도와 가까운 큐슈의 서북
부 지역 일대에서만 지석묘가 발견된다. 그런데 이들 지역 가운데 지석
묘의 밀집도가 가장 높게 나타나는 곳이 전라도 지역이다.

2001년까지 학계에 보고된 遼寧地域의 지석묘는 모두 58곳에서 약 175
기(0.58%)이다. 遼寧地域의 지석묘는 요동반도 남단의 碧流河流域과 동남

표 27. 東北亞 支石墓의 分布現況

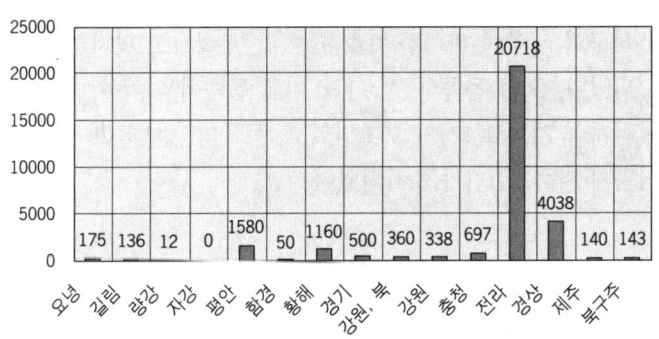

쪽의 大洋河流域에 주로 분포하고 있으며, 북쪽으로는 遼寧省의 渾河上流 地域에서 길림성의 輝發河上流에 이르는 지역에서 집중적인 분포를 보이고 있다. 중국의 학자들은 탁자식 지석묘를 '石棚'으로 지칭하고 있으며, 개석식 지석묘는 '大石蓋墓'라고 하여 지석묘의 범주에서 제외시키고 있다.[8]

요동 지역의 지석묘를 구체적으로 살펴보면, 요동반도 남단의 발해와 황해연안 지대인 요남지구 서부 지역에서는 벽류하와 그 주변 지역에서 총 157기가 조사되었다.[9] 금현 소관둔에서 2기의 탁자식 지석묘가 조사되었다. 보란점시에서는 王營·三台子·安平寨·劉屯·邵屯·台前·雙房·石棚溝 등지에서 탁자식 지석묘가 24기와 개석식 지석묘 14기가 조사되었고, 와방점시의 台子·楡樹房·鏵銅礦 등에서 탁자식 지석묘 7가 조사되었다. 장하시에서는 白店子·楊屯·朱屯·大營山·粉房前·大荒地에서 탁자식 지석묘 10기가 보고되었다. 한편 개주시에서는 仰山村·石棚山·伙家窩堡·龍爪山·連云寨·二百壟地·長脖崗·鄒屯 등의 지역에서 무려 33기의 지석묘가 조사되었는데, 그 중 32기는 탁자식이고 1基만 개석식이다.

遼南地區 동부 지역인 大洋河와 哨子河 주변 지역에서도 지석묘가 집중적으로 분포하고 있다. 즉 岫岩縣의 興隆溝·紅旗·朝陽·三家子·石城山村 등지에서 29기가 조사되었는데, 탁자식이 28기이고 개석식이 1기이다. 봉성현에서는 東山과 西山에서 기반식 지석묘만 43기가 조사되었고, 압록강 하구의 서쪽에 위치한 丹東市 松家粉房에서도 탁자식 지석묘 1기가 보고되었다. 요하 동쪽의 渾河下流 바로 동쪽에 위치한 대석교시 石棚에서는 탁자식 지석묘 1기가 보고되었고, 동쪽의 海城市 析木城과 牌樓에서는 탁자식 지석묘 4기가 조사되었다.[10]

8. 許玉林, 1994, 『遼東半島石棚』, 遼寧科學技術出版社
9. 하문식, 1999, 『古朝鮮 地域의 고인돌 硏究』
   許玉林, 1994, 『遼東半島石棚』, 遼寧科學技術出版社
10. 許玉林, 1994, 『遼東半島石棚』, 遼寧科學技術出版社

요동반도 서북쪽의 撫順과 開原市 지역에서도 많은 지석묘가 조사되었다. 이 지역은 渾河上流와 遼河의 지류인 寇河 중류 지역에서 모두 18기의 지석묘가 보고되었다. 분포 지역을 보면, 撫順市 撫順·新賓, 淸原 등지에서 15기, 그리고 開原市 刁皮屯와 葦塘溝에서 3기가 조사되었다. 이 지역에서는 현재까지 탁자식 지석묘만 보고되고 있으나 좀더 심층적인 조사가 이루어지면 개석식 지석묘도 다수 발견될 가능성이 있다.

길림 지역에서는 모두 136기(0.45%)의 지석묘가 조사되었다.[11] 이 가운데 탁자식은 73기이며 개석식은 62기이다. 남쪽으로는 혼강 중류의 통화현 砬縫·大廟·英額布 등지에서 탁자식 지석묘 3기가 조사되었다. 북쪽으로는 휘발하와 이통하 지역의 요원시 東豊에서 탁자식 11기와 개석식 19기가 조사되었고, 매하구시 龍頭堡·白石溝·挑參溝 등지에서는 탁자식 23기와 개석식 16기가 조사되었으며, 유하현 野猪溝·大花斜 通溝·姜家店·太平溝·大沙灘·長安·集安屯·宋家油坊 등지에서 탁자식 34기와 개석식 26기가 조사되었다. 1968년에 길림시 송화강 동변의 蘭旗屯에서도 1기의 지석묘가 조사되었는데, 이 것은 길림 지역의 지석묘 가운데 가장 북쪽에 위치한 것이다. 한편 혼강 상류 지역인 혼강시 利民屯에서 탁자식과 개석식 지석묘가 각각 1기씩 조사되었고, 그 동쪽의 무송현 撫生屯에서도 탁자식 지석묘 1기가 조사되었다. 특히, 撫生屯 지석묘는 길림 지역에서 조사된 지석묘 가운데 가장 동쪽에서 보고된 것이다.

한반도의 지석묘는 함경북도의 두만강 유역 일부를 제외한 전 지역에서 다양한 형식의 지석묘가 발견되고 있는데, 북한 지역에서는 약 3,160여기가 조사되었고 남한에서는 약 26,433기가 조사되었다.[12] 따라서 현재까지 한반도와 주변 附屬島嶼에서 보고된 지석묘 총수는 대략 29,593기 정도가 되며, 전라남도 지역 한 곳에서만 무려 20,718기가 학계에 보고되

---

11. 許玉林, 1994, 『遼東半島石棚』, 遼寧科學技術出版社
12. 김재원·윤무병, 1967, 『韓國支石墓研究』, 國立中央博物館
    최몽룡 외, 1999, 『한국 지석묘(고인돌)유적 종합조사 연구』

고 있다. 이를 지역별로 살펴보면, 먼저 압록강 상류의 혜산시에서 남쪽으로 약 50㎞ 정도 떨어진 량강도 풍서군 신동리에서 지석묘가 12기 (0.04%)나 존재하고 있음이 알려지고 있다. 이 지역은 지리적으로 백두산 남쪽의 개마고원이라고 하는 高原 盆地이지만, 혜산시에 이르러 압록강과 합쳐지는 허천강의 상류지대이다. 따라서 청동기시대에 허천강 상류의 江岸에서 사람들이 취락을 형성하면서 거주하면서 지석묘를 축조했었던 것으로 생각된다.

자강도 지역에서는 그 동안 지석묘의 존재가 알려지지 않았었다. 그러나 북한의 고고학자들은 이 지역에서 꾸준한 조사활동을 편 결과, 청천강 상류 유역인 동신군 동신읍과 온사리, 그리고 경흥리 지역에서 몇 기의 지석묘를 확인하였다. 이 지역도 묘향산맥의 바로 북쪽지대로서 량강도 풍서군 신동리 지역과 마찬가지로 고원지대이다. 그러나 이곳에서도 청천강이 서남쪽으로 흐르고 있어 선사시대에 많은 주민이 이 곳에 거주하면서 지석묘를 축조하였던 것으로 추정된다.

평안도에는 약 1,580기(5.25%)가 청천강과 대동강 유역에서 조사되었다. 평양시에서는 대동강 유역인 순안구역·강동군·상원군·중화군 등지에서 지석묘가 집중적으로 분포하고 있다. 특히, 강동군의 송석리에서는 80여기의 지석묘가 존재하고 있으며, 상원군 용곡리와 전산리에는 100여기가 넘게 분포하고 있다. 평안북도에서는 구장군 가좌리·영변군 오봉리·피현군 동상리·향산군 향산읍 등지에서 몇 기씩 발견되고 있다. 평안남도에서는 평성시 옥전동에서 50여기가 조사되었으며, 개천시 묵방리에서 대규모 지석묘군에 대한 조사와 발굴작업이 이루진 바 있다. 이밖에 북창군·성천군·신양군·평원군 일대에서도 지석묘군이 지역적으로 무리를 이루며 분포하고 있다. 평양 서남부의 대동강 입구에 위치한 남포시에서도 많은 지석묘의 존재가 보고되었는데, 특히 용강군 석천산 일대에서 500여기가 집중적으로 분포하고 있다.

咸鏡道 북부의 두만강 유역에서는 아직까지 지석묘의 존재가 알려지지 않고 있다. 그러나 그 밖의 여러 지역에서 약 50여기(0.16%)가 조사되

었다. 가장 북쪽에서 보고된 것으로는 咸鏡北道 吉州郡과 金策市의 南大川 유역에서 발견된 10여기의 지석묘이다. 함경남도에서는 신포시 신풍리에 지석묘군이 존재하고 있으며, 그밖에 함흥평야의 용흥강과 성천강 유역을 경유하는 고원군·금야군·단천시·덕성군·북청군·영흥군·함주군 등지에서도 대략 3~5기씩 무리를 지어 조사되고 있다. 북청군 토성리에서는 함경도에서는 가장 많은 숫자인 10여기가 발견되었다.

황해도에서는 서해안의 해안가에 형성된 평야지대와 재령강 유역의 충적대지 등지에 1160기(3.86%)의 지석묘가 밀집되어 분포한다. 해안지대인 황해남도 용연군·곡정리·용연읍·가평리·석교리 일대에서는 지석묘가 수십 기씩 무리를 지어 분포하고 있다. 벽성군 내호리에서는 13기가 조사되었고, 옥정리에서도 대규모 지석묘군이 존재한다. 대동강 南岸 유역인 은천군·정동리에서는 황해남도에서 가장 많은 숫자인 200여기가 조사되었다. 이 외에도 해주시 강령군·배천군·봉천군·삼천군·송화군·신천군·신원군·안악군·은율군·은파군 등지에서도 지석묘가 수기에서 수십 기씩 발견되는 주요 분포 지역이다. 황해북도에서는 사리원시 광석리 정방산에서 360여기가 조사된 바 있으며, 연탄군 두무리에서 150여기가 학계에 보고되었다. 재령강과 예성강 유역인 금천군·린산군·봉산군·수안군·신계군·연산군·황주군 등지에서도 몇 기씩 거리를 두고 발견되고 있다.

북한의 강원도에서도 약 360(1.19%)여기의 지석묘가 조사되었다. 주요 분포 지역은 한탄강 상류인 철원군과 예성강 상류인 판교군 일대이다. 특히 마식령 산맥의 바로 남쪽 지역인 판교군 구당리와 지하리에서는 각각 100여기가 넘는 지석묘가 조사되었다. 동해안의 고성군·금강군·안변군 등지에서는 태백산맥에서 동해안으로 흐르는 소하천을 따라 지석묘가 몇 기씩 발견되고 있다. 내륙 지방인 법동군·세포군·이천군 등지에서 약 30여기의 지석묘가 조사되었는데, 이들 지역 역시 주변의 작은 河川邊을 따라 분포하고 있다.

서울과 인천을 포함한 경기도에서는 약 500여기(1.66%)의 지석묘가 발견되었다. 강화도와 인근의 파주군·김포군·인천시 같은 서해안 연안 지역에 따라 다수 분포하고 있다. 내륙 지역으로는 포천군·연천군·양평군·용인시 같은 임진강이나 한강에 연결된 하천변을 따라 분포하고 있다. 강화도 부근리의 지석묘는 남한에서 발견된 탁자식 지석묘 가운데 가장 큰 규모이다.

지금까지 남한 강원도 지역에서 발견된 지석묘의 총 숫자는 약 338기 (1.12%)이다. 이를 지역별로 살펴보면, 북한강 유역의 춘천시·양구군·화천군·인제군·홍천군 등에서 약 190여기, 남한강 유역의 영월군·정선군·평창군 등에서 약 113기, 그리고 동해안 일대의 고성군·양양군·강릉시·동해시 등지에서 약 85기가 조사되었다. 강원도 지석묘의 분포상 특징은 북한강이나 남한강 일대의 지석묘는 주로 강안 퇴적지나 평지에 위치하고 있는 반면, 동해안 지역에서는 구릉 위나 산기슭에 지석묘를 축조하고 있다는 점이다.

대전시를 포함한 충청도 일대의 지석묘에 대한 조사나 연구활동은 충청북도의 일부 지역을 제외하면 매우 부진한 상태이다. 따라서 충청도 지역의 지석묘에 대한 정확한 숫자파악은 어려운 편이다. 그러나 현재까지 학계에 보고된 총수를 종합해 보면 대략 697기(2.32%) 정도가 된다. 충청도의 지석묘는 서해안 지역과 내륙 지역으로 분포도를 나누어 볼 수 있다. 서해안 지역으로는 서산군·태안군·보령시·서천군 등에서 발견되고 있는데, 특히 서천군·보령시·부여군 지역의 지석묘 총 숫자는 충청도 지석묘의 약 50%를 차지한다. 내륙 지역은 충주시·제천시과 같은 南漢江 水系를 따라 분포하고 있으며, 錦江水系인 옥천군·대전시·청원군·연기군·공주군·부여군 등지에 지석묘가 다수 분포하고 있다.

전라도 지역은 한국 지석묘의 최대 밀집 지역이다. 현재까지 이 지역의 조사결과를 보면, 이 지역의 지석묘 총수는 무려 20,718기(68.95%)라는 엄청난 숫자가 보고되고 있다. 전라북도에서는 고창 지역에만 1,200여기가 분포하고 있으며, 전라남도는 영산강이나 보성강 유역 또는 서해안 남해안의 연안 지역에 따라 일정한 거리를 두고 밀집 지역을 형성하고 있다. 서해안의 밀집 지역은 영광 지역 · 무안의 청계 지역 · 해남의 옥천 지역 · 진도 지역 등인데, 이들 지역에서는 직경 10㎞이내에 최소 20여기에서 최대 550여기가 집중 분포하고 있다. 영산강 유역은 나주시 · 함평군 · 화순군 · 광산군 · 담양군 등의 지역이 집중적인 밀집 지역을 형성하고 있다. 예를 들어, 나주시의 다시와 왕곡일대 20㎞ 범위 내의 94개 군집에서 746기가 분포하고 있다. 이는 충청남북도의 모든 지석묘를 합친 숫자보다 많은 것이다. 남해안 지역에는 강진 · 장흥 · 고흥 · 여천 · 광양 등에서 밀집 분포된 支石墓群이 조사되었다. 특히, 남해안의 보성만 연안 지역에서 4,151기가 조사되었는데, 이는 한국의 지석묘 가운데 밀집된 지역을 형성하고 있는 것이다. 전라도 지역의 지석묘는 기존의 탁자식 · 기반식 · 개석식 같은 지석묘 형식 이외에도 圍石式이란 톡특한 墓制가 발견되고 있으며, 지석묘의 副葬品으로 磨製石劍의 출토비율이 다른 지역보다 높은 편이다.

경상도 지역에서는 1927년에 대구 대봉동에서 처음으로 지석묘의 발굴이 이루어진 이래로 총 40,38기(13.44%)가 조사되었으며, 경상북도에서 약 2,808여기가 조사되었고, 경상남도에서는 1,230여기가 조사되었다. 경상도 지역의 지석묘는 예천에서 대구 창녕을 거처 김해로 흐르는 낙동강 유역과 산청에서 진주를 거처 함안에서 낙동강과 이어지는 남강 유역, 형산강 유역의 경주시 · 포항시와 태화강 유역의 울산 지역, 그리고 남해 도서 연안 지역 등에 널리 분포하고 있다. 경상도지방에서는 묘역과 매장시설이 비교적 잘 정비된 지석묘들이 발굴되고 있다. 특히, 창원시 덕천리에서 발굴된 지석묘는 그 주변에 거대한 묘역시설을 설치하였고, 埋葬施設도 墓壙을 3단으로 파고 그 아래에 석실을 축조하였는데, 네 벽은 板形 割石을 平積하여 만들었고 그 안에 木棺을 안치하고 있어, 이 지석묘에 피장된 주인공의 신분을 가늠할 수 있는 훌륭한 자료를 제공하고 있다.

지금까지 보고된 濟州道 지석묘의 총 수는 140여기(0.46%)이다. 제주도 지석묘의 분포상 특징은 해안가에 형성된 마을을 따라서 분포하고 있다는 점이다. 이것은 제주도의 마을이 용천수가 나오는 해안 지역에 형성되자 지석묘도 이러한 마을의 주변을 따라 세워졌기 때문으로 보인다. 제주시의 용담동·오라동·외도동·광령리·남제주군·대정읍 등에서는 5기 이상 분포하고 있으며, 제주시 삼양동·애월읍·곽지리·귀일리·도련동·도남동·한림읍·옹포리·서귀포시·색달동·남제주군·신도리·동일리·일과리·하모리·창천리·신예리 등에서는 지역에 따라 1~2기씩 발견된다. 제주도 지석묘의 특징은 5~10개의 지석이 개석을 고이면서 지상에 埋葬 主體部를 구성한다는 점이다. 지상에 埋葬主體部를 구성한다는 점에서는 탁자식과 유사한 점이 있으나 지석을 여러 개 사용한다는 점에 차이가 있다. 이러한 형식은 동남아시아 지석묘에서 자주 보이는 형식이다.

일본의 지석묘는 한국과 지리적으로 가까운 九州地方의 서북 지방에서 현재까지 약 143기(0.47%)가 조사되었다. 長崎縣에서는 風觀岳·原山·小川內·狸山 등지에서 약 103기가 조사되었고, 佐賀縣의 五反田·迫頭·葉山尻·德須惠 등지에서 16기가 발견되었다. 福岡縣에서는 支登에서 10기, 그리고 小田에서 2기 등 모두 12가 조사되었고, 熊本縣의 藤尾의 작은 구릉 위에서 9기가 발견되었다. 이외에도 후쿠오카 동쪽의 小倉과 쿠마모토의 서남쪽인 鹿兒島에서도 새로운 지석묘가 발견되고 있다.

일본의 지석묘에는 한국과는 다른 몇 가지 특징이 발견된다. 첫째, 일본의 지석묘는 기반석이나 개석식이고 탁자식은 없다. 둘째, 개석의 규모가 작아 10여명이면 움직일 수 있는 소형개석이 대부분이다. 셋째, 일본은 甕棺을 묘실로 사용하는 사례가 발견되고 있다. 일본의 지석묘 축조는 한국보다는 다소 늦은 B.C 5~4세기로 조몽에서 야요이로 넘어가는 시기에 축조되었다.[13]

---

13. 심봉근, 1979, 「日本 支石墓의 一考察」『釜山史學』3
　　　　, 1981, 「韓·日 支石墓의 關係」『韓國考古學報』10·11合集

2) 支石墓의 立地的 性格

가. 江華島 支石墓의 築造立地

강화도 지역에서 발견되는 지석묘의 築造立地는 산마루·산능선·山下斜面·平地·논 등으로 구분하여 볼 수 있다. 그러나 강화도의 지석묘는 축조시 이 지역의 자연 지리적 조건이 무엇보다도 고려된 것으로 보인다. 특히 이 지역 지석묘는 능선을 따라 축조되는 경향이 강하게 나타나고 있다. 그러나 한편으로 강화도 지석묘는 대체로 산에서 흘러내리는 하천과 인접하여 축조되고 있다. 따라서 강화도 지석묘는 주변의 小河川과 어떤 밀접한 연관을 맺고 축조되었던 것으로 해석된다. 예를 들어, 하점면 삼거리 샘말마을 지석묘는 高麗山에서 흘러내리는 작은 계곡을 따라 일정한 밀집간격을 두고 축조되고 있다.

강화도 지석묘의 立地를 地勢에 따라 살펴보면(표28), 논를 포함한 평지에 축조된 지석묘는 모두 10기(6.05%)에 불과하다. 그러나 山下斜面에 立地한 지석묘는 모두 101기(61.21%)이다. 이는 현재까지 보고된 강화도 지석묘 165기 가운데 半數 이상이 평지나 산마루 등지보다는 山下斜面에 위치하고 있음을 나타내는 것이다. 현재 강화도 지역의 촌락은 대체로

표 28. 江華島 支石墓의 地勢에 따른 立地比率

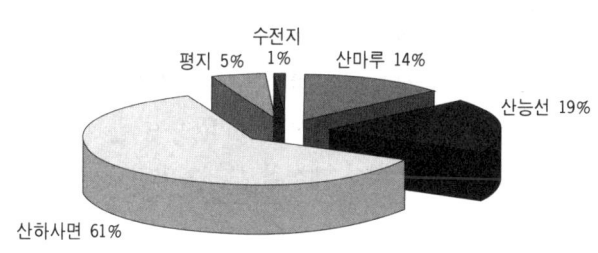

山下斜面에 형성되어 있다.

그런데, 강화도 지석묘의 61.21%가 이들 지역에 위치하고 있다는 점은 강화도 지석묘를 축조하던 집단의 생활공간은 지석묘의 축조입지와 상당히 밀접한 관계에 있는 것으로 보인다. 그것은 高麗山의 북쪽 능선아래에 위치한 삼거리 소등마을 지석묘를 조사하는 과정에서 신석기시대의 빗살무늬토기와 청동기시대의 팽이형토기가 출토되는 장방형 주거지가 발굴되고 있어 특히 주목된다.

산마루와 산능선 등지에 축조된 강화도 지석묘는 23기(13.93%)이며, 산능선에는 31기(18.78%)가 축조되어 있다. 이들 지역에 축조된 지석묘는 주변 지역을 잘 조망할 수 있는 지리적 위치에 있다. 특히, 송해면 상도리 홍의 마을과 양오리 대촌마을의 낮은 야산에 위치한 지석묘의 立地가 주목되는데, 이것은 북한 지역이나 요녕 지방에서 조사된 지석묘 가운데 규모가 크고 웅장한 것은 홍의 지석묘와 같이 주로 낮은 야산에 위치하고 있기 때문이다. 특히 양오리 대촌마을의 지석묘는 탁자식이며, 무게가 무려 38.6톤이나 나가고 있어 은율의 관산리나 요녕 대석교시 석붕욕 지석묘와 대비되고 있다.

따라서 이러한 위치에 축조된 지석묘는 아마 축조될 당시 자연의 지세를 고려하여 의도적인 立地選定이 이루어진 것으로 보이는데, 이는 주변의 넓은 지역이 잘 내려다 보이고 주변경관이 빼어난 곳에 지석묘를 立地시킴으로써 피장자의 영역적 관념과 사회적 위치를 상징적으로 표출시키고자 하는 배경에서 이루어진 것으로 해석된다.

강화도의 지석묘가 위치한 입지와 지석묘의 형식과의 연관성을 비교하여 지석묘의 사회적 성격의 일면을 살펴볼 수도 있다(표29). 강화도 지역 지석묘는 탁자식과 개석식으로 형식분류가 이루어지고 있다. 이 가운데 탁자식은 81기(49.1%)이고, 개석식은 78기(47.3%)를 차지하고 있다. 따라서 강화도 지석묘는 탁자식이 개석식보다는 약간 높은 축조비율을 점유하고 있다.

그런데 지석묘의 이러한 형식이 地勢에 따라 약간의 차이를 보이고 있다. 즉 산마루에는 탁자식이 16기(69.5%)가 축조된 반면에 개석식은 겨우 7기(30.4%)가 축조되었다. 산능선에도 탁자식은 17기(54.8%)이나 개석식은 14기(45.1%)를 나타내고 있어, 탁자식이 높은 축조비율을 보이고 있다. 따라서 강화도 지석묘의 축조입지상의 특징은 산능선이나 산마루에는 산하평지와는 달리 탁자식 지석묘의 축조비율이 높게 나타난다는 점이다. 주변의 전망이 좋은 입지조건에 탁자식 같은 장엄한 형태의 지석묘가 축조되는 것은 역시 지석묘에 묻힌 피장자가 생존시에 누리고 있던 사회적 위치를 상징적으로 나타내기 위한 것으로 보인다.

표 29. 江華島 支石墓의 型式과 立地에 따른 分布比較

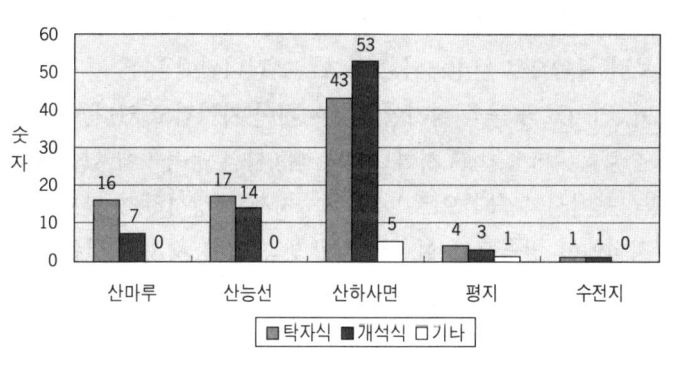

반면 山下의 경사면에 입지한 지석묘는 탁자식이 43기(42.5%)이며, 개석식은 53기(52.5%)로 나타나고 있다. 따라서 평지에 축조된 지석묘는 101기로 산마루나 산능선 지역보다 숫자도 압도적으로 많고, 형식도 탁자식보다는 개석식의 축조비율이 높게 나고 있음을 알 수 있다. 이러한 현상은 강화도 지석묘 사회의 생활공간의 확대와 관련이 있는 것으로 추정된다. 결국 강화도 지역의 지석묘 축조사회는 농경에 의한 경제력의 향상과 함께 지석묘에 묻힌 피장자의 신분적 지위가 높아지면서 보다 정

교한 축조기술과 보다 많은 노동력이 투입되는 탁자식 지석묘의 축조빈도가 높아지고, 따라서 築造立地도 상징적 권위를 나타내기 위해 주변의 전망이 좋은 산마루나 산능선 등지가 선호되었던 것으로 생각된다.

나. 東北亞 支石墓의 築造立地

　동북아시아의 지석묘는 이 지역의 지리적 다양성에도 불구하고 축조입지상의 조건은 어떤 일정한 패턴을 나타내고 있다. 먼저 요녕 지방의 지석묘들은 주로 높지 않은 작은 산마루나 산기슭에서 아래의 평야가 내려다 보이고, 산 아래에는 평지와 하천이 흐르는 지역에 위치하고 있다. 예를 들어, 大石橋市 石棚峪 지석묘는 大石橋市 石棚峪村의 서남쪽에 있는 石棚山의 북쪽 작은 산마루에 위치하고 있다. 이 지석묘에서 동쪽으로 내려다 보면 북쪽으로 官屯河가 흐르고, 그 건너편에 넓은 평지가 형성되어 있으며, 지석묘의 동쪽 평지에 石棚峪村이 자리잡고 있다.

　遼寧省 普蘭店市 石棚溝 지석묘는 石棚子村의 동북쪽에 있는 石棚後山의 산 정상부에서 동북쪽으로 낮아지는 지세를 형성하고 있고, 이 산세의 중간지점에서 남쪽으로 돌출되면서 생긴 낮은 평지가 있는데, 산 중턱에서 산마루 효과를 내는 지점이 지석묘가 세워져 있다. 이 지석묘에서 남쪽으로 石棚子村이라는 마을과 石棚洵라는 작은 개천이 내려다 보이고, 남쪽 멀리에 남산이 위치한다. 莊河市의 白店子 지석묘는 白店子村의 북쪽에 있는 石棚山의 남쪽 중턱 중간지점에 약간의 평지가 있는데, 이곳에 지석묘가 위치하고 있다. 지석묘에서 남쪽으로 白店子村이 있고, 石棚山의 동쪽 계곡에서 남쪽으로 白店子村을 거쳐 서남쪽으로 흐르는 白店河가 잘 내려다 보인다. 따라서 백점자 지석묘도 전망이 매우 좋은 산기슭에 위치하고 있는 것이다.

　그러나 요녕 지방의 모든 지석묘가 산정상이나 산기슭에만 위치하는 것은 아니다. 蓋州市 河北의 지석묘는 龍瓜山에서 서쪽으로 돌출되면서 생긴 산 중턱의 조그만 대지에 4기의 지석묘가 세워져 있고, 이들 지석묘의 북서쪽 평지와 평지 서쪽에서 남북으로 흐르는 熊岳河 지류의 건너편에도 지석묘가 세워져 있다. 蓋州市 連云寨의 북쪽의 小北山과 남쪽의 連云寨河 사이에 생긴 넓은 대지 위에 자리잡고 있다.

한반도 북부 지역의 지석묘도 요녕·길림 지역의 지석묘와 축조입지가 대체로 유사한 모습을 보여준다. 예를 들어, 평안남도 용강군 석천산 지석묘는 석천산의 산 중턱과 산기슭에 수백 기가 무리를 지어 세워져 있다. 지석묘의 장축방향은 남북이다. 황해도 황주군 극성동 지석묘도 황주군 정방산 서쪽 기슭을 중심으로 200여기의 지석묘가 무리를 지어 자리잡고 있다. 황해도 은율군 관산리 지석묘는 개석과 지석을 잘 治石하여 해발 80m의 낮은 산마루에 우뚝하게 세워져 있다. 따라서 이 지석묘는 동쪽과 북쪽은 구월산의 줄기들로 첩첩이 막혀 있고, 서쪽으로는 서해로 트여 있으며, 세워진 곳에서 아래를 내려다 볼 경우 앞마을의 전경이 한 눈에 들어오는 위치에 있다.

황해도 연탄군 오덕리 지석묘군은 오덕리 황주천의 지류인 '큰개'가 흐르는 주변 지역의 넓은 벌판에 위치하고 있다. 즉 벌판 동쪽에 오덕산이 있고, 오덕산 남쪽 골짜기에 송신동·평촌·석장골 등의 골짜기 마을이 있는데, 이들 골짜기의 대지 위에 수십 기씩 몰려 있다. 두만강 연안 지역인 함경북도 김책군 덕인리 지석묘는 덕인리 전장마을의 한복판에 논을 이루고 있는 평평한 대지 위에 세워져 있다.

북부 지역의 지석묘는 해발이 낮은 산의 정상부에 대지를 조성하고 세우거나 아니면 요녕이나 길림 지방에서와 같이 산 중턱에서 돌출되면서 생긴 대지, 또는 하천의 주변 지역에 형성된 평평한 대지에 세워지고 있다. 그러나 북한의 지석묘는 요녕이나 길림 지역의 지석묘들과 다르게 산마루나 산기슭보다는 하천 유역의 평탄한 대지 위에 세워지는 비율이 훨씬 높게 나타난다. 따라서 북부 지역의 지석묘도 산이나 하천 같은 자연지세와 밀접한 연관을 맺고 축조되고 있는 것이며, 한편으로는 이 지역의 지석묘 축조집단의 생계전략의 일단을 반영하는 것이라고 생각된다. 실제로 이들 지석묘 주변에서 당시의 주거지가 발굴되고 있으며,

주거지 내부에서 팽이형토기나 미송리형토기는 물론 半月形石刀·磨製石斧·磨製石鑿·팽이 같은 농경도구들이 출토되고 있다.

한반도 중서부 지역의 지석묘는 산마루보다는 산기슭·구릉지·고개마루·평지 등에 위치하는 경향이 있다. 예를 들어, 경기도 시흥시 계수동 지석묘의 경우는 계수동 안골마을의 논과 서쪽 야산으로 이어지는 밭에 위치하고 있다. 그러나 계수동에서 동남쪽으로 약 6.5㎞ 떨어진 광명시 가학동 지석묘는 가학동 102-1과 104번지 일대의 터골산과 북쪽에 위치한 나지막한 야산을 연결하는 구릉의 정상부에 위치하고 있다. 그리고 경기도 파주군 다율리와 당하리의 지석묘는 당하리 마을의 해발 약 45m의 낮은 야산의 정상부 북서쪽과 동남쪽에 9기의 지석묘가 위치하고 있다. 산마루에 축조된 지석묘도 중서부 지역에서 확인되고 있다. 예를 들어, 경기도 파주군 산남리 지석묘군은 교하면 산남리의 심학산 정상부에 위치하고 있다. 해발 193m의 심학산은 독립된 구릉으로 동서로 길게 뻗어 있고, 이에 낮은 소구릉들이 연결되어 있으며, 주변에 넓은 평야가 형성되어 있다. 지석묘는 심학산의 해발 100m 지점의 능선에 축조되어 있어, 주변을 관망하기에 좋은 조건을 갖추고 있다. 산마루에 위치한 또 다른 지석묘는 경기도 의왕시 이동의 지석묘이다. 즉, 의왕시 이동에 위치한 오봉산의 5개 봉우리 가운데 맨 남쪽의 마지막 봉우리(해발 800m)의 산마루 동남쪽에 화강암을 治石하여 만든 지석묘가 위치하고 있다.

남부 지방의 지석묘도 산마루, 산기슭, 고개마루, 분지성 평지, 해안가 주변, 또는 소하천변의 충적토 위에 형성된 평지 등에 축조되고 있다. 그러나 이 지역의 지석묘는 산마루나 산기슭보다는 주로 평지나 고개마루, 또는 두 개의 나지막한 야산 사이에 형성된 평지에 축조되는 경향이 있다. 경상남도 진주시 대평리나 상촌리 지석묘들은 남강 유역에 형성된 넓은 충적대지 위에 당시의 주거지들과 일정한 거리를 두고 세워져 있다. 전남 강진군 영복리 지석묘는 강진만과 영복리의 동쪽에 있는 야산 사이에 형성된 평지와 나지막한 구릉상에 5개의 무리로 밀집하여 분포하고 있다. 전라북도 고창군 죽림리 지석묘군은 고창군 죽림리에 있는 해발 158.3m의 성틀봉이라는 산과 그 남쪽에서 동서로 흐르는 高敝川 사이에 형성된 충적토에서 약간 산기슭 쪽으로 치우친 곳에 약 1,000여기의 지석묘가 분포하고 있다. 경상남도 창원군 덕천리 지석묘도 진주시 대평리나 고창군 죽림리와 마찬가지로 산과 德川川 사이에 형성된 충적대지에서 산과 저지대의 소택지가 만나는 경계지점에 위치하고 있다.

전라남도 여천시 평려동 지석묘들은 산기슭이나 산지성 평지에 위치하고 있다. 즉 평려동은 광양만의 남쪽에 영취산이 자리하고 있고, 이 산의 북쪽으로 조그마한 계곡이 발달되면서 그 사이에 협소한 분지성 평지가 형성되어 있는데, 지석묘들은 이들 분지성 평지에 위치하고 있는 것이다. 전라남도 무안군 무안읍 일대의 지석묘도 여천시 지석묘들의 축조입지와 거의 같은 현상을 나타내고 있다. 무안읍 주변의 지형은 남쪽의 祭峰山과 북쪽의 寶平山 사이에 좁은 골짜기 같은 분지성 평지가 잘 발달되어 있는데, 지석묘들은 이러한 분지성 평지에 밀집되어 분포라고 있다. 그러나 경상남도 김해시 북부동의 龜旨峰 산마루에 있는 지석묘와 같이 드물게는 산 정상부에서 축조되기도 한다.

제주도 지석묘는 주로 해안가를 따라 형성된 완만한 평탄대지 위에 위치하고 있다. 예를 들어, 제주도 북제주군 애월읍 광령리 지석묘의 경우 外都川邊 지석묘는 외도천변의 서쪽에 완만하게 발달한 구릉대지 위에 축조되어 있다. 남제주군 대정읍 동일리 지석묘도 마찬가지로 해발 100m인 산봉우리의 남쪽에 형성된 해발 30m 내외의 평탄대지에 7기의 지석묘가 직경 100m 범위에 분포하고 있다. 제주도의 본섬 남쪽에 있는 상모리에서 4㎞ 남쪽에 떨어져 있는 加波島에서도 지석묘가 발견된다. 가파도는 토심이 깊고 용천수가 잘 발달된 섬인데, 가파도 남쪽의 평탄대지에 지석묘가 축조되어 있다.

제주도 지역은 유년기 화산암지대의 토양인데, 대체로 토양의 풍화도가 낮아 토심이 50㎝ 이상 되는 지역은 넓지 않다. 그런데 제주도의 지석묘는 그 가운데에서도 토양의 풍화도가 높고 토심이 상대적으로 깊어 농경활동이 가능한 지역에 주로 분포하고 있다. 이는 요녕·길림 지방이나 북한지역의 지석묘가 낮은 야산의 산마루나 산기슭에 위치하고 한반도 남쪽의 지석묘들이 하천이나 계곡사이에 발달한 분지성 평지에 立地하는 것과는 커다란 차이를 보이고 있다.

2. 支石墓의 築造範圍와 配置의 社會的 性格

1) 支石墓의 密集分布와 生活領域

　지석묘 축조집단의 활동영역을 재구성하는 데는 지석묘 같은 묘제뿐만이 아닌 생활유적으로서의 住居址나 環壕 같은 시설물도 고려되어야 할 것이다. 그러나 현재까지 이러한 유적들에 대한 고고학적 발굴성과가 미비하여 지석묘 사회의 활동영역을 설정하는 데는 상당한 어려움이 있다. 따라서 여기에서는 지석묘 자체를 특정집단의 標識的 墓制로서 간주하고, 그에 따른 공간적 분포와 밀집도를 고려하여 분석하고자 한다.

가. 江華島 支石墓의 密集分布와 生活領域

　강화도 지석묘의 지리적 조건에 따른 密集狀態를 살펴보면, 강화도에서는 모두 10개의 지석묘 小密集地域群으로 나누어진다. 이 가운데 한 유적에서 1기만 축조되어 있는 곳은 모두 25곳(40.9%)이고, 2~4기가 축조되어 있는 경우는 27곳(44.2%)이며, 5~8기씩 밀집되어 나타나는 경우는 8곳(13.1%)이고, 9~12기가 한 곳에 축조된 경우는 1곳(1.6%) 뿐이다(표30). 이를 좀더 구체적으로 살펴보면, 가장 많은 수의 지석묘가 조사된 1群의 경우에는 18기의 지석묘 가운데 2~4기가 무리를 지어 축조된 곳은 9곳으로 50.0%를 나타내고 있는 반면에 1기만 단독으로 축조되어 있는 경우는 6곳으로 33.3%를 나타내고 있다.
　1군 다음으로 많은 지석묘가 조사된 2군의 경우도 비슷하다. 2군에서

표 30. 江華島 支石墓의 群別 密集圖 比較

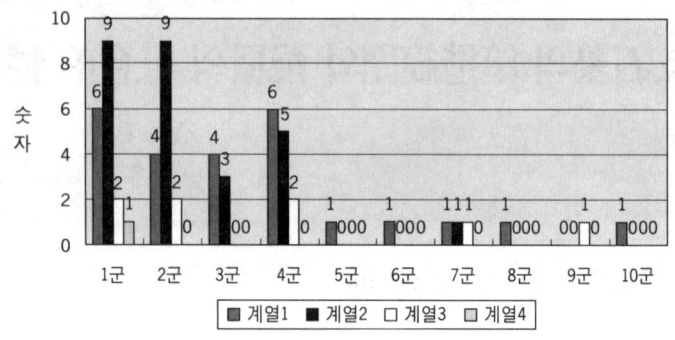

조사된 지석묘는 모두 15기이며, 이 가운데 2~4기가 한 무리로 축조된 경우는 9곳으로 60.0%를 나타내고, 1기만 단독으로 축조된 경우는 4곳으로 26.6%의 비율을 보이고 있다. 4군의 경우에는 1기가 단독으로 축조되는 경우는 6곳(46.1%)으로 2~4기가 무리를 지어 축조된 5곳(38.5%)보다 낮은 수치를 나타내고 있다. 그러나 5~8기가 밀집 지역을 이루는 2곳(15.4)을 합하면, 7곳으로 53.9%를 나타내고 있어 지석묘가 무리를 지어 축조되는 비율이 여전히 높게 나타내고 있다. 반면에 4군의 경우에는 2~4기가 밀집 지역을 이루는 경우는 5곳(38.5%)이어서 1기가 단독으로 축조된 6곳(46.1%)보다 다소 수치가 감소하고 있다.

이러한 분석결과를 보면, 강화도 지석묘는 2~4기가 한 무리를 지어 밀집 지역을 형성하는 곳은 27곳(44.2%)으로 가장 높은 비율을 나타내고 있으며, 5~8기의 밀집 지역까지 합하면 무려 35곳(57.3%)으로 비율이 좀 더 크게 올라간다. 그러나 1기만 단독으로 축조되는 경우도 40.9%를 차지하고 있다. 특히 5~10군에 단독으로 축조되어 있는 지석묘의 대부분이 탁자식이며, 1~4군에서 1기만 단독으로 축조되는 지석묘들의 거의 대부분이 탁자식 지석묘라는 사실은 강화도 支石墓群의 연구에 주목할 필요가 있다.

434

강화도 지석묘는 지역에 따라 다시 몇 개의 小密集圈으로 나누어진다. 즉 고려산 동쪽 지역인 강화군 송해면 하도리에 12기의 지석묘가 소밀집 지역을 형성하고 있고, 고려산의 북쪽평지인 하점면 부근리에는 13기의 지석묘가 밀집하여 분포하고 있으며, 이곳에서 서쪽으로 3㎞ 떨어진 하점면 삼거리의 소동마을, 샘골 마을, 천촌마을 등 3개 마을에 약 30기의 지석묘가 소밀집권을 이루면서 분포하고 있다. 그리고 고려산 북쪽의 평지 건너편에 해발 291m의 봉천산의 북쪽에 해안과 인접한 평야지대의 양사면 교산리에 12기의 지석묘가 밀집되어 축조되어 있다. 이곳은 부근리 지석묘에서 북서쪽으로 약 5.5㎞ 떨어진 거리이다.

고려산 남쪽의 내가면 오상리에도 9기의 지석묘가 소밀집권을 형성하고 있다. 봉천산 서쪽에 건너편에는 해발 399.9m의 별립산이 위치하고 있는데, 이 산의 남쪽 자락인 하점면 창후리에 5기의 지석묘가 밀집하여 분포하고 있고, 하점면 부근리에서 동쪽으로 약 5㎞ 지점의 강화읍 대산리 청송마을에 1기의 지석묘가 세워져 있으며, 동북쪽으로 3㎞ 지점인 송해면 양오리의 낮은 야산에 1기의 지석묘가 세워져 있다. 고려산 남쪽 지역에도 지석묘 밀집 지역이 일정한 거리를 두고 분포하고 있다. 예를 들어, 진강산 북쪽의 내가면 외포리, 진강산 남쪽의 양도면 도장리, 그리고 마니산 남쪽의 화도면 동막리 등지의 저평지에 산발적인 지석묘 분포 지역을 형성하고 있다. 따라서 강화도 지역의 支石墓群은 모두 10개의 지석묘 小密集地域으로 구성되어 있으며, 이들을 강화도라는 한 지역집단으로 분류하면 바로 이것이 大密集地域으로 분류되는 것이다.

강화도 지역은 지석묘는 165기의 지석묘가 61개의 무리를 형성하여 10군의 소밀집 지역을 이루면서 축조되었다. 이들 각 小密集地域群의 공간적 범위는 직경이 3~5㎞ 정도이며, 이들 지역 사이의 거리는 가깝게는 약 3㎞, 그리고 멀게는 약 6㎞ 정도 떨어져 있다. 강화도 지역에서 조사된 지석묘를 하나로 묶으면 대밀집 지역의 범위가 될 것이다. 따라서 강화도 지석묘의 공간적인 분포범위나 거리는 한반도의 여타 지석묘들에 대한 조사에서 나타난 공간적 분포에 대한 수치들과 상당히 근접하고 있음을 알 수 있다. 강화도 지석묘의 이러한 지역적 분포는 바로 이 지역에 지석묘를 축조했었던 집단들의 지리적인 생활공간이면서 바로 지석묘에 묻힌 피장자의 사회 정치적 영향력이 미치는 영역공간으로 볼 수도 있을 것이다.

나. 東北亞 支石墓의 密集分布와 生活領域

요녕·길림 지방의 지석묘는 앞에서 언급한 바와 같이 요동반도 남부의 요남지구와 요녕성 북부에서 길림성 남부에 이르는 혼하와 휘발하 유역에 집중적으로 분포하고 있다. 그런데 이들 지석묘는 1~2기가 독립적으로 분포하거나 아니면 4~6기 또는 10여기씩 무리를 지어 밀집 지역을 형성하고 있다. 예를 들어, 보란점시 유둔, 보란점시 삼태자, 장하현 대황지, 신빈현 조가분, 개현 석불, 수암 오서 등지의 지석묘들은 각각 한 기가 독립적으로 축조되어 있으나 보란점 석붕구 지석묘군과 복현 화동광 지석묘군에는 한 곳에 4기씩 무리를 지어 밀집 지역을 형성하고 있고, 보란점 쌍방 지석묘군에는 8기가 한곳에 무리를 지어 밀집 지역을 형성하고 있다.

한반도 북부 지방의 지석묘들도 요녕·길림 지방에서와 비슷한 지리적 분포를 보여주고 있다. 다만 이 지역의 특성상 지석묘군 밀집 지역 간의 거리가 요녕이나 길림 지방보다는 가깝다는 차이가 있다. 이 지역의 대표적인 지석묘군인 대동강과 재령강 일대의 지석묘를 중심으로 살펴보자. 이 지역의 지석묘는 평양을 중심으로 할 경우 사방으로 약 40㎞의 범위 내에 약 1만여기의 지석묘가 분포하는 것으로 조사되고 있다. 그런데 이들 지석묘는 한 지역에 독립적으로 분포하기보다는 한곳에 여러 기가 무리를 지어 밀집 지역을 형성하는 경향이 있다. 예를 들어, 평양시 순안구역 오산리의 지석묘군은 오산리의 담화골 골짜기 안에 29기의 지석묘가 밀집권을 형성하고 있다. 평양시 상원군 장리 지석묘는 군 소재지에서 서남쪽으로 16.5㎞ 떨어진 곳에 나지막한 야산으로 둘러 쌓인 대지가 있는데, 이곳에 약 50여기의 지석묘가 밀집 지역을 형성하여 분포하고 있다. 평안남도 강서군 태성리 지석묘군은 평양에서 남포로 가는 도로를 따라 32㎞ 지점에 위치한 한우물 마을 뒤편의 그리 높지 않은 소구릉이 연이어 있는데, 이곳에서는 단지 2기의 지석묘가 밀집 지역을 이루면서 공간적 분포를 하고있다. 특히 한우물 마을에서 북쪽으로 600m 되는 지점의 구릉 위에서 청동기시대의 주거지가 발굴되었는데, 조사결과 지석묘 축조자들이 살았었던 주거지로 밝혀지고 있어 지석묘 축조집단의 생활 범위를 짐작케 한다.

북부 지방 지석묘의 밀집 지역의 지리적 입지도 요녕·길림 지방에서 발견되는 지석묘의 그것들과 매우 유사한 매우 양상을 보여준다. 이 지역의 지석묘들도 하천의 주변 지역에 형성된 평탄대지나 낮은 구릉지대에 축조되고 있으며, 낮은 야산에 세워진다고 해도 그렇게 높지 않은 곳에 축조되는 것이 대다수이다. 이것은 바로 이 지역 지석묘 축조자들이 생활하고 있던 활동영역의 일부 공간에 특별한 墓制로서의 성격을 나타내는 것이라 하겠다. 그런데 이들 지석묘 가운데 황해도 은율의 관산리 1호나 안악군 로남리 지석 등과 같은 대형의 탁자식 지석묘가 주변 지역보다 전망이 좋은 곳에 축조되는 경우가 있다. 이것은 이 지역의 지석묘 사회의 정치적 성격을 이해하는데 시사하는 바가 있어 주목된다.

한반도 중부나 남부 지방의 지석묘는 그동안 진행된 활발한 발굴활농으로 지석묘의 분포가 보고서에 명확하게 제시되어 지석묘의 공간적 성격을 이해하는 데 많은 자료를 제공하고 있다. 한반도 중·남부 지역의 지석묘는 밀집의 정도나 거리의 간격 등에 따라 소밀집 지역과 대밀집 지역으로 나누어 생각할 수 있다. 소밀집 지역은 해안이나 분지성 평지 또는 낮은 산마루 등지에 입지한 지석묘가 직경 5㎞ 내외의 범위 안에 밀집되어 있는 경우이며, 대밀집 지역에는 이러한 소밀집 지역들이 서로 인접되어 계곡이나 산줄기 또는 하천 등으로 경계를 이룬 지역을 말한다.

이 지역 지석묘의 지역적 밀집분포 양상은 대개 비슷하게 나타내고 있다. 예를 들어, 전라남도 화순군 화순읍 일대의 지석묘 분포상황을 보면, 화순군 계소리에 10기, 교리 검문소 부근에 6기, 대리 주암에 23기, 도웅리에 3기, 만연리 갱정에 5기, 벽라리 화순역에 35기, 서태리 평촌에 6기, 앵남리에 4기, 이십곡리 압곡에 4기 등이 각각 소밀집군을 형성하고 있다. 이곳의 지리적 배경을 살펴보면, 동북쪽에서 서남쪽으로 뻗어있는 소백산맥이 남쪽으로 이어지면서 해발 1187m의 무등산을 형성하는데, 이 무등산에서 남쪽으로 뻗은 지맥이 화순읍을 둥글게 감싸면서 분지를 형성하고 있다. 즉 북쪽에는 해발 361m의 수레바위산이 있고, 동쪽에는 해발 472m의 간지산이 위치하고 있으며, 남쪽에는 해발 408m의 덕음산이 자리잡고 있다. 그리고 서쪽과 서북쪽에는 해발 354m의 정광산과 해발 413m의 분적산이 위치하고 있다. 따라서 화순군 화순읍 일대에 자리 잡은 지석묘들은 9개의 소밀집 지역이 하나로 묶이면서 대밀집 지역을 형성하였던 것이다. 이러한 小密集地域이 전라남도 지역에서만 86개이며, 大密集圈으로 분류되는 지역은 모두 25개나 된다.

지석묘 밀집 지역의 지역 간 범위는 지석묘 축조집단의 생활권 범위나 지배족장의 권력이 미치는 범위라고 해석할 수도 있을 것이다. 일찍이 인류학자들에 의해 주거집단들 간의 관계들에 대한 인류학적 조사를 실시한 적이 있다. 즉 인류학적 측면에서 생활범위를 살펴보면, 각 주거집단들 간의 서로 침범하지 않는 생활영역은 직경이 5㎞ 정도 되는 범위이며, 교통수단의 보조 없이 일상생활을 하는 데 적절한 규모는 직경이 약 10㎞ 정도 되는 범위라고 한다. 이러한 연구결과를 지석묘 축조집단의 생활권 범위의 추론에 적용해 볼 수 있을 것이다.

위에서 언급한 바와 같이, 요녕·길림 지방의 지석묘는 대개 탁자식 지석묘로 한 지역에 1기가 독립적으로 분포하거나 아니면 몇 개가 무리를 지어 小密集地域을 형성하고 있다. 그런데 여기에서 주목할 점은 이들 지석묘가 한 기든 아니면 여러 기가 한곳에 무리를 이루든 간에 각각의 한 지역에 있는 지석묘는 그 마을의 중요지점에 세워져 있으며, 이 지점부터 다른 小密集地域까지의 중간지점에 커다란 강이나 하천이 자리잡고 있어 지역 간 교류의 장애를 가져오고 있다는 점이다. 그리고 이들 지역의 지석묘는 규모가 큰 탁자식 지석묘가 대부분이고, 축조된 위치가 해당 마을을 조망하기에 가장 좋은 지점이며, 지석묘가 축조된 주변 지역에는 하천과 평지가 널리 형성되어 있어 농경을 하기에 최적의 조건을 갖추고 있다. 요녕·길림 지방의 지석묘 小密集地域 간의 거리가 무려 30~50㎞ 된다. 그러나 이 지역의 山勢나 河川 같은 자연 지리적 조건을 감안하면, 小密集地域의 거리범위 그 자체가 바로 지석묘 축조집단의 생활범위였을 것으로 단정할 수 있을 것이며, 이것은 또한 지석묘 축조집단의 정치 사회적 범위와 배경을 이해하는 데 중요한 실마리를 제공하는 것이라 하겠다.

한반도 서북부 지방의 지석묘도 요녕·길림 지방의 지석묘와 마찬가지로 일정한 간격을 두고 소밀집 지역을 형성하면서 분포하고 있다. 그러나 이들 지석묘의 소밀집 지역 간의 거리는 1~2㎞를 유지하고 있으며, 이들 소밀집권이 다시 직경 10~15㎞ 정도의 범위 내에서 大密集地域을 형성하고 있다는 점에 차이가 있다. 서북부 지역의 지석묘들이 지역적으로 이러한 밀집 지역의 분포를 보이는 것은 이 지역 특유의 山勢나 河川 같은 지형학적 조건을 반영하고 있다. 동쪽의 남북으로 종단하는 낭림산맥에서 서쪽으로 뻗어오는 언진산맥과 언진산맥 북쪽에서 언진산맥과 평행선을 달리면서 서남쪽 서해로 빠져나가는 대동강이 지역을 분리시키고 있고, 다시 낭림산맥과 언진산맥의 여러 지맥과 대동강의 여러 지류들이 지역을 나누면서 사람들의 생활권을 제약하고 있다. 이들 山脈의 支脈과 河川의 支流들이 나누면서 생긴 낮은 평야 지대의 중요 지점에 지석묘의 소밀집 지역을 형성하면서 지리적 분포를 하고 있는 것이다. 따라서 서북부 지역의 지석묘 축조집단들은 그들의 활동무대를 하천 유역의 충적토지대나 산간 지역에 형성된 낮은 평야지대로 삼았던 것으로 보인다.

이러한 현상은 중부 지역의 지석묘 분포에서도 그대로 적용된다. 예를 들어, 경기도 시흥시와 광명시 일원의 지석묘 분포에서도 그대로 나타나고 있다. 즉 시흥시 계수동에 9기의 지석묘가 밀집 지역을 형성하고 있는데, 이를 중심으로 동북쪽으로 약 5㎞ 지점에 광명시 철산동에 1기의 지석묘가 자리잡고 있으며, 동쪽에서 약간 남쪽으로 6㎞ 지점에는 광명시 소하동에 3기의 지석묘가 소밀집 지역을 형성하고 있고, 동남쪽으로 약 8㎞ 지점에는 광명시 가학동에 11기의 지석묘가 소밀집 지역을 형성하고 있다. 따라서 계수동 지석묘를 중심으로 이들 각각의 지석묘군을 한 개의 커다란 범위로 묶으면 바로 이 지역의 지석묘 분포에서 하나의 대밀집 지역으로 설명될 수 있는 것이다. 즉 시흥시 광명시 일원의 대밀집 지역의 지리적 상황을 보면 동쪽에는 남북으로 안양천이 北流하고 있으며, 남쪽에는 해발 396m의 수암봉이 가로 막고 있고, 서쪽은 서해바다와 격해있으며, 북쪽은 낮은 야산이 동서로 횡단하고 있다. 이는 자연 지리적 조건과 지석묘 밀집 지역이 서로 일치하는 모습을 보여주고 있다. 따라서 직경 약 10㎞ 범위가 바로 시흥시와 광명시 지석묘 축조집단의 생활영역이었을 것으로 생각할 수 있는 것이다.

남부 지방의 지석묘들도 축조입지에 관계없이 지역적 분포가 중부나 북부 지방의 지석묘들과 비슷한 양상을 나타내고 있다. 예를 들어, 전라남도 지방의 지석묘 분포양상은 대략 직경 4~6㎞의 범위 내외에서 소밀집 지역을 형성하고 있다. 소밀집 지역의 지석묘는 적게는 50여기에서 많게는 600여기까지 이르고 있다. 이러한 소밀집 지역이 전라남도 지역에서만 86개소나 되며, 이러한 소밀집 지역이 지리적 조건에 따라 3~6개로 묶여 하나의 대밀집 지역을 형성하게 된다. 대밀집 지역에 속한 지석묘의 총수는 적게는 200여 기에서 많게는 1,600여 기에 이르기까지 한다. 대밀집 지역의 범위는 앞에서 언급한 바와 같이 직경이 약 20㎞ 내외이다.

전체적으로 보면, 요녕과 길림 지역만 밀집 지역의 범위가 30~50㎞이고, 한반도 대부분 지역의 지석묘는 소밀집 지역과 이를 몇 개로 통합한 대밀집 지역으로 나누어 생각할 수 있다. 소밀집 지역 간의 거리는 평균 5㎞ 정도이고, 이를 직경 10~15㎞ 범위 내로 통합하면 대밀집 지역의 산술적인 지석묘 축조집단의 영역이 될 것이다. 李鍾旭은 社會進化上 族長

社會 단계인 斯盧 6村이 대개 10㎞ 내외를 농경활동의 공간으로 구성되었다고 본적이 있는데,[14] 이는 바로 한반도 지역의 지석묘 대밀집 지역의 분포범위와 일치하고 있다. 이러한 지석묘의 분포범위는 바로 지석묘 축조집단이 생계자원을 구하던 생활범위에 해당할 것이다. 그런데 지석묘 축조집단이 족장사회의 단계에 이른 집단이었다고 생각한다면, 지석묘에 묻힌 피장자는 적어도 공간적으로 직경 10~15㎞ 정도 범위가 되는 사회에서 상층 신분을 유지하면서 상당한 권력을 행사한 자였을 것이다. 그렇다면, 아마도 지석묘의 대밀집 지역의 범위는 해당 지석묘 축조집단의 생활범위이면서도 한편으로는 지석묘에 묻힌 피장자집단의 권력이 미치는 통치영역이면서 세력범위였을 것으로 파악될 수도 있을 것이다.

2) 支石墓의 配置形態와 社會的 性格

지석묘의 축조입지는 하천 유역의 충적대지나 낮은 야산의 산마루 또는 산과 산 사이에 형성된 분지성 평지가 선택되고 있다. 그런데 이들 지역에 축조된 지석묘는 그 축조숫자나 배치에서 어떤 일정한 규칙성을 보여주고 있다. 지석묘 축조에서의 이러한 규칙성은 지석묘에 묻힌 피장자가 속한 사회적 집단의 계층구조를 이해할 수 있는 약간의 실마리를 제공하고 있다.

가. 江華島 支石墓의 配置形態

강화도 지역의 지석묘가 일정한 간격을 두고 밀집 지역을 형성하면서 축조되었다는 사실이 강화도 지역 지석묘 사회의 공간적인 생활범위를 이해할 수 있게 해준다면, 밀집 지역에서의 지석묘의 공간적 배치상황은 지석묘 사회의 세층적인 사회구조를 이해할 수 있는 고고학적 정보를 제

---

14. 李鍾旭, 1999,『韓國의 初期國家』, pp.135~151, 아르케

공한다.

밀집분포를 보이고 있는 강화도 지석묘에 대한 공간적 배치구조를 구체적으로 살펴보면(표31), 송해면 하도리 187-1번지의 밭에는 탁자식 지석묘 2기와 개석식 지석묘 2기 등을 포함한 5기[15]의 지석묘가 T자형으로 배치되어 있다. 반면에 하점면 삼거리 912번지 일대에는 개석식 지석묘 1기와 탁자식 지석묘 2기 등 모두 3기의 지석묘가 길다란 반타원형(⌒)을 그리면서 배치되어 있다. 하점면 삼거리 산 121번지의 샘말마을에 탁자식 지석묘 6기와 개석식 지석묘 1기 등 7기의 지석묘가 일자형(─)으로 배치되어 있고, 송해면 하도리 612번지 일대에 있는 3기의 개석식 지석묘도 주변의 소하천 방향을 따라 일자형(─)으로 배치되어 있다. 하점면 부근리 320-1에 있는 3기의 탁자식 지석묘는 삼각형(△)을 그리면서 배치되어 있다.

표 31. 江華島 支石墓의 配置形態

遺蹟名	支石墓數	配置形態
송해면 하도리 187-1	5	T
하점면 삼거리 912번지 일대	3	⌒
하점면 삼거리 산121번지	7	─
송해면 하도리 612번지 일대	3	─
하점면 부근리 320-1번지	3	△

밀집분포를 보이는 강화도 지석묘의 공간적 배치구조는 삼각형(△), 일자형(─), 반타원형(⌒), 그리고 'T'자형 등 대략 4가지 형태를 나타내고 있다. 강화도의 지석묘가 전망이 좋은 지역에 입지를 선정하고, 지역 간의 거리에서 일정한 간격을 유지하고 있으며, 또한 무리를 이루는 밀집 지역에서의 공간배치가 일정한 구조를 보이고 있다.

---

15. 현재는 1기가 파괴되어 4기만 남아있다.

이렇듯 강화도라는 한 지역에서 지석묘의 숫자가 제한되어 있고, 배치구조가 일정한 형태를 띠고 있다는 것은 이들 지역에 축조된 지석묘의 被葬者들이 서로 가까운 혈연적 관계에 반영하는 것으로 생각할 수 있을 것이다. 이런 모습은 바로 지석묘라는 墓制가 정치 · 경제적 기반을 갖춘 어떤 특정한 혈연집단의 政治的 繼續性(dynamic succession)이라는 사회적 성격을 갖는 무덤양식으로 해석되는 것이다.[16] 특히 무덤의 제한된 숫자와 일정한 配置構造는 이들 지석묘가 모두 같은 시기에 축조된 것으로 볼 수 없으며, 대신에 지석묘를 축조할 수 있는 신분계층에서 권력을 향유하고 있던 자가 죽을 때마다 미리 예정된 배치방향에 따라 계속적으로 축조되었고, 그리고 거기에 묻힌 것을 나타내는 것으로 간주할 수 있을 것이다. 이것은 바로 한 곳에 여러 가지 配置構造를 갖는 이들 지석묘는 시대를 달리하여 계속적으로 세워졌을 것이라고 가정할 수 있다. 결국 이러한 지석묘의 공간적 배치구조는 무덤의 被葬者가 많은 노동력이 투입되는 지석묘를 축조할 수 있는 정치적 능력과 그 안에 埋葬될 수 있을 정도의 경제적 능력을 가진 계층집단의 사회적 신분이 世襲되고 있음을 반영하는 것이라 하겠다.

나. 東北亞 支石墓의 配置形態

강화도 지석묘의 배치형태는 다른 지역의 지석묘 배치에서도 유사한 양상을 보여주고 있다. 요녕과 길림 지방에서 발견되는 지석묘는 공간적으로 넓은 분포도를 보임에도 불구하고 한반도 지석묘에 비하여 그 숫자는 매우 적다. 그러나 이들 지석묘를 통하여 청동기시대 이 지역에 등장했던 계층사회의 한 단면을 이해할 수 있게 한다. 예를 들어, 遼寧省 蓋州市 石棚山 支石墓는 지리적으로 蓋州市 二台子 농장의 石棚村 남쪽에 있는

---

16. 兪泰勇, 2002, 「江華島 支石墓의 築造와 族長社會의 形成過程 研究」『博物館誌』4, 仁荷大學校博物館

완만하고 평평한 대지 위에 거대한 탁자식 지석묘로 축조되어 있는데, 그 위치가 주변의 어디에나 바라볼 수 있는 곳으로 전망이 아주 좋은 위치이다.[17] 이 지석묘는 장축이 남북으로 놓여 있으나 남쪽의 막음돌 역할을 하는 지석은 없어졌다. 내부에는 판석을 평평하게 깔아서 정리하였다. 이 지석묘는 현재 종교장소로 사용되기 때문에 안에는 아무것도 남겨진 것은 없다.

그러나 이 지석묘가 세워진 石棚山村의 마을에서 단 1기만 배치되어 있다는 것을 감안하면, 지석묘에 안치되었을 피장자의 신분은 지석묘에 안치되지 않은 사람들과는 상당히 달랐을 것이다. 즉, 이같이 거대한 지석묘를 축조하는 데 소모되는 노동력과 경제력을 가진 정치적 실력자의 존재를 상정할 수 있을 것이다. 만일 지석묘 축조당시 石棚山村에 거주하던 사람들이 모두 평등한 신분적 위치에 있었다면, 이곳에는 당시 살았던 사람이나 家口 또는 氏族集團의 수만큼 지석묘가 축조되어야 할 것이다. 그러나 이 마을에 단 1기의 지석묘가 축조되어 있다.

따라서 石棚山村 지석묘에 被葬된 사람은 이 지역에서 이같이 거대한 지석묘를 정교하게 축조할 수 있는 정치 경제적 능력을 갖춘 상층계급에 속한 자였을 것이다. 그리고 지석묘의 숫자가 제한되어 있다는 사실을 주목할 수 있는데, 이것은 이 지역을 통할하던 족장계층의 혈족집단 구성원들이 그들의 족장이 사망할 때마다 이 지석묘에 계속적으로 안치하였기 때문일 것이다. 특히 요녕 지방의 지석묘에서 출토되는 인골의 대부분이 불에 탄 채 출토되고 있어,[18] 석봉산 지석묘에 묻힌 피장자도 火葬의 葬法으로 안치되었던 것으로 보인다. 결국 요녕 지방의 지석묘는 상위 지배계층에 속한 혈족집단의 墓制이며, 이들 혈족은 대를 이어 지석묘라는 신성한 묘역을 장악하고, 이를 정치 종교적인 것으로 이용하였던 것으로 보아 신분이 세습되는 사회였던 것으로 보인다.

17. 하문식, 1999, 『古朝鮮 地域의 고인돌 硏究』, pp.32~34
18. 하문식, 1999, 『古朝鮮 地域의 고인돌 硏究』, pp.295~299

한반도의 지석묘는 한 곳에서 1기나 2기씩 배치되어 축조되는 경우도 있으나 대개 수십 기에서 백여 기가 일정한 규칙으로 배치되어 축조되는 경우도 많이 있다. 그런데 앞에서 언급한 바와 같이 이들 지석묘들은 무질서하게 아무렇게나 세워져 있지 않고 어떤 일정한 규칙성 갖고 배치되어 있는 점이 주목된다(표32). 예를 들어, 한양대학교 박물관에서 발굴한 경기도 파주군 당하리 지석묘는 당하리 뒷산에 있는 해발 45m의 나지막한 야산 산마루에 4기가 반원형(⌒)을 그리면서 배치되어 있다.[19] 경기도 광명시 가학동 지석묘군은 장타원형(O)으로 배치되어 있다.[20]

이러한 배치형태는 다른 지역에서도 그대로 나타나고 있다. 예를 들어, 전라남도 영암군 영보리 영보 지석묘는 긴 반타원형(⌒)으로 배치되

표 32. 韓半島 中·南部地域 支石墓의 配置形態

遺蹟名	支石墓數	配置形態
파주군 당하리 지석묘군	4	⌒
영암군 영보리 영보 지석묘군	9	⌒
장흥군 방촌리 신기 나군	24	O
여천군 화동리 화동 나군	26	O
광명시 가학동 지석묘군	12	0
이천시 현방리 지석묘군	7	0
여천군 산수리 신대 지석묘군	21	0
장흥군 수락리 수락 다군	12	—
영암군 채지리 지석묘군	11	—
영암군 장산리 지석묘군	51	‖
영암군 연보리 냉천 지석묘군	16	‖
구례군 죽마리 죽연 나군	27	‖
영암군 청룡리 노동 지석묘군	17	=
영암군 선황리 당리 다군	13	+

19. 김병모·고재원, 1994,『多栗里, 堂下里 支石墓 및 住居址』, 한양대학교 박물관
20. 김병모 외, 1997,『光明 駕鶴洞 支石墓』, 한양대학교 박물관
21. 이영문·조근우, 1996,「全南의 支石墓」『全南의 古代 墓制』, pp.27~306

어 있고, 전라남도 장흥군 방촌리 신기 나군 지석묘(도면57)와 전라남도 여천군 화동리 나군 지석묘는 원형(O)의 배치를 하고 있다.[21] 세종대학교 에서 발굴한 경기도 이천시 현방리 지석묘는 장타원형(O)으로 배치되어 있는데,[22] 이러한 배치는 전라남도 여천군 산수리 신대 다군 지석묘(도면 58-①) 등의 배치구조와 같은 모습이다.[23] 전라남도 장흥군 수락리 수락 다군 지석묘와 영암군 채지리 지석묘, 그리고 구례군 죽마리 서당골 지 석묘(도면58-②) 등은 일자형(一)으로 배치되어 있으나, 영암군 장산리 지 석묘와 영암군 연보리 냉천 지석묘 그리고 전라남도 순천 대치리(도면 59-①)와 구례군 죽마리 죽연 나군 지석묘(도면59-②)는 두 열이 남북(∥) 으로 배치되어 있으나 전라남도 영암군 청룡리 노동 지석묘와 나주시 가 야동 텃골 지석묘(도면60)는 두 열이 동서(=)로 배치되어 있다. 또한 전 라남도 영암군 선황리 당리 다군 지석묘는 십자형(+)으로 배치되어 있 다.

이렇듯 지석묘는 立地 選定이나 지역 간의 거리에서 일정간 간격을 유지하고 있을 뿐만 아니라, 무리를 이루는 밀집 지역에서도 일정한 형 태에 따라 정연하게 배치된 모습을 보여주고 있는 것이다. 지석묘의 제 한된 숫자와 이러한 배치는 바로 한 지역에 위치한 지석묘들이 서로 혈 연적으로 밀접한 관계에 있음을 의미하는 것이다. 따라서 이런 현상은 지석묘가 특정 지배집단의 가족적 성격을 갖는 무덤으로 해석될 가능성 을 보여준다. 그리고 이것은 한 시기에 지석묘가 모두 축조된 것이 아니 라 지석묘 축조집단에서 권력을 유지하고 있던 상위 계층의 사람이 죽을 때마다 일정한 방향에 따라 축조되었다는 것을 의미하는 것이기도 하다.

다시 말해, 한 곳에 여러 가지 형태로 나열되어 있는 지석묘는 시대를 달리하여 연속적으로 세워졌을 것이라는 점이다. 이것은 바로 지석묘를 축조하고 매장될 수 있는 능력을 갖춘 上層階級의 혈족집단은 이미 사회

22. 최정필 외, 2000, 『이천지역 고인돌 연구』, 세종대학교 박물관
23. 이영문 조근우, 1996, 「全南의 支石墓」『全南의 古代 墓制』, pp.27~306

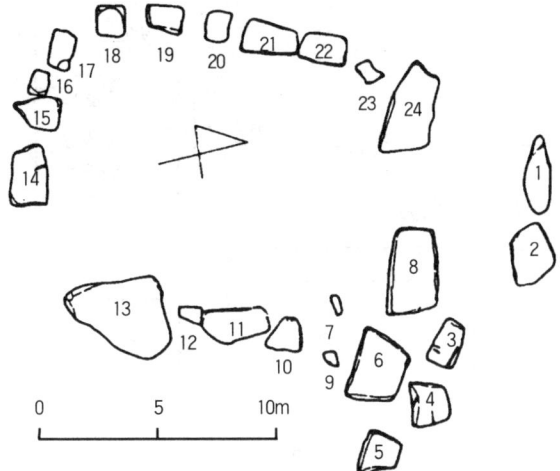

도면 57. 支石墓 配置圖 : 장흥 신기리 나군

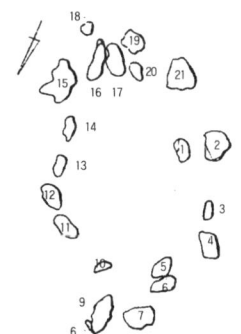

① 여천군 산수리 신대 가군

② 구례군 죽마리 서당골 지석묘군

도면 58. 支石墓 配置圖

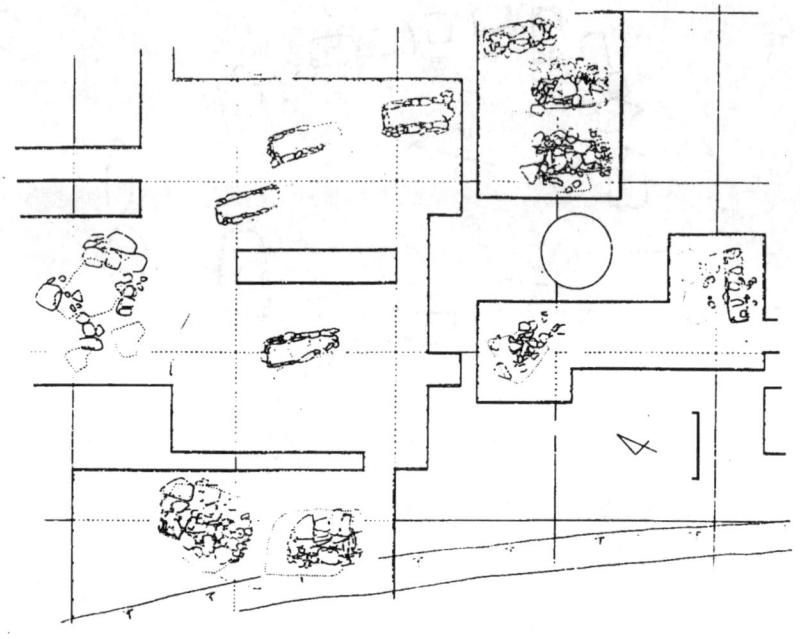

① 순천시 대치리 대천 지석묘군

② 구례군 죽마리 죽연 나군

도면 59. 支石墓 配置圖

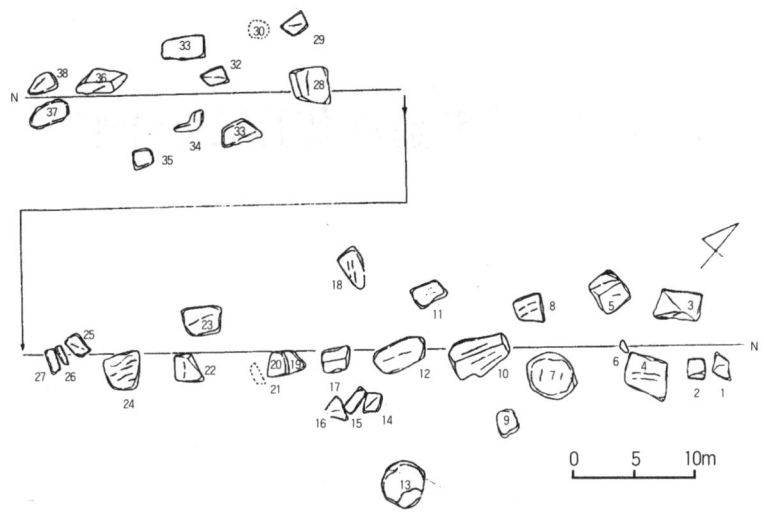

도면 60. 支石墓 配置圖 : 나주시 가야동 텃골 가군

적인 신분이 世襲되고 있었음을 나타내는 것이라 하겠다. 지석묘 축조집
단의 사회적 신분이 세습되고 있다고 하는 이 같은 사실은 이미 강원도
춘천시 중도 1호 지석묘에서 출토된 여아의 人骨 分析을 통하여 이미 확
인되었던 점[24]도 상기할 필요가 있다.

　　따라서 강화도를 포함한 동북아시아 지석묘의 지리적 분포와 공간적
배치에서 드러내는 어떤 일정한 규칙성은 바로 지석묘가 이들 지역의 사
회 속에서 차지하는 사회적 상징성과 크게 관련되어 있음을 알 수 있게
한다. 특히 한 곳에 1기씩 단독으로 축조되거나 아니면, 몇 기씩 제한적
숫자로 무리를 지어 밀집 지역을 형성한다는 사실은 지석묘의 피장자가
그 사회 내부의 공동체를 구성하는 공동체의 成員이었다기보다는 특정
계층집단의 혈족이었을 가능성을 내포하는 것이라 하겠다.

---

24. 최몽룡, 1985, 「春川 中島와 義城塔里 出土人骨」『閔錫泓博士華甲紀念 史學論
　　叢』

3. 支石墓의 築造와 族長社會의 形成

族長社會는 인류진화의 진화단계에서 부족사회와 국가사회에서 중간 단계사회(intermediate society)이다. 따라서 족장사회는 부족사회보다는 좀더 복잡한 사회 정치적인 조직을 갖고 있다. 특히 족장사회는 자원에 대한 불평등한 접근이 이루어지는 계층사회로서 중앙정부라는 정치조직을 갖고 있다. 그러나 족장사회의 정치경제가 혈연에 기반을 둔 상층계층의 사람들에 운용되는 재분배적 경제체제로 되어 있으나, 이의 시행을 위해 강제적인 물리력을 합법적으로 동원하는 것이 또한 어려운 사회이기도 하다.

동북아 지역의 지석묘 사회는 사회 문화적 진화단계에서 이미 이러한 위치에 이른 복합사회였던 것으로 보인다. 그러나 지석묘 사회를 이해할 수 있는 문헌자료는 거의 남아있지 않다. 따라서 당시 지석묘축조 당시의 사회를 이해하기 위하여, 지석묘와 관련된 고고학적 유물 유적과 後代의 문헌자료를 대비시켜 살펴보고자 한다.

1) 支石墓社會의 統制規模

가. 江華島 支石墓社會의 統制規模

지석묘 사회의 규모는 지석묘 축조에 동원된 인력의 평가를 통하여 양적 규모를 파악할 수 있으며, 밀집 지역의 범위를 통하여 영역의 규모를 추정할 수 있을 것이다. 먼저 지석묘의 축조에 동원된 인력을 지석묘의 축조에 사용된 석재의 무게를 통하여 살펴볼 수 있다. 그런데 지석묘 개석의 무게는 지석묘의 형식에 따라 차이가 발생한다. 즉 북쪽에서 주로 발견되어 북방식 지석묘라고도 불리고 있는 탁자식 지석묘의 개석은 넓고 평평한 판석을 사용하고 있으며, 표면도 매끄럽고 정교하게 치석하는 경향이 있다. 반면에 남방식 지석묘라고 불리는 기반식이나 개석식 지석묘의 개석은 평평한 板石보다는 두꺼운 괴석을 사용하는 경향이 있으며, 표면도 탁자식과는 달리 治石에 신경을 쓰지 않아 무게가 상대적으로 많이 나간다.

따라서 지석묘의 개석에 대한 무게를 토대로 산출한 인력을 그대로 지석묘의 사회를 평가하는 데에는 탁자식 지석묘와 기반식 지석묘 사이에 형평성에 문제가 발생할 수 있다. 그러나 탁자식 지석묘에는 개석의 무게에다 표면을 治石하는 데 동원된 약간의 석공인력을 부가시켜 계산하면 해결될 수 있을 것이다. 아무튼 지석묘는 그 형식에 관계없이 무거운 개석을 이동하는 데에 막대한 인력이 소모된다는 점에서는 일치하고 있다.

강화도 지석묘의 개석 무게가 확인되는 지석묘는 약 121기이다(표33).

표 33. 小密集地域의 代表的 蓋石分布

密集群	무게(톤)	비고
1群 하점면 부근리 743-4 점골	15.2	
신삼리 524-2	17.6	
2群 하점면 부근리 317	108.2	
송해면 하도리 187-1 A호	15.7	
3群 하점면 창후리 산11 창후A	16.8	
창후리 사촌 창후F	17.5	
4群 양사면 교산리 산615 묵골H	13.3	15톤 미만
5群 송해면 양오리 산11	38.6	
6群 강화읍 대산리 1189 청송	12.8	15톤 미만
7群 내기면 오상리 산125 고상골1	16.6	
8群 내가면 외포리 외포	?	없어짐
9群 양도면 도장리 어두1	10.5	15톤 미만
10群 화도면 동막리 동막	?	없어짐

표 34. 江華島 支石墓 蓋石의 무게

무 게(톤)	숫자	백분율(%)
0.1~1.0	16	13.22
0.1~5.0	73	60.33
5.1~10.0	16	13.22
10.1~15.0	8	6.61
15.1~20.0	6	4.95
20.1~40.0	1	0.82
40.1~	1	0.82
합 계	121	100.0

이 가운데 개석의 무게가 1.1~5.0톤 사이에 해당하는 것이 모두 73기 (60.33%)를 차지한다. 여기에서 1톤이 못되는 지석묘와 5.1~10.0톤 사이의 지석묘가 각각 16기(13.22%)를 차지하며, 10.1~15.0톤 사이에 해당하는 지석묘도 8기(6.61%)나 확인되고 있다. 10톤 이하의 무게를 갖는 지석묘는 모두 105기(86.77%)를 차지하며, 15톤 이하에 해당하는 지석묘는 모두 113기로 전체의 93.38%를 점유하고 있다(표34). 따라서 강화도 지석묘의 약 93%가 15톤 이하의 무게가 나가는 개석을 이용되어 지석묘가 축조되었음을 알 수 있다.

대략 1톤의 암석을 옮기는 데 필요한 인력이 약 10명 정도 투입된다는 공식을 적용한다면, 지석묘의 축조에 약 150명 이상의 노동력이 투입되어야 지석묘의 축조가 가능한 15톤 이상의 지석묘 개석은 모두 8기로 6.61%의 비율을 보이고 있다. 그런데 여기에는 약 380~400명 정도의 노동력이 요구되는 38.6톤의 개석과 1,100명 이상의 노동력이 투입되어야 하는 108톤의 개석이 각각 1기씩이 각각 포함되어 있다. 이러한 규모의 지석묘를 축조하려면, 적어도 이들 지석묘 축조 기간에 1,000여명이 넘는 인원에게 적어도 충분한 식량을 공급하고 이들 인원을 통제할 수 있는 절대적인 정치 경제력을 갖추어야 할 것이다. 이러한 지석묘의 축조에는 강화도 지석묘 사회의 청장년 계층의 성인 남성이 거의 모두 동원되었을 것이다.

개석의 무게를 밀집 지역별로 살펴보면, 각기 밀집 지역에는 많은 노동력이 투입되어야만 축조될 수 있는 지석묘가 적어도 1기 이상은 분포하고 있는 것으로 나타나고 있다. 이는 각 지역의 지석묘 축조집단의 소규모 세력권으로 파악되고 있어 매우 주목되고 있다. 엄청난 무게가 나가는 하점면 부근리 317번지와 송해면 양오리 산11번지의 지석묘를 제외하면 평균 蓋石의 무게는 15.1톤으로 측정되고 있다. 이들 지석묘를 세우기 위해서는 적어도 대략 성인 남자 150여명에 이르는 노동력이 투입되어야 하는 수치이다. 이를 토대로 小密集地域의 인구를 추산하면, 150명×한 가구당 5인 기준=750명이라는 수치가 나오고 있다. 따라서 각 小密集地域의 사회적 규모는 직경 3~5㎞의 범위에 인구가 약 700~800 정도에 이르는 사회적 규모를 형성하고 있었던 것으로 간주할 수 있을 것이다.

다음으로 규모가 큰 지석묘는 송해면 양오리의 낮은 야산의 산마루에 위치하고 있는 탁자식 지석묘이다. 이 지석묘는 주변 지역을 잘 조망할 수 있는 위치에 立地할 뿐만 아니라 무게가 38.6톤이라는 데 주목할 필요가 있다. 이는 이 지석묘를 축조하는 데 필요한 인력이 약 386명 내외가 되기 때문이다. 물론 산술적 수치이긴 하지만 이를 사회적 규모로 환산하면, 386명×한 가구당 5인 기준=1,930명이라는 수치로 계산된다. 따라서 이 지석묘가 축조될 당시의 사회적 규모는 직경 3㎞ 내외 범위에 인구가 약 2,000여명 안팎이 될 것이다. 양오리 지석묘가 축조될 당시의 사회적 규모는 이전보다 더욱 확대되었을 것이며, 따라서 이 지석묘에 묻힌 피장자의 정치 경제적 능력은 한층 증대되었을 것이다.

마지막으로 주목되는 지석묘는 강화도 부근리 317번지에 축조된 지석묘이다. 이 지석묘는 규모도 웅장할 뿐더러 무게도 무려 108.2톤이나 나가고 있다. 이를 동원인력의 수치로 계산하면, 이 지석묘의 축조에 참여한 사람은 적어도 약 1,082명 정도가 될 것이다. 이를 다시 사회적 규모로 환산하면, 1,082명×한 가구당 5인 기준=5,410이라는 노동력이 산출된다. 따라서 이러한 개석의 무게를 통해 산출한 부근리 317호 지석묘가 축조될 무렵의 사회적 규모는 강화도 전체를 통할하는 지리적 범위에 인구는 약 5,000~5,500명 정도가 되었을 것이다.

표 35. 江華圖 支石墓의 무게와 分布數와의 相關關係

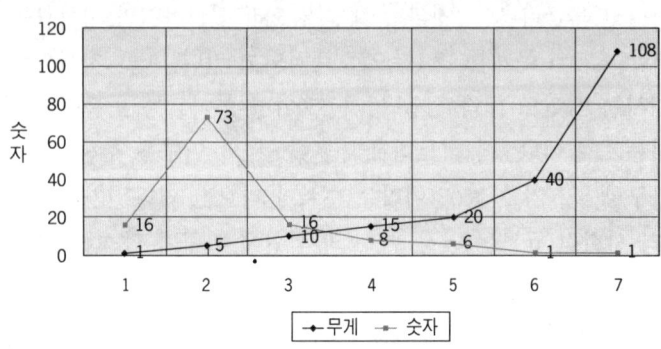

표35는 지석묘 개석의 무게가 증대에 따라 지석묘의 숫자가 감소하는 모습을 보이고 있다. 이것은 바로 강화도 지석묘 사회의 정치적 중심이 피라미드의 정점을 향하여 나아가고 있음을 가리키는 것으로 보아야 할 것이다. 이것은 곧 강화도 지석묘 사회가 하나의 정치적 중심체를 향하여 사회적 통합을 이루어나가는 과정을 보여주는 것이라 하겠다. 표35는 지석묘 개석의 무게가 무거워지면 무거워질수록 지석묘의 숫자가 현격하게 줄어드는 현상을 나타내고 있다.

강화도 지석묘 가운데 특히 부근리 317호 지석묘는 고려산 북쪽의 동서 양쪽 평야지대의 경계지점에 해당하는 밭에 세워져 있는 점이 주목되는데, 이곳은 지리적으로 고려산 북쪽의 동서 양쪽 지역을 통관하는 위치이다. 따라서 지리적으로 매우 중요한 지점에 이렇게 거대한 지석묘가 축조되었다고 하는 사실은 아마도 이 지석묘에 묻힌 피장자가 생존시에 강화도 지역의 다른 小密集地域에까지 정치 경제적으로 영향력을 행사했던 것으로 볼 수 있다. 따라서 부근리 317호 지석묘가 축조될 당시의 강화도 지석묘 사회는 완전한 족장사회의 단계에 이르렀으며, 이 족장사회의 지배자는 강화도의 전 지역을 統轄하는 정치적 지배자로서의 확고한 입지를 구축했을 것으로 이해되는 것이다.

나. 東北亞 支石墓社會의 統制規模

강화도 지석묘의 개석에 대한 무게를 통하여 강화도 지석묘 축조사회의 사회적 통제규모를 검토하였다. 이러한 방식을 통하여 요녕 지방이나 한반도의 다른 지석묘 축조사회에도 적용될 수 있을 것이다. 예를 들어, 평양의 장리 1호 지석묘는 무게가 약 80톤 가량이나 된다. 따라서 개석을 운반시키는데 소요된 인력은 약 800명 정도가 될 것이다. 이 지석묘를 축조하는 데에는 여자와 노약자를 제외한 청장년의 남성들이 모두 동원되었다고 생각한다면, 800명×한 가구당 5인 기준=4,000명이라는 수치로 계산된다. 이를 그대로 지석묘 사회에 적용하면, 장리 1호 지석묘를 축조한 사회는 적어도 4,000명 내외의 인구규모를 갖는 사회라고 하겠다. 이것은 개석의 무게에 대한 단순한 산술적 계산일 뿐이며, 지석묘의 개석에 대한 정교한 치석의 정도를 감안한다면, 장리 1호 지석묘 사회의 규모는 이보다는 훨씬 컸을 것으로 생각할 수 있다.

지석묘의 개석을 기준으로 무게가 높은 사례를 중심으로 살펴보면, 遼寧省 莊河市 白店子 지석묘는 23.2톤이고, 蓋州市 石棚山 지석묘는 무려 65.4톤이 나간다. 특히, 개주시 석붕산 지석묘는 무게가 65.4톤이므로 이 지석묘 축조에 동원된 인원은 65.4톤×10명=654명으로 산출된다. 따라서 석붕산 지석묘의 개석운반에만 투입된 인원은 대략 650명 내외가 될 것이다. 그런데 이 지석묘의 개석은 평면이 넓고 거대한 板石의 형태이며 표면의 治石상태가 아주 정교하게 되어 있다. 이는 개석의 운반이외에도 治石과 築造에 요구되는 석공 기술자들이 추가적으로 투입되었음을 나타내는 것이다. 따라서 석붕산 지석묘의 축조에는 개석의 무게로 산출된 것보다 훨씬 더 많은 인력이 투입되었을 것이며, 사회적 규모도 그만큼 더 컸을 것으로 추정된다.

한반도 지석묘 축조사회의 경우에도 요녕 지방의 경우와 비슷할 것으로 보인다. 예를 들어, 경기도 파주군 다율리 1호 지석묘는 개석의 무게가 207톤이고, 전라북도 고창군 운곡 21호 지석묘의 무게는 무려 297톤으로 측정되고 있다. 이를 각각 산술적 수치로 환원하면, 경기도 파주군 다율리 1호 지석묘의 사회적 규모는 10,500명 내외이고, 운곡리 21호 지석묘 사회는 15,000명 내외의 규모로 산출된다. 이는 李鍾旭이 斯盧 六村의 족장사회의 다음 단계인 初期國家[25]의 단계로 설정했던 斯盧國社會의 인구규모와 비교될 수 있다. 즉, 李鍾旭은 斯盧國社會의 인구는 10,000~15,000명 정도의 규모였다고 하였는데, 대형 지석묘로부터 산출된 인구규모와 상당히 근접하고 있다. 그리고 Baker와 Sanders가 족장사회의 인구로서 일찍이 추정했던 10,000~12,000명[26]이라는 수치와도 크게 차이가 나지 않고 있어 주목된다.

물론 족장사회의 인구가 항상 이와 같은 수치를 나타내는 것은 아니다. 해당 사회의 자연 지리적 조건이나 농경이 가능한 생태학적 여건, 또는 역사적 배경에 따라 각 족장사회마다 인구규모가 상이하게 나타낼 것이며, 위에서 인구수치를 평가하기 위해 언급한 지석묘들이 동북아의 지석묘 사회를 모두 대변하는 것은 아니다. 한반도의 많은 지석묘들은 개석의 무게가 겨우 수 톤에 지나지 않는 것도 대단히 많다는 점도 지석묘 사회의 연구에서 간과해서는 안될 부분들이다. 그러나 그럼에도 불구하고 위에서 언급한 지석묘들은 적어도 이 정도의 인력은 필요한 것이며, 더구나 여러 지석묘 밀집 지역에는 위에서 언급한 개석의 무게와 동등한 지석묘들이 적어도 몇 기씩은 축조되고 있다는 점에서 지석묘 축조사회

25. 이종욱은 小國이라는 명칭을 사용하고 있다.
　　이종욱, 1987, 『新羅國家形成史研究』
26. Baker, P.T., and Sanders, W., 1972, Demographic studies in anthropology, *Annual Review of Anthropology 1*, p.163

의 사회적 규모를 추정하는 데 어느 정도 타당성을 가질 수 있을 것으로 생각된다.

지석묘 개석의 무게가 지석묘 축조집단의 사회적 규모를 보여주는 것이라면, 지석묘의 축조분포는 지석묘 축조집단의 공간적 규모를 나타낼 것이다. 동북아시아의 지석묘는 한 곳에 몇 기가 무리를 지어 小密集地域을 형성하고 있으며, 이러한 밀집 지역이 다시 일정한 간격을 유지하는 양상을 보여주고 있다는 점은 이미 앞에서 살펴보았다. 한반도에서의 지석묘 밀집 지역의 범위는 小密集地域의 경우 직경 5㎞ 내외, 그리고 이들 몇 개의 小密集地域을 포괄하는 大密集地域의 경우는 직경 10~15㎞ 내외로 파악되고 있다.

그런데 특정 지역의 지석묘 사회가 생계전략을 유지하던 공간으로서의 이러한 지역적 규모는 역사에 등장하는 사회로서 족장사회단계로 간주되고 있는 斯盧 六村社會나 가야의 九干社會의 세력범위와 상통하는 면이 있다. 李鍾旭은 斯盧 六村社會는 족장사회로서 그 범위가 직경 10㎞ 내외였다고 주장하였고, 加耶 九干社會는 김수로왕에 의해 국가로 통합되기 이전에 9村이 형성되어 있었다고 하였는데, 그렇다면 이러한 지리적 범위는 바로 각 촌에서 각각 여러 '干'으로 호칭되던 족장들의 정치적 영역범위라고도 말할 수 있을 것이다.

2) 支石墓社會의 階層構造

가. 單婚的 小家族制

앞에서 살펴 본 바와 같이 지석묘의 분포나 배치구조는 靑銅器時代 社會組織의 基本單位가 氏族(clan)에 기초한 單婚制 小家族制度였던 것으로 해석되고 있다.[27] 전라남도 나주시 다도면 판촌리의 지석묘군은 타원

27. 최몽룡, 1987, 「여주 흔암리 선사취락지의 성격」『三佛金元龍教授停年退任紀

형으로 배치되어 있어 지배 집단의 가족 묘역으로 생각되는 그런 무덤군이 될 것이다. 그런데 여기에 축조된 지석묘 가운데 한 개의 개석 아래에 두 개의 석실을 하부구조가 나타나는 경우가 있어 주목된다.[28] 이를 崔夢龍은 夫婦나 그에 가까운 血緣關係가 있는 被葬者의 무덤일 것으로 해석하고 있다.

전라북도 진안군 여의실 지석묘에서도 부부와 그 자식들로 생각되는 지석묘가 발굴된 바 있다.[29] 즉 여의실 지석묘는 전체 5기로 구성되어 있으며, 1호와 2호는 장방형의 積石墓域을 갖추고 있다. 3호는 규모가 작은 석실로 2호의 동쪽에 붙어 있다. 4호와 5호는 북쪽으로 방형의 제단 있고 타원형으로 積石의 묘역시설을 하였는데, 1호와 2호의 지석묘로부터 각각 서남쪽과 서북쪽으로 약간 떨어져 위치하고 있다. 그런데 여기에서 1호와 2호가 하나의 묘역을 구성하고 있어 부부의 무덤으로 보이며, 2호의 옆에 딸린 3호 무덤은 이들 夫婦의 子息으로 생각된다. 그리고 4호와 5호의 지석묘도 1호와 2호의 무덤 주인공들과 혈연관계에 있는 近親 家族들로 생각되고 있다. 따라서 지석묘의 이러한 석실배치 현상은 당시 가족형태가 單婚制 小家族制度였음을 나타내는 것으로 보인다.

지석묘 축조집단의 이러한 친족 구조형태는 주거지 발굴에서도 그대로 나타나고 있다. 먼저 청동기시대 家口의 평균 구성원 수를 보면, 金正基는 주거지 내의 면적을 한 사람이 대략 5㎡를 차지하는 것으로 보고있으나 북한의 고고학자들은 이 보다는 적은 평균 3㎡의 면적을 차지하는 것으로 산출하고 있다. 최몽룡은 이들 두 견해로부터 경기도 여주군 흔암리 주거지의 인구규모를 산출해낸 적이 있다. 그는 파괴되지 않고 완전하게 보존된 주거지의 평균 인구수는 5㎡을 기준으로 했을 경우에는 5.7명이며, 3㎡을 기준으로 했을 경우에는 9.5명이 될 것으로 보았다. 이

念論叢』, p.101
28. 최몽룡, 1982, 「全南地方 支石墓 社會와 階級의 發生」『韓國史硏究』35
29. 김승옥, 1999, 「진안 용담댐 지석묘발굴조사」『제42회 전국역사학대회 발표요지』

러한 분석을 토대로 그는 흔암리 주거지의 인구수는 가구당 대략 4~7명인 單婚的 小家族이거나 一夫一妻의 소가족제도를 유지했던 사회였을 것으로 파악하였다.[30]

氏族에 기초한 이러한 單婚制的 家族制度는 歷史初期의 文獻資料를 통하여서도 확인된다. 『三國史記』나 『三國遺事』에 기록된 斯盧 六村社會는 혈족관계를 기반으로 구성된 사회였던 것으로 알려지고 있다. 斯盧 六村社會는 각기 자신들의 제한된 영역을 보유하면서 家父長이나 氏族長에 의해 영도된 사회였다. 그러나 족장의 권위는 매우 제한되어 있어서, 집단의 중요한 문제는 씨족 원로모임에서 만장일치로 결정되었다. 이러한 제도는 지배 엘리트의 협의체적 성격을 갖는 것으로, 나중에 斯盧國에서는 '和白'이란 이름으로 정착시킨 합의제가 바로 그것이다.[31]

지석묘 축조집단의 결혼제도는 族外婚的 單婚制였던 것으로 보인다. 그 실례를 東濊社會에 대한 기록의 편린에서 볼 수 있는데, 東濊에서는 같은 氏族에 속하는 사람들은 혼인이 금지되는 族外婚 風習을 갖고 있었다. 특히, 族外婚制는 경쟁 씨족들 간의 분쟁을 완화시키는 작용을 할 뿐만 아니라 인접집단 사이에 부족한 생산물의 교류를 위한 경제적 협력과 외부침략에 공동대처 하기 위한 정치적 연맹을 할 수 있는 기회를 제공한다. 이러한 집단 간의 이해 관계는 결국 여러 씨족을 결속시키게 되고, 시간이 흐름에 따라 보다 큰 지역집단의 정치적 연맹체로 점차 그 실체를 드러내게 된다. 이를 구체적으로 살펴보면, 송국리나 검단리 또는 진주 대평리 등지에서와 같이 단일 지역에서 대규모 주거지가 집단으로 발견된다는 사실과 당시 사회구조 사이에는 일정한 형태를 나타내고 있기 때문이다. 아울러 당시의 墓制인 지석묘의 위치와 분포도 주거지의 위치나 분포와 유사한 패턴을 보여주고 있는데, 여기에서 특히 지석묘의 밀

---

30. 최몽룡, 1987, 「여주 흔암리 선사취락지의 성격」『삼불김원룡교수정년퇴임기념논총』, p.101
31. 이기백, 1999, 『韓國史新論』, p.21

집형태에서 지석묘 축조집단의 사회구조가 씨족단위에 기초하고 있음을 발견할 수 있다.

나. 階層的 身分構造

지석묘 축조집단의 사회는 친족에 기초한 계층사회였다고 할 수 있다. 崔夢龍은 지석묘 사회가 적어도 두 계층, 즉 지석묘에 묻힐 수 있는 支配階層과 그렇지 않은 일반 平民階層으로 구성되어 있다고 주장한다. 그러나 북한의 남일용은 황해도 지탑리의 지석묘가 폐기된 토성의 위층에 축조되고 있음을 들어 奴隷階層의 존재를 가정하고 있다.[32] 즉 그는 지석묘 사회가 이미 토성을 축조하고 있는 사회이며, 그러한 작업에 동원되는 사람은 노동자 계급의 노예신분에 속하는 자들일 것으로 본 것이다.

그런데 최근에 지석묘 下部構造가 殉葬 무덤으로 해석되는 사례가 발굴되고 있어 남일룡의 학설을 뒷받침해 주는 듯하다. 즉, 평안남도 성천군 룡산리 5호 지석묘의 하부구조는 중앙에 큰 무덤 칸을 만들고, 그 주변에 여러 개의 작은 무덤 칸을 만들었다. 그리고 중앙의 큰 무덤 칸에서 부식된 청동조각들과 함께 2개체분의 인골이 출토되었고, 주변의 작은 무덤 칸들에서는 칸마다 3~4個體分씩 모두 36個體分의 인골이 출토되었다. 북한의 석광준은 이 지석묘를 세 가지 이유를 들어 순장무덤으로 결론짓고 있다.[33] 첫째, 이 무덤의 짜임새가 크기라든지 칸의 평면 배치 등에서 지배와 복종의 관계를 보여주고 있다. 둘째, 중앙의 큰 무덤칸에서는 2명이 신전장을 할 수 있는 규모인 데 비하여, 작은 무덤칸들에서는 3~4명의 시체를 무질서하게 겹쳐져 있고, 큰 무덤칸과 작은 무덤칸 사이에 장법상의 차이가 있어 이러한 장법상의 차이는 당시 주민의 장례풍습

---

32. 남일룡, 1995, 「평양 주변 고대토성에 대하여」『단군과 단군조선』, p.166~169
33. 석광준, 1999, 「고조선의 고인돌무덤과 돌관무덤에 대하여」『단군과 고조선』, pp.179~186

의 차이가 아니라 주종관계에 있던 피장자의 신분의 차이를 보여주는 것이다. 셋째, 큰 무덤 칸에서는 당시로서는 희소가치가 있는 청동조각이 출토되고 있으나 작은 무덤 칸들에서는 돌도끼 같은 노동도구와 팽이형 토기편이 출토되고 있는데, 이는 유물의 질적차이는 적대계급의 분열된 노예제사회의 무덤에서나 볼 수 있는 것이라고 주장한다. 따라서 룡산리 5호 지석묘는 葬法上의 특징이나 유물의 질적 차이가 명백하기 때문에 奴隷의 殉葬 무덤으로 석광준은 보고있는 것이다.

이 밖에도 지석묘 축조사회에서는 토기나 청동기를 직업적으로 제작하는 토기나 금속전문인, 지석묘를 세우는 데 요구되는 전문석공과 축조엔지니어, 그리고 이들을 통제하고 지휘하는 엘리트 집단들을 가정할 수 있을 것이다.[34] 이런 와중에 도입된 稻作農耕의 생계전략과 청동기라는 신무기는 사회의 정치 경제적 불평등과 특정 氏族의 우월적 지위의 합법화를 가속화하게 되고, 결국 청동기시대의 無文土器人들은 자신들의 집단 내에 강화도 부근리 317호 지석묘에 묻힌 피장자와 같은 대족장이라는 정치적 권력자를 출현시키게 된다. 다시 말해, 씨족 중심의 단순 족장 사회는 이 같은 대족장의 등장을 계기로 그들 집단의 계층적 사회구조는 완성을 보게되는 것이다.

3) 支石墓社會와 初期國家와의 關係

지석묘가 축조된 지역, 또는 밀집분포된 지역에는 대체로 小國 또는 初期國家들이 등장했었던 것으로 문헌에 나타나고 있어, 지석묘 축조집단들의 사회적 기반이 후에 고대국가를 성립한 기반이 되었던 것으로 보인다. 여기에서는 이와 관련하여 지석묘 밀집 지역에서 초기국가들이 출현하게된 배경을 살펴보고자 한다.

인류학에서의 초기국가는 무리사회, 부족사회, 그리고 족장사회를 거

---

34. 이종욱, 1999, 『한국의 초기국가』, pp.135~151, 아르케

쳐 국가라는 사회적 진화단계에 진입한 政治體(polity)를 의미한다. 그런
데 Fried는 국가의 기원을 설명하면서, 국가 기원의 형태를 원초적 국가
(pristine state)와 이차적 국가(secondary state)로 분류한 바 있다.[35] 원초
적 국가는 국가조직이 존재하지 않는 어느 한 지역에서 자체적 발전과정
을 거쳐 성립한 경우이며, 이차적 국가는 이미 존재하고 있는 다른 국가
의 영향을 받고 성립한 경우를 의미한다. 따라서 한국사의 전개과정에서
등장한 초기국가는 이차적 국가들이며, 이러한 국가들에는 古朝鮮, 夫餘,
高句麗, 三韓의 일부 小國들, 그리고 이들 小國들로부터 발전한 百濟와 新
羅 등이 있다.

가. 江華島 支石墓와 大石索國

『三國志』韓傳이나 『後漢書』韓傳에 보면, 강화도에는 馬韓 54개국의 하
나로서 大石索國이라는 소국이 형성되었던 것으로 기록하고 있다. 즉 이
들 문헌에 小石索國 다음으로 대석색국이 열거되어 있는데, 『三國史記』百
濟本紀 蓋鹵王 18年條에 보면, 百濟 蓋鹵王이 北魏에 보낸 國書에 西海 중
에 있는 섬으로 小石山이 언급되어 있다. 千寬宇는 『三國志』와 『後漢書』
에 나오는 小石索國은 바로 蓋鹵王이 보낸 國書에 언급된 小石山이란 섬
에 있던 小國일 것으로 추정하였다.[36] 특히 그는 소석색국과 대석색국이
竝稱되고 있음에 주목하여 소석색국은 강화도 북쪽의 喬桐島에 비정하고
대석색국은 이 보다 더 큰 섬인 江華島에 비정한 것이다.
앞에서 살펴본 바와 같이 강화도에는 소밀집 지역을 단위로 한 10群
의 지석묘군이 존재하고있으며, 현재까지 약 165기의 지석묘가 강화도에
서 조사되었다. 그리고 강화도 하점면 삼거리 소등부락 북쪽 지역에서

---

35. Fried, M., *The Evolution of Political Society: An Essay in Political Anthropology*.
      Random House, New York
36. 천관우, 1989, 『古朝鮮史 三韓史研究』, p.385

팽이형토기가 출토되는 장방형 주거지가 1966년에 국립중앙박물관에 의해 발굴되었다.[37] 따라서 강화도에서 지석묘를 축조하던 사람들은 한반도 서북한계통의 팽이형토기를 제작하는 집단들과 경제 문화적인 교류를 하면서 그들의 사회를 발전시켜 나간 것으로 보인다.

강화도에서 지석묘를 축조하던 집단과『三國志』에 기록된 대석색국을 성립시킨 집단 사이에는 어떤 정치적 발전적인 상관관계가 있었던 것을 추측할 수 있다. 비록『三國志』는 晉代의 陳壽에 의해 저술되었다 할지라도,『三國志』의 내용 자체가 東夷族에 대한 民族誌的 性格을 띠고 있으며, 연대도 古朝鮮의 마지막 王인 準王이 韓地로 도망한 B.C. 195~188년까지 소급되고 있어, 지석묘의 축조전통이 사라지던 시기부터 한민족이 전개한 역사발전의 과정을 보여주는 많은 정보를 담고 있다. 따라서『三國志』의 三韓諸國에 대한 내용은 바로 지석묘를 축조하던 사람들의 出系集團에 대한 기록으로 간주할 수 있을 것이다. 崔夢龍은 일찍이 토착농경에 바탕을 둔 지석묘 축조사회의 축적된 사회 경제적 기반이『三國志』에 등장하는 馬韓의 小國들로 발전해갈 수 있는 원동력이 되었음을 밝힌 바 있다.[38] 李榮文도 전남 지역의 지석묘 밀집분포 지역이 千寬宇가 비정한 마한 소국들과 관련되고 있음에 주목한 바 있다.[39] 大石素國이라는 國名이『三國志』에 기록될 정도의 국가적 수준에 이른 政治體가 강화도 지역에 성립되었다는 것은 바로 강력한 정치력을 지닌 권력자가 강화도 지역에 등장했었다는 것을 의미한다. 이는 앞에서 살펴본 바와 같이 강화도의 부근리 317번지 지석묘가 축조되었을 시기에 이미 강화도 사회는 하나의 지역단위로서 정치적 통합을 이룬 大族長社會의 進化段階에 이르렀음을 입증하는 것으로 볼 수 있을 것이다. 그리고 이러한 大族長은 강화도라는 섬을

---

37. 김재원 · 윤무병, 1967,『韓國支石墓研究』, pp.75~76
38. 崔夢龍, 1978,「全南地方 所在 支石墓의 型式과 分類」『歷史學報』78集
39. 이영문, 1989,「全南地方 馬韓小國 比定地에 대한 고고학적 검토」『韓國上古史』
    _____, 1993,『全南地方 支石墓社會의 研究』, 韓國敎員大學校 大學院 博士論文

463

하나의 공간적 범위로 정치적 영향력을 행사하면서 사회적 통제와 조정의 기능을 담담했을 것으로 생각된다. 특히 그는 부근리 317번지 지석묘같이 엄청난 노동력이 투입되는 지석묘를 축조할 수 있는 정치 경제적능력을 바탕으로 강화도 사회의 계층적 조직체계를 발전시켜 나갔던 것으로 생각되고 있다.

나. 東北亞 支石墓와 初期國家

지석묘를 축조하던 東夷族 가운데 가장 먼저 문헌에 등장하는 국가가 古朝鮮이다. 古朝鮮은 요동반도에서 처음 성립되었고, 후에 燕의 세력에 밀려 한반도 서북 지방으로 이동되었던 韓民族 최초의 국가이다. 高麗時代의 승려 一然은 『三國遺事』에서 『魏書』의 내용을 인용하여 "지금으로부터 2천 년 전에 檀君王儉이 있어 阿斯達에 도읍을 세우고 나라를 열어 朝鮮이라 이름하니, 堯와 같은 시대이다"라고 말하면서 고조선의 기원과 성립시기를 언급하고, 이어서 단군신화를 자세히 서술하였다. 『史記』와 『漢書』의 조선관계 기사를 자세히 분석한 徐榮洙는 고조선의 수도였던 아사달이 遼河以東에 위치했던 것으로 보고 있다.[40] 즉, 先秦文獻에 나오는 洌水는 오늘날의 대동강으로 설명할 수는 없고 그것이 太子河와 渾河가 합류하는 오늘날의 요하로 보았을 경우에는 충분히 납득될 수 있으며, 따라서 『史記』와 『漢書』에서 古朝鮮의 都邑地로 언급한 險瀆의 정확한 위치는 대체로 遼河以東에서 千山以西의 어느 지역이 될 것으로 보고 있는 것이다.

古朝鮮은 기원전 4세기에 이르러 중국의 燕과 맞설 정도의 강력한 국가조직으로 성장하였다. 『三國志』東夷傳에 실린 『魏略』에 보면, "朝鮮侯

---

40. 徐榮洙, 1988, 「古朝鮮의 위치와 강역」『韓國史市民講座』, pp.19~50
　　　　・金希燦, 1998, 「미송리형 토기와 청동기시대 유물에 대하여」『高句麗研究』5

는 周王室이 쇠약해지자 燕이 스스로 왕을 칭하면서 동쪽으로 땅을 침략하려고 하자 朝鮮候도 스스로 왕을 칭하고 군사를 일으켜 燕을 공격하여 周王室을 받들려고"하였는데, 大夫 禮가 간하자 이를 중지시켰던 사건을 기록하였다.『史記』조선전에 보면, 漢의 燕王 盧綰이 B.C. 195년에 匈奴로 망명하자 위만은 동쪽으로 浿水를 건너 조선왕 준에게 항복하였고, 이에 조선왕 준은 위만을 총애하여 博士에 임명하고 圭를 하사하여 百里의 땅을 봉하면서 서쪽 변경을 지키게 하였으나, 위만은 중국계 이주민을 규합하여 세력이 확대되자 마침내 조선왕 준을 몰아내고 마침내 권력을 장악하였다고 기록하였다. 이렇게 성립된 위만조선을 김정배는 초기국가(pristine state)이며,[41] 전쟁을 통해서 흥기했던 정복국가로 국가적 성격을 파악하였다.[42] 그러나 이종욱이 지적한 바와 같이, 위만조선은 初期國家(pristine state)가 아닌 二次的 國家(secondary state)이다.[43] 이에 대해 崔夢龍은 문헌자료와 고고학적 유물들을 검토한 후, 위만조선은 "문헌상으로 나타나는 우리나라 최초의 고대국가"라고 주장하였다.[44] 그는 위만조선이 한반도 북쪽의 지리적 요충지에 위치하고 있었기 때문에 그러한 지리적 잇점을 최대한 이용한 '중심지무역'에 주목하였다. 즉 교역에서 얻은 막대한 이익이 위만조선이 고대국가로 성장하게 되는 중요한 요인이 되었던 것으로 이해한 것이다.

---

41. 김정배는 M. Fried가 사용한 pristine state를 初期國家로 번역하여 사용하고 있다. 그러나 'pristine state'는 '初期國家'보다는 '原初的 國家'로 번역하는 게 좀더 실제적 의미에 가까울 것으로 생각된다. 왜냐하면, 韓國史는 물론 東아시아史의 진행과정에서 古朝鮮는 初期國家(early state)는 될지언정 原初的 國家(pristine state)는 될 수가 없기 때문이다.

42. 김정배, 1993,『韓國古代의 國家起源과 形成』, p.35

43. 이종욱, 1993,『古朝鮮史硏究』, p.206
    _____, 1998,『한국의 초기국가』, p.362

44. 崔夢龍, 1983,「韓國古代國家形成에 대한 一考察」『金哲埈博士回甲紀念史學論叢』
    _____, 1997,「衛滿朝鮮」『韓國古代國家形成論-考古學上으로 본 國家』, pp.203~280

중국 요녕과 한국 서북부 지역 지석묘의 분포는 고조선의 영역범위와 상당히 일치하고 있다. 고조선의 영역으로 추정되는 요녕 지방, 길림성 남부 지역, 량강도, 자강도, 그리고 평안도 등지에서는 현재까지 약 2,000 여기의 지석묘가 보고되었다. 이는 동북아 전체 지석묘의 약 6.32%를 차지하는 수치이다. 그리고 이들 지석묘가 분포한 지역에서 古朝鮮의 標識的 遺物인 미송리형 토기가 출토되고 있으며,[45] 위만조선과 관련된 세력범위에서는 지석묘와 함께 세형동검, 묵방리형토기, 팽이형토기가 분포하고 있다. 따라서 고조선의 정치적 흥기는 지석묘를 축조하던 문화적 기반 아래 이루어졌던 것이다.

扶餘는 『三國志』東夷傳 夫餘條에서 언급했듯이, 동이 지역에서 가장 평탄하다고 하는 오늘날의 송요평원에 건국된 고대국가이다. 부여의 건국과정은 後漢의 王忠이 저술한 『論衡』吉驗篇에 기록된 東明神話를 통하여 알 수 있다.[46] 이 신화에는 夫餘를 건국한 東明은 北夷 槖離國 侍婢의 아들이었으나 槖離國王으로부터 위협을 받게 되자, 槖離國을 탈출하여 淹㴲水를 건너 남쪽으로 내려와 부여를 건국하였다고 기록되어 있다. 그런데 『三國志』東夷傳 夫餘條에 "그 도장에 '濊王之印'이란 글귀가 있고, 나라 가운데에 濊城이란 古城이 있으니, 본래 濊貊의 땅이었을 것이다. 夫餘王이 그 가운데에서 王이 되었으므로 스스로 '亡人'이라 했는데, 까닭이 있는 것 같다"라고 하였다. 이에 대해, 리지린은 부여가 건국되기 이전에 고조선에 복속된 濊城을 중심으로 濊人의 나라가 있었다고 주장하였다.[47] 즉 그는 濊의 漢音이 '후이'이며, 『山海經』에 나오는 '不與之國'의 '不與'와 音이 같으므로 부여국이 건국되기 이전에 이미 '不與'라는 나라가 존재하였던 것으로 파악하였다.

夫餘國이 성립된 초기 王城의 위치는 학자들마다 다양한 견해가 제시

---

45. 徐榮洙 金希燦, 1998,「미송리형 토기와 청동기시대 유물에 대하여」『高句麗研究』5
46. 俞泰勇, 2000,「論衡 吉驗篇에 보이는 槖離國의 硏究」『白山學報』57
47. 리지린, 1963,『고조선 연구』, pp.137~162

되었으나 최근 고고학적 발굴성과로 오늘날 길림성 동단산 남성자 古城址로 비정되고 있다.[48] 즉, 『三國志』夫餘條에 "城柵을 만드는 데 모두 둥글게 하였으며, 감옥과 같았다"라고 하였는데, 東團山城 南城子古址에 대한 발굴결과 기록에서 언급한 것과 같이 城의 평면이 타원형으로 밝혀졌기 때문이다. 그런데 이곳에서 남쪽으로 60여리 지점인 길림시 난기둔 동단산단자에 지석묘 1기가 위치하고 있다. 개석은 납작한 화강암을 평평하게 다듬어서 만들었으며, 크기는 400×300×50㎝이다. 개석의 상부는 평평하고 가장자리 부분은 매끄럽게 治石하였으나 아랫부분은 다듬지 않은 자연면 그대로이다. 이 지석묘는 동북아의 지석묘 가운데 가장 북쪽에 위치한 것이다. 따라서 부여는 濊貊族 가운데 濊族을 基幹民族으로 하여 현재의 길림시를 가로질러 北流하는 제1송화강 유역의 넓은 松遼平原에 성립된 초기국가였지만, 그 문화적 기반은 남쪽의 지석묘 사회와 교류를 바탕으로 한 것으로 생각되고 있다.

高句麗는 朱蒙이 B.C. 37년에 부여에서 남쪽으로 망명하여 압록강 지류인 渾江流域의 忽本에 이르러 도읍하면서 성립된 국가이다. 그러나 학자들은 『史記』貨食列傳에 나오는 濊貊集團을 高句麗의 先住勢力으로 주목하고 있다. 특히 이 지역에는 B.C. 128년경에 고조선의 예속 하에 예군 남려를 대표로 하는 政治的 君長勢力이 존재했으나, B.C. 108년에 고조선이 붕괴되면서 이곳에 현토군이 설치되었다. 그런데 이곳 예맥집단늘 가운데 한의 세력을 몰아내는 과정에서 중심적 역할을 한 정치적 세력이 고구려였을 것으로 알려지고 있다. 따라서 高句麗는 古朝鮮이 붕괴된 후 불과 70여 년 후에 渾江流域에서 성립한 濊貊系 國家인 것이다.

고구려가 건국된 渾江의 中流流域 주변에 위치한 通化市 관내에서 약 48기의 탁자식 지석묘가 조사되었다.[49] 이러한 지석묘의 밀집분포는 고구려가 건국되기 이전에 이 지역에는 이미 토착세력에 의한 강력한 정치세

---

48. 王綿厚, 1990, 「東北古代夫余部的興衰及王城變遷」『遼海文物學刊』1990-2
49. 兪泰勇, 2002, 「高句麗 領土 안의 支石墓文化」『高句麗研究』13

력이 형성되어 있었던 것을 의미하는 것이며, 『三國史記』高句麗本紀에 나오는 松壤이 다스리던 沸流國은 그러한 政治體 가운데 하나였을 것이다. 따라서 주몽집단에 북쪽의 부여로부터 탈출하여 渾江流域에 이르러 국가를 창건했다고 하여도 기존 토착세력과 타협없이는 불가능했을 것이다. 『三國史記』百濟本紀의 細注에 朱蒙이 卒本夫餘에 이르러 寡婦로 지내던 소서노와 결혼하고, 그 內助의 功으로 국가를 건설했다고 하는 기록은 주몽이 국가를 건설하는 과정에서 토착세력과 타협해왔던 사실을 반영하는 것이라 생각된다.

한반도 중·남부 지역에는 지석묘를 축조하던 집단들이 B.C 2세기 말경에 이르러 辰國社會을 형성한 것으로 보인다. 그런데 북으로부터의 계속된 流民의 남하로 진국사회를 형성한 先住集團은 경기 충청 지방, 낙동강 동북부의 경북 지방, 그리고 낙동강 서남부의 경남 지방에 각각 馬韓·辰韓·弁韓 등과 같은 三韓社會가 성립하게 되었다. 『三國志』에 보면, 삼한에 78개의 小國이 분립되었던 것으로 기록되어 있는데, 마한은 작은 나라는 수천 家에 불과하나 큰 나라는 1만여 家나 된다고 하였다. 이를 합하면 戶數가 10만여 戶에 이른다고 하였다. 辰韓과 弁韓은 각각 12개의 나라로 구성되어 있는데, 작은 나라는 6~7백 家에 이르고, 큰 나라는 4~5천 家에 이르며, 이를 모두 합하면 4~5만여 戶에 이른다고 한다.

지금까지 여러 학자들은 삼한 78개국의 정확한 위치 比定을 위하여 많은 노력을 기울여 왔다. 그 가운데 李丙燾[50]와 千寬宇[51]에 의해 제시된 학설이 학계의 많은 주목을 받아 왔다. 그런데 이들 학자들에 의해 비정된 三韓諸國의 위치가 지석묘의 大密集地域과 중첩하고 있어 考古學者들로부터 상당한 주목을 받아왔다. 특히, 崔蒙龍[52]과 李榮文[53]등은 지석묘 밀집 지역과 千寬宇가 제시한 馬韓諸國의 위치를 대비시켜 설명하면서,

50. 李丙燾, 1984, 「三韓問題의 硏究」『韓國古代史硏究』, pp.237~302
51. 천관우, 1979, 「馬韓諸國의 位置 試論」『東洋學』9
_____, 1989, 『古朝鮮史 三韓史』, pp.373~424
52. 崔夢龍, 1978, 「全南地方 所在 支石墓의 型式과 分類」『歷史學報』78集

지석묘의 축조과정에서 발생했던 계급사회의 출현이 바로 마한의 소국이 형성될 수 있는 배경이 되었던 것으로 이해하고 있다. 따라서 여기에서 삼한사회 형성과정을 이해하기 위하여, 지석묘의 大密集地域과 三韓諸國과의 관계를 살펴보기로 한다.

『三國志』韓傳에는 馬韓이 50個國이라고 했으며, 『後漢書』韓傳에는 54개국이라고 하였다. 그러나 『後漢書』에 실제 나열된 국가는 55개국으로 되어 있다. 이에 대해 千寬宇는 莫盧國이 重出되고 있어 숫자에 착오가 있는 것으로 판단하였다.[54] 즉 莫盧國에 이어 나오는 卑離國의 '卑離'는 '마을'을 뜻하는 보통명사로 보고, 앞의 莫盧國과 뒤의 卑離國을 합쳐 하나의 국가로 계산하였다. 이들 馬韓 54國 가운데 아직까지 지석묘의 분포가 확인되지 않고 있는 곳에 比定된 소국은 경기도 가평에 비정된 臣濆活國과 전북 익산에 비정된 感奚國 두 군데 뿐이다. 특히 충청남도의 경우에 지석묘가 서해안 일부와 금강 유역에 집중 분포하는데, 공교롭게도 이들 지석묘 분포 지역에만 소국이 비정되고 있다. 따라서 지석묘 축조 사회와 마한의 諸小國들 사이에는 지리적으로 밀접한 관련이 있음을 알 수 있다.

한반도 동남부 지역에 위치한 辰韓이나 弁韓의 경우에도 千寬宇가 비정한 『三國志』韓傳에 언급된 小國들의 위치가 지석묘가 분포하고 있는 지역과 일치하고 있다(表36·표37). 예를 들어, 辰韓諸國 가운데 나중에 新羅라는 고대국가로 성장한 斯盧國은 오늘날의 경주 지방에 해당하는데, 경주 지방에 분포한 지석묘는 진한과 弁韓地方에서 조사된 지석묘들 중에서 지역단위로는 가장 많은 338기가 조사되었다. 오늘날 김해 지방에 比定되는 弁辰狗耶國은 6가야 가운데 가장 큰 세력을 형성했던 大加耶의 중심지역에 위치하는데 이곳에도 65기의 지석묘가 조사되었다. 그리고

53. 이영문, 1989, 「全南地方 馬韓小國 比定地에 대한 고고학적 검토」 『韓國上古史』
　　　　, 1993, 『全南地方 支石墓社會의 研究』, 韓國教員大學校 大學院 博士論文
54. 천관우, 1989, 『古朝鮮史 三韓史研究』, p.374

나중에 阿羅加耶로 발돋움한 弁辰阿耶國이 자리잡았던 함안에도 약 136기의 지석묘가 보고되고 있다. 따라서 三韓諸國의 형성은 역시 지석묘를 축조하던 사회들의 성장과 확대과정을 거쳐서 이루어진 것으로 볼 수 있을 것이다.

표 36. 支石墓의 大密集地域과 馬韓諸國의 位置比定

現在地名	密集地域	比定國家
경기 파주 연천	경기 파주 포천지역에 110여기	爰襄國
경기 양주	경기 여주에 약 20여기	车水國
경기 파주 연천	경기 파주 포천지역에 110여기	桑外國
경기 교동도	지석묘 보고 사례	小石索國
경기 강화도	강화 일대에 165기	大石索國
강원 춘천	춘천 일대에 약 50여기	優休牟涿國
경기 가평	未報告	臣濆活國
서울 강남	서울 원지동 개포동 일대 19기	伯濟國
경기 김포 대곡	경기 김포 인천 대곡에 34기	速盧不斯國
경기 양평	경기 양평일대에 약 20여기	日華國
경기 양평	경기 양평일대에 약 20여기	古誕者國
경기 여주	여주 신접리에 1기	古離國
경기 이천	이천일대 약 30여기	怒藍國
(학계는 천안으로 비정)	(충남 천안에 12기)	目支國
충남 서산	충남 서산에 10여기	咨離牟盧國
충남 보령	충남 보령에 186기	素謂乾國
충남 당진	충남 당진에 2기	古爰國
(重出)		莫盧(重出)
충남 예산(덕산)	충남 예산에 17기	(莫盧)卑離國
충남 홍성(결성)	충남 홍성에 8기	占卑離國
충남 온양	충남 아산에 2기	臣釁國
충남 예산(대흥)	충남 예산에 17기	支侵國
충남 청양	未報告	狗盧國
충남 서천(비인)	충남 서천 비인방면에 37기	卑彌國
충남 공주	충남 공주에 6기	監奚卑離國
충남 부여	충남 부여일대에 82기	古蒲國
충남 서천(한산)	충남 서천 한산 방면에 27기	致利鞠國
전북 익산(함열)	未報告	冉路國

現在地名	密集地域	比定國家
충남 서천	충남 서천군 서천읍에 4기	兒林國
충남 논산(은진)	충남 논산 금산에 21기	馴盧國
충남 대전(유성)	대전 일대에 37기	內卑離國
전북 익산	未報告	監奚國
전북 옥구	전북 옥구 군산일대에 18기	萬盧國
전북 김제	전북 김제에 11기	壁卑離國
전북 김제(금구)	전북 김제에 11기	臼斯烏旦國
전북 부안 태인	전북 부안에 45기	一離國
전북 부안 태인	전북 부안에 45기	不彌國
전북 부아 태인	전북 부안에 45기	支半國
전북 정읍(고부)	전북 정읍 일대에 21기	狗素國
전북 정읍	전북 정읍 일대에 21기	捷盧國
전북 고창	전북 고창 일대에 1,248기	牟盧卑離國
전북 파악 고창(흥덕)	전북 고창 일대에 1,248기	臣蘇塗國
전남 영광	전북 영광 일대에 503기	莫盧國(重出)
전남 장성	전남 장성 일대에 265기	古臘國
전남 광산 나주	전남 나주 일대에 1,208기	臨素半國
전남 광산 나주	전남 나주 일대에 1,208기	臣雲新國
전남 화순(능주)	전남 화순 일대에 약 1,245기	如來卑離國
전남 진도(군내)	전남 진도 일대에 약 569기	楚山塗卑離國
전남 영암	전남 영암 일대에 약 1,070기	一難國
전남 해남(마산)	전남 해남 일대에 약 1,089기	狗奚國
전남 보성	전남 보성 일대에 약 1,593기	不雲國
전남 승주(낙안)	전남 순천 일대에 약 1,080기	不斯㳂邪國
선남 여수	진남 여수 일대에 90기	爰池國
전남 장흥	전남 장흥 일대에 약 2,507기	乾馬國
전남 고흥	전남 고흥 일대에 약 2,056기	楚離國

표 37. 支石墓의 大密集地域과 辰·弁韓諸國의 位置比定

現在地名	密集地域	比定國家
경북 영주(순흥)	경북 영주 일대에 약 50여기	已柢國
경북 안동	경북 안동 일대에 약 70여기	不斯國
경북 예천 용궁 (경북 상주 함창)	경북 예천 일대에 약 22기 경북 상주 일대에 약 170기	弁辰彌離彌涑國
경북 상주	경북 상주 일대에 약 170기	弁辰接塗國
경북 청도	경북 청도 일대에 약 273기	勤耆國

現在地名	密集地域	比定國家
경남 창녕(영산추보)	경남 창녕에 34기	難彌離彌凍國
경남 고성	경남 고성 일대에 약 90여기	弁辰古資彌凍國
경남 사천	경남 사천 일대에 약 78기	弁辰古淳是國
경북 대구	대구시 일대에 238기	冉奚國
경남 합천	경남 합천에 42기	弁辰半盧國
경남 진주	경남 진주 일대에 50여기	弁辰樂奴國
경북 칠곡(인동)	경북 칠곡 일대에 136기	軍彌國
경북 고령	경북 고령에 12기	弁辰彌烏邪馬國
경북 의성(탑리)	경북 의성에 87기	如諶國
경북 금릉(개령)	경북 김천 일대에 약 80여기	弁辰甘盧國
경북 영천	경북 영천에 312기	戶路國
경북 경산	경북 경산에 210기	州鮮國
경남 밀양	경남 밀양에 약 210기	馬延國
경남 김해	경남 김해에 약 65기	弁辰狗耶國
경남 함안(칠원)	경남 함안 일대에 136기	弁辰走漕國
경남 함안	경남 함안 일대에 136기	弁辰安耶國
부산 동래	부산시 일대에 약 13기	弁辰瀆盧國
경북 경주	경북 경주에 338기	斯盧國
경북 울진	경북 울진에 32기	優由國

VI. 結論

한국의 지석묘는 韓國의 古代文化가 原始平等社會에서 국가 같은 조직화된 階層社會로 발전하는 과정의 中間段階에 있는 考古學的 遺蹟이다. 그런데 지석묘 被葬者에 대한 사회적 성격을 놓고 학자들 간에 서로 상반된 견해가 제시되고 있다. 이러한 이유로 한국 고대국가 형성문제에 있어 한국 고대사회가 어떤 메카니즘을 거쳐 국가단계에 이르게 되었는가를 규명하기가 상당히 어렵게 되었다. 따라서 본 논문에서는 한국 고대국가 형성을 연구하기 위한 前段階 作業으로서 지석묘 축조사회의 사회적 계층문제를 밝히고자 하였다.

韓國 考古學界에서 지석묘를 보는 관점은 대략 두 가지로 나누어진다. 하나는 지석묘 사회는 사회적 계층화가 진전되지 않은 平等社會라는 시각이다. 이러한 입장에 있는 학자들은 지석묘에서 威勢的 副葬品이 출토되지 않고, 부의 집중이나 노동 전문화의 증거가 보이지 않으며, 지석묘의 배치나 구조가 자연환경에 크게 의존하고 있고, 제도화된 政治體의 증거가 보이지 않는다는 점을 들고 있다. 다른 하나는 지석묘 사회는 사회적 계층화가 이루어진 지배 上層階級의 墓制였다고 하는 시각이다. 이러한 관점은 지석묘의 축조는 많은 노동력과 시간이 소모되는 작업인 데 비하여 무덤의 기능 이외에 다른 실용적 기능이 없으며, 지석묘 사회는 기본적으로 稻作農耕으로 식량생산이 증대되고 그러한 증대된 식량이 再分配되는 사회이며, 청동기 같은 물품을 전문적으로 제작하던 기술 전문가집단이 출현하는 등 족장의 주도 하에 사회가 운영되는 계층사회였을 것이라고 간주하고 있는 것이다.

본 논문에서는 東北亞 支石墓社會의 성격을 규명하기 위하여 지석묘의 기원·분포·연대·형식 같은 기본적인 문제들은 물론, 지석묘 축조집단의 생계전략이나 주거구조 노동력의 투입문제 종교적 이데올로기 같은 문제들을 다각도로 검토하였다. 본 논문에서 검토한 결과를 요약하면 다음과 같다.

지석묘의 축조는 지석묘에서 출토된 유물이나 放射性炭素年代를 검토한 결과 요녕 지방에서는 청동기시대의 개시연대인 B.C. 16세기경에 시작되었고, 한반도 지역에서는 이보다는 약간 늦은 B.C. 14세기가 될 것이다. 그리고 지석묘의 소멸시기는 기원전후가 될 것으로 보이는데, 특히『漢書』에 기록된 孝昭 元鳳 3年(B.C. 78)의 일로 언급되고 있는 산동반도의 탁자식 지석묘는 인근의 마을사람들에게 이미 잊혀진 이야기가 되고 있기 때문이다.

지석묘의 축조에서 대두되는 노동력의 통제문제는 지석묘 사회의 본질적 문제를 살피는 데 핵심적 요소가 될 것이다. 지석묘의 축조에는 석재의 채석과 채석된 개석 등의 치석에 숙련된 석공이 필요하며, 거대한 개석의 운반에는 엄청난 노동력이 요구되고 있다. 따라서 지석묘 被葬者는 노동력에 식량을 충분히 공급할 수 있는 경제력과 그들을 사회적으로 통제할 수 있는 정치력을 갖춘 자일 것이다. 또한 지석묘의 墓室과 威勢的 副葬品에는 지석묘 被葬者의 사회적 신분이 반영되어 있다. 정성을 들여 준비한 墓室構造, 파손되지 않은 지석묘에서 출토되는 磨製石器 · 琵琶形銅劍 · 天河石製 曲玉 등과 같은 威勢的 副葬品, 지석묘 주변에 조성된 墓域施設 등은 지석묘 被葬者가 지니고 있던 사회적 위치와 出系集團이 그들의 사회적 신분을 계속적으로 유지하고자 하는 상징성을 시사하고 있다. 특히, 지석묘에서 출토된 石器 · 靑銅器 · 玉器 같은 유물에 대한 기술적인 분석결과는 지석묘 사회가 상당한 수준의 복합사회에 이르렀으며, 이러한 물품의 제작에는 전문적 기술이 요구되는 전문가집단이 출현하였음을 나타내고 있다. 특히 紅陶의 정성스런 제작과정, 靑銅器製作에서의 정확한 合金比率, 石器나 玉器의 표준화된 제작 등은 지석묘 사회에 전문가집단이 존재하였음을 나타내는 것이라 하겠다.

한편, 한반도에 전래된 稻作農耕은 한국사회의 경제구조를 근본적으로 바꾸도록 강요하였다. 稻作農耕으로 인한 생산량의 증대와 식량의 안정적 확보는 한국사회의 구조가 적절한 통제와 분배문제의 메커니즘으로 변모되면서 복합사회의 형성이 급속히 진전되었다. 稻作農耕은 水路의 統制問題나 田畓의 개간과 관리 등의 문제로 발생한 사회적 분쟁과 갈등, 그리고 그러한 문제를 조정하는 집단의 출현 등은 지석묘 사회가 계층적 사회구조로 나아가는 기초를 제공하는 것이었다. 특히 식량자원의 分配的 役割을 맡은 신분계층은 지석묘 축조에서 요구되는 엄청난 노동력을 감당할 수 있는 경제적 기반이 되었다.

지석묘 축조집단이 거주하던 주거지는 당시 사회의 계층적 분화에 따른 생활양식의 차이를 평면적으로 노출시키고 있다. 청동기시대의 대표적인 주거지 유적에는 경기도 여주군 흔암리, 충청남도 부여군 송국리, 경상남도 진주시 대평리, 그리고 울산시 검단리 등이 있다. 이러한 주거지 유적에는 公共의 集會場所, 재난의 시기에 대비한 貯藏用倉庫, 석기나 토기를 제작하던 工房, 그리고 玉器를 제작하던 玉房 등의 건물이 조사되고 있다. 이러한 사실은 청동기시대의 사회가 전문화되고 계층화되었음을 반영하는 것이다. 특히 環壕나 木柵遺構는 집단 간 전쟁에서 족장의 정치적 역할을 상정하게 한다.

지석묘에 새겨진 岩刻畵나 性穴 또는 주변의 구조물들은 지석묘 피장자 집단의 종교를 통한 정치적 이데올로기를 엿볼 수 있게 한다. 특히, 出系集團에 의한 엄청난 노동력이 투입되는 거대한 지석묘의 축조는 그들이 이러한 과정을 통하여 자신들 先祖에게 神聖性을 부여하는 한편으로, 조상의 무덤에 대한 祭儀權을 통제하고 관리하면서, 지석묘 피장자가 생전에 누렸던 사회적 위치가 자신들의 세대에서도 합법적으로 받아들여질 수 있도록 하기 위한 신성한 장소로서의 정치적 역할을 하기 위한 것이었다. 이들 出系集團은 神聖性을 강조하기 위해 祭壇役割을 하는 墓域을 조성하고, 被葬者의 신분을 나타내는 岩刻畵를 도안하였으며, 蓋石에 性穴을 새겨 넣거나, 威勢的 物品을 墓室에 副葬하였던 것으로 판단된다.

지석묘에서 출토된 인골은 지석묘 피장자의 사회적 신분을 반영한다. 지석묘에서 유아의 人骨이 출토된다는 사실은 이 유아의 생존시 사회적 지위는 성취된 것이라기보다는 귀속되어진 것으로 간주되며, 磨製石劍이나 磨製石鏃 등과 함께 출토되는 성년남자의 키가 크고 튼튼한 인골은 피장자가 생존시 생산활동과 관련이 없는 사회 정치적인 역할을 하는 사회적 위치에 있었을 것으로 해석하도록 만들고 있다.

지석묘의 지리적인 밀집분포나 축조입지의 地勢的 條件은 특정한 지석묘 축조사회의 공간적 범위를 반영하는 것으로 생각된다. 그리고 지석묘 밀집 지역에서의 제한된 숫자는 지석묘에 피장될 수 있는 사람이 한정적이라는 것을 가리키는 것으로 보이며, 小密集地域에서의 지석묘의 일정한 배치형태는 지석묘가 시기를 달리하여 일정한 배치방향에 따라 계속적으로 축조되었음을 나타내는 것이라 하겠다. 이것은 바로 지석묘에 묻힐 수 있는 정치 경제적 능력을 가진 被葬者의 신분이 세습되고 있음을 반영한 것으로 해석된다.

마지막으로 지석묘의 大密集地域과 初期國家와의 관계이다. 지석묘의 大密集地域은 기존 歷史學者들이 初期國家 또는 小國의 위치로 비정했던 지역들과 중첩하는 경향이 있다. 중국의 요녕과 길림 지방에서는 古朝鮮 文化圈으로 설정한 지역에서만 지석묘가 분포하고 있으며, 馬韓 54國의 위치로 歷史學者들이 비정해왔던 지역들에서도 거의 예외가 없을 정도로 지석묘 大密集地域과 관련되어 있다. 따라서 지석묘 축조집단의 정치 경제적 배격의 점진적 확대가 이러한 소국의 형성으로 이어진 것이라고 간주될 수 있을 것이다.

그동안 지석묘에 대한 많은 발굴성과에도 불구하고, 대부분의 연구는 지석묘 자체에 대한 기술적인 수준(descriptive level)에 머무르고, 사회적 복원에 관한 연구는 그리 진척되지 못하고 있었다. 그러나 최근에 이르러 新考古學的 理論과 方法論이라는 새로운 학문적 기반을 갖춘 考古學者들에 의하여 사회의 再構成이란 측면에서 지석묘 사회의 연구가 다각도로 시도되고 있다. 본고도 이러한 학계의 흐름 속에서 작성되었다.

필자는 본고에서 지석묘 축조사회가 平等社會와 階級社會라는 이분법적 견해를 넘어, 지석묘의 축조행위는 바로 한국의 古代社會가 複合社會가 진전되어 가는 과정을 의미하는 것이며, 그러한 행위 속에서 엘리트 계층이 등장하고 또한 그러한 흐름 속에서 지석묘의 축조가 갖는 사회적 의미를 여러 측면에서 검토하였다. 한국 先史時代에 사회의 혁명적 변혁은 稻作農耕의 전래로 인한 인구의 급속한 증가로 시작되었으며, 그러한 와중에서 도입된 청동기술의 등장은 이러한 사회적 변혁을 가속화시켰다고 볼 수 있을 것이다. 특히 도작농경에 인한 잉여생산물의 엘리트들에 의한 재분배적 통제기제는 상층 지배집단에게 富의 축적을 가능하게 하였고, 이러한 경제구조는 다시 支配者(the rulers)와 被支配者(the ruled)로 하는 사회적 계층화로 전환되어진 것으로 생각된다. 그러한 속에서 지배 상층계층은 자신들의 지위를 합법화하고 자신의 家系를 우월적 존재로 부각시키기 위해 조상신의 숭배나 종교적 의례활동을 정치권력의 이데올로기로 전환시켰던 것이며, 지배 상층계급의 사람들은 자신의 조상을 神聖視하기 위한 정치적 이데올로기의 목적 아래 필요 이상으로 엄청난 노동력을 투입하여 지석묘를 축조했던 것이다. 따라서 한국 청동기시대 족장사회는 조상숭배나 종교의례를 정치적 이데올로기로 이용하여 지석묘를 축조하고 노동력을 통제하는 과정에서 출현하였던 것으로 해석할 수 있을 것이다. 이러한 족장사회는 단순한 평등사회가 아닌 상당히 복합도가 진전되고 혈연을 기반으로 하는 계급사회였으며, 이러한 복합사회의 확대가 바로 한국에 초기국가가 탄생하는 정치 사회적 배경으로 작용하였을 것으로 생각되는 것이다.

參考文獻

史 料

『史記』, 『漢書』, 『後漢書』, 『三國志』, 『朝野僉載』, 『鴨江行部志』, 『三國史記』, 『三國遺事』, 『東國李相國集』

한 글

강동석
  2002 「강화 북부지역 지석묘사회의 취락유형 연구」, 성균관대학교 대학원 석사논문

강봉원
  1999 「한국 지석묘 연구의 이론과 방법」『한국 지석묘(고인돌)유적 종합조사 연구』, 서울대학교 박물관 문화재청

강승남
  1992 「우리나라 원시 및 고대 유리금속의 리용에 대한 고찰」『조선고고연구』92-4

孔智賢
  1999 「진주 대평리 옥방 2·3지구 선사유적」『남강선사문화세미나요지』

國立公州博物館
  1993 『松菊里』V, 國立昌原文化財研究所
  1999 『昌原上南支石墓群』

김기웅

1963 「평안남도 개천군 묵방리 고인돌 발굴중간 보고」『고고학자료집』3
金吉植
1994 「부여 송국리 유적의 발굴조사 개요와 성과」『마을의 고고학』
김동일
1996 「별자리가 새겨진 고인돌무덤에 대하여」『조선고고연구』1996-3
金秉模
1980 「쟈바島의 巨石文化-인도네시아 거석문화의 연구(I)」『한국고고학
보』8
1981 「韓國 巨石文化 원류에 관한 硏究(1)」『한국고고학보』10 · 11
1992 『한국인의 발자취』, 정음사, 서울
김병모 · 고재원
1994 『다율리, 당하리 지석묘 및 주거지』, 한양대학교 문화인류학과
김병모 외
1997 『光明 駕鶴洞 支石墓』, 漢陽大學校 博物館
김병모 외
1999 『시흥 조남동 지석묘』, 한양대학교 박물관
김병모 외
1999 『시흥시 계수동 지석묘』, 한양대학교 박물관
金碩勳
2000 「강화도의 선사문화」『博物館誌』, 인하대학교 박물관
金仙宇
1993 『韓國 磨製石劍의 性格』, 梨花女子大學校 大學院 碩士論文
김승옥 · 이종철
2000 「진안 · 용담댐 수몰지구내 여의곡유적 조사개요」『제24회 한국고
고학 전국대회발표요지』, 한국고고학회
김양선
1972 「까분玉 源流考」『梅山國學散考』
김양선 · 임병태

1968 「역삼동 주거지 발굴보고」『한국사 연구』20:1~51

金瑛洙

1994 「曲刃青銅短劍文化에 대한 硏究史的 檢討」『古代 東北아시아의 民族과 文化』, 여강출판사

김영우

1964 「세죽리유적 발굴 중간 보고(2)」『고고민속』64-4

김용간

1961 「미송리 동굴유적 발굴중간보고(1)」『문화유산』61-1

1961 「미송리 동굴유적 발굴중간보고(2)」『문화유산』61-2

1962 「미송리 동굴유적 발굴보고」『고고학 자료집』3

김용남 · 김용간 · 황기덕

1975 『우리나라 원시 집자리에 관한 연구』

김원룡

1986 『韓國考古學槪說』, 일지사

1987 「韓國半月形石刀의 發生과 展開」『韓國考古學硏究』, 일지사

1993 『韓國考古學槪說』, 일지사

김원룡 외

1977 『青銅器時代와 그 文化』, 삼성문화문고 89

김일권

1998 「별자리형 바위구멍에 대한 고찰」『古文化』51

김재원 · 윤무병

1967 『韓國 支石墓 硏究』, 國立中央博物館, 서울

김재현

2000 「김해 내동 제3호 큰돌무덤 출토 인골에 대한 소견」『학산김정학박사 송수기념논총 한국고대사와 고고학』

김정기

1974 「韓國竪穴住居址考(二)」『考古學』3

김정문

1964 「세죽리유적 발굴 중간보고(1)」『고고민속』64-2

金貞培

1973 「韓國古代國家의 起源論」『白山學報』14

1986 『韓國古代의 國家起原과 形成』, 고려대학교 출판부, 서울

1989 「國家形成의 諸問題」『古代國家形成의 諸問題』

김종혁

1995 「새로 발굴된 성천군 룡산리 순장무덤에 대하여」『단군과 단군조선』, 살림터

김철준

1959 「濟州道 支石墓 調査報告」『서울대 인문사회 논문집』9

1964 「韓國 古代國家 發達史」『한국문화사대계』I

남일룡

1995 「평양주변의 고대 토성에 대하여」『단군과 단군조선』, 살림터

盧泰天

2000 『韓國古代 冶金技術史 研究』, 학연문화사

盧爀眞

1986 「積石附加支石墓의 型式과 分布」『翰林大 論文集』4

1999 「形式學 批判- 支石墓 事例를 중심으로」『韓國上古史學報』31

盧希淑

1997 『韓國 先史玉에 대한 研究』, 漢陽大學校 大學院 碩士論文

도유호

1959 「조선거석문화연구」『문화유산』59-2

1960 『조선 원시 고고학』, 과학원, 평양

1961 「지탑리 원시유적 발굴보고」『유적발굴보고』8집

동아대학교 박물관

1999 『南江流域文化遺蹟發掘圖錄』

리지린

1963 『고조선연구』, 과학원출판사, 평양

리태영

　1991 『조선광업사』1, 공업종합출판사, 평양

文化財管理局

　1974 『팔당 소양댐 수몰지구 유적발굴 종합조사보고』

박창권 외

　2001 「청원 아득이 고인돌유적에서 발굴된 별자리판 연구」『한국과학
　　　 사학회지』23-1

박창범

　2002 『하늘에 새긴 우리역사』, 김영사

박희현

　1984 「한국의 고인돌 문화에 대한 한 고찰」『한국사연구』46

方善柱

　1968 「韓國 巨石制의 諸問題」『史學硏究』20

백련행

　1966 「천곡리 돌상자 무덤」『고고민속』66-1

釜山大學校 博物館

　1995 『蔚山 檢丹里 마을遺蹟』

사회과학원 고고학연구소

　1977 『조선고고학개요』, 과학백과사전 출판사

서영수

　1988 「고조선의 위치와 강역」『韓國史市民講座』1

서영수 · 김희찬

　1998 「미송리형토기와 청동기시대 유물에 대하여」『高句麗硏究』5

석광준

　1974 「오덕리 고인돌 발굴보고」『고고학 자료집』4

　1979 「우리나라 서북지방 고인돌의 변천에 대하여」『역사과학』79-1

　1979 「우리나라 서북지방 고인돌에 관한 연구」『고고민속론문집』7

　1993 「로암리 고인돌에 대하여」『고고연구』93-1

1995 「평양일대에서 새로 발굴된 고인돌 무덤과 돌관무덤에 대하여」
『조선고고연구』95-1

1999 「고조선의 고인돌무덤과 돌관무덤에 대하여」『단군과 고조선』

2002 『조선의 고인돌무덤 연구』, 도서출판 중심

손보기

1987 「우리나라 벼농사의 새로운 사실」『동방학지』54 · 55 · 56:359~367

孫晉泰

1934 「朝鮮 Dolmen考」『開闢』I

1948 「朝鮮 Dolmen에 關한 調査研究」『조선민족문화연구』, 동명사

松滿榮

2001 「南韓地方 農耕文化形成期 聚落의 構造와 變化」『한국 농경문화의
형성』, 한국고고학회

송화섭

1994 「선사시대 암각화에 나타난 석검 석촉의 양식과 상징」『한국고고
학보』31

1997 「한국 암각화의 신앙의례」『한국의 암각화』

2001 「고인돌 암각화의 생성배경과 상징성 연구」『백산학보』59

沈奉謹

1979 「日本 支石墓의 一考察」『釜山史學』3

1981 「韓 · 日 支石墓의 關係 -型式 및 年代論을 중심으로」『한국고고학
보』10 · 11合集

安承模

1985 『韓國半月形石刀의 研究』, 서울大學校 大學院 碩士論文

1991 「東南아시아의 初期稻作」『韓國考古學報』

1998 『東아시아 先史時代의 農耕과 生業』, 학연문화사

1999 『아시아 재배벼의 起源과 分化』, 학연문화사

안재호

1990 「울주 검단리유적 발굴조사 보고」『제14회 한국고고학대회』

우장문

  1995 「제원 황석리 고인돌문화의 고찰」『韓國의 靑銅器 硏究』

元重皓

  2000 『韓半島 遺構石斧 硏究』, 漢陽大學校 大學院 碩士論文

尹德香

  1977 『韓半島 磨製石劍의 一考察』, 서울大學校 大學院 碩士論文

兪泰勇

  2000 「論衡 吉驗篇에 보이는 槀離國의 硏究」『白山學報』57

  2001 「支石墓의 型式分類와 築造年代에 대한 再檢討」『京畿史學』5

  2001 『韓國 靑銅器時代 支石墓社會의 硏究』, 漢陽大學校 大學院 博士論文

  2002 「江華島 支石墓의 築造와 族長社會의 形成過程 硏究」『博物館誌』4

  2002 「支石墓 出土 玉器의 政治的 性格에 대한 硏究」『白山學報』62

  2002 「高句麗 領土 안의 支石墓文化」『高句麗 硏究』13

윤세영 · 이홍종

  1996 『관산리유적(I)』, 고려대학교 매장문화재연구소

이건무 외

  1985 「월성군 영일군 지표조사보고」『國立博物館 古蹟調査報告』17

李揆山

  1977 「扶餘郡 碑堂里 先史墳墓」『考古學』4

李基東

  1984 「回顧와 展望: 古代」『歷史學報』104:162-179

  1989 「한국고대국가형성사 연구의 현황과 과제」『산운사학』1

李基白

  1976 『韓國史新論』, 일조각, 서울

  1999 『韓國史新論』, 일조각, 서울(新修版)

李南奭

  1985 「靑銅器時代 韓半島 發展段階問題」『百濟文化』16:71～113

  1995 『百濟 石室墳 硏究』, 학연문화사

李丙燾

 1984 「三韓問題의 硏究」『韓國古代史硏究』, 박영사, 서울

李相均

 1999 『고창 지석묘군 상석 채굴지 지표조사 보고서』

 2000 「고창 지석묘군 상석 채굴지의 제문제」『한국상고사학보』32

李相吉

 2000 『靑銅器時代 儀禮에 관한 考古學的 硏究』, 大邱曉星카톨릭大學校
      博士論文

이상길 외

 1999 「울산 무거동 옥현유적」『제42회 전국역사학대회 발표요지』

李成周

 1999 「경상남도」『한국 지석묘(고인돌)유적 종합조사 연구』

李秀鴻

 1999 「진주 대평 옥방 9지구 유적」『남강선사문화세미나요지』

李榮文

 1989 「全南地方 馬韓小國 比定地에 대한 고고학적 검토」『韓國上古史』

 1990 「遺物相으로 본 支石墓」『韓國 支石墓의 諸問題』

 1993 『全南地方 支石墓社會의 硏究』, 韓國敎員大學校 博士論文

 2000 「韓國 支石墓 年代에 대한 檢討」『先史와 古代』

 2002 『韓國 靑銅器時代 硏究』, 도서출판 주류성

이영문 · 정기진

 1992 『麗水 五林洞 支石墓』

이영문 외

 1993 『麗川 平呂洞 산본 支石墓』

이영문 · 조근우

 1996 「전남의 지석묘」『全南의 古代墓制』

이영문 · 김승근

 1999 『和順 支石墓群』, 학연문화사

이융조

　1975　「양평 앙덕리 고인돌 발굴」『한국사연구』11

　1980　「한국 고인돌사회와 그 의식」『동방학지』23 · 24집

이융조 외

　1984　「제원 황석리 B지구 유적발굴조사」『충주댐(I)』

이은창

　1968　「扶餘恩山 桂谷里 兄弟岩 支石墓調査」『考古美術』9-2(21)

李仁淑

　1987　「韓國先史 曲玉에 관한 硏究」『三佛金元龍教授停年退任紀念論叢』I

李鍾旭

　1982　『新羅國家形成史硏究』, 一潮閣

　1993　『古朝鮮史硏究』, 一潮閣

　1999　『한국의 초기국가』, 아르케

　1999　『한국 초기국가 발전론』, 새문사

　1999　『한국 고대사의 새로운 체계』, 소나무

李宗哲

　2000　「松菊里形 住居址에 대한 硏究」『湖南考古學報』12輯

李柱憲

　1999　「진주 대평면 대평리 선사문화 유적 발굴조사-어은 2지구 및 옥
　　　　방 8지구」『남강선사문화세미나요지』

이준걸

　1996　「단군조선의 천문지식은 고구려천문학의 기초」『조선고고연구』,
　　　　1996-3

李淸圭

　1995　『濟州道 考古學 硏究』, 학연문화사

李春寧

　1973　「韓國 農耕 起源에 관한 小考」『民族文化硏究』7

　1978　「韓國農業技術史」『韓國文化史大系』III

李賢惠

1991 「한국사연구에 나타난 진화론적 시각」『現代 韓國史學과 史觀』

李亨求

1983 「靑銅器文化의 比較 II(중국과의 비교)」『韓國史論』13

1987 「발해연안지구 요동반도의 고인돌무덤연구」『정신문화연구』32

1987 『발해연안고대문화』, 한국사학연구회

1991 『韓國 古代文化의 起源』, 까치

1992 『江華島 고인돌무덤(支石墓) 調査研究』, 韓國精神文化研究院

1994 『강화도』, 대원사

1994 「북한의 청동기시대에 대한 연구성과」『한국사학』14

2001 『晋州 大坪里 玉房 5地區 先史遺蹟』, 선문대학교 고고연구소

2002 『江華 鰲上里 支石墓』, 鮮文大學校 考古研究所

林炳泰

1964 「한국지석묘의 형식 및 연대」『史叢』9

任世權

1976 「韓半島 고인돌의 綜合的 檢討」『백산학보』20

1994 『韓國 先史時代 岩刻畵의 性格』, 檀國大學校 大學院 博士論文.

林孝澤 외

1987 『거창 합천 큰돌무덤』, 동의대학교 박물관

張明洙

1995 「한국 암각화의 편년」『한국 암각화의 세계』

2001 『韓國 岩刻畵의 文化相에 대한 研究』, 仁荷大學校 大學院 博士論文

전경수

1988 「신진화론과 국가형성론」『한국사론』19

전영래

1984 『高敞雅山地區支石墓發掘調査報告書』, 全州市博物館

전주대학교 박물관

1999 『고창 지석묘군 상석 채굴지』

정백운

　1957 「조선 고대무덤의 연구(1)」『문화유산』57-2

鄭義道

　1999 「진주대평리 옥방7지구선사유적」『남강선사문화세미나요지』

鄭漢德

　2000 『中國 考古學 硏究』, 학연문화사

조선기술발전사 편찬위원회

　1997 『조선기술발전사—원시 고대편』

趙由典

　1979 「경남지방의 선사문화 연구」『考古學』5·6合集

池健吉

　1982 「동북아시아 지석묘의 형식학적 고찰」『韓國考古學報』12

　1983 「支石墓 社會의 復元에 관한 一考察」『梨花史學硏究』13·14:1～6

　1984 「墓制II」『韓國史論』13, 국사편찬위원회

　1997 「무덤」『한국사』3, 국사편찬위원회

지건길·이영훈

　1983 『中島 IV』, 國立中央博物館

지건길·조현종

　1992 『여천 월내동 고인돌』, 국립광주박물관

창원문화재연구소

　1996 『咸安岩刻畵古墳』

千寬宇

　1976 「三韓考」『韓國學報』2·3

　1993 『古朝鮮史 三韓史』, 일조각, 서울

崔夢龍

　1978 「全南地方 所在 支石墓의 型式과 分類」『歷史學報』78

　1981 「全南地方 支石墓社會와 階級의 發生」『한국사 연구』35

　1982 「全南地方 支石墓社會의 編年」『震檀學報』53·54合集

1983 「韓國古代國家形成에 대한 一考察」『金哲埈博士回甲紀念史學論叢』

1985 「春川中島와 義城塔里 出土人骨」『閔錫泓博士華甲紀念史學論叢』

1986 「春川中島와 義城塔里 出土仁骨-世習身分制社會의 反影」『韓國古代史의 諸問題』, 백산자료원

1987 「驪州 欣岩里 先史聚落址의 性格」『三佛金元龍教授停年退任紀念論叢』

1997 「衛滿朝鮮」『韓國古代國家形成論』

1997 「湖南地方의 支石墓社會」『韓國古代國家形成論』

1997 「토기의 과학적 분석」『한국사』3

최몽룡 외

1999 『한국 지석묘(고인돌)유적 종합조사 연구』

최무장

1978 「韓 中 先史時代의 農具」『백산학보』

최병현

1991 『新羅古墳研究』, 일지사

최상준

1966 「우리나라 원시시대 및 고대의 쇠붙이 유물분석」『고고민속』3

崔盛洛 외

1992 『務安 月嚴里 支石墓』

崔盛洛 · 韓盛旭

1989 「支石墓 復元의 一例」『全南文化財』2

최영희 · 노혁진

1986 『신매리 지석묘, 주거지 발굴보고서』, 한림대학교 박물관

최응선

1999 「상원군 장리 고인돌무덤을 통하여 본 고조선 초기의 사회문화상에 대하여」『단군과 단군조선』

崔楨苾

1991 「農耕의 起源에 관한 諸問題」『韓國上古史』, 民音社

1994 「신진화론과 한국상고사 해설의 비판에 대한 재검토」『한국상고
사학보』16

1997 「新進化論과 韓國上古史 解說의 批判에 대한 再檢討」『韓國古代國
家形成論』, pp.37~44

1997 「韓國 上古史와 族長社會」『韓國古代國家形成論』

2000 「農耕道具를 통해 본 韓國 先史農耕의 起源」『김포반도 고대 쌀문
화의 위치』

최정필 외

1998 『河南市 廣岩洞 支石墓』, 世宗大學校 博物館

최정필 외

1999 『貴谷洞 支石墓 및 無文土器 散布址』

최정필 외

2000 『이천지역 고인돌 연구』, 세종대학교 박물관

崔炷

1996 「슴베에 홈이 있는 琵琶形銅劍 및 琵琶形銅鉾의 國産에 대하여」
『先史와 古代』7

1997 「冶金術의 發達과 靑銅遺物의 特徵」『한국사』3

崔炷 외

1992 「韓國 細形銅劍의 微細構造 및 原料産地 推定」『분석과학』5-2

崔炷 외

1992 「韓國의 細形銅劍 및 銅鈴의 金屬學的 考察과 납동위원소비법에
의한 原料産地 推定」『선사와 고대』3

최헌섭

1992 「咸安 道項里 先史遺蹟」『韓國上古史學報』10

忠南大學校 百濟研究所

2001 『구룡─부여간 도로확장 및 포장구간내 문화유적 발굴조사』

忠北大學校 博物館

1984 『충주댐 수몰지구 유적발굴조사 보고서』1·2

河文植

　1985 『우리나라 고인돌 문화의 연구』, 延世大學校 大學院 碩士論文

　1997 『동북아세아 고인돌문화의 연구』, 崇實大學校 大學院 博士論文

　1998 「고인돌 葬制에 관한 연구(1)」『백산학보』51

　1999 『古朝鮮 地域의 고인돌 研究』, 백산자료원

한병삼

　1973 「墓制」『한국사』1

　1974 『토기와 청동기』

　1976 「曲玉의 源流」『考古美術』129 · 130合集

韓永熙

　1983 「角形土器考」『韓國考古學報』14 · 15合集

한용걸

　1999 「고인돌무덤 건축에 사역된 로동의 성격에 대하여」『단군과 고조
　　　 선』, 살림터

韓興洙

　1935 「朝鮮의 巨石文化 研究」『震檀學報』3

홍형우

　1999 「창원 덕천리 지석묘」『한국 지석묘(고인돌)유적 종합조사 연구』

황기덕

　1961 「황해북도 황주군 긴동 고인돌 발굴보고(1)」『문화유산』61-3

　1965 「무덤을 통해 본 우리나라 청동기시대 사회관계」『고고민속』4

　1984 『조선의 청동기시대』, 사회과학출판사

　1987 「우리나라 청동기시대의 사회관계에 대하여(1)」『조선고고연구』
　　　 87-2

　1987 「우리나라 청동기시대의 사회관계에 대하여(2)」『조선고고연구』
　　　 87-4

황용훈

　1987 『동북아시아의 암각화』, 민음사

許文會

　1992　「볍씨분석」『일산 신도시 개발지역 학술조사보고』1

　2000　「植物學上으로 본 韓國 古代米의 特性」『김포반도 고대 쌀문화의
　　　　위치』

中　文

靳楓毅

　1988　「大凌河流域出土的靑銅時代遺物」『文物』11

沈陽古宮博物館 沈陽市文物管理辦公室

　1975　「鄭家窪子的兩座靑銅時代墓葬」『考古學報』1975-1

王綿厚

　1990　「東北古代夫余部的興衰及王城變遷」『遼海文物學刊』1990-2

許玉林

　1994　『遼東半島石棚』, 遼寧省文物考古硏究所編

日　文

甲元眞之

　1973　「朝鮮支石墓の編年」『朝鮮學報』66

藤田亮策

　1934　「大邱大鳳町支石墓調査」『昭和十一年古蹟調査報告』

三上次男

1961 『滿鮮原始墳墓の研究』, 吉川弘文館

森貞次郎

1979 「文水田と最古の足跡」『考古學の謎解き』

朝鮮總督府編

1916 『大正四年度朝鮮古蹟調査報告』

1917 『大正五年度朝鮮古蹟調査報告』

齊藤 忠

1996 『北朝鮮考古學の新發見』

英 文

Anderson, D.G.,

1994 *The Savannah River Chiefdoms: Political Change in the Late Prehistoric Southeast*. University of Alabama Press

Arnold, J.

1996 Understanding the evolution of intermediate societies. In *Emergent Complexity: The Evolutuion of Intermediate Societies*, edited by J. Arnold, pp.1~12

Atkinson, D.G.,

1961 Neolithic engineering. *Antiquity* 35:292-299

Bahn, P., and J. Feley

1992 *Easter Island, Earth Island*. Thames and Hudson, London

Bates, D.G., and F. Plog,

1991 *Human Adaptive Strategies*. McGraw-Hill, New York. Becker, M

1973 Archaeological evidence for occupational specialization among the Classic Period Maya at Tical, Guatemala. *American Antiquity* 38:396~406

Becker, P.T., and W. Sanders

1972 Demographic studies in Anthropology. *Annual Review of Anthropology* 1

Binford, L.R.

1968 Post-pleistocene adaptations. In *New Perspective in Archaeology*, edited by S. Binford and L. Binford, pp.313~341

1983 *In Pursuit of the Past: Decoding the Archaeological Record*. Thames and Hudson

Boserup, E.

1965 *The Conditions of Agricultural Growth*. Aldine, Chicago

Braniff C., B.

1990 The identification of possible elites in prehispanic Sonora. In *Perspectives on Southwestern Prehistory*, edited by P. Minnis and C. Redman, pp 173~183. Westview Press

Brumfiel, E.M., and T.K. Earle

1987 Specialization, exchange, and complex societies: an introduction. In *Specialization, Exchange, and Complex Societies*, edited by Brumfiel and Earle, pp 1~9

Carles, W.R.

1883 *Life in Korea*. London

Carneiro, R.

1970 A theory of origin of the state. *Science* 69:733~738

Chagnon, N.

1992 *Yanomamo*. Harcourt Brace Collage Publishers, Fort Worth

Chase, D.Z., and A.F. Chase

1992 Mesoamerican elites: assumptions, definitions, and models. In *Mesoamerican Elites: An Archaeological Assessment*, edited by Chase and Chase, pp 3~17. University of Oklahoma, Norman

1992 An archaeological assessment of Mesoamerican elites. In *Mesoamerican Elites: An Archaeological Assessment*, edited by Chase and Chase, pp 303~317. University of Oklahoma, Norman

Childe, V.G.

1936 *Man Make Himself*. New American Library, New York.(revised)

Choi, C.P.

1986 *Subsisitence Patterns of the Chulmun Period*. University of Pittsburgh Ph. D. Dissertation

Choi, M.L.,

1984 *A Study of Yongsan River Valley Culture: The Rise of Chiefdom Society and State in Ancient Korea*. Dongsongsa, Seoul

Cohen, M.N.

1977 *The Food Crisis in Prehistory*. Yale University Press, New Haven

Cohen, R.

1983 Elite theory and the formation of elites among the Bura intellectuals of Nigeria. In *Elites: Ethnographic Issues*, edited by G.E. Marcus, pp 7~28. University of New Mexico

Coles, J.

1973 *Archaeology by Experiment*. Hutchinson University Library,London

Collier, J.

1988 *Marriage and Inequality in Classless Societies*. Stanford University Press, Stanford

Deetz, J.

1965 *The Dynamics of Stylistic Change in Arikara Ceramics*. University of Illinois Series in Anthropology 4. Urbana

Domhoff, G.W.

1983 *Who Rules America Now?* Prentice–Hall, Englewood Cliffs

Drennan, R.

1987 Introduction. In *Ciefdoms in the Americas*, edited by R. Drennan and C Uribe, University Press of Ameica, Lanham

Earle, T.

1987 Chiefdoms in archaeological and ethnohistorical perspective. *Annual Review of Anthropology* 16:279~308

1991 The evolution of chiefdoms. In *Chiefdoms: Power, Economy, and Ideology*, edited by T. Eare, Cambridge University Press, Cambridge, pp.1~15

1997 *How Chiefs Come to power: The Political Economy in Prehistory*. Stanford University Press, Stanford

Engels, F.

1972 *The Origin of the Family, Private Property and the State*.(original 1884). International Publishers, New York

Flannery, K.

1972 The cultural evolution of civilization. *Annual Review of Ecology and Systematics* 3:399~426

1973 The origin of agriculture. *Annual Review of Anthropology* 2:271~310

Fleming, M.E.

1963 Observation on the megalithic problem in Eastern Asia. Bulletin of the Institute of Ethnology, *Academia Sinica* 15:153~162

Fried, M.

1960 On the evolution of social stratification and the state. In *Culture and History*, edited by Stanley Diamond, pp.713~731. Columbia University Press, New York

1967 *The Evolution of Political Society*. Random House, New York

Goldschmidt, W.

1960 *Exploring the Ways of Mankind*. Holt, Rinehart and Winston, New York

Gowland, W.

1895 Notes on the dolmens and other antiquities of Korea. *The Journal of the Anthropological Institute of Great Brain and Ireland* 24:316~330

Haas, J.

1982 *The Evolution of the Prehistoric State*. Columbia University Press, New York

Haviland, W.A.

1967 Stature at Tical, Guatemala: implication for ancient Maya demography and social organization. *American Antiquity* 32:316~325

Haviland, W.A., and H. Moholy-Nagy

1992 Distinguishing the high and mighty fromthe Hoi polloi at Tikal, Guatemala. In *Mesoamerican Elites: An Archaeological Assessment*, edited by Chase and Chase, pp 50~60. University of Oklahoma, Norman.

Hayden, B.

1996 Thresholds of Power in Emergent Complex Societies. In *Emergent Complexity: The Evolution of Intermediate Societies*, edited by J.E. Arnold, pp 50~58

Heyerdal, T.

1958 *Aku-Aku*. Rand McNally and Company, Chicago

Hirth, K.

1992 Interregional exchange as elite behavior: an evolutionary perspective. In *Mesoamerican Elites: An Archaeological Assessment*, edited by Chase and Chase, pp 18~29. University of Oklahoma, Norman

Jeshurun, C.

1982 The megalithic culture in Malaysia: A survey of megaliths and associated finds in peninsula Malaysia, Sarawak and Sabah. In *Megalithic Cultures in Asia*, edited by B.M. Kim

Johnson, A.W., and T. Earle

1987 *The Evolution of Human Societies*. Stanford University Press, Stanford

Kang, Bong-Won

1990 *A Megalithic Society in Korea: A Social Reconstruction*. Arizona State University, MA Thesis

Keesing, R.M.

1975 *Kin Groups and Social Structure*. Harcourt Brace Jovanovich Collage, Fort Worth

Kim, B.M.

1982 Megalithic remains in Chinese continent and Taiwan. In *Megalithic Cultures in Asia*, edited by B.M. Kim

1982 A new interpretation of megalithic monuments in Korea. In *Megalithic Cultures in Asia*, edited by B.M. Kim

Komoto, M.

1982 Megalithic monuments in ancient Japan. In *Megalithic Cultures in Asia*, edited by B.M. Kim

Kristiansen, K.

1987 From stone to bronze: the evolution of social complexity in Northern Europe, 2300~1200, In *Specialization, Exchange, and Complexities*, edited by E. Brumfiel and T. Earle, pp. 30~51. Cambridge University Press, Cambridge

Lee, K.B.

1984 *A New History of Korea*. Harvard University Press

Lee, R.

1968 What do hunters do for a living, or how to make out on scarce resources. In *Man the Hunter*, edited by R. Lee and I. DeVore, pp 30~43. Aldine, Chicago

Lowie, R.

1920 *Primitive Society*. Harper and Brothers, New York

Malinowski, B.

1922 *Argonauts of the Western Pacific*. Waveland Press, Prospect Heights

Marcus, G.E.

1983 "Elite" as a concept, theory, and research tradition. In *Elites: Ethnographic Issues*, edited by G.E. Marcus, pp 7~28. University of New Mexico, Albuquerque

McNeish, R.

1995 *Origins of Rice griculture: The Preliminary Report of the Sino-American Jianxi Project*. Publication in Anthropology 13. University of Texas

Mills, C.W.

1956 *The Power Elite*. Oxford University Press, New York

Mohen, J.P.

1980 La construction des dolmens et menhirs au Neolithique. *Dossiers de l' archeologie* 46

Nelson, S.M.

1975 *Han River Chulmuntogi*

1993 *The Archaeology of Korea*. Cambridge University Press, Cambridge

Oberg, K.

1955 Types of social structure among the lowland tribes of South and Central America. *American Anthropologist* 57:472~488

Oliver, D.

1955 *A Solomon Island Society: Kinship and Leadership Among the Siuai of Bougainville*. Harvard University Press, Cambridge

Oppenheimer, F.

1914 *The State: Its History and Development Viewed Sociologically*. Vanguard Press, New York

Pauketat, T.

1994 *The Ascent of Chiefs: Cahokia and Mississippian Politics in native North America*. The University of Alabama Press, Tuscaloosa, pp.8~13

Pearson, R.

1978 Lolang and the Rise of Korean States and Chiefdoms. *Journal of the Hong Kong Archaeological Society* 7

Peebles, C.S.

1987 Moundvills from 1000 to 1500 as seen from 1840 to 1985 A.D. In *Chiefdoms in the Americas*, edited by Drennan and C. Uribe, pp 21~42. University Press of America, Lanham

Peebles, C.S., and S.M. Kus

1977 Some archaeological correlates of ranked societies. *American Antiquity* 42 (3):421~448

Perry, W.

1918 *The Megalithic Culture of Indonesia*. Manchester University Press

Ratheji, W.

1971 The origin and development of lowland Classic Maya civilization. *American Antiquity* 36:275~285

Reisenfeld, A.

1950 *The Megalithic Culture of Melanesia*. 1

Renfrew, C.

1973 Monuments, mobilization and social organization in the neolithic Wessex. In *The Explanation of Culture Change: Models in Prehistory*, edited by C. Renfrew, pp 539~558

1984 *Approaches to Social Archaeology*. Harvard University Press, Cambridge

Renfrew, C., and P. Bahn,

1991 *Archaeology: Theories, Methods, and Practice*. Thames and Hudson, New York

Rhee, Song-Nae

1984   *Emerging Complex Society in Prehistoric Korea.* Ph.D. dissertation,
       University of Oregon

Rindos, D.

1984   *The Origin of Agriculture.* Academic Press, Orlando

Robarchek, C., and Carole Robarchek

1998   *Waorani: The Contexts of Violence and War.* Harcourt Brace, College
       Publishers

Sahlins M.D.

1968   Notes on the original affluent society. In *Man the Hunter,* edited by R.
       Lee and I. DeVore, pp.85~92. Aldine, Chicago

Sakar, H.

1982   Megalithic Culture of India. In *Megalithic Cultures in Asia,* edited by
       B.M. Kim

Sanders, W.T.

1992   Ranking and stratification in prehistoric Mesoamerica. In *Mesoamerican
       Elites: An Archaeological Assessment,* edited by Chase and Chase, pp
       278~291. University of Oklahoma

Schnitger, F.M.

1964   *Forgetton Kingdom in Sumatra.* E.J. Brill, Leiden

Service, E.

1962   *Primitive Social Organization: An Evolutionary Perspective. Random
       House,* New York

1971   *Primitive Social Organization: An Evolutionary Perspective.* Random
       House, New York. (Second edition).

1975   *Origins of the State and Civilization.* Norton, New York

Shanks, M., and C. Tilley

1982   Ideology, symbolic power and ritual communication: a reinterpretation of
       Neolithic mortuary practices. In *Symbolic and Structural Archaeology,*

503

    edited by I. Hodder, pp.129~154

Sheehan, G.W.

1985   Whaling as an organizing forcus in Northeastern Alaskan Eskimo society.
       In *Prehistoric Hunter-Gatherers: The Emergence of Culture Complexity*,
       edited by T.D. Price and J.A. Brown, pp.123~154

Smith, E.

1911   *The Influence of Egypt under the Ancient Empire*

Smith, P.E.L.

1976   *Food Production and Its Consequences*. Cummings, California

Spooner, B.

1972   *Population Growth: Anthropological Implication*. The MIT Press,
       Cambridge

Steponaitis, V.

1978   Locality and complex chiefdoms: A Mississippian example. In
       Mississippian Settlement Patterns, edited by B.D. Smith,
       Academic Press, New York, pp.417~453

1991   Contrasting pattern of Mississippi development. In *Chiefdoms: Power,
       Economic, Ideology*, edited by T. Earle, pp 193~228

Steward, J.

1949   Cultual Causality and Law: A Trial Formulation of the Development of
       Early Civilizations. *American Anthropologist* 51:1~27

Storey, R.

1985   An estimate of mortality in a pre-Columbia urban population. *American
       Anthropologist* 87:519~535

Strouhal, E.

1992   *Life of the Ancient Egyptians*. University of Oklahoma Press

Taylor, W.W.

1983   *A Study of Archaeology*. Southern Illinois University, Carbondale

Thomas, E.M.

1989 *The Haemless People*. Simon and Schuster, New York

Valeri, V.

1985 *Kinship and Sacrifice: Ritual and Society in Ancient Hawaii*. University of Chicago Press, Chicago

Wason, P.K.

1994 *The Archaeology of Rank*. Cambridge University Press, Cambridge.

Weiner, A.B.

1987 *The Trobrianders of Papua New Guinea*. Holt, Rinehart and Winston, New York

Welch, P.D.

1990 Mississippian emergence in west–central Alabama. In *The Mississippian Emergence*, edited by B.D. Smith, pp.197～225

Whang, Y.H.

1982 The general aspect of megalithic culture of Korea. In *Megalithic Cultures in Asia*, edited by B.M. Kim

Whitehouse, R., and J. Wilkins

1988 *The Making of Civilization: History Discovered Through Archaeology*. Alfred A. Knope, New York

Willey, G.R., and P. Phillips

1958 *Method and Theory in American Archaeology*. University of Chicago, Chicago

Wilson, M.

1951 *Good Company*. Oxford University Press, Oxford

Wittfogel, K.A.

1957 *Oriental Despotism: A Comparative Study of Total Power*. Yale University Press, New Haven

Wright, H.T.

1978   Toward an explanation of the origin of the State. In *Origins of the State*, edited by R. Cohen and E. Service, pp 49~68. Institute for the Study of Human Issues, Philadelphia

1984   Prestate political formati ons. In *On the Evolution of Complex Societies: Essays in Honor of Harry Hoijer 1982*, edited by T. Earle, pp 41~77. Undena Publications, Malibu

Wright, H.T., and G.A. Johnson

1975   Population, exchange, and early state formation in southwestern Iran. *American Anthropologist* 77:267~289

Yu, T.Y.

1998   *The Dolmen Builders: The Emergence of Elite in Prehistoric Korea.* Wichita State University MA thesis

별표. 副葬遺物이 出土되는 支石墓

요녕지방

출토지	석기	토기	청동기	옥기	기타
금현 소관둔	석부2, 석도1	夾砂紅陶片			짐승뼈
보란점시 석붕구1		夾砂紅陶罐片			
石棚溝2		夾砂紅陶罐片			
劉屯村	반월형석도편4	夾砂紅陶片			
王營		陶罐片			
雙房2	돌방추차	夾砂紅陶壺 (쌍방형)			人骨
쌍방6	활석제 석범1쌍	미송형2, 통형동이2	비파형동검1		
벽류하15		장경호2			
벽류하16		장경호1			
벽류하21	활석제 석범				人骨
벽류하23		통형동이, 단지		玉斧1	
벽류하24	석부1	통형동이2			鳥骨
三台子	(석창1)	(夾砂褐罐片)			
와방점시 台子		獸形土偶			木主
鏵銅礦	별도끼	통형동이, 장경호			
장하시 白店子	방추차,석기편	흑색토기편			인골
大荒地	(다수 석기편)	(다수 토기편)			(인골)
楊屯1	석촉	紅褐土器片			인골
양둔2	(석기편)	(토기편)			
개주시 家窩堡1	석부2, 석착1	장경호3, 통형동이1		玉鑿1	인골
伙家窩堡2	석도1	통형동이편			
伙家窩堡3	석부2,석착2, 석분1,송곳12	통형동이3, 장경호2			
伙家窩堡4		통형토기 /단지편			
伙家窩堡5					人骨
仰山村		(紅褐土器片)			
鄒屯2(사니랑1)		(紅褐土器片)			
추둔3(사니랑2)		(紅褐土器片)			
추둔4(과원)					
추둔(霍地)	석기편	토기편			
牌坊	침상기,석추, 방추차		비파동검, 청동식		鹿송곳,骨옥, 인골
대석교시 石棚		(흑색토기편)			
해성시 析木城	(석부)	(흑색/ 홍갈색토기)			
牌樓1		(흑갈토기편)			
수암현 白家堡子12		흑색마연토기	비파형동검편		
吳西					인골
太老墳	석도편	토기편			인골

508

출토지	석기	토기	청동기	옥기	기타
동구현 宋家粉房		홍갈색토기편			
청원현 椰頭溝		협사홍도			
大辺溝		협사홍도			인골
신빈현 付家墳		홍갈/회색 단지			
무순현 山龍2	방추차	홍갈색토기			솣
산룡4		홍갈색토기			솣
산룡5	방추차	홍갈색 단지,토관			인골,솣
봉성현 東山1	석부1,밤추차1	협사흑색양이호1			인골
동산2		공귀리형1			
동산3		협사흑갈단경호1			
동산4		공귀리형1			
동산5	석부1,석분1	협사흑갈단경호2			
동산6	석부1,석착1	흑갈,공귀리,방추차			
동산7	석부1	미송리형토기1			
동산8	반석도1				인골
동산9	석부1,방추차1	미송리,공귀리			
동산10	석부1,방추차1	공귀리1,장경호1			
동산11	석부1,석분1	공귀리1			
동산19	석부,녹송석식				
동산20	직장경양이호				
서산1	미송리형토기1				

길림지방

출토지	석기	토기	청동기	옥기	기타
통화시 大廟		홍갈색편,방추차			인골
매하구시 跳山溝					인골
槭水2					인끌
槭水5					인골
槭水6	석촉17				인골
유하현 野猪溝3		두형,협사갈도			
通溝3		두형,협사흑갈편			
太平溝3		협사홍갈도			
동풍현 瓦房頂子山12					인골
小四平3		홍갈/흑색토기			
趙秋溝1					3개체분 인골
조추구2(2층)	돌잔, 管石34,침상기	단지3	청동고리,청동팔찌		2인골, 뼈대롱
조추구3(2층)	방추차1	두형토기,홍갈단지2			2개체분인골
寶山村 東山1	석부1,대롱구슬13	두형동이,홍갈단지	청동단추9	옥제품1	인골
龍頭山	돌침상기	흑갈토기3			인골
大陽1					인골

509

출토지	석기	토기	청동기	옥기	기타
대양2		방추차			다수인골편
駝腰村	대롱구슬1, 갈돌1				인골
杜家溝					인골, 간골화장묘
三里		사발			인골, 간골

평안도

출토지	석기	토기	청동기	옥기	기타
개천군 묵방리 4	석촉2				
묵방리 17	반월형석도1				
묵방리 20					인골
묵방리 24		묵방리형토기			
묵방리 25	반월형석도1				인골
묵방리 30					성인/ 유아 인골
묵방리 33	석창1,석촉1				
평양 순안 오산리1-2	석검1,석촉7		세형동검1	곡옥1	인골
석암 2	석촉				
석암 3	석촉				
석암 9	석부				
평양 상원군 장리 2	부,별도끼, 촉44,석도	팽이형, 미송리형	청동방울2, 곡예식,끌		인골
룡곡리 1					인골
룡곡리 4			청동단추		인골
룡곡리 5			비파형동모		인골
룡곡리 6					인골
룡곡리11	석촉				
귀일리 2	석촉1	팽이형토기	곡옥1,백옥1		인골, 貝殼팔찌
평양 강동군 문흥리 3	석부1				인골
문흥리 4	석창1				
구빈리					인골
향목리			철기		인골, 貝殼
삼등리				관옥	
남포 용강군 석천산10	석촉4,석착1				
석천산12	석촉4				
후산리10	석부1, 석촉10				
후산리12	석촉4				
신양군 백석리 평곡 1				곡옥1	
증산군 룡덕리 1		팽이형토기편			貝殼
룡덕리 7	環形石斧片				
북창군 대평리 2		미송리형토기		관옥1	

510

출토지	석기	토기	청동기	옥기	기타
성천군 룡산리 5	석부,석경, 반제석부	팽이형토기편	청동기편		인골(38, 유아포함)
백원로동자구		팽이형토기	세형동검, 청동비수		
삭창리					인골

함경도

출토지	석기	토기	청동기	옥기	기타
김책군 덕인리 1		공렬토기편			인골
덕인리 2	석부				인골
광천군 광천읍	석부,석촉, 석착				
길주군 문암리	석부				

황해도

출토지	석기	토기	청동기	옥기	기타
황주군 심촌리 천진동1	석창1,석착1				
심촌리 천진동4	석검1	팽이형토기			
심촌리 천진동5	석촉1				
심촌리 천진동6	석촉1	팽이형토기			
심촌리 긴동3	석창2,석촉1				인골
심촌리 긴동5	석창1,석촉4				
심촌리 긴동6	석촉4				
안악군 로암리	석착1,석추1, 석촉	팽이형토기			
연탄군 오덕리 평촌10	석부1,석촉1	팽이형토기편			
오덕리 병촌11	석섬씬				인골
오덕리 석장골2-1					인골
오덕리 송신동1		팽이형토기편			
오덕리 송신동4		팽이형토기편			
오덕리 송신동5	톱날석부1 석촉2	팽이형토기편			
오덕리 송신동10	석검2,석부1, 석촉3				
오덕리 송신동20		팽이형토기편			
오덕리 송신동22	석부1,석촉4				인골,패각
오덕리 송신동31	검편,창, 달도끼2,촉9				인골, 뼈구슬 묶음
오덕리송신요골3-1	석촉1				
오덕리 극성동1	반월형석도1				
오덕리 극성동5	석촉1, 석추1				
오덕리 신대동2	돌돈1, 석촉1				

출토지	석기	토기	청동기	옥기	기타
두무리 4		팽이형토기			
연산군 공포리 2				관옥2	貝殼장식품
사리원 광성동 성문1-1		팽이형토기			
광성동 성문1-4		팽이형토기	청동장식, 청동편		인골(2개체분)
광성동 성문1-5	석창,석촉3, 석착	팽이형토기			人骨
광성동 성문2-1		팽이형토기편			
광성동 성문2-3				관옥1	
광성동 성문2-4	석창편				
광성동 성문2-5		팽이형토기	·		
은천군 은천읍 약사동	석부1,석촉20		청동촉1		
과일군 천남리	달도끼1				

경기도

출토지	석기	토기	청동기	옥기	기타
강화군 삼거리 A	석촉2				
삼거리 B	석촉편				
삼거리 C	석검 1	홍도편			
삼거리 D	석촉2				
삼거리 E	석촉편,방추차				
파주군 옥석리 A		즐문토기			
옥석리 B1	석부1				
옥석리 B2	석검편				
옥석리 B5	석부, 숫돌				
당하리 1	지석1,돌끌1				
당하리 2	석검1,돌끌1				
당하리 4-1	석검1,돌끌1				
당하리 5	석촉1				
당하리 7	석검, 석촉1, 지석1				
교하리 라	반월형석도				
교하리 4	석촉,석도,석착, 갈돌				
양평군 상자포리 1			비파형동검1	곡옥	
상자포리 2-1	(석부2)				
상자포리 2-2	(석검편)				
상자포리 3-1	타제석부	공렬			인골
상자포리 3-2		공렬토기편			
상자포리 4	석검1, 석촉1				
상자포리 6	석검편, 석촉5				
상자포리 이대1		홍도,공렬,방추차	동검		
상자포리 이대2	홍도				
상자포리 이대3	석촉1	홍도			

출토지	석기	토기	청동기	옥기	기타
상자포리 이대4	석검1,석촉1	홍도			인골
상자포리 이대5	석검편				
상자포리 단대2	석검편				
상자포리 단대3	석검편2,석촉1	홍도,공렬			
상자포리 단대4	석검1,석촉2,석부1	홍도,공렬			
상자포리 단대5		홍도,공렬			철촉
상자포리 단대6	석도1방추차1				
앙덕리 1	흑요석1				
앙덕리 C21		홍도			
양수리 1	타제석기				
양수리 2		홍도			
양수리 3	반석도,타제석기				
하문호리 1	석도,석촉,석도				
하문호리 2	석촉3				
양주군 진중리	석촉1,석부1				
송우리	석검1				
금남리		어망추			
배금리1-2	어망추				
서울시 원지동	(반석도1)				
인천시 학익동	석촉,석도,지석				
주안동	석촉1				
광명시 가학동11	석검,석촉11,석도	공렬			
시흥시 계수동 안골	(석착1)				
군자동 1	반석도,지석	공렬			
군자동 3	석검	공렬			
군자동 4		홍도			
안산시 양상동 경회1	석부1,석착1,지석	무문토기편			
선부동 가1	석도1,지석1	공렬			
선부동 가2	석촉1				
선부동 가3	석검1	공렬			
선부동 나1	지석				
선부동 나2-1	석검,석촉6,석착,지석				
선부동 나2-2	석검1,석촉1,석도1	빗살무늬토기			
선부동 나2-3	석검,석촉,석도	공렬			
선부동 나2-4	석도,지석	공렬			
선부동 나3	석촉				
선부동 나4	지석	홍도,공렬			
선부동 나7		즐문토기			
월피리 2	석부1				
안양시 평촌 1		원형토제품			
평촌 3	석촉1				

513

출토지	석기	토기	청동기	옥기	기타
평촌 6	석부1,지석1				
신촌 1	석촉1,지석1				
하남시 광암동1	지석1,갈돌1				
광암동2	인면화,갈돌,갈판	볍씨무문			
광주시 궁평리 1		홍도			
성남시 수진동 1	석기1				
이천시 현방리 3	타제석부1			옥제품1	
현방리 4	팽이,원형석제품1				
현방리 5	발화석1				
현방리 7	자귀1,갈판1,갈돌1				

강원도

출토지	석기	토기	청동기	옥기	기타
춘천시 천전리2	석촉2,석제장식1			관옥1	
천전리5	석촉2,석제품1			관옥1	
천전리8	석부1				
천전리12	석촉1			관옥1	
천전리15					인골
지내리2	(석촉9)				
신매리1-2	석검편				인골
신매리2-1	석부1,타제석부1				
신매리2-2	반월석도1,돌끌1				
신매리3-2					인골
중도 중박1	석촉3				인골,숯
중도 중박2	석검,부2,석착,연모2	공렬,홍도		관옥3	
중노 1	석부1,타제석부1				
중도 2	석촉2	홍도,공렬,점토대		관옥13	
중도 3	석촉1				
중도 강박1	석부1	홍도,흑도			인골,숯
대곡리1	석부	공렬,홍도			
대곡리2	지석3,석촉2,석도,갈돌	홍도			
내평리2	(석촉9)				
인제군 북면 구미동	석검1,석촉14				
양구군 공수리1	석검1				바닥에붉은흙
공수리2	석촉1				붉은흙
공수리3	석촉1				

출토지	석기	토기	청동기	옥기	기타
공수리8	석부1				
공수리10	석부1				
공수리12	석촉1				
고대리2-1	석부1	붉은흙			
양양군 범고리2	석검1				
동해시 부곡리1	석검, 반월형석도1				
속초시 조양동1	석촉8		선형동부1		
조양동2	석촉4				
정선군 북면	석검,석촉				
평창군 계장리1	석검1,석촉	방추차		곡옥	
강릉시 장현동	석검,검파두식				

충청도

출토지	석기	토기	청동기	옥기	기타
청원군 아득이1	석착,방추차, 홈날기				화장
아득이 곽1	석검1				
아득이 돌1		빗살무늬			
서산시 해미 피양리1	석검,석착,지석, 갈판				
부여군 신대리	석검1				
나복리	석검1, 석촉				
비당리	석검1				
산직리2	망치,갈돌, 석부편				
대전시 대덕 내당1	석촉1				
신대동	석검1,석촉13	흙도			
비래동1	석촉3	홍도	변형비파형1		
비래동2		홍도			
비래동3				관옥1	
금산군 구덕리	석검1,석촉				
논산군 원봉리1	석검1,석촉3	홍도			
신기리	석검1,석촉15				
중원군 하천리 D1		홍도			
하천리 D1-1		홍도,김해식			齒
하천리 D1-2	반석도,방추차				齒
하천리 D1-3	석검1				
하천리 5	석검1,석촉8, 석도1				
음성군 양덕리 1	갈판1				
제천시 황석리 1	석검편				
황석리 2	석검1,석촉10				대사리貝殼
황석리 4	(석검2,석촉2)				

출토지	석기	토기	청동기	옥기	기타
황석리 5	(석촉6)				
황석리 6	석검1,석촉12				
황석리 7	석검1,석촉				
황석리 9					대사리 貝殼
황석리 13	석검1				인골
황석리 10	(석부2)				
황석리 12					人骨
황석리 13	석검1				人骨
황석리 A	환형석부1				
황석리 B	반석도1				
황석리 C		홍도			
황석리 층6					人骨,鹿骨
황석리 층7		홍도		곡옥2,관옥 13	인골, 牛骨
황석리 층11	(석촉1)	(공렬토기)			
황석리 층13	석검1	홍도 3개체분			인골
황석리 층14		紅陶底部			
황석리 층16		홍도			
황석리 층17	석검1, (석부1)				人骨, 豚齒
황석리 층27	석촉1, 반월석도1				牛齒
계산리 1	석촉1				
계산리 2	석촉,석검				
함암리 1		홍도,공렬,김해식			
함안리 2	석촉1				
함암리 3	석검1	홍도			
함암리 4	석촉1	홍도,공렬			
함암리 5	석검,석촉10, 석착	홍도,공렬,김해식			馬齒,鐵滓
함암리 6	석촉1	홍도,우각형파수			
함암리 8	석제품1	홍도			
양평리 1	석착1				인골
방홍리 1	석검,지석	홍도			
옥천군 석탄리 안터1	석부,갈돌	빗살무늬,어망추			
영동군 유전리	석검2,석부, 석촉10				붉은흙,눈돌

전라도

출토지	석기	토기	청동기	옥기	기타
무주군 사천리 신대1	석검2,석촉8				
진안군 정천면 모실4	석촉3				
정천면 여의실1	석검1				
정천면 여의실2	석검1,석촉3				
정천면 여의실4	석검2,석촉9, 석부1				

516

출토지	석기	토기	청동기	옥기	기타
정천면 여의실5	석검편,석부2,촉2				
안천면 안자동1	석검1,석촉5				
안천면 안자동2		흑도			
완주군 대흥리 1	석검1				
대흥리 2	석검1				
광주시 충효동 2		홍도편			
충효동 5		홍도편			
충효동 6	지석1				
충효동 7-A	석촉편,지석1				
충효동 7-B	석촉편1				
나주시 판촌리 3	석촉1				
마산리 1	석촉2				
마산리 2-1					熊齒
마산리 3	석부				
마산리 6	석촉2				
보산동		변형팽이형			
대초리 남대4	지석1				
화순군 창랑리 4	석검1,석촉1				
창랑리 6	석검1				
창랑리 7	석검1				
장학리 1		홍도,흑도			
장학리 2		채문,어망추			
장학리 3	석검편				
월산리 2	석부,석착,석도				
절산리 장선3	석촉편				
절산리 장선7				관옥1	
절산리 장선9		홍도			
사수리 대전1	갈판				
사수리 대전5	석촉1,지석1				
사수리 대전8	석검1,석촉1,석부				
사수리 대전10	갈돌1				
사수리 대전16	석부1				
사수리 대전29	석촉1				
사수리 대전33	석촉1,석도1				
사수리 대전39	석촉1				
사수리 대전41	석촉1				
사수리 대전42	석촉1,석도1				
복교리 복교1	석부1				
복교리 복교3	석촉1				
복교리 복교6	지석1				
보성군 죽산리 하죽가1	석검1				
죽산리 하죽나4	석검1				
죽산리 하죽다1	갈돌2	홍도			
죽산리 하죽다1-1	홍도				

517

출토지	석기	토기	청동기	옥기	기타
죽산리 하죽다1-2		어망추			
죽산리 하죽다1-6	석착편				
죽산리 하죽다1-8	석부,석촉편				
죽산리 하죽다1-9	석촉2				
죽산리 하죽다2		홍도,어망추			
죽산리 하죽다2-1	삼각형석도1				
죽산리 하죽다3	석검1,석촉4				
죽산리 하죽다4	지석편	어망추			
죽산리 하죽다5	석촉1,석도1				
죽산리 하죽다6	석부1,석도1	어망추			
죽산리 하죽다7	석도1,석촉1	방추차			
죽산리 하죽다8	석촉1,발화석1				
죽산리 하죽다9	석검1,석촉1, 석착1	어망추			
죽산리 하죽다11	석촉2,갈돌1				
죽산리하죽다11-2	석촉2				
죽산리하죽다11-3	석촉2				
죽산리 하죽다12	석검2,석촉2				
죽산리하죽다12-1	발화석				
죽산리 하죽다13	석검1				
복교리하죽다13-1	어망추				
죽산리 하죽다14	석검1				
복교리하죽다14-2	어망추				
죽산리 하죽다15	석검2,석촉3, 석착1				
봉갑리 7-1	삼각형석도				
봉갑리 9	석촉3				
봉갑리 살치가-4	석검1				
봉갑리 살치나-2	석검편				
봉갑리 살치나-3		홍도			
봉갑리 살치나-4		홍도			
봉갑리 살치나-5	석촉1	홍도			
봉갑리 살치나-10		홍도,어망추			
봉갑리 살치나-13	석촉편	홍도			
봉갑리 살치나-16	석부,석검				
덕치리 신기1		홍도	비파형동검		
덕치리 신기15	석검1, 석촉29	청동촉1			
덕치리 신기16	석검1				
덕치리 신기18	석촉1				
덕치리 신기19	석제품				
덕치리 신기20	석부, 석촉1, 석제품				
덕치리 신기21	석검1, 석촉3				
덕치리 신기22	석검1				
덕치리 신기23	석검1				
덕치리 신기23-1	석검1				

518

출토지	석기	토기	청동기	옥기	기타
덕치리 신기24	반월형석도1				
덕치리 신기26	석검1				
무안군 월암리1	석촉1,지석2			곡옥1	
월암리3	지석1				
성동리 안골 나-5	석촉1				
강진군 영복리 A-1	석촉1	홍도편			
영복리 A-6		홍도			
영복리 A-10	석촉	홍도,어망추			
영복리 A-12	석촉,석착 갈돌				
영복리 A-13	석부,석촉				
영복리 A-15		홍도편			
영복리 B-1	석촉1				
영복리 C-8	석촉1				
고흥군 운대리 1			비파형동검편		
운대리 2	석검1				
옥하리 1	석검1				
장수리 3	석검1				
장수리 6		홍도			
승주군 유평리 유천1	석검1				
유평리 유천3	석촉1				
유평리 유천4		채문토기			
유평리 유천5	석촉1				
유평리 유천6	석검편				
월산리 반월4				곡옥1	
월산리 사비1	반월형석도1				
월산리 사비4	석부1				
월산리 사비6	석검1				
월산리 사비7곽	석검				
월산리 사비9	석부1				
월산리 사비13	석촉1	우각형파수			
우산리 내우3	석검1,석촉1				
우산리 내우4	석검1				
우산리 내우4-1	석검편1,석촉1				
우산리 내우5	석도1,석촉1				
우산리 내우6	석촉1			곡옥1	
우산리 내우6-2	석촉1				
우산리 내우7	석검편,석촉2				
우산리 내우8			비파형동검	곡옥1,소옥1	
우산리 내우9	석검1,석촉2				
우산리 내우11		홍도			
우산리 내우12	석검1				
우산리 내우14	석검1,석착1	홍도			
우산리 내우16	석부1,석촉1				
우산리 내우17	석촉1				
우산리 내우22	석검1,석촉1	홍도			

출토지	석기	토기	청동기	옥기	기타
우산리 내우23	석검1,석촉1				
우산리 내우25	석검1,석촉1				
우산리 내우26	석촉1				
우산리 내우27	석검1,석촉1				
우산리 내우31	석검1				
우산리 내우33	석검1				
우산리 내우34	석촉2				
우산리 내우38			비파형동검		
우산리 내우40		토제구슬1			
우산리 내우41	석검1				
우산리 내우42	석검1	홍도1			
우산리 내우44	석촉1				
우산리 내우45	석검1,석촉1				
우산리 내우47	석검1				
우산리 내우48	석검1				
우산리 내우53	석검1,석촉2			관옥1	
우산리 곡천1-1	석부1,석촉1	홍도			
우산리 곡천1-2	석부	홍도			
우산리 곡천1-3	석검				
우산리 곡천2-1	지석				
우산리 곡천3-2	지석				
우산리 곡천4-1	석검1	홍도			
덕산리 죽산3	석검				
덕산리 죽산5	석촉1				
덕산리 죽산6	석촉1				
덕산리 죽산8	석검				
덕산리 죽산A	석촉1				
대곡리 한실3	석촉1				
대곡리 도롱2	석촉1	우각형파수			
대곡리 도롱3	어망추				
대곡리 도롱4	석촉편2				
대곡리 도롱7	석도1, 석촉1				
대곡리 도롱7-1	석촉1				
신평리 금평1	석검1				
신평리 금평4	석검1,석촉1				
신평리 금평5	석도1				
신평리 금평7-B		토제어망추			
오봉리 다-1				관옥1	
오봉리 다-3	석검1				
오봉리 다-6	석촉1				
오봉리 다-10	석촉1				
오봉리 다-13	검신편				
오봉리 라-1	타제석부1				
오봉리 라-4	석검1,석도1				
오봉리 라-6		홍도			
오봉리 라-7	석검1,석촉1				

출토지	석기	토기	청동기	옥기	기타
오봉리 라-9	타제석기,지석				
오봉리 라-9-1	타제석기,지석				
오봉리 라-10	석촉1				
오봉리 라-11	석착1	홍도			
오봉리 라-12	석촉1				
오봉리 아-2	석부1				
대광리 신기1	석촉1,지석1	홍도			
대광리 신기3	석촉2	홍도			
대광리 신기4	석촉3				
대광리 신기5	석촉3				
대광리 신기7	석촉5				
대광리 신기9	석촉편	홍도			
대광리 신기10	석촉1				
대광리 신기12		홍도			
대광리 신기13	석촉1				
대광리 신기18	지석1				
대광리 신기19	지석1				
대치리 2	석검1				
대치리 3	석검1,석착1, 석봉1				
대치리 4	석봉1				
대치리 6	석검1				
대치리 A	석검1,석촉1				
대치리 E		빗살무늬토기			
담양군 문학리	석검편,석촉1	김해식토기편			
곡성군 공북리 B	검파두식				
공북리 C	석촉1				
공북리 D	석촉1				
영암군 장천리 1	검파두식1,지석		세형동검편		
상천리 3	유구석부				
장천리 4	반월형석도				
장천리 6	石棒片				
청룡리 3	석촉편				
청룡리4	삼각형석도				
여천시 봉계동 대곡3	석검1,석촉1, 석창				
봉계동 대곡4	석검1,석촉6				
봉계동 월앙7	석검편1,석촉1	공렬			
봉계동 월앙8	석검편				
봉계동 월앙10			비파형동검	소옥1,관옥15	
적량동 2	원반석편				
적량동 7			비파형동검		
적량동 (1)	석부1				
적량동 (2)			동검1,동모1	관옥5	
적량동 (3)	방추차				
적량동 (4)			동검1		

출토지	석기	토기	청동기	옥기	기타
적량동 (7)	어망추				
평려동 나-2			동검1		
평려동 나-4	석촉1			관옥4	
평려동 다-2				곡옥2,관29, 소253	
평려동 다-3				관옥136,환옥2	
평려동 다-5				소옥2	
평려동 다-8				관옥1	
월내동 1	석부1,석촉1	홍도			문살무늬돌
월내동 2	갈돌1	홍도			굴껍질
월내동 2-1	용도불명석기1	홍도			
월내동 3		홍도			
월내동 4		홍도			
월내동 4-1		홍도			
월내동 5		홍도			
월내동 8	석검2,석부, 석착	공렬,구순각목			볍씨흔
월내동 9	갈돌, 선형석기	공렬,구순각목			
월내동 11	지석	홍도,공렬			
월내동 13	석촉,갈돌,갈판	공렬			
월내동 14	석부1,지석1				
월내동 15	석검2,석부,지석	홍도			
월내동 16	석촉2	홍도			
월내동 17	석검편				
월내동 18	석검,석부,갈돌	홍도			
월내동 19		홍도			
월내동 20	석검1,갈돌1				
월내동 21	석착1,지석	홍도,어망추			
월내동 22	석검1	홍도			
월내동 23	석부1,석제품1	홍도			
월내동 24-1	지석1				
월내동 25		홍도			
월내동 26	석부1				
여수시 오림동 4		홍도편			
오림동 5					상석에 암각화
오림동 6	석착1				
오림동 8	석촉1		동검		
오림동 11	석부,석착				
오림동 (2)				소옥1	
오림동 (5)			동검편	관옥2	
오림동 (6)	석검편2				
화장동3-1	석촉1				
화장동3-3	석촉1			소옥1	
화장동4		홍도편			
화장동24	석촉1	어망추		관옥15	
화장동26		어망추	비파형동검편		

522

출토지	석기	토기	청동기	옥기	기타
화장동27		어망추			
광양군 원월리1	석검2	홍도편			
원월리3		홍도편			

경상도

출토지	석기	토기	청동기	옥기	인골
대구시 대봉동 1-2	석검1,석촉3	홍도			
대봉동 2-1	석검1				
대봉동 2-8	석검1,석촉1				
대봉동 2-11	석검1,석촉6				
대봉동 2-12	석검1				
대봉동 2-13	석검1,석촉1				
대봉동 3-3a	석검1,석촉4				
대봉동 3-7	석촉4				
대봉동 4-1b	석촉4				
대봉동 4-1d	석촉10				
대봉동 4-3a	촉3				
대봉동 4-3c	석촉5			관옥44	
대봉동 4-3A					
대봉동 4-4	석촉10				
대봉동 5-1	석촉1	홍도			
대구사범학교	석촉4				
칠성동	석검1				
상동7	석촉3				
상동8	석검1,석촉3				
상동9	석촉1				
상동12	석촉4				
상동13-1	석검1,석촉1				
상동16-2	석촉9	토제어망추			
상동17	석촉7				
상동20	석촉7				
상동22	석촉2				
상동28	석촉6				
상동31-2	석촉4				
상동33	석촉1				
상동34	석촉3				
이천동	석검1,석촉3	홍도			
침산동	석검1,석촉6				
봉산동	석부				
달성군 점사동	석검1,석촉6				
진천동 1	석검1,석촉4				
진천동 2	홍도				
진천동 3B					인골,齒

출토지	석기	토기	청동기	옥기	인골
김천시 송죽리1	석부,석촉2, 지석,석추	홍도2(심발/호형)	비파형동검		
칠곡군 기성리	석검1, 석촉5				
복성리1	석부1				
복성리6	석부1				
영주시 용산동1	석촉1				
안동시 지례리2	석검1,석촉6				
지례리10	반석도1				
지례리19	검파두식석검1				
진주시 대평리 옥방1		홍도			
대평면 옥방2	석검1,석촉2, 반석도	홍도		관옥5	
대평면 옥방2t	석촉2				
대평면 옥방3	석착1	홍도			
대평면 옥방5	석부1				
대평면 옥방7	석도,석착, 지석	어망추			
대평면 옥방8	석검,석도2, 석착				
대평면 어은2	석도1				
대평면 어은2e					인골
대평면 어은2s	석검1,석촉4				인골
대평면 어은4	석착1				
대평면 어은부1	석촉1,석제품1	홍도			
대평면 어은부2	석검1,석촉1, 지석1	어망추,방추차			
상촌리 한대2	석제품1				
귀곡동 대촌1	타제석부1	빗살무늬			
귀곡동 대촌3	석촉1				
합천군 저포리3		홍도			
저포리4	석기	홍도			
저포리5	석검편,석촉2, 석도	홍도,방추차			
저포리7	석검1,석촉2, 반석도2				
저포리8	석검1,석부1, 석촉5	홍도,빗살무늬			
봉계리1		홍도,공렬			
역평리6	석검1	홍도			
역평리14		홍도			
고령군 봉평리2-2	석검1,석촉7				
봉평리2-4	석검1,석촉8				
경주시 율동II-1	(마제석기)				
탑동	(동검)				
의령군 석곡리1	석착,타제석기1	홍도,공렬			
석곡리3	석검1				

524

출토지	석기	토기	청동기	옥기	인골
석곡리9				소옥1	
오방리5	돌낫1				
오방리6	석촉1	홍도,점토대			
오방리9				평옥1	
경산시 미산동1	석검1,석촉6				
청도군 화리	석검1,석촉11	홍도			
대천리4-2	(석검편2)				
울릉군 현포리1		홍도편			
거창군 무릉리 평촌1	석검1				
무릉리 신포1		홍도			
무릉리 신포2		홍도			
무릉리 신포3	석촉1	홍도			
무릉리 신포4	석부1	홍도			
무릉리 신포5		홍도			
무릉리 신포8	석검1,석촉13	홍도			
무릉리 신포19	석도1				
무릉리 신포23	석촉1	홍도			
무릉리 신포24		홍도			
무릉리 신포26	석검1,석촉1	홍도			
무릉리 신포28	지석1	홍도			
무릉리 신포29		홍도			
무릉리 신포32		홍도			
무릉리 신포33	홍도				
대야리 1	석검1,석촉28				
대야리 2	석검1,석촉42				
함안군 도항리 나		홍도			
도항리 마	석착1				
도항리 바	석촉13	홍도			
오곡리 여시골1	석검1,석촉2	홍도			
오곡리 여시골2	석촉4	홍도2			
창원시 곡안리1		홍도			
진동리1	석검1,석촉1	홍도	비파형동검1		
외 동1	석검1,석부1,석촉7	홍도			
신촌리1-2	홍도				
신촌리1-3	석검1,석촉2	홍도			
신촌리1-5	홍도				
신촌리1-8		홍도			
신촌리1-9		홍도			
신촌리1-11	석부1				
신촌리1-13A	석검1	토제어망추			
신촌리1-13B	석촉				
신촌리1-14	홍도		관옥3		
신촌리2-1	석검1				
신촌리2-5	석부1	홍도			
신촌리2-6		홍도			

출토지	석기	토기	청동기	옥기	인골
신촌리3-2		홍도			
신촌리3-3	석촉9	홍도			
신촌리4-1			청동환옥1	곡옥2,관옥10	
신촌리4-3	석촉편			곡옥1	
신촌리4-4		홍도			
성문리	석검1				
외동리	석검,석부,석촉19	홍도			
토월동 상남 주1	석촉8	홍도			
토월동 상남 주2	석촉3				
토월동 상남 주3	석촉4	홍도			
토월동 상남 주4	석촉4				
토월동 상남 주5	석촉2				
토월동 상남 주6		홍도			
토월동 가음정동		打捺文短頸壺			
덕천리 1호	석촉22			관옥6	
덕천리 2호		홍도		관옥165	
밀양시 남전리 1	석검1	홍도			
고성군 봉동리	(석검1)				
김해시 무계리	석검1,석촉8	홍도편	청동촉3	관옥3	
내동1		홍도,흑색마연	세형동검		
내동2	석촉1	홍도,각목돌대			
내동3		홍도,구순각목			인골,貝殼,굴껍질
마산시 진동면 신촌	석검,석촉	각목,점토대,송국리			
진동면 진동	석검,석촉		변형비파형동검		
거제시 아주동13	석검1,석촉1		동촉		
부산시 동래 장전동	석검1, 검장식				

제주도

출토지	석기	토기	청동기	옥기	인골
제주시 외도동 1		곽기식토기			
오라동 (용담)4	석부1,지석1				
용담동1	석부,석착,홈돌,공이	곽지식,방추차			

ABSTRACT

ABSTRACT

A Study of Dolmen Society in Korea
-Focused on the problems of social stratification-

by Tae-Yong Yu, Ph.D.

The early history of Korea is related to the prehistory of the Koreans¡¯ancestors, the dolmen builders. Thus the accurate understanding of dolmen society is a cornerstone for the understanding of the formative process of complex society in prehistoric Korean culture. However, despite extensive archaeological excavation of dolmen tombs throughout the Korean peninsula, most studies have been largely descriptive of the dolmen themselves. However, recently a number of archaeologists have been concerned with the reconstruction of dolmen society.

Because the dolmens contain no luxurious goods, some archaeologists claim that dolmens were built to be used as common people ¡£lgraves, and that dolmen society was egalitarian. Because of he size and weight of dolmen¡£lcover stone and their limited numbers, others suggest that dolmens were used as burial places for upper class, and that dolmen society was ranked.

Through this paper, I have ventured not only to examine these two opposite views but also to clarify the social function of dolmens and how they have played a role in the emergence of complex society and subsequently the rise of the ruling class. Analysis of the archaeological date and ethnohistorical accounts show that the construction of dolmen tombs was a strong indication of the emergence of the ruling class, and that dolmen society was managed by ruling elites. This transformation of society was resulted from the introduction of rice agriculture and the growth of population. Analysis of archaeological evidences are as follow;

First, although historical documents about dolmen were so fragmented and vague as time goes back, they provided some information about the terminal period for dolmen building activities. Dolmen records, especially, from Han Shu indicate that dolmen tombs were no longer construcred by at least B.C. 79 because dolmen structures by that year had become a legendary and forgotten story among the folks.

Second, the social activities of a ruling elite in dolmen society can be evidenced by an analysis of dolmen construction itself. That¡fl s because the construction of a dolmen required considerable labor costs, masonry specialists, building engineers, and strong leadership. experiments of erecting stonehenge, analysis of reliefs from Egypt and Nineveh, the estimation of weight of dolmen capstone, ethnographic data of the living megalithic builders also confirm that the building activities of stone monuments like dolmens are practiced by people who occupied in specially higher status. They may plan, manage, and support building activities.

Third, the analysis of archaeological records indicated that dolmen society in Korean bronze age is not a so simple society. Bronze artifacts uncovered from dolmen sites were valuable goods because of their scarcity. The bronze artifacts had political and military meaning because most of the bronze grave goods are belonged to the weapons. The polished stone tools including stone daggers were belonged to people who were regarded as important figures in their societies. These may have functioned as symbols to indicate social status. When the possessors or users of these daggers died, these tools were buried in their dolmen tombs. Red pottery is usually uncovered in dolmen tombs. This pottery may have marked a high social status because the making of red pottery required more advanced technology as well as more labor expenditure. Jades likely had symbolic meaning for fecundity worship or as a symbol of crescent moon worship. They may have been used as symbolic indicater of higher class in both social and religious activities. Therefore, the grave goods from dolmens indicate that dolmens were used as graves of an upper class.

Forth, because the control and monopoly of craft specialization is a primary source of profit for the elite in establishing superior social status, an analysis of craft specialization from archaeological

530

remains may reveal the social role of elites. Pottery making technology shows common techniques and similarities. Other analysis of bronze technology comes to show quite advanced bronze techniques with precise percentage of alloying components. Bronze specimens and molds indicate that manufacturing processes were not only standardized in size and shape, but they were also possibly made by bronze smiths. Polished stone tools and jades were carefully made of high quality stones. It was worked and trimmed carefully, then finally polished. Making these artifacts uncovered from archaeological sites is time-consuming works. They must be made by specialists and utilized by high status people for several purposes. The distribution may be controlled by the elites.

Fifth, an analysis of settlement patterns shows the social complexity of dolmen society. The layout of dolmen site overlaps modern-day village layout so that the settlement patterns of dolmen society are quite similar to the modern-day village pattern. Archaeological excavations also have identified storage pits, watchtowers, and fortified trenches. These indicated that dolmen societies were quite complex. The size of village in Songgung-ri, Daepyung-ri, Kumdan-ri, Namkyung, etc. indicates a large scale population of the dolmen society in prehistoric Korea. These large scale villages may have required strong leaders to control inter/intra village disputes as well as public activities. They would also require specialists for supplying daily necessaries. Managing the scale of the village, the ruling elites or chiefs may have controlled the sociopolitical activities.

Seventh, the analysis of distribution and location of dolmens in Kanghwa Island and other East Asian regions helps to define the nature of dolmen society. The scale of a village in each dolmen group reflects the territorial ranges of each dolmen society because the range in each dolmen group is roughly the same size as the range of each village. This analysis suggests that economic background of dolmen builders on Kanghwa Island and other East Asian regions is related to agriculture. Most of dolmens in Kanghwa Island and other East Asian regions are located near inland stream and agricultural fields, not in coastal areas. In addition, the long axes of a dolmen parallels the directions of water flow.

Eight, the practice of dolmen construction is a possible indicator of the existence of a ruling class because dolmens are not only limited in number, but also closely aggregated in a straight row, a ¡fiT¡ßhape, a round shape, or an oval shape. The weight of capstone in specific and the limited number of dolmens in general may be related to the size of political power and economic ability of the ruling clan for several generations.

Ninth, in the analysis of religious activities of dolmen society, cup marks may reflect worship for fecundity of babies as well as rich crops. Polished stone daggers and human faces engraved on the surface of the dolmen structures might be the symbol of the deceased who were buried in it. The leaders of dolmen society seemed to have played not only a political role as chief, but also a religious role as priest.

Lastly, although agriculture started during the Chulmun period, it does not much influence Korean Neolithic society. However, the introduction of rice agriculture has had tremendous impact on Korean society. Although intensive rice agriculture requires more labor costs, rice agriculture yields more products. Because of the relatively long winter season, dolmen builders had to store large amounts of food. The ruling elite would have collected surplus products, and stored them in the public storage houses. These stored foods could be redistributed in the winer seasons to commoners. However, the elite could have siphoned off some of the products for their own benefits. This redistribution system could provide the ruling elite with chance to control the political economy of their communities. Control of political economy may have created economic disparity, and then it would have accelerated social inequality-the rulers and the ruled. Rice agriculture could have been the strong economic background of dolmen builders.

In summary, dolmen society is not a simple society. Bronze technology as well as pottery making techniques had reached high level of specialization. Dolmen society had already developed rice agriculture. The introduction of rice agriculture would have created economic disparity, and the advent of bronze technology would have accelerated some clans to dominate other rival clans. Cup marks and human face engraved on capstone of dolmen structures indicated that the leaders of dolmen society played a political role as chiefs as well as religious role as priest. An analysis of archaeological data shows that the construction of dolmen tombs was a strong indication of the emergence of the ruling upper class, and dolmen society was managed by ruling elites. Therefore, dolmen society had been reached the complex society of chiefdom stage.

색 인

540

543